D1698182

Joachim Radkau

Natur und Macht

Joachim Radkau

Natur und Macht

Eine Weltgeschichte der Umwelt

Verlag C.H.Beck München

Die Deutsche CIP-Einheitsaufnahme
Radkau, Joachim: Natur und Macht : eine Weltgeschichte der Umwelt /
Joachim Radkau. – München : Beck, 2000
ISBN 3-406-46044-5

ISBN 3 406 46044 5

Gesamtherstellung: Freiburger Graphische Betriebe, Freiburg
Gedruckt auf säurefreiem, alterungsbeständigem Papier
(hergestellt aus chlorfrei gebleichtem Zellstoff)
Printed in Germany

Inhalt

Vorwort

In der Nacht, bevor ich mit diesem Buch begann, hatte ich einen Alptraum. Ich saß in einem kleinen und klapprigen Flugzeug, irgendwo über Rußland, und erlebte eine Zwischenlandung nach der anderen auf holprigen Pisten. Ich wußte, das Flugzeug hatte Atombomben an Bord: Kein Wunder, daß ich in permanenter Panik zitterte. Zum Glück wachte ich bald auf. Der Traum war nicht schwer zu deuten; er war ein kaum verhüllter Ausdruck eines mulmigen Gefühls. Früher hatte ich über universalhistorische Höhenflüge in der Umweltgeschichte gespottet und eine «mittlere Ebene» gefordert. Jetzt wagte ich mich selber in die Universalgeschichte: Würde ich zwischendurch passable Landeplätze finden? Und würden sich die vielen Jahre, die ich mit der Kerntechnik verbracht hatte, bei dem Flug in die Ferne als riskanter Ballast erweisen? Was bedeutet das ökologische ebenso wie ökonomische Fiasko des kommunistischen Machtblocks für jene Umwelthistorie, von deren Grundannahmen her man eigentlich hätte erwarten sollen, daß eine sozialistische Staatswirtschaft die vom privaten Profitinteresse bewirkte Umweltzerstörung hätte überwinden müssen?

Einige Zeit nachdem ich selber die 50 überschritten hatte, stieß ich in einem Artikel zur indischen Forstgeschichte auf den Hinweis, daß es in einem altindischen Ideal des Lebenszyklus dem Menschen im Alter von 50 Jahren zukomme, auf der Suche nach Wahrheit in den Wald zu gehen.[1] Dieser Gedanke gefiel mir; denn die Waldgeschichte war seit langem mein Lieblingsgebiet. Aber wie sieht die historische Weisheit aus, mit der man aus dem Wald zurückkehrt? Gewiß nicht so dröhnend wie die des Propheten, der aus der Wüste kommt; eher halblaut, verhalten, manchmal gebrochen, wie das Licht, das durch das Laub fällt. Ein Umwelthistoriker, der schon vorher felsenfest weiß, was am Ende herauskommt, braucht nicht in den Wald zu gehen.

Eric L. Jones bemerkt, er habe sich, um Universalgeschichte schreiben zu können, von einem Igel in einen Fuchs verwandeln müssen.[2] Ich selbst habe mich, seitdem ich meinen eigenen Garten besitze, auch in intellektueller Hinsicht dem Igeltum angenähert und oft das Gefühl gehegt, daß die Geheimnisse der Geschichte vor allem in den Mikrokosmen verborgen sind und daher den gewohnheitsmäßigen Globetrottern entgehen. Wirkliche Durchbrüche vermag die Umwelthistorie nur durch regionale Feldforschung zu erzielen. Bei den Recherchen zu diesem Buch habe ich im Zweifelsfall denn auch vor allem solchen Arbeiten geglaubt, die diesen Lokalgeruch besaßen. Aber auch die Regionalstudien sind bislang oft von allgemeineren Geschichtsbildern her konstruiert und daher einander häufig zum Verwechseln ähnlich. Man muß zwischendurch in die Weite schweifen, um die lokalen Besonderheiten zu entdecken. Selbst Oliver Rackham, der nicht müde wird, über die von pauschalen Vorannahmen her konstruierte Pseudo-Umweltgeschichte zu spotten, bekennt, in Texas sei er dahin gelangt, seine Ansichten über die englischen Hecken zu revidieren.[3] Wandert man über die Terrassenfelder Mallorcas, des Himalaya, der Anden, entwickelt sich ein gespaltenes Grundgefühl: Irgendwie ist alles ähnlich, aber irgendwie auch ganz anders. Es ist nicht schlecht, sich einen emotionalen Fundus an umwelthistorischen Einsichten zu erwandern.

Ein Hauptreiz der Umweltgeschichte besteht darin, daß sie dazu anspornt, Geschichte nicht nur an «historischen Stätten», sondern in der Weite der Landschaft zu entdecken. Da begreift man, daß man Spuren der menschlichen Geschichte fast überall findet, selbst in der vermeintlichen Wildnis – in erodierten Bergwelten, in der Steppe, im Dschungel. Bei mir steigerte sich die Lust am Herumschweifen durch die – zu oft unterdrückte – Lust am wilden Lesen: von den «Kommentaren» des Inkaprinzen Garcilaso de la Vega bis zur Geheimen Geschichte der Mongolen, je nach Landschaft. Die Umweltgeschichte braucht zwischendurch den «vagabundierenden Blick». Zum Naturvertrauen gehört die Zuversicht, daß aus der bunten Vielfalt am Ende eine neue Ordnung entsteht – Umrisse einer Weltgeschichte neuer Art.

Gerade auf Tagungen über «Environmental History» in den USA wurde mir, sosehr ich die Produktivität dortiger Umwelthistoriker bewunderte, klarer denn je, daß es an der Zeit ist, konsequenter als bisher Erfahrungen aus der Alten Welt in die Umwelthistorie einzubringen: statt des Kultes der «Wildnis» die Frage nach der Nachhaltigkeit in alten Kulturlandschaften; statt der Indianer-Imagination eine Analyse institutioneller Traditionen.[4] Meinem langjährigen Gesprächspartner Frank Uekötter,[5] der eine erste Fassung des Manuskripts zu diesem Buch gnadenlos zerpflückte, verdanke ich viele Einsichten darüber, daß in den Instanzen und Organisationen ein Hauptschlüssel zu einer solide fundierten Umweltgeschichte enthalten ist: Einsichten, gegen die ich mich anfangs sträubte.

Nachhaltigkeit (sustainability) im Sinne eines schonenden Umgangs mit den natürlichen Ressourcen, der deren ungeschmälerte Erhaltung für künftige Generationen garantiert, ist von der Welt-Umwelt-Gipfelkonferenz in Rio 1992 zum Richtziel für die Weltwirtschaft erhoben worden. In der deutschen Forstwirtschaft hat dieses Prinzip schon eine jahrhundertelange Geschichte. Für heutige Kritiker ist «sustainability» eine Worthülse, die die Naturausbeutung legitimiert; aber die Geschichte kann einiges dazu beitragen, diesem Begriff Farbe und Substanz zu geben. Gerade die Forstgeschichte zeigt freilich auch die Mehrdeutigkeit und Manipulierbarkeit dieses Konzepts. Eine bessere Alternative dazu ist jedoch nicht in Sicht.

Immer wieder habe ich mich über Denkschablonen und unausdiskutierte Widersprüche in der Umwelthistorie mokiert: So etwa auf der einen Seite der Refrain «Das gab es alles schon einmal» (nämlich Waldzerstörung, Raubbau, Flußverschmutzung), auf der anderen Seite das Hohelied auf die indianische Ur-Harmonie mit der Natur ... Oder einerseits das ökopessimistische Geschichtsbild «Menschliche Geschichte als Geschichte der Naturzerstörung», andererseits das revisionistische Konzept «Der Mensch als Episode im ewigen Wandel der Natur»: Bislang stehen diese Gegenpositionen beziehungslos im Raum. Dieser Diskussionsmangel hat jedoch seinen Grund. Das Gros der empirischen Untersuchungen ist in seinem Spektrum so eingeschränkt, daß es die fundamentalen Fragen gar nicht erreicht. Auch deshalb ist es, meine ich, an der Zeit, den Versuch zu unternehmen, Umweltgeschichte auf eine Art zu schreiben, daß eine Weisheit aus dem Walde denkbar wird – und sei es über die zahllosen Blößen, die man sich bei diesem Versuch unweigerlich gibt.[6]

Frühlingsanfang 2000 *Joachim Radkau*

I. Nachdenken über Umweltgeschichte

1. Scheuklappen und Sackgassen der historischen Umweltforschung

Die historische Umweltforschung ist ein Abkömmling der Umweltbewegung. Dennoch ist die Vereinigung von Geschichte und Natur ein alter und lustvoller Historikertraum. Schon in der Geschichtsschreibung des 19. Jahrhunderts «wucherten biologische Naturalismen» (Koselleck).[1] Eine kritische Umweltgeschichte kann bei einem seit langem in der Geschichtsschreibung sprießenden Wildwuchs ansetzen.

Eine Synthese von Geschichte und Natur vollzog sich schon seit der Antike am meisten auf der Linie des geographischen und klimatischen Determinismus: Das Wesen der Völker wächst aus ihrer Landschaft mitsamt ihrem Wind und Wetter. Demgegenüber deutete Arnold Toynbee die Hochkulturen als Antworten auf die Herausforderung durch eine Umwelt, die es den Bewohnern nicht leichtmachte. Die Natur tritt jedoch vorwiegend am Ursprung der Kulturen in Erscheinung; der Niedergang ist im Kern eine innerkulturelle Angelegenheit. Er manifestiert sich als Ende des Wachstums und als Verlust der Herrschaft über die Natur; die andere Idee, Wachstum und Naturbeherrschung selbst könnten einer Kultur zum Verhängnis werden, liegt noch fern. Unter dem Eindruck der vom Urwald überwucherten Ruinen in Yucatan meint Toynbee, «der Wald, gleich einer Boa Constrictor aus Bäumen», habe die Mayakultur «verschluckt».[2] Er kommt noch nicht auf die Idee, diese Zivilisation könnte an selbstverursachter Entwaldung zugrunde gegangen sein. Oder ist auch das nur eine Modetheorie?

Mit dem Primat der Natur, mit Bergen und Niederungen beginnt Braudels großes Werk über den Mittelmeerraum zur Zeit Philipps II. Ungeniert bekennt er, daß ihm die Liebe zum Mittelmeer ein Impuls beim Schreiben gewesen sei, und wünscht dem Leser, er möge «viel von mediterranem Sonnenlicht» aus den Seiten des Buches auf sich strahlen lassen. Diese Freude lenkt ihn allerdings von der Frage nach dem ökologischen Niedergang des Mittelmeerraums ab; statt dessen kritisiert er die mediterranen Bauern dafür, daß sie ihren Boden nicht tiefer gepflügt hätten. Tief in der Tradition des Fortschrittsglaubens befangen, beachtet er die Gefahren der Übervölkerung nur wenig, sondern wütet wie ein auf Mehrung der Volkszahl erpichter Peuplierungspolitiker des 18. Jahrhunderts gegen die sich in Frankreich früh verbreitenden Praktiken der Empfängnisverhütung.[3]

Die Öko-Bewegung macht es heute möglich, an einer Reihe von Punkten weiterzudenken, wo ältere Historiker ihre Blockaden hatten. Doch auch die zeitbewußte Umwelthistorie hat ihre Scheuklappen, und oft scheint sie diese nicht einmal zu bemerken. Sie hat sich zunächst – und das war für den Anfang eine vernünftige Strategie – im Wissenschaftsbetrieb ihre ökologischen Nischen gesucht, die noch von keinem Establishment besetzt waren. Daraus und aus dem aktuellen Impetus erklärt sich die Konzentration auf die industrielle Wasser- und Luftverschmutzung, eine bis in die 70er Jahre kaum bearbeitete Außenzone der Industrie- und Technikgeschichte, aber auch die Vorliebe für die Geschichte der Naturideen: ein Gebiet, mit dem die Philosophiehistorie bis vor kurzem nicht allzuviel anzufangen wußte. Leider besteht zwischen diesen ökologischen Nischen der Umweltgeschichte fast gar kein Zusammenhang. Vor allem aber: Kernbereiche der historischen Mensch-Umwelt-Beziehung wie die Agrar- und Forstgeschichte, die Geschichte der Bevölkerungsbewegungen und der Epidemien wurden eher gemieden. Sie waren schon anderweitig besetzt und Neulingen nicht ganz leicht zugängig, und die dort etablierten Wissenschaftstraditionen besitzen einen für die Öko-Bewegung suspekten Beigeschmack. Wenn die Umweltgeschichte jedoch zur Weltgeschichte werden will, muß sie in genau diese Bereiche vorstoßen.

Ein Mangel an Geschichtsbewußtsein in der Öko-Bewegung erklärt sich daraus, daß diese ihre wirkliche Vorgeschichte nicht bemerkt; denn die Umweltprobleme und Gegenstrategien haben sich im 20. Jahrhundert grundlegend gewandelt. Heute ist die Überdüngung der Felder eine Hauptquelle der Umweltbelastungen; über Jahrtausende dagegen war die Düngerknappheit das empfindlichste Umweltproblem der Menschen. Da hat die heutige Problemlandschaft den Blick auf die historische Problematik verstellt.

Heute sind wir in weiten Teilen der Welt mit den destruktiven Folgen eines sich rücksichtslos austobenden privatwirtschaftlichen Egoismus konfrontiert. Diese Situation sollte jedoch nicht den Blick dafür trüben, daß ein gesichertes Eigentums- und Erbrecht in der Geschichte wahrscheinlich oft den Schutz des Bodens und der auf ihm stehenden Fruchtbäume gefördert hat. Zwei Naturschützer gelangen durch die Analyse südostasiatischer Verhältnisse zu dem Schluß, das Umweltproblem sei im Kern ganz einfach: Überall dort, wo die lokale Bevölkerung nicht die Kontrolle über ihre Ressourcen besitze und Fremde nicht herauszuhalten vermöge, gehe es mit der Umwelt bergab.[4]

Es gibt noch weitere Scheuklappen, die sich aus der aktuellen Situation erklären. Eine Reglementierung der Sexualität, die bei den heutigen Verhütungsmitteln als zwanghaft-neurotische Unterdrückung der menschlichen Natur gilt, konnte unter früheren Verhältnissen als Bremse des Bevölkerungswachstums den Einklang zwischen Mensch und Umwelt fördern. Fremdenfeindlichkeit, heute für viele der Inbegriff politischer Pathologie, hatte unter vormodernen Bedingungen durchaus ihren Sinn: Die eingespielte Mensch-Umwelt-Beziehung in agrarisch-weidewirtschaftlichen Mikrokosmen wurde durch Migrationen in der Tat gestört, und ortsgebundenes Erfahrungswissen ging bei Wanderungen verloren. Und, vielleicht wichtiger als alles andere: Das alles beherrschende Trägheitsgesetz, das heute oft den gedankenlosen Umgang mit der Umwelt fördert, war in Zeiten, als das Fällen und Transportieren von Bäumen sehr mühsam war, oft der beste Umweltschützer. Wenn Historiker auf eine idealistische Vorstellung von heutigem Umweltbewußtsein fixiert sind, haben sie keinen Blick für die alltäglichen umwelterhaltenden Verhaltensmuster der Vergangenheit, die man oft nur zwischen den Zeilen der schriftlichen Quellen erkennt und die der heutigen Öko-Szene eher unsympathisch sind. Kein Zweifel: Die Welt des «Nullwachstums», der Sparsamkeit, der ewigen Resteverwertung war nur zu oft nicht jene freundliche Welt, die die Formel «Einklang mit der Natur» suggeriert. Es war eine Welt, in der viele die hohe Kindersterblichkeit mit einem gewissen Gleichmut hinnahmen, da sie wußten, daß die Überlebenden desto mehr zu essen hatten, je weniger hungrige Mäuler sich um die kaum vermehrbaren Nahrungsmittel drängten.

Ein arger Stolperstein der Umwelthistorie ist auch die Forderung der Öko-Fundamentalisten nach einer Art von Geschichte, in der nicht der Mensch, sondern die Natur im Mittelpunkt steht und nicht aus dem Blickwinkel menschlicher Interessen ins Visier genommen wird. In dieser Geschichte würde das jahrtausendelange menschliche Mühen, sich mit den natürlichen Ressourcen zu arrangieren, nur als Störfaktor auftauchen: als der ewige Versuch des Menschen, sich die Natur dienstbar zu machen. Grüblerische Umwelthistoriker werden immer wieder von Skrupeln befallen: Ist das überhaupt Umweltgeschichte, was sie treiben, wenn sie sich mit früheren Wald- und Wasserkonflikten beschäftigen? Geht es bei alledem, wenn man ehrlich ist, nicht um menschliche Interessen und gar nicht um die Natur als solche?

Aber wozu diese Skrupel? Es ist nicht schwer zu erkennen, daß es sich bei der Frontstellung «nichtanthropozentrische gegen anthropozentrische Umweltgeschichte» um einen bloßen Schaukampf handelt. Durch die schriftlichen Quellen sieht sich der Historiker, sofern er eine Ahnung von Quellenkritik hat, stets auf den Blickwinkel jener Interessen beschränkt, die diese Quellen produzierten und tradierten. Im übrigen: Das Ideal der «unberührten Natur» ist ein Phantom, ein Produkt des Kultes der Virginität. Eine unbefangene Umwelthistorie handelt nicht davon, wie der Mensch die reine Natur schändete, sondern handelt von Organisations-, Selbstorganisations- und Dekompositionsprozessen in hybriden Mensch-Natur-Kombinationen. «Anpassung an die Natur»? Aber auch diese gängige Formel begreift die Natur noch zu sehr als etwas Vorgegebenes, ewig Gleiches. Eine Geschichte des menschlichen Umweltbewußtseins läßt sich nicht als Geschichte eines Sinnes für das Eigenrecht der Natur schreiben, sondern nur als Geschichte eines sich durch Krisenerfahrungen herausbildenden Gespürs für die langfristigen natürlichen Grundlagen des menschlichen Lebens und der menschlichen Kultur. Diese Geschichte gibt es tatsächlich, und viele Konflikte über Ressourcen führen in sie hinein.

Wo heute in der Dritten Welt, die nicht an Übersättigung leidet, Umweltgeschichte geschrieben wird, handelt sie wie selbstverständlich von menschlichen Lebensbedingungen. Vandana Shiva, die derzeit wohl berühmteste «Öko-Frau» der Dritten Welt, wendet sich vehement gegen eine Trennung von Naturschutz und Schutz der menschlichen Ernährungsbasis. Der Kult der Wildnis ist vor allem US-amerikanischen Ursprungs. In den USA hat er einen praktischen Sinn: den Schutz der Nationalparks, der Baumriesen des Westens, der verbliebenen Büffelherden. Aber längst ist erwiesen, daß auch jene «wilde» Natur, die man im Westen glorifiziert, unter dem Einfluß der indianischen Brandwirtschaft entstand. «Die schädlichste Fehlkonzeption, die die Europäer nach Kalifornien ebenso wie in den Rest des Kontinents mitbrachten, war der Glaube, daß sie eine ‹natürliche Wildnis› beträten.»[5] So meinten sie, die Indianer aus den Nationalparks vertreiben zu müssen, um die Schönheit der vermeintlich unberührten Natur zu erhalten. In der Umwelthistorie hat das Leitbild «Wildnis» die fatale Wirkung, daß es das Interesse von der Verbesserung der vom Menschen gestalteten Umwelt ablenkt. Und abgesehen davon: Selbst wenn man den Öko-Fundamentalisten nicht zutraut, daß sie auch nur einer Fliege etwas zuleide tun, gibt es doch ein begründetes Unbehagen gegenüber einer Philosophie, in deren Konsequenz man wünschen müßte, daß neun Zehntel der Menschheit verschwinden.

Es ist schon seltsam, wie zäh sich ein so sinnloses Konzept gehalten hat. Oder hat auch das einen tieferen Grund? Oft scheint es sich um den unbeholfenen Ausdruck eines berechtigten Grundgefühls zu handeln: daß nämlich die menschliche Kultur, um entwicklungs- und zukunftsfähig zu bleiben, stille Reserven, Spielräume, Freiräume braucht. Der «Gedanke, jeden Fleck Erde von Menschenhänden umgewühlt zu sehen», habe «für die Phantasie jedes natürlichen Menschen etwas grauenhaft Unheimliches», schreibt Riehl[6], und vermutlich hat er sogar in einem ganz rationalen Sinne recht.

Im übrigen handelt eine Umweltgeschichte, die diesen Namen verdient, nicht nur von Menschen und ihren Werken, sondern auch von Schafen und Kamelen, von Sümpfen und Brachländern. Man muß merken, daß die Natur ihr Eigenleben hat und keineswegs nur Komponente menschlicher Handlungen, Zitat menschlicher Diskurse ist. Gerade unbeabsichtigte Wirkungsketten menschlichen Handelns, bei denen sich Naturzusammenhänge bemerkbar machen, verdienen besondere Aufmerksamkeit.

Über die Universalgeschichte findet der Historiker Anschluß an jene anderen Forschungsdisziplinen, die seit langem und manchmal sehr öffentlichkeitswirksam Umweltgeschichte betreiben: die Ethnologie, Anthropologie und die Prähistorie unter Einschluß der Paläobotanik. Bislang wissen diese Disziplinen und die Umweltforschung der Historiker fast nichts voneinander. Es ist sehr wichtig, diese Kluft zu überbrücken. Bisher kamen ökologische Ansätze einer Universalhistorie mehr von Biologen und Ethnologen als von Historikern.[7] Das ökologische Element der Ethnologie besteht jedoch üblicherweise in dem Grundmuster «Anpassung der Kultur an die Umwelt»; auf diese Weise geraten zerstörerische Wirkungen der Kultur auf die Umwelt leicht an den Rand. Ethnologen lieben die isolierten, von der modernen Zivilisation wenig berührten Kulturen, die abgeschiedenen Bergdörfer: Auf diese Weise entgehen ihnen die ökologischen Dimensionen der Modernisierung und Vernetzung der Welt.

Eine Umwelthistorie, die auf die «Umwelt als solche» eingeschworen ist, legt sich zwangsläufig Scheuklappen gegen die anderweitigen Kontexte der historischen Quellen an; daher widerstrebt sie der Quellenkritik und neigt zur Selbsttäuschung. Rekonstruiert man die Kontexte, dann findet man bei vielen frühneuzeitlichen Klagen über den Raubbau an den Wäldern, daß es in Wahrheit nicht um den Wald, sondern um die Behauptung von Forstrechten geht und daß das Lamento über die Verwahrlosung der Allmende nicht auf die Ökologie der Weide, sondern auf Markenteilung und Agrarreform zielt. In jüngster Zeit avancierte die nordindische Chipko-Bewegung zur «am meisten gefeierten Umweltbewegung in der Dritten Welt»; aus der Nähe besehen, handelt es sich aber vor allem um eine bäuerliche Bewegung zur Verteidigung traditioneller Waldrechte.[8] Aber warum diese Kontexte verleugnen oder an die Seite drängen? Begreift man Umweltgeschichte nicht als Spezialität, sondern als integralen Bestandteil einer «histoire totale», lernt man all das andere, was bei Umweltkonflikten mitspielt, besser zu schätzen.

Um mit den Scheuklappen abzuschließen: Die Umwelthistorie könnte sich auch dadurch verklemmen, daß sie unter dem Eindruck der Öko-Diskurse zu exquisit sein will und zuwenig Sinn für das Triviale entwickelt. Misthaufen und Jauchegruben sind große Themen einer realistischen Umweltgeschichte; denn an ihnen hing die Erhaltung der Fruchtbarkeit der Äcker. Das Eß- und Fortpflanzungsverhalten ist essentiell für die Mensch-Umwelt-Beziehung. Kartoffel und Coitus interruptus sind umweltrelevante Schlüsselinnovationen des 18. Jahrhunderts. Eine allzu kopflastige Umwelthistorie ignoriert, daß sich Entscheidendes auf und unterhalb der Gürtellinie abspielt. Auch eine allzu große Furcht vor dem unter Sozialwissenschaftlern beliebten Vorwurf des «Biologismus» legt dem Denken Scheuklappen an. Der primäre Elementarzusammenhang zwischen Mensch und Umwelt ist dadurch gegeben, daß der Mensch ein biologischer Organismus ist.

Die innere Einheit der Umwelthistorie, die sich bislang oft als buntes Themen-Potpourri präsentiert, ist letztlich dadurch garantiert, daß zwischen der äußeren Natur und der Natur im Menschen intime Zusammenhänge bestehen und der Mensch dies stets gespürt hat. «Umweltbewußtsein» ist in seinem Kern zu einem Gutteil Gesundheitsbewußtsein und hat als solches eine jahrtausendealte Geschichte. Die Krankheit gehört zu jenen Grunderfahrungen, wo immer wieder in krisenhafter Weise ein Intimzusammenhang zwischen äußerer und innerer Natur empfunden wird. Schon Hippokrates gibt der Umwelt als Krankheitsursache große Bedeutung; die hippokratischen Betrachtungen über «Luft, Gewässer und Orte» begründeten eine über die Jahrtausende reichende «geomedizinische» Tradition, die in den medizinischen Topographien der frühen Neuzeit und dem Licht- und Lufthunger der modernen Wohn- und Städtereform fortlebt und – nachdem sie vorübergehend abriß – in der Umweltbewegung wiederaufersteht. Die Angst vor Krankheit ist eine der mächtigsten Phobien der Weltgeschichte, deren Wirkungen von der Religionsgeschichte bis zum Prozeß der Zivilisation reichen. Und es war ja kein purer Wahn, Krankheiten mit Mensch-Umwelt-Konstellationen in Verbindung zu bringen. Mit der Seßhaftwerdung und Agglomeration der Menschen beginnt die Geschichte vieler Krankheiten; große Seuchen wie Malaria, Pest, Cholera, Typhus und Tuberkulose markieren bestimmte Umweltbedingungen und Phasen der Umweltgeschichte. Einiges spricht dafür, daß die Krebsangst am Ursprung des modernen Umweltbewußtseins steht. Ein «nichtanthropozentrisches» Konzept von Umweltgeschichte droht die realen Zusammenhänge zu verschleiern.

2. Die Monotonie der Teufelskreise und das Labyrinth der Auswege

Träfe es zu, was viele Historiker versichern, daß die geschichtliche Wirklichkeit unendlich vielfältig wäre, dann wären die universalen Überblicke eine wissenschaftliche Sackgasse. Aber so ist es offenbar nicht, schon gar nicht in der Umweltgeschichte. Gerade wenn man sehr viele Studien zur regionalen Wald-, Weide- und Bewässerungsgeschichte durchsieht, erlebt man eine ewige Wiederkehr von Ähnlichem und kommt auf die Idee, daß die Probleme irgendwo ziemlich einfach sind. Jared Diamond versichert, das «Grundmuster des ökologischen Zusammenbruchs vergangener Zivilisationen» sei «altbekannt» und «fast banal».[9] Da dabei Naturgesetze mitspielen, ist diese Gleichförmigkeit nicht verwunderlich.

Es handelt sich dabei zwar nicht um eine einzige Geschichte, aber doch um einen begrenzten Kreis von Geschichten, die sich in typischen Fällen miteinander verquicken und einen Teufelskreis in Gang setzen. Übervölkerung führt zur Übernutzung der Weiden und Wälder: Dieser Prozeß, als PPR abgekürzt (Population Pressure on Resources), ist für viele überhaupt die Essenz der gesamten Welt-Umweltgeschichte von Anfang bis heute – der malthusianische Effekt durch Ökologie zum Teufelskreis komplettiert! Anderes kommt hinzu: Hungersnot und eine wilde Konkurrenz um begrenzte Ressourcen machen eine nachhaltig-vorsorgliche Wirtschaftsweise unmöglich – die Gegenwart siegt über die Zukunft. Der kurzsichtige Eigennutz setzt sich gegen das langfristige kollektive Überlebensinteresse durch. Die Waldweide ruiniert die Wälder. Die Weide verselbständigt sich zu einer nomadischen oder halbnomadischen Wirtschaftsform und entzieht dem Acker den Dünger. Entwaldung führt zur Bodenerosion und zum beschleunigten Abfluß des Regenwassers; beides zusammen führt in dem einen Gebiet zu Versteppung und Desertifaktion, in dem anderen zu Versumpfung und Malaria. Künstliche Bewässerung bewirkt eine zunehmende Versalzung der Böden. Zu alledem die Effekte der wachsenden Mobilität und weltweiten Vernetzung. Die über viele Generationen entstandene Balance zwischen Mensch und Umwelt wird durch äußere Einflüsse gestört: durch Invasionen und durch Verlust der Autonomie.

Für zwei moderne chinesische Historiker ist das Leitmotiv der Umweltgeschichte Chinas über die Jahrtausende ganz einfach: Es ist das Bevölkerungswachstum, das zu einer zunächst schleichenden, dann rapide voranschreitenden Degradation der chinesischen Böden führt.[10] Das generative Verhalten ist für Robert Sallares auch das Geheimnis der altgriechischen Geschichte. Er bedient sich des von Ökologen an Tierarten entwickelten Modells der r- und K-Strategie: die r-Strategie als Methode, das kollektive Überleben durch eine große Zahl von – wenn auch meist kurzlebigen – Nachkommen zu sichern; die K-Strategie als die Art, sich durch eine beschränkte, dafür sorgfältig aufgezogene Zahl von Nachkommen auf den begrenzten Nahrungsspielraum einzustellen. Die K-Strategie ist am ehesten dort zu erwarten, wo ein klar umgrenzter Lebensraum vor Augen steht. Demnach wäre die fortschreitende Entgrenzung der Welt ein von Bevölkerungsdruck, Kampf, Not und Massensterben bedrohter Prozeß. Sallares erkennt in der altgriechischen Kolonialzeit alle Anzeichen einer r-Strategie, die auf die Dauer jedoch, da die koloniale Expansion bald auf Grenzen stieß, in eine ökologische Krise führte; er zieht Parallelen zu vielen anderen Kulturen der Welt. John R. McNeill stellt fest, daß sich die mediterrane Umwelttragödie – deren Hauptakte er freilich in eine viel spätere Zeit verlegt – mittlerweile in den tropischen Gebirgen wiederhole: Übervölkerung, Übernutzung, Entwaldung, Erosion.[10]

Man sieht: Bei den universalen Leitmotiven der Umweltgeschichte läuft das allermeiste auf Krise hinaus. Aber das ist nicht die ganze Geschichte. Es handelt sich bei den Teufelskreisen zunächst einmal um idealtypische Prozesse im Sinne Max Webers. Stets muß man genau hinschauen, um zu erkennen, ob ein bestimmter Typus von Umweltzerstörung im konkreten Fall tatsächlich zutrifft. Nicht unter allen Bedingungen fördern Bewässerungssysteme die Bodenversalzung und die Malaria. Da hängt vieles davon ab, ob die Dränage funktioniert und in den Teichen und unter Wasser gesetzten Reisfeldern kleine Fische und Frösche leben, die die Larven der Mücken, der Wirte des Malariaerregers, wegschnappen. Wie schwer war der «schwere Pflug»? Wie solide waren die Ackerbauterrassen, wie dicht die Zäune? Die für die Umweltgeschichte entscheidenden kleinen Unterschiede liegen nicht selten auf einer trivialen technischen Ebene.

Ob eine menschliche Population autonom oder fremdgesteuert ist und in ihrem generativen Verhalten der r- oder der K-Strategie folgt, ist in vielen Fällen nicht eindeutig. Entsprechen Menschen jemals in Reinform einer einzigen Vermehrungsstrategie wie die Wale dem K- und die Lemminge dem r-Typ? Offenbar hatten sie schon immer einigen Spielraum, um ihre Bevölkerungszahl zu steuern; Hubert Markl meint sogar, der Mensch sei «biologisch gesehen der am stärksten K-selektionierte Primat».[11] Auch in der altgriechischen Kultur war, wie Sallares feststellt, das eine wie das andere angelegt. Gerade eine karge Umwelt förderte manchmal eine Geburtenbeschränkung, die stabilere Verhältnisse hervorbrachte als ein durch üppigere Umweltbedingungen verführtes Bevölkerungswachstum.

Längst nicht immer und überall vereinten sich die genannten Typen der Umweltdegradation zu einem Teufelskreis. Gerade die dichte Besiedlung und intensive Agrarwirtschaft können Traditionen einer sorgsamen Bodenkultur hervorbringen, zu denen extensive Wirtschaftsformen nicht fähig sind: Die dänische Agrarökonomin Esther Boserup hat eine Denkrichtung begründet, die die Vernunft und Nachhaltigkeit der intensiven Kleinbauernwirtschaft erforschte. Wenn die menschlichen Exkremente dem Boden vollständig einverleibt werden, führt das Bevölkerungswachstum nicht notwendig zur Bodenerschöpfung. Wenn der Garten der Prototyp der gelungenen Harmonie zwischen Mensch und Umwelt ist, dann ist eine gewisse Siedlungsdichte von Vorteil. Eine intensive Nutzung der Wälder kann zur Waldzerstörung, aber auch zu einer wohlüberlegt-nachhaltigen Waldwirtschaft führen; aber selbst in Deutschland mit seinen Massen von Forstakten ist nicht leicht herauszufinden, wann und wo in der Forstgeschichte das eine und das andere der Fall war.

Die krisenhaften Kausalitäten der Umweltgeschichte nehmen nicht mit der Unerbittlichkeit von Naturgesetzen ihren Lauf; denn der Mensch ist in vielen Fällen zu Gegenstrategien fähig. Allerdings lassen sich Ereignismuster konstruieren, die dem Menschen ein Gegenhandeln sehr erschweren. Das ist zum einen der Fall, wenn sich der Niedergang der Umwelt schleichend und nahezu unmerklich über Jahrhunderte vollzieht; zum anderen jedoch auch in der konträren Situation, wenn der Verfall in galoppierendem Tempo erfolgt und verschiedene Faktoren sich zu einem sich selbst vorantreibenden Circulus vitiosus vereinen. Das eine wie das andere hat es offenbar in typischen Fällen gegeben, und zum Teil sogar in ein- und demselben Prozeß. Die Erosionsforschung hat seit langem beobachtet, «daß die Erosion langsam und mit kaum spürbaren kleinsten Bodenumsetzungen beginnt, dann aber sehr schnell (ein) großes, ja katastrophales Ausmaß annehmen kann».[12]

Im allgemeinen kann man jedoch davon ausgehen, daß die Menschen bis zu einem gewissen Grade wahrnehmen, wann sie ihre eigenen Lebensbedingungen zerstören, und im Prinzip auch in der Lage sind, einiges dagegen zu tun. Eben weil viele traditionelle Umweltprobleme schon jahrtausendealt und im Prinzip recht einfach waren, existierte seit alten Zeiten auch viel Wissen darüber, wie man mit ihnen umgehen konnte. Wenn man wollte, war es nicht schwer, die Schafe und Ziegen daran zu hindern, einen Wald zu zerstören; und vieles von dem Nutzen der Wälder ist keine neue Erkenntnis. Aber längst nicht immer waren die Menschen fähig und durch ihre Lebensbedingungen dazu angehalten, auf lange Sicht zu handeln; und ebensowenig waren stets solche Instanzen und Rechtstraditionen vorhanden, die die lebenswichtige Umwelt wirksam zu schützen vermochten.

Der springende Punkt ist offenbar der, daß die jeweils adäquaten Lösungsstrategien von Umweltproblemen längst nicht in dem Maße ein paar einfachen Grundmustern folgen wie die Umweltprobleme selbst. Hier kommen Kultur und Gesellschaft ins Spiel. Bei wirksamen Lösungen handelt es sich oft gar nicht um eine erkennbare direkte Reaktion auf die Problematik, sondern um eine Komponente der Kultur, die mutmaßlich durch Umweltzwänge bestärkt, aber nicht durch diese hervorgebracht wurde. Zu der Übervölkerung Attikas in klassischer Zeit paßte eine gewisse kulturelle Präferenz für die Homosexualität, während im späteren Tibet die Polyandrie und die große Zahl unverheirateter Mönche mit dem eng begrenzten Nahrungsspielraum korrelierten. Die Lösungen von Umweltproblemen sind häufig in der Sozial- und Kulturgeschichte verborgen; dort müssen sie erst dechiffriert werden.[13]

An und für sich hat die Regelung von Ressourcenproblemen für Herrschaftssysteme schon seit alter Zeit ihre attraktiven Seiten gehabt: Man denke an die Kanal- und Deichbauten und die Aufsicht über die Nutzung von Wasser, Wald und Weide! Die Umweltgeschichte ist immer auch Herrschaftsgeschichte; und sie wird es desto mehr, je weiter sie sich von den praktischen Problemen vor Ort entfernt und auf die Ebene der Großen Politik gerät. Und genau hier haben wir den wohl wichtigsten weltgeschichtlichen Elementarprozeß im Umgang mit Umweltproblemen vor uns. Bei den Problemen als solchen gibt es einen begrenzten Kreis ewig gleicher Leitmotive; aber in der geographischen Reichweite und im Umgang damit gibt es eine historische Entwicklung. Die Herausbildung immer größerer politischer und noch weiterer wirtschaftlicher Einheiten, die zunehmende Verflechtung der Welt prägt zwangsläufig auch die Umweltgeschichte. Die räumliche Dimension bestimmter Probleme nimmt zu, und die Kompetenz für sie wird von höheren politischen Ebenen beansprucht: Territorien, Nationalstaaten, supranationalen Instanzen. Auch das Umwelt-Wissen wird exklusiver: Es wird zur Sache der Wissenschaft und beamteter Experten. Dieser Prozeß hat Ursachen, die in der Sache selbst liegen; aber er wird auch von Herrschaftsinteressen des Staates und der Professionspolitik der Experten vorangetrieben. Der vor allem seit dem 16. Jahrhundert in Europa einsetzende Strom der Forstordnungen diente dem Ausbau des frühneuzeitlichen Territorialstaates, in der Folge auch dem der Forstverwaltung und der Forstwissenschaft. Das heißt nicht, daß es den drohenden Holzmangel, mit dem die Forstordnungen begründet wurden, überhaupt nicht gegeben hätte; aber man darf nicht durchweg davon ausgehen, diese Erlasse seien eine direkte und adäquate Reaktion auf aktuelle Waldverschlechterungen gewesen. Nicht anders steht es mit vielen von oben vorangetriebenen Agrarreformen, die mit dem Tiefstand der Landwirtschaft begründet wurden, aber in Wirklichkeit vom Streben nach höheren Staats- und Grundherrschaftseinnahmen motiviert waren und im Endeffekt die Gefahr der Übernutzung mancher Ressourcen eher erhöhten. Grund zu diesem Verdacht gibt es bei den Bewässerungskulturen des Alten Orient ebenso wie bei den Agrarreformen des 18./19. Jahrhunderts und der «Grünen Revolution» der jüngsten Zeit.

Die vom Fernhandel faszinierten Historiker haben oft übersehen, daß die Ernährung der Menschheit bis in die neueste Zeit zu einem Gutteil an lokaler und regionaler Subsistenz hing und ein wirksamer Umgang mit Umweltproblemen, wenn überhaupt, am ehesten dort erfolgte. Die Düngung der Felder, die Instandhaltung der Ackerbauterrassen, die Entschlammung der vielen kleinen Bewässerungskanäle, die Pflege der Fruchtbäume ließen sich nicht zentral organisieren, sondern waren Sache der Dörfer und Haushalte. Daher ist das Abheben von wichtigen Teilen der Umwelterhaltung auf höhere Instanzen kein unbedenklicher Vorgang. Es kann sein, daß die angebliche Problembewältigung an den tatsächlichen Problemen vorbeiagiert und neue Probleme schafft.

In diesem Zusammenhang ist noch ein besonderes Phänomen von Bedeutung. Oftmals gibt es in bestimmten Umweltsektoren einer Region *ein* dominantes Problem, das andere Probleme in den Schatten stellt. In vielen Weltregionen ist die Dürre *der* Schrecken der Menschen; da besteht die Neigung, Bewässerung, wo immer möglich, ohne Rücksicht auf unerwünschte Langzeitfolgen zu betreiben. Auf der anderen Seite deutet der Mythos der Großen Flut, der in mehreren alten Kulturen vorkommt, darauf hin, in welchem Maße in vielen Weltregionen die Überschwemmung die mit dem Wasser verbundene Ur-Gefahr war. Wo die Gefahr der Überschwemmung das Denken beherrscht, beachtet man nicht die mißlichen Folgen einer drastischen Absenkung des Grundwasserspiegels im Zuge der Flußregulierung. Ähnliche Folgen hatte die Fixierung auf die Dränage als Hauptmittel zur Steigerung der Agrarerträge. Noch in den 1930er Jahren klagte der Landschaftsschützer Alwin Seifert, wie sehr der deutsche Wasserbau von der traditionellen «Wasserscheu» beherrscht werde. Einen ähnlichen Effekt besaß die Angst vor den aus Sümpfen aufsteigenden Seuchen; der Hygieniker Max Pettenkofer erklärte selbst den unterirdischen Sümpfen den «Krieg bis aufs Messer». Auch im Tal von Mexico City war die Versumpfung und Überschwemmung seit dem 16. Jahrhundert das Ur-Trauma; die Entwässerung wurde so monomanisch betrieben, daß die Stadt im 20. Jahrhundert auszudörren und abzusinken begann.[14] Eine umweltpolitische Monomanie schafft neue Umweltprobleme.

Mit dem Zusammenwachsen der Welt erstreckt sich der Wissens- und Technologietransfer über immer größere Entfernungen. Die Techniken lösen sich von der Umwelt, in der sie entstanden und der sie angepaßt waren: Auch dadurch entsteht ein neuartiges Umweltrisiko. Der schwere Pflug wird auf Böden eingesetzt, für die er nicht geschaffen worden war und die er der Erosion preisgibt. Wasseraufwendige Techniken, die aus dem wasserreichen West- und Mitteleuropa stammen, werden auf wasserarme Weltregionen übertragen. Gewiß ist es nicht so, daß dieser Technologietransfer stets gegenüber den unterschiedlichen Regionalbedingungen von Blindheit geschlagen wäre: Die Technikgeschichte ist nicht nur eine Geschichte der Technikdiffusion, sondern auch eine der Technik-Anpassung. Diese andere Geschichte ist jedoch unübersichtlicher; sie ist mehr eine Geschichte der Details als der großen technischen Ideen – daher ist sie erst im Ansatz geschrieben. Besonders die Entsorgungstechnik macht eine Anpassung an spezifische Bedingungen notwendig. Wie 1925 ein Vorstand der Emschergenossenschaft schrieb, erfordert die Aufarbeitung des Kohleschlamms «ein liebevolles Eingehen auf die Eigenarten der verschiedenen Schlammsorten».[15] Auch in der Technikgeschichte gilt die Regel, daß die Auslösung weit mehr als die Lösung von Umweltproblemen nach bestimmten Standardmustern vor sich geht.

Exkurs: Die Liebig-These – die Kloakenfrage im Untergrund der Umweltgeschichte

Gibt es nicht doch **ein** großes und sehr einfaches Leitmotiv, das die gesamte Umweltgeschichte seit Beginn des Ackerbaus durchzieht: der unaufhaltsame Niedergang der Natur, je mehr ihre Unterwerfung durch den Menschen voranschreitet? Ist das der Grundvorgang, der hinter all den einzelnen Destruktionsdynamiken steckt? Das Gros der populären Öko-Literatur legt diese Schlußfolgerung nahe: Umweltgeschichte als Geschichte eines Sündenfalls und seiner nicht endenden Folgen. Dabei mischen sich gewöhnlich empirische mit prinzipiellen Bedenken; das erschwert die Auseinandersetzung. Am Anfang steht oft die Grundüberzeugung, schon die menschliche Umgestaltung der Natur als solche sei gleichbedeutend mit Störung und Zerstörung der Natur. Heute wissen wir jedoch längst, daß sich Ökosysteme auch ohne menschliches Zutun in ständigem Wandel befinden und es eine ewige Harmonie, die vom Menschen gestört werden könnte, gar nicht gibt.

Man sollte sich allerdings davor hüten, dieses Argument zu überziehen, so als sei überhaupt keine Balance da, die vom Menschen zu seinem Schaden zerstört werden könne: Vielmehr muß man die Möglichkeit, daß sich durch die gesamte menschliche Geschichte ein dunkler Grundton von ökologischem Niedergang zieht, sehr ernsthaft bedenken. Zwar ist die globale Gefährdung der Atmosphäre und der Wasserressourcen erst relativ jungen Datums; aber bei dem dritten großen Umweltmedium, dem Boden, hat die Annahme, daß die Gefährdung schon Jahrtausende zurückreicht, einiges für sich. Auch das ist ein Grund, weshalb die historische Umweltforschung sich nicht auf die Moderne beschränken darf; denn dann bekäme sie das elementarste Problem der Umweltgeschichte gar nicht im vollen Umfang ins Visier.

Der pessimistische Glaube, daß die Fruchtbarkeit des beackerten Bodens über die Länge der Zeit langsam, aber sicher abnehme, ist schon antiken Ursprungs. «Terra ipsior fertilior erat inlaborata et in usus popularum non diripientum larga», schreibt Seneca: «Die Erde selbst war in unbearbeitetem Zustand fruchtbarer und freigebig zum Nutzen der Völker, die sie nicht beraubten.»[16] Der römische Agrarschriftsteller Columella beginnt sein Opus über die Landwirtschaft mit einem Generalangriff auf diese Klage: Es sei «nicht klug zu meinen, die Erde, die man als Trägerin göttlicher und nie alternder Jugend als die gemeinsame Allmutter bezeichnet hat ..., sei wie ein Mensch gealtert.» Einen Niedergang des Ackerbaus als Folge einer «Mißhandlung des Bodens» durch den Menschen erkennt jedoch auch er; aber der Mensch könne gegen diesen Mißstand jederzeit etwas tun – eben damit begründet er seine eigene Agrarlehre. Bei den neuzeitlichen Agrarreformern setzt sich dieser wohlgemut-aktivistische Tenor fort, aber in Kontrapunktik dazu auch verstärkt die Klage über Fehlentwicklungen.

Den Gipfel dieser Dialektik verkörpert der Chemiker Liebig, der mit den neuen Erkenntnissen der Chemie die Landwirtschaft revolutionieren wollte und zugleich den gesamten bisherigen europäischen Ackerbau als Raubbau verdammte. Dabei argumentierte er nicht nur mit der Chemie, sondern auch mit der Weltgeschichte. In ihrem Kern entsprang seine Argumentation jedoch der chemischen Theorie, nicht der Geschichte. Der Grundgedanke war einfach: Die Fruchtbarkeit des Bodens beruht auf keiner sich von selbst regenerierenden Lebenskraft, sondern auf mineralischen Bestandteilen. Durch jede Ernte werden dem Boden Minerale entzogen; wenn der Mensch diese nicht dem Boden in irgendeiner Form zurückgibt, und zwar voll und ganz, geht es mit der Fruchtbarkeit des Bodens unweigerlich bergab. Es war ein Grundgesetz nach dem Muster des um die gleiche Zeit aufgestellten Energieerhaltungssatzes oder der Geldwirtschaft: Wenn man mehr ausgibt, als man hat oder hinzuerwirbt, wird man ärmer. Dieser Prozeß der schleichenden Verarmung des Bodens schreitet laut Liebig schon seit Jahrtausenden voran, beschleunigt jedoch seit den neuzeitlichen Agrarreformen, die dem Boden immer höhere Ernteerträge abzwingen. Der Kreislauf der Nährstoffe würde wieder geschlossen, wenn die Exkremente von Mensch und Tier einschließlich des Urins dem Boden, dem die Nahrung entstammt, vollständig wieder zurückgegeben würden. Der «Fortschritt der Kultur» – so Liebig – sei eine «Kloakenfrage»: Den chemischen Dünger als perfekte Lösung hatte er damals noch nicht. Er glaubte, daß die Chinesen die Rückführung der Fäkalien in vorbildlicher Perfektion vollzögen und sich daraus die einzigartige Kontinuität der chinesischen Kultur über die Jahrtausende erkläre, der Westen dies jedoch in der Regel vernachlässigt habe und mit der Einführung von Wasserklosett und Mischkanalisation gänzlich zu unterbinden im Begriff sei. Möge Europa in den Augen vieler noch ein blühendes Aussehen haben, so befinde es sich doch in Wahrheit «in der Lage eines Schwindsüchtigen, dessen Spiegel ihm ein Bild der Gesundheit reflectirt». Der Raubbau gipfele auf den Farmen Nordamerikas: Was dort getrieben werde, sei «Mord und Totschlag des Feldes»; aber auch die sogenannte «intensive Landwirtschaft» Europas sei ein Raub, nur eben ein feinerer, ein «Raub mit Selbstbetrug», verhüllt durch ein pseudowissenschaftliches Lügengespinst.[17] Es handele sich jedoch nicht erst um ein modernes Phänomen; schon alle älteren Hochkulturen seien mit Ausnahme der chinesischen zwangsläufig der selbstverursachten Erschöpfung ihrer Böden zum Opfer gefallen.

Der Wahrheitsgehalt dieser Theorie, an der die Interpretation der gesamten Umweltgeschichte hängt, ist bis heute nie ausdiskutiert worden, weder unter Agrar- noch unter Umwelthistorikern. Die moderne Umweltforschung hat das aktuelle Problem der Überdüngung im Blick und zeigte bislang wenig Interesse für die jahrtausendelange Misere des Düngermangels. Die Zeitgenossen Liebigs dagegen hatten die Hungersnöte des frühen 19. Jahrhunderts vor Augen. Eine suggestive Kraft bekam Liebigs Theorie jedoch nicht durch eine empirische Evidenz, sondern durch ihre einfache Logik, die Schärfe der Formulierung und die scheinbar simple Klarheit der rettenden Lösung: Dem Boden mußten die entnommenen Mineralien wieder zugefügt werden.

Die Liebig-Theorie ist bis heute schwer exakt zu überprüfen; denn über die Jahrtausende gibt es auch natürliche Prozesse der Bodenverarmung. Vor allem wegen des Anteils der Mikroorganismen und der jahrhunderte- und jahrtausendelangen Zeiträume sind die Vorgänge der Bodenbildung bis heute höchst unübersichtlich, und wieweit deren Tempo mit dem des Nährstoffentzuges mithält, läßt sich schon für die Gegenwart nicht leicht und für vergangene Zeiten noch schwerer ermitteln. Ein heftiger Streit darüber tobte vor allem zu Liebigs Lebzeiten. Selbst der Agrarchemiker Stöckhardt, heute als Pionier der Waldschadensforschung wieder zu Ehren gekommen und ursprünglich ein begeisterter Anhänger Liebigs, spottete über das «Gespenst der Bodenaussaugung». Von anderer Seite wurde Liebig entgegnet, daß seine Unterstellung, die deutschen Bauern hätten – im Gegensatz zu den Chinesen – eine «heillose Verschwendung der Menschenexkremente» betrieben, gar nicht stimme. Damit wäre das Kernstück von Liebigs Argumentation entfallen. Aber auch diese Gegenbehauptung ist anfechtbar. Die Geschichte des Umgangs mit den Fäkalien, die sich im Dunkel der Latrinen verliert, ist nicht ganz leicht zu klären.[18]

Der Nationalökonom Roscher glaubte Liebigs Raubbautheorie nur halb und brachte ein simples Gegenargument: «Da kein Stoff gänzlich von der Erde verschwindet, so kann es sich bei der Bodenerschöpfung nur um eine Dislokation wertvoller Bodenteile handeln.» In der Tat kann man häufig annehmen, daß der Boden, der in den Bergen verlorenging, sich in den Tälern sammelte; dort war er als Folge von Versumpfung und Seuchen in früheren Zeiten allerdings nicht immer nutzbar. Die Nutzung solcher Talauen war eine Frage des Fortschritts in der Entwässerungstechnik. Solange die Bodenfruchtbarkeit – der Doktrin Liebigs zufolge – nur in Mineralen bestand, war ihr Niedergang nie irreversibel. Wirklich kritisch wird es dann, wenn man den Humus für entscheidend hält; die Humustheorie wurde jedoch von Liebig wütend bekämpft, weil er da den Glauben an eine Sonderstellung des Lebendigen witterte, das sich den chemischen Formeln entzog.

Der Historiker Treitschke, ein jüngerer Zeitgenosse Liebigs, der von den Chemikern keine hohe Meinung hatte und die Angst vor Bodenerschöpfung als eine antiquierte Marotte abtat, hielt es für eine Tatsache, daß die großen Güter im frühen 19. Jahrhundert den perfekten Kreislauf der Nährstoffe realisiert hätten: «Jedes große Landgut bildete gleichsam einen isolierten Staat, der durch wohlberechneten Fruchtwechsel, durch die Verbindung von Ackerbau und Viehzucht die verlorenen Bodenkräfte stets selber neu zu erzeugen suchte.»[19] Aber das war der Typ der noch kaum für den Markt produzierenden Bauernwirtschaft: ein in verkehrsgünstigeren Regionen längst überholter Typus. Je mehr die Marktorientierung der Landwirtschaft voranschritt und je weiter der Ort des Verbrauchs von dem der Produktion entfernt war, desto mehr wurde der lokale Nährstoffzyklus aufgelöst. Daraus muß man folgern, daß die Grundtendenz der Geschichte seit langem ein ökologisches Krisenpotential enthält.

Widerlegen die neuzeitlichen Fortschritte der Landwirtschaft dieses Geschichtsbild? Nicht unbedingt; denn seit den bahnbrechenden Forschungen Wilhelm Abels wissen wir, daß der Lebensstandard der breiten Masse der Bevölkerung in weiten Teilen Europas vom Spätmittelalter bis zum frühen 19. Jahrhundert drastisch gesunken ist.[20] Ob das Bevölkerungswachstum während jener Zeit so stark war, daß es allein dieses Absinken erklärt, läßt sich bezweifeln. Ganz aus der Luft gegriffen war Liebigs düsteres Niedergangsgemälde nicht. Das Problem der Regeneration der Bodenfruchtbarkeit wurde seither durch den gewaltigen Energieeinsatz bei der Düngemittelproduktion verdeckt.

Die *Erosion* war für Liebig kein Thema, da sie den Chemiker nichts anging und in Deutschland lange Zeit kaum auffiel. Erst seit den US-amerikanischen Staubstürmen der 1930er Jahre wurde sie als ein weltweiter Hauptfaktor der Bodenzerstörung wahrgenommen. Man bemerkte sie zunächst nur als ein Phänomen der Gegenwart; erst die Bodenarchäologie fand heraus, wie weit die mutmaßlich anthropogene Erosion zurückreicht. Schon das oberflächliche Pflügen, zumal wenn Düngermangel dazukommt, beschleunigt die Erosion. Auch wenn es viele Methoden gibt, der Verwehung und Abschwemmung der Böden vorzubeugen, scheint die verstärkte Erosion im großen und ganzen doch, universalgeschichtlich und weltweit betrachtet, der Preis des Ackerbaus zu sein. Ähnlich wie ein Sinken der Fruchtbarkeit des Bodens wird sie oft geraume Zeit nicht bemerkt; und in beiden Fällen gibt es zwar je nach den lokalen Bedingungen eine Vielzahl von Gegenmaßnahmen, aber keine verläßliche und allgemein bekannte Standardlösung. Unter dem Eindruck der Staubstürme der 1930er Jahre steigerte sich ein amerikanischer Erosionsforscher sogar zu der These: «Die Bodenerosion verändert den Lauf der Weltgeschichte radikaler, als dies je ein Krieg oder eine Revolution vermag. Sie erniedrigt mächtige Nationen ... und versperrt den Weg zu dem Eldorado, das noch vor wenigen Jahren in Reichweite erschien.»[21]

Es gibt einen Grundeinwand: Wenn die Theorie vom schleichenden Niedergang der Böden als Folge der menschlichen Bodenbearbeitung stimmt – müßte die Menschheit dann nicht schon längst zugrunde gegangen sein? Beweist nicht schon das jahrtausendelange Überleben und gewaltige Wachstum der Menscheit seit der Erfindung des Ackerbaus, daß es Elemente der Nachhaltigkeit geben muß, die in dieser Theorie nicht vorkommen? Offenbar ist der schleichende Niedergang nicht die einzige Geschichte; viele andere Geschichten laufen quer dazu. Allerdings ist nicht sicher, ob sie von ähnlich fundamentaler Natur sind. Die Dünger- und «Kloakenfrage» bleibt ein kritischer Punkt der Umweltgeschichte.

3. In die Tiefe der Zeit und: Die rätselhafte Regenerationskraft des Naturideals

Lynn White holte in seinem Vortrag zu Weihnachten 1966 über die «historischen Wurzeln unserer ökologischen Krise» weit aus bis zu den Anfängen der jüdisch-christlichen Religion und dem Auftrag des alttestamentlichen Gottes an die Menschen «Macht euch die Erde untertan».[22] Der Vortrag wurde zu einer Art von «heiligem Text» der entstehenden Umwelthistorie, und eine Zeitlang war es beliebt, weit in die Vergangenheit zurückzugehen und mit dem Alten Testament zu beginnen. Dann jedoch stellte sich heraus, daß sich dieser universal-geistesgeschichtliche Ansatz nur sehr schwer in erdnahe empirische Forschungen umsetzen ließ. Als die historische Umweltforschung über die essayistischen Präliminarien hinauskam und solider wurde, beschränkte sie sich ganz überwiegend auf das Industriezeitalter, in dem die Emissionen zum drängendsten Umweltproblem geworden sind. Wenn man die Wasser- und Luftverschmutzung ins Zentrum der Umweltgeschichte stellt, ist in der Tat nur die Ära der Kohle und des Öls wirklich wichtig.

Aber diese Blickverengung unter dem Eindruck der Aktualität ist historisch borniert. Daß die menschlichen Kulturen schon seit Jahrtausenden immer wieder ihre Not mit selbstverursachter Ressourcenverknappung hatten, ist heute nicht mehr zu bezweifeln. Ein allererster Lernschritt besteht auf dem heutigen Forschungsstand in der Einsicht, daß es großflächige Landschaftsveränderungen durch den Menschen schon seit Jahrtausenden gibt. Brandwirtschaft und Weide haben die Umwelt weitaus flächendeckender verändert als die Fabriken der frühen Industrialisierung. Moore sind nach heutigem Forschungsstand in typischen Fällen durch Erosionsvorgänge entstanden, die aus Waldzerstörung und Überweidung im Neolithikum herrühren. Prähistorische Siedlungsverlagerungen deuten darauf hin, daß die Menschen schon in der Frühzeit ihre lokalen Ressourcen immer wieder erschöpft haben. Gewiß ergab sich daraus kein globales Umweltproblem; aber wenn die Menschen mit einem engen räumlichen Horizont lebten, war ihre Welt durchaus von der Gefahr der Ressourcenerschöpfung bedroht. «Der geoarchäologische Befund demonstriert, daß ein homöostatisches Gleichgewicht über die Länge der Zeit nur selten aufrechterhalten wurde», glaubt selbst Karl Butzer, der vor allem Ägypten, das Musterbeispiel einer phänomenalen Kontinuität der Mensch-Umwelt-Balance, erforschte. John R. McNeill, der Historiker der mediterranen Bergwelt, der im allgemeinen den modernen Ursprung der Entwaldung betont, kommt gleichwohl zu dem Schluß, alle Anpassungen an die Umwelt – auch die archaischen – seien in ihrem Erfolg zeitlich begrenzt.[23]

Handelt es sich bei alldem um eine Vorvergangenheit, die für die Gegenwart irrelevant ist? Aber man muß damit rechnen, daß unser gegenwärtiges Umweltverhalten teilweise sehr alten Verhaltensmustern folgt, ja daß unsere Wahrnehmung zu einem Teil der Problemlage früherer Zeiten entspricht. Warum nimmt der Mensch mit seinen Sinnen das hochgiftige Kohlenmonoxid (CO) nicht wahr? Für den Evolutionsbiologen Wuketits ganz einfach deshalb, «weil CO in jener Riesenzeit, als es noch keine Kohleöfen gab, nicht auftrat».[24] Daß wir «arkadische» Weidelandschaften so lieben, hatte über Jahrtausende ganz handfeste Gründe. Der Umwelthistoriker muß also in die Tiefe der Vergangenheit zurückgehen, um herauszufinden, wie unser gegenwärtiges Umweltverhalten vorprogrammiert ist.

Es sind vor allem zwei weit auseinanderliegende Fährten, über die man zu jahrtausendealten Kontinuitäten der Mensch-Umwelt-Beziehung gelangt: Die eine führt über objektive Relikte – Pollen, Skelette, Bodenstrukturen – und bedient sich naturwissenschaftlicher Methoden; die andere hält sich an das semantische Umfeld von «Natur» und verwandter Begriffe und braucht dabei ein Stück intuitives Verständnis, davon ausgehend, daß einiges an menschlicher Umweltgeschichte auch in uns selbst fortlebt.

Nicht zuletzt auf die Pollenanalyse, verbunden mit der Radiokarbon-Datierungsmethode, gründet sich die Erkenntnis, daß die menschliche Auseinandersetzung mit der Umwelt eine über viele Jahrtausende reichende Tiefendimension hat. Sie hat gezeigt, daß die Auflichtung der Wälder in Mitteleuropa nicht erst in der Zeit der hochmittelalterlichen Rodungen begann, sondern schon Jahrtausende davor und Germanien entgegen früheren Phantasien schon zur Zeit der Varusschlacht nicht mit dichtem Urwald bedeckt war. Nicht erst durch den Holzverbrauch der Lüneburger Saline entstand die Lüneburger Heide, sondern die Verheidung war, wie pollenanalytische Untersuchungen zeigen, schon um 1500 v. Chr. in vollem Gang: vermutlich als Folge von Brandwirtschaft und Viehweide. Es gibt sogar Hinweise darauf, daß der Mensch schon in der Frühzeit den Wald nicht nur reduzierte, sondern dessen Artenzusammensetzung positiv beeinflußte, so etwa die Ausbreitung der für das Viehfutter begehrten Eiche und Esche förderte. Die Pollenanalyse läßt jedoch erkennen, daß die Vegetation sich auch ohne menschlichen Einfluß wandelte.[25]

Die Aussagekraft der Pollen hat freilich ihre Grenzen. Man erfaßt nur die Umgebung der Seen und Moore, in denen sich Pollen konservieren, daher vor allem die feuchten, nicht so sehr die trockenen Gebiete. Prähistorische Versteppungsprozesse können der Pollenanalyse entgehen. Auf Pollenbasis kann man die Bewaldung in früherer Zeit sowohl über- als auch unterschätzen. Aus der Zahl der Pollen kann man nur unsichere Schlüsse auf die quantitative Zusammensetzung großflächiger Ökosysteme ziehen.

Gelangt man über die menschlichen Naturvorstellungen in ferne Vergangenheiten? Man stößt sogleich auf das Gegenargument, daß das, was wir heute unter «Natur» verstehen, ein modernes Konstrukt sei und ältere Naturbegriffe mit der Umwelt gar nichts zu tun gehabt hätten. Joachim Ritter behauptete 1962 in einem vielbeachteten Aufsatz zur Naturästhetik, «Natur als Landschaft» könne es «nur unter der Bedingung der Freiheit auf dem Boden der modernen Gesellschaft geben». Aber diese These ist ein Musterbeispiel für jene optische Täuschung, die durch die Verengung des Blicks auf die Moderne entsteht. Ein Blick auf die Wandmalereien von Pompeji genügt, um daran zu erinnern, wie alt das Entzücken über die üppig sprießende und blühende Natur und den Gesang der Vögel ist. Hildegard von Bingen glaubte, es gebe eine Grünkraft (viriditas), die die Bäume und Blumen ebenso wie Mensch und Tier belebe. Vieles spricht für die Existenz einer dem Menschen angeborenen «Biophilie». Die Umweltgeschichte besitzt ihre anthropologische Basis.[26]

Schon das griechische Wort für «Natur», «physis», kommt von «Wachsen». Gewiß, seine klassische Bedeutungsentwicklung führte nicht in den Wildwuchs, sondern in das Wesen der Dinge, die vernünftige Ordnung, und in die Abstraktion; dieser semantische Strang reicht bis in die Moderne. Zugleich jedoch kehrt der Naturbegriff immer wieder zu seiner ursprünglichen Bedeutung zurück, zu der Welt des Wachsens, der üppigen Fruchtbarkeit. Selbst in den Reflexionen und Diskussionen über «Natur» gibt es bemerkenswert konstante Elemente. Schon der Aristoteles-Schüler Theophrast bezweifelt die teleologische Naturvorstellung seines Meisters und sieht keinen Grund für die Annahme, daß die Natur von Natur aus für den Menschen da sei. So alt ist die Kontroverse «Nichtanthropozentrik kontra Anthropozentrik»! Seneca, der die Natur eine schützende Mutter nennt – «ut parens ita tutela omnium» –, klagt die Reichen der Landschaftsverschandelung an: «Wie lange noch, und es wird keinen See mehr geben, der nicht von den Giebeln eurer Landhäuser überragt wird?» Man glaubt sich ins 20. Jahrhundert und an den Starnberger See versetzt – wieder sieht man, daß man die Modernität heutiger Probleme und Problemwahrnehmungen nicht überschätzen darf. Der Taoist Ko Hung, der Begründer der chinesischen Alchimie, läßt im vierten Jahrhundert den anarchistischen Philosophen Pao Ching-yen gegen jene Verhaltensweisen wettern, die so tun, als sei die Natur für den Menschen da: «Daß man den Zimtbaum entrindet und den Lackbaum anzapft, ist nicht das Anliegen dieser Bäume, daß man den Fasan rupft und den Eisvogel zerfetzt, ist nicht der Wunsch dieser Vögel. ... Der Keim von Betrug und List liegt in einem Handeln wider die Natur, das auf Gewalt aufbaut.» Schon hier das Axiom der modernen Öko-Bewegung, daß Gewalt gegen die äußere Natur auch Gewalt gegen die menschliche Natur erzeugt![27]

Bereits in der Antike begegnet die Natur als etwas Verletzbares, letztlich jedoch Unbesiegbares, das der Mensch nur zu seinem Schaden bekämpft. «Naturam expellas furca, tamen usque recurret» – «Magst du auch die Natur mit der Mistgabel austreiben, dennoch kehrt sie wieder zurück», dichtete Horaz, der wie kein anderer antiker Autor das Landleben pries. Da zur Natur die Fruchtbarkeit gehört, sind auch erotisch-sexuelle Bedeutungen sehr alt. Der Scholastiker Alain de Lille läßt im 12. Jahrhundert die Göttin Natura, die er in einen von Wald umgebenen Garten des ewigen Frühlings versetzt, Klage gegen die Sodomie erheben, die die Zeugung verhindert. Selbst in der mittelalterlichen Scholastik taucht die spätantike Göttin Natura auf, wenn auch äußerlich in christliche Moral gehüllt! Über sie, so Ernst Robert Curtius, strömt «wie durch eine geöffnete Schleuse» «der Fruchtbarkeitskult ältester Zeiten» in die «Spekulation des christlichen Abendlandes» ein. «Natur» bezeichnet nicht nur eine allegorische Frauengestalt, sondern auch eine Lebensweise, bei der man sich wohl in seiner Haut fühlt: «So leibt und lebt sich alles besser, was natürlich ist», lehrte im 16. Jahrhundert der lutherische Prediger Johann Mathesius in der Bergstadt Joachimsthal.[28] Die Erfahrung, wie wohl es tut, Zwänge abzulegen und den Bedürfnissen von Leib und Seele nachzugeben, ist alt. Dabei führte die innere zur äußeren Natur. Die Pflanzenkunde begann als Heilpflanzenkunde.

Philosophiegeschichtliche Abhandlungen zum Naturbegriff erwähnen die Umtriebigkeit der «Natur» in der Erotik, der Heilkunde, der Lebenskunst wie auch im «Naturrecht», in den «Naturwissenschaften», in der Technik – wenn überhaupt – meist nur am Rande; daher entgeht ihnen ein Gutteil der vitalen, normativen und praktisch-wirksamen Bedeutung des Naturkonzepts. Aus der Sicht der meisten Theoretiker wirkt die Geschichte des Naturbegriffs ungemein widersprüchlich und verworren, und die Konfusion nimmt im Lauf der Neuzeit eher noch zu.[29] Natur als Wesen – Natur als Wildnis, Natur als Lehrmeisterin –, Natur als das nicht zu Bändigende, die gütige Natur – die schreckliche Natur: Was soll man von diesem Wirrwarr von Widersprüchen halten? Man kann Natur als Norm und als philosophische Kategorie mühelos auseinandernehmen. Rätselhaft nur, wie dieses Ideal nie totzukriegen ist und wie der Naturbegriff aus jedem Strudel von Konfusionen wieder emportaucht und zu ursprünglichen Bedeutungen zurückkehrt. Dieses Phänomen scheint noch nie angemessen gewürdigt worden zu sein. Irgendeinen Lebenssinn, ob symbolisch oder praktisch, muß der Begriff wohl besitzen und über die Jahrtausende bewahrt haben.

Der Grundfehler lag wohl darin, daß man «Natur» unter dem Einfluß der Philosophen als Begriff mißverstand. In Wirklichkeit handelte es sich um etwas anderes. Norbert Elias nannte dieses Wort ein «Symbol, das eine Synthese auf sehr hoher Ebene repräsentiert»[30] – eine Synthese von langer kollektiver Erfahrung und Reflexion; eine Abstraktion gewiß, aber eine, die sich immer neu konkretisiert und sich als nützliche Orientierungshilfe bewährt. In dieser Richtung dürfte des Rätsels Lösung liegen. Wie könnte man den Erfahrungsfundus, auf den «Natur» anspielt, kurz bezeichnen? Es ist gewiß eine Erfahrung dessen, daß unser eigenes Wohlbefinden auf vielerlei Art mit dem Gedeihen von Tier- und Pflanzenwelt, mit der Klarheit und Unerschöpflichkeit der sprudelnden Quellen zusammenhängt, und eine Ahnung, daß alles dies bestimmten Regeln unterliegt, gegen die man nicht willkürlich verstoßen darf. Längst nicht immer ist die Wirksamkeit des Naturideals an den *Begriff* Natur gebunden. Das alltägliche Sicheinfügen der meisten Menschen in die natürlichen Bedingungen geschah in der Regel auf wortkarge Art.

Daß der an die Natur geknüpfte Kreis von Vorstellungen sich immer wieder als nützlich, ja lebensnotwendig erwies, hat wohl einen simplen Grund: nämlich den, daß der Mensch ein biologischer Organismus ist und den gleichen Gesetzen wie andere Organismen unterliegt, von denen er lebt. Auch der Mensch verdorrt ohne Wasser, verhungert ohne Pflanzen und Tiere, verkümmert ohne Licht, stirbt aus ohne Sex. «Natur» ist eben kein bloßes Diskursprodukt, sondern entspringt letztlich dem animalischen Wesen des Menschen. Die biologische Natur des Menschen als Grundlage der menschlichen Geschichte wegdiskutieren zu wollen ist so absurd, wie den unlösbaren Zusammenhang des Geistes mit dem Körper zu leugnen. Ihre Vitalität bewies «Natur» immer wieder als Gegenpol gegen künstliche, von Menschen erfundene Ordnungen und Zwänge.[31] Daher verweist «Natur» nicht so sehr auf eine Ur-Harmonie – die hätte einer solchen Artikulation nicht bedurft –, sondern auf sehr alte Gefahrenzonen des menschlichen Daseins.

Schon seit alter Zeit entsprang die intensivste Naturerfahrung häufig der Einsamkeit, unter Einschluß der Einsamkeit zu zweit. Das Zwitschern der Vögel hört man am besten, wenn man allein ist und schweigt. Im mittelalterlichen Europa wie im alten China und Indien sind es oft die Einsiedler, die eine besonders intime Beziehung zur Natur aufbauen; manchmal auch die Vaganten. Hat der Mensch als Individuum einen besonders unmittelbaren Kontakt zur Natur, oder ist die Naturbeziehung stets über die Gesellschaft vermittelt? «Natürlich über die Gesellschaft!» respondiert der Chor der Sozialwissenschaftler. Aber die Elementarverbindung der Natur besitzt jeder durch seinen Körper; den hat er für sich allein, in ihm spielen sich Leben und Überleben ab, und er ist eine kompaktere Einheit als alle sozialen Systeme. Die Gesellschaft kann den Blick auf Naturnotwendigkeiten verstellen. Je komplexer die Gesellschaften werden, desto mehr sind sie mit sich selbst beschäftigt und desto größer ist die Gefahr, daß sie unfähig werden, auf Naturnotwendigkeiten zu reagieren. Gewiß, Umwelt- und Sozialgeschichte hängen eng zusammen, aber eine harmonische Einheit bilden sie nicht.

Auch die Biophilie allerdings ist – wenn es sie gibt – kein zuverlässiger umwelterhaltender Instinkt. Woher sollte ein solcher Instinkt auch kommen? Menschliches Verhalten ist ja nicht per se, sondern erst durch die Massierung umweltschädlich. Auch sonst hat die der Naturliebe innewohnende Vernunft ihre Grenzen: Bei vielen modernen Menschen reicht sie nicht einmal bis zu der Fähigkeit, den Regen zu schätzen, ohne den es die blühende Natur nicht gibt! Die Gefahr der Einseitigkeit und Monomanie besteht nicht nur in der Umweltpolitik, sondern bereits im Naturgefühl.

4. Bäume oder Schafe? Das Werturteilsproblem in der Umweltgeschichte

Umweltgeschichte wird üblicherweise mit kritischem Unterton geschrieben; aber der Maßstab der Kritik wird meist nicht genannt, geschweige denn diskutiert. Schon für die gegenwärtige Umweltpolitik ist das Problem, wie sich Normen legitimieren lassen, nicht entfernt gelöst; noch viel weniger für vergangene Zeiten. Vermutlich meidet man dieses Problem, weil man dahinter ein unlösbares Dilemma wittert. Obendrein enthält die Frage einiges an ideologischem Spaltstoff. Ob man in Nationalparks Tierarten exotischer Herkunft zuläßt oder nicht, darüber kann man sich mit ähnlicher Erbitterung streiten wie über die Einwanderungspolitik; bei der Kontroverse darüber, ob Schafe in den Parks weiden dürfen, prallt das Ideal der Wildnis auf das des Schutzes traditioneller Lebensformen bei Mensch und Tier. Die dabei gefällten Urteile beeinflussen die Sicht der gesamten Umweltgeschichte; denn der Artentransfer und die Weide sind seit Jahrtausenden Hauptfaktoren der Umweltveränderung. Im übrigen rührt die Scheu, Bewertungskriterien offenzulegen, wohl auch daher, daß in Sachen Umwelt oft existentielle Notwendigkeiten mit Fragen des persönlichen Geschmacks vermengt werden: Fragen der globalen Atmosphäre mit solchen der städtischen Grünanlagen. Als «ökologisch wertvoll» gilt heute oft ganz einfach das, was selten geworden ist – und seien es die «Schwermetallfluren» auf den alten Schlackenhalden des Bergbaus. Damit folgt der Naturschutz den Gesetzen des Marktes.

Aus der Ökologie wissen wir seit langem, daß man sich unter «Natur» keine stabile, in steter Harmonie befindliche organische Einheit vorstellen darf, sondern daß sich die Natur auch ohne menschliches Zutun ständig wandelt. Was daraus für das ökologische Werturteilsproblem folgt, ist noch ungeklärt. Rolf Peter Sieferle knüpft daran sein Plädoyer, auf Werturteile überhaupt zu verzichten und die vermeintliche «Naturzerstörung» lediglich als «Übergang von einem Ordnungszustand in einen anderen» zu registrieren.[32] Und gewiß kann man festhalten, daß der Umwelthistoriker mit seinen Wertungen nicht zu rasch sein sollte. Die gesamte Umweltgeschichte ist kein Kampf zwischen Guten und Bösen. Wenn man konstatiert, daß die Sümpfe mit den Moskitos jahrhundertelang der beste Schutz der Tropen gegen weiße Eindringlinge waren, besteht keine Notwendigkeit, über diese Feststellung hinaus Partei, ob für oder gegen die Moskitos, zu ergreifen. Es war eben so. Andererseits: Auch wenn das Aussterben von Arten in der Erdgeschichte etwas Normales ist, handeln wir nicht ohne Sinn, wenn wir das Unsrige dazu beitragen, unser eigenes Aussterben ein wenig hinauszuschieben. Letztlich bietet nur dieses Ziel einen Anhaltspunkt für Werturteile. Solange man nur mit der «Natur um ihrer selbst willen», mit der Erhaltung des «Naturhaushalts» und der Artenvielfalt argumentiert, kann man, wenn man will, einen gewaltigen Wertungs-Wirrwarr anrichten. Es gibt beliebig viele Geschichten darüber, wie menschliche Eingriffe in die Natur zwar bestimmte Arten schädigen, aber dafür anderen eine Chance geben. Gebieterische Imperative ergeben sich, wenn überhaupt, nur aus dem Interesse am Überleben der Menschheit unter menschenwürdigen Bedingungen in bestimmten historischen Situationen.

Hier und da gibt es einen Typus der ökologischen Interpretation von Geschichte, der unter Berufung auf Umweltzwänge eine Umwertung aller Werte proklamiert und nicht nur den technischen, sondern auch den humanen Fortschritt relativiert. Die ökologische Begründbarkeit des Kannibalismus, ob bei den Azteken in Mexiko oder den Papuas auf Neuguinea, wird seit den 1970er Jahren unter Öko-Anthropologen allen Ernstes diskutiert.[33] Wohl als Gegenreaktion auf die sonst übliche moralische Korrektheit bricht unter Umwelthistorikern zuweilen der Zynismus durch. John Opie erwähnt Jonathan Swifts «bescheidenen Vorschlag» von 1729, zur Lösung des Londoner Armuts- und Übervölkerungsproblems die Babies der Armen als Speise auf den Tischen der Reichen servieren zu lassen, als frühe Idee von «environmental management». Eine «ökologische Geschichte Indiens» macht das Kastenwesen zum Muster eines «Ressourcenschutzes von unten»: Dadurch, daß jede Kaste ihre spezielle ökologische Nische besessen habe, sei eine konkurrierende Ausbeutung und Übernutzung der Ressourcen verhindert worden.[34] Ob Kannibalismus oder Kastensystem: die Behauptung, daß es sich bei dem einen wie dem anderen um ein optimales Ressourcen-Management handele, ist nicht gerade von zwingender Logik. Logisch ist sie allenfalls unter der Voraussetzung, daß jene Kulturen keine anderen Strategien besaßen: Und das wäre noch zu beweisen.

Der Umwelthistoriker, der nach konkreten Wertmaßstäben sucht, könnte darauf hoffen, noch am ehesten am *Wald* einen festen Halt zu finden. Wer von der Forstgeschichte herkommt, neigt dazu, überall die Zensuren danach zu verteilen, wie der Wald behandelt wird. Dafür gibt es gewiß gute Gründe, und nicht nur romantische: Man denke nur an die Bedeutung des Waldes für den Wasserhaushalt und den Bodenschutz! Nicht ohne Grund gilt der Hochwald, der ein Handeln auf lange Sicht erfordert, als Indikator dafür, wieweit eine Gesellschaft zur Zukunftsvorsorge fähig ist. In vielen Weltregionen löst die Vernichtung der Wälder destruktive Kettenreaktionen aus; von daher läßt es sich im großen und ganzen rechtfertigen, Walderhaltung als Kernstück des Umweltschutzes anzusehen.

Aber bei der Frage, *welcher* Wald erhalten werden soll, stößt man auf Grundkonflikte, in der Vergangenheit wie in der Gegenwart. Besteht der Wald nur aus Bäumen, oder lebt er auch durch das Wild? Besonders in diesem Punkt waren und sind die Meinungen und Gefühle der Forstleute und Waldfreunde tief gespalten. Durch alte Kämpfe zwischen Förstern und Bauern belastet ist auch die Frage der Waldweide. Der Historiker sollte da nicht automatisch die Partei der Förster ergreifen. Vor allem ehemalige Hudewälder erregen heute das Entzücken der Naturfreunde. Bei den angeblichen «Urwäldern», die noch in Deutschland existieren, handelt es sich in der Regel um frühere Hudewälder; der «Urwald» an der Sababurg wurde bis ins 19. Jahrhundert vom Vieh behütet: «behütet» im doppelten Sinne. Das Windehäuser Holz bei Nordhausen, ein alter bäuerlicher Niederwald, in dem fast alle deutschen Laubholzarten vorkommen, gilt als «locus classicus» der thüringischen Floristik. Bis zum 19. Jahrhundert hat die bäuerliche Wirtschaft die «Biodiversity» eher erhöht. «Bei gleich guten Wachstumsbedingungen», bemerkt der Ökologe Josef H. Reichholf, «blüht jene Pflanze stärker, die in mäßigem Umfang beschnitten oder von Tieren angeknabbert wird, als eine, die ganz unbeschädigt wachsen kann.»[35]

Manche behaupten, daß die mediterrane Garrigue mit ihrer Strauchheide den Boden im Bergland viel besser hält als der Wald.[36] Besteht die Idealnatur wirklich immer und überall aus Wald? Muß man der Ziege verübeln, daß sie im Mittelmeerraum die Verwandlung von Wald in Macchie und Garrigue befördert hat? Viele Waldbäume, ob Buche oder Fichte, sind ausgesprochen intolerant und verhindern in ihrem Umkreis das Hochkommen anderer Arten. Wie Marvin Harris bemerkt, bedeutete das Vordringen der Wälder nach dem Ende der letzten Eiszeit für viele Tiere, die ihre Weidgebiete verloren, eine «ökologische Katastrophe». Der Umwelthistoriker hätte allen Grund, neben den Wäldern auch die Wiesen zu würdigen, die bislang von der Geschichtsforschung arg vernachlässigt wurden. An Artenreichtum sind die Wiesen vielen Wäldern überlegen; und sie waren und sind überdies als menschlich-tierischer Lebensraum von großer Bedeutung. Wie Braudel schreibt, waren im frühneuzeitlichen Frankreich Wiesen manchmal zehnmal soviel wert wie Ackerboden; in Thüringen ist um 1335 sogar vom hundertfachen Preis die Rede![37]

Der Alpengeograph Werner Bätzing setzte sich 1984 mit dem Werturteilsdilemma der Umweltgeschichte auseinander. Mit Recht fand er es verwunderlich, daß bei all den Klagen über die Ausbeutung der Natur durch den Menschen die Alternative eines «nicht-ausbeuterischen Mensch-Natur-Verhältnisses» «oftmals ziemlich blaß und abstrakt bliebe». (Man könnte hinzufügen: zumindest in Europa, wo die indianische Alternative fehlt!) Der vielzitierte «Frieden mit der Natur» – so Bätzing – sei «derzeit mehr eine Chiffre als eine inhaltliche Bestimmung».[38] Das hat sich seither nicht wesentlich verändert; eher ist die exotische Alternative der Ur- und Naturvölker noch fragwürdiger geworden. Bätzing hat für seine Person im Falle der Alpen eine realhistorische Alternative anzubieten: die Almwirtschaft. Sie ist nicht urtümlich, sondern konnte sich erst in neuerer Zeit voll entwickeln, als der Handel so weit fortgeschritten war, daß die Bergbauern den Ackerbau aufgeben und sich ganz auf die Milchwirtschaft verlegen konnten. Die Almen schützten den Boden besser als der auf Steilhängen betriebene Ackerbau. Die Arbeitsteilung zwischen den Regionen kann zu einer besseren Anpassung an Umweltbedingungen führen.

Bei der Ökologie der Weidewirtschaft gibt es extreme Unterschiede, je nach den geomorphologischen Bedingungen, der Regulierung und der Art der Weidetiere. Den schlechtesten Ruf haben die Ziegen. Für viele Forstleute sind sie förmlich die Inkarnation des Bösen; einer nennt sie «das Rasiermesser des Waldes». Die Ziege sei ein noch schlimmerer Fluch für die Insel als die Heuschrecke, schrieb 1908 ein nach Zypern entsandter Wasserbauingenieur.[39] Aber selbst hier zögert man mit apodiktischen Verdammungsurteilen, wenn man etwa durch die Berge von Zypern wandert und auf der einen Seite die Monotonie kränkelnder Kiefernforsten, auf der anderen Seite die lustigen Augen und die Lebendigkeit der Ziegen sieht. Warum prinzipiell Partei gegen die Ziegen ergreifen; warum sollen nicht sie, sondern nur die Bäume die Natur verkörpern? Wie die Literatur zeigt, wurde die Bewertung der Ziege immer wieder zu einem Reizthema, wo Grundsatzpositionen aufeinanderprallen. Schon 1945 wird aus Kreisen der britischen Kolonialverwaltung von einem «neuen Ziegenkult» als Gegenreaktion auf das Feindbild Ziege berichtet. Ein leitendes Mitglied der FAO spricht 1970 von «irrationaler Verdammung», wenn die Ziege zum alleinigen Sündenbock für Bodenerosion gemacht wird, und versichert, die Bevölkerung der Peloponnes verteidige die Ziege nicht aus Dummheit, sondern aus Wissen um ihren Nutzen und ihre Unschädlichkeit. Oft wurde die «Kuh der armen Leute» aus sozialpolitischen Gründen gegen die auf exportfähige Bauholzqualitäten fixierten Forstverwaltungen in Schutz genommen. Eine Studie über die «Stellung der Ziege in der Welt-Landwirtschaft» rühmt das Tier als heldenhaften Verteidiger der Weidelandschaften gegen die drohende Wiederbewaldung. Wie man die Ziege beurteilt, ist bis zu einem gewissen Grade eine Frage des Interesses, nicht der Ökologie. Wo die Ziege seit Jahrtausenden weidet – und in Teilen des Nahen Ostens ist ihr Vorkommen seit 8000 Jahren bezeugt –, muß die Ziegenweide eine Art von ökologischer Stabilität besitzen; und wenn die Ziege besonders gut kargen Böden angepaßt und infolgedessen dort verbreitet ist, so bedeutet das nicht notwendig, daß sie diese Kargheit herbeigeführt hat. Ein englischer Prähistoriker spottet über die Schuldzuweisung an die Ziege: Die «Evidenz, daß die Ziege über die letzten zehn Jahrtausende ihren Weg durch einen üppigen und fruchtbaren Garten Eden gefressen habe», sei alles andere als eindrucksvoll.

Dennoch ist nicht zu bestreiten, daß diese Allesfresserin, die auf die Bäume steigt und an ihnen herumknabbert, in ökologisch labilen Gebieten die Vegetationsdecke beschädigen und auf Kahlschlägen den Jungwuchs an Bäumen zerstören kann. Auch hier hängt das meiste davon ab, wieweit man die Zahl der Tiere und ihre Weidefläche begrenzt. Ein besonderes Problem ist dabei der Eigensinn der Ziegen, die sich schwerer kontrollieren lassen als Kühe und Schafe. Erst die modernen Drahtzäune bieten eine perfekte Lösung des Kontrollproblems.[40]

Ein für die Welt-Umweltgeschichte noch weit bedeutsamerer tierischer Akteur als die Ziege – vielleicht die wichtigste Tierart überhaupt – ist das *Schaf*. Auch für die deutsche Wirtschaft und Landschaft war es – was man heute leicht vergißt – einst von größter Bedeutung. Noch um 1860 hob der preußische Statistiker Viebahn die Wolle als Deutschlands stärkste Bastion auf dem Textilsektor gegenüber England und Frankreich hervor – damals gab es in Deutschland noch 28 Millionen Schafe, fast so viele wie Menschen.[41] Das fast völlige Verschwinden der Schafhaltung muß die deutsche Landschaft seither erheblich verändert haben, nicht nur im Umkreis der Lüneburger Heide. Wie soll man diesen Wandel bewerten? Soll man ihn überhaupt bewerten?

Da scheiden sich die Geister, und zwar auch unter den erklärten Naturfreunden. Für John Muir, den Gründer des Sierra Club und Gründervater der US-amerikanischen Naturschutzbewegung überhaupt, war das Schaf eine «behufte Heuschrecke» (hoofed locust), die er aus dem Yosemite-Nationalpark verbannen wollte.[42] Zur gleichen Zeit erhob in Deutschland Hermann Löns, in seinem Naturkult Muir so geistesverwandt, die Lüneburger Heide zum Idol von wilder Natur. Man muß dabei bedenken, daß das Schaf Muir in Gestalt riesiger Herden, die nach dem Profitprinzip durch die Landschaft getrieben wurden, entgegentrat, während Löns die Heideschäferei als uralte Lebensform vor sich hatte und zudem zu einer Zeit schrieb, als sich die deutsche Schafzucht bereits im Niedergang befand.

Der Hinweis auf die Lüneburger Heide ist zu einem Standardargument geworden, um die Illusionen des herkömmlichen Naturschutzes zu entlarven. Aus der Sicht des Forstmanns weist Georg Sperber auf die Paradoxie hin, daß «ein letztes Stück Deutschlands meistgeschundener Waldlandschaft, die Lüneburger Heide, der erste ‹Naturschutzpark›» wurde. Ein anderer Autor geht so weit, die Heide aus ökologischer Sicht als eine «Katastrophenlandschaft» zu bezeichnen! Heute wissen wir jedoch aus der Bodenarchäologie, daß die Weide dort schon eine Tradition von über 3000 Jahren hat. Muß man die mit Wacholder gemischte Heide wirklich als geschundenen Wald betrachten und nicht als historische Natur eigener Art von großer Artenvielfalt? Die Heide hat ihre eigenen Lebensgemeinschaften, so die zwischen den Schafen, den Blüten und den Bienen, die auch die menschliche Lebensweise bereicherten; denn der Mensch braucht nicht nur Holz, sondern auch Honig. Ruinierten die Schafe den Boden? Noch 1904 bezweifelte der Botaniker Paul Graebner, ob die Heide jemals «geeignet sein kann, eine Formation zu tragen, die den Namen Wald verdient». Heute, nach dem Ende der Schafzucht, hat man dagegen große Mühe, alte Heidegebiete vor der Wiederbewaldung zu bewahren. Mitunter scheint man die banale Tatsache vergessen zu haben, daß das Schaf nicht nur frißt, sondern zugleich den Boden düngt, auf dem es weidet. Schon im 16. Jahrhundert war der Dünger aus dem Schafpferch besonders begehrt; und bis in unsere Zeit sind die «goldenen Hufe» der Schafe in der Landwirtschaft ein Begriff. In neuerer Zeit hat man manchmal Schafe zur Verbesserung des Waldbodens in den Wald getrieben.[43]

Mögliche Nachteile der Schafhaltung – Schafverbiß an Nutzpflanzen, besonders an Hanglagen – waren altbekannt und, wenn man wollte, ohne Schwierigkeit zu verhindern. Schafherden lassen sich viel leichter als Ziegen mit Hunden zusammenhalten. Die Bauern schauten voll Argwohn auf die umherziehenden Schafherden, ob diese keinen Schaden anrichteten; manchmal kam es zu handgreiflichen Auseinandersetzungen.[44] Ob die Schafhaltung zusammen mit Ackerbau und Waldwirtschaft eine nachhaltige Kombination ergab, war eine Frage der gesellschaftlichen Zustände. Wo die Besitzer riesiger Schafherden keine Rücksichten zu nehmen brauchten, wie im frühneuzeitlichen Spanien oder Mexiko, hinterließ die Schafweide entsprechend zerstörerische Spuren in der Landschaft.

Einen absoluten Maßstab für die ökonomisch-ökologische Bewertung einer Kultur bietet das Kriterium, ob sie die Ernährung ihrer Bevölkerung auf nachhaltige Weise sichert. Dazu muß sie Reserven besitzen; und das ist einer der Gründe, weshalb die Wälder besondere Beachtung verdienen. Kompliziert wird es dann, wenn man die Forderung aufstellt, daß die Umwelt auch «sozialverträglich» sein soll, indem sie nicht nur das nackte Überleben, sondern auch den Fortbestand von Kultur und Gesellschaft gewährleistet. Besonders hier wird «Natur» zu einer historisch und kulturell begründeten Norm.

Rudolf zur Lippe plädierte 1992 dafür, den Begriff «Natur» zu stornieren, da er doch nur ein «Sack für unverarbeitete Geschichte» sei.[45] Wo allerdings ein Historiker einen «Sack unverarbeiteter Geschichte» herumstehen sieht, reagiert er eher mit Neugier als mit Geringschätzung. Wenn sich herausstellt, daß es die Natur nicht an sich, sondern nur als historisches Phänomen gibt, so mag sie für den nach ahistorischer Struktur strebenden Intellektuellen ihren Reiz verlieren: Für den Historiker dagegen fängt der Erkenntnisprozeß jetzt gerade an. Denn für ihn bedeutet «historisch geworden» ja nicht «x-beliebig». Wenn Menschen einer bestimmten Zeit ihre eigene Natur und die Natur um sie herum in bestimmter Weise wahrnehmen, so heißt das nicht, daß diese Art der Wahrnehmung willkürlich wäre. Natur-Konstrukte sind nur dann von Dauer, wenn sie nützliche Erfahrungen enthalten. Wo der pure Konstruktivismus die Naturdiskussion in einem ahistorischen Milieu immer wieder an einen toten Punkt manövriert, beginnt für den Historiker das Nachdenken über die historisierte Natur.

Die Umwelthistorie hat die in der Historisierung der Ökologie enthaltene Chance jedoch bislang merkwürdig wenig wahrgenommen. Dabei bietet doch erst diese neue Ökologie die Möglichkeit, die Geschichte der Mensch-Umwelt-Beziehung nicht nur als trostloses Grau-in-Grau eines endlosen Destruktionsprozesses, sondern als spannungsvolle Mischung destruktiver und schöpferischer Prozesse zu begreifen!

Der Anthropologe Colin M. Turnbull, der durch seine liebevolle Schilderung der fröhlichen Waldkultur der Mbuti-Pygmäen (1961) bekannt wurde, schilderte als Kontrast dazu das körperlich-seelische Elend der Ik im Norden Ugandas, die aus dem Kidapo-Nationalpark ausgesiedelt und von einem herumschweifenden Jägerdasein zu einer seßhaften Lebensweise in karger Umgebung gezwungen wurden. Der Verlust der gewohnten Umwelt und Lebensform hatte ihnen den Sinn für jegliche Freundlichkeit, ja selbst für lustvollen Sex genommen.[46] Ein besonders berühmtes Gegenbeispiel aus der europäischen Geschichte für die planvolle Erhaltung einer zwar schwierigen, jedoch zur eigenen Identität untrennbar dazugehörigen Umwelt bietet Venedig, das seine Lagune und die fragile Insellage der Stadt mit großem Aufwand erhielt, obwohl es technisch durchaus möglich gewesen wäre, große Teile der Lagune trockenzulegen und in Acker- und Weideland zu verwandeln, ja eine derartige Umweltkorrektur sogar nicht wenige praktische Vorteile geboten hätte.

Auch die deutsche Geschichte bietet ein vergleichbares Beispiel: als nämlich die Deutschen ihre Wälder erhielten und in besseren Zustand brachten gerade zu einer Zeit, als das «hölzerne Zeitalter» zu Ende ging und das Holz als Energieträger immer weniger gebraucht wurde. Riehl warnte: «Haut den Wald nieder, und ihr zertrümmert die historische bürgerliche Gesellschaft.»[47] Offenbar meinte er damit das Bürgertum im altständischen Sinne. Ist das nichts als eine Stilblüte archaisierender Sozialromantik? Doch seine Warnung hatte auch einen ganz realen Sinn: Die Wälder boten soziale Nischen für ländliche Unterschichten; insofern dämpften sie Unruhen und förderten das friedliche Nebeneinander der Stände. Obendrein boten sie die nötigen unbeobachteten Freiräume für ein Bürgertum, das sonst allzusehr unter Aufsicht stand, und Ruhe vor dem wachsenden Streß der industriellen Zivilisation. Riehl hatte wohl recht damit, daß der gesellschaftliche Nutzen der Wälder zu seiner Zeit stärker denn je war, auch wenn ihre ökonomische Bedeutung abnahm.

Die «wilde» Natur ist offenbar kein überzeitlicher Wert, sondern sie gewinnt ihren Reiz mit gewisser Logik erst in einer Gesellschaft, die weite Teile ihrer Umwelt überkultiviert hat. Nur eine Gesellschaftsschicht, die Hunger kaum mehr kennt, hat einen Blick für die Ästhetik des Ödlands, des Felsenpanoramas. Von daher ist es jedoch fragwürdig, von Entwicklungsländern den gleichen Sinn für die Wildnis zu erwarten.

Jacob von Uexküll (1864–1944), der Schöpfer des «Umwelt»-Begriffs, legte – ganz im Gegensatz zu «harten» Ökosystemtheorien – großen Wert darauf, daß jedes Lebewesen seine eigene Umwelt habe. Die heutige Ökologie kann mit diesem Umweltbegriff nichts anfangen; aber für die historische Umweltforschung paßt er gut. Um die Quellen richtig zu verstehen, ist es wichtig, daran zu denken, daß der Wald in den Augen des Försters anders aussieht als in denen des Bauern, des Hirten und des erholungsuchenden Städters. Man kann daraus folgern, daß man jedem kulturellen Mikrokosmos seine ökologische Nische am besten lassen sollte, in einer Weise, daß möglichst viele der dort Lebenden sich in ihr wohlfühlen. Wenn an den Flüssen nicht nur die Interessen der Industrie zum Zuge kommen, sondern auch die der Fischer, der Schiffer, der badenden Kinder, der bäuerlichen Wiesenbewässerung und der städtischen Trinkwasserversorgung, dann kann man davon ausgehen, daß die Interessenvielfalt eine «gute» Umwelt garantiert. Und ähnliches wie für den Fluß gilt für die ganze Welt. «Gut» ist die Umwelt, die viele kleine Welten ermöglicht: Bei diesen kleinen Welten handelt es sich ebensosehr um psychologische wie um ökologische Einheiten. «Umweltlehre ist eine Art nach außen verlegter Seelenkunde», schreibt Uexküll.[48] Umweltgeschichte ist auch Mentalitätengeschichte.

Von daher läßt sich die Umwelthistorie auf eine Philosophie der ökologischen Nische gründen: der Nische, die durch die Natur, aber auch der, die durch den Menschen errichtet wird. Es sind die ökologischen Nischen, die die Vielfalt der Natur, aber auch der menschlichen Kultur und des Glücks gewährleisten. Mit gutem Grund fand die menschliche Naturliebe oft im Gartenbau ihr höchstes Glück.

Bei der Umwelthistorie geht es jedoch nicht nur um das Sollen, sondern zuerst einmal um das Sein. Daher sollte sie nicht zu moralisch werden – kein endloses Sündenbekenntnis. Gerade wenn man die Natur als historischen Akteur ernst nimmt, muß man auf unberechenbare Wirkungsketten gefaßt sein. Da die Natur nicht anthropomorph ist, bedeutet das Eindringen des Menschen in sie keine Verletzung, die eine «Rache der Natur» nach sich zieht. Selbst die gewaltigen Kohlen- und Stickstoffemissionen des Industriezeitalters haben auf das Pflanzenwachstum nicht nur schädliche Auswirkungen; vielmehr wirken sie einer jahrhundertelangen Stickstoffverarmung der Waldböden entgegen.[49] Auf der anderen Seite kann Klimawandel, der mit menschlichem Handeln nichts zu tun hat, dennoch Geschichte machen. In die Umweltgeschichte stets eine Moral hineinzulegen kann in die Irre führen und eine unvoreingenommene Beobachtung unerwarteter Entwicklungen verhindern.

5. Ökologie als historische Erklärung: Vom Zusammenbruch der Maya-Kultur bis zur irischen Hungerkatastrophe

Umweltgeschichte wird nur dann zur Geschichte großen Stils, wenn sie nicht nur von den ökologischen *Folgen* menschlichen Tuns handelt, sondern die Ökologie auch als *Erklärung* historischer Verläufe einführt: Erst dann wird die Natur gleichsam zum historischen Akteur. Wenn man jedoch allzu eilfertig zu Öko-Erklärungen greift, läuft man Gefahr, arglos in Fallen zu laufen. In manchen Wissenschaftsszenen sind ökologische Erklärungen schon seit langem in Mode; die Umwelt erhält ohne Umstände den Status einer kausalen Erklärung, so als sei sie etwas eindeutig Definiertes und Vorgegebenes. Ein solcher ökologischer Determinismus stellt sich um so leichter ein, als er häufig nur eine neue Version jenes alten ökonomischen oder geographischen Determinismus ist, dem gegenüber Georges Bertrand die Umwelthistorie zu einem «Exorzismus» aufrief. In der Soziologie wurde seit 1950 der «ökologische Fehlschluß» zum stehenden Begriff: die Manier, aus regionalen Begleiterscheinungen Ursachen zu machen. Scheuch meinte 1969, ein erheblicher Teil des vermeintlich empirischen Wissens der Soziologie beruhe auf solchen «ökologischen Fehlschlüssen».[50]

Man muß auch fragen, mit welchem Recht man ökologische Gegebenheiten zum letzten Grund erhebt. Von Istrien bis nach Indien gelten die Ziegen, die den Jungwuchs abfressen, als Ursache der Vegetations- und Bodenzerstörung im Gebirge; aber die Ziegen fressen nur diejenigen jungen Triebe, an die man sie heranläßt. Die großen wandernden Schafherden sind keine Naturereignisse, sondern organisierte Veranstaltungen. Anders Hjort betont in einer kritischen Revue ökologischer Erklärungsmodelle für den Niedergang der afrikanischen Weidewirtschaft, daß die Ökologie zur Ideologie werden könne, während sie in Wahrheit losgelöst vom ökonomischen, politischen und gesellschaftlichen Kontext «nur geringen Erklärungswert» habe.[51] Wenn die Ursache von Umweltproblemen für die Beteiligten klar erkennbar ist und ihre Lösung nur eine Frage der sozialen Organisation darstellt, hat der Faktor Umwelt nur als Bestandteil einer politisch-sozialgeschichtlichen Erklärung seinen Sinn.

Bei aktuellen umweltpolitischen Auseinandersetzungen sind Erklärungen in der Regel mit Schuldzuweisungen verkoppelt; aber das sollte man in der Geschichte auseinanderhalten. Wenn man feststellt, daß weite Regionen des Mittelmeerraums und des Orients durch selbstverursachte Versteppungs- und Desertifikationsprozesse zurückgefallen sind, so ist in vielen Fällen kaum zu ermitteln, wann und wo es Entscheidungssituationen gab, bei denen bestimmte Akteure diesen Niedergang hätten aufhalten können, und welche gesellschaftlichen Ursachen einen nachhaltigen Umgang mit der Umwelt verhinderten. Aus Unkenntnis darüber bleibt die Ökologie ein letzter Grund des historischen Geschehens.

Auch die Sozial- und Kulturgeschichte kann am Ende zu ökologischen Erklärungen hinführen: indem sie nämlich die Grenzen des Handlungsvermögens einer Gesellschaft deutlich macht, etwa bei der Geburtenregelung, dem Waldschutz oder der Erhaltung der Bodenfruchtbarkeit. Die Starrheit der Gesellschaft rückt die Eigenmacht natürlicher Gegebenheiten um so schärfer ins Licht.

Manche Öko-Anthropologen haben die Mormonen als modernes Musterbeispiel für eine ökologisch bedingte Religionsgemeinschaft entdeckt, zumal diese sich durch ihr isoliertes Dasein in der Wüste Utah für monokausale Öko-Erklärungen empfehlen. Zwischen der straffen Gemeinschaftsorganisation der Mormonen und den Erfordernissen der Bewässerung bestand offensichtlich eine Affinität. Mehr als anderswo im amerikanischen Westen war die Wasserverteilung bei den Mormonen so geregelt, daß sie eine solide Grundlage für eine breite klein- und mittelbäuerliche Schicht bot. Man kann annehmen, daß die vitale Notwendigkeit, bei Wasserkonflikten eine Autorität als letzte Instanz zu haben, zu der Machtstellung der Mormonenkirche beitrug. Aber natürlich bringen die ökologischen Bedingungen der Wüste nicht automatisch religiöse Gemeinschaften dieser Art hervor. Wie Abruzzi herausfand, beruhte die Stabilität des Mormonentums im übrigen auch auf einer gewissen Diversität seiner ökologischen Basis – und vor allem auf der kolossalen Energie dieser Gemeinschaft. Auf die Dauer blieben die Mormonen keine Insel; aus ihren Kreisen kamen die Initiatoren der Bewässerungssysteme des amerikanischen Westens, die heute vielfach als der Gipfel ökonomisch-ökologischer Unvernunft gelten.[52] Umweltgeschichte erschöpft sich nicht in einer einmaligen Kausalität.

Besonders eindrucksvoll ist der Faktor Ökologie stets im Zusammenhang mit Katastrophentheorien, ob in der Gegenwart oder in der Geschichte. Eine besonders lange Tradition besitzt die ökologische Erklärung bei der Deutung des Untergangs der Maya-Kultur. Schon Jahrzehnte bevor die Ökologie in Mode kam, mutmaßten manche Forscher, daß die Mayas durch Abbrennen der Wälder mit nachfolgender Übernutzung und Zerstörung der fragilen Tropenböden ihren eigenen Untergang herbeigeführt hätten. Also eine Gegenhypothese zu der Vorstellung, die altamerikanischen Kulturen hätten in Harmonie mit der Natur gelebt. Die ökologische Erklärung wurde wohl dadurch begünstigt, daß man die Schrift der Maya bis in die 70er Jahre nicht lesen konnte und nur das rätselhafte Bild der auf engem Raum konzentrierten schweigenden Überreste einer Hochkultur im Tropenwald vor Augen hatte.

War dieses Öko-Desaster – sofern es überhaupt stattfand – ein unabwendbares Schicksal, ein nicht aufzuhaltender Teufelskreis? Theoretisch betrachtet nicht unbedingt. Aus einem Kolloquium über den «Maya Collapse» (1973) zogen zwei Anthropologen die Quintessenz, eine Erweiterung des Nahrungsspielraums sei durchaus möglich gewesen, und die Maya-Zivilisation sei letztlich an der mangelnden Innovationsfähigkeit ihrer Elite zugrunde gegangen. Das ist der typische Einwand derer, die an die allzeit vorhandene Möglichkeit der Innovation und des wirkungsvollen Krisenmanagements glauben. Aber wieweit hatten die Mayas, so wie sie waren, eine reale Chance? Wenn überhaupt, ließ sich diese Frage erst nach Entzifferung der Schriften beantworten. Tatsächlich kam kurz danach die These auf, das fatalistisch-zyklische Geschichtsbild der Mayas habe energische Krisenstrategien verhindert.[53] Die Katastrophe sei gekommen, weil man eine Katastrophe erwartet habe. Eine Warnung an den gegenwärtigen Öko-Katastrophenfatalismus?

Neuere Feldforschungen haben die sensationell hohe Bevölkerungsdichte in den Maya-Kernregionen und den danach ohne erkennbare äußere Ursache folgenden abrupten demographischen Kollaps nachgewiesen und auch die Indizien für den Zusammenhang zwischen Bevölkerungsdruck und Bodenerosion verstärkt. Dem wird entgegengehalten, daß die Maya-Kultur weit über tausend Jahre Bestand gehabt hat.[54] Aber vermutlich liegt genau da des Rätsels Lösung: Eben deshalb, weil die Maya mit ihrem Umwelt-Management über sehr lange Zeit durchaus erfolgreich waren – heutige mexikanische Umweltschützer haben sie sogar zum Öko-Vorbild erhoben! –, waren sie um so mehr reaktionsunfähig, als ihre altbewährten Methoden versagten. Man kann sich nicht der Sorge erwehren, daß es der heutigen Industriezivilisation ähnlich ergehen könnte.

Besonders heikel wird die ökologische Argumentation bei der Erklärung von Hungersnöten, die nur die unteren Schichten trafen und durchaus nicht mit einer Krise der gesamten Zivilisation identisch waren. Fungiert die Ökologie da als antisozialer Trick, indem sie von dem Verteilungsproblem und der Schuld gesellschaftlicher Machtstrukturen ablenkt? Das wohl am besten dokumentierte Extrembeispiel ist der «Great Hunger», die große irische Hungersnot der Jahre 1845 bis 1850. Die unmittelbare Ursache ist bekannt: die Kartoffelfäulnis, verbunden mit der fast gänzlichen Abhängigkeit der Armen von der Kartoffel. Aber warum diese Abhängigkeit?

Die demographische Bedingtheit der Hungersnot ist evident. Von 1780 bis 1840 wuchs die irische Bevölkerung um mehr als 170 %: Das war ein für vorindustrielle Verhältnisse enormes, im damaligen Europa einzigartiges Wachstum, wie es sich allenfalls mächtige Metropolen ohne Schaden leisten konnten. Diese Bevölkerungsexplosion hatte ihre Basis in der Kartoffel, die in Irland besonders gut gedieh. Sie besaß einen viel höheren Nährwert als das auf dem gleichen Stück Land angebaute Getreide und steigerte sowohl die Fruchtbarkeit der Frauen wie die Kinderfreudigkeit der Männer; denn man konnte die Kinder beim Kartoffelsammeln gebrauchen. Auch in anderen Regionen ist zu jener Zeit eine «Irlandisierung» zu beobachten: eine Verbindung von Kartoffelanbau und Bevölkerungsexplosion.[55] Die schlagartige Verbesserung der Ernährungsbasis verführte zu einem Wachstum, dessen Grenzen man zunächst nicht erkannte, und zu einer Monokultur, deren Risiken ebenfalls eine Zeitlang verborgen blieben: Darin besitzt das Schicksal Irlands etwas Paradigmatisches.

Liebig erblickte bereits in der rapiden Ausbreitung der Kartoffel, die «einem Schwein gleich» den Boden nach verbliebenen Nährstoffen durchwühle, eine Folge vorausgegangener Erschöpfung der Böden. Wäre es so, dann wäre die irische Hungersnot die Folgewirkung einer schon seit langem fortschreitenden fatalen ökologischen Dekadenz. Arthur Young dagegen, der Irland von 1776–1779 bereiste, hob hervor, man dürfe sich von dem kümmerlichen Erscheinungsbild der irischen Landschaft nicht täuschen lassen: Der Boden sei «reich und fruchtbar». Seit Jahrhunderten, und verstärkt mit steigender Bevölkerungszahl, düngten die Iren den Ackerboden mit kalkhaltigem Seesand; anders als bei der norddeutschen Plaggendüngung wurden dabei keine Böden zerstört. Im übrigen scheinen in der irischen Landwirtschaft jedoch Praktiken der Bodenverbesserung kaum üblich gewesen zu sein: Daher ist an der Liebig-These vermutlich etwas Wahres. Im Zentrum der traditionellen irischen Lebensweise stand die Weidewirtschaft, nicht der Ackerbau; und auch in der Ära der Kartoffel gelangten die Kleinbauern nicht zu einer Balance zwischen dem Feldbau und dem düngerproduzierenden Vieh. Insofern läßt sich die irische Not als das Fiasko einer intensiven Landwirtschaft ohne entsprechende Tradition, einer Subsistenzwirtschaft auf kleinstem Raum ohne die nötige ökologische Vielfalt verstehen.[56]

In Deutschland ernährten arme Kleinbauern in Notzeiten ihr Vieh aus dem Wald. Irland jedoch hatte damals seine Wälder und damit eine wichtige soziale Nische verloren. Im 19. Jahrhundert gehörte Irland zu den waldärmsten Ländern Europas. Das war noch nicht sehr lange so gewesen; noch 1728 wurde die exzellente Qualität der irischen Eiche für den Schiffbau gerühmt. Aber weder die Engländer noch die Iren haben sich damals um die Erhaltung der Wälder viel gekümmert; noch heute wird in Irland über einen Mangel an «Waldbewußtsein» geklagt. Um 1800 war der Holzmangel bei der armen Landbevölkerung vielfach so groß, daß die Hecken nicht hochkamen: auch dies eine ökologisch nachteilige Folgewirkung der Entwaldung.[57]

Gewiß, die Warnungen vor ökologischem Determinismus sind berechtigt. Aber man kann den darauf zielenden Exorzismus auch zu weit treiben. Wenn «Erklären» in der Geschichte wie anderswo nicht bloß die Ableitung eines Ereignisses aus einem anderen, sondern die Herleitung historischer Prozesse aus relativ dauerhaften Gegebenheiten mit verallgemeinerbarer Logik bedeutet, dann stehen ökologische Erklärungsmuster in vielen Fällen nicht ganz schlecht da. Ähnliches gilt, wenn «Erklären» die Herleitung aus einer Ursachenebene meint, hinter die man mit historischer Empirie nicht zurückgelangt. Manchmal erweisen sich sozialgeschichtliche Deduktionen durch den interregionalen Vergleich als Scheinerklärungen. Wenn etwa Denis Mack Smith den ökologischen Niedergang Siziliens mit der Halbpacht in Verbindung bringt,[58] so zeigen die stabilen Polykulturen der Mezzadria in der Toskana oder der Métayage in französischen Regionen, daß sich die Halbpacht auf den Boden nicht zwangsläufig destruktiv auswirkt.

Warum fiel China, jahrtausendelang die größte und stabilste Kultur der Welt, in der Neuzeit hinter Europa zurück? Da läßt sich selbst Jared Diamond, sonst ein Verfechter universaler Öko-Erklärungen, auf die Mikroebene des politischen Ränkespiels herab: Im 15. Jahrhundert hätten die Gegner der bis dahin am Kaiserhof herrschenden Eunuchen den Flottenbau gestoppt und Chinas Abkehr vom Meer bewirkt – dadurch sei China gegenüber Europa unaufhaltsam ins Hintertreffen geraten. Zwar seien auch viele europäische Fürsten damals vor den Risiken des Ozeans zurückgescheut; aber dank der Vielzahl konkurrierender Mächte habe Kolumbus schließlich doch seine Förderer gefunden.[59] Aber ist der Streit der Mächte wirklich ein so produktives Prinzip in der Geschichte? War es tatsächlich das Fehlen politischer Rivalen und nicht vielmehr eine selbstverursachte Degradation der Umwelt, die den Niedergang Chinas mitbedingte? Das ist eine der aufregendsten Fragen der Umweltgeschichte; wir werden sie noch wiederholt umkreisen.

6. Terra incognita – Umweltgeschichte als Geheimgeschichte oder als Geschichte des Offenkundigen?

Um ehrlich zu sein, muß man zugeben, daß man in der Umweltgeschichte sehr vieles nicht weiß oder nur undeutlich erkennt. Zumal für die Antike oder die vormoderne Geschichte außereuropäischer Regionen scheint die Umwelthistorie mitunter in der Kunst zu bestehen, sich um die Misere herumzumogeln, daß wir nur eine Handvoll Quellen haben, deren Aussagekraft obendrein unsicher ist. Gewiß, die Literaturtitel werden mehr und mehr; aber man kann immer neue Literaturmassen durchackern, ohne festen Boden zu finden. Wer mit Literatur und Quellen kritisch umgeht, muß durch eine Phase des Agnostizismus hindurch. Lynn White erweckte zwar in seinem programmatischen Vortrag von 1966 den Eindruck, die «historischen Wurzeln unserer ökologischen Krise» zu kennen; aber er pendelt doch zwischen dem modernen Massenkonsum und der frühmittelalterlichen Einführung des schweren Pfluges, zwischen Bacons «Wissen ist Macht» und dem alttestamentlichen Gottesgebot «Macht euch die Erde untertan!» hin und her.[60] Das ist überhaupt ein Manko vieler umwelthistorischer Überblicke: daß sie die riesigen Wissenslücken verschleiern. Die historische Umweltforschung kommt jedoch nur dadurch voran, daß sie die offenen Fragen erst einmal eingesteht und präzisiert.

Gerade fundamentale Fragen der Umweltgeschichte sind über weite Strecken besonders undurchsichtig: so vor allem das in der längsten Zeit der Geschichte mit Abstand größte Umweltproblem der Menschheit, nämlich das der Degradation der Böden. Auch gegenwärtig handelt es sich um ein besonders tückisches Problem, da der Boden mehr noch als das Wasser und die Atmosphäre eine Schadstoffsenke darstellt, wo sich schädliche Substanzen über sehr lange Zeit kumulieren. Die unbefriedigende Quellen- und Forschungslage ist für die Vergangenheit teilweise dadurch bedingt, daß die Instandhaltung der Böden in der Regel die Sache derer war, die sie bearbeiteten, und nicht staatlicher Instanzen, die schriftliche Quellen und Forschungsergebnisse produzierten. Aber auch von der Sache her sind die Probleme des Bodens vertrackt, wenn man an die Vielfalt der Böden und an die große Bedeutung der Myriaden von Mikroorganismen denkt. «Eine Handvoll humoser Gartenerde enthält so viel Organismen, wie derzeit auf der Erde Menschen leben!» Kein Wunder, daß der Boden für Theoretiker eine schmutzige Materie war. «Jeder Boden hat seine eigene Geschichte – keiner ist wie der andere.» Rachel Carson bemerkte 1962, es gebe «wenig Forschungsarbeiten, die fesselnder sind und die man zugleich mehr vernachlässigt hat, als die Untersuchung der wimmelnden Vielfalt von Geschöpfen» im Erdboden. Noch eine neuere bodenhistorische Abhandlung betont den «kryptischen Charakter des Bodens».[61]

Aber gerade diese Undurchsichtigkeit ist ein bedeutsames Faktum, aus dem sich ergibt, daß der Boden zu einer latenten, nie ganz zu bewältigenden Krisenzone werden konnte. Das gilt für den Acker- wie für den Waldboden. Noch die großen Forstreformen des 18./19. Jahrhunderts erfolgten ohne viel Kenntnis der Waldböden; «kein anderer Zweig der Naturkunde» sei «bisher so arg vernachlässigt gewesen» wie die forstliche Bodenkunde, klagte August Bernhardt noch 1875.[62] Seit Jahrhunderten und Jahrtausenden wurde die Nutzung des Waldlaubs als Viehfutter weltweit betrieben; die Forstreformer haben das «Schneiteln» oft bekämpft; aber wieweit die Laubentnahme zur Verarmung der Waldböden führt, wird erst in der Gegenwart genauer erforscht.

Ein zumindest in der Gegenwart relativ eindeutiger Vorgang ist die Erosion; unter mittel- und westeuropäischen Bodenverhältnissen konnte sie allerdings lange Zeit unmerklich voranschreiten. Schwieriger wird es bei der Desertifikation. Auch hier vermischen sich Probleme der Definition mit solchen des empirischen Nachweises in der Vergangenheit. Die UNCOD (United Nations Conference on Desertification) in Nairobi von 1977, die unter dem Eindruck der Dürrekatastrophe in der Sahel (1969–1973) stand und praktische Impulse geben wollte, stellte bei ihrer Begriffsdefinition menschliche Einwirkungen in den Mittelpunkt. Wieweit es sich dabei jedoch um neuartige oder um uralte Formen der Einwirkung handelt, bleibt offen; in der Sahara reicht die menschliche Einwirkung nach manchen Schätzungen 18 000, nach anderen sogar an die 600 000 Jahre zurück! Dennoch spielen natürliche Faktoren bei der Wüstenbildung ohne Zweifel eine entscheidende Rolle. Die Frage, wieweit der Mensch Anteil an der Entstehung der Wüste Sahara hat, ist bis heute nicht entschieden. Die Thesen darüber unterliegen politischen Konjunkturen: Als die Italiener in Libyen herrschten, waren die Römer der Antike das große Vorbild der Urbarmachung der Wüste; später dagegen wurde den Römern die Schuld an der Desertifikation gegeben. Der britische Archäologe R. W. Dennell bemerkte resignierend, in diesem wie in vielen anderen Fällen bestehe die «traurige Wahrheit» darin, daß die empirischen Befunde über die Landnutzung während der letzten zwei Jahrtausende so armselig seien, daß man mit ihnen alles und nichts beweisen könne.[63] Und natürlich gilt das noch viel mehr für die letzten 20 000 oder 200 000 Jahre!

Die unbehaglichste Unbekannte ist für viele Umwelthistoriker der Klimafaktor. Für den, der in der Umweltgeschichte eine Moral und eine «Message» sucht, ist es ein Störfaktor ohne Sinn, jedenfalls für die längste Zeit der Geschichte, wo ein menschlicher Einfluß auf das Klima auszuschließen ist. Die historische Klimaforschung ist zu einer hochspezialisierten Wissenschaftssparte geworden; wie verläßlich und verallgemeinerbar deren Ergebnisse sind, ist für den Außenstehenden schwer zu durchschauen. An und für sich ist der Einfluß des Klimas auf die menschlichen Dinge unter allen Umwelteinflüssen der älteste Faktor, auf den man kam; der Einfluß des Wetters auf das menschliche Befinden und die Landwirtschaft war ja stets zu spüren. Seit man weiß, daß das Klima Langzeit-Schwankungen unterliegt, muß man mit ihm als historischem Faktor rechnen; aber es ist schwer, diesen Faktor im konkreten Fall zu gewichten. Am deutlichsten ist er in Randgebieten der menschlichen Siedlung: in den Hochalpen, auf Island, in den Steppen Innerasiens. Christian Pfister hat für die Schweiz die bis heute bei weitem gründlichste regionale Klimageschichte eines Umwelthistorikers verfaßt. Dennoch ist das Klima in seiner neuerlichen Wirtschafts- und Umweltgeschichte des Kantons Bern kein großes Thema, das Strukturen und Langzeittrends bestimmt. Gerade noch glaubte man, in der «Kleinen Eiszeit» ein markantes klimahistorisches Großereignis zu haben, das für viele Nöte der frühen Neuzeit von Westeuropa bis Ostasien mitverantwortlich gemacht werden kann; da zeigten neue Forschungen – wie Pfister resümiert –, «daß die sogenannte Kleine Eiszeit in keiner Weise eine einzige Periode von Temperaturen unter denen des 20. Jahrhunderts war, sondern eher eine Periode mit jahrzehntelangen kühlen Phasen, die von wärmenden Intervallen unterbrochen wurden». Das ergibt keine solide Basis für eine Neuinterpretation der Umweltgeschichte. Der schweizerische Agrarhistoriker Andreas Ineichen kommt für den Kanton Luzern zu dem Ergebnis, daß die Bauern schon im 16. und 17. Jahrhundert in der Lage gewesen seien, eine Klimaabkühlung durch bessere Bewässerung zu kompensieren. H. H. Lamb, der Gründer des ersten Instituts für historische Klimaforschung, glaubte, über den «Einfluß des Wetters auf den Gang der Geschichte» eine Menge eindeutiger Aussagen machen zu können; aber auch er gab gelegentlich zu, daß die Menschen sich «ohne Zweifel» an die niedrigeren Temperaturen der Kleinen Eiszeit anpassen konnten.[64] Auf kurze Sicht waren die Bauern den Launen der Witterung oft hilflos ausgeliefert; auf die Länge der Zeit war jedoch nicht das Wetter, sondern die Reaktionsfähigkeit der Gesellschaft der entscheidende Punkt.

Auch wo es in der Vergangenheit Umwelt-Informationen gibt, sind diese oft nur punktuell. Um Umweltgeschichte schreiben zu können, braucht man theoretische Modelle. Das folgt schon daraus, daß für die Geschichte des realen Mensch-Umwelt-Verhältnisses die alltäglichen Verhaltensmuster und Gewohnheiten weit wichtiger sind als die Haupt- und Staatsaktionen. Die Verhaltenssysteme des Alltags lassen sich jedoch in der Regel nicht Punkt für Punkt aus den Quellen herauslesen; hier muß manches rekonstruiert werden. Dadurch läuft man Gefahr, in spekulative Konstruktionen zu verfallen und diese von den empirischen Befunden nicht sauber zu scheiden. Da ist es nützlich, sich daran zu erinnern, daß rein theoretisch häufig ganz unterschiedliche idealtypische Konstruktionen des Mensch-Umwelt-Verhältnisses denkbar sind. Aus den ökologischen Bedingungen der Steppe kann man nomadische Gesellschaften konstruieren, die mit ihrer Umwelt in Einklang leben, aber auch solche, die diese durch Vermehrung von Mensch und Tier und durch Überweidung zerstören. Auch die Sukzessionslehren der Vegetationskunde ergeben keine Gesetze, die überall mit Naturnotwendigkeit zutreffen: Manchmal führt der Wanderfeldbau mit Brandwirtschaft («shifting cultivation») zur Grassteppe, in anderen Fällen alterniert er jedoch mit Wiederbewaldung. Dennoch ist die Zahl der Möglichkeiten in der Regel begrenzt. Daher sind Versuche, Umwelt-Entwicklungen aus punktuellen Indizien zu rekonstruieren, in Grenzen legitim.

Umweltprägend sind in der menschlichen Geschichte nicht die einzelnen Ideen und Aktionen, sondern das Dauerhafte und Flächendeckende: das massenhaft alltägliche, habitualisierte und institutionalisierte Verhalten über lange Zeit. Das kann dem Blick des Historikers auch bei lückenhafter Quellenlage nicht so leicht entgehen, auch wenn es sich nur zwischen den Zeilen der Quellen verrät. Und die ökologisch relevanten Wirkungen des menschlichen Verhaltens sind die Langzeit-Effekte. Das ist ein Grund, weshalb die Umwelthistorie im größeren zeitlichen Bogen manches erkennt, was der punktuellen Untersuchung entgeht.

Im Vergleich zu der Umweltgeschichte alter Zeiten steht die des Industriezeitalters vor dem entgegengesetzten Problem: Sie erscheint zunächst als eine Geschichte des Offenkundigen. Manchmal gilt sie als langweilig, weil der Leser schon vorher weiß, was herauskommt: daß die industrielle Zivilisation sich gegen alle Bedenken durchsetzt – gegen Proteste der Bauern, der Fischer, der Naturschützer und Kulturpessimisten. Aber weiß man wirklich alles: was geschah, wann und wodurch es kam und welche Langzeit-Folgen es hatte und noch heute hat? Hier stehen die offenen Fragen nicht selten mehr am Ende als am Anfang.

Viele meinen, Geschichte lasse sich am besten dann schreiben, wenn das Ende bekannt sei. Die historische Methode, auf das Fließende der Phänomene zu achten und diese von möglichst vielen Seiten zu betrachten, hat ihren Sinn jedoch am meisten dort, wo das Ende offen ist und man auf künftige Überraschungen gefaßt sein muß. Frischfröhliche Öko-Optimisten machen aus den Überraschungen und Unberechenbarkeiten der Natur ein Argument gegen die Umweltsorgen; aber diese Logik ist nicht gerade zwingend. Namhafte Technikkritiker haben bekannt, am meisten beunruhige sie nicht das, was wir wissen, sondern das, was wir nicht wissen; und vor allem mit diesem Nichtwissen begründen sie den kategorischen Imperativ des vorsichtigen Umgangs mit der Natur und der Orientierung an Erfahrungen der Vergangenheit.[65] Auch der Historiker hat keinen Grund, die terrae incognitae der Gegenwart und Zukunft zu verleugnen; nicht die Illusion eines endgültigen Wissens, sondern der offene Blick für den Fluß der Dinge und für überraschende Erfahrungen steht am Ende der Umweltgeschichte.

II. Die Ökologie der Subsistenz und des schweigenden Wissens – urtümliche Symbiosen von Mensch und Natur

Großepochen der Umweltgeschichte ergeben sich aus der räumlichen Reichweite der Umweltprobleme, aus der Höhe der mit ihnen befaßten Instanzen und aus der Art des dabei angewandten Wissens. Der Primärzustand ist dadurch gekennzeichnet, daß Umweltprobleme in aller Regel lokalen Charakter haben, ihre Lösung im Rahmen der Hauswirtschaft und der Nachbarschaft erfolgt und sich auf ungeschriebenes Erfahrungs- und Traditionswissen stützt. Es ist eine Zeit vorwiegender Subsistenzwirtschaft, des Wirtschaftens für den Eigenbedarf und den lokalen Markt, in der sich der Stoffkreislauf von selber in lokalem Rahmen hält. Man kann diese Epoche zeitlich nicht exakt abgrenzen; als Substrat reicht sie noch weit in spätere Zeiten. Auch der Fernhandel der Neueren Geschichte ruhte in der Regel auf einem breiten Sockel von Subsistenzwirtschaft; und immer noch erfolgte die Erhaltung der Wälder und der Fruchtbarkeit des Ackerbodens – wenn überhaupt – im Rahmen der Haus- und Dorfgemeinschaft. Wenn höhere Mächte einen Bedarf nach obrigkeitlicher Regelung behaupteten, so ist nicht gesagt, daß dieser Bedarf tatsächlich bestand und die Regelung von oben die erwünschte Wirkung hatte. In der Geschichte der Mensch-Umwelt-Beziehung gibt es kein Gesetz des evolutionären Fortschritts zur Zentralisierung.

Die vielleicht wichtigste höhere Instanz jener ersten und fundamentalen Epoche ist die Religion mitsamt ihren Ritualen und ihrer Regelung des Jahreslaufs. Hier kann man Umweltvorstellungen am besten greifen. Im übrigen handelte es sich weithin um «tacit knowledge», um tradierte Selbstverständlichkeiten, die nur unter besonderen Umständen zu Papier gebracht wurden und sonst lediglich zwischen den Zeilen der historischen Quellen zu erkennen sind.

Man darf sich diese Epoche nicht als eine stets in sich ruhende, von einer stabilen Harmonie zwischen Mensch und Natur getragene Zeit vorstellen: Zu ihr gehören auch Urerfahrungen traumatischer Art – Erfahrungen von Dürre und Kälte, von Hunger und Durst, von Überschwemmungen und Waldbränden. Eine Wachsamkeit gegenüber der Umwelt gründet sich wohl nicht so sehr auf einem Urinstinkt wie vielmehr auf solche traumatischen Erfahrungen. Hungerzeiten machten immer wieder die Begrenztheit und Fragilität des Nahrungsspielraums bewußt. In aller Regel war jedoch der Umgang mit Umweltproblemen kein Handlungsfeld eigener Art, sondern ein integraler Bestandteil des Lebens. Mehr als bei allen späteren Arten von Umweltschutz waren auch die Frauen mitbeteiligt; die Sorge für die Umwelt hing direkt mit der Sorge für Kinder und Kindeskinder zusammen – anders als im späten 20. Jahrhundert brauchte dieser Zusammenhang noch nicht von Philosophen konstruiert zu werden. Aber es hat wohl seinen Grund, weshalb die Menschheit nicht in diesem Zustand verharrte. Schon damalige Umweltprobleme drohten immer wieder die Grenzen der gesellschaftlichen Urzellen und Mikrokosmen zu sprengen.

Um eine jener großen einfachen Fragen anzusprechen, an denen die Deutung der gesamten Umweltgeschichte hängt: Ist die Annahme berechtigt, daß die menschliche Wirtschaftsweise überall dort aufs ganze gesehen umweltschonend war, wo sie sich in kleinen überschaubaren Einheiten abspielte und überwiegend der Selbstversorgung und dem lokalen Markt, nicht der Akkumulation von Kapital und dem Fernhandel diente? Oder ist das eine nostalgische Illusion? Viele moderne Entwicklungshilfe-Strategen geben den Subsistenzbauern die Hauptschuld an der Wald- und Bodenzerstörung. Wir geraten bei diesem Thema in ein schwer entwirrbares Gemenge prinzipieller Positionen und empirischer Befunde.

Gewiß gibt es Grund zu dem Verdacht, daß es sich bei der Vorliebe für die Subsistenzwirtschaft um ideologische Positionen in ökologischem Gewand handele. Die älteste unter diesen ist das moralische Verdikt gegen die ins Grenzenlose strebende Gier. Dazu die sozialphilosophische Sympathie für die Ökonomie der Selbstversorgung, weil diese den Zwischenhandel, das große Kapital und damit viele Ausbeutungsmöglichkeiten ausschaltet und den Gebrauchswert der Güter noch nicht durch den Tauschwert verdeckt. Inzwischen gibt es auch eine feministische Rehabilitation der Subsistenzwirtschaft, da dort die Stellung der Frau in aller Regel besser ist als in der überregional verflochtenen Marktwirtschaft. Unter den Bedingungen der Selbstversorgung kommt es nicht so sehr darauf an, wer das Geld, sondern wer den Zugang zur Speisekammer besitzt. Wenn den Frauen eine Sonderrolle als Garanten der Umweltverträglichkeit menschlichen Wirtschaftens zugeschrieben wird, so läßt sich dies besonders gut aus ihrer Bedeutung für die Subsistenzwirtschaft ableiten – sofern diese wirklich umweltschonend ist.[1]

Ein paar einfache Gründe sprechen entschieden dafür. Die Umwelterhaltung geschieht dort am leichtesten, wo sie nicht von oben organisiert werden muß, sondern der Lebensweise gleichsam inhärent ist, die vom menschlichen Wirtschaften betroffene Umwelt klein und übersichtlich bleibt und der Verursacher von Umweltschäden die Folgen selbst tragen muß. Die Forderung Liebigs, dem Boden alle ihm entnommenen Nährstoffe wieder zuzuführen, läßt sich am besten in der Selbstversorgungswirtschaft auf kleinem Raum erfüllen. Wo – in der bildhaften Sprache Wilhelm Abels – «die Ochsen den Preisen entgegenmarschierten» und die höchsten Preise in weiter Ferne gezahlt wurden, kam der Dünger nicht aufs Feld. Henry Charles Carey (1793–1879) – jener amerikanische Ökonom, der auch über Bodenqualitäten nachdachte und sich vom Freihändler zum Schutzzöllner wandelte – warnte in seinen «Principles of social science» (1858), unter der Herrschaft des Freihandels seien gute Häfen und fruchtbare Böden das Gefährlichste, was ein Land besitzen könne, da es dadurch zum Agrarexportland und damit zum Bodenaussaugungsobjekt werde.[2]

Karl Polanyi (1886–1964), der die Humanität und Vernunft der Subsistenzwirtschaft besonders eindrucksvoll beschrieb, hat diese Wirtschaftsform nicht zuletzt durch Naturnähe charakterisiert. Dadurch, daß die Ökonomie der Selbstversorgung nicht auf die Konjunkturen des Marktes zu reagieren brauchte, konnte sie um so besser auf die Naturgegebenheiten reagieren, von denen sie abhing. Wie Braudel schreibt, gab es im Mittelmeerraum des 16. Jahrhunderts die schlimmsten Hungersnöte auf den zum venezianischen Handelsimperium gehörigen Inseln Korfu, Kreta und Zypern, während – aus Braudels Sicht «paradox» – die «ärmeren und rückständigeren Inseln» weniger litten. Die Hauptschwäche der Subsistenzwirtschaft war wohl nicht ökologischer, sondern politischer Art: Da sie nicht in dem Maße Machtpotentiale hervorbrachte wie die mehrwertorientierten Wirtschaftsweisen, geriet sie leicht unter Fremdherrschaft, und die Selbstversorgung wurde durch Steuern und Abgaben gestört. «Die ländliche Verschuldung ist die traditionelle Plage der bäuerlichen Welt.» Der Schuldendruck zwingt Bauern dazu, wider besseres Wissen ihren Boden zu übernutzen und ihren Wald abzuholzen.[3]

Gegen die These von dem umweltschonenden Grundzug der Subsistenzwirtschaft könnte man einwenden: War die Welt der Subsistenz wirklich so klein und übersichtlich? Geriet eine Herunterwirtschaftung des Bodens nicht auf der Allmende, den Gemeinweiden und Gemeinwäldern außer Kontrolle? Die Theorie der «Tragedy of the Commons» wird noch erörtert. Aber wie weit man ihr zustimmen mag oder nicht: Ein erheblicher Teil der traditionellen Landwirtschaft wird davon ohnehin nicht berührt. Die Vorstellung, der urtümliche Zustand des Bauerntums sei genossenschaftlich, ist nicht zu halten. Die Historiker sind hier oft einer optischen Täuschung aufgesessen: Da nur die größeren sozialen Einheiten – von den Grundherrschaften und Dorfgenossenschaften angefangen aufwärts – Akten und Urkunden produzierten und sich für den Historiker gewöhnlich nur das dokumentiert, was einen Regelungsbedarf auf höherer Ebene hervorgerufen hat, bestand die Tendenz, diese Körperschaften für die elementaren Einheiten des Wirtschaftslebens zu halten. Die Grundeinheit war jedoch in der Regel das Haus. «Ökonomie» bedeutete ursprünglich «Hauswirtschaft». «Die alte Ökonomie ist keine Lehre von Markt, sondern eine Lehre vom Hause», betont Otto Brunner, der das «ganze Haus» als Grundeinheit der vormodernen Ökonomie wiederentdeckt hat. Der Garten, der Nukleus der Mensch-Natur-Beziehung, gehörte stets zum Haus, nie zum größeren Verbund; ähnliches galt für viele Fruchtbäume. Robert Netting versichert gegen die Theoretiker des Urkommunismus, ihm seien nirgends auf der Welt Fälle bekannt, wo «Abstammungsgruppen oberhalb der Haushaltsebene die primären sozialen Einheiten von Produktion und Verbrauch» gewesen seien.[4] Selbst die altenglischen Common fields wurden stets individuell, nie kollektiv beackert.

Vor allem Netting hat in jüngster Zeit bewußt gemacht, daß neben jenem Typus von Landwirtschaft, der weit mehr extensiv und genossenschaftlich genutzte Bereiche kennt, über die ganze Welt auch «smallholders», Kleinbauern mit intensivem Feldbau, verbreitet sind: ob in Mitteleuropa, China oder Afrika. Mit Recht hebt er hervor, daß es ganz falsch wäre, in den «smallholders» ein rückständiges Randphänomen der Agrarwirtschaft zu sehen; vielmehr habe man es dabei mit einer ökonomisch wie ökologisch zu hoher Vervollkommnung fähigen Wirtschaftsweise zu tun, die sogar einiges an Bevölkerungsverdichtung ertragen könne. Der wunde Punkt der formal selbständigen Kleinbauern ist ihre politische und ökonomische Schwäche. Werden sie – was in neuerer Zeit oft geschah – auf arme Böden und erosionsgefährdete Hanglagen abgedrängt, wo die ökologische Stabilisierung einigen Aufwand und langen Atem erfordert, kommt es leicht dahin, daß sie die Bodenzerstörung vorantreiben.[5]

Es wäre jedoch nicht richtig, die Subsistenzwirtschaft mit individualistischer Borniertheit gleichzusetzen und nur mit Einzelbauern zu verbinden: Das Prinzip der Eigenbedarfsdeckung wirkte weit über die Hauswirtschaft hinaus und war bis in die Moderne hinein ein selbstverständlicher Grundsatz der Ökonomie von Dorfgemeinden, Grundherrschaften, Städten und Staaten. Dieses Prinzip bedeutete, daß die

Versorgung der eigenen Bevölkerung mit Grundnahrungsmitteln und mit Holz den Vorrang vor dem Export besaß. Die Autarkie des Einzelhofs ohne die Notwendigkeit, von außen etwas dazukaufen zu müssen, war zwar ein altes bäuerliches Ideal; aber die Wirklichkeit sah oft anders aus. Die Subsistenzwirtschaft, so wie sie in der historischen Realität die Regel darstellte, war kein von aller höheren Kultur abgekapseltes Bärenhäutertum, sondern enthielt Elemente lokaler und regionaler Arbeitsteilung. Nur die «Verführung» von Getreide und Holz in das – oft nicht weit entfernte – «Ausland» galt in vielen deutschen Regionen, wenn im eigenen Land Mangel herrschte, noch im 18. Jahrhundert als sittenwidrig, auch wenn es de facto geschah. Wie E. P. Thompson schilderte, gab es im Bewußtsein englischer Unterschichten zu jener Zeit die gleiche «moral economy». Diese war mit einem nichtdynamischen Verständnis der menschlichen Bedürfnisse verbunden. Die alte Zeit der Zufriedenheit mit dem, was man hat, ist keine Legende; das erkennt man an dem Ärger der Protagonisten des industriellen Wachstums, ob kapitalistischer oder sozialistischer Art, so an der Polemik Lassalles gegen die «verdammte Bedürfnislosigkeit» der deutschen Arbeiter.[6] Der Vorrang der Selbstversorgung galt selbst in der Holzpolitik bedeutender Gewerbestädte; und er konnte bei drohender Holzverknappung noch im Laufe der frühen Neuzeit neu etabliert und bestärkt werden. Das waldreiche Freiburg konnte es sich im Mittelalter leisten, seine Wälder in den Dienst des Silberbergbaus zu stellen; aber auch dort siegte nach dem Niedergang des Bergsegens das Subsistenzprinzip. Aus ähnlichen Gründen bekämpfte Besançon das gesamte 18. Jahrhundert hindurch mit Zähigkeit die Etablierung neuer Eisenwerke und anderer Holzgroßverbraucher im Franche-Comté.[7] All diesen Städten lag der Ehrgeiz ganz fern, zu großen Industriestädten auszuwuchern, und ein Fortschritt zu wachsendem Energieverbrauch wäre ihnen als ganz unsinniges Ziel erschienen.

Die Wirtschaftshistoriker haben sich herkömmlicherweise von dem Siegeszug des Fernhandels seit dem Hochmittelalter blenden lassen – all den Geschichten von dem Aufstieg der glänzenden Handelsstädte Venedig, Genua, Brügge, Sevilla ... Darüber haben sie zuwenig beachtet, daß das Leben und Überleben der meisten Menschen noch bis weit ins 19. Jahrhundert überwiegend auf lokaler und regionaler Selbstversorgung beruhte. Hier ist auch der stärkste Stabilisator der Mensch-Umwelt-Balance zu suchen. «Der Handel mit Getreide hat noch immer solche natürlichen Schwierigkeiten, daß kein bedeutendes Land und kaum irgendeine bedeutendere Provinz umhin kam, ihren Brotbedarf zum größten Teil durch eigenen Landbau zu befriedigen», versichert

Roschers «Nationalökonomik des Ackerbaus» noch in der Ausgabe von 1903. Selbst in England, dem damals am meisten industrialisierten Staat, dominierte noch bis ins 19. Jahrhundert die regionale Selbstversorgung. Ivan Illich hat wohl recht mit seiner These, daß die Subsistenzwirtschaft weltweit sogar erst nach 1945 auf breiter Front zerstört worden sei: Auch dies ein Indiz dafür, daß eine der tiefsten Zäsuren der gesamten Alltags- und Umweltgeschichte in allerneuester Zeit liegt. Noch in der Hungerzeit nach 1945 haben viele Menschen nur deshalb überlebt, weil ein Rest der alten Selbstversorgungswirtschaft noch wiederzubeleben war. Die These Polanyis, «vor unserer Zeit» habe es «noch niemals eine Wirtschaftsform gegeben, die, und sei es auch nur im Prinzip, vom Markt gelenkt worden wäre»,[8] wird durch viele Indizien bestätigt.

Gewiß hat es eine absolute Autonomie der einzelnen Hauswirtschaften nie gegeben. Ein Konfliktpotential bestand stets in den Beziehungen zu den Nachbarn; zugleich brauchte man diese jedoch als Hilfe in akuter Not. «Ein böser Nachbar ist eine Plage, so sehr wie ein guter dir Glück bringt»: Dieser Satz Hesiods enthält gewiß eine dörfliche Urerfahrung.[9] Über die Beziehung zu den Nachbarn erzeugte selbst die autarke Hauswirtschaft früh einen gewissen Regelungsbedarf. Das Nachbarrecht ist eine der historischen Wurzeln des Umweltrechts, und zwar seiner restriktivsten Tradition, die die Umweltwirkungen eines Gewerbebetriebs strikt auf das Grundstück des Gewerbebetreibenden beschränkt und eine Belästigung selbst der nächsten Anwohner untersagt.

1. Am Anfang war das Feuer: Die weltweite Brandwirtschaft und die Pyromanie in der Umweltgeschichte

Bis in die 1960er Jahre war die Brandwirtschaft ein ganz obskures Thema. Aus der Sicht vieler Forstleute handelte es sich dabei um einen kriminellen Frevel, einen Akt der Brandstiftung. Mit dem Kampf gegen die Brandwirtschaft begannen im 16. Jahrhundert die brandenburgisch-preußischen Forstordnungen; und auch die Habsburger führten seit jener Zeit in den Alpen einen Kampf gegen die «Landes-verderbliche Schwendung». Es war ein Kampf, der sich im 19. und 20. Jahrhundert in vielen Ländern der Dritten Welt wiederholte, angefangen mit Britisch-Indien. Auch aus der Sicht führender Agrarreformer, die die Bauern zum Düngerbewußtsein erziehen wollten, war das Brennen ein verderblicher Unfug. Die Brandwirtschaft sei der Ursprung jeglicher

Landkultur in der Bretagne «und zugleich der Ruin der Provinz», schrieb Arthur Young um 1789.[10]

Es gab jedoch auch Dissidenten. Schon seit der Gründung des Yosemite-Nationalparks 1890 meldeten sich gegenüber der herrschenden Meinung der Förster und Naturschützer, die den Kampf gegen die Waldbrände zu ihrem obersten Ziel machten, Gegenstimmen zu Wort, die das traditionelle «light burning» der Indianer, das das Unterholz beseitigte, ohne die großen Bäume zu schädigen, verteidigten und darauf hinwiesen, daß die Schönheit der Wälder des Westens mit den mächtigen Mammutbäumen, den Sequoien, ein Verdienst dieses Feuers sei, das den Boden anreichere, den großen Bäumen Luft schaffe und wirklich schlimme Waldbrände durch Reduzierung des leicht Brennbaren verhindere.[11] Aber erst in dem kritischen Klima der 1960er Jahre fanden solche Gegenstimmen eine breitere Resonanz.

Seither hat die Erkenntnis, daß die Brandwirtschaft unter verschiedenen Namen (Hauberg-, Schwend- und Egartenwirtschaft im Siegerland und in den Alpen, «écobuage» in Frankreich, slash-and-burn- und shifting cultivation im englischen Sprachraum) seit Jahrtausenden weltweit verbreitet ist, die Umweltgeschichte auf eine neue Grundlage gestellt. Wie man sieht, hat der Prometheus-Mythos einen tieferen Sinn, als man einst ahnte; nicht zu Unrecht meint Bernard Campbell, die Zähmung und Nutzbarmachung des Feuers für Jagd und Ackerbau sei «der größte Sprung, den die Menschheit bei der Eroberung der Natur getan hat».[12] Das Feuer steht fast überall auf der Welt am Anfang des Dramas der Mensch-Umwelt-Beziehung. Das menschliche Verhalten gegenüber der Natur bekommt auf diese Weise frühzeitig einen aktiveren, ja aggressiveren Zug, als es dem idyllischen Bild von dem harmonischen Sicheinfügen des «Naturmenschen» in die Natur entspricht.

Da die durch die Asche hervorgerufene Steigerung der Bodenfruchtbarkeit nur vorübergehend war, bedingte die Brandwirtschaft in vielen Regionen einen Wanderfeldbau. Dennoch besaß sie ihre eigene ökonomisch-ökologische Stabilität. Georges Bertrand charakterisiert die mediterranen Bergwälder in seinem Entwurf einer ökologischen Geschichte als «royaume du feu», Reich des Feuers: eine Charakteristik, die merkwürdig zu dem heutigen wütend-verzweifelten Kampf gegen die Waldbrände im Mittelmeerraum kontrastiert. Die Jäger und Bauern früherer Zeiten zündelten nicht wild drauflos; sondern das Brennen hatte seine Ordnung und seine technische Kultur; diese wird heute in modernisierender Weise als «Technik des Ressourcen-Managements» wiederentdeckt.[6] Der Verfasser einer Geschichte der französischen

Brandwirtschaft hebt hervor, wie entwickelt die Techniken für die Vorbereitung des Brandes und die Bearbeitung des Bodens danach gewesen seien: «Jedes Detail zählt.»[13]

Die Brandwirtschaft enthielt eine Urerfahrung mit der befruchtenden Kraft des Feuers, eine Grundlage der Feuer-Mythologie. Sie zeigt, wie früh ein Bewußtsein dafür existierte, daß der Mensch für die Fruchtbarkeit des Bodens etwas tun kann und muß. Schon altchinesische Texte geben den Rat, Unkraut und Gestrüpp zu verbrennen, um den Boden fruchtbar zu machen; und Columella meint sogar, die Asche sei noch wirksamer als der Dünger des Viehs. Die alpinen Gebirgsbauern wußten, wie gut das Getreide auf abgebrannten Flächen gedeiht: «Brandkorn war besser als Feldkorn.» Außerdem brachte der Brand ein besonders begehrtes Saatgut hervor, das nicht von Unkrautsamen verunreinigt war: Das Unkraut war ja durch das Feuer vernichtet worden; der Brand fungierte nicht zuletzt als Herbizid.[14]

Manche Forscher behaupten, in all jenen Waldgebieten, die nicht regelmäßig von Trockenzeiten ausgedörrt werden, habe sich die Brandwirtschaft erst zusammen mit der eisernen Axt ausbreiten können; dort konnte man den Wald erst nach Fällen von Bäumen in Brand setzen. Ein finnischer Fachmann demonstrierte jedoch 1953, daß man eine mittelgroße Eiche selbst mit einer neolithischen Steinaxt in einer halben Stunde fällen kann. Bodenuntersuchungen im Alpenvorland deuten auf ein starkes Ansteigen der Brandwirtschaft schon um 3700 v. Chr. hin.[15]

Die ökologischen Auswirkungen der Brandwirtschaft lassen sich nicht pauschal bestimmen; es ist wichtig, verschiedene Formen zu unterscheiden. Es gibt das bloße «Rasenbrennen», das Abbrennen von Gras, Unkraut und Unterholz; und es gibt auch das Niederbrennen ganzer Wälder, deren Bäume zuvor gefällt oder durch «Ringeln» der Rinde zum Absterben gebracht wurden. Auch das läuft nicht unbedingt auf Waldvernichtung hinaus, sondern kann Bestandteil einer rotierenden Feld-Wald-Wechselwirtschaft sein.

Am ältesten ist gewiß der Gebrauch des Feuers für Zwecke der Jagd. Mit Feuer wurde Wild aufgescheucht; dauerhafter jedoch war ein anderer Effekt: Das üppige frische Grün auf abgebrannten Flächen lockt Wild in Mengen an. Das erleichterte das schwierige Geschäft der Jagd und verminderte deren Unsicherheit. Einem Bericht aus dem späten 18. Jahrhundert zufolge überzogen die Indianer zu diesem Zweck «ungeheure Landflächen» mit Brand.[16] Auch Hirten pflegten Feuer zu setzen, um ihre Weiden zu verbessern und das Hochkommen von Wald zu verhindern. Das früheste Ackerland wurde vermutlich durch Brand gewonnen; und in vielen Weltregionen haben sich Brandpraktiken bis in die neueste Zeit gehalten.

Für die Beurteilung der Brandwirtschaft ist die Frage entscheidend, wieweit man es verstand, das Feuer unter Kontrolle zu halten. Natürlich kann man für viele ältere Zeiten darüber nur Vermutungen anstellen und muß aus modernen Beobachtungen rückschließen. Ein Bewußtsein dessen, daß das Feuer gefährlich werden kann, war gewiß von Anfang an da. Buschsteppen und Trockenwälder können durch natürliche Brände in ein Inferno verwandelt werden; Erfahrungen dieser Art müssen für die Überlebenden traumatisch gewesen sein und haben sich in der Vorstellung von der Hölle niedergeschlagen. In der einschlägigen Literatur ist «Holocaust» ein gängiger Begriff für Riesen-Flächenbrände in historischer Zeit. Aber gerade durch kleine kontrollierte Brände, die trockenes Holz und Gestrüpp immer wieder aufzehrten, konnte man das Risiko unkontrollierter Großbrände senken. Wenn man dazu die Jahreszeit und Temperatur, das Wetter und die Windverhältnisse beachtete und das Terrain kannte, konnte man einigermaßen darauf vertrauen, den Brand unter Kontrolle zu halten. Dabei brauchte man in der Regel nur die Familienmitglieder und die Nachbarschaft, keine größeren sozialen Einheiten.

Die Bauern, die eine Feld-Wald-Wechselwirtschaft betrieben und auch den Wald nutzten, verstanden sich darauf, bei den Bränden die Regeneration von Wald zu sichern. Die kalifornischen Indianer brannten den Chaparall, das typische Baumgestrüpp der Sierras, nur so weit ab, wie es nützlich war, um das Wachstum neuer zarter Schößlinge zu beschleunigen, die die Hirsche anlockten. Die Kayapó-Indianer haben noch heute in der Natur ihre bestimmten Zeichen, um die richtige Zeit für das Abbrennen zu bestimmen, das sorgfältig von den im Umgang mit dem Feuer erfahrenen Schamanen überwacht wird. Als die Portugiesen jedoch 1420 auf Madeira landeten und die ersten Siedler Wald entzündeten, um Ackerland zu gewinnen, griff das Feuer derart um sich, daß die Brandstifter um ihr Leben rennen mußten. Einer Gruppe blieb nur noch der Fluchtweg ins Meer, wo sie zwei Tage und Nächte, bis zum Hals im Wasser stehend, ausharren mußten. In neuerer Zeit wurden Waldbrände auf Madeira, ähnlich wie auf Zypern und in Britisch-Indien, zu einem Akt der Resistenz gegen ein fremdes Forstregime. In der russischen Steppe gerieten Brände oft außer Kontrolle und legten ganze Dörfer in Asche.

Als in den letzten Jahrzehnten weitere Kreise die ökonomische Vernunft und den ökologischen Nutzen der Brandwirtschaft begriffen, breitete sich unter Naturschützern und Indianerfreunden eine pyromanische Stimmung aus. «Burn, burn, burn» rief 1992 ein australischer Nationalpark-Manager auf einer umwelthistorischen Tagung in Finnland seinen amerikanischen Kollegen zu; und finnische Forstökologen präsentierten stolz ein Waldstück, das sie abgebrannt hatten und aus dem das erste Grün sproß. Schon Anfang des 20. Jahrhunderts hatte sich der finnische Nationalhistoriker Voionmaa für eine Ehrenrettung der Brandwirtschaft in den karelischen Wäldern eingesetzt. Dem Verbot der Brandwirtschaft in Finnland unter dem Einfluß deutscher Forstlehren im 19. Jahrhundert wird heute die Schuld an Hungersnöten und an der zunehmenden Monotonie finnischer Wälder gegeben. In ihrer letzten Phase im frühen 19. Jahrhundert scheint der finnische Brandfeldbau allerdings zu Übernutzung und Degradierung der Böden geführt zu haben, als er nicht mehr nur im Rahmen der Subsistenzwirtschaft, sondern zu Zwecken des Getreideexports betrieben wurde.[18]

1997 erlebten weite Teile Südostasiens, wie sich über Wochen und Monate der Himmel verfinsterte, als auf Sumatra und Borneo Rodungsbrände außer Kontrolle geraten waren. Riesige Flächenbrände im Amazonasgebiet, die absichtlich gelegt wurden, um Acker- und Weideland zu gewinnen, und deren Ausmaß nur von Satelliten aus dem Weltraum zu erkennen ist, erregen seit langem das Entsetzen der Ökologen. Wo sich die Brandrodung mit der Dynamik der modernen Wirtschaft verbindet, wird sie gemeingefährlich. Vermutlich hat die Brandwirtschaft jedoch in Verbindung mit Schaf- und Ziegenhaltung schon in früherer Zeit in mediterranen Regionen zur Vegetations- und Bodenzerstörung beigetragen.[19]

Kein Zweifel: Eine ganz harmlose, inhärent naturfreundliche Technik ist die Brandwirtschaft nicht; und eine pauschale ökologische Rehabilitierung wäre unrealistisch. Das Feuer enthält eine aggressive Expansionskraft, die der Mensch nur zu entfesseln braucht; daher verführt das Feuersetzen in der Landschaft zur übermäßigen Anwendung und in kriegerischen Situationen zum Mißbrauch als Kampfmittel. Wenn der minimale Energieeinsatz das Ideal ist, schneidet die Brandwirtschaft nicht gut ab; denn sie ist eine sichtbare Energievergeudung: ein «high-input system», das vom Energiefluß her Analogien zur chemisierten Landwirtschaft aufweist. Das Brennen schädigt zumindest oberflächlich die Humusschicht, und die Anreicherung des Bodens mit Nährstoffen ist nur vorübergehend. Ein besonders hoher Anreiz zum Schwendbau besteht im tropischen Regenwald, wo die Nährstoffe großenteils in der Vegetation, nicht im Boden enthalten sind und durch das Brennen dem Boden zugeführt werden; aber durch den Tropenregen wird die Asche auch besonders schnell wieder ausgewaschen und ist es mit der trügerischen Bodenfruchtbarkeit schon nach wenigen Jahren wieder vorbei.[20]

Am Ende bleibt die Quintessenz, daß der ökologische Effekt der Brandwirtschaft vom historischen Kontext abhängt. Selbst Clifford Geertz, der viel zur Rehabilitation der Brandwirtschaft beigetragen hat, gibt zu, daß der Schwendbau zu einem Faktor der Übernutzung und Herunterwirtschaftung der Umwelt werden kann, und zwar schon in traditionellen Gesellschaften. «Die Gründe für diese Übernutzung sind unterschiedlich, so etwa die historisch verwurzelte Überzeugung, daß es immer noch andere Wälder zu erobern gibt, oder die Sicht des Kriegers, der natürliche Ressourcen als eine auszuplündernde Beute betrachtet, oder die Gewohnheiten einer großen Siedlung, für die der Wanderfeldbau ein allzu mühsames Geschäft ist, oder überhaupt eine Gleichgültigkeit gegenüber dem Ertrag des Ackerbaus.» Längst nicht überall herrscht der homo oeconomicus. Pyne resümiert, das Feuer allein habe zwar selten eine Landschaft zerstört – «aber Feuer und Huf, Feuer und Axt, Feuer und Pflug, Feuer und Schwert»: das zusammen könne durchaus schwere ökologische Schäden hervorrufen, zumal in ökologisch labilen Weltregionen.[21] Bei allem historischen Verständnis für die Brandwirtschaft besteht zu einer ökologischen Pyromanie kein Grund.

2. *Mensch und Tier – Jagd und Zähmung*

Das einflußreiche Buch der Harvard-Anthropologen Richard B. Lee und Irven DeVore «Man the Hunter» (1968) macht das Jäger- und Sammlertum zu einer archetypischen Lebensform, die während der letzten zwei Millionen Jahre 99 % der menschlichen Kulturgeschichte gekennzeichnet und offenbar die Beziehung Mensch-Natur optimiert habe. «Bis heute ist die Lebensweise der Jäger (the hunting way of life) die erfolgreichste und dauerhafteste Anpassung gewesen, die der Mensch je erreicht hat.» Nimmt man an, daß es eine Langzeitprägung der Menschheit durch ihre Geschichte gibt und die Jagd mit ihren Emotionen stärker prägt als das Sammeln, dann müßte der Mensch – genauer gesagt: der Mann – in seinem Wesen vor allem ein Jäger sein. Das Thema reizt zu anthropologischen Spekulationen: Ob im modernen Kämpfertyp oder im Touristen, im Forscher oder im Schürzenjäger – überall kann man die zwei Millionen Jahre Jagdtradition wiedererkennen.[22]

Zumindest von den Indianern heißt es, alle ihre Ideen und Institutionen entstammten der Jagd. Allerdings – selbst die Navajo, deren

Jagdrituale und Jagdtabus besonders berühmt sind, ernährten sich in historischer Zeit überwiegend vom Ackerbau. Im 18. Jahrhundert machte der Franko-Amerikaner Crèvecoeur das Memento eines Indianerhäuptlings berühmt, «daß das Fleisch, von dem wir leben, vier Beine hat zum Fortlaufen, wir aber deren nur zwei besitzen, um es zu haschen».[23]

Seit geraumer Zeit ist die These, der Mensch sei in seinem Wesen ein Jäger, einer Welle von Kritik ausgesetzt. Aller Wahrscheinlichkeit nach haben Pflanzen in der menschlichen Ernährung schon in prähistorischer Zeit eine große Rolle gespielt, die mit der Dezimierung der Wildbestände zunahm und zwangsläufig die Frauenarbeit aufwertete. Das Sammeln von Samen, Baumfrüchten und Wurzeln ging fast von selbst in Pflanzen und Säen über: Auch Formen der Landwirtschaft reichen weit in das Jäger-und Sammlertum hinein. Aus dem Sammeln und Pflanzen, nicht aus der Tierzähmung – wie man im 19. Jahrhundert glaubte –, ging aller Wahrscheinlichkeit die Landwirtschaft hervor. Wie man an der Brandwirtschaft sieht, haben bereits die Jäger/Sammler und frühen Pflanzer sich nicht nur in die vorgefundene Umwelt eingefügt, sondern diese auch über weite Flächen verändert. Lévi-Strauss stellte fest, solche Völker hätten durchaus keine rein traditionalistische Mentalität, sondern seien «ständig dabei, ihre Umgebung zu erforschen».[24]

In der Natur sind die höheren Säugetiere dem Menschen am ähnlichsten, und das Verhältnis des Menschen zum Tier ist oft viel leidenschaftlicher als das zu den Pflanzen; nur innerhalb der Ökologie und beschaulichen Naturromantik sind die Präferenzen umgekehrt. Viele Tiere sind dem Menschen an Kraft und Schnelligkeit überlegen oder besitzen Fähigkeiten, die dem Menschen fehlen. Das Überlegenheitsgefühl, das der Mensch gegenüber dem Tier empfand, war in vielen alten Kulturen nicht allzu groß und mit einem Bewußtsein von Unterlegenheit gemischt. Oft erlangte der Jäger seine Überlegenheit über die Tiere nur mit Hilfe von gezähmten Tieren: dem Pferd, dem Hund, dem Jagdfalken. Der Abstand zwischen Mensch und Tier war nicht so weit wie heute. Götter hatten Tiergestalt, und Paarungen zwischen Mensch und Tier waren in der Mythologie nicht selten.[25]

Es fällt auf, daß die prähistorische Kunst Tiere viel gekonnter und naturgetreuer darstellt als Menschen. Schon hier ging es allerdings vermutlich um Macht über die Natur: um Jagdzauber und um Aneignung tierischer Kraft. Beim Bärentanz der südkalifornischen Chumash-Indianer sangen die Tänzer, die Bärentatzen um den Hals trugen: «Ich bin ein Wesen der Macht. Ich erhebe mich und wandere über die Berge ...»[26] Um Erfolg bei der Jagd zu haben, mußte man die Lebensgewohnheiten der Tiere genau studieren, ihr Verhalten vorherbestimmen, sie gleichsam verstehen und nachahmen. Die Tiere auf solche Weise zu überlisten muß ein menschliches Ur-Erfolgserlebnis gewesen sein, und dieser Triumph, die Überlistung der Natur durch Verständnis ihrer verborgenen Regeln, wiederholte sich in der Wissenschafts- und Technikgeschichte immer wieder. Die meisten Siege blieben allerdings lange Zeit recht bescheiden und wurden oft von Niederlagen gefolgt.

Die Jagd auf Großtiere gelang am besten in Horden, die die Beute umzingelten. Andererseits bestand die Gefahr der Gruppen-Organisation darin, daß sie zu erfolgreich war und das Wild dezimierte. Je perfekter die Technik, desto geringer die Nachhaltigkeit: Das Problem ist alt. Schon sehr früh muß man die Erfahrung gemacht haben, daß sich größere Bevölkerungsagglomerationen mit der Ernährungsbasis der Jägerei nicht vertragen. Viele Forscher nehmen an, daß die Jäger und Sammler der Steinzeit bereits Formen der Bevölkerungsbeschränkung praktizierten.

Aus umwelthistorischer Sicht stellt sich vor allem die Frage, wieweit die Jäger-Populationen einen Sinn für Nachhaltigkeit entwickelten: eine Sorge dafür, ihre Jagdgründe nicht zu überjagen und die Fortpflanzung des Wildes nicht zu verhindern. Bis heute gibt es darüber keinen Konsens. Der Apologie des Jägertums steht die These entgegen, daß die menschliche Jagdgeschichte in weiten Weltregionen mit einem ökologischen Fiasko begonnen habe: mit der Ausrottung der meisten Großwildarten, die in ihrem Vermehrungsverhalten mehr dem K- als dem r-Muster folgen, also nicht die Unverwüstlichkeit der Kaninchen haben. Besonders bekannt wurde die These von Paul S. Martin (1973) über den «Pleistocene overkill», die Ausrottung der nordamerikanischen Großtiere am Ende der ersten Eiszeit in einem Zeitraum von etwa 600 Jahren durch die neu eingewanderten Menschen. Mittlerweile entdeckte man auch in anderen Weltregionen, daß das erste Auftreten des Menschen mit der Ausrottung oder starken Reduzierung des Großwilds zusammenfiel: am meisten in Australien und auf Inseln, wo der Mensch relativ spät hingelangte, und vergleichsweise am wenigsten in Afrika und Eurasien, wo der Mensch entstand und die Tiere frühzeitig Fluchtinstinkte gegenüber diesem gefährlichen Nachbarn entwickeln konnten.[27]

Ein exakter und direkter Beweis, daß menschliche Jäger den Rückgang des Großwilds verursacht haben, ist nicht möglich. Alles in allem sind die Indizien für den Faktor Mensch jedoch recht stark, vor allem in weltweit vergleichender Betrachtung. Schon frühzeitig gab es nicht nur die Einzeljagd, sondern auch die Massentötung von Tieren, die durch Feuer gehetzt und in Abgründe gelockt wurden. An manchen altsteinzeitlichen Beuteplätzen fand man riesige Knochenmengen, so die Reste von über tausend Mammuten im mährischen Unterwisternitz oder von mehr als 100000 Wildpferden im französischen Solutré. Ein französischer Archäologe erkennt im Paläolithikum eine «brutale Entwicklung der Jagd». Auch wenn die «Overkill»-Theorie immer wieder angefochten wird, besteht weithin Konsens darüber, daß der menschliche Jäger durch keinen Naturinstinkt zur Nachhaltigkeit angehalten wird. Der Paläontologe Niles Eldredge meint, Jäger seien in ihren Wesen Opportunisten mit der Neigung, das zu erbeuten, was sie kriegen können. Werner Müller führt zwar alle Argumente auf, die für den schonenden Umgang der Indianer mit der Natur sprechen; aber er berichtet auch den Gluskap-Mythos der Wabanaki-Indianer im äußersten Nordwesten der heutigen USA. Die herkulische Gluskap-Gestalt, die im Zentrum der Wabenaki-Mythologie steht und Kraft mit Verschlagenheit verbindet, rodet Urwald und tötet die Ungeheuer der ältesten Schöpfung. Auch bei den Indianern gab es nicht nur das vielgerühmte brüderliche Verhältnis zu den Tieren. Manche, wenn auch längst nicht alle Befunde bei heutigen Jägervölkern stützen die «foraging theory» («Plündertheorie»), daß Jäger sich – modern ausgedrückt – nach dem Prinzip des «kurzfristigen Maximalertrags» verhalten.[28]

Gewiß muß man sich vor Pauschalurteilen hüten. Es fehlt nicht an Hinweisen darauf, daß schon die Jäger und Sammler darauf bedacht waren, ihr Daseinsrisiko durch Vorsorge zu mindern. Turnbull, der Kenner afrikanischer Waldvölker, versichert sogar, der Jäger sei «der denkbar beste Naturschützer»; er wisse «genau, was und wieviel er wann und wo nehmen darf». Aus dem Leben des Jägers ein präzise kalkulierbares Dasein zu machen geht jedoch entschieden zu weit; vieles spricht dagegen. Auch in der Versicherung, der Jäger sei der beste Tierschützer, steckt ein Stück moderne Jagdromantik. Thesen solcher Art setzen eine Übersichtlichkeit und Geschlossenheit der Jagdreviere voraus, wie diese erst durch die großen Rodungen und die Zurückdrängung der Wälder entstanden. Selbst in heutigen deutschen Nationalparks ist die Schätzung der Wilddichte schwierig und gibt Stoff zu ewigen Kontroversen um die Abschußquote.[29]

Bei Tieren ist Nachhaltigkeit eine ganz andersartige Größe als beim Ackerboden. Da sich die Tiere von selbst vermehren, scheint es ein Regenerationsproblem zunächst gar nicht zu geben, sofern der Mensch die Tiere nicht an der Fortpflanzung hindert. In einer altindischen Geschichte macht eine Gazelle einem König bittere Vorwürfe, weil dieser sie bei der Paarung mit dem Pfeil durchbohrt hat. Um den Wildreichtum zu erhalten, muß man das Fortpflanzungsverhalten der Tiere kennen. Gewiß haben die Jäger darüber stets voller Neugier Wissen gesammelt; dennoch konnten sich noch im 19. Jahrhundert deutsche Forstleute darüber streiten, ob ein Rehbock nur mit einer Ricke oder mit mehreren brunftet, man die Rehböcke also nach Lust und Laune schießen kann und zur Sicherung der Nachkommenschaft nur die Ricken schonen muß.[30]

Bei vielen Jägervölkern findet man die Norm, nicht mehr Tiere zu töten, als zur Fleischversorgung der eigenen Gruppe nötig ist. Auch da ist jedoch nicht sicher, ob man sich im praktischen Verhalten stets an diese Norm hält. Bei mongolischen Nomaden ergab eine Untersuchung eine Diskrepanz zwischen verbalen Normen und tatsächlichem Tun: De facto kommt es vor, daß aus purer Lust gejagt wird. In der Kontroverse um Martins «Overkill»-These berichtete ein Forscher von südamerikanischen Indios, daß jeder zwei trächtige Kühe pro Tag tötete, nur um die ungeborenen Kälber zu essen, die als Delikatesse galten. Roscher berief sich auf einen Bericht, wonach «eine Indianerhorde an einem Nachmittag den Erlös von 1400 frischen Büffelzungen vertrinkt, nachdem sie alles übrige von den erjagten Tieren hat liegen lassen».[31]

Ein Hauptargument für den schonenden Umgang der Jägervölker mit den Tieren ist der Hinweis auf die vielen Rituale, von denen die Jagd umgeben war. Manchmal wird auch davon berichtet, daß die Schamanen bei diesen Riten die Abschußquote festlegten. Häufig zeugen die Rituale davon, daß das zu jagende Wild als beseeltes Wesen galt, dessen Zustimmung zur Jagd eingeholt werden muß. Aber wer sich von diesen Riten zu sehr beeindrucken läßt, vergißt, daß das Wild nicht wirklich antworten konnte und die Rituale dazu dienten, dem Jäger Zuversicht und ein gutes Gewissen zu verschaffen. Wenn man sieht, wieviel der Erfolg bei der Jagd für Männer bedeutete und wie heftig das Jagdfieber noch heute viele Jäger packt, kann man sich ein allzu rücksichtsvolles Verhalten gegenüber dem Tier als Regel schwer vorstellen. Statt dessen ist zu vermuten, daß gerade dann, wenn das Wild seltener wurde, das Erlegen des Wildes schon so viel Mühe bereitete, daß die Sorge, zuviel Wild zu töten, daneben zurücktrat. Wieweit man die Dezimierung des Wildes als Verlust für die Natur ansieht, hängt davon ab, wie man «Natur» definiert. Von dem Rückgang des Großwildes profitierte der Baumwuchs. Anschauliche Beweise dafür liefert die neuere Geschichte: «Zahlreiche wertvolle schöne Tannenmischbestände im Schwarzwald verdanken ihre Entstehung der Revolution von 1848», als die Bauern ungehindert Jagd auf das Wild machten![32]

Die Fischerei ist, sieht man vom Walfang ab, eine friedlichere Kunst als die Jagd. Ein tierschützender Instinkt des Menschen ist hier freilich am wenigsten anzunehmen; denn der Mensch identifiziert sich mit den kalten Fischen viel weniger als mit warmblütigen Säugetieren. Mit den Netzen wurde im Fischfang schon früh die Massentötung zur Routine. Andererseits hält sich der Fischer, zumindest auf den Binnengewässern, in einem übersichtlichen und begrenzten Raum: Da läßt sich ein Bewußtsein der Ressourcen-Begrenztheit und ein Bedacht auf Nachhaltigkeit leichter vorstellen als bei der Jagd. Ähnliches galt selbst für die Fischerei an der Meeresküste. In älterer Zeit fischten die meisten Fischer nur in Sichtweite von ihrem Haus und Hafen. Wie Braudel schreibt, kennt der Fischer «die Gewässer vor seinem Hafen, so wie der Bauer das Ackerland seines Dorfes kennt». «Er bewirtschaftet das Meer so wie ein Bauer sein Feld.» Eine historische Untersuchung über die Fischerei an den Küsten Kaliforniens – eine der gründlichsten neueren Untersuchungen zur Fischereigeschichte überhaupt – mutmaßt, es sei durchaus vorgekommen, daß Indianerstämme ausstarben, weil sie ihre Fischgründe überfischt hätten; andere Stämme hätten jedoch aus solchen Erfahrungen gelernt und durch Regeln, vor allem aber durch Niedrighaltung ihrer eigenen Bevölkerungszahl ein ähnliches Fiasko vermieden. Diese Regeln hätten nicht nur in religiösen Ritualen, sondern auch in Eigentumsrechten bestanden.[33]

Nachhaltiges Fischen ist im Prinzip ziemlich einfach: Man muß die Netze nur so weitmaschig machen, daß die jungen Fische durchschlüpfen. «Wenn zu enge Netze in den Teichen und Seen nicht erlaubt werden», lehrte schon der Konfuzianer Menzius, «dann wird es mehr Fische und Schildkröten geben, als überhaupt verzehrt werden können.» An der Dordogne pflegten die Staatsbeamten und Inhaber von Fischereirechten im 18. Jahrhundert wegen drohender Erschöpfung der Fischbestände Alarm zu schlagen, um Raubfischer herauszuhalten und die Notwendigkeit der Regulierung zu unterstreichen, obwohl der Fischreichtum der Dordogne zu jener Zeit noch unerschöpflich wirkte. Bei der Hochseefischerei dagegen ging jeglicher Sinn für Nachhaltigkeit verloren. Selbst Herman Melville, der Autor von «Moby Dick» (1851) – durch den Walfang ebenso fasziniert wie durch die Wale –, mokierte sich über die Sorge, die Wale könnten ausgerottet werden! Dabei war es schon zu jener Zeit vorgekommen, daß die Wale in bestimmten Fanggründen vernichtet wurden. Aber dafür entdeckte man neue Fanggründe; und die Walfänger kannten keine Grenzen.[34]

In einer Bildlichkeit, die geeignet ist, moderne Naturschützer zu bezaubern, beschreibt der Sachsenspiegel, das berühmteste deutsche Rechtsbuch des Mittelalters, den königlichen Forstbann als Frieden für die Tiere: das von den Jägern bedrohte Wild als Rechtspartner des Menschen! Es ist eine reizvolle Frage, ob die königliche Jagdhoheit als Gegenreaktion auf eine Überjagung des Wildes in prähistorischer Zeit zu deuten ist, also als historisches Paradebeispiel einer Verbindung von Naturschutz und Herrschaft. Robert P. Harrison schreibt in seiner Kulturgeschichte des Waldes, mit Blick auf die königliche Forstherrlichkeit könne «ein Ökologe heute nicht umhin, irgendwie Monarchist zu sein»; und mit Begeisterung rezitiert er ein altenglisches Gedicht auf Wilhelm den Eroberer: «Er liebte die Hirsche so sehr, als ob er ihr Vater wär.» Die aristokratischen Jäger fühlten sich mit dem «edlen» Wild, das sie allein jagen durften, verbunden; und auch das frische Grün des Waldes, das das Wild anzog, gehörte zur Jagd. Viele Jagdbilder geben eine faszinierende Vorstellung davon, in welchem Maße Jagdlust und Waldeslust zusammenhängen; hier liegt offensichtlich einer der mächtigsten historischen Ursprünge der Freude an der Natur. Vor allem war die Jagd ursprünglich der stärkste Antrieb des Waldschutzes. Noch im frühen 19. Jahrhundert versichert der sonst so auf Ökonomie bedachte Forstreformer Wilhelm Pfeil, der Förster fühle sich in der Einsamkeit seines Forsthauses am glücklichsten dann, wenn er zugleich Jäger sei. Und nichts lehre den Förster besser als die Jagd, die Theorien zu vergessen und «bei der Natur in die Schule» zu gehen.[35]

Ist das alles umwelthistorisch von Bedeutung? Historische Literatur von Format gibt es bislang über die Jagd erstaunlich wenig, obwohl die Jägerei über viele Jahrhunderte das Lustzentrum der Aristokratie war. Nicht einmal die Forstgeschichtsschreibung hat den Einfluß der Jagd auf Wald und Wild sehr gründlich studiert. Das Thema «Jagd» ist bis heute von viel Leidenschaft umgeben: Das hemmt eine nüchterne Analyse. So oder so: Eine Schule forstlicher Nachhaltigkeit scheint die Jagd nicht gewesen zu sein. Eine überlegte Wildhege, die die Kapazität eines Waldes berücksichtigt, setzte sich erst im 19. und 20. Jahrhundert durch, und auch dann oft nur auf dem Papier.

Zwischen der Jägerei und den Ursprüngen der Öko-Bewegung gibt es viele Querverbindungen. Zur Kolonialzeit waren es nicht zuletzt einflußreiche Großwildjäger, die die Errichtung von Natur- und Wildreservaten in Afrika förderten und den Plan verabscheuten, die Lebensräume des Großwildes bäuerlichen Siedlern zu opfern. Der US-Präsident Theodore Roosevelt, der Gründervater der amerikanischen «Conservation»-Politik, war ein großer Jäger, der einmal Bärenjäger aus dem Wilden Westen zu einem «Jägermahl» ins Weiße Haus lud und versicherte, bessere Männer seien nie bei einem Präsidenten zu Gast gewesen. Aldo Leopold, ein geistiger Führer der amerikanischen Naturschutzbewegung, bemühte sich zugleich um die Installierung einer neuen Profession «Game Management» aus dem Blickwinkel der Jagd und versicherte, die «Praxis eines gewissen Grades von Wild-Management» reiche «bis in die Anfänge der menschlichen Geschichte zurück».[36] Auch bei seinem deutschen Gesinnungsgenossen Hermann Löns gehen eine glühende Naturliebe und Jagdleidenschaft ganz eng zusammen; sein «grünes Buch» von 1901 enthält Jagderzählungen, die gewöhnlich mit dem tödlichen Schuß auf das Tier enden. Natur und Liebe, Liebe und Pirsch sind in seiner Phantasie *ein* Revier. Hubert Weinzierl suchte in den 1960er Jahren als Sprecher des Deutschen Naturschutzringes das Bündnis mit den Jägern, von denen er glaubte, daß sie eine wachsende Verantwortung für bedrohte Tierarten empfänden, während Bernhard Grzimek, damals der populärste Tierschützer Deutschlands, ja der Welt, sich bei seiner Kampagne für den Serengeti-Naturpark schon zu jener Zeit heftig mit den Großwildjägern anlegte. Mitte der 70er Jahre fand die Bürgerinitiative gegen das Kernkraftwerk Wyhl finanziellen Rückhalt bei einer regionalen Jagdgenossenschaft. Seither hat sich allerdings zwischen Öko-Bewegung und Jägern eine feindselige Atmosphäre entwickelt. Als Prototyp eines friedlichen Verhältnisses zur Natur kann die Jägerei in der Tat nicht gelten. Im 17. Jahrhundert rühmte Hohberg das Weidwerk als «gleichsam ein Praeludium belli», «Vorspiel und Spiegel des Krieges».[37] Jäger- und Kriegertum hängen historisch eng zusammen.

Gegenüber der Jagd, die vermutlich viele Tierarten auslöschte, nennt Marvin Harris die Domestikation der Tiere die «größte Naturschutzbewegung aller Zeiten».[38] Ähnlich wie beim Ackerbau, jedoch im Unterschied zur Jagd stellte sich bei der Tierzähmung frühzeitig die Erhaltung der Fruchtbarkeit als Hauptproblem; denn sehr viele wilde Tiere pflanzen sich in der Gefangenschaft nicht fort. Schon von daher ist nur ein kleiner Teil der Tiere zur Zähmung geeignet. Aber nicht nur die Förderung der Fruchtbarkeit, sondern auch die Kastration wurde ein Hauptmittel der Tierzähmung und Tierzüchtung.

Die Domestikation der meisten Tierarten ist ein so langwieriger Vorgang und der ökonomische Erfolg dabei so unsicher, daß man sich die Tierzähmung schlecht als zielstrebige, ökonomisch motivierte Aktion des Menschen vorstellen kann. Die ökologisch so vorteilhafte Kombination von Ackerbau und Viehzucht war nicht von vornherein geplant. Bis heute ist die Hypothese von Eduard Hahn (1896) plausibel geblieben, daß die Zähmung von Tieren nicht im Dienste der Landwirtschaft, sondern spielerisch und vielleicht auch aus religiösen Motiven begann. Die erfolgreiche Domestikation war eine menschliche Urerfahrung der Herrschaft über die Natur. Das älteste Haustier des Menschen ist fast überall der Hund; und kein anderes Tier läßt sich zu derartiger Anhänglich- und Unterwürfigkeit erziehen. Besonders intim gestaltete sich die Beziehung zwischen Mann und Hund durch die Jagd. Wo in der Geschichte Herrschaft ausgeübt wird, sind sehr oft auch Hunde zur Stelle. Im 18. Jahrhundert wurde der Bulldog zum englischen Nationaltier. «The courage of bull-dogs», schrieb David Hume, «seems peculiar to England.» Der für seine Tierdarstellungen berühmte Thomas Bewick (1753–1828) behauptete, die Zähmung des Hundes habe zur friedlichen Eroberung der Erde durch den Menschen geführt.[39]

Schon für Origines war die Existenz zahmer Tiere der Beweis für die menschliche Überlegenheit. Die Haustiere bieten schon Kindern ein Objekt zum Kommandieren und Drangsalieren, aber sie schufen auch stets eine intime Beziehung zwischen Mensch und Tier. Der bayerische Agrarreformer Joseph Hazzi fand um 1800 allerorten, daß die Nutztiere in ähnlicher Verfassung seien wie ihre Besitzer und davon zeugten, ob es diesen gut oder schlecht ging. Als Descartes die Tiere als seelenlose Maschinen bezeichnete, formulierte er keine herrschende Überzeugung, sondern erregte heftigen Widerspruch. Bis heute ist die Beziehung zwischen Mensch und Haustier ein mit tiefen Emotionen besetztes Feld, das der nüchternen Analyse ähnliche Schwierigkeiten bereitet wie das menschliche Verhältnis zu den wilden Tieren. Kein Zweifel: Der Mensch hat nicht nur seine Haustiere geprägt, sondern auch diese haben auf die Mentalität des Menschen zurückgewirkt – aber wie? Eduard Hahn warnt nach einer ausführlichen Erörterung der Kastration von Haustieren davor, die menschliche Seite der Mensch-Tier-Beziehung zu sehr zu beschönigen.[40] Alles in allem: Eine harmlose und harmonische Angelegenheit ist die Geschichte der Beziehung zwischen Mensch und Tier ganz gewiß nicht. Diese Geschichte trägt auch auf seiten des Menschen animalische Züge: Sie ist von Hunger und Liebe, von Macht und Machtlust durchdrungen. Dazu noch das weite und tückische Terrain der vom Menschen nicht beabsichtigten Symbiose mit Tieren und Tierchen – mit den Ratten, den Flöhen, den Bakterien. Hier wird das menschliche Verhältnis zum Tier der pure Horror. Aber das ist eine andere Geschichte.

3. Gärten und Fruchtbäume

Demjenigen Naturliebhaber, der sich einseitig auf das Ideal der Wildnis fixiert, entgeht jene Anti-Wildnis, wo der Mensch seit sehr alter Zeit ein besonders intimes und zugleich kreatives Verhältnis zur Natur ausbildete: der Garten! Mehr noch als der Acker ist er durch die Umzäunung, die dichte Abgrenzung gegen die Wildnis gekennzeichnet. Mit dem Garten beginnt schon frühzeitig die Tradition des intensiven Landbaus. Hier herrscht nicht der Pflug, sondern der Spaten, der Grabstock, die Schaufel. Allem Anschein nach ist der Gartenbau älter als der Ackerbau; er findet sich auch bei solchen Primitivkulturen, die keine großflächige Landwirtschaft betreiben. «Wohl alle 12 000 Kulturpflanzen ... haben ein gartenbauliches Stadium durchlaufen, ehe sie von den Massenproduktion betreibenden Zweigen der Bodenkultur übernommen wurden.»[41] In der frühen Neuzeit wurde der Garten zum Labor für die Intensivierung der Landwirtschaft. In gewissem Sinne steht er nicht nur am Anfang, sondern auch am Ende des Ackerbaus.

Im altdeutschen Recht unterlag der umzäunte Garten einem «Gartenfrieden» in Analogie zum Hausfrieden: Eindringendes Vieh, ja sogar Menschen durfte man töten. Der Garten war stets ein privater, zum Haus gehöriger Bereich; er unterlag keinem Flurzwang und war von der «tragedy of the commons», soweit es diese gab, nicht betroffen. Von alter Zeit bis heute verschaffte der Garten kleinen und großen Leuten höchstes Entzücken und Lebenssinn; die Gärtnerei war etwas, was man mit Liebe und Leidenschaft betrieb. Selbst Francis Bacon (1561–1626), dessen Verhältnis zur Natur zuweilen gewalttätige Züge annahm, schwärmte, der Gartenbau sei «die reinste aller menschlichen Freuden»; und dabei hatte er durchaus schon einen Sinn für den Reiz der scheinbaren Wildnis. Das «Paradies» als Lustgarten ist ein alter Traum der Menschheit, der noch auf dem Grunde des modernen «Biodiversity»-Ideals verborgen ist. Auch die Verbindung von Garten und Gesundheit hat Tradition. Der Ökonom Roscher empfand im 19. Jahrhundert das Fehlen des Gartenbaus im Umkreis von Madrid und teilweise auch Rom als «Krankheitssymptom».[42] Allerdings wurden frisches Obst und Gemüse früher noch längst nicht so selbstverständlich wie heute mit Gesundheit assoziiert.

Die Bedeutung des Gartens für die Bauernwirtschaft war je nach Zeit und Region sehr unterschiedlich. In den Regionen des intensiven Feldbaus auf kleinem Raum wird der Bauer zum Gärtner. Bei einem Großteil der deutschen Bauern dagegen war es in älterer Zeit bekannte

Tatsache, daß sie «meistens nicht viel von dem Garten» hielten und ihn «gewissermaßen als notwendiges Übel» betrachteten, das dem Getreidebau Dünger entzog. Das galt jedoch nicht für die Bäuerin. Von den altamerikanischen Pueblos bis zu den neuzeitlichen deutschen Bauernhöfen war der Garten typischerweise das Reich und der Stolz der Frau. Hier gibt es Traditionen weiblichen Erfahrungswissens, die in den historischen Quellen oft schwer zu fassen sind. Sucht man nach einer Sonderrolle der Frau in der Umweltgeschichte, so findet man eine handfeste materielle Grundlage dafür am meisten im Garten. Für frühere Jahrhunderte ist das besonders reichlich für Fürstinnen dokumentiert. Kurfürstin Anna von Sachsen (1532–1587) knüpfte ein «dichtes und weitverzweigtes soziales Netzwerk, darunter viele botanisch-ökonomisch interessierte Frauen aus den höheren Schichten, auch Klosterfrauen, in dem Pflanzen und Pflanzenwissen ständig zirkulierten» – die Korrespondenz umfaßt 91 Foliobände![43]

Wie hat man sich die Besonderheit der im Garten gemachten Erfahrungen vorzustellen? Gewiß entwickelte sich vor allem hier die Gewohnheit, sich den Boden genau anzuschauen und in der Hand zu zerkrümeln. Spaten und Schaufel sind Geräte, die förmlich dazu auffordern, die verschiedenen Bodenschichten bis aufs Feinste zu untersuchen. Mehr noch als an weiten Ackerflächen entwickelt sich am Garten ein Sinn für den schonenden Umgang mit dem Boden. Selbst in der ersten großen Zeit der Agrarreformen hob P. G. Poinsot in seinem Buch «L'Ami des cultivateurs» (1806) zur Verblüffung des Historikers Braudel hervor, daß der Boden mit dem Spaten besser umgegraben und aufgelockert werde als mit dem Pflug. Frühneuzeitliche Abbildungen zeigen den Bauern noch sehr oft mit dem Spaten, nicht mit dem Pflug: War das schon damals ein bloßer Archaismus, wie der ostdeutsche Agrarhistoriker Ulrich Bentzien meint? «Der Spaten ist die Goldgrube der Bauern» lautete ein Sprichwort in dem agrarisch besonders fortgeschrittenen Flandern.[44] Die Gartenkultur war neben dem Ackerbau eben kein bloßes Rückzugsgebiet. Auf dem begrenzten Raum des Gartens konnte man sich schon in älterer Zeit eine reichliche Düngung leisten; mehr als auf dem Feld konnte man Experimente mit verschiedenen Arten von Dünger anstellen und Erfahrungen mit neuen Gewächsen sammeln. Im Garten war man ja durch keinen Flurzwang daran gehindert, Neues zu erproben. Da hier eine Vielfalt von Pflanzen auf engem Raum wächst, wurde man darauf aufmerksam, daß sich längst nicht alle Arten gut miteinander vertragen: Das waren Grundeinsichten der Pflanzenökologie. Auch machte man Erfahrungen mit erfolgreicher und mißglückter Aufeinanderfolge verschiedener Arten auf dem gleichen

Fleck Erde. Man sah, wie manche Sträucher den Boden besser, andere ihn schlechter düngen und wie sich bestimmte Pflanzenarten auf Kosten anderer ausbreiten, sobald man den Garten nur einige Wochen sich selbst überläßt.

Alles in allem ist die uralte Tradition des Gartenbaus eines der stärksten Argumente dafür, daß die Menschheit schon seit alter Zeit viel praktisches Wissen über ökologische Zusammenhänge besessen haben muß. Ob sich dagegen am Garten ein Bewußtsein ökologischer Krisenprozesse ausbildete, ist nicht so sicher; denn in dem kleinen umhegten Stück Erde bekam man die Ökologie leichter in den Griff als auf den großen Flächen, und eine Verarmung des Bodens ließ sich hier relativ einfach beheben. Für Blumen durfte der Boden ohnehin nicht zu nährstoffreich sein. Vor allem in der Nähe städtischer Absatzmärkte gingen die Bauern frühzeitig zur Gartenkultur in größerem Stil über; da lieferten die städtischen Latrinen reichlichen Dünger. Im übrigen: Gerade weil Gärten ökologisch so komplizierte Gebilde sind, lassen sich Kausalzusammenhänge durch bloße Erfahrung nicht leicht eindeutig ermitteln; gewöhnlich gibt es mehrere Meinungen darüber, woran es liegt, wenn diese oder jene Pflanze nicht gedeiht. Am allerwenigsten entstand am Garten ein Sinn dafür, daß es auch einmal gut sein kann, die Natur sich selbst zu überlassen, und daß natürliche Ökosysteme sich selbst regulieren; denn um den Garten so zu haben, wie man möchte, muß man häufig Unkraut jäten. Daß die Natur von sich aus ein blühender Garten sei, ist eine typische Illusion derer, die nicht im Garten arbeiten. Aus den Gärten stammen die Treibhäuser. In englischen, holländischen und französischen Gärten experimentierte man seit dem 18. Jahrhundert unablässig mit der «Akklimatisation» exotischer Pflanzen.[45]

Zu vielen Gärten gehören die Obstbäume; oft stehen sie im Zentrum des Gartenbaus. Gewiß nicht von Anfang an: Ihre Kultivierung setzte eine seßhafte Lebensweise bereits voraus. Zu den *Fruchtbäumen* im alten Sinne, die oft den Kern ganzer bäuerlicher Kulturen ausmachten, gehören auch die Eiche, die Kastanie, der Ölbaum, der Johannisbrotbaum und in südlicheren Regionen die Palmen, die Bananenstauden und Mangobäume. Die Aufzucht und Pflege dieser Fruchtbäume ist *die* urtümliche Baumkultur schlechthin; ein Baumbewußtsein muß man am frühesten dort suchen. Fruchtbäume genossen im geschriebenen und ungeschriebenen Recht häufig einen besonderen Schutz. Das mosaische Gesetz verbietet es, während eines Krieges im Feindesland Fruchtbäume umzuhauen (5. Mose 20, 19). Die grundlose Plünderung eines Birnbaums ist für Augustinus ein besonderer Frevel, schlimmer als sexuelle Vergehen. In den Weistümern deutscher Markgenossenschaften findet sich wiederholt die Anweisung, daß dem, der einen Fruchtbaum «ringelt» oder schält – d. h. durch Entrindung zum Absterben bringt –, die Gedärme aus dem Leib gezogen werden sollten.[46] Auch in neuerer Zeit weckt die Beschädigung von Fruchtbäumen heftige Emotionen: Goethes Werther wurde «rasend», als die theologisch verbildete Pfarrfrau die «herrlichen Nußbäume» vor dem Pfarrhof abhauen ließ. «Ich mochte toll werden, ich könnte den Hund ermorden, der den ersten Hieb dran tat.»

Früher als Weide und Acker waren Fruchtbäume Privateigentum: auch dort, wo der Boden, auf dem sie standen, noch herrschaftliches oder genossenschaftliches Land war. In Deutschland, wo die Obstbaumkulturen in vielen Gegenden noch keine sehr alte Tradition besaßen, begann um 1800 ein «Zeitalter der Pomologie», in der der Obstbau in eine Phase des Experimentierens und der Intensivierung eintrat. Fruchtbaum-Monokulturen sind generell eine Erscheinung der Moderne. Als ein Kernstück von Polykulturen reichen manche Fruchtbäume jedoch schon in sehr alte Zeiten zurück. Als Don Quixote vor den Ziegenhirten, die ihm ein Mahl aus Eicheln reichen, emphatisch vom Goldenen Zeitalter schwärmt, schildert er jene «heiligen Jahrhunderte» als eine Zeit, in der der Mensch «seine Speise von den starken Eichen brach, die freigebig mit ihrer süßen und reifen Frucht zum Mahl einluden». «Noch hatte das schwere Eisen des gekrümmten Pfluges nicht gewagt, die Eingeweide der gütigen Mutter vor uns aufzufurchen und zu durchdringen.» Ein Archäologe errechnete, daß die Bewohner der Mayastadt Tikal im 9. Jahrhundert 80 Prozent ihrer Kalorien aus Brotnüssen bezogen.[47]

In der üblichen Forstgeschichte kommen die Fruchtbäume allenfalls am Rande vor; und in der Agrargeschichte sieht es nicht viel besser aus. Daher wurde der auf die Fruchtbäume bezogene Baumschutz als eine Tradition des praktischen Umweltbewußtseins bislang nur wenig wahrgenommen. Als die Kolonialverwaltung in Britisch-Indien ihre Hand auf die Forsten legte, machte sie Teile der einheimischen Bevölkerung zu Waldfeinden; aber viele indische Dörfer kultivierten seit alters ihre Mango- und Palmenhaine. P. G. Madon, der ab 1880 die Forstverwaltung der britischen Kolonie Zypern organisierte, unterstrich den Bedarf nach obrigkeitlicher Regelung mit der Klage, der «instinktive Haß auf die Bäume» sei auf dieser Insel «vielleicht die einzige Gemeinsamkeit zwischen Griechen und Türken». Er vergaß die von ihren Besitzern sorgsam gehüteten Ölbaume und vor allem die vielen Johannisbrotbäume, das «schwarze Gold Zyperns». Und ähnliches gilt für die angebliche Baumfeindlichkeit vieler anderer traditioneller Kulturen. Die mediterranen Bedingungen sind für Fruchtbäume günstiger als für holzproduzierende Forsten; daher verhielten sich die Bewohner nicht nur ökonomisch, sondern auch ökologisch vernünftig, wenn ihre Liebe vor allem den Fruchtbäumen galt. In schwarzafrikanischen Gebieten brachten Bananenstauden einen 15mal höheren Nahrungsertrag, als es der Weizenanbau auf gleicher Fläche vermocht hätte![48]

Ölbaum und Weinrebe prägen seit prähistorischer Zeit Landschaft und Lebensweise des Mittelmerraums. Noch heute hat man die «uralte Ehe von Öl und Wein» an vielen Mittelmeerküsten vor Augen: ein Zeichen dafür, daß sie über Jahrtausende eine ökologische Stabilität entwickelt haben muß. Der Wein wird als Kletterpflanze, aber auch als selbständiger Busch mit knorrigem Stamm gezogen. Columella behandelt den Weinstock am Anfang seines Buches über die Baumzucht und schreibt, der Weinbau sei schwieriger als jede andere Baumkultur. Im Unterschied zu anderen Fruchtbäumen haben Ölbaum und Weinstock nicht nur eine archaische, sondern auch eine modernisierende Seite: Sie enthielten früh einen Impetus zum Handel und zum Überschreiten der Subsistenzwirtschaft. Daher bekamen diese Kulturen einen ersten starken Schub durch den Aufschwung des Mittelmeerhandels in der griechisch-römischen Antike, gingen mit dem Niedergang des Römischen Reiches wieder zurück und drangen im Hoch- und Spätmittelalter erneut vor; ihre Verbreitung geschah zum Teil auf Kosten der ursprünglichen Bewaldung der Mittelmeerregion. Schon im 13. Jahrhundert tobte in Frankreich die «Bataille des vins», der Kampf zwischen den Weinsorten verschiedener Regionen; die Weinproduktion für den Handel war schon früh ein riskantes Geschäft. Im 16. Jahrhundert verbreitete sich an manchen Mittelmeerküsten eine «fièvre de l'olivier», eine fieberhafte Forcierung der Ölbaumzucht bis hin zu den Gefahren der Monokultur, während der Ölbaum sonst Bestandteil einer «cultura promiscua» war. Vom späten 17. Jahrhundert an wurden dann die südfranzösischen Wein- und Olivenkulturen durch jene Fröste, die für Klimahistoriker Bestandteil der «kleinen Eiszeit» sind, schwer geschädigt. Schon in der Antike bewirkten diese Kulturen eine ausgeprägte Sensibilität für die Wechselfälle des Klimas und veranlaßten Theophrast bereits zu Gedanken darüber, daß der Mensch durch Abholzung der Wälder ein rauheres Klima verursacht.[49]

Zu Sorgen um den Boden veranlaßten diese Kulturen nicht in gleicher Weise; und insofern könnte man sie auch für manche ökologische Gleichgültigkeit der mediterranen Bevölkerung verantwortlich machen. Gewiß erfordern sie an vielen Berghängen die mühevolle Anlage von Terrassen; aber sie gedeihen auch auf kargen, steinigen, ja erodierten Böden. Man kann den Weinertrag durch Düngung steigern; aber zuviel Dünger ist nicht gut, und die besten Weine wachsen vielfach auf kargen Böden. An dem Ölbaum mit seinen tiefen Wurzeln und seiner enormen Zähigkeit und Lebensdauer konnte man eine Zuversicht entwickeln, daß selbst in der kargen Gebirgswelt Natur und Mensch doch überleben. Die Ölbaumkultur weckte als solche keine Liebe zum dichten Wald; auf Mallorca meinte man, freistehende und vom Wind umwehte Ölbäume gediehen am besten. Winzer dagegen hatten gerne einen Wald in der Nähe, der Holz für die Rebstöcke und die Weinfässer lieferte. Daher findet man in Frankreich häufig ein Ensemble von Wald und Weinkultur. Auf Madeira ranken die Reben an Kastanienbäumen: Daher die Verbreitung der Kastanie im Norden der Insel. Aber auch der Ölbaum, der erst sieben Jahre nach dem Pflanzen die erste Ernte liefert und dafür uralt werden kann, fördert und erfordert auf seine Art eine Langzeit-Orientierung. Auf die Frage, warum in Brasilien keine Olivenbäume wachsen, gab ein Italiener die Antwort: «Wer will in diesem Land schon ein, zwei Menschengenerationen auf die Ernte warten?»[50]

Daß die *Eiche* in ganz Europa seit alters einen Nimbus hat wie kein anderer Baum, hängt wohl nicht so sehr mit ihrem harten Holz, sondern mehr mit ihren Früchten, den Eicheln, zusammen, die ein beliebtes Fruchtbarkeitssymbol waren und manchmal sogar den Menschen, vor allem jedoch den Schweinen als Nahrung dienten. Auf diese Weise waren sie in nicht wenigen europäischen Regionen für die altbäuerliche Ökonomie von höchstem Wert. Hier ging die Subsistenzwirtschaft schon früh in die kommerzielle Ökonomie über. Im Solling brachte die Mast um 1600 mehr als zwanzigmal soviel Geld ein wie die gesamte Holznutzung. Um das Recht, Schweine in einen Wald einzutreiben, entbrannten regelrechte «Schweinekriege».[51]

Die Verbreitung der Eiche in neuerer Zeit ist vielfach dem Menschen zu verdanken. Schon lange vor der von Förstern betriebenen Aufforstung haben Bauern Eichen gepflanzt und Jungpflanzen gehegt, bereits zu der Zeit, als sie die Wälder rodeten. Palynologische Untersuchungen registrierten im Bentheimer Wald einen «geradezu markanten Anstieg der Quercus-Pollenspektren seit den ersten frühmittelalterlichen Waldrodungsperioden». Im Frankfurter Stadtwald wurden 1398 61 Malter Eicheln gesät. Aber nicht nur die Menschen säten Eichen, sondern auch die Eichelhäher und die Schweine, die, während sie nach Eicheln wühlten, Eicheln in die Erde scharrten und zugleich Schädlinge fraßen. Viele schöne Eichenhaine sind der Schweinehaltung zu verdanken: Das Schwein, zugleich ein vorzüglicher Resteverwerter, gehört zu den unbekannten Helden der Umweltgeschichte. Wenn Umwelthistoriker mitunter die Schweinemast als Element der Waldzerstörung beschreiben, stellen sie die Dinge auf den Kopf. Sieht man auf alten Bildern, wie die Bauern die Eicheln mit Stöcken vom Baum schlagen, so wirkt das zwar gewalttätig; aber diese Prozedur, mit der die Menschen den Eichelhähern und Eichhörnchen zuvorzukommen suchten, schädigte nicht unbedingt den Baum, sondern konnte die Eichelproduktion sogar stimulieren. Daß die Eichhörnchen den Menschen bei der Eichelernte dennoch voraus waren, ist für Jared Diamond einer der mutmaßlichen Gründe, weshalb der Mensch sich am Ende nicht auf die Eichenpflanzung, sondern den Getreideanbau verlegte.[52]

«Eicheln machen den Reichtum vieler Völker aus», bemerkt Plinius der Ältere. In Zeiten des Getreidemangels ernährten sich die Menschen von ihnen. Wenn Vergil das Glück der Schweine in einem guten Eichelmastjahr schildert, läßt er erkennen, wie das fröhliche Grunzen der Borstentiere auf die Stimmung der Menschen abfärbt. Nicht weniger berühmt als die nordischen Eichenhaine sind die Stein- und Korkeichenwälder Spaniens und Portugals, die von den Bauern zur Schweinemast und Korkgewinnung kultiviert wurden und zu den kahlen, von den großen Schafherden beherrschten Landschaften kontrastieren. 1916 rühmt ein amerikanischer Geograph, der sich um die Erhaltung der Ressourcen der Erde sorgt, die Eichenkulturen der iberischen Halbinsel als Musterbeispiel einer optimalen Kombination von Ökonomie und Ökologie, das zum Modell für die ganze Welt werden könne. «Das Gewebe von Gesetzen und Gebräuchen, das mit der Nutzung dieser Eichenwälder verbunden ist, ist in seiner Komplexität ohne Beispiel», meint ein moderner Geograph. Da die Eiche langsam wächst, zeugt das Eichenpflanzen von einem auf eine ferne Zukunft gerichteten Vorsorgeverhalten. Schwere Eichenbalken waren in deutschen Bauernhäusern ein Zeichen guter Wirtschaft; traditionell bestand die Tendenz, die Eiche als Bauholz überzubewerten.[53]

Die *Kastanie* ist eines jener umwelthistorischen Themen, von dessen Bedeutung man die beste Vorstellung durch Wanderungen bekommt: ob durch das Tessin, den ligurischen Appenin, die Cevennen oder die Berge Kataloniens und Asturiens. Hier war die Kastanie früher vielerorts Hauptnahrungsmittel und Zentrum einer Polykultur, indem sie mit Getreideanbau und Schaf- und Ziegenhaltung kombiniert wurde. So urtümlich die Kastanienwälder wirken, so gehen sie doch alle auf menschliche Pflanzung zurück: Auch hier handelt es sich um eine Art von bäuerlicher Baumzucht, die Jahrtausende vor der försterlichen Aufforstung begann. Im mediterranen Bergland ist die Kastanie pro Gebietseinheit ein besonders ergiebiger Nahrungs- und Kalorienlieferant, ergiebiger als Getreide und selbst die Kartoffel. Auch da, wo sie keine Hauptnahrung war, war sie eine Reserve in der Not: Als 1653 der Roggen und die Gerste in den Alpen «gänzlich mißrieten», die Kastanien dagegen dicht von den Bäumen prasselten, strömten die hungrigen Menschen hinunter ins Veltlin. Da die Kastanien schön gediehen, seien auch die Mädchen «sehr fröhlich», schrieb 1586 ein Grundherr aus dem Languedoc. Viele Agrarreformer des 18. und 19. Jahrhunderts dagegen liebten die Kastanie nicht und sahen in ihr ein Symbol der Rückständigkeit und eine Speise, die den Menschen schwerblütig und träge mache. Wie man die Kastanienkulturen in ökologischer Hinsicht werten soll, darüber kann man streiten. Vito Fumagalli sieht in ihnen eine frühzeitige Störung der natürlichen Ökosysteme; denn die Kastanien lassen andere Pflanzen in ihrem Umkreis nicht hochkommen. Am Berghang hält die Kastanie den Boden mit ihren Wurzeln nicht aus eigener Kraft zurück, sondern muß durch Terrassenmauern geschützt werden. An manchen Standorten führt sie zur Bodenverarmung, der die Bauern mit Rasenbrennen und Aschendüngung entgegenwirkten. In typischen Fällen war die Kastanie jedoch Rückgrat einer der mediterranen Umwelt angepaßten Polykultur, einer Trias von Baumzucht, Ackerbau und Weide.[54]

Die silvo-agro-pastorale Trias von Baum, Feld und Weide ist in ökologischer Hinsicht längst nicht immer eine ideale Dreieinigkeit und die Rolle der Bäume darin nicht in jeder Weise von Vorteil; so entziehen sie den landwirtschaftlichen Kulturen Licht, Wasser und Nährstoffe, und ihr Laub kann den Boden in unerwünschter Weise versauern.[55] Dennoch ist es nicht ganz unberechtigt, wenn das Verhältnis zum Baum als ein Hauptindikator der Mensch-Natur-Beziehung gilt. Die Kultur der Fruchtbäume im weitesten Sinne war in vielen Weltregionen über Jahrtausende ein wichtiges und bislang oft zuwenig beachtetes Element der Umwelt-Stabilisierung. Nicht zu Unrecht sind die Bäume ein Sinnbild der Vorsorge: Um sie herum bildete sich mit einer gewissen Naturnotwendigkeit eine auf künftige Generationen orientierte Mentalität aus. In früheren Zeiten forderten sie in der Regel nicht die Mono-, sondern die Polykultur. Sie trugen zum Schutz des Bodens und zur Speicherung des Wassers bei. Da sie nicht in dem Maße wie das Getreide von der wechselnden Witterung abhängen und schwer zu verpflanzen sind, lenken sie die Aufmerksamkeit in besonderem Maße auf die dauerhaften lokalen Umweltbedingungen. Innerhalb der pflanzlichen Natur hat sich der Mensch oft besonders gern mit den Bäumen identifiziert. Das war jedoch längst nicht immer eine Identifikation mit der frei wachsenden Natur. Denn die Baumkultur ist auch eine Kultur des Kappens, Pfropfens und Beschneidens, einer partiellen Bändigung des Wildwuchses, nicht anders als die Gartenkunst.[56] Dennoch: Die Grunderfahrung des Gärtners, daß man schöne Natur nicht nur erhalten, sondern auch neu schaffen kann, ist auch im Zeichen der Ökologie keine Illusion.

4. *Bauern und Hirten*

Der «Ursprung des Ackerbaus» ist ein altes Thema der Prähistorie. Seit 1928 pflegte man sich diesen Prozeß mit Gordon Childe als Ereignis analog zu den Umwälzungen der Moderne vorzustellen: als «neolithische Revolution», als Übergang vom schweifenden Jäger- und Sammlertum zur Seßhaftigkeit, zur Land- und Viehwirtschaft, zum Eigentum und zur Akkumulation von Mehrwert.[57] Aus bürgerlicher Sicht also der Beginn des Fortschritts, aus marxistischer Sicht der Beginn der Ausbeutung. Als Sündenfall der Menschheit figuriert die neolithische Revolution auch in einem gängigen Öko-Weltgeschichtsbild: als der Übergang von dem Sicheinfügen in die Natur zur Unterwerfung der Natur.

Aber 1928 war die «neolithische Revolution» kein empirisch faßbarer Vorgang, sondern ein spekulatives Konstrukt. Moderne Archäologen nennen diesen Vorgang ein «monumentales Nicht-Ereignis».[58] Denn der Ackerbau begann nicht als ein großes neues System; sondern Sammlertum und frühe Bodenbearbeitung müssen lange nebeneinander bestanden haben. Schon die Jäger griffen mit der Brandwirtschaft aktiv in ihre Umwelt ein. Vom Sammlertum gab es fließende Übergänge zur Pflanz-, Grabstock- und Hackkultur: Der Weg zum frühen Ackerbau war kein großer Sprung. Die Züchtung von Getreidesorten, die den Bodenertrag vervielfachten, muß ein langwieriger Prozeß gewesen sein, der zuerst dort begann, wo die zukunftsträchtigen Arten wild wuchsen. Es war aller Wahrscheinlichkeit nach eine sich langsam an Erfahrungen vorantastende Evolution und keine abrupte Umweltveränderung.

Man hat viel darüber gerätselt, wie man sich die Motive des Urmenschen beim Übergang vom Jäger- und Sammlerdasein zum Ackerbau und zur Seßhaftigkeit vorzustellen habe. Natürlich kann man darüber nur spekulieren. Die jüdische wie die griechische Mythologie deuten darauf hin, daß der Übergang zum Ackerbau nur widerwillig und unter dem Druck der Not geschah und die glücklichste Zeit diejenige war, als der Mensch ohne viel Arbeit von dem lebte, was die Natur ihm von selbst bot. Untersuchungen an heute lebenden «Steinzeitvölkern» zeigen, daß diese, sofern sie nicht in armselige Rückzugsgebiete verdrängt wurden, tatsächlich über eine vielseitige Ernährung und über viel Muße verfügen: Der Mythos vom Paradies, vom Goldenen Zeitalter hat einen realen Grund. Noch heute kann man beobachten, daß Bevölkerungsgruppen, sobald reichlich Land zur Verfügung steht, vom intensiven Landbau wieder in eine Wanderwirtschaft («shifting cultivation») zurückfallen, weil sie sich auf diese Weise mit weniger Arbeit ernähren.[59]

Mit einer Kombination von logischen und empirischen Schlüssen läßt sich seit dem Neolithikum eine demographisch-ökologische Kettenreaktion vermuten: Extensive Wirtschaftsformen werden mit wachsendem Bevölkerungsdruck durch intensivere ersetzt; aber da mit diesen die Gefahr der Übernutzung und Degradierung des Bodens steigt, verstärkt sich die durch die drohende Krise bewirkte Dynamik. Zur Intensivierung der Bodenbearbeitung braucht man mehr Menschen; aber diese erhöhen wiederum den Druck auf den Boden. «Wenn irgendein Schwungrad die Geschichte dieser Zeit antrieb» – meint Markl –, «so war es wohl dies Schwungrad aus Furcht vor vorgestelltem und erfahrenem Mangel.»[60] Man achte auf die Formulierung: Nicht nur die nackte Not machte erfinderisch, sondern mindestens sosehr die Furcht vor Not – vor einer Not, die man vielleicht am eigenen Leib noch nicht erfahren hatte, sondern nur antizipierte.

Da die Züchtung ertragreicher Getreidesorten lange dauerte, kann man sie sich unmöglich als Panikreaktion vorstellen. Auch hier dürfte sich die Erfahrung bestätigen, daß die großen Innovationen nicht aus purer Not getätigt werden, sondern daß Chancen, Ambitionen und verfügbare Ressourcen hinzukommen müssen. Es fällt auf, daß der früheste Ackerbau in vergleichsweise begünstigten Regionen der Welt entstand. Bruce D. Smith gewinnt aus archäologischen Befunden in der Alten und Neuen Welt den Eindruck, daß eine bäuerliche Lebensweise dort aufkam, «wo Gesellschaften nicht unmittelbar (von Hungersnot) bedroht waren, aber nichtsdestoweniger durch Bedingungen der Umgebung ermutigt wurden, auf umfassende Weise nach Wegen zur Minderung des Langzeit-Risikos zu suchen.» Die Ausbreitung des Ackerbaus läßt sich nicht allein unter dem Druck der Not, sondern auch unter dem Antrieb eines nach Mehrprodukten strebenden Gesellschaftssystems vorstellen. Karl Butzer, obwohl ein Pionier der historischen Umweltforschung in der Archäologie, warnt davor, mit einem einseitigen «environmentalism» die «Tatsache zu verdunkeln, daß der Ursprung des Ackerbaus in erster Linie ein kulturelles Phänomen ist». Je mehr die Differenzierung der Gesellschaft voranschreitet, desto mehr reagiert der Mensch nicht mehr direkt auf Naturgegebenheiten, sondern auf gesellschaftliche Definitionen der Naturphänomene. Für Jared Diamond hat die unaufhaltsame Ausbreitung des Ackerbaus auf der ganzen Welt vor allem etwas mit *Macht* zu tun: Die seßhafte Landwirtschaft habe größere Menschenzusammenballungen mit überlegener Bewaffnung und sozialer Organisation hervorgebracht.[61]

Dennoch: Auf militärische Überlegenheit allein kann der Aufstieg des Ackerbaus nicht zurückgehen. Denn diese Überlegenheit bildete sich erst langsam heraus. Der Jäger war an und für sich ein besserer Krieger als der Bauer. Bäuerliche Gesellschaften gerieten häufig unter die Herrschaft einer Aristokratie, die die Tradition der Jagd kultivierte.[62] Erst die Vervollkommnung der schweren Feuerwaffen in der frühen Neuzeit begründete die endgültige militärische Überlegenheit der seßhaften Kulturen. Vorher waren die Bauernsiedlungen sehr verwundbar – viel verwundbarer als nichtseßhafte Jäger-Populationen. Weil sich Bauern viel besser ausbeuten lassen als Jäger, eben deshalb boten sie eine viel stabilere Basis für Herrschaftsstrukturen. Aber man muß fragen, ob die Landwirtschaft nicht auch durch eine stabilere Ökologie überlegen wurde. Erst seßhafte Bauern waren zu einer nachhaltigen Wirtschaftsweise im Sinne bewußter Planung fähig.

Gerade durch die Seßhaftigkeit entsteht jedoch in einem Maße wie nie zuvor die Gefahr der Übernutzung des Bodens. Gewiß, erst jetzt wird sie klar erkannt und kann gezielt angegangen werden; aber waren die Lösungswege stets da und wurden erfolgreich praktiziert? Nur der seßhafte Bauer kann dafür sorgen, daß dem Acker kein Dünger verlorengeht; aber sorgte er wirklich dafür? Außerdem: Die Menschenzusammenballung an einem Ort erhöhte die Krankheits- und Seuchengefahr; der Ackerbau wurde «eine Bonanza für unsere Mikroben» (Diamond).[63] Mit dem Aufstieg des Ackerbaus begann im übrigen eine große Zeit der Mäuse, Ratten und Heuschrecken.

Es fällt auf, daß gerade die ältesten Ackerbauregionen im Innern Vorderasiens heute weitgehend verödet sind; und der Verdacht, daß der Ackerbau sich durch Bodenerschöpfung selbst vernichtete, liegt dort nahe. In jenem Fall handelte es sich um Gebiete, die schon von Natur aus ökologisch fragil und von Versteppung und Desertifikation bedroht sind. Doch auch in Mitteleuropa war, wie pollenanalytische Untersuchungen ergaben, die Seßhaftigkeit der frühen Bauernsiedlungen nicht von Dauer. Die römische Herrschaft brachte in Süddeutschland eine erste Phase der Siedlungskontinuität; aber danach kehrte man wieder zur «shifting cultivation» zurück.[64] Offenbar spielen politische Bedingungen bei der Herausbildung einer dauerhaften Seßhaftigkeit eine entscheidende Rolle. Geschah das vorausgegangene Wandern unter dem Druck der Not, der Verarmung des Bodens? In der Frühzeit betrieb man Einfelderwirtschaft ohne Fruchtwechsel; da mußten die Erträge, wenn man nicht das zu beackernde Land wechselte, auf die Dauer sinken. Fruchtfolgen und Kombinationen des Feldbaus mit der düngerproduzierenden Viehzucht entwickelten sich überall auf der Welt erst im Laufe der Zeit.

Das Umwelt-Problembewußtsein ist die zwangsläufige Folge der Seßhaftigkeit. Schon die über die ganze Welt verbreiteten Fruchtbarkeitskulte deuten darauf hin, daß ein Bewußtsein dessen, daß die Fruchtbarkeit der Äcker stets gefährdet war, schon seit sehr alter Zeit bestand. Für Aufgaben, mit denen man stets routinemäßig fertig wird, braucht man keine Religion und keine Rituale. Aber natürlich werden solche Aufgaben auch durch Rituale nicht bewältigt. Die Gegenmittel gegen die Bodenerschöpfung waren im Prinzip altbekannt: Brache, Düngung, Fruchtwechsel. Plinius der Ältere fand bei den Ubiern in der Kölner Gegend sogar schon die Mergeldüngung. Selbst bei vormodernen schwarzafrikanischen Stämmen, die in der Regel nicht düngten, wurde ein organisierter Fruchtwechsel beobachtet.[65] Die einfachste Methode der Regeneration war die Brache, oft verbunden mit Viehweide; man erklärte sich deren Effekt so, daß der Boden, ebenso wie Mensch und Tier, von Zeit zu Zeit seine Ruhe brauche. Noch im 19. Jahrhundert war die «Müdigkeit» des Bodens ein stehender Begriff.

Aber wenn der Boden wie ein lebendes Wesen ist: Wird er dann nicht durch die Pflugschar verletzt? Schon im Bewußtsein alter Zeiten bedeutet die Einführung des Pfluges, der die Eingeweide der Erde zerschneidet, eine Zäsur, mit der eine härtere Zeit beginnt; und diese Empfindung ist aus umwelthistorischer Sicht nicht unbegründet. Die Pflanzen werden jetzt nicht mehr individuell behandelt wie beim Hackbau. Bei lockeren Böden und auf abschüssigem Gelände erhöht der Pflug die Erosionsgefahr. Er benötigt Ochsen und Pferde und beim Bauern einige Körperkraft; die Bauernwirtschaft bekommt einen stärker patriarchalischen Zug. Man kann sich vorstellen, wie mit dem schweren Pflug eine herrischere Einstellung zur Natur einherging.[66]

«Pflügen, pflügen, pflügen», hämmerte Cato der Ältere den römischen Bauern ein. «Was heißt, den Acker gut bebauen? Gut pflügen. Was ist das Zweite? Pflügen. Was kommt drittens? Düngen.» «Pflüge mit aller Kraft!» fügte Plinius der Ältere hinzu. Aber auch die Erkenntnis, daß der Pflug je nach Gelände mit Vorsicht eingesetzt und der Art des Bodens angepaßt sein muß, ist im Prinzip nicht neu. «In Syrien zieht man mit der Pflugschar nur eine schmale Furche, weil Felsen darunter sind, die im Sommer die Saat verbrennen würden», wußte schon Plinius. Auch Theophrast warnte, ein zu tiefes Pflügen könne schaden, da es zum Ausdörren des Bodens führe. Die altgriechischen Pflüge waren aus Holz und wurden von den Bauern selber hergestellt; gewiß waren es leichte Pflüge, die den leichten mediterranen Böden mehr oder weniger angepaßt waren. Der schwere Pflug mit der eisernen Pflugschar kam aus dem nördlicheren Europa mit seinen schweren Böden; dort ist er schon für das Frühmittelalter, vielleicht sogar noch früher bezeugt. Da ist er nützlich, um die durch den häufigen Regen in untere Bodenschichten geschwemmten Nährstoffe wieder nach oben zu befördern, während in südlichem semiaridem Klima die Nährstoffe durch die starke Verdunstung eher nach oben steigen.[67]

Wenn jedoch Lynn White eine durch den Pflug mitbewirkte technische Revolution schon im Frühmittelalter erkennen will, so hat er die Vorgänge dramatisch überzeichnet. Auch die «schweren» Pflüge früherer Zeiten waren nach heutigen Begriffen recht leicht; noch in der frühen Neuzeit drangen sie höchstens 12 cm tief in den Boden![68] Zwischen Hacke und Pflug war der technische Übergang fließend; und der Fortschritt zum tieferen Pflügen war in vorindustrieller Zeit ein langer, nur langsam voranschreitender Prozeß; eine rapide Beschleunigung wurde erst in der Zeit des Massenstahls möglich. Im 20. Jahrhundert wurde der schwere Pflug auch auf solchen Böden eingesetzt, wo er auf die Dauer zerstörerisch wirkt; aber in älterer Zeit läßt sich eine außer Kontrolle geratene Eigendynamik der Pflugtechnik nur erst im Ansatz erkennen. Der Werkstoff Holz hielt das Eindringen des Pfluges in den Boden in Grenzen.

Die Erhaltung der Fruchtbarkeit des Bodens war über Jahrtausende eine Frage der Brache und des Düngers. Daher ist das Verhältnis des Ackerbaus zur Viehzucht ein Leitthema der Umweltgeschichte auf der ganzen Welt. Sehr oft wurde eine optimale Balance und Kombination nicht erreicht; statt eines Miteinanders findet man ein Neben- und Gegeneinander. Sehr viele Mißstände der Vergangenheit hängen direkt oder indirekt damit zusammen. Zwar zwang der Pflug die Bauern dazu, Zugvieh zu halten; im übrigen jedoch empfand selbst der mitteleuropäische Bauer die Viehhaltung oft als «unnütz und beschwerlich». Noch im düngerbewußten 19. Jahrhundert verschärfte das Vordringen des Ackerbaus manchmal den Gegensatz zur Viehzucht: «Zuletzt entsteht ein Kampf zwischen Pflug und Herden», klagt der Agrarreformer und Pädagoge Stephan Ludwig Roth in Siebenbürgen, wo der Ackerbau vielfach von den deutschen «Sachsen», die Weidewirtschaft von den rumänischen Walachen betrieben wurde. Aber oft bestand eine Feindschaft zwischen Bauern und Hirten auch ohne Nationalitätengegensatz. «So unglaublich es klingt», wundert sich Braudel, «die Verachtung des Bauern für den Viehzüchter und Hirten zieht sich durch die Geschichte Frankreichs bis in die Gegenwart hinein.» Roger Dion, der Historiker des Weinbaus, glaubt zu erkennen, daß der traditionelle Unterschied der nord- und südfranzösischen Landschaft nicht zuletzt daher rühre, daß der französische Norden auf seinen offenen Feldern Ackerbau und Viehzucht kombiniert habe, während der südfranzösische Typ des Feldbaus die Herden ausgeschlossen habe.[69]

In den Regionen des intensiven, gartenmäßig betriebenen Ackerbaus auf Terrassenfeldern brauchen die Bauern kein Zugvieh; eher droht das Vieh die Terrassen zu beschädigen. Im Mittelmeerraum bildeten Ackerbau und Viehhaltung vielfach keine sich wechselseitig stabilisierende Einheit; man kann darin ein Grundübel der mediterranen Geschichte über Jahrhunderte und Jahrtausende erkennen. In Norditalien bestand zwischen Bauern und Viehzüchtern ein alter Haß. Hier wie anderswo war die Weidewirtschaft oftmals eine Welt für sich, mit anderen Besitzern, anderen Lebensformen und Bevölkerungsgruppen. Die alttestamentliche Geschichte von Kain, dem Bauern, und Abel, dem Hirten, spiegelt einen uralten Gegensatz. Da ermordet der Ackerbauer den Schäfer. Oft aber waren die Hirten wehrhafter als die Bauern und hatten mächtige Herdenbesitzer im Rücken. Da brauchten sie auf die Bauern nicht viel Rücksicht zu nehmen. Diese suchten sich zu wehren. In deutschen Regionen waren herrschaftliche Schäfer über Jahrhunderte von seiten der Bauern «Haß und Verfolgungen, Mord und Totschlag» ausgesetzt. In jenen Regionen der Algarve, wo der Erdbeerbaum kultiviert wurde, herrschte zwischen Bauern und Hirten «offener Krieg». Die agrarische Ökologie war also nicht zuletzt eine Frage gesellschaftlicher Strukturen und Machtverhältnisse. Allerdings gab es auch eine unbeabsichtigte ökologische Förderung des Ackerbaus durch die Weide, und zwar gerade durch deren destruktive Wirkung: Indem diese die Erosion auf den Berghängen vorantrieb, trug sie dazu bei, daß sich fruchtbarer Boden in den Niederungen sammelte, wo er bequemer zu beackern war.[70]

Am weitesten entfernte sich die Weidewirtschaft vom Ackerbau bei den *Nomaden*. Die wechselvollen Beziehungen zwischen Nomaden und seßhaften Kulturen sind ein Leitmotiv der Weltgeschichte von der Spätantike bis zur frühen Neuzeit; auch für die Umweltgeschichte ist dieses Spannungsfeld von größter Bedeutung. Da stellt sich die Frage, ob es unter den Bedingungen der Steppe einen ganz anderen als den bäuerlichen Typus von Nachhaltigkeit gibt: einen Typ der Umweltregeneration gerade durch die Nichtseßhaftigkeit, den häufigen Weidewechsel. Man könnte argumentieren: Die beste Art der Nachhaltigkeit ist die, die gar keiner planvollen Zukunftsvorsorge bedarf, sondern einfach dadurch gewährleistet wird, daß der Boden stets mit Vegetation bedeckt bleibt. So sahen es auch manche Nomadenführer im Kampf mit den Bauernvölkern. 1892 rief das religiöse Oberhaupt der Mongolen dazu auf, «die vielen Chinesen zu vernichten, die den Boden durch ihr Pflügen gelb und trocken machen». Aber hat es überhaupt Sinn, bei dem Nomadentum von Nachhaltigkeit zu reden?

Der arabische Geschichtsschreiber Ibn Khaldun (1332–1406) hat den Kontrast zwischen den Nomaden und den Seßhaften in klassischer Weise geschildert, und zwar voller Bewunderung für die Nomaden, die er nach dem Muster des «edlen Wilden» beschreibt: Sie seien gesünder, kraftvoller, unverdorbener als die Zivilisationsmenschen. Daß sie ein karges Leben führten und oft Hunger litten, trüge nur zu ihren Vorzügen bei. Allerdings: Überall, wo sie hinkämen, hinterließen sie Zerstörung. Denn das Wesen ihrer Lebensform sei eben die Negation der Bauwerke, und es sei ihre Natur, alles zu rauben, was andere Völker besitzen.[71] Eine vorsorgend-nachhaltige Wirtschaftsweise ist bei diesen Nomaden, so wie sie Ibn Khaldun beschreibt, schwer vorstellbar.

Wenn die seßhafte Bevölkerung vieler Weltregionen gegenüber den Nomaden seit alters Angst und Abscheu empfand, so könnte der Umwelthistoriker versucht sein, diese Einstellung auf seine Art zu teilen. Tatsächlich resümiert Bernard Campbell in seinem universalen Überblick über die Umweltgeschichte, die «Überweidung, die tragische Folge des Hirtennomadentums», habe «die ökologischen Bedingungen in vielen Teilen der Welt ständig verschlechtert» und sei «eine Katastrophe für die Natur und eine Tragödie für die Menschheit». Auch Xavier de Planhol neigt in seiner großen, gründlich fundierten Synopse der historischen Geographie des islamischen Raumes dazu, dieses Negativbild zu bestätigen. Der Islam, selber eine Religion der Wüste, habe die «Beduinisierung» «in einzigartiger Weise» vorangetrieben und daher auch das Vordringen der Steppe und Wüste gegenüber Feld und Wald gefördert, mochte er auch in bestimmten Gebieten – vor allem Spanien – durch Übertragung östlicher Techniken den Bewässerungsackerbau zur Blüte gebracht haben. Im allgemeinen habe er die extensive Weidewirtschaft verbreitet und obendrein den Bevölkerungsdruck verschlimmert; denn die Nomadengesellschaft erzeuge «unablässig Menschen wie Heuschrecken». Das komme von der von Ibn Khaldun gerühmten gesunden Lebensweise der Nomaden und dem gesunden Klima der Wüste.[72]

Heute sind die Nomaden überall in der Welt von bedrohlichen zu bedrohten Völkern geworden, die die Sympathie der Ethnologen genießen. In neuerer Zeit sind häufig umweltfreundliche Elemente des Nomadentums hervorgehoben worden, auch in Gegenreaktion auf die traditionelle Verachtung der Nomaden durch die seßhaften Zivilisationen. Wenn die Nomaden über Jahrhunderte das Vordringen des Bewässerungsackerbaus in Trockengebiete bremsten, so braucht man das aus ökologischer Sicht nicht zu bedauern. Der Desertifikationsforscher Horst G. Mensching glaubt, die arabischen Nomaden des Mittelalters hätten dazu beigetragen, in Nordafrika das durch den römischen Ackerbau ins Wanken gebrachte Ökosystem der Steppe zu regenerieren.[73] Da die Frage für die Deutung der gesamten Welt-Umweltgeschichte von fundamentaler Bedeutung ist, verdient sie eine eingehende Erörterung.

Der Nomadismus ist keine urtümliche Lebensform und auch wohl keine direkte Weiterentwicklung des steinzeitlichen Jägertums; sondern er lebte in aller Regel von dem Handel mit seßhaften Kulturen, und er setzte die Zähmung von Tieren bereits voraus. Für jene Nomaden, die sich über weite Wüstenstrecken bewegten, war die Zähmung des Kamels, die vermutlich vor etwa 3500 Jahren gelang, die grundlegende Innovation. Das Kamel mit seiner einzigartigen Fähigkeit, tagelang ohne Wasser auszukommen und noch in Zeiten der Dürre reichlich Milch zu geben – überdies ein exzellenter Futterverwerter –, wird heute in Steppengebieten als ökologisch vorteilhaftere Alternative zum Rind und als Präventivmittel gegen die Desertifikation empfohlen. Wachstum und Vermehrung des Kamels vollziehen sich relativ langsam; eine vorübergehende Verbesserung des Nahrungsangebots hat nicht sofort eine rapide Vermehrung zur Folge. Erst durch das Kamel wurde in Wüstengebieten ein höchst mobiler Vollnomadismus möglich. Damit erhöhte sich die Gefährlichkeit der Nomadenkrieger für die Seßhaften ganz erheblich.

Vermutlich entstand der Nomadismus bereits als Reaktion auf ökologische Krisenerfahrungen: auf die Versteppung und Desertifikation als Folge einer Veränderung des Klimas oder auch von Überweidung. Heute kann man beobachten, wie seßhaft gemachte Nomaden mit ihrer Weidewirtschaft eine karge Vegetation binnen weniger Jahre zerstören. Nur Wanderungen bewahren die Weidewirtschaft in solchen Regionen vor einem ökologischen Fiasko. Die Hirtenvölker hatten die Wanderzüge der wilden Tiere als Vorbild vor Augen. Es gibt jedoch zahlreiche Indizien – wenn auch in der Regel nicht eindeutige – dafür, daß die Nomaden nicht nur auf die Bedingungen von Steppe und Wüste reagierten, sondern selber zur Ausbreitung dieser Landschaften beitrugen.[74]

Wenn sich die Nomaden vollkommen dem spärlichen und weitverstreuten Nahrungsangebot ihres Lebensraums anpaßten, waren sie auf eine extrem dezentrale Gesellschaftsform verwiesen. Tatsächlich wird den Nomaden ein ausgeprägter Individualismus nachgesagt. Dennoch hat es in der Geschichte immer wieder nomadische Machtzusammenballungen gegeben. Ein indischer Agrarhistoriker meint sogar, «Militarisierung» gehöre zum Wesen des weite Entfernungen überwindenden Nomadismus, da dieser stets auf Angriffe gefaßt sein müsse. Schon Herodot sah den großen Vorteil der nomadischen Mobilität der Skythen in deren militärischer Überlegenheit, nicht etwa in einer Anpassung an die Umwelt, die er als wasserreich schildert.[75] Besonders dann, wenn man in der Steppe Massen von Kriegern und Pferden sammelte, mußte man hochmobil sein; denn wenn man auch nur kurze Zeit verweilte, fanden die Tiere kein Futter mehr. Die großen Eroberungszüge der Nomaden waren keine direkte Antwort auf die Natur der Steppe; aber wenn man einmal mit der Massierung militärischer Macht begann, wurde deren Dynamik durch die Ökologie verstärkt.

Gerade der Anblick der Wüste, wo die Umwelt so übermächtig wirkt, verführt zu einem ökologischen Determinismus; um so mehr besteht bei den Nomaden – wie der Ethnologe Karl Jettmar warnt – die Gefahr, daß das «ökologische Gesamtkonzept» «geradezu hoffnungslos überstrapaziert» und der Faktor Politik vernachlässigt wird. Auch Beobachtungen in der Gegenwart können dazu verleiten; denn heute führen die Nomaden durchweg ein machtloses Dasein in Rückzugsgebieten, wo ihnen nichts anderes übrigbleibt, als sich mit einer scharf begrenzten Umwelt einzurichten. In dieser Weise beschreibt der Tibetologe Melvyn C. Goldstein die Nomaden Westtibets, deren Zahl der Weidetiere begrenzt und deren jährlicher Weidewechsel festgelegt ist – heute von der chinesischen Administration und davor von den Beamten des Panchen Lama. Diese Nomaden wissen, daß sie in keine andere Region ausweichen können, und achten daher stets sorgfältig darauf, ihre Weidegründe nicht zu übernutzen. Selbst unter diesen Bedingungen ist es jedoch nicht leicht, Überweidung zu verhindern. Bei den Nomaden in der Zeit Mohammeds oder Dschingis-Khans wird man eine Grundhaltung vorsorglicher Selbstbescheidung noch weit weniger voraussetzen können. Noch der Asienforscher Richthofen glaubt im 19. Jahrhundert, jedes Nomadenvolk habe «von jeher die Steppe als sein Eigentum betrachtet». Die unendliche Steppe fördert kein Denken in begrenzten Räumen! Um Weidegebiete wurde unaufhörlich gekämpft; daraus erklärt sich der militante Zug des Nomadentums. Erst externe Mächte zogen feste Grenzen durch die Wüsten und Steppen.[76]

Neuere Forscher betonen, daß die Nomaden nicht so «wild» seien, wie sie auf viele Seßhafte wirkten, sondern sich in aller Regel innerhalb begrenzter Räume bewegten und im Prinzip sehr wohl fähig seien, eine Überstrapazierung ihres Lebensraums zu verhindern. Die alte Vorstellung des ins Grenzenlose schweifenden Nomadentums enthielt ein Stück Romantik. Aber auch Johannes Esser, der diese Nicht-Wildheit hervorhebt, resümiert, daß im Regelsystem der nomadischen Weidewirtschaft nur «eine direkte Produktionsbeziehung zum Schaf, zur Herde, nicht aber zum Boden noch zur Steppe» bestehe: Darin liegt ein fundamentaler Unterschied zum Bauerntum. Zwar beobachten auch die Nomaden die Fruchtbarkeit des Bodens; aber sie verfügen traditionell über keine Methoden der Bodenverbesserung. Nicht der Boden, sondern die Herden sind der Besitz, auf den man stolz ist. Und selbst wenn die Nomaden den guten Willen hätten, ihre Herden dem verfügbaren Weideland anzupassen, so wäre es ihnen doch nicht leicht, dessen Tragfähigkeit zu bestimmen; noch heute bereitet die Definition der ökologischen «carrying capacity» große Schwierigkeiten. Nicht einmal theoretisch läßt sich ein Gleichgewicht zwischen der Zahl der Weidetiere und den Weidegebieten eindeutig bestimmen; in der historischen Wirklichkeit bestand hier erst recht oftmals eine Spannung. Gewiß, Kamele vermehren sich nur langsam; aber auch Kamelnomaden hatten oft Schafe und Ziegen. Schafherden können sich in drei, vier milden Wintern verdoppeln. Und längst nicht immer bewegen sich Nomaden auf festen Routen, oft suchen sie neue Weideplätze. «Instabilität ist eine inhärente Bedingung der Weidewirtschaft», resümiert J. R. McNeill für den Mittelmeerraum.[77]

Das Haupt-Gegenargument gegen die These von der inhärenten Überweidungsgefahr ist der Hinweis auf die Wechselfälle der Witterung: Dürrezeiten sorgten mehr oder weniger regelmäßig für eine Reduzierung des Viehbestandes. Andererseits besteht eine Vorsorgestrategie gegen Zeiten der Dürre eben darin, die Herdengröße zu vermehren, damit man in Hungerzeiten Tiere schlachten kann. Auch aus Gründen des Prestiges wurden die Herden vergrößert; denn es liegt in der Logik des Nomadentums, daß nicht der Boden, sondern die Zahl der Tiere den sozialen Rang bestimmt. Gerade der Ziege, dieser Allesfresserin, können Zeiten der Dürre und Kälte am wenigsten etwas anhaben. Die «überwältigende Evidenz kontinuierlicher extensiver ökologischer Degradierung» in den afrikanischen Savannen beweist H. F. Lamprey zufolge, daß eine Anpassung der Weidewirtschaft an die Umwelt, auch wenn es sie gab, nicht die Regel war; am wenigsten dort, wo die Herden nicht periodisch durch Winter und Dürre dezimiert wurden. Wenn es Regulierungen gibt, so heißt das noch nicht, daß diese ökologisch motiviert sind. «Die Kamelmärkte in Syrien, Mesopotamien und Ägypten entschieden, wieviel Menschen die Wüste ernähren konnte, und regelten genau die Höhe ihrer Lebenshaltung», bemerkte «Lawrence von Arabien». Schon die häufige Verwendung von Dung als Brennstoff spricht gegen den nachhaltigen Grundcharakter der Nomadenwirtschaft. Wenn Worster, obwohl für die Romantik des Wilden Westens nicht unempfänglich, den destruktiven Charakter der «Cowboy Ecology» hervorhebt, so läßt er zugleich erkennen, daß diese ökologische Labilität der extensiven Wanderweidewirtschaft inhärent ist, auch wenn sie durch die Dynamik des kapitalistischen Gewinnstrebens verschärft wurde. Alles in allem läßt sich eine prinzipiell negative Wertung der Seßhaftigkeit und des intensiven Landbaus im Vergleich zur extensiven Weidewirtschaft ökologisch *nicht* begründen.[78]

Pauschale Werturteile fallen allerdings schon aus dem Grunde schwer, weil in der historischen und gegenwärtigen Realität neben der reinen Wanderweide und dem nur-seßhaften Bauerntum auch zahlreiche Zwischenformen vorkommen. Bei vielen angeblichen «Nomaden» handelt es sich, genauer besehen, um Halbnomaden, so etwa bei den Kasachen Innerasiens. Der idealtypische Gegensatz zwischen dem Bauern und dem Nomaden ist in der Wirklichkeit oft verwischt oder von positiven Beziehungen überlagert. Nicht wenige Völker umfassen bäuerliche und nomadische Elemente und schwanken dementsprechend in ihrer vorgestellten Identität: so etwa die alttestamentlichen Israeliten oder die Rumänen und die Tibeter. Die Yakherden, die Grundlage sowohl des tibetischen Bauern- wie auch des Nomadentums, verkörpern die Symbiose dieser beiden Welten.[79]

Unter den Formen der Wanderweidewirtschaft auf der Grundlage seßhafter Herdenbesitzer ist die südeuropäische Transhumanz aus der Neuzeit besonders bekannt. Es handelt sich um einen halbjährlichen Wechsel zwischen der Sommerweide auf der Höhe und der Winterweide im Tal. Da die Herden oft einflußreichen Grundherren und Unternehmern gehörten, nahmen die Hirten oft wenig Rücksicht auf die Bauern. Die Transhumanz bietet daher Musterbeispiele eines unheilvollen Gegeneinanders von Ackerbau und Weide. Größer ist die Chance zur Nachhaltigkeit – entsprechende geographisch-klimatische Bedingungen vorausgesetzt – bei der bodenständigen, nur einen geringen und übersichtlichen Radius beschreibenden Weidewirtschaft, so auf den Almen und den bewässerten Wiesen. Formen der Almwirtschaft findet man nicht nur in den Alpen, sondern auch in asiatischen Regionen. Hier gelang am ehesten eine friedliche und produktive Symbiose von Weide und Acker. Indische Grundbesitzer zahlten den Hirten sogar Geld, damit deren Schafe die Reisfelder düngten; und ähnliches kam auch in deutschen Regionen vor. Insgesamt gesehen, gab es zwischen Bauern und Hirten wahrscheinlich weit mehr friedlichen Austausch als die Geschichtsquellen, die vor allem die Konflikte festhalten, erkennen lassen; denn die ökonomischen und ökologischen Bedingungen begünstigten das Mit-, nicht das Gegeneinander.[80]

Im Industriezeitalter hat der billige Drahtzaun die friedliche Koexistenz von Feld und Weide technisch so leicht gemacht wie nie zuvor. Die historisch beispiellose Massentierhaltung dagegen hat die Viehwirtschaft mehr denn je vom Ackerbau abgekoppelt und zu einer ökologischen Gefahr von globaler Dimension werden lassen. Wie errechnet wurde, übersteigt das gesamte Lebendgewicht der gegenwärtig über 1,3 Milliarden Rinder der Welt das Lebendgewicht aller Menschen um mindestens das Zehnfache. James Lovelock glaubt, daß die auf Kosten des Waldes expandierende Weidewirtschaft heute «die größte Bedrohung für Gaias Gesundheit» bedeute – auch durch die Überlastung der Atmosphäre mit Methangas –, und er empfiehlt sogar, die Herden der ganzen Welt mit einer Viruskrankheit zu infizieren und an jedem toten Tier einen Baum zu pflanzen![81]

5. «Tragödie der Allmende» und Plaggen-Plage: War die vormoderne Landwirtschaft «unbewußter Raubbau»?[82]

Auch dann, wenn die Bauern Ackerbau und Viehzucht kombinierten, ist das Problem, ob die vormoderne Landwirtschaft nachhaltig war, nicht erledigt; denn gerade dann taucht das Problem der Allmende, der gemeinsamen Weide, auf. Vor allem dieses Problem zog den kritischen Blick der Agrarreformer und Öko-Theoretiker auf sich: konkret die Frage, ob die von vielen Bauern gemeinsam genutzten Wälder und Weiden nicht zwangsläufig stets einer Tendenz zur Übernutzung unterlagen und über kurz oder lang heruntergewirtschaftet wurden. Am bekanntesten wurde der Essay des Biologen Garrett Hardin «The Tragedy of the Commons», der zuerst 1968 erschien und den Anarcho-Sozialismus der 68er-Generation provozierte. Bei Hardin wird die alte Allmende mitsamt ihren Problemen zur Metapher, zum Prototypen einer Dynamik des ökologischen Niedergangs, die von der Frühzeit bis zur

Gegenwart, von der dörflichen Umwelt bis zur globalen Atmosphäre wirkt. Der Grundgedanke ist ganz einfach und entspricht der Logik der Spieltheorie: Da der Mensch sich auf den sozialen Sinn der anderen nie verlassen kann, verhält er sich dann am rationalsten, wenn er egoistisch handelt, und das bedeutet, aus Gemeingütern soviel wie möglich herauszuholen. Natürlich werden diese dadurch auf lange Sicht heruntergewirtschaftet; dennoch ist der Nutzen für den, der sich skrupellos egoistisch verhält, kurzfristig weit größer als der Schaden, den er sich auf diese Weise zufügt. Wer auf die Allmende mehr Kühe treibt, als dieser guttun, hat doch den vollen Nutzen dieser Kühe, aber nur einen kleinen Teil des durch sie angerichteten Schadens, der alle trifft. Manche mögen sich moralischer verhalten; aber es liegt in der Logik der Dinge, daß die Skrupellosen die guten Menschen übertrumpfen.[83] Hardins Konsequenz: Nur der Egoismus vermag Ressourcen zu schützen; daher sind überall klare Eigentumsrechte nötig, ob private oder staatliche.

Soweit es um die historische Allmende geht, ist die Kritik schon zwei Jahrhunderte alt: Sie entspricht der Polemik der frühneuzeitlichen Agrarreformer gegen den bäuerlichen Gemeinbesitz an Wald und Weide. «Quod communiter posseditur, communiter neglegitur», («Was gemeinsam besessen wird, wird gemeinsam vernachlässigt»): diese ursprünglich aristotelische Polemik gegen den Kommunismus der platonischen Polis wird im 18. Jahrhundert manchmal auf die Allmende gemünzt. Die klapperdürren Allmendekühe geistern durch die Literatur jener Agrarreformer, die die Stallfütterung und den Anbau von Futterpflanzen auf der bisherigen Brache und Allmende predigen. Der Skandal ist dabei allerdings nicht unbedingt die Übernutzung der Allmende, sondern der Futtermangel im Winter: «Vom Unflath wie mit einem Panzer überzogen, mit spitz hervorragenden Rippen und Knochen, schleichen die unglücklichen Opfer des menschlichen Unsinnes mit zusammengekrümmtem Leibe heran», so schildert Schwerz die Rückkehr der Kühe auf die Gemeinweide im Frühjahr. Dazu muß man bedenken, daß in der Regel jeder Bauer so viele Kühe auf die Gemeinweide treiben durfte, wie er durch den Winter füttern konnte: Das war ein Anreiz, im Winter so viel Vieh zu behalten, wie es nur eben ging! Die mageren Kühe zeugen daher nicht unbedingt von der Übernutzung der Allmende, sondern von der Regulierung der Weidetiere durch den Winter. In vielen alten Allmendegebieten wurde der Boden *nicht* zerstört. Ein moderner Pflanzenökologe gerät bei der Untersuchung einer seit dem Mittelalter genutzten Allmendeweide ins Schwärmen: So groß ist da die Vielfalt der Pflanzengesellschaften![84]

Was Hardin anbelangt, so galt sein Interesse nicht der alten Allmende, sondern den gegenwärtigen globalen Gemeingütern der Menschheit: den Meeren und der Atmosphäre. Er will zeigen, daß es ein verhängnisvoller Fehler wäre, sich bei deren Erhaltung auf das ökologische Gewissen der guten Menschen zu verlassen, sondern daß harter Zwang erforderlich sei, und zwar zuoberst ein Zwang zur Geburtenkontrolle. Der UNO traut er nicht viel zu. Die letzte Konsequenz wäre da im Grunde eine globale Öko-Diktatur der USA, der einzigen verbliebenen Weltmacht, die dazu den besten Sinn für «property rights» besitzt. Bislang sieht es allerdings in mancher Hinsicht so aus, als würde man da den Bock zum Gärtner machen!

Bei der historischen Allmende war vieles anders. Hier handelte es sich bei den Nutzern in aller Regel um einen übersichtlichen Personenkreis, der sich gut kannte und wechselseitig beobachtete und der ungeachtet vieler innerdörflicher Zwistigkeiten doch an gewisse Arten der Kooperation gewöhnt war: ob bei der Mehrfelderwirtschaft mit ihrem Flurzwang oder bei der Instandhaltung von Bewässerungssystemen, bei der nachbarlichen Hilfe in der Not oder der Abwehr von Eindringlingen. Solange sich die Nutzung der Allmende im Rahmen der Subsistenzwirtschaft hielt und von keiner Dynamik der Einkommensmaximierung gepackt wurde, gab es eine gewohnheitsmäßige Selbstbeschränkung. Bei sichtbarer Übernutzung der Allmende beschränkten die westfälischen Markgenossenschaften die Zahl des Weideviehs. Im unteren Engadin entwickelte sich um 1700 über der Begrenzung der Ziegenhaltung ein «dörflicher Kleinkrieg» (Jon Mathieu). Werner Bätzing zufolge haben die Bergbauern «überall dort, wo die Almwirtschaft kollektiv ausgeübt wurde, die Bestoßung der Almen zahlenmäßig ganz genau festgelegt und diese unter allen Umständen einzuhalten versucht». Gut organisierte Dorfgemeinschaften waren häufig besser in der Lage, ihren Allmendewald gemäß ihren Bedürfnissen zu pflegen, als geldhungrige Landesherren, die mit den Forsten ihre Kassen füllen wollten und die die Wälder, die sie zu schützen vorgaben, oft gar nicht kannten. Eine Studie über den Kanton Luzern zeigt, daß Bauerndörfer in der frühen Neuzeit fähig waren, die Nutzung der Allmende auf umsichtige Art zu verbessern: Da findet man nichts von jener brutalen Gleichgültigkeit, die – glaubt man manchen Agrarreformern – die gemeinen Weiden wie gemeine Huren behandelte.[85]

Man kann eine zu der Hardin-Argumentation konträre Logik konstruieren, derart, daß die Vorsorge für künftige Generationen besser bei Gemeinschaften aufgehoben sei als bei Individuen, die nur an ihre eigene Lebensspanne denken. Auch bei der Gegenthese ist jedoch Vorsicht geboten; denn häufig erkennt man, daß eine gemeinsame praktische Vernunft nicht automatisch, sondern nur unter günstigen Bedingungen funktionierte, und dann auch keineswegs reibungslos. Das zeigen die Protokolle der frühneuzeitlichen Holthinge, der Gerichtstage des besonders im deutschen Nordwesten verbreiteten Typs der Waldgenossenschaften. Man kann aus den dort verhandelten Freveln ein Funktionieren, aber auch zunehmende Funktionsmängel der Aufsicht über die gemeinsame Waldnutzung herauslesen. Ähnlich steht es mit dem Gemeinbesitz japanischer Dorfgenossenschaften: Auch da erkennt man als Grundbedingung eine «starke Gemeindeidentität» mit der Wirkung, daß die Dorfbewohner sehr auf ihr Ansehen in der Gemeinde bedacht waren. Dennoch mußte die Einhaltung der Regeln bei der Nutzung des Gemeindelandes stets durch Strafen gesichert werden, und wieweit dieses Sanktionssystem griff, ist schwer zu sagen. Und nicht zu vergessen: Wenn der Vieheintrieb auf die Allmende reguliert wird, so heißt das noch lange nicht, daß diese Regulation nach ökologischen Kriterien geschieht. Vor allem dürfte sie ein Ausdruck dörflicher Machtverhältnisse sein. Reguliert wurde nur insoweit, wie es Streit gab. Ökologische Regulative vormoderner Bauern-Hirten-Gesellschaften existierten gewiß, aber man darf sie sich nicht zu stabil und zu perfekt vorstellen. Auch innerhalb der alten Dorfgemeinschaften verhielten sich die Menschen oft egoistisch bis zur Dickköpfigkeit. Selbst auf den Schweizer Almen gibt es Indizien für Überweidung; der Forstreformer Marchand klagt 1849, im Berner Oberland stritten sich «um jeden Grashalm sechs lüsterne Mäuler». Sogar ein Bauernfreund wie Jeremias Gotthelf versichert, die Bauern seien «in der Regel alle Sonderbündler, jeder hat zunächst nur das eigene Interesse im Auge, gehe es dem Ganzen, wie es wolle». Erst im 20. Jahrhundert wurde die Tragfähigkeit der Almen exakt berechnet und nach «Großvieheinheiten» und «Normalkuhgräsern» beziffert.[86]

Einen «wohltuenden Eindruck» machte auf Roscher «die Liberalität, womit fast überall bei nicht sehr gedrängter Bevölkerung die Mitbenutzung der Gemeinweide auch solchen gestattet wurde, die strenggenommen kein Recht darauf hatten.» Gerade diese Liberalität der Allmende enthielt jedoch den Keim der ökologischen Labilität: Hier machte sich ein Wachstum ländlicher Unterschichten durch Übernutzung bemerkbar, anders als auf den privaten Feldern. Im übrigen hatten die sich im späten 18. Jahrhundert massierenden Angriffe auf die Allmende etwas von einer «self-fulfilling prophecy»: Wenn sich ohnehin absehen ließ, daß die Allmende über kurz oder lang aufgeteilt werden würde, handelte einer nur rational, wenn er aus ihr schnell noch möglichst viel herausholte. *Das* war die wahre «Tragödie der Allmende», und diese scheint in der Tat ein weltweites Phänomen gewesen zu sein, die sich im 19. und 20. Jahrhundert auf dem Weideland indischer Dörfer wiederholte, als staatliche Intervention, Bevölkerungsdruck und Marktanreize zusammenwirkten.[87] Vorher dagegen bedeuteten die Gemeinweiden und Gemeinwälder eine ökologische Reserve, die die bäuerliche Wirtschaft krisenfester machte.

In Deutschland wie auch anderswo mußte man im 19. Jahrhundert die Erfahrung machen, daß gerade der *Aufteilung* der Allmende oft eine Abholzung von Wäldern folgte. Im übrigen führte die Privatisierung des Bodens in vielen Fällen nicht zu einem vollen Eigentum des Bauern, sondern zu Pachtverhältnissen. Die Pacht hat, von der Bodenökologie her gesehen, ihre eigene Problematik: Kurzfristige Pachtverhältnisse begünstigen eine rücksichtslose Ausbeutung des Bodens. Zwar pflegte in deutschen Pachtverträgen seit alters vereinbart zu werden, daß der Boden gut gedüngt wieder zurückgegeben werden sollte; aber das ließ sich in der Praxis nicht exakt kontrollieren. Der Agrarreformer Thaer, ein Gegner der Pacht, schilderte mit beißender Ironie in seinem «güldenen Pächter-ABC», wie man «mit dem höchsten Raffinement» auf den Boden «alle Erschöpfungskünste anwenden» könne.[88]

Zusammen mit der Allmende attackierten die Agrarreformer gewöhnlich die *Brache*: die Gewohnheit, das Ackerland zur Wiederherstellung seiner Fruchtbarkeit in einem regelmäßigen Jahresturnus unbebaut zu lassen und für die Weide freizugeben. Aber auch die Wut auf die Brache war oft mehr moralisch-ökonomisch als ökologisch motiviert: Die Brache verkörperte die ungenutzte Zeit, die in der alten Lebensweise versteckten Nischen des Nichtstuns. Weltweit war die Brache die Ur-Reaktion auf die Erschöpfung des Bodens; in der Brandrodungswirtschaft, vor Einführung des Fruchtwechsels, dauerte sie oft viele Jahre. Ein englischer Bauer erzielte um 1600 mit einem Zweifeldersystem, also mit einer Brache jedes zweite Jahr, ein Verhältnis von 1 : 11 zwischen Saat- und Erntekorn: einen für frühere Zeiten glänzenden Ertrag. In Andalusien erreichte man immerhin ein Verhältnis von 1 : 8, indem man das Land nur jedes dritte Jahr bebaute. «Da, wo die Natur sich selbst überlassen ist, sehen wir keine Abnahme der Bodenkraft, vielmehr eine allmälige Zunahme», verkündete noch der Liebig-Schüler Stöckhardt in einer seiner «Chemischen Feldpredigten». «Wohl aber bemerken wir eine deutliche Verarmung des Bodens überall, wo der Mensch hinkommt mit seiner Qual». Eine Anspielung auf Schillers Verse aus der «Braut von Messina»: «Die Welt ist vollkommen überall, Wo der Mensch nicht hinkommt mit seiner Qual.»[89]

In weiten Teilen Nordwesteuropas gilt die *Plaggenwirtschaft* seit langem als «Plage» und als besonders eklatantes Beispiel einer systematischen Zerstörung des Allmendebodens. Vor allem in solchen Gegenden, die von Natur aus nicht sehr fruchtbar sind, war es über viele Jahrhunderte, wenn nicht Jahrtausende üblich, aus dem Gemeinland Grassoden auszustechen, diese im Stall mit Urin und Kot anzureichern und dann als Düngemittel auf das Ackerland aufzutragen. Dadurch wurde dort sogar ein «ewiger» Getreideanbau ohne Fruchtwechsel möglich, während die Allmende immer mehr herunterkam und sich zur baumlosen Heide, manchmal sogar zur Dünenlandschaft wandelte. Heinrich Christian Burckhardt, der langjährige Leiter der Hannoveraner Forstverwaltung, klagte 1895 über die «libysche Wüste» in den Plaggengründen des Emslandes.[90] Böden mit schütterer Vegetation wurden durch Winderosion und durch Auswaschung von Mineralbestandteilen, die sich in der Tiefe zu Ortsstein verfestigten und das Wurzelwachstum und die Grundwasserzufuhr blockierten, zusätzlich geschädigt. Der Flächenverbrauch der Plaggenwirtschaft war enorm: Die Plaggendüngung der Äcker erforderte mindestens das Fünffache, wenn nicht gar das Dreißig- oder Vierzigfache der Ackerfläche. Für den, der die Qualität des Ackerbaus an der Intensität der Bodennutzung maß, war die Plaggenwirtschaft eine einzige Schande.

Aber bedeutete die Plaggenwirtschaft zwangsläufig Naturzerstörung, und ist ihre vielhundertjährige Geschichte die einer ökologischen Zeitbombe? Immerhin hat sie in manchen Gegenden fast tausend Jahre bestanden und Landschaften hinterlassen, die moderne Naturfreunde in Entzücken versetzen. Bei der Regeneration der Fruchtbarkeit der Äcker waren die Plaggen sehr effektiv. In Norddeutschland war der Übergang zum Plaggenstechen um 1000 n. Chr. eine «agrarwirtschaftliche Revolution» (Ellenberg), die einen intensiven Roggenanbau ermöglichte. Selbst der Agrarreformer Schwerz tut sich in seiner Beschreibung der westfälischen Landwirtschaft (1836) mit einer Bewertung des Plaggenstechens merkwürdig schwer und schwankt bei diesem Thema hin und her: Irgendwo ist es ihm zuwider, wie der Mensch durch Plaggenhauen jedesmal das «angefangene Werk» der Natur zerstöre und weite Landschaftsstriche in «geschundenem» Zustand hinterlasse; andererseits scheine diese Art des Ackerbaus «nicht auf Zufälligkeiten und bloßen Schlendrian, sondern auch in der Natur der Sache selbst gegründet» zu sein. Allem Anschein nach war die Nachhaltigkeit der Plaggenwirtschaft eine Frage der Besiedlungsdichte, des verfügbaren Ödlandes und – daraus folgend – der dem Boden zwischen dem Plaggenstechen gelassenen Ruhezeiten. Auch die Schafe, die die Plaggengründe während dieser Zeit beweideten, düngten den Boden.

Wie mehrere Historiker der Lüneburger Heide bemerken, unterlagen die Heideflächen früher «durch das Beweiden, Mähen, Plaggen und Brennen einer dauernden Verjüngung».[91]

Zielte ein Vorwurf gegen die vormoderne Landwirtschaft darauf, daß diese auf Kosten der Heide, so ein anderer darauf, daß sie auf Kosten des Waldes lebe und den Waldboden durch Laub- und Streunutzung verdürbe: Auch in diesem Fall hätte die Nachhaltigkeit des Ackerbaus nur zum Schein bestanden. «Ohne die Waldstreu würde der Getreideanbau» vielerorts längst «verschwunden» sein, versicherte Liebig. «Anstatt des Bodens raubt man dort den Wald aus, solange es eben geht!»[92] Aus moderner Sicht gibt es tatsächlich einigen Grund zu dem Verdacht, daß die Laub- und Streuentnahme dem Waldboden weit mehr Nährstoffe entzog als der Holzschlag; diese Klage ist ernster zu nehmen als manche Pauschalurteile über die Schädlichkeit der Waldweide.

Auf der anderen Seite erkennen wir in neuerer Zeit die gerade im Nadelwald bestehende Gefahr der Übersauerung des Bodens durch Rohhumus, die «Pest der Wälder» (Otto v. Bentheim), klarer als die Forstlehrer des frühen 19. Jahrhunderts; um 1900 wollten manche Forstleute sogar die rückläufige Streunutzung zur Pflege des Waldbodens wiederbeleben! Auch die Laubnutzung durch «Schneiteln», Abschneiden von Nebenzweigen, kann bei ausschlagkräftigen Bäumen eine Form nachhaltiger Waldnutzung sein, ob im deutschen Mittelgebirge oder im Himalaya. «Die periodische Schneitelung regte die Hainbuchenstämme immer wieder zur Regeneration an, so daß sie sich über das natürliche Alter hinaus stellenweise mehrere hundert Jahre erhalten konnten.»[93]

Je mehr die Bauern die Brache einschränkten, desto mehr wurde die Erhaltung der Bodenfruchtbarkeit eine Düngerfrage. Schäden entstanden nicht nur durch Düngermangel, sondern auch durch einseitige Düngung. Eine besondere Tücke enthielten dabei solche Düngemethoden, die den Bodenertrag kurzfristig steigerten, jedoch auf längere Sicht den Boden um so gründlicher erschöpften; am fatalsten sind in der Umweltgeschichte häufig jene Pseudo-Erfolge von Umweltpolitik, die einen Niedergang der Umwelt verschleiern. Das klassische Beispiel dafür ist in der vormodernen Agrargeschichte der *Mergel*. Wenn man den kalk- und kieselsäurehaltigen Mergel auf kalkarme Böden aufträgt, aktiviert man zunächst andere Nährstoffe und erzielt hohe Ernteerträge, verbraucht dabei jedoch diese anderen Bodenbestandteile; wenn diese sich nicht wieder regenerieren oder zugesetzt werden, ist der Boden «ausgemergelt», und den reichen Ernten folgen arme Jahre. Sobald die Bauern das «Mergeln» in großem Stil betrieben und den Effekt über

Jahrzehnte verfolgten, waren sie in der Lage, diese unheilvolle Fernwirkung zu erkennen. «Mergel macht reiche Väter und arme Söhne» war seit dem 18. Jahrhundert eine vielzitierte Bauernweisheit, in Deutschland wie in Dänemark, das einen förmlichen Mergel-Boom erlebte. Der Spruch enthält einen Urtyp von dem, was heute als «Umweltbewußtsein» gilt: die Sorge, daß die gegenwärtige Generation auf Kosten ihrer Nachkommen lebt, so wie dies am sichtbarsten durch Schuldenmachen und durch Abholzung der Wälder geschah. Das schlechte Gewissen hat jedoch längst nicht immer verhindert, daß die Menschen auf Kosten der Zukunft leben. Schon seit dem Mittelalter war das Mergeln des Bodens in mergelreichen Gegenden verbreitet. Bereits ein Pachtvertrag des Kölner Gereonsklosters von 1277 erwähnt das «mergelare» als verdienstvolles Werk. Der Mergel sei ohne Zweifel derjenige Mineraldünger, «durch welchen sich die Felder ganz im Großen am schnellsten und wohlfeilsten in Kraft und bessere Kultur setzen lassen», heißt es in Carl Sprengels «Lehre vom Dünger» (1845); Sprengel hatte selber viel mit Mergel experimentiert. «Die allerunfruchtbarsten Ländereien» würden «oft auf eine wunderbare Weise durch den Mergel verbessert». Wie verlockend war es, die böse Bauernweisheit über den Mergel in den Wind zu schlagen! Viele Landwirte hielten ihn für das «non plus ultra aller Düngemittel» und glaubten sogar, «darüber den Mist entbehren zu können». « Die Mergelgrube ist des Bauern Goldgrube!»[94]

Gewiß gab es im Ackerbau viel altes Traditionswissen über den schonenden Umgang mit dem Boden. Johannes Colerus versichert um 1600 in seiner «Oeconomia ruralis et domestica», ein guter Bauersmann müsse vor allen Dingen «seines Grund und Bodens Natur recht und wohl» erkennen; dann werde er sich «nicht unterstehen, seine Felder zu zwingen, dies oder jenes zu bringen und zu tragen, das ihnen entgegen und zuwider» sei, «sintemal man im Sprichwort sagt, daß von einem Erdzwinger wenig zu halten sei».[95] Um die Natur des Bodens zu erkennen, hatten die Bauern früher, als noch viel Unkraut auf den Feldern wuchs, mehr sichtbare Indizien als heute: Klatschmohn deutete auf kalkreichen, Sauerampfer auf sauren, Kamille auf nassen, die Vogelmiere auf vorzüglichen Boden. Nicht alles an den Vorstellungen über den Naturinstinkt der alten Bauern ist nostalgischer Mythos. Sehr oft waren es die politischen, wirtschaftlichen und rechtlichen Rahmenbedingungen, die die Bauern davon abhielten, ihr gesammeltes Erfahrungswissen über vorsorgliches Verhalten anzuwenden. Steuerdruck, hohe Pachtabgaben, ein ungesichertes Erbrecht, eine durch staatliche Peuplierungspolitik begünstigte Übervölkerung, Außensteuerung durch ferne Metropolen, Invasionsarmeen, sozial bedingte Trennung zwischen Bauern- und Hirtentum, aber auch die Anreize der vordringenden Marktwirtschaft: alles dies hat zusammengenommen wahrscheinlich weit mehr zur Erschütterung des Gleichgewichts zwischen Mensch und Umwelt beigetragen als die Mängel im Wissen über Boden und Düngung. Auch die historische Umweltforschung dürfte, wenn sie in die Tiefe dringt, oft auf Prozesse der allgemeinen Geschichte stoßen.

6. *Mutter Erde und Vater im Himmel: Zur Ökologie der Religion*

Wer die Naturnähe der «Naturvölker» in leuchtenden Farben schildert, zeigt in der Regel eine besondere Vorliebe für deren «Naturreligion»: für Natur-Elemente in Magie, Mythos und Ritual. Selbst der Soziologe Luhmann, der Spötter auf die moderne Ökoromantik, hält daran fest, ein ganzheitliches und das gesamte Leben durchdringendes Umweltbewußtsein habe es tatsächlich in der Urzeit gegeben, als die Gesellschaft noch wenig differenziert gewesen und von der Religion reguliert worden sei. «Diese Gesellschaften konnten sich überirdische Dinge besser vorstellen als irdische. Ihre ökologische Selbstregulierung ist daher in mythisch-magischen Vorstellungen zu suchen, in Tabus und in der Ritualisierung des Umgangs mit Umweltbedingungen des Überlebens.»[96]

Die Religionsgeschichte verführt zum Evolutionismus; es sieht so aus, als habe sich der Horizont der Religionen von der Erde zum Himmel entwickelt. Die älteste Schicht der Religionen wird unter Rubriken wie «Naturreligion», «Jagdzauber», «Agrarreligion», «Fruchtbarkeitskult» mit dem Mensch-Natur-Verhältnis in intimen Zusammenhang gebracht. Welche praktische Bedeutung die Natur-Elemente in Religion und Mythos für den Umgang des Menschen mit seiner Umwelt tatsächlich besaßen, ist jedoch noch wenig geklärt; nur zu oft wird dieses Problem nicht einmal als solches erkannt.

In manchen Fällen ist ein praktischer, auf Erhaltung der Lebensbedingungen gerichteter Sinn sakraler Tabus und ritueller Vorschriften evident. Berühmt wurde der von Roy A. Rappaport entdeckte «Schweinezyklus» der in Neuguinea lebenden Maring, bei denen alle zwölf Jahre ein einjähriges ritualisiertes Schweine-Schlachtfest die Balance zwischen Mensch und Umwelt (angeblich) wiederherstellt. In der Mythologie des alten Ägyptens genoß die Sykomore, eine Dattelpalmenart, als Weltenbaum und Baum der Göttin Hathor hohes Ansehen; dieses erklärt sich aus dem vielfachen Nutzen dieses Baumes für die

Bewohner des Nillandes. Die ostafrikanischen Wanika glaubten, daß jede Kokospalme ihren Geist habe. «Die Zerstörung einer Kokospalme ist für sie gleichbedeutend mit Muttermord, da dieser Baum ihnen Leben und Nahrung gibt wie eine Mutter ihrem Kind.» Noch in den 1970er Jahren fühlte sich ein evangelischer Missionar auf Neuguinea als neuer Bonifatius, der die von den heidnischen Sachsen verehrte Donareiche fällte, als er entgegen den «abergläubischen» Warnungen der Eingeborenen «heilige» Bäume absägte, um Platz für eine Flugzeug-Landebahn zu schaffen. Westmongolen glauben, zur Strafe vom Blitz erschlagen zu werden, wenn sie ohne Not bestimmte Heilpflanzen pflücken. Dennoch bleibt dieser durch religiöse Tabus bewirkte Naturschutz punktuell, ähnlich wie der moderne auf bestimmte «Naturdenkmäler» und Reservate beschränkte Naturschutz.

Marvin Harris liebt es, überall in der Religionsgeschichte, von den aztekischen Menschenopfern bis hin zur indischen Heiligung der Kuh, einen handfesten Öko-Pragmatismus zu entdecken. Auch er erwähnt jedoch Anzeichen dafür, daß die Mayas Menschen in einen berühmten Brunnen warfen, «um die Wassergötter gnädig zu stimmen»:[97] Dieses kultische Opfer förderte schwerlich den Wasserschutz. Religion ist eben weder eine bloße Funktion der Ökonomie noch der Ökologie.

Diejenigen Autoren, die auf das Konzept «Naturreligion» eingeschworen sind, begehen häufig den methodischen Fehler, Naturbezüge alter Kulte aus dem Zusammenhang zu reißen und aus modernen «Natur»-Kontexten heraus zu verstehen. Oft enthält der kultische Umgang mit der Natur – ob beim Jagdzauber oder bei bäuerlichen Fruchtbarkeitsriten – ein Element der Magie und damit den Versuch, *Macht* über die Natur zu gewinnen: ein alter Wunschtraum des Menschen, der erst in moderner Zeit ein Stück weit in Erfüllung ging. Manche Textpassagen aus der «Sammlung der Nagas», dem populärsten Buch der alttibetischen Bön-Religion, sind geeignet, das Entzücken moderner Naturfreunde zu erregen. Diese Geschichten handeln immer wieder davon, wie die Erd- und Wassergottheiten die Menschen mit Krankheiten dafür bestrafen, daß sie der Erde und den Gewässern Gewalt antun: durch den Pflug, die Axt, den Steinbruch, den Kanalbau. Die Pointe besteht jedoch am Ende darin, daß ein Experte, ein Zauberer, vonnöten ist, der die Götter besänftigt und das Gelingen der für den Menschen nützlichen Bearbeitung der Erde sichert! Eine Zurückhaltung beim Wasserbau haben die Tibeter gleichwohl bis in die moderne Zeit bewahrt.[98]

Die Luhmannsche Behauptung, die primitiven Gesellschaften könnten sich «überirdische Dinge besser vorstellen als irdische», ist schwer zu glauben. Die Vorstellung, daß die Religion permanent alle Lebensbereiche vormoderner und außerwestlicher Kulturen durchdringe, verrät den Einfluß des modernen Tourismus, der, soweit er sich auf «Kultur» richtet, einen ausgeprägten Hang zur sakralen Baukunst und zu kultischen Tänzen und Zeremonien besitzt: Vor allem da gibt es etwas zu schauen und zu photographieren. Hans Peter Duerr schimpft, «nur luxusverliebte Mittelstandsbürger» könnten glauben, daß das Bewußtsein, nicht das materielle Sein das «Leben einer Gesellschaft» bestimme. Sobald man von heftigem Hunger geplagt wird, spürt man die Wahrheit des Brechtschen Sarkasmus: «Erst kommt das Fressen, dann kommt die Moral»; auch in der Umwelthistorie sollte man sich manchmal dessen erinnern. Clifford Geertz, in der Erforschung der Zusammenhänge zwischen Religion und Ökologie vielerfahren, weist darauf hin: «Aber niemand, noch nicht einmal ein Heiliger, lebt die ganze Zeit hindurch in jener Welt, die die religiösen Symbole zum Ausdruck bringen. Die meisten Menschen leben nur für Augenblicke darin.» Überall gebe es neben der Religion auch eine Welt der praktischen Erfahrung, ohne die kein Mensch überleben könne. Wie Geertz bemerkt, wechselt der Mensch «sehr leicht und relativ häufig zwischen radikal entgegengesetzten Betrachtungsweisen der Welt hin und her».[99]

Weltweit verbreitet sind die Baumsymbolik und die Verehrung heiliger Bäume, ob in christlichen oder nichtchristlichen Religionen. Die Baumkulte sind bei weitem besser belegt als der Kult der «Mutter Erde»; hier ist das, was wir heute «Umweltbewußtsein» nennen, in den älteren religiösen Vorstellungen besonders greifbar vorhanden. Das 13bändige Werk von James Frazer über die alten Naturkulte und Naturmagien («The Golden Bough», deutsch «Der Goldene Zweig») widmete sich so intensiv dem Baumkult, daß Frazer sich in der fast tausend Seiten starken Kurzfassung von 1922 gegen den Vorwurf verteidigen mußte, er sehe in der Verehrung der Bäume den Kern der Religionsgeschichte. Bei vielen Baumkulten ist es jedoch wichtig, die *ganze* Geschichte zu kennen, statt sich auf ein Bild zu fixieren. Frazer handelt ein ganzes Kapitel lang von der «Tötung des Baumgeistes»: Die Dianapriester des kleinen Waldsees von Nemi an den Albanerbergen schienen zu glauben, daß der Waldkönig getötet werden müsse, um ihn vor dem Verfall des Greisenalters zu bewahren; und dieser Glaube besitzt in Frazers Sicht etwas Archetypisches. Gewiß, die Fruchtbäume wurden geschützt, solange sie Früchte trugen; aber ihnen wurde auch gedroht. «Willst du jetzt Früchte tragen oder nicht?» fragt ein malaiischer Zauberer einen unfruchtbaren Baum und schlägt ihn. «Tust du es nicht, fälle ich dich.»[100]

Noch im 19. Jahrhundert wird aus der Schweiz und der Oberpfalz berichtet, daß viele Holzfäller einen Baum um Verzeihung baten, bevor sie ihn fällten – aber dann fällten sie ihn eben, ohne daß er auf ihre Bitte antworten konnte. Bei den Mayas war, ihrer Kunst nach zu urteilen, der Baumkult üppig entwickelt; der Weltenbaum verkörperte die königliche Macht; bestimmte Bäume wurden vermutlich geschont. Dennoch hat die Hypothese einiges für sich, daß die Entwaldung den Niedergang der Mayakultur mitverursacht hat. Blutende Bäume, die vor Schmerz und Empörung schreien, wenn sie gefällt oder verbrannt werden, begegnen in der chinesischen Literatur ziemlich oft; dennoch wurde China schon früh ein waldarmes Land.[101]

Shaftesbury (1671–1713) überführte den Baumkult in die moderne europäische Romantik; er schrieb, jeder Geist habe seinen Baum, und inspirierte damit den Goetheschen Naturkult. Dennoch behandelte das England des 18. Jahrhunderts seine Wälder keineswegs vorbildlich. «Erfindet nur eine neue Religion – eine Religion, deren Hauptritus das Baumpflanzen ist», rief Atatürk; aber bis heute leidet die Türkei schwer unter der Entwaldung.[102] Man darf die Geschichte religiöser Ideen auf keinen Fall mit der realen Umweltgeschichte verwechseln.

Oft werden archaische Kulte der «Mutter Erde» oder einer «Großen Mutter», die die Fruchtbarkeit der Erde verkörpert, als Beweis für die ursprüngliche liebevoll-ehrfürchtige Scheu des Menschen vor der Natur aufgeführt. Es sieht so aus, als charakterisierten Vorstellungen dieser Art das späte Jäger- und Sammlertum, als das Sammeln und Pflanzen zur Hauptgrundlage der Ernährung geworden war, und den frühen Ackerbau vor der Einführung des Pfluges und der Zugtiere, die die Bauernwirtschaft patriarchalischer machten. Erst durch den Ackerbau, meint Spengler, würde die Erde zur «Mutter Erde» und entstünde eine «neue Frömmigkeit», die sich «in chthonischen Kulten auf das fruchttragende Land» richte, «das mit dem Menschen zusammenwächst». Diese Auffassung hat auch nach den mittlerweile bewirkten Fortschritten der Paläoanthropologie einiges für sich.[103] Auch wenn die Spekulationen über ein ursprüngliches Matriarchat in Mißkredit geraten sind, so gab es in der Menschheitsgeschichte doch offenbar eine lange Phase des überwiegenden Sammler- und Pflanzertums und des Hackbaus ohne Pflug und Großvieh, in der die Frauen deutlich mehr als später im Zentrum der Gesellschaft standen; und dieser Zustand spiegelte sich in Kult und Religion.

Meist ist allerdings nur undeutlich zu erkennen, was es mit der Verehrung der «Mutter Erde» auf sich hatte; und noch schwerer läßt sich sagen, ob und wie daraus Handlungsnormen entsprangen. Gewiß darf man sich die Kind-Mutter-Beziehung dabei nicht in der Art der bürgerlichen Idylle vorstellen. Viele Mütter vermitteln ihren Kleinkindern die Erfahrung, daß man sich durch Schreien durchsetzt und Wünsche erfüllt bekommt; Machtträume entstehen im Mutterschoß. Das auf die Erde projizierte Mutter-Imago schützt den Boden nicht unbedingt vor Ausbeutung und Gewalt; Mütter werden oft ausgebeutet, und häufig ohne das Gefühl, eine Gegenleistung erbringen zu müssen. Nicht immer führt die Mutter-Metaphorik zu frauenfreundlichen Konsequenzen. Im ostdeutschen Volksglauben wird das Roggenweib beim Dreschen erschlagen. Kybele, die Große Mutter des alten Kleinasiens, «muß immer wieder aufs neue vergewaltigt werden, um sie zur Fruchtbarkeit zu zwingen» (Eduard Hahn). Die vorteilhafteste Wirkung hatte der Mutterkult wahrscheinlich dort, wo er sich – wie bei den Mongolen – mit einer Hochschätzung der Muttermilch und langen Stillzeiten verband: Da während dieser Zeit die Wahrscheinlichkeit der Empfängnis gering ist, war das eine Art, die Bevölkerungszahl stabil zu halten.

Das Pendant zur Mutter Erde war oft eine sich in Sonne und Regen manifestierende männliche Kraft, die die Erde befruchtet; von daher besitzt auch die Vorstellung, daß mit der Erde etwas angestellt werden muß, damit sie dem Menschen Früchte bringt, sehr alte Ursprünge. «Vom mächtigen Himmel bin ich gezeichnet, von der Mutter Erde bin ich hierher gebracht», singt Temudjin, der spätere Dschingis Khan; um dann zu triumphieren, er habe den Gegnern «ihren Busen leer gemacht, ihnen ihre Leber zerrissen.» «Der Himmel ist mein Vater, die Erde meine Mutter»: so beginnt ein Text des chinesischen Gelehrten Chang Tsai (11. Jh.), der «eine Art neokonfuzianisches Glaubensbekenntnis» wurde.[104] Im 16. Jahrhundert bekam die Erde, wie schon vorher der Himmel, in Peking eine weiträumige Altaranlage.

Besonders berühmt sind indianische Bekenntnisse zur «Mutter Erde». Der Ethnologe Karl-Heinz Kohl hält es jedoch für klar erwiesen, daß die «Mother-Earth-Philosophie» bei heutigen Indianerstämmen europäischen Ursprungs sei. Der Sinn dieser Philosophie war in der Situation des Gegenübers von Indianern und Yankees vor allem der, den Weißen zu zeigen, daß sie kein Recht hatten, den Indianern ihr Land wegzunehmen. Hatte das Bekenntnis zur «Mutter Erde» darüber hinaus eine Bedeutung für den indianischen Umgang mit dem Boden? Der berühmte Sioux-Häuptling Sitting Bull soll in einer angeblich 1866 vor einer Indianerversammlung gehaltenen Rede die Ablehnung des Pfluges und anscheinend auch des Düngers mit der Mütterlichkeit der Erde begründet haben: «Sie (die Weißen) beschmutzen unsere Mutter mit ihren Gebäuden und ihrem Abfall. Sie zwingen unsere Mutter, zur Unzeit zu gebären. Und wenn sie keine Frucht mehr trägt, geben sie ihr Medizin, auf daß sie aufs neue gebären soll.» Dieses indianische Zeugnis steht nicht allein.[105] Aber eine solche Pointe konnte der Erdmutterglaube natürlich erst in der Abwehr der Weißen und ihrer Wirtschaftsweise gewinnen; denn die Indianer kannten schon aus Mangel an Zugvieh keinen Pflug und brauchten diesen daher auch nicht mit einem religiösen Tabu zu belegen.

Waren die religiösen Vorstellungen der Indianer *nicht* anthropozentrisch? Das glaubt Eugen Drewermann, der den Gedanken, Gott habe die ganze Welt dem Menschen zu seinem Nutzen gegeben, für «original hebräisch» hält, so wie er auch die gefälschte Rede des Häuptlings Seattle («Die Erde gehört nicht den Menschen») für bare Münze nimmt. In Wirklichkeit ist und war anthropozentrisches Denken weltweit verbreitet; man findet es im alten China wie im alten Amerika. Der Irokesenhäuptling Red Jacket erklärte 1805 dem US-Beauftragten für Indianer-Angelegenheiten: «Der Große Geist hat dieses Land zum Nutzen der Indianer erschaffen. Er erschuf den Büffel, er erschuf den Biber, er erschuf die übrigen Tiere zu unserer Nahrung ... Er zwang die Erde, Mais hervorzubringen, damit wir etwas zu essen hätten.»[106]

In dem seit dem 19. Jahrhundert gewohnten Geschichtsbild beschreibt die Religionsgeschichte seit der Urzeit eine große Evolution von der Erd- zur Himmelsreligion oder, allgemeiner ausgedrückt, von der diesseitigen Natur- zur transzendentalen Jenseitsreligion. Früher erblickte man darin, wenn auch nicht ganz ohne Sehnsucht nach dem Urzustand, einen Fortschritt in die Höhen der Vergeistigung, neuerdings im Zeichen der Öko-Bewegung einen Abfall von der Natur, einen Weg in die wachsende Naturentfremdung. Aber ein Evolutionismus weg von der Natur ist über die Länge der Zeit schwer vorstellbar. Da der Mensch aus seinem Körper nie herauskann, muß man bezweifeln, ob er es je fertigbringt, sich von der Natur sehr weit zu entfernen. Auch die Jenseitsreligionen bleiben irgendwo sehr irdisch; und, andersherum: Die «Mutter Erde» forderte als Korrelat den «Vater im Himmel» geradezu heraus. Schon die Indianer verehrten den Regengott und den Großen Geist.

Bei alledem darf man nie vergessen, daß es den Religionen stets um den Menschen und nie primär um die Natur ging. Naturbezüge stehen im Kontext menschlicher Wünsche und Ängste, magischer und reinigender Riten. Da die Beziehung zur Natur nicht das Thema des Christentums ist, bieten die christlichen Lehren in diesem Punkt ein widersprüchliches Gesamtbild, das den unterschiedlichen Kontexten der Naturbezüge entspricht. Als Gottes Schöpfung ist die Natur gut und ein Gegenstand staunender Bewunderung; wo es jedoch um die Moraltheologie und Eschatologie geht, bedarf die sündige menschliche Natur der Erlösung und schon in diesem Leben der Kasteiung.

Das Standardargument derer, die den naturfeindlichen Charakter des Christentums anklagen, ist das Dominium-terrae-Gebot des alttestamentlichen Gottes an die Menschen: «Macht euch die Erde untertan.» Aber für seine Diener muß man sorgen; frühere Zeiten haben aus diesem Gebot eine menschliche Verantwortung für die Natur herausgelesen; im England des 18. Jahrhunderts war es eine Waffe der Tierschützer. Noah rettet in seiner Arche nicht nur das Menschengeschlecht, sondern auch die Artenvielfalt der Tierwelt. Augustinus, der größte christliche Kirchenvater, schmäht zwar im «Gottesstaat» den Glauben an eine göttliche Mutter Erde und verachtet die Eunuchen-Priester der Großen Mutter; aber die Vorstellung, einen Abglanz Gottes in der grünen Natur zu finden, ist ihm wohlvertraut, und er kennt das Glück der Gartenarbeit: «Es ist, als ob du die Lebenskraft jeder Wurzel und Knospe fragen könntest, was sie tun kann und was nicht und warum.» Also nicht nur ein Glück der Erbauung, sondern auch eines der Erkenntnis! Er kennt auch den Stoffkreislauf, zumal er für ihn von tiefer Bedeutung ist: «Wovon wird denn die Erde fett, wenn nicht von der Fäulnis des Irdischen?»[107] Der Kern der neutestamentlichen Botschaft: daß aus dem Tod neues Leben hervorgeht, stand – wie das Gleichnis vom Samenkorn zeigt – in innerer Beziehung zu bäuerlichen Grunderfahrungen.

Wenn man untersucht, wie sich das Christentum auf das Naturverhältnis der einfachen Leute auswirkte, sollte man nicht so sehr auf die Theologiegeschichte schauen, sondern mehr auf die von modernen Theologen verachteten Heiligenlegenden und Heiligenkulte: Da spielen Bäume und Tiere eine nicht geringe Rolle – vor allem als Gefährten der Einsiedler –, und die Übergänge zu vorchristlichen Baumkulten sind fließend. Oft genossen Heiligenbilder, die im Lauf der Zeit in einen Baum eingewachsen waren, besondere Verehrung. Franz von Assisi stand mit seiner brüderlich-vertraulichen Beziehung zur Natur im christlichen Volksglauben nicht ganz so einzig da, wie es heute oft heißt: Viele glaubten, daß auch Tiere der göttlichen Botschaft zugänglich seien. Dem Gebot des Augustinus, auch die außermenschliche Kreatur in das Liebesgebot einzubeziehen, entsprach eine Tradition der Volksfrömmigkeit, auch wenn die andere Tradition der Abwertung des Tierisch-Animalischen keineswegs fehlt. Im übrigen: Anthropozentrisch war auf seine Art selbst Franz von Assisi in seiner Beziehung zu den Tieren, wenn er zwar den Vögeln predigte, aber

Böcke und Stechmücken als Verkörperung dämonischer Mächte verabscheute.[108]

Vermutlich steht die moderne Öko-Bewegung tiefer in christlichen Traditionen, als sie ahnt. Die Vorstellung einer Natur, die uns geschaffen hat und erhält und höchste Normen setzt, ist ein Abkömmling der christlichen Gottesvorstellung. Die Vertreibung aus dem Paradies als Folge der Sünde enthält das Grundmuster des die Öko-Bewegung bedrückenden Schuldbewußtseins. Der Glaube, daß mit dem menschlichen Sündenfall auch ein Niedergang der Natur einhergehe, ist altes christliches Traditionsgut;[109] da war es nicht weit bis zu dem logischen Schluß, daß Sünden gegen die Natur den Niedergang der Natur verschuldet hätten. Wenn es heute in Kreisen der Öko-Bewegung oft heißt, daß das Christentum mit seinem dualistischen Gegenüber von Mensch und Natur im Gegensatz zu östlichen Religionen der Naturzerstörung Vorschub geleistet habe, so muß man dagegenhalten, daß es erst auf der Grundlage dieses Dualismus möglich war, eine Naturzerstörung durch den Menschen zu erkennen. Das moderne Umweltbewußtsein basiert eben nicht auf der Annahme einer bruchlosen Einheit von Mensch und Natur!

Weit stärker als das Juden- und Christentum war der Islam eine Wüsten-, keine Bauernreligion. War es eine Religion, die nicht nur aus der Wüste kam, sondern auch Wüsten hervorbrachte? Der französische Orientalist René Grousset klagte, überall in Innerasien hätten die Mohammedaner «durch Entwaldung des Landes das Wasser zum Versiegen» gebracht; «selbst den Boden haben sie vernichtet.» Vom Standpunkt des Ackerbaus aus erkennt Xavier de Planhol auf die Dauer eine «negative Rolle des Islams überall», auch wenn er manchen Regionen zunächst zu agrarischer Prosperität verholfen habe. Der Islam habe zu «ungeheuren Umgestaltungen der Kulturlandschaft geführt», und zwar überwiegend zerstörerischer Art. Eine grundsätzliche Kritik an Verdikten dieser Art wendet sich dagegen, die Religion zu einem autonomen Faktor der Wirtschafts- und Umweltgeschichte zu machen. Wie der christliche Jahreszyklus von der bäuerlichen Welt Mittel- und Westeuropas geprägt wurde, so ist auch der Islam ganz unterschiedliche Umwelt-Konstellationen eingegangen; Clifford Geertz hat das mit seinem Vergleich zwischen Marokko und Indonesien, dem westlichsten und dem östlichsten islamischen Staatsgebilde, eindrucksvoll dargestellt. Dennoch: Mag auch die pauschale These von der negativen Rolle des Islam in der Umweltgeschichte anfechtbar sein, so fällt es doch selbst modernen Fürsprechern des Islam schwer, eine vertrauliche Beziehung dieser Religion zur Natur überzeugend zu demonstrieren.[110]

Ganz anders steht es heute mit dem Buddhismus und Hinduismus. Der Respekt dieser Religionen vor Tieren hat westliche Tierfreunde seit langem beeindruckt; besonders da, aber auch in dem sehr ausgeprägten Baumkult hatte man Anhaltspunkte, um in diese Religionen ein brüderliches Verhältnis zur außermenschlichen Natur hineinzulegen. Gadgil und Guha, die Autoren einer Umweltgeschichte Indiens, vermuten, daß Buddhismus und Jainismus nicht zuletzt als Gegenreaktion auf eine voraufgegangene übermäßige Waldzerstörung und Überjagung von Tieren entstanden seien. Bei alledem sollte man jedoch nie vergessen: Im Buddhismus geht es nicht um Perfektionierung der Stoffkreisläufe, sondern um die Erlösung des Menschen aus dem Kreislauf des Seins. 1990 revoltierten thailändische Dorfbewohner unter Führung eines buddhistischen Mönches gegen die Abholzung ihres Waldes, aber erst, nachdem die Wälder des zu 95 % buddhistischen Landes zum größten Teil zerstört worden waren.[111] Im Kastenwesen des Hinduismus war zwar die Reinheit strukturbildend; aber diese Art von ritueller Reinlichkeit, die den Horror vor den «Unberührbaren» und vor menstruierenden Frauen erzeugte, hat doch nicht die übelste Verschmutzung heiliger Flüsse zu verhindern vermocht.

Die breitesten Umwelt-Wirkungen der Religionen muß man wohl unterhalb der Metaphysik in trivialen und teilweise unbeabsichtigten Bereichen suchen, sei es bei der Beschränkung des Bevölkerungswachstums durch das christliche und buddhistische Mönchtum, der Verteufelung empfängnisverhütender Sexualpraktiken durch den modernen Katholizismus, der Elimination eines wichtigen Waldschutz-Motivs durch die jüdisch-islamische Verschmähung des Schweins oder der Tabuisierung der menschlichen Exkremente im islamischen und hinduistischen Raum. Am ehesten wird die Religion in ihrer Alltagskultur zu einem Faktor der Umweltgeschichte.[112] Aber diese Alltagskulturen sind regional begrenzt; auf sie läßt sich ein ökologischer Kontrast der Kontinente schwerlich gründen.

III. Wasser, Wald und Macht

Vor allem bei der Wasser- und der Waldnutzung wurden Umweltfragen frühzeitig zum Politikum: Sie wurden von höheren Instanzen aufgegriffen, ja, manchmal überhaupt erfunden. Wasser- und Waldschutz boten schon früh die Gelegenheit für Interventionen von oben; denn hier trat erstmals eine Umwelt als ein gegen den privaten Eigennutz zu verteidigendes Gemeingut in Erscheinung. Die flüssige Natur des Wassers hat es stets erschwert, aus ihm ein privates Eigentum zu machen.

Die meisten frühen Hochkulturen – vom Vorderen Orient bis China, von Ägypten bis Peru – gründeten sich auf Bewässerungsackerbau, während in Mittel- und Westeuropa die Forstaufsicht zu einem Eckpfeiler der Staatenbildung wurde. Wald- und Wasserbelange führten überall auf der Welt zu Regulierungsformen, die über die Hauswirtschaft hinausgingen. Oft kommen ökologische Notwendigkeiten mit Chancen zur Machtausübung zusammen. Beim Wasserbau hängt in vielen Fällen eins am anderen; daher bietet er viele Gelegenheiten für Interventionen von oben. Beim Wald sind die langen Wachstumszeiten der Bäume das stehende Argument für eine Oberherrschaft, die für sich in Anspruch nimmt, das Interesse künftiger Generationen gegen die Borniertheit partikularer Egoismen zu schützen.

Wasser- und Waldpolitik wuchsen im Laufe der Neuzeit zusammen. Massen von Holz ließen sich vor dem Eisenbahnzeitalter nur auf dem Wasserweg über größere Entfernungen befördern; schon dadurch entstand ein Zusammenhang zwischen Forstwesen und Flußausbau. Seit dem 18. Jahrhundert entdeckte man darüber hinaus den Zusammenhang zwischen dem Wald und dem Wasserhaushalt des Bodens; diese Entdeckung steht am Anfang eines umfassenden ökologischen Bewußtseins, ob in den Alpen, im französischen Süden oder im amerikanischen Westen. Über der Politisierung der Umweltprobleme sammelte sich ökologisches Wissen; aber Administrationen kümmern sich um die Umwelt kaum jemals in ganz uneigennütziger Weise, sondern gewöhnlich mit dem Ziel, die Nutzung zu intensivieren. Auf diese Weise haben sie die Umweltprobleme nicht selten verschärft. Wieweit Gemeingüter des Schutzes von oben bedürfen, blieb strittig. Im Namen der Natur, die für sich selbst sorgt, suchte das Parlament von Bordeaux 1786 die Pariser Zentrale von Regulierungsarbeiten an der Dordogne abzuhalten; da nämlich der Fluß das, was er an der einen Stelle verliere, an der anderen notwendigerweise gewinne, sei das Interesse der Gesamtheit nie geschmälert und ergebe sich «ein perfektes Gleichgewicht, das selbst der Vernunft Schweigen gebiete».[1]

1. Wasserbau, Herrschaft und ökologische Kettenreaktion

Für weite Teile der Welt ist das Wasser seit Jahrtausenden das Umweltproblem Nummer eins, und oft in diametral wechselnder Weise: Nicht selten sind es dieselben Regionen, die zu bestimmten Zeiten unter einem Zuviel und zu anderen unter einem Zuwenig an Wasser leiden. Vor allem in waldarmen Regionen schwanken die Wasserverhältnisse extrem. Bis in Religion und Mythos hinein zieht sich die Ambivalenz des Wassers als Lebensquell und Lebensgefahr. Seit ältester Zeit ist die große Flut – wie man an weltweiten Mythen erkennt – das der Menschheit von der Naturgewalt zugefügte Urtrauma schlechthin; noch heute machen Überschwemmungen etwa 40 % der schweren Naturkatastrophen aus.[2] Auf der anderen Seite drohte der schleichende Tod durch Naturereignisse stets am schlimmsten in der Gestalt der Dürre.

In vielen Weltregionen ist die Wasserversorgung das Umweltproblem, das alle anderen Probleme überschattet. Wasser erscheint gleichbedeutend mit Fruchtbarkeit, obwohl diese nicht nur am Wasser hängt und durch ein Zuviel an Bewässerung verdorben werden kann. Über Jahrtausende machte die Menschheit vor allem *die* Erfahrung, daß sich der Bodenertrag durch Erhöhung der zugeführten Wassermengen ungeheuer steigern läßt: bei Reis auf über das Zehnfache, bei Zuckerrohr sogar auf mehr als das Dreißigfache. Zwischen der Vorsorge gegen Wassernot und der Vervielfachung des Mehrprodukts durch verstärkte Bewässerung entstand oft ein fließender Übergang. Seit der Zeit der Sumerer war für viele Herrschaftssysteme der Anreiz enorm, ihre Einkünfte und ihre Legitimität durch Bewässerungsarbeiten zu steigern. «Wenn der Inka eine neue Provinz erobert hatte, sandte er dorthin sogleich Ingenieure, die sich auf den Bau von Bewässerungskanälen verstanden, um die Ackerbaufläche zu erhöhen», schrieb Garcilaso de la Vega.[3] Weil die Erhöhung der Ernteerträge durch künstliche Bewässerung kurzfristig so enorm war, bestand von Anfang bis heute die Tendenz, die langfristigen Tücken der Bewässerung wenig zu beachten.

Das, was wir heute «Umweltbewußtsein» nennen, entwickelte sich wohl am frühesten am Wasser; noch in der ersten Industrialisierung bekam es seine stärksten Impulse aus den Gefahren der Wasserverschmutzung. Sobald man über Wasserprobleme abwägend und in größeren Zeitrhythmen nachdachte, statt einfach aus dem Horror entweder vor Überschwemmung oder vor Dürre heraus zu handeln, gelangte man zu der Einsicht, daß es darauf ankam, eine kluge Kunst der Balance zu entwickeln, die nach mehreren Seiten achtgab. Schon im alten China gelangten manche Deichbauer zu der Einsicht, daß es nicht weise ist, sich den Wasserfluten frontal zu widersetzen, sondern daß sich die Deiche der Gewalt der Flut geschmeidig anpassen müssen, um diese zu lenken, statt von ihr überwältigt zu werden. Man lernte, daß man dem Wasser Wege öffnen muß, um größere Katastrophen zu verhüten.[4] Es konnte von Vorteil sein, gewisse Gebiete der natürlichen Überschwemmung zu überlassen: Dadurch wurden diese gedüngt und die Gewalt des Wassers durch breitflächige Verteilung besänftigt. Die Weisheit des Sichanpassens an die Natur war beim Wasserbau stets ganz konkret!

Der Bewässerungsackerbau hing nicht im gleichen Maße wie der Regenfeldbau von den Launen des Wetters ab: Man lebte in dem Bewußtsein, gegen die Wechselfälle der Witterung etwas tun zu können. Litt man dennoch Not, hatte man Grund, ein menschliches Verschulden – Vernachlässigung der Bewässerungsanlagen – anzunehmen: Auch in dieser Hinsicht war dieses Umweltbewußtsein bereits modern. Man hatte jedoch längst nicht alle mit dem Wasserbau verbundenen Folgeprobleme im Griff. Die Reihe der typischen Tücken der Be- und Entwässerungstechnik ist ziemlich lang; und die daraus entsprungenen Reaktionsmuster sind vielfältig und nicht immer leicht zu rekonstruieren. Unter den Standardproblemen, die stets routinierte Regelungen erzwangen, steht die Verteilung des Wassers obenan. Schon dies erwies sich oft als ein Problem ohne Ende; denn auch wenn die Wasserzuteilung innerhalb einer sozialen Einheit friedlich funktionierte, so ging sie doch oft auf Kosten der Anwohner flußabwärts, vor allem in Dürreregionen, wo ein Fluß durch keine Zuflüsse wieder aufgefüllt wird. Von Anfang bis heute liegen schwierige rechtliche Regulierungsprobleme in der flüssigen Natur des Wassers. Der «Rivale» ist im ursprünglichen Wortsinn der Bachanrainer. Der Überlieferung nach schlichtete schon Buddha im Jahre 523 v. Chr. einen Streit um die Verteilung von Stauwasser, der zwei Stämme der Gangesebene an den Rand eines blutigen Kampfes gebracht hatte. Man kann es bemerkenswert finden, daß es im Laufe der Weltgeschichte anscheinend kaum je zu großen Kriegen um das Wasser gekommen ist. Am Wasser entwickeln sich offenbar frühzeitig Gewohnheiten der Regulierung ohne Krieg.[5]

In den heißen Regionen der Erde erhöhten weitverzweigte Bewässerungssysteme die Verdunstung ganz extrem und führten oft zu einer Versalzung der Böden. Auf diese Weise hat aus chinesischer Sicht der «gelbe Drachen» der Desertifikation manche alte Kultur der Seidenstraße verschlungen. Peter Christensen glaubt, in den heißen semiariden Gebieten des Nahen Ostens seien Bewässerungssysteme nie im vollen Sinne nachhaltig gewesen, sondern hätten eine inhärent begrenzte Lebensdauer gehabt.[6] Nun gab es eine altbekannte und im Prinzip simple Methode, die Verdunstung drastisch zu senken: die Überdachung oder unterirdische Anlage der Bewässerungsgräben. Diese Methode war schon in der Antike bekannt, wurde von den Arabern weiterverbreitet und von Valencia bis nach China praktiziert. Aber die Anlage und Instandhaltung solcher bedeckten Kanäle und Röhrenleitungen waren aufwendig und daher mehr bei engräumiger Intensivkultur als bei großen und weitverzweigten Bewässerungssystemen durchzuführen. Berühmt sind die Qanate des Iran: unterirdische Wasserstollen, die mit Grundwasser gespeist werden und schon zu assyrischer Zeit bezeugt sind. Sie wurden mit bergmännischer Technik vorangetrieben. Die Arbeit war mühsam und so gefährlich, daß die Baumeister ihre Qanate zuweilen als «Mörder» bezeichneten. Da diese Bewässerungsanlagen jedoch in der Regel von den Dörfern betrieben wurden, waren sie von den Wechselfällen der Zentralgewalt vergleichsweise unabhängig.[7]

Wieweit die Versalzungsgefahr frühzeitig erkannt wurde und entsprechende Vorkehrungen zur Verfügung standen, ist in vielen Fällen schwer zu durchschauen; die heutigen weltweiten Dimensionen des Versalzungsproblems scheinen zu zeigen, daß in vielen Regionen ein dauerhaft wirksamer Umgang mit dieser Schicksalsfrage der künstlichen Bewässerung nicht gelang. Immerhin lernte man, Böden mit geringer Versalzung, die keinen Weizen mehr trugen, durch den Anbau von Gerste zu nutzen.

Früher wie heute bestand ein typischer Fehler darin, daß man über der Bewässerung, die am vordringlichsten erschien, die nötige *Ent*wässerung vernachlässigte, die der Versalzung und Versumpfung vorgebeugt hätte. Auch wenn man schon wegen der Malaria früh die Versumpfung fürchtete, war doch die volle Bedeutung der Dränage nicht so leicht zu durchschauen wie die der Bewässerung; hier gelangen manche Fortschritte erst in moderner Zeit. Noch heute besteht eine Crux von Bewässerungsprojekten in der Dritten Welt oft darin, daß für die Dränage zuwenig geschieht; früher galt ähnliches auch für Mitteleuropa. 1836 klagte der Agrarreformer Schwerz im Paderborner Land darüber, daß man von Entwässerungsgräben nichts wisse und der «Bauernhaufe» von sich aus ohne «Durchgreifen» von oben zu einer solchen Gemeinschaftsarbeit nicht in der Lage sei.[9]

Da für die *Ent*wässerung häufig nicht im gleichen Maße gesorgt war wie für die Bewässerung, war und ist der Bewässerungsackerbau in vielen Fällen von Malaria, der Seuche der stehenden Gewässer, bedroht. Wie schlimm die Bedrohung war, hing an kleinen und unauffälligen Unterschieden: ob das Wasser stand oder in leichter Bewegung war – was die Brutstätten der Anopheles-Stechmücke, des Malariaerregerwirts, einschränkte – oder ob auf den bewässerten Flächen Fische gehalten wurden, die die Mückenlarven verzehrten. Solche Zusammenhänge konnte man bis zum 19. Jahrhundert nur ahnen, auch wenn man die Sümpfe fürchtete. Die Technik der Trockenlegung von Sümpfen hinkte generell hinter der Bewässerungstechnik weit hinterher. Die Bereitschaft, das Versalzungs-, Versumpfungs- und Malariaproblem energisch in Angriff zu nehmen, war bis in die neueste Zeit bei den Regierungen längst nicht so stark wie die Leidenschaft für große Deich-, Kanal- und Bewässerungsprojekte. Noch die großen Kanalbauten der britisch-indischen Kolonialregierung im späten 19. Jahrhundert beschworen die alten Gefahren erneut in schlimmster Weise herauf.[10]

Die Erhaltung der Fruchtbarkeit der Äcker hängt wesentlich an der Kombination von Ackerbau und Viehzucht. Diese wird in vielen Fällen durch Bewässerungssysteme erschwert, vor allem, wenn diese ein engmaschiges Netz darstellen: Das Vieh zertrampelt die Dämme und stürzt in die Gräben.[11] Das heißt nicht, daß es nicht Traditionen einer Integration von Bewässerungslandbau und Viehhaltung gegeben hätte. Typisch ist jedoch für viele Weltregionen ein fremdes, wenn nicht gar feindseliges Nebeneinander von intensiver Bewässerungswirtschaft und nomadischer Viehzucht. Da kann zu der durch Düngermangel bewirkten ökologischen Labilität die politische Labilität kommen: die Wehrlosigkeit gegenüber den kriegerischen und durch Mobilität überlegenen Nomaden. Nicht zuletzt daraus, nicht unbedingt aus technischen Erfordernissen der Bewässerung, entsteht eine Abhängigkeit der Bauern von einer starken Schutzmacht.

Die Urteile über Stabilität und Labilität von Bewässerungssystemen sind oft von Ideologien und politischen Positionen beeinflußt. Wer glaubt, die Rettung liege darin, daß der Staat energisch Wasserpolitik in großem Stil betreibt, neigt dazu, entsprechende historische Defizite zu konstruieren; wer dagegen den politischen Zentralen mißtraut und auf die Selbststeuerung der Dörfer setzt, wird schärfer darauf achten, ob vergangene hydraulische Großtaten der Staatenlenker eine bloße Fassade sind.[12]

Da das Wasser ein flüssiges Element ist, müssen Wasserbausysteme möglichst lückenlos sein und dem dahinfließenden Wasser nach Möglichkeit weiter folgen. Wenn man wollte, gab es oft Gründe, Bewässerungs- und Wasserschutzsysteme auszudehnen; daher bot der Wasserbau schon in der Zeit der frühesten Staatenbildung ehrgeizigen Herrschern die Chance, etwas zu tun, das ihre Macht und ihre Einkünfte vermehrte und den Untertanen zugleich ihre Nützlichkeit demonstrierte. Am Wasser entwickelten sich die frühesten technischen Netzwerke großen Stils.

Die Diskussion darüber wird seit einem halben Jahrhundert von der Auseinandersetzung um Karl August Wittfogel (1896–1988) beherrscht: um seine Theorie von der «hydraulischen Gesellschaft» alias «asiatischen Produktionsweise», deren spätere antikommunistische Version den Titel «Orientalische Despotie» trug. Als Wittfogel seine Theorie in ihrer ursprünglichen Form um 1930 ausarbeitete – wobei er sich auf gelegentliche Bemerkungen von Marx und Engels berufen konnte –, war er als leidenschaftlicher Kommunist von dem Ehrgeiz geleitet, dem marxistischen Weltbild eine weltweite Dimension zu geben. Er wollte auch außereuropäische Hochkulturen, auf die das Feudalismus-Konzept nicht paßte, von ihren Produktivkräften her deuten: Da geriet er an die Bewässerungssysteme. Er argumentierte, daß diese überall dort, wo sie ins Große wuchsen, eine höherentwickelte soziale Organisation mit zentraler Lenkung erzwangen, zu einer Zeit, als der europäische Regenfeldbau noch dezentrale Feudalverhältnisse begünstigte. Dieser Systemzwang konnte als Chance, aber auch als Gefahr interpretiert werden. Der spätere Antikommunist Wittfogel erblickte in der «hydraulischen Gesellschaft» den Ursprung der totalitären Despotie, den Fluch der Weltgeschichte. Die hydraulische Bürokratie – so Wittfogel – wirke «offenbar wie ein Schwamm», indem sie über den Wasserbereich hinaus immer weitere ökonomische Funktionen «aufsauge».[13]

In libertär-marxistischen Kreisen wurde es zu einer Art Ritual, zwar einiges von Wittfogel aufzugreifen, ihn selbst aber zu verdammen oder totzuschweigen. Sein Denkansatz ist jedoch bis heute nicht totzukriegen.[14] Allerdings gab es eine Reihe gewichtiger Gegenargumente: In vielen Weltregionen – von Holland bis Sri Lanka – erzwingt der Wasserbau offenbar keine zentralistische Despotie; und auch dort, wo er sich mit bürokratischem Zentralismus verband, ist gewöhnlich nicht nachzuweisen, daß er diesen historisch hervorgebracht hat. Unter vormodernen Kommunikationsbedingungen arbeiten Zentralregierungen gewöhnlich nicht sehr effektiv; dazu sind sie von den Menschen vor Ort zu weit entfernt. Alltägliche Wasserbau-Aufgaben können gewöhnlich nur vor Ort und nicht in der Zentrale effektiv erledigt werden: Das galt auch für die Großstaaten Indiens und Chinas. Im übrigen kann «Bewässerungssystem» konkret vieles bedeuten: von der bloßen Regulierung einer natürlichen Überschwemmung wie in Ägypten bis zu der Anlage umfangreicher Speicherseen wie in China, die ständig durch aufwendige Arbeiten erhalten werden müssen. Derartige Stauseen waren jedoch auch in Asien eher die Ausnahme, schon aus Gründen der Technik.

Die Bewässerung besitzt ein Element der Selbstregulierung auf unterster Ebene: Indem die Bauern im eigenen Interesse den angeschwemmten fruchtbaren Schlamm auf ihre Äcker schaufeln, halten sie das System instand. Dennoch besteht an jahrtausendealten Zusammenhängen zwischen Wasserbau und Herrschaft kein Zweifel, auch wenn diese nicht in einer einfachen Kausalität, sondern in einer Aufeinanderfolge von Wechselwirkungen bestehen. Mag auch ein Bewässerungssystem ursprünglich keine zentrale Herrschaft brauchen, so kann doch eine Zentralregierung das Bewässerungsnetz in einem Maß weiter ausbauen, daß dieses nunmehr – zumindest in Krisen – nicht mehr ohne eine überlokale Autorität auskommt. Und selbst wenn die Bewässerung immer noch ohne die Zentrale funktioniert, so bietet sie doch einen idealen Vorwand für Besteuerung. Als heuristischer Impetus besitzt die Wittfogel-Theorie nach wie vor ihren Wert und auch ihren erregenden Charakter. Sie verspricht einen Schlüssel zu der Lösung mancher spannender Rätsel der Geschichte, vielleicht mindestens so sehr beim Niedergang wie beim Aufstieg von Kulturen. Wenn das Interesse an Wittfogel zunächst in der kritischen Auseinandersetzung mit bürokratischer Herrschaft eine Renaissance erfuhr, so lebte es in jüngster Zeit im Zeichen der Ökologie wieder auf. «Wie es scheint, kann man den Geist Wittfogels nie ganz austreiben», meint Mark Elvin mit Blick auf die Umweltgeschichte Chinas.[15]

Das hat seinen Grund. Folgende Annahme hat manches für sich: Die folgenreichste Wirkung zentraler Herrschaft auf den Wasserbau könnte – von Wittfogel kaum berücksichtigt – darin bestanden haben, daß die Zentrale die Netzwerke der Be- und Entwässerung bis zu einer Größe und Komplexität steigerte, daß deren Anfälligkeit gegenüber Krisen – ob politischen oder ökologischen – in bedenklicher Weise wuchs. Kanalnetze sind nie ganz stabil und funktionieren nie perfekt; ihre Erbauer sind «in einen ewigen Kampf verstrickt, im Ringen mit den durch die Lösung früherer Probleme hervorgerufenen Störeffekten». Der heutige Befund im Umkreis des Ruinenfelds von Angkor – die Versumpfung und Versteppung von Teilen der Region – stützt den Verdacht, daß der Niedergang des Khmer-Reiches mit der Verschlammung seines Bewässerungssystems einherging. Die augenfällige Bedeutung der Nagas – der schlangenartigen Wassergöttinnen – in Angkor, des Regengottes im mexikanischen Teotihuacán, der vermutlich größten vorkolumbianischen Stadt Amerikas, deuten darauf hin, wie sehr sich diese hochgezüchteten «hydraulischen» Herrschaftssysteme ihrer Anfälligkeit gegenüber den Launen der Wasser-Natur bewußt waren. Auf einem berühmten Gemälde in Teotihuacán sieht man in das Paradies des Regengottes eingegangene Menschen, die dort tanzen und schwimmen und über ihr Glück Freudentränen vergießen.[16]

Carl Schmitt lehrte, Herrschaft bedeute, im Ausnahmezustand zu entscheiden. Es sind wohl wesentlich die *Krisen* im menschlichen Verhältnis zum Wasser, die zur Legitimation zentraler Herrschaft beitragen. Der mythische chinesische Urkaiser rettete sein Volk vor der großen Flut. Marvin Harris, der sich zu Wittfogel bekennt, begründet die zentralistische Tendenz von Bewässerungskulturen besonders aus den kritischen Grenzsituationen, wenn Flut- oder Dürrekatastrophen drohen, nicht aus den Erfordernissen des Alltags.[17] Ob allerdings die Art und Weise, wie sich hydraulische Herrscher als Retter inszenierten, auf die Dauer segensreich war, läßt sich bezweifeln. Die Geschichte der Bewässerungssysteme enthält insofern eine Warnung an solche Vordenker der Öko-Bewegung, die Umweltpolitik mit Vorliebe global konzipieren und auf möglichst hoher Ebene ansiedeln. Manchmal werden die Probleme dann am ärgsten, wenn man nach einer großen Lösung strebt.

2. *Ägypten und Mesopotamien: Ein archetypischer Kontrast*

«Ganz Babylonien ist wie Ägypten von Gräben durchzogen», schreibt Herodot; und doch gebe es zwischen beiden Ländern in der Art der Bewässerung einen großen Unterschied: In Ägypten lasse man den Fluß über die Felder treten, in Babylonien dagegen gieße man das Wasser in Handarbeit und durch Schöpfwerke über die Äcker. Zugleich fiel ihm auf, daß Babylonien, obwohl durch Bewässerung fruchtbarer als alle anderen Länder der ihm bekannten Welt, keine Fruchtbäume – diese Symbole einer generationenüberdauernden Stabilität – besaß. Herodots klassisches Kontrastbild zieht sich noch durch einen Teil der modernen Literatur. Auf der einen Seite Ägypten, das «Geschenk des Nils» und Muster einer zwanglosen Wasserwirtschaft im Einklang mit der Natur, der Inbegriff der Ewigkeit, der Nachhaltigkeit über viele Jahrtausende bis zum Bau der modernen Assuan-Staudämme; auf der anderen Seite Mesopotamien, der Archetyp der aufwendigen, mit Gewalt gegen die Wüste vorgetriebenen Bewässerung und auch in seinen politischen Zuständen immer wieder ein Hexenkessel von Krieg, Chaos und Gewalt, die schon in den Muskelprotzen der assyrischen Könige auf den Monumenten sinnlich vor Augen tritt. Der Nil: das Vorbild des lebensspendenden, gleichmäßig an- und abschwellenden Flusses, dessen sanfte Flutwelle dem Land alljährlich üppige Fruchtbarkeit bescherte und daher entlang des gesamten Stroms von jubelnden Festen und kultischen Zeremonien begleitet war: Welch ein Unterschied zum Hoangho, dem «Kummer Chinas» mit seinen verheerenden Flutkatastrophen, und zu den ebenfalls unberechenbaren Flüssen Euphrat und Tigris, die ihren Lauf verlagerten! In Ägypten war die Natur von Anfang an mit einzigartiger Schärfe vorgezeichnet: mit dem tief eingeschnittenen, überwältigend fruchtbaren Niltal und zu beiden Seiten den hochgelegenen Wüsten, an deren Bewässerung nicht zu denken war. In Mesopotamien dagegen lag nichts fest; der Expansion des Ackerlandes durch Bewässerung waren keine scharfen Grenzen gesetzt; von Natur aus gegenüber Ägypten benachteiligt, konnte man mit aufwendigen Bewässerungssystemen den Reichtum des Niltals weit übertreffen. Aber Euphrat und Tigris beförderten fünfmal soviel Sedimente und hatten im Unterlauf ein geringeres Gefälle als der Nil, so daß immer wieder Häfen verschlammten und Äcker versumpften. Statt der Dörfer, die sich dem Niltal anschmiegten, gab es hier Städte, die – auf die Dauer vergeblich – das Land zu beherrschen suchten und sich um das Wasser stritten. Von Anfang an war die schleichende Versalzung des Bodens in Mesopotamien der Preis der künstlichen Bewässerung, anders als in Ägypten, wo die Entwässerung, die den Boden entsalzt, auf natürliche Weise von selbst erfolgte. Mit der Versumpfung drohte in Mesopotamien die Malaria, deren berühmtestes Opfer Alexander der Große wurde, während Ägypten noch bis ins 19. Jahrhundert als gesundes Land galt. Genau besehen, ist der Kontrast allerdings nicht ganz so kraß. Auch Ägypten blieb im Lauf der Jahrtausende von der Versalzung nicht gänzlich verschont; um 1800 war die salztolerante Gerste auch hier zum Hauptgetreide geworden.[18]

Karl W. Butzer, der sich seit Jahrzehnten um die Verbindung von Ägyptologie und Ökologie bemüht, verwirft die Theorie Wittfogels: Die Vorstellung sei grundfalsch, daß am Nil aus der Bewässerung ein Zwang zu zentraler Herrschaft entspringe. Die ersten Pharaonen hätten im Niltal nicht, wie Herodot zu hören bekam, eine Sumpfwildnis vorgefunden, die erst durch weitverzweigte Kanalnetze hätte urbar und bewohnbar gemacht werden müssen, sondern schon lange vor der Zeit der Könige sei das Niltal Bauernland gewesen; auch ohne menschliche Großtechnik habe der Nil fruchtbares Ackerland geschaffen. Mit den Königen habe zwar die künstliche Bewässerung begonnen; aber noch zur Pharaonenzeit sei die Regulierung der Bewässerungsanlagen auf lokaler Ebene, nicht in einer Zentrale erfolgt. Zwar soll schon Menes, nach Herodot der älteste Pharao, einen Großdamm erbaut haben, um seine Hauptstadt vor Überschwemmungen zu schützen; dieser scheint aber schon während des Baus durch eine Flutwelle zerstört worden zu sein. Günther Garbrecht meint, daß sich die ägyptischen Ingenieure danach über tausend Jahre nicht mehr an große Dammbauten gewagt hätten. Bis 1843 gab es im Niltal keine Bewässerung mit Stau- und Kanalsystemen.[19]

Dennoch ist das nicht die ganze Geschichte. Denn auf die Natur des Nils war eben doch kein gänzlicher Verlaß. Schon Herodot wußte, daß sich der Nil im Laufe der Zeit veränderte: Er schnitt sich tiefer ins Tal ein und überschwemmte das Land erst bei einer bestimmten Fluthöhe. Diese wurde jedoch nicht immer erreicht; wie die biblische Josephsgeschichte in Erinnerung hält, gab es Jahre der Dürre. Und auch in guten Jahren erreichte die Flut später ohne künstliche Bewässerung nicht alle Teile des Tals.[20] Am Ende des Alten Reiches wurde Ägypten von schweren Dürrekatastrophen heimgesucht, die mit einer jahrhundertelangen «dunklen Zeit» in der Politik einhergingen.

Nach 2000 v. Chr., im Mittleren Reich, traten dann einige Pharaonen auf, die gut in das Wittfogel-Modell passen und dank ihrer Bewässerungsarbeiten – manche Ägyptologen sprechen gar von einer «Bewässerungsrevolution» – als Retter in die Geschichte eingingen. Herodot schreibt, seit der Zeit des Pharaos Sesostris (Sesostris III., um 1850 v. Chr.) sei das Niltal wegen der vielen künstlichen Kanäle nicht mehr zu Land passierbar. Über seinen Nachfolger Amenemhet III. sang das Volk: «Er machte Ägypten mehr grünen als der große Nil» – gewiß eine gewaltige Übertreibung; denn auch die pharaonischen Bewässerungssysteme konnten die Launen des Nils nur sehr begrenzt korrigieren. Anscheinend taucht erst im Neuen Reich, nach der Mitte des zweiten vorchristlichen Jahrtausends, am Nil der Schaduf auf, jenes Wasserschöpfwerk, das auch bei einem Tiefstand des Nilwassers die Bewässerung der Felder ermöglichte.[21] Aber mit dieser simplen Göpeltechnik war keine großflächige Dauerbewässerung unabhängig von der Nilflut zu bewerkstelligen. Dieser Bescheidenheit der Wassertechnik ist es zu verdanken, daß die Versalzung des ägyptischen Bodens über Jahrtausende gering blieb.

Es gibt eine große Ausnahme von der Zurückhaltung des alten Ägypten gegenüber hydraulischen Großprojekten: Das war die unter Amenemhet III. zu Ende geführte Urbarmachung der Fayumsenke mitsamt der Anlage eines Stausees, der noch von Herodot als Weltwunder bestaunt wurde und über einen alten Seitenarm des Nil mit dem nahen Niltal verbunden war. Bei hoher Flut wurde er vom Nilwasser gefüllt; im trockenen Sommer gab er wieder Wasser ab: So ermöglichte er mehrere Ernten, erhöhte allerdings zugleich die Versalzungsgefahr. Ptolemaios II. (285–246 v. Chr.) legte den Stausee jedoch wieder trocken, um auf dem Gelände Griechen anzusiedeln.[22] Heute weiß man nicht einmal mehr genau, wo der See gelegen hat, und manche bezweifeln sogar seine Existenz. Der Ansatz zur ganzjährigen Bewässerung blieb letztlich eine lokale Episode.

Während das alte Ägypten gute Aussicht hat, im Öko-Geschichtscurriculum zum Vorbild zu avancieren, ist Mesopotamien dabei, zum warnenden Beispiel zu werden. Das beginnt schon mit der ältesten Hochkultur, den Sumerern: In der populären Umwelthistorie begegnen sie wiederholt als die ersten ökologischen Selbstmörder der Geschichte und damit als passender Auftakt einer pessimistischen Weltgeschichte der Naturzerstörung. Die sich verloren in der Wüste erhebenden Ruinen von Ur und Uruk ließen seit ihrer Entdeckung ahnen, daß hier nicht nur eine Kultur, sondern auch ihre Umwelt zugrunde gegangen war, nur daß offenblieb, ob der Untergang der Kultur den ihrer Natur nach sich gezogen oder die Kultur selbst ihre Umwelt zugrunde gerichtet hatte. Bis in unser Jahrhundert erschien es klar, daß der Zerfall der Bewässerungssysteme zum Sieg der Wüste geführt habe und neue Bewässerung das Zweistromland erneut in einen Garten Eden verwandeln würde. Erst als der Staat Irak die Probe aufs Exempel machte, stieß man auf das Ausmaß des Versalzungsproblems.[23] Nun verstärkte sich der Verdacht, daß es die jahrtausendelange Bewässerung selbst gewesen sein könnte, die das Land am Ende zur Wüste gemacht hatte, genauer gesagt: dauernde Bewässerung ohne Brache und ohne zureichende Dränage zusammen mit der Abholzung der Wälder.

Tatsächlich gibt es schon aus sumerischer Zeit Indizien für Bodenversalzung. Diese war um so irreversibler, als sie einen natürlichen, schon vor menschlicher Einwirkung vorhandenen Versalzungsprozeß verstärkte. Die Sumerer standen diesem Verhängnis jedoch nicht ganz hilflos gegenüber: Sie reagierten mit dem vermehrten Anbau von Gerste. Die gute Quellenlage für die spätsumerische Zeit, die Zeit der sog. III. Dynastie von Ur (ca. 2000 v. Chr.), gibt von der Regulierung der Gräben und der Behebung der Erosionsschäden ein anschauliches Bild.

Das Gesetzeswerk des Hammurabi (um 1800 v. Chr.) enthält strikte Regeln über die Bewässerung, setzt dabei jedoch eine individuelle Verantwortung voraus: «Wenn ein Mann seinen Deich dichtzuhalten versäumt und nicht notfalls verstärkt und der Deich bricht, so daß das Wasser Ackerland fortschwemmt, soll der Mann, in dessen Deich der Bruch entstand, das Korn ersetzen, das vernichtet wurde.»[24]

Umfangreiche Kanalsysteme aus alter Zeit lassen sich nur mit großem Aufwand ausgraben und nur schwer exakt datieren, zumal in der Regel in späteren Zeiten viel verschüttet wurde; daraus resultieren prinzipielle Unsicherheiten über die Frühgeschichte der Bewässerungssysteme. Ähnlich wie Butzer für Ägypten kam Robert McC. Adams für mesopotamische Kerngebiete zu dem – allerdings nicht unangefochtenen – Ergebnis, daß Bewässerungs-Großanlagen dort in alter Zeit die Ausnahme gewesen seien. Ebenso wie am Nil war auch dort Ackerbau bereits ohne großräumige zentralgeleitete Bewässerungsnetze möglich; das Aufkommen von Herrschaftszentren erklärt sich aus keinem ökonomisch-ökologischen Sachzwang, auch wenn die schriftlichen Dokumente, die die Taten der Herrscher rühmen, einen anderen Eindruck erwecken. Manchmal wurden zwar große Kanäle erbaut; aber sie waren nur kurz in Funktion.[25] Zwischen den Bewässerungskulturen Ägyptens und Mesopotamiens besteht also während der ersten Jahrtausende kein so extremer Kontrast, wie man oft meinte. Noch die hellenistisch-römische Zeit kann eine verhängnisvolle Entwicklung nicht forciert haben; sonst wäre es kaum vorstellbar, daß in der Nähe der Doppelmetropole Seleukia-Ktesiphon noch ein Jahrtausend danach Bagdad florieren konnte.

Eine Überspannung der ökologischen Möglichkeiten Mesopotamiens scheint merkwürdigerweise erst in der Spätantike, unter den Sassaniden, begonnen und in frühislamischer Zeit, unter den Abbasiden, einen verhängnisvollen Höhepunkt erreicht zu haben. Ein wohl zur Sassanidenzeit entstandenes babylonisches Ackerbau-Lehrbuch ist von einem agrikulturellen Eroberergeist, einem Streben nach Urbarmachung und Kampf gegen die Wüste, zugleich auch von einem Bewußtsein der Bedrohung durch das Klima getragen.[26] Damals und in der folgenden islamischen Zeit kam anscheinend die Noria, die wassergetriebene Wasserhebeanlage, verstärkt in Gebrauch; nun konnten Gebiete bewässert werden, die das Wasser durch seine bloße Schwerkraft nicht erreicht, und man konnte zur ganzjährigen Bewässerung mit mehrfacher Ernte übergehen, wobei die Brache, die die Versalzung senkte, verschwand. Man muß annehmen, daß sich das Versalzungsproblem dadurch auf die Dauer drastisch verschärfte. Außerdem war das Bewässerungssystem, je größer und komplizierter es wurde, desto mehr vom Funktionieren einer obrigkeitlichen Gewalt abhängig. Sobald diese nachließ, gerieten Teile der Bewässerung ins Stocken; die daraus entspringenden Hungersnöte trugen ihrerseits zur Destabilisierung des Systems bei, und so kam ein politisch-ökologischer Circulus vitiosus ins Rollen. Das scheint in der Abbasidenzeit geschehen zu sein.[27] Je mehr sich Mesopotamien dem Wittfogel-Modell näherte, desto kritischer wurde die Situation. Gerade die perfekte «hydraulische» Despotie war in ihrer Umwelt-Balance besonders bedroht.

Zum Schluß ein kurzer Seitenblick auf Griechenland und Rom. Im Vergleich zu fast allen anderen alten Hochkulturen fällt auf, was den eingefleischten Altphilologen entgeht: wie wenig dort von Bewässerungsackerbau die Rede ist, obwohl dem Mittelmeerraum gerade in der warmen Jahreszeit, wenn die Feldfrüchte am besten gedeihen könnten, der Regen fehlt. Nicht, daß man Bewässerungsgräben nicht gekannt hätte: Schon Homer kennt den «grabenziehenden Mann», der «aus der dunklen Quelle / über Saat und Gärten den Weg bereitet dem Wasser». Aber dieser Grabenzieher war kein Archetypus der griechischen Kultur. Eine moderne entmythologisierende Griechenlandkunde stellt den Mangel an künstlicher Be- und Entwässerung als das große historische und aktuelle Manko Griechenlands dar. Folgt man allerdings Wittfogel, hatten die freiheitsliebenden Griechen den richtigen Instinkt, wenn sie den Kanalbau der Chaldäer nicht nachahmten, zumal sie mit ihrem Wasser, so wie es ihnen die Natur bot, im allgemeinen offenbar schlecht und recht auskamen. Griechenland ist eben nicht so trocken, wie die Touristen meinen, die nur in den regenarmen Monaten dorthin reisen. Rackham kommt auf der Grundlage detaillierter Forschungen zu dem Schluß, daß die Mensch-Natur-Symbiose in Kreta auch ohne große Bewässerungsanlagen die Jahrtausende unbeschadet überlebte und erst durch die neuerliche Ausbreitung von Bewässerungssystemen gestört wird.[28]

Auffälliger ist der Mangel an Bewässerung großen Stils bei den Römern, die – wie man noch heute an den gewaltigen Ruinen der Thermen und Aquädukte sieht – den Wasserbau zu einer Repräsentationsarchitektur ersten Ranges machten. Aber das war ein Wasserbau im Dienst der städtischen Konsumenten, nicht der Produzenten auf dem platten Lande. Er zeigt, wie hoch die Städter das klare Wasser aus entfernten Quellen im Gebirge zu schätzen wußten. Im übrigen hatte die hydraulische Aktivität der Römer jedoch ihre Grenzen. Tacitus berichtet in den «Annalen», wie im Jahr 15 n. Chr. ein Projekt der Tiberregulierung im Senat an einer ganzen Kette von Einwänden – praktischen und philosophisch-religiösen – scheitert: Die Überschwemmungen würden durch die geplanten Maßnahmen nur auf Nebenflüsse verschoben; im übrigen habe die Natur bekanntlich alles einschließlich der Flußläufe zum Besten der Menschen eingerichtet, und daher solle man an den Flüssen nichts ändern. Die Wasserbehörde, die cura aquarum, hatte von allen Verwaltungszweigen des kaiserlichen Rom die meisten Bediensteten. Dennoch und trotz der großen repräsentativen Bauten dominierte im Wasserbau des Römischen Reichs die Privatinitiative. Die Dynamik der römischen Herrschaft war offenbar nicht hydraulischen Ursprungs, ihr Niedergang in Nordafrika allerdings vom Verfall des Bewässerungs-Ackerbaus begleitet.[30]

3. Die bewässerte Terrasse: Eine sozio-ökologische Zellkultur

«Wir Wissenschaftler und Künstler gingen durch die Terrassenlandschaften, ohne sie zu sehen.» Mit diesem Bekenntnis beginnt ein neueres provençalisches Terrassen-Opus. Europäische Agrarhistoriker nahmen die Terrassen nicht wahr, weil diese in der Literatur die längste Zeit kein Thema waren. Die Spärlichkeit historischer Zeugnisse erklärt sich daraus, daß die Terrassen zumindest in Europa nur selten einen Regelungsbedarf auf höherer Ebene hervorriefen: Jeder Bauer hielt seine Terrassenfelder und ihre Mauern im Eigeninteresse selber in Ordnung; nur die Bewässerung erforderte eine Instanz oberhalb der Hauswirtschaft. In Südfrankreich und anderswo waren die Terrassen eine Welt der Kleinbauern, nicht des Großgrundbesitzes. Es war auch eine Welt des Hack- und Gartenbaus, die sich dem an den schweren Pflug und die Ochsengespanne gekoppelten agrartechnischen Fortschritt versperrte: daher das Schweigen der sonst so eloquenten Agrarlehrer über die Terrassen.

Weil die Terrassenbauer so wortkarg waren, nimmt das Rätselraten um den historischen Ursprung der Terrassen kein Ende, zumal diese mit archäologischen Mitteln oft nicht zu datieren sind. Heute sind Terrassen ein charakteristisches Element der mediterranen Landschaft; waren sie dies schon in der Antike? Die griechischen und römischen Agrarschriftsteller schweigen darüber; die klassischen Sprachen hatten dafür nicht einmal einen Begriff: ein Zeichen dafür, daß es, wenn auch Terrassen, so doch keine hochentwickelte Terrassenkultur gab. Im allgemeinen geht man davon aus, daß die Anlage und Instandhaltung von Terrassen eine derartige Mühsal ist, daß erst Bevölkerungsverdichtung mit dem Zwang zu intensiver Landnutzung selbst an Gebirgshängen zu solchen Anstrengungen führte. Einfache Terrassen wurden im Mittelmeerraum allerdings schon seit der Antike für Ölbäume angelegt. Noch in neuerer Zeit wurde der Ackerbau jedoch in Teilen der Toskana ohne Terrassen mit Furchen von oben nach unten betrieben, die der Erosion freie Bahn gaben.[31]

Alles in allem im Mittelmeerraum ein widersprüchliches Bild. Die Entstehung der Terrassen, betonen Oliver Rackham und Jennifer Moody, sei der Schlüssel zum Verständnis der griechischen Landschaft – aber einer, den wir leider nicht hätten. Nachweisbar sind die Terrassen meist nur für die letzten Jahrhunderte, aber vereinzelte Funde lassen sich bis in die Bronzezeit zurückdatieren. Von primitiven Trockenmauern bis zu den «Staatsterrassen» der Inkas und den elaborierten Wasserreisterrassen Südostasiens ist es jedoch ein weiter Weg: «Terrasse» kann sehr unterschiedliche Öko- und soziale Systeme bedeuten. Hochentwickelte, kunstvoll bewässerte Terrassensysteme scheinen sich im Mittelmeerraum erst lange nach der Antike, oft erst im Laufe der Neuzeit verbreitet zu haben.[32] In der Antike fehlte der Impetus durch die Bewässerungswirtschaft. In Nordafrika finden sich die zahlreichsten und schönsten Terrassen im Südwesten Marokkos, also in dem vom römischen Einfluß entferntesten Gebiet: Das deutet nicht gerade darauf hin, daß die Römer Lehrmeister im Terrassenbau waren. Im Languedoc scheint die Anlage von Terrassen unter dem Bevölkerungsdruck des 16. Jahrhunderts erstmals bis weit in die Berge vorzudringen; aber die Bewässerungstechnik hinkte noch jahrhundertelang hinterher. Die pittoresken «Levadas» von Madeira, die in jüngster Zeit durch den Wandertourismus entdeckt wurden, datieren großenteils erst aus den letzten Jahrhunderten; auf den steilen Bergen dieser Insel mußte der Boden zum Teil in Körben herbeigeschafft werden. Auch der Bau der Bewässerungskanäle war in dem Gebirge extrem mühsam und kam erst im 19. Jahrhundert stärker voran. Eine jahrtausendelange Tradition haben die Bewässerungsterrassen vor allem in den alten Reisgebieten Südchinas und Südostasiens: Aber auch in Südchina bekam der Wasserreisanbau in der Neuzeit einen verstärkten Schub, und auf Java haben sich die Reisterrassen seit dem frühen 19. Jahrhundert mehr als verdreifacht.[33]

Clifford Geertz schreibt über die «Subak»-Reisterrasse auf Bali, sie sei eine physikalische und eine technologische, dazu eine soziale und sogar religiöse Einheit. Über die Bewässerungssysteme entstehen teilweise größere Zusammenhänge; aber typischerweise sind die Terrassen doch eine Agglomeration kleiner bäuerlicher Zellen, die eine intensive Beziehung zu ihrem Boden pflegen. Von der Ferne wirken Terrassen, die sich in vielen Etagen ganze Berge hochziehen, wie eine im großen konzipierte Landschaftspyramide oder, blickt man in runde Talkessel, wie ein Amphitheater. Sucht man jedoch abseits vom Wege hindurchzuwandern, sieht man sich unversehens in ein Labyrinth versetzt, aus dem man nur mit Mühe wieder herausfindet. Gegen militärische Invasoren, die aus der Ebene kamen, müssen diese Irrgärten kein schlechter Schutz gewesen sein. Hier konnten sich kleinbäuerliche Zellkulturen auch in schlimmen Zeiten halten; und da Bau und Instandhaltung von Terrassen im Gebirge soviel Mühe kosten, bindet diese Landschaftsarchitektur den Bauern an den Boden und zwingt zu höchster Aufmerksamkeit auf jeden Fleck Erde.[34]

Die Terrassen mit ihren vielen kleinen scharf umgrenzten Feldstücken gestatten es, «die Logik einer Polykultur ins Extrem zu treiben»; zu einem lückenlosen und perfekt vernetzten Gesamtsystem dagegen wurden sie durch den Naßreisanbau mit seiner üppigen, dabei genau regulierten Bewässerung. Zwar gehören zur Romantik der Mittelmeerlandschaft vor allem die Trockenterrassen mit ihren Weinstöcken und Ölbäumen und den Wildblumen an den Mauern; aber weltweit gesehen, sind doch die Bewässerungssysteme das bestimmende Element der Terrassen, ob in Ostasien, Nordafrika oder Lateinamerika. Sie erfordern den Aufbau eines wasserundurchlässigen Bodens und sind schon dadurch ein dauerhafterer Eingriff in die Landschaft als die Trockenterrassen. Vor allem bei Bewässerung verwandelt sich die getreppte Anlage, die vieles so mühsam macht, in einen Vorteil; denn da lassen sich Be- und Entwässerung genau und mit relativ geringer Mühe regeln, ohne Schöpfwerke und Dränagegräben. Die Dränage ist bei Reisterrassen besonders wichtig; denn der Reis reagiert auf Versalzung empfindlich. Aus dem hydraulischen Regelungsbedarf ergibt sich jedoch durchaus nicht notwendig eine kollektivistische Wirtschaft. Selbst auf den «Subak»-Terrassen in Bali, wo die Bewässerung perfekt und umfassend organisiert ist, bleibt der Kleinbauer sein eigener Herr. Die maoistischen Volkskommunen machten dagegen aus der Terrassierung von Lößhängen Vorzeigeprojekte, um die Kraft des Kollektivs zu demonstrieren.[35]

In der Umweltgeschichte besitzen die Terrassen ein markantes Doppelgesicht. Anschaulicher als alle anderen Wirtschaftsformen führen sie die tiefe historische Ambivalenz der Mensch-Umwelt-Beziehung vor Augen: Einschneidendste Landschaftsgestaltung, die ganze Berghänge in Treppen verwandelt, paart sich mit höchster Sorge für den Boden; aber gerade dieser auf intensivstes Umweltbewußtsein gegründete Ackerbau schlägt in rapide Bodenzerstörung um, sobald die Menschen fehlen und die Sorge nachläßt.

Geertz erkennt in der «außerordentlichen Stabilität» das «eindrucksvollste Kennzeichen der Terrasse als eines Ökosystems». So sieht es aus, wenn man auf jahrtausendealte südostasiatische Reisterrassen blickt. Oder wirken sie nur in der Momentaufnahme stabil und nur in der Trockenzeit? Nach sturzartigen Tropenregen und Überschwemmungen müssen sie wiederhergerichtet werden. Butzer glaubt, der heutige «tote Anblick der levantinischen Randgebiete und Hochländer», die einst prall von Geschichte waren, erkläre sich ohne weiteres aus der auf den Zerfall der Terrassenmauern folgenden «raschen Bodenabspülung». Robert McC. Netting beobachtete in Innerafrika, in welchem Maße die Ökologie der Terrassenlandschaft dort bedroht ist, sobald der Bevölkerungsdruck nachläßt: Wo die Menschen wegbleiben, die die Terrassen erneuern, sind diese in ein, zwei Jahrzehnten durch Erosion verschwunden. Auf Mallorca wird in jedem Frühjahr ein Teil der Terrassen durch Sturzbäche zerstört. Andererseits: Während die Erosion in der Ebene oft unbemerkt voranschreitet, wird auf den Terrassen jeder Bodenverlust sofort bemerkt und, solange diese Bauernkultur intakt ist, korrigiert. An den Hängen der Cevennen sah man um 1780 zu allen Jahreszeiten Einheimische beiderlei Geschlechts Boden auf dem Rücken, manchmal auf allen vieren kletternd, den Berg hochtragen. Die kostbare Erde wurde im 19. Jahrhundert mancherorts sogar gekauft! Natürlich achtete man unter solchen Bedingungen geflissentlich auf die Erhaltung der Fruchtbarkeit des Bodens. Zugleich war man jedoch mehr als anderswo an intensivster Nutzung mit möglichst kurzer Brache interessiert. In China konnte man noch im 20. Jahrhundert beobachten, wie Bauern abgerutschte Erde wieder in Körben nach oben brachten; und dennoch ohne dauernden Erfolg: Diese Bauern «müssen mit einer permanenten Erosion und einer schleichenden Umwandlung des Landes leben.»[36]

Auch wenn die Terrassen intakt gehalten wurden, besaßen sie inhärente Nachteile: In dem auf abschüssigem Gelände hinter der Mauer aufgehäuften Boden kam es leicht zu Einbrüchen, und die neu herbeigeschaffte Erde verdeckte den gewachsenen Mutterboden. Andererseits sorgte die in vielen Weltregionen mit Geschick entwickelte Trockenmauertechnik dafür, daß bei Regengüssen das Wasser durch die Mauer gleichsam gefiltert floß, ohne von dem Boden viel mitzunehmen. Am meisten scheint jedoch die bewässerte Reisterrasse, die wasserdichte Dämme brauchte, ein über viele Jahrhunderte, ja Jahrtausende stabiles Ökosystem gewesen zu sein, vor allem deshalb, weil sie nur wenig externe Düngung benötigte und ihren Bedarf an Nährstoffen zu einem Gutteil selber regenerierte. Während Bevölkerungsdruck die «shifting cultivation», den Brand-Wanderfeldbau, ökologisch destabilisierte, stabilisierte er die nach intensiver Arbeit verlangenden Reisterrassen. Im vorkolonialen New Mexico dagegen führte der Terrassenackerbau zur Bodenverarmung: wohl vor allem deshalb, weil der Mais den Boden viel stärker beansprucht als der Reis. Die perfekten und gut gedüngten Terrassen des Inkareichs scheinen dagegen ein stabiles Ökosystem gewesen zu sein, zumal sie mit kunstvollen Dränagesystemen versehen waren. Garcilaso da la Vega schildert, mit welcher Sorgfalt die Bewohner des Inkareichs menschliche Exkremente, aber auch den Guano der Vögel sammelten; die Tötung von Vögeln sei bei Todesstrafe verboten gewesen und auch die Verschwendung von Dünger streng bestraft worden.[37]

In einer nordäthiopischen Gegend, wo erst nach 1950 Stufenterrassen angelegt wurden, erzählt sich das Volk, daß der Terrassenfeldbau von einem Verrückten – wenn auch am Ende mit überraschendem Erfolg – erfunden worden sei:[38] So blödsinnig wirkte diese Arbeit auf eine Bevölkerung, die bis dahin nur Wanderfeldbau und halbnomadische Lebensformen kannte. Entwicklungshelfer machen in der Dritten Welt – ob in Mittelamerika oder Ostafrika – immer wieder die Erfahrung, daß der Terrassenfeldbau ohne eine entsprechende Mentalität und Arbeitskultur der Bevölkerung mißlingt: Da sieht man zu, wie die Terrassen vom Vieh beschädigt werden, und Feldbau auf schlecht gehaltenen Terrassen beschleunigt nur die Erosion. Werden die Wasserzuteilung und die Sauberhaltung der Gräben nicht gut geregelt, bekommen die untersten Felder kein Wasser ab.

Die bewässerten Terrassen erfordern Zeitdisziplin; auf Madeira wurde mit Bewässerungszeiten ein regelrechter Handel getrieben; an vielen Stellen der Insel wurden daher Uhrtürme errichtet. Auf den Reisterrassen Südchinas sei das Leben nicht mehr ein «Tanz mit zahlreichen Improvisationen», sondern der Zeitablauf folge gleichsam einer «höfischen Etikette», bemerkt ein Ethnologe der südostasiatischen Reiskulturen. Vom Wanderfeldbau zur Reisterrassenkultur überzugehen fördere nicht unbedingt die Lebensfreude: Der Horizont werde enger und die Speisekarte ärmer. Selbst die Kleidung trübe sich ein: Strenge schwarze Kittel verdrängten einen bunteren, phantasievolleren Aufputz. Gregory Bateson fand die Bewohner von Bali von ihren vielen Ritualen fast erdrückt; der Balinese, schrieb er, lebe ständig in der Angst, etwas falsch zu machen. Wenn Esther Boserup die Vorzüge der kleinräumigen Intensivkulturen hervorhebt, die einigen Bevölkerungsdruck aufzufangen vermögen, so vermeidet sie wie so viele Wissenschaftler über der Frage nach dem Fortschritt die Frage nach dem

Glück. Liegt es an tiefverwurzelten Traditionen des Glücks-im-Augenblick, daß der Terrassenbau gerade in Schwarzafrika so oft mißlingt? Noch mehr als anderswo führt das Bevölkerungswachstum dort regelmäßig zu beschleunigter Bodenerosion.[39]

Der Reisanbau, dessen Ernten sich durch Wasserzufuhr vervielfältigen lassen, brachte die Terrassentechnik zur höchsten Perfektion; da wurden die Mauern zu kleinen Deichen, mit denen sich nicht nur die Be-, sondern auch die Entwässerung gemäß den Anforderungen des Wachstums der Reispflanzen exakt regulieren läßt. Bedeutet diese Kulmination einen Höhepunkt an Stabilität oder auch an Ambivalenz?

Geertz schildert die Bewässerungsterrassen auf Bali und in Marokko als schlagenden Kontrast: «Bewässerung auf Bali ist ein gewaltiges, homogenes, sehr präzise geeichtes, vielstufiges, außerordentlich effektives System. Die marokkanische Bewässerung ... ist ein kleinräumiges, ganz heterogenes, bestenfalls ungefähr geeichtes, einstufiges, im günstigsten Fall mäßig effektives System.» Die javanischen «Sawah»-Reisterrassen wirken auf Geertz nahezu perfekt – sind sie das wirklich? Wenn der Monsunregen zu spät einsetzt, gerät das ausgeklügelte Wasserverteilungssystem der «Subak»-Terrassen auf Bali durcheinander.[40] Aber das mag ein Typus von «stabilisierender Krise» sein, die die vorhandenen Regelgewohnheiten aktiviert. Zum Ökosystem der Reisterrasse gehören in vielen Fällen – ob in der Poebene oder in Ostasien – die dort in der Zeit des Wasserhochstands gehaltenen Fische, die Schädlinge fressen und in Düngepartikel verwandeln; wenn das Wasser abgelassen wird, wandern sie in der Poebene in den Risotto. Die Maulbeerbaum-Seidenwurm-Deich-Reis-Fischteich-Ökosysteme finden das Wohlgefallen solcher Forscher, die gerne die Öko-Logik vielseitiger traditioneller Wirtschaftsformen entdecken. Da scheint alles in einem positiven Zirkel zu stehen, in dem jedes Element das folgende Glied in der Kette befruchtet – sofern der Idealtyp real ist und es keine anderen Probleme gibt.[41]

Man kann die ökologische Stabilität der Reisfelder als Natur-Basis der jahrtausendelangen Kontinuität der chinesischen Kultur vermuten. Wurden die Expansion des Reisanbaus und die Vervielfachung der Ernten jedoch am Ende zu einem Element der Destabilisierung? Bekommt die Ambivalenz der Terrasse in der chinesischen Geschichte eine welthistorische Dimension? Hier stoßen wir auf konträre Lesarten der chinesischen Umweltgeschichte.

4. China als Vorbild und Schreckbild

Vom 18. Jahrhundert bis heute, von der Zeit der frühen Mandschu-Kaiser bis zur Zeit des Maoismus und danach, besaßen die Chinabilder des Westens oft ein extremes Helldunkel: auf der einen Seite das Horrorbild der asiatischen Despotie, die von Freiheit und Menschenrechten nichts weiß, auf der anderen Seite das Vorbild des von philosophischen Mandarinen weise geleiteten Staatswesens. In Schwarzweiß halten sich seit langem auch die Vorstellungen über den Umgang der Chinesen mit ihrer Umwelt. Der Verdacht liegt nahe, daß es sich dabei um westliche Projektionen handelt. Aber das Helldunkel korreliert in mancher Hinsicht mit der Art und Weise, wie auch moderne Chinesen ihr eigenes Land sehen.

In der Umweltgeschichte hat das extrem widersprüchliche Chinabild besondere Gründe und eine empirische Basis, die sich zu analysieren lohnt. Denn in keiner anderen Großregion der Welt läßt sich Umweltgeschichte – zumindest als Agrar- und Wasserbaugeschichte – so fundiert und so kontinuierlich durch ganze Jahrtausende verfolgen wie in China; nicht einmal für Europa gibt es in weiten Bereichen der Antike und des Mittelalters eine derartige Quellenfülle, von Indien, Afrika oder Amerika ganz zu schweigen.

«Ich will den Lehrern der Landwirtschaft ein anderes Volk zeigen, welches ohne alle Wissenschaft ... den Stein der Weisen gefunden hat, den sie in ihrer Blindheit vergeblich suchen»: in so missionarischem Ton begann Liebig seinen 49. «Chemischen Brief», der vom Lob der Chinesen kündet. China ist für Liebig das Land, «dessen Fruchtbarkeit seit dreitausend Jahren, anstatt abzunehmen, fortwährend gestiegen ist», und das, obwohl dort «auf einer Quadratmeile mehr Menschen als in Holland oder England leben». Sogar gestiegen: ein Wunder, das eigentlich Liebigs Theorie widerspricht. Was war die Ursache des chinesischen Mirakels? In China, so Liebig, kenne und schätze man «keinen anderen Mist als die Ausleerungen der Menschen». «Die Schätzung dieses Düngers geht so weit, daß jedermann weiß, was ein Tag, ein Monat, ein Jahr von einem Menschen abwirft», und der Chinese finde es mehr als unhöflich, wenn ein Gastfreund sein Haus verlasse, ohne ihm die dort eingenommenen Nährstoffe auf dem Abtritt zurückzugeben.[42]

Der Frankfurter Kommunalpolitiker Georg Varrentrapp, der «Luther der Hygiene in Deutschland» und Vorkämpfer von Wasserklosett und Mischkanalisation, schäumte damals über den «mit China getriebenen Schwindel». Die fäkalischen Fakten bestritt er jedoch nicht; nur sah er in ihnen ein Zeichen stinkender Unkultur, und was für Liebig bei den Chinesen bewundernswerte Kontinuität war, war für ihn «3000jähriger Stillstand». Daß die Ostasiaten – auch Japaner und Vietnamesen – der Rezyklierung der menschlichen Exkremente große Aufmerksamkeit widmeten, ist eine vielfach bezeugte Tatsache, die sich zum Teil aus dem Mangel an tierischem Dünger erklärt. Chinesische Pachtbauern wurden früher teilweise dazu verpflichtet, die Latrinen ihrer Herren zu benutzen, und mit menschlichen Ausscheidungen – der sog. «Nachterde» – wurde ein reger Handel getrieben. Es hieß, wegen der reichlich gelieferten «Nachterde» sei der Boden in der Nähe der Städte am fruchtbarsten. Noch aus dem frühen 20. Jahrhundert wird berichtet, daß die Aufbereitung organischen Düngers – des menschlichen an erster Stelle – «das Arbeitsjahr des chinesischen Bauern bis zu sechs Monate ausfüllte». Die vielen aufeinanderfolgenden Prozeduren riefen bei europäischen Beobachtern Erstaunen hervor. Die kommunistische «Volksbefreiungsarmee» suchte sich bei den Bauern dadurch beliebt zu machen, daß sie ihre Exkremente sammelte und als Dünger zur Verfügung stellte.[43]

Wohl kein Buch hat den Mythos von der Unzerstörbarkeit des chinesischen Bodens einem Weltpublikum wirksamer vermittelt als «Die gute Erde» (1931) von Pearl S. Buck, die über die chinesischen Bauern beste Kenntnisse aus erster Hand besaß. Mögen Dürre und Überschwemmung unter den Menschen ein großes Sterben anrichten, die Erde bleibt gut: Das ist die Botschaft dieses Buches, das die gesamte deutsche Blut-und-Boden-Literatur jener Zeit in den Schatten stellt. Nur Faulheit und Unmoral verderben den Boden. Daher will Wang Lung, der Held des Romans, von seinem Onkel kein Land kaufen: «Er hat dem Boden Jahr für Jahr Ernten abgepreßt, seit zwanzig Jahren, und ihm nie etwas zurückgegeben, weder Dünger noch Sorgfalt. Der Boden ist ausgelaugt.» Der Boden und die traditionelle Bauerntugend dagegen retten am Ende aus allem Unglück.

Für die Anhänger der intensiven Kleinbauernwirtschaft ist China das beste Beispiel dafür, in welchem Maße die «smallholders» auf ihren Bewässerungsterrassen das größte Bevölkerungswachstum der Welt auffangen können. Für viele andere jedoch – auch für viele Chinesen – bietet China das schlimmste Beispiel dafür, wie ein Land durch Übervölkerung ständig an den Rand der Katastrophe gerät, ökonomisch wie ökologisch. Da ist gerade jene Tendenz des intensiven Reisanbaus, die Geburtenfreudigkeit zu fördern – als ob mehr Hände immer noch mehr Nahrung schafften –, das Verhängnis Chinas. Zwei leitende Mitglieder der chinesischen Umweltschutzbehörde beschreiben die chinesische

Umweltgeschichte der letzten vier Jahrtausende als pure Funktion der demographischen Entwicklung: Starkes Bevölkerungswachstum bedeutet stets eine Verschlechterung der Umweltzustände. «Die Geschichte lehrte uns die hohen Kosten, die mit Bevölkerungsexplosionen und Umwelt-Degradation verbunden sind.» Ein Großteil der chinesischen Geschichte steht im Zeichen ewig wiederkehrender Hungersnöte. So sah es schon Malthus, für den China ein warnendes Beispiel war, und so sahen es zur gleichen Zeit auch mehr und mehr Chinesen.[44] Zu der periodisch einstürmenden Wasser- und Nomadenflut kommt die Bevölkerungsflut als das dritte große Unglück Chinas.

Sogar direkte Naturfeindschaft wurde den Chinesen nachgesagt. Aus mitteleuropäischer Sicht war ganz besonders die Entwaldung weiter Teile Chinas ein schlagender Beweis für die Mißachtung der Natur. Ein Kronzeuge dafür ist Ferdinand Freiherr von Richthofen (1833–1905), der bedeutendste deutsche Chinareisende des 19. Jahrhunderts. Er kannte vor allem Nordchina, und der Löß mit seinen Schluchten und Erdlabyrinthen war sein großes Thema; man bekommt aus seinen Schriften den Eindruck, daß die Chinesen ihr langes Überleben vor allem der natürlichen Fruchtbarkeit, ja «Selbstdüngung» ihrer Lößböden verdankten, nicht dagegen der von ihm eher abschätzig erwähnten Fäkaliendüngung. Er verspottete westliche Sinologen, die auf die Selbstbeweihräucherung der Chinesen hereingefallen seien, und bekannte, rein gar nichts gefunden zu haben, womit sich die Chinesen positiv gegenüber den Europäern auszeichneten, dagegen abschreckende Charakterzüge genug. «Im Vernichten der Vegetation zeichnen sich die Chinesen in trauriger Weise aus. Die Vorfahren der jetzigen Generation haben die Wälder ausgerottet; dann wurden auch die letzten Reste der Sträucher vertilgt.» In manchen Gegenden hacke man schon das Gras mitsamt den Wurzeln aus, um es zu verfeuern. «Diese furchtbare Versündigung an den Gottesgaben, die den Bewohnern dieser Gegenden in überreichem Maße zuteil geworden sind, wird sich noch schwer rächen.» Dennoch gelangt Richthofen zu der These: «China ist nicht übervölkert, wie viele wähnen ...» Es gebe noch Riesenflächen von ungenutzten Höhenrücken, auf denen man Schafe weiden und damit weitere Menschenmassen ernähren könne. Nutzung der letzten freien Räume, Beweidung selbst karger Höhenrücken: wie man sieht, werden Öko-Krisen mitunter auf eine Art konstruiert, daß die daraus entspringenden Handlungsimpulse die Krisen verschlimmern! Wieweit die von Richthofen gebrandmarkte Waldzerstörung tatsächlich erfolgt ist, ist nicht sicher: Manche Pollenanalysen lassen daran zweifeln, ob die Lößgebiete Nordchinas je flächendeckend bewaldet waren. Auf jeden Fall trieben die Chinesen zu

Richthofens eigener Zeit rücksichtslosen Raubbau an den Wäldern der Mandschurei und Inneren Mongolei.[45]

Heutzutage wird die Gesamtdeutung der chinesischen Mensch-Umwelt-Beziehung gewöhnlich weder als Wald- noch als Kloakenfrage, sondern auf sublimerem Niveau erörtert. In der Öko-Bewegung ist der altchinesische Taoismus mit seiner Liebe zur ungezähmten Natur zu neuen Ehren gelangt; und Diskussionen zur chinesischen Umweltgeschichte kreisen mit Vorliebe um die Frage, welche reale Bedeutung den spirituellen Traditionen zukommt. Dem Sinologen Herbert Franke zufolge ist ein schonender Umgang mit der Natur sogar schon im Konfuzianismus angelegt. Er zitiert aus «Gesprächen des Konfuzius»: «Der Meister fing Fische mit der Angel, aber nie mit dem Netz; er schoß Vögel, aber nie, wenn sie im Neste saßen.»[46] Auf diese Weise sorgte er für die Regeneration seiner Beute.

Gegenüber diesem warmen Chinabild wirkt die Antithese von Gudula Linck wie eine kalte Dusche. Die Vorstellung einer im alten China noch ungebrochenen Einheit von Mensch und Natur markiert für sie einen «Irrweg», eine «lange Tradition» europäischer Fehldeutungen. Westliche Verehrer Chinas hätten jene Natursehnsucht, die die chinesische Literatur und Kunst durchzieht, für einen Spiegel des realen Umgangs mit der Natur gehalten und nicht begriffen, daß es sich dabei um ein Negativbild der tatsächlichen Verhältnisse gehandelt habe – um die Stimme der Aussteiger und Einsiedler, um einen Ausdruck von «Weltverdrossenheit» und Resignation.[47]

Auch andere Chinaforscher wie Mark Elvin und Vaclav Smil, die von der chinesischen Umweltgeschichte ein düsteres Bild zeichnen, wenden sich mit Schärfe dagegen, die Geschichte der religiös-philosophischen Naturvorstellungen Chinas mit der Realgeschichte des menschlichen Umgangs mit der Natur zu verwechseln. Insgesamt ist das Problem des Zusammenhangs zwischen geistiger Kultur und agrarischer Ökonomie jedoch noch weithin ungelöst, und die Diskussion tritt vielfach auf der Stelle; zum Teil handelt es sich um einen Prinzipienstreit zwischen Kulturalisten und Ökonomisten. Die vorgebrachten Argumente sind teilweise nichtssagend: Daß beispielsweise die chinesischen Bauern – wie alle Bauernvölker dieser Welt – Wald gerodet, Brandwirtschaft betrieben, Tiere getötet und den Boden in den Dienst ihrer Ernährung gestellt haben, versteht sich von selbst und beweist weder die Relevanz noch die Irrelevanz konfuzianischer oder taoistischer Naturideen. Auf die Ausbildung eines Sinnes für Nachhaltigkeit kommt es an: Da ist die Diskussion oft hinter Liebig zurückgefallen. Eine quantité négligeable ist die Kultur gewiß nicht; aber sie wirkt vorwiegend in Verbindung mit praktischen Regeln und handlungsfähigen Instanzen. Selbst Joseph Needham, der große Enzyklopädist der chinesischen Wissenschafts- und Technikgeschichte, glaubt trotz seiner insgesamt eher materialistischen Einstellung an eine durchaus praktische Bedeutung des «wu wei», der chinesischen Grundhaltung des Nichtinterventionismus gegenüber Natur und Gesellschaft. Es handelte sich um eine Art von trägem Laisser-faire, das sich auf die Beziehung zwischen Mensch und Umwelt manchmal stabilisierend, manchmal aber auch destabilisierend auswirkte.[48]

Das war jedoch nicht die einzige chinesische Tradition: «Kein Land der Welt», so Needham, «kennt wohl so viele Legenden von heldenhaften Ingenieuren», vor allem, wenn es um die Regelung des Wassers geht. Aber selbst innerhalb des Wasserbaus erkennt man mitunter eine Philosophie des «wu wei»: Besser dem Wasser Öffnungen lassen, als sich ihm frontal entgegensetzen. Chia Jang, ein großer Ingenieur der Han-Zeit und ein «Taoist der Hydraulik», gab den Rat, dem Yangtse möglichst viel Bewegungsraum zu lassen: Flüsse seien wie Kindermünder, erklärte er; wenn man sie zu stopfen suche, schrien sie nur um so lauter oder würden erstickt. Offenbar ist nicht alles in der chinesischen Mensch-Natur-Harmonie eine praxisferne Träumerei von poetischen Vagabunden und gelehrten Einsiedlern! So war auch die Fengshui-Lehre, die altchinesische Geomantik, durchaus von praktischer Bedeutung, wenn auch nicht immer im Sinne moderner Ökologie. Um 1760 sammelte sich in der Gegend von Hangtschou eine breite Opposition gegen einen Steinbruch, weil dieser die natürlichen Erdkräfte störe.[49]

Die chinesische Umweltgeschichte wird nur verständlich, wenn man den fundamentalen Unterschied zwischen Nord- und Südchina beachtet. In weiten Teilen des Nordens braucht der Ackerbau keine künstliche Bewässerung; auf dem tiefen Lößboden herrscht der von Ochsen gezogene Pflug. Da war vielfach bis ins 20. Jahrhundert nicht der Reis, sondern die aus Afrika stammende Hirseart Sorghum, die trockenen Boden liebt, das Hauptnahrungsmittel. Der Naßreisanbau auf den kunstvoll bewässerten Terrassen kennzeichnet vor allem Mittel- und Südchina; da arbeitet der Bauer vielfach noch mit Hacke und Spaten und besitzt kein Großvieh. In Nord- und Mittelchina liegen die agrarischen Kerngebiete in der Ebene und den großen Flußtälern; im Süden war man auf Terrassierung der Berge angewiesen. In Nordchina sind Überschwemmung und Verschlammung die schlimmsten Gefahren, in Südchina Wassermangel und Erosion. In älterer Zeit lagen die chinesischen Kernregionen mehr im Norden, in der Neuzeit dagegen verlagerte sich der Schwerpunkt nach Süden: Dementsprechend verschoben sich auch die dominanten Probleme im Laufe der Zeit.

Was ist bei alledem Krise? Auch die chinesische Umweltgeschichte hat ihr Werturteilsproblem. Die Urkatastrophen der chinesischen Geschichte, solange diese sich um die Täler des Hoangho und Yangtsekiang zentrierte, waren die großen Überschwemmungen; eine ständige Last auch die ungeheuren Schlammfluten dieser Flüsse, die das Flußbett erhöhten, dadurch auch zur Erhöhung der Deiche zwangen und von Zeit zu Zeit Verlagerungen von Flußarmen bewirkten. Die Schlammfluten des Hoangho sind 25mal, die des Yangtse sind 38mal so groß wie die des Nil! Aber Katastrophen und Gefahren solcher Art bedeuten nicht unbedingt ökologische Krisen; denn der Effekt war der gleiche wie bei den wohltätigen Nilüberschwemmungen: Massen von fruchtbaren Bodenpartikeln gelangten auf die Äcker, oder es entstand sogar neues Ackerland.[50] Nicht jede Erosion ist dem Menschen von Nachteil: so etwa die, die den Boden von schwer zu beackernden Berghängen in bequemer zu pflügende Talebenen befördert. Und die Erhöhung des Flußbetts, die die Überschwemmungsgefahren verschlimmert, erleichtert zugleich die Bewässerung: Man braucht keine Hebewerke, um das Wasser auf die Felder zu befördern. Bei dem Hell-Dunkel der chinesischen Geschichte handelt es sich teilweise um verschiedene Seiten der gleichen Münze. Und die Lösung und Auslösung von Umweltproblemen sind nicht immer klar auseinanderzuhalten.

China war für Wittfogel der Archetyp der hydraulischen Gesellschaft, an dem er seine Theorie entwickelte. Auch Needham gab ihm im Kern recht und hob hervor, daß auch viele chinesische Gelehrte die These von dem Ursprung der Bürokratie aus den hydraulischen Aufgaben bestätigten.[51] Ein Zusammenhang zwischen Hydraulik und Herrschaft ist in China nicht zu bezweifeln; die Frage ist nur, welcher Art er war und mit welchen Wechselwirkungen in der Mensch-Umwelt-Beziehung er sich verquickte.

Ähnlich wie in Ägypten und Mesopotamien ist in den alten chinesischen Kerngebieten Ackerbau auch ohne Bewässerung möglich, und als diese eingeführt wurde, reichten dörfliche Autoritäten zur Beaufsichtigung und Schlichtung von Konflikten meist aus. Eine Genese des chinesischen Staates aus der Bewässerung ist weder historisch nachweisbar noch von der Sache her plausibel. In einem uralten Volkslied, das noch aus der Zeit vor der Reichsgründung von 221 v. Chr. stammt, heißt es: «Wir graben Brunnen und trinken, wir pflügen die Felder und essen; was kümmert uns die Macht des Herrschers!»[52]

Aber wenn die Bewässerung keine höhere Gewalt erforderte, so galt für die *Ent*wässerung und den Schutz gegen Überschwemmungen nicht das gleiche. Und eben durch diese Aufgabe legitimierte sich das chinesische Kaisertum zuallererst. Der klassische hydraulische Gründermythos, der später von chinesischen Gelehrten in superlativischer Weise ausgeschmückt wird, ist die Geschichte von dem legendären Ingenieur-Kaiser Yü, der die Wasserfluten durch Öffnung von Abflüssen und Vertiefung des Flußbetts ableitete und die Chinesen davor bewahrte, zu Fischen zu werden.[53] Mit Yü besaßen die Chinesen ein sehr viel energischeres und populäreres Techniker-Leitbild als der Westen mit Noah, der in der Großen Flut nur sich selbst und eine Auslese in die Arche rettete!

Aber natürlich wußten die Chinesen, daß es einen Endsieg über das Wasser nicht gibt. Ssu-ma Ch'ien (Sima Quian), der Gründervater der chinesischen Geschichtsschreibung (ca. 145–90 v. Chr.), berichtet das Klagelied eines verzweifelten Han-Kaisers im Anblick eines Deichbruchs: «Der Fluß brach durch bei Hu-tzu; was können wir tun? ... Die Dörfer sind alle zu Flüssen geworden, und es gibt keine Sicherheit für das Land.» Dauerhafteren Ruhm als der Deichbau versprach der Kanalbau. Meist diente er zuoberst der Schiffahrt, vor allem der Versorgung der Hauptstadt mit Getreide; die Bewässerung der Felder, die populäre Seite des Kanals, war demgegenüber sekundär und konnte durch Schiffahrtskanäle sogar durchkreuzt werden. Der Sinn großer Kanäle war nicht über alle Zweifel erhaben. Ssu-ma Ch'ien berichtet aus der Zeit vor der Reichseinigung, wie der Fürst von Han die Ostexpansion des Staates Ch'in (Qin), der später China unter seiner Herrschaft einte, dadurch bremsen wollte, daß er diesen projektfreudigen Staat dazu verführte, sich mit einem Kanalbau zu übernehmen. Der Fürst von Han entsandte den Ingenieur Cheng Kuo, der den Herrscher von Ch'in tatsächlich dazu überredete, sich auf den Bau des späteren Cheng-Kuo-Kanals einzulassen: ein damals fast größenwahnsinniges Unternehmen. Auch nach Entlarvung der betrügerischen Absicht wurde der Bau fortgesetzt, und am Ende stand der Erfolg: die Schaffung einer neuen reichen Getreideregion. Needham nimmt an, daß die Geschichte einen wahren Kern hat.[54]

Aber längst nicht immer war der Nutzen kaiserlicher Kanäle für das Volk so klar. Der Kaiser Yang, der um 600 n. Chr. mit dem Bau des Großen Kanals begann, wurde von der Historie als Beispiel eines verschwenderischen und grausamen Herrschers, wenn auch mit schwärmerischer Liebe zur Natur, in Erinnerung gehalten. In der Tat diente dieser Kanal vor allem zur Eintreibung von Abgaben; und seine Deiche trugen mehr dazu bei, Überschwemmungen zu verursachen als zu verhüten. Das gilt für den Deichbau generell und liegt in der Natur der

Sache: Die Deiche lenken die Gewalt des Wassers lediglich ab, und die Eindeichung von Flüssen konzentriert die Wasserkraft obendrein. Die Flutkatastrophen nahmen im Laufe der chinesischen Geschichte kein Ende; zeitweise schienen sie sich sogar zu verschlimmern. Da die Bändigung der Flut zum Kaisermythos gehörte, galten Überschwemmungen als ein Zeichen, daß die Regierung korrupt war. Als der Hoangho um 1200 mehrmals zerstörerisch über die Ufer trat, bereitete er durch Schwächung der regierenden Dynastie der mongolischen Eroberung den Weg; aber auch dem Sturz der Mongolen gingen um 1350 Flutoffensiven des Gelben Flusses voraus. Damals ließ der mongolische Kanzler Togto in einem gigantischen Projekt, vor dem chinesische Berater warnten, den Hoangho in ein neues Bett südlich der Shantung-Halbinsel umleiten. Nicht nur die Überschwemmung selbst, sondern auch die Frondienste beim Deichbau riefen Aufruhr hervor. Wie Klaus Flessel zeigt, war die chinesische Wasserbau-Administration im Mittelalter nicht so sehr durch Zentralisierung, sondern durch ein unübersichtliches «Dickicht» verfilzter Kompetenzen gekennzeichnet; schon zu jener Zeit war ihre Effektivität Gegenstand kritischer Erörterungen, zumal die Mißerfolge offenkundig waren.[55]

Aber aus alledem ergab sich keine Forderung nach einem anderen System, sondern nur immer wieder der Ruf nach einem besseren Kaiser und besseren Beamten. In der Neuzeit ließ sich der chinesische Kaiser darstellen, wie er Überschwemmungsgebiete inspiziert und den Deichbau beaufsichtigt.[142] Aber noch 1854/55 verlegte der Gelbe Fluß seine Mündung um fast 500 km weit nach Norden; dabei kamen Millionen von Menschen ums Leben. Es war die Zeit des Taiping-Aufstandes: Die Wasserfluten trugen zur Erschütterung der Regierungsautorität bei. Kein anderer Strom der Welt hat in historischer Zeit so exzessiv gewildert. «Unaufhörlich haben gigantische Eindämmungsarbeiten die Bevölkerung in Anspruch genommen, und doch erwiesen sie sich als Pygmäenwerk gegenüber der Gewalt des Stromes.» Vor der Ära des Betons bestand die Basis der Deiche aus Tonerde und Sand und war daher von permanent anstürmenden Wasserfluten leicht zu untergraben. Ohne die organisierte Arbeit großer Menschenmassen waren solche Deiche nutzlos. Je stärker der Bevölkerungsdruck wurde, desto mehr drangen die Siedlungen bis an das Flußufer und desto weniger konnte man sich leisten, dem Fluß nach der alten taoistischen Wasserbauphilosophie viel Freiheit zu lassen. Die «alte Methode», dem Wasser «den Weg zu öffnen», wurde zu einer nostalgischen Erinnerung. Aber wenn der Fluß aus seinem eingeengten Bett herausbrach, war die Katastrophe für die Menschen um so schlimmer. Noch 1947 arbeiteten

Kuomintag und Kommunisten, sonst bereits Todfeinde, gemeinsam an der Umlenkung des sich erneut südwärts verlagernden Hoangho nach Norden. Von den Wasserbauarbeiten ging ein moralischer Impetus zur nationalen Einheit aus.[56]

Charakteristisch blieben unter den chinesischen Wasserreservoirs bis heute nicht die großen Stauseen, sondern – ähnlich wie in Indien – die Dorftanks, von denen es über sechs Millionen gibt. Das heißt jedoch nicht, daß die Dorfgemeinschaft allen Wasserproblemen gewachsen gewesen wäre. Manche Autoren scheinen aus Ärger über Wittfogel den Regulierungsbedarf der Bewässerung allzusehr herunterzuspielen. Eine der faszinierendsten Regionalstudien zur chinesischen Umweltgeschichte handelt von der fast 900jährigen Geschichte des Xiang-Sees, eines im Jahre 1112 zu Bewässerungszwecken angelegten Stausees südwestlich von Hangtschou. Leitmotiv ist über viele Jahrhunderte das Tauziehen zwischen privaten Grundherren, die Teile des Sees trockenlegen und ihrem Ackerland zuschlagen wollen, und den – nicht allzu häufigen, aber um so mehr glorifizierten – unbestechlichen Beamten, die den See im Interesse des Gemeinwohls erhalten. An solchen Seen bildete sich in China jene Vorstellung eines gegen private Egoismen zu verteidigenden Gemeinguts, die das moderne Umweltbewußtsein konstituiert. Zerrüttete politische Verhältnisse spiegeln sich regelmäßig in einer Verschlammung und Schrumpfung des Sees. Es handelt sich um keinen Einzelfall: Auch anderswo äußert sich – vor allem für das 19. Jahrhundert nachweisbar – eine Schwäche und Korruption der Verwaltung in Ausdeichung von Ackerland aus Bewässerungsseen, obwohl diese im allgemeinen Bewußtsein das Gemeinwohl verkörperten. Gänzlich trockengelegt wurde der Xiang-See allerdings erst unter kommunistischer Herrschaft, die zwar die Grundbesitzer vernichtete, jedoch den See zur Bewässerung nicht mehr zu benötigen glaubte.[57]

Ein anderer hydraulischer Problemtyp, der ebenfalls durch private Urbarmachungsinteressen entstand, ist vom 16. bis zum 19. Jahrhundert am mittleren Yangtse belegt: Grundherren deichen Teile der Flußaue ein und verschlimmern auf diese Weise Flutkatastrophen. Dieser Zusammenhang ließ sich schon von den Zeitgenossen durchschauen. Auch hier bestand das Dilemma häufig darin, daß der chinesische Staat de facto nicht wirklich eine «hydraulische Despotie» war, allerdings Wasserbauanlagen betrieb oder geschehen ließ, die in kritischen Situationen eine effektivere Zentralgewalt erfordert hätten.[58] Das geschah vor allem im Zuge der immer dichteren Besiedlung ökologisch fragiler Bergregionen und der Ausdehnung des wasserbedürftigen Reisanbaus.

Daß jedoch, wie Mark Elvin behauptet, die gesamte chinesische Umweltgeschichte nichts anderes sei als «drei Jahrtausende von nichtnachhaltigem Wachstum», läßt sich nicht belegen; über lange Zeit muß die chinesische Landwirtschaft ein hohes Maß an inhärenter Stabilität besessen, ja diese mit zunehmendem Reisanbau sogar verstärkt haben. Eine großräumige ökologische Krise entwickelte sich nach der überwiegenden Meinung der Forscher vor allem im 18. Jahrhundert und wurde im 19. Jahrhundert akut und offenkundig.[59] Zu jener Zeit war die chinesische Entwicklung in mancher Hinsicht in einen bemerkenswerten Gleichtakt mit Europa geraten; es handelt sich um eine jener erstaunlichen Parallelen, die einer globalen Umwelthistorie ihren Sinn geben. Hier wie dort erkennt man im 18. Jahrhundert ein Bestreben, die natürlichen Ressourcen bis an die Grenze zu nutzen und keine Leerräume, keine stillen Reserven mehr übrigzulassen. Es war gerade der höchste Erfolg der Kultivierung, der an die schlimmste ökologische Krise heranführte: In dieser Hinsicht ist Chinas Schicksal eine Warnung an die moderne Industriegesellschaft.

Im 18. Jahrhundert gerieten europäische Agrarreformer, die die Urbarmachung jeglichen Ödlandes, die Abschaffung der Brache und den unermüdlichen Fleiß predigten, beim Anblick der chinesischen Reisterrassen ins Schwärmen. Ein chinesischer Bauer würde lachen, wenn man ihm erkläre, «daß die Erde zur bestimmten Zeit Ruhe nötig habe», versicherte Pierre Poivre 1768. «Nicht einen Zoll Erde» ließen die Chinesen unbeackert; «bis an den Rand des Wassers» seien die Ufer der Kanäle und Flüsse bebaut; sogar die steinigsten Hügel würden «durch Arbeit gezwungen, Getreide zu tragen»; «selbst die steilsten Berge» würden genutzt. Wie verwundbar China durch diese Kolonisierung der letzten Reserven wurde, erkannte er nicht. Anders als West- und Mitteleuropa gelang China weder eine Industrialisierung noch eine Modernisierung der Verwaltung, die die Folgen der ökologischen Krise gemildert und den Bevölkerungsdruck aufgefangen hätte.

Ein letztes Ventil öffnete die Mandschu-Dynastie dem wachsenden Bevölkerungsdruck, als sie 1859, nach dem Taiping-Aufstand, die bis dahin der Kolonisation versperrte Mandschurei, wo die Mandschus ihre nomadische Basis erhalten hatten, bäuerlichen Siedlern öffnete. Im frühen 20. Jahrhundert geschah das gleiche mit der Inneren Mongolei, die darauf eine «explosionsartige Kolonisierung» erlebte. Reserven an Weideland besaß China noch an vielen Stellen; aber es wußte diese nur für den Ackerbau zu nutzen, der dort der Erosion Vorschub leistete.[60]

Ansatzweise zeichnete sich die Gefahr einer Überspannung der natürlichen Ressourcen Chinas schon im Mittelalter ab. Schon im 11./12. Jahrhundert begann unter dem Druck der von Norden andrängenden Nomaden, nach Herbert Franke jedoch auch als Folge von Bodenerschöpfung in Nordchina, ein verstärkter Strom von Siedlern in den Süden, gefolgt von einer Intensivierung des Naßreisanbaus. Manche Forscher sprechen schon für jene Zeit von einer Agrarrevolution oder von einem neuen agrarischen Energieflußmodell. In einer «Klage des Bauern» aus dem 12. Jahrhundert heißt es: «Wo ein Berg ist, bedecken wir ihn mit Reis; finden wir Wasser, gebrauchen wir alles, um Reis zu pflanzen ... Mit solcher Arbeit erschöpfen wir all unsere Kraft, alles in der Hoffnung, ein bißchen Frieden zu genießen.»[61]

Die Eroberung Chinas durch die Mongolen brachte die Südverlagerung der chinesischen Machtzentren ins Stocken. Aber seit dem 15. und 16. Jahrhundert trieb die Ming-Dynastie die agrarische Erschließung des Südens voran. Der Ertrag der Reisfelder wurde durch verbesserte Düngung gesteigert; Reissorten mit kürzerer Reifezeit und verstärkte Bewässerung ermöglichten eine zweite Ernte im Jahr. Seit dem 18. Jahrhundert verlegte man sich dort, wo man keinen Reis pflanzen konnte, auf die Kartoffel und den Mais; dadurch konnte sich das steile Bevölkerungswachstum weiter fortsetzen. Wie im damaligen Europa betrieben die Regierungen mit Erfolg eine Peuplierungspolitik; als diese dagegen auf ihre Grenzen stieß, konnte man nicht mit gleichem Erfolg auf eine Politik der Geburtenregelung umschalten. Die Gefahr der Übervölkerung und Übernutzung wurde durchaus gesehen, auch in Kreisen der höheren Beamtenschaft. Die These von der im 18. Jahrhundert einsetzenden chinesischen Übervölkerungs- und Umweltkrise stützt sich auf Zeitzeugnisse. Auch darin weist das vormoderne China Analogien zur heutigen Moderne auf: daß einsichtsvolle Diskurse sehr wohl da waren, diese jedoch vielfach über der Welt der alltäglichen Praxis schwebten. Um 1950 war in China «etwa die Hälfte der Gebirgs- und Hügelländer durch Erosion entwertet». Gerade der Löß mit seinen winzigen Partikeln ist extrem erosionsanfällig. Zur perfekten Instandhaltung der Terrassen gehörte die traditionelle bäuerlich-dörfliche Kultur, und die wurde durch die moderne Entwicklung erschüttert. Zum Teil als Folge der Vernachlässigung der Terrassen gehen nach heutiger Berechnung im Norden Chinas jährlich 1,6 Milliarden Tonnen fruchtbarer Lößboden verloren.

Als der wundeste Punkt der Kultivierung der Bergregionen wie des chinesischen Umgangs mit der Umwelt überhaupt gilt die Dezimierung der Wälder auch in solchen Berglagen, wo sie als Erosions- und Wasserschutz nötig gewesen wären. Konnte man in den Lößregionen wegen der scheinbaren Unerschöpflichkeit der bergeshohen fruchtbaren Böden noch glauben, auf Wälder verzichten zu können, so hatte es ruinöse Folgen, wenn man diese Achtlosigkeit auf das Bergland Südchinas übertrug. Die Abholzung weiter Wälder des Südens ist als einer der größten ökologischen Fehler der Menschheitsgeschichte bezeichnet worden. Selbst dort, wo die Landwirtschaft sonst mühevoll im ökologischen Gleichgewicht gehalten wurde, entstand durch den Holzmangel ein Nährstoff-Leck; denn dieser zwang dazu, Ernterückstände als Brennstoff zu benutzen, die dadurch der Düngung des Bodens entgingen.[62]

Manche Zeitgenossen haben die mit der Entwaldung verbundenen Nachteile bis zu einem gewissen Grade erkannt; Klagen über die Abholzung der Wälder gehören auch zur chinesischen Tradition. Needham, der eine Reihe solcher Klagen zitiert, warnt freilich davor, zu viele unserer eigenen Ideen in diese Worte hineinzulesen. Schon der Konfuzianer Meng-tsu (Menzius, 372–289 v. Chr.) klagte über einst schöne Bergwälder, die der Axt zum Opfer gefallen seien. Die Kräfte der Natur hätten sie wiedererstehen lassen; «aber dann kamen Vieh und Ziegen» und fraßen die jungen Triebe. So seien die Berge kahl, und die Leute glaubten, sie seien nie schön bewaldet gewesen. «Aber ist das die Natur des Gebirges?» Meng-tsu macht aus der Abholzung – heutigen Öko-Idealisten nicht unähnlich – ein moralisches Manko, indem er den Verlust der natürlichen Güte des Menschen mit der Entwaldung des Berglandes in Verbindung bringt.[63] Bewaldung als Natur der Berge: Diese deutsche Vorstellung war auch den Chinesen nicht fremd, ebensowenig wie die ruinöse Wirkung der Synergie von Holzfällern und Hirten.

Wieweit wurde auch die Gefahr für den Boden und den Wasserhaushalt erkannt? Als Beleg dafür findet man heute immer wieder die Klage eines Gelehrten aus dem 16. Jahrhundert, Yen Shêng-Fang: Noch vor einer Generation hätten üppige Wälder die südöstlichen Berghänge in Shansi bedeckt. Sie verödeten nicht dadurch, daß die Bevölkerung dort Brennholzbündel sammelte. Aber unter einem neuen Herrscher hätten die Leute begonnen, miteinander im Hausbau zu wetteifern, und ohne jährliche Pause hätten sie in den Bergen Holz geschlagen. Danach seien die kahlen Höhen in Äcker verwandelt und noch die letzten Büsche und Sträucher mit den Wurzeln ausgerissen worden. Seitdem gebe es bei heftigen Regengüssen für die Wasserströme kein Halten mehr, und diese richteten talwärts schwere Zerstörungen an. Auf diese Weise habe die Region sieben Zehntel ihres Wohlstands verloren. Also eine Klage, die bereits den Zusammenhang zwischen Entwaldung und Überschwemmung beachtet. Daß jedoch immer wieder diese gleiche Quelle zitiert wird, scheint zu verraten, daß es für die ältere Zeit nicht sehr viele andere Belege gibt. Dabei muß man bedenken, daß in den weiträumigen Hoangho- und Yangtse-Regionen ein Kausalzusammenhang zwischen Abholzung im fernen Gebirge und den furchtbaren Überschwemmungen nicht unmittelbar evident war; nicht einmal heute sind Kausalitäten solcher Art in vielen Fällen eindeutig nachzuweisen. Wo eine Schutzfunktion des Waldes unmittelbar zu erkennen war, wie oberhalb bewässerter Terrassen, ließ man manchmal Wald stehen.[64]

Wie in vielen Ländern der Welt wird das Bild günstiger, wenn man die Fruchtbäume einbezieht; das bemerken selbst die schärfsten Kritiker des chinesischen Umweltverhaltens. Richthofen fand in Küstennähe am Rand der Terrassen «häufig Fruchtbäume gepflanzt». Smil hebt hervor, die Chinesen hätten «traditionell zu den tüchtigsten Praktikern des Waldfeldbaus (agroforestry)» gehört.[65] Und man denke an die Maulbeerbaumkulturen, die Grundlage der chinesischen Seidenindustrie, seit über vier Jahrtausenden das Wahrzeichen Chinas! Der Maulbeerbaum ist langsamwüchsig und langlebig, begünstigt also eine vorausschauende Mentalität.

Noch freundlicher wird das Bild, wenn man den Bambus berücksichtigt. Mag dieser auch für Biologen und Forstleute kein Baum, sondern ein Gras sein, so hat er für die Ost- und Südasiaten doch in vieler Hinsicht die Bedeutung, die für die Europäer der «richtige» Wald besitzt: als hauptsächlicher Werk- und auch Brennstofflieferant. Nicht nur für Eichen, sondern auch für Bambus kann man sich begeistern. Die Liebe zum Bambus durchzieht die chinesische Malerei, Poesie und Volkskultur, und das Bambuspflanzen gehört zu den traditionellen chinesischen Tugenden. Wenn China gegenüber Japan in der Forstwirtschaft miserabel dasteht, so besitzt es doch fast 25mal soviel Bambusvorkommen. Ein Öko-Buch feiert den Bambus als ein Selbstheilungsmittel der beschädigten Natur: Dieser gedeihe selbst auf Abhängen, wo der ökologische Niedergang am schlimmsten sei.[66]

Eine dramatische Aufforstungsepisode gibt es in der chinesischen Geschichte, und diese sogar lange bevor in Europa die Aufforstung in großem Stil begann: als 1391 in der Gegend von Nanking angeblich über 50 Millionen Bäume gepflanzt wurden, um Bauholz für eine künftige Hochseeflotte zu gewinnen.[67] Hier wie in Europa war der Flottenbau derjenige Antrieb, der die Aufforstung erstmals zum Politikum ersten Ranges erhob. Aber mit der Abkehr von maritimen Ambitionen entfiel dieser Impetus. Im Vergleich mit Europa kann man ermessen, was dem chinesischen Forstwesen dadurch an politischer Schubkraft entging. Es scheint jedoch, daß die Entwaldung in vielen chinesischen

Regionen erst mit dem Bevölkerungswachstum und der Gebirgskolonisation des 18. Jahrhunderts ein kritisches Stadium erreichte.

Auch in China hat es nachhaltige Waldwirtschaft gegeben. Nicholas H. Menzies hat eine Reihe von Beispielen aufgeführt: ein kaiserliches Jagdgehege, Kloster-, Tempel- und Gemeindewälder und vor allem Anpflanzungen der Spießtanne Cunninghamia, des – vom Bambus abgesehen – wichtigsten chinesischen Nutzholzbaums, den die Bauern nicht nur zur Gewinnung von Holz, sondern auch von Futterlaub kultivierten. Insgesamt gesehen, scheint es sich jedoch bei all diesen Beispielen vorausschauender Waldkultur um Ausnahmen zu handeln.[68] Die geringe Zahl einschlägiger Quellenzeugnisse in der sonst so wohldokumentierten chinesischen Geschichte spricht für sich.

Dieses Defizit fällt besonders beim Vergleich mit Europa auf; aber durch diesen Vergleich läßt es sich auch erklären. Forstherrschaft war, alles in allem, nie auch nur entfernt in dem Maße wie in Europa eine Grundlage staatlicher Macht. Nicht durch Waldschutz, sondern durch Urbarmachung von Wald trat der Herrscher in Erscheinung. Der Wald war als Unterschlupf von Banditen und Rebellen verrufen. Der Flottenbau entfiel die meiste Zeit als Antrieb zur Aufforstung von Hochwald. Auch die landesherrliche Jagd spielte als forstpolitischer Faktor nicht entfernt die Rolle wie in weiten Teilen Europas vom Mittelalter bis zum Barock und noch danach. Zwar gab es auch in China eine alte Zeit rigoroser kaiserlicher Jagdherrschaft; aber sie wirkte nicht unbedingt waldschützend. «Ganze Wälder werden niedergebrannt um der Jagd willen», klagte ein Prinz im zweiten vorchristlichen Jahrhundert. Mit der wachsenden Macht des Buddhismus geriet die Jagd ins Zwielicht; sie taugte nicht mehr zur kaiserlichen Selbstdarstellung. Aber auch das bäuerliche Interesse an der Waldweide hatte wegen der geringen Viehhaltung in China längst nicht die Bedeutung wie in Europa. Die Feuergewerbe waren ebenfalls nicht in dem Maße wie im Westen auf die Wälder angewiesen, seit im chinesischen Mittelalter die Steinkohle selbst für die Metallverhüttung erschlossen wurde. Die Salinen, in Mitteleuropa der stärkste gewerbliche Antrieb zu nachhaltiger Waldwirtschaft, scheinen in China keine vergleichbare Rolle gespielt zu haben.[69]

Wahrscheinlich ist aber noch ein anderer Umstand von Bedeutung: Ein effektiver Waldschutz kann in der Regel nur vor Ort oder innerhalb der Region unter Berücksichtigung der spezifischen Bedingungen gelingen. Nicht zufällig wurden in Deutschland im 18. und 19. Jahrhundert oft kleine übersichtliche Territorien zu Pionieren der Forstpolitik. Zu solchen Leistungen war das chinesische Reich viel zu groß; der Abstand der Zentrale zu den lokalen Problemen war zu weit. Das ist ein Dilemma der chinesischen Umweltgeschichte insgesamt: Immer dann, wenn Umweltprobleme nur noch mit staatlichen Mitteln gelöst werden konnten, sah es in der Regel schlecht aus. Die effektiv funktionierenden sozialen Einheiten, denen im Alltag die Loyalität gehörte, waren nur der Familienverband und allenfalls noch die Gemeinde.

Unter Mao Tse-tung gab es einen starken Staat; und auch Waldbewußtsein war durchaus vorhanden. Daß die Entwaldung unglückliche Folgen nach sich zog, hatte man längst erkannt, und das um 1956 proklamierte Projekt der «großen grünen Mauer» – eines Schutzwaldgürtels analog zur Großen Mauer gegen die vordringende Steppe – war das größte Aufforstungsprojekt aller Zeiten. Offenbar entwickelte sich jedoch das übliche forstpolitische Rollenspiel: Der Waldschutz wurde zu einer nicht sehr populären Sache der Zentrale, die mit ökonomischen Interessen der Region kollidierte. Gewiß, auch die Notwendigkeit einer gewissen Dezentralisierung erkannte man im Lauf der Zeit. Anfang der 70er Jahre gab die Regierung beim Baumpflanzen die Parole der «vier Drumherum» aus: um die Häuser und Dörfer und um die Straßen und Kanäle herum. Die Umweltpolitik scheint jedoch gegenüber den ökonomischen und machtpolitischen Prioritäten des Maoismus nie wirklich konfliktfähig geworden zu sein. Besonders rücksichtslos nutzte das waldarme China die tibetischen Wälder als Holzressource, obwohl der Wald unter den dortigen Hochland-Bedingungen nur sehr schwer nachwächst. Die einzige Chance für eine Wende zum Waldschutz besteht heute wohl in der chinesischen Sorge, durch Abholzung der tibetischen Wälder die Überschwemmungen in China zu verschlimmern.[70]

Bei aller Schikane gegen oppositionelle Umweltschützer ist ein ökologisches Krisenbewußtsein in informierten Kreisen selbst des offiziellen China offenbar recht stark geworden. 1978 gingen zwei einflußreiche Fachleute sogar so weit, dafür zu plädieren, weite Gebiete des Lößplateaus um den Hoangho wieder dem Wald und der Weide zu überlassen: Nur diese Umkehr einer jahrtausendelangen Entwicklung werde die ewig wiederkehrenden Überschwemmungskatastrophen beheben. Und sie verwiesen darauf, daß bis zum ersten nachchristlichen Jahrtausend, bis zur agrarischen Kolonisation des Lößplateaus, die großen Überschwemmungen sehr selten gewesen seien. Ein radikales Lernen aus der Umweltgeschichte der Jahrtausende, das mit den amerikanischen Propheten der Wildnis wetteifert! Im übrigen ist es jedoch im heutigen China beliebt, die alte Abneigung gegen die Nomaden ökologisch zu begründen und die Wanderweide mit Überweidung gleichzusetzen. Dabei trägt die chinesische Siedlungspolitik heute die Hauptschuld an akuten Überweidungsschäden in der Inneren Mongolei, indem sie die Nomaden mit ihren Herden in die Gebiete mit der spärlichsten Vegetation drängte.[71]

Zum Schluß ein kurzer Seitenblick auf *Japan*. Das Japanbild westlicher Umwelt-Kreise pendelte seit den 1970er Jahren heftig hin und her: War zunächst von «Japans ökologischem Harakiri» die Rede und erregte Japan die Wut derer, die den Walfang bekämpften, avancierte das Land später in mancher Hinsicht zum Vorbild. Auch Japan hat seinen ausgeprägten Naturkult; dessen praktische Konsequenzen sind allerdings zweifelhaft. Die Natur nehme in Japan seit Jahrhunderten die Stellung von Religion und Philosophie in Europa ein, erklärte der Bürgermeister von Nagasaki 1989 einem deutschen Interviewer; in den Grundschulen von Nagasaki beginne «jede Schulhymne mit einem Vers über die Berge hinter der Schule, über den schäumenden Bach davor und die Kirschbäume daneben». «Wer Verantwortung trägt, wer etwas getan hat», sei dagegen nie gefragt worden.[72]

Wenn Japan in den letzten Jahrhunderten dennoch eine relativ erfolgreiche Bodenschutzpolitik betrieb, so hatte diese mehr mit praktischer Vernunft als mit Naturliebe zu tun. Auf dem engräumigen japanischen Inselreich mit seiner fragilen Gebirgs-Ökologie gerieten die Grenzen des neuzeitlichen Wachstums früher in Sicht als in China; bereits im frühen 18. Jahrhundert deuteten schwere Hungersnöte darauf hin, daß die Ränder des Nahrungsspielraums erreicht waren. Um 1800 jedoch, als Chinas Lage immer desolater wurde, hatte sich Japan mit seinen begrenzten Ressourcen bereits wieder leidlich eingerichtet: Die Ära der Stagnation vor der gewaltsamen Öffnung Japans durch Commodore Perry hatte offenbar ihren ökologischen Sinn. Auf dem Inselland brach das Bevölkerungswachstum um 1720 ab, während es sich in China gerade damals beschleunigte.

Japan besaß China gegenüber einen entscheidenden Vorteil: Es war kleiner und übersichtlicher, und innerhalb seines begrenzten Raumes entwickelte sich früher als in dem Riesenreich eine Art von nationaler Loyalität. Sogar die Aufforstung wurde seit dem Ende des 18. Jahrhunderts – hier in bemerkenswerter Gleichzeitigkeit mit Mitteleuropa! – mit Erfolg betrieben. Früher und klarer als in China scheint man hier den regulierenden Einfluß des Waldes auf die Wasserführung der Flüsse erkannt zu haben. Aufforstung geschah frühzeitig durch Pflanzung, nicht – wie zunächst in Europa – durch bloße Regulierung des Baumschlags und Naturverjüngung; dabei wurden – wieder in krassem Unterschied zu Europa – Nadel- in Laubmischwälder umgewandelt.

Während in deutschen Regionen damals die Säge den Holzhauern, die an der Axt festhielten, vielfach aufgezwungen wurde, wurde die Säge in manchen japanischen Regionen zum Schutze des Waldes verboten! Dank der Aufforstung konnte Japan es sich – nach einer Zeit der Bauholzrationierung – leisten, bei dem traditionellen Holzbau zu bleiben, der dem erdbebenreichen Land am besten angepaßt war.[73] Bis in die 1950er Jahre blieb Holzkohle ein Hauptbrennstoff der Japaner. 1949 hatte Japan einen Waldanteil von nicht weniger als 68 %, China dagegen nur noch ganze 8 %. Dabei haben die Japaner, obwohl Schöpfer einer «hölzernen Kultur», traditionell zum Wald kein besonders inniges emotionales Verhältnis; viel mehr lieben sie das Quellwasser. Aber auch dadurch kann sich Waldbewußtsein bilden. Ein entscheidender Grund des hohen Bewaldungsgrades liegt gewiß darin, daß ein großer Teil Japans von steilen Bergen eingenommen wird, die sich für den Ackerbau nicht eignen. Seit den 1960er Jahren hatte das devisenstarke Japan keine Schwierigkeit, seinen Holzbedarf in Neuguinea und anderen Entwicklungsländern zu decken, wo japanische Holzfirmen durch rücksichtslosen Kahlschlag berüchtigt wurden.[74]

Im übrigen besaß Japan bei seinem Umgang mit der Umwelt wie auch sonst gegenüber China den Vorteil der autozentrierten Entwicklung, ungestört durch Nomadeneinfälle und auch nur vorübergehend gestört durch den europäischen Imperialismus. Von der ökologischen Bedeutung der Imperialismen wird noch die Rede sein.

5. Wasser-Kulturen auf engem Raum: Venedig und Holland

Auf kleinem Raum wurde die Komplexität der Mensch-Wasser-Beziehung relativ früh überschaubar und zum Gegenstand einer klug balancierten und vergleichsweise effektiven Politik. Musterbeispiele dafür bieten innerhalb Europas das aus Laguneninseln zusammengewachsene Venedig und das über weite Strecken dem Wasser abgerungene Holland. Beide waren ungewöhnliche Staatsgebilde, jedes auf seine Art von großem Erfolg und zu bestimmten Zeiten ein in ganz Europa bewundertes Vorbild. Beide Staaten waren Pioniere des Seehandels ebenso wie des Wasserbaus und des agrarischen Fortschritts. Ähnlich wie im Falle Japans gewinnt man den Gesamteindruck, daß ökonomische und ökologische Energie innerlich zusammenhängen, auch wenn sie einander vielfach ins Gehege kommen. Geht man von einem Ideal der «unberührten Natur» aus, würden Venedig und Holland in der Umweltgeschichte nur als Negativbeispiele einer hochgradig gekünstelten

Natur vorkommen. Nimmt man dagegen die umsichtige und vorausschauende Gestaltung der natürlichen Umwelt als Maßstab, könnte zumindest Venedig in seiner Glanzzeit als Vorbild gelten.

Den Venezianern war von Anfang an bewußt, daß sie auf schwankendem Grund lebten. Bei aller späteren Verherrlichung der «Serenissima» durchzieht die venezianische Geschichte doch ein Gefühl ökologischer Unsicherheit, das sich zuweilen bis zu einer pessimistischen Untergangserwartung steigert. Vielleicht erlangte Venedig seine staunenerregende tausendjährige Stabilität eben deshalb, weil es sich seiner Umwelt nicht zu sicher fühlte. Die Natur, so ein venezianischer Chronist, führe gegen Venedig fortwährend einen «äußerst grausamen Krieg». Wenn die unglaublich anmutende Geschichte stimmt, daß 1224 im Dogenpalast nach einem schweren Erdbeben allen Ernstes erörtert worden sei, ob die Venezianer in das 1204 eroberte Konstantinopel übersiedeln sollten, und dieser selbst von dem Dogen Ziani befürwortete Antrag mit einer Minderheit von nur einer einzigen Stimme durchgefallen sei, so würde das darauf hindeuten, daß viele Venezianer sehr lange brauchten, bis sie sich mit ihrer prekären Umwelt identifizierten.[75]

Wenn in Venedig aus der Nutzung der natürlichen Ressourcen schon früh eine Art von Umweltpolitik im modernen Sinne hervorging, so deshalb, weil die Beziehung zum Wasser hier divergierende Handlungsimpulse hervorbrachte, die mehr und mehr zu einem multiperspektivischen, «vernetzten» Denken zwangen. Je mehr sich die venezianische Wirtschaft entfaltete, desto weniger genügten zur Lösung der Umweltprobleme bestimmte Standardmaßnahmen, ob des Wasserschutzes oder der Entwässerung; man mußte Kettenreaktionen im Auge behalten und verschiedene Interessen ausbalancieren. Die Flüsse, die in die Lagune mündeten, wurden als Handelsstraßen gebraucht; aber sie brachten in die Lagune nicht nur Wasser, sondern auch Schlamm; es war nicht leicht zu sagen, welcher Effekt überwog und ob es vorteilhaft oder verhängnisvoll war, Flüsse von der Lagune fortzuleiten. Noch im 17. Jahrhundert betonte ein Lagunenexperte, bei Entscheidungen in Wasserangelegenheiten könne man «mit großer Leichtigkeit auf größte Irrtümer verfallen».[76] Man mußte also mit Vorsicht verfahren, simple Denkschemata vermeiden, immer neue Erfahrungen sammeln und diskutieren; auch in dieser entscheidenden Stilfrage der Umweltpolitik war Venedig manchmal vorbildlich.

Die als gemeinsames Gut und Lebenselixier zu schützende Umwelt bekam für die Venezianer schon im Mittelalter eine ganz konkrete Gestalt: Es war ihre Lagune, so wie sie war, halb Meer und halb Binnensee, mitsamt ihren Inseln und Nehrungen. Dabei spielten noch andere mächtige Wirtschaftsinteressen hinein, die heute fast in Vergessenheit geraten sind: die Salinen und der Fischfang. «Ihr besitzt Überfluß nur an Fischen», schrieb Cassiodor im 6. Jahrhundert über die Bewohner der venezianischen Lagune. «All euer Wetteifer konzentriert sich auf die Salzwerke ..., und daher rührt all euer Gewinn.» Venedig verdankte seinen Aufstieg zur Handelsmetropole zum Gutteil seinen Meeressalinen. Diese wurden jedoch durch den Zufluß von Süßwasser bedroht und im Nordteil der Lagune im Laufe der Zeit zerstört: auch das neben der Verschlammung und der Malaria ein Impetus zur Umleitung der in die Lagune mündenden Flüsse. Die Lagune besaß nicht die scheinbare Unendlichkeit des Meeres, und die Gefahr, die Fischbestände durch Überfischung auszurotten, stand frühzeitig vor Augen. Die Venezianer trafen dagegen energisch Vorsorge: Die Netze der Fischer wurden scharf kontrolliert, ob sie so weitmaschig waren, daß sie Jungfische durchließen; und «teuflische Erfindungen» – so eine Verordnung von 1599 –, die die Fischbestände zu erschöpfen drohten, waren streng verboten.[77]

Für die Venezianer waren in ihren ersten Jahrhunderten verständlicherweise die Trockenlegung von Teilen der Lagune, die Erweiterung des festen Bodens für die wachsende Bevölkerung, die Urbarmachung von Acker- und Weideland das vorrangige Ziel. Aber allmählich vollzog sich ein Umdenken: Seit dem 15. Jahrhundert wird nicht mehr die Trockenlegung als Triumph über die wäßrige Natur gefeiert, sondern die Verschlammung und Verlandung, die Unterbindung der Zirkulation des Wassers in der Lagune als tödliche Gefahr erkannt. Von jetzt ab wird jede weitere Urbarmachung einer rigorosen und restriktiven Kontrolle mittels eines Katasters unterworfen. Umweltpolitik wird venezianische Machtpolitik, nicht zuletzt gegenüber den an der Lagune ansässigen kirchlichen Orden. Torcello, dessen zwei uralte Kirchen, die einsam inmitten von Sumpf und Schilf übriggeblieben sind, für heutige Touristen der Inbegriff des Lagune-Traums sind, muß den Venezianern als warnendes Beispiel vor Augen gestanden haben: Die einst bedeutende Handelsstadt verlor durch Versumpfung nicht nur ihre Schifffahrt, sondern wurde auch von der Malaria überwältigt, ähnlich wie vermutlich schon viel früher das einst mächtige Aquileja. Da lernten die Venezianer ihre Seelage und ihr salziges Wasser neu zu schätzen. Vor allem seit dem 15. Jahrhundert bestimmte ein förmlicher Horror vor allen Anzeichen der Versumpfung die städtische Politik. «Getreu dem Spruch ‹Palo fa palùo› (Pfahl macht Sumpf), was bedeutet, daß ein Pfahl reicht, um ein Stück Lagune versumpfen zu lassen, erklärte die

Serenissima den Pfählen und Pfahlbauten den Krieg und machte dabei vor niemandem halt ... Gegen Anlegestege, Pfähle, Bootshäuser ... hagelte es Bußgelder.»[78]

Am schlagendsten sprach für die Erhaltung der Lagune wohl stets das militärische Argument: Die Lagune, so hieß es, sei die Mauer Venedigs, der einzigen mauerlosen mittelalterlichen Großstadt seit der Entfernung der venezianischen Befestigungsanlagen im 12. Jahrhundert; sie sei ein weit besserer Schutz gegen Angreifer als anderen Städten ihre Stadtmauern. In der Tat: Die Venezianer brauchten nur die Pfähle an den in der flachen Lagune unter dem Wasserspiegel verborgenen Schiffahrtswegen herauszuziehen, damit kein fremdes Schiff mehr hereinkam. Für die Durchsetzbarkeit ökologischer Belange ist es besonders günstig, wenn diese mit militärischen Interessen konvergieren. Mitte des 15. Jahrhunderts beginnend, leiteten die Venezianer die beiden Flüsse Brenta und Piave und dazu sechs andere Flüsse, die die Lagune zu verschlammen drohten, um die Lagune herum: Es waren, Braunstein und Delort zufolge, die «gigantischsten» Landschaftskorrekturen in der älteren Geschichte Europas. 1488 wurde das Projekt der Umleitung der Brenta im Dogenpalast mit schärfsten Formulierungen begründet: Es sei vollkommen evident, daß dieser Fluß Venedig mit «totaler Zerstörung und Verwüstung» bedrohe.[79]

Vor allem nach 1500 nahmen die hydraulischen Anstrengungen der Serenissima sprunghaft zu. In einer Situation, in der die venezianische Hegemonie zur See und zu Lande bedroht war, ging man mit neuer Energie dazu über, sich in seiner engeren Umwelt vorausschauend einzurichten. 1501 wurden die Wasserkompetenzen bei dem neugeschaffenen Magistrato all'Aqua und den drei «Wasser-Weisen» (savi all'acque) zusammengefaßt. In der Begründung stand die Sorge um die städtische «salubritas», die Gesundheit, an erster Stelle. Kurz darauf, 1505, wurde darüber hinaus das «Collegio Solenne all'Aque», das Erlauchte Wasser-Kollegium, eingerichtet: «eine Art Superkommission» mit geballter Autorität, der der Doge, die drei Vorsitzenden des Consiglio dei Dieci und weitere Spitzenbeamte des Dogenpalastes angehörten. Die Wasserangelegenheit sei von so hoher Bedeutung, daß der Zusammenhalt des gesamten Staates daran hänge, heißt es in der Begründung; und mit Schärfe wurde betont, daß hier schnelles Handeln geboten sei. Ein Tempo-Eifer, wie er zu jener Zeit höchst ungewöhnlich ist! Offenbar erwies sich das «Erlauchte Wasser-Kollegium» als zu schwerfällig; 1531 wurden den «Drei Weisen» drei «esecutori all'Acque» als Exekutive zur Seite gestellt. Der bei alldem beteiligte Rat der Zehn, der immer mehr zur Schaltstelle der Macht wurde, rechtfertigte seine Sondervollmachten mit der Notwendigkeit schnellen Durchgreifens in Krisensituationen.[80]

Nicht nur in China, sondern auch in Venedig hingen Wasser und Macht zusammen; und hier wie dort verstärkte sich dieser Konnex im Laufe der Zeit, vor allem unter dem Druck von Krisen. Venedig, oft als die älteste Republik Europas gerühmt, erscheint zunächst als schlagender Gegenbeweis gegen Wittfogels Theorie von der despotischen Tendenz der Hydraulik; selbst Wittfogel erkannte Venedig als «nicht-hydraulisches» Staatswesen an. Das venezianische System hatte jedoch eine totalitäre Seite, die Stoff für schwarze Legenden bot. Die Trinkwasserversorgung war allerdings dezentral organisiert: Die über 6000 «pozzi» (Zisternen) waren zum größten Teil privat oder unterstanden der Kontrolle der Zünfte oder Stadtviertel. Nicht immer reichten sie aus. Obwohl vom Wasser umgeben, sind die Venezianer «einige Male in ihrer Geschichte fast verdurstet» und mußten auf Booten Brentawasser importieren.[81]

Die Lagunenstadt hatte nicht gerade ein gesundes Klima. Aber Venedig, fern davon, diese natürliche Ungunst fatalistisch hinzunehmen, ging in seiner Hygienepolitik eine Zeitlang ähnlich wie andere norditalienische Städte dem größten Teil des übrigen Europa voran. «Umweltpolitik» ist heute in ihrem Kern zu einem Gutteil Gesundheitspolitik; und diese Konfiguration reicht historisch weit zurück. Gerade in Venedig lag sie sehr nahe. Dort war die Wasserpolitik – ob Trockenlegung von Sümpfen oder Eindämmung der Süßwasserzufuhr in die Lagune – von der Malariaprävention mitbestimmt. Auch auf die Herausforderung durch die Pestepidemien, die schlimmsten Katastrophen der venezianischen Geschichte, reagierte die Stadt mit Maßnahmen von umweltpolitischer Tragweite. Im Widerspruch zur herrschenden medizinischen Säftelehre und ganz ohne moderne Bakteriologie schöpften die venezianischen Behörden – nicht anders als viele Laien – schon früh den naheliegenden Verdacht, daß sich die Pest durch Ansteckung übertrug. Im inselreichen Venezien entstand das Konzept der Isolierung der Seuchenkranken: «Isolierung» im wörtlichen Sinne der Zwangseinweisung auf Inseln. Wieder einmal profitierte Venedig von seiner Insellage.

Seit dem 15. Jahrhundert, als die «bonifica», die Urbarmachung, in der Lagune gestoppt wurde, fand sie auf der neueroberten Terra ferma ein ungleich größeres Aktionsfeld. Auch hier gab es viel versumpftes Land, und die Trockenlegung stand an erster Stelle. Dominierte dabei vor Ort die Privatinitiative, so waren doch staatliche Vorgaben, Flußregulierungen und Kanalbauten eine entscheidende Voraussetzung. Ein erster Schritt geschah 1436 mit dem Erlaß zur Trockenlegung der Provinz Treviso. In der Begründung war neben dem ökonomischen das gesundheitliche Interesse maßgebend: «denn die Sterberate ist jedes Jahr wieder deshalb sehr hoch gewesen, weil Menschen und Tiere bisher gezwungen waren, Wasser aus trüben und schlammigen Gräben zu trinken.» Erst mit dem verstärkten staatlichen Engagement im 16. Jahrhundert machte die Trockenlegung der Terra ferma größere Fortschritte. Der venezianische Staat engagierte sich nicht umsonst; gegen Ende des 16. Jahrhunderts beanspruchte er die Kontrolle über sämtliche Gewässer der Terra ferma, die zu öffentlichen Gütern erklärt wurden.[82]

1545 wurde der Magistrato dei beni inculti gegründet, womit die Entwässerungsarbeiten auf der Terra ferma einen stärkeren staatlichen Rückhalt bekamen. Die neue Behörde suchte ihren Trockenlegungseifer auch auf die Lagune auszudehnen; dadurch kam es zu einem großen und denkwürdigen Konflikt mit der Wasserbehörde. Der eloquente Stil, in dem diese Kontroverse ausgetragen wurde, kontrastiert zu der in politischen Dingen sonst üblichen venezianischen Verschwiegenheit. Der Streit bekam sein besonderes geistiges Format durch die Persönlichkeiten der beiden Wortführer, Alvise Cornaro und Cristoforo Sabbadino: beide nicht nur führende Hydrauliker, sondern auch Venezia-Visionäre ihrer Zeit. Cornaro, noch heute bekannt als Verfasser der Schrift «Vom maßvollen Leben» (De vita sobria, 1558), verkörperte in klassischer Weise eine Verbindung von Agrar-, Umwelt- und Gesundheitsideologie. Er hatte sich von der Lagunenstadt nach Padua zurückgezogen, war stolz darauf, daß er dort nicht nur seine Güter, sondern auch sein körperliches Befinden saniert und seine Seelenruhe gefunden hatte, und vertrat die Überzeugung, auch Venedig werde es ähnlich ergehen, wenn es sich vom Meer dem Festland zuwenden würde. Auch er verwahrte sich dagegen, die Lagune, «das große und wunderbare Bollwerk meines lieben Vaterlandes», gänzlich beseitigen zu wollen. Aber er wollte doch Teile von ihr, so im Süden bei Chioggia, trockenlegen, um Ackerland zu gewinnen, damit die Venezianer, auch wenn sie durch ihre Feinde vom Getreideimport abgeschnitten würden, keinen Hunger leiden müßten. Im übrigen bedeutete Entwässerung für ihn nicht nur Brot, sondern auch Gesundheit. Seinem Projekt gab er den Titel «Previsione Saluberrima», «Heilsamste Voraussicht».[83]

Sein großer Gegenspieler Sabbadino stammte aus Chioggia und war gewiß durch die Aussicht, seinen Heimatort von der Lagunen- in eine gewöhnliche Festlandsstadt verwandelt zu sehen, provoziert. Er fürchtete – modern gesprochen –, durch die Eindeichungen werde das gesamte Ökosystem Lagune zusammenbrechen. Das Gesundheitsargument spielte er zurück: Mit dem Süßwasser und dem Stocken der Wasserzirkulation werde sich Röhricht ausbreiten, aus dessen Dünsten die Malaria steige; und er stellte den Venezianern das Schicksal verödeter Städte warnend vor Augen. Gewiß ging es bei alledem um ökonomische Interessen und Behörden-Kompetenzen; aber auch unterschiedliche Mentalitäten und konträre Venedig-Leitbilder trafen aufeinander. Sogar mit lyrischen Versen besang Sabbadino seine Venezia: «Die Flüsse, das Meer und die Menschen hast du zu Feinden», allein die Lagune als sicheren Schutz. Der heutige Tourist freut sich darüber, daß sich Sabbadino durchsetzte, und eine venezianische Historikerin wirft Cornaro vor, daß er in Padua die «amphibische Sensibilität» verloren habe.[84] Denn mochten auch seine Pläne auf ihre Art einen Sinn ergeben, so wäre Venedig am Ende doch nicht mehr Venedig gewesen. Die «Natur» einer Zivilisation ist auch ein Produkt ihrer Geschichte.

Ein Politikum ersten Ranges war die Holzversorgung: Venedig brauchte nicht nur Brennholz, sondern für die Fundamente der Häuser und die Flotte ungeheure Massen von wertvollem Bauholz, ohne große Wälder in nächster Nähe zu haben. Das alte Venedig steht ja auf Pfählen; allein für die Fundamente der Salute, der größten Barockkirche, wurden 1 150 657 Pfähle gebraucht! Die Holzfrage war zuallererst eine Transportfrage: Große Holzmassen ließen sich nur zu Wasser über weitere Entfernungen transportieren. Vor allem hierzu brauchte man die Flüsse als Transportwege und hatte einen weiteren Grund, ihre Verschlammung zu fürchten. Auf diese Weise entstanden starke Motive zu einer vorausschauenden Forstpolitik; denn die Abholzung der nahegelegenen Wälder machte nicht nur die Transportwege länger, sondern erhöhte auch durch Erosion die Verschlammung der Flüsse und der Lagune. Zusammenhänge zwischen Wald- und Wasserwirtschaft wurden in Venedig früh erkannt: Auch dadurch wurde Venedig zu einem Pionier der Umweltpolitik. Schon 1530 erwähnte der Consiglio dei Dieci den Zusammenhang zwischen Entwaldung und zunehmender Schlammfracht der Flüsse wie eine bekannte Tatsache, zumal dies dem mächtigen Gremium einen Grund bot, seine Wasserkompetenz auf den Wald auszudehnen. Wie man sieht, begriff man im Dogenpalast auch das machtpolitische Potential der Umweltregulierung früher als anderswo.[85]

Wie anderswo wurde die Holzversorgung zuerst durch den Flottenbedarf zur hochwichtigen Staatsangelegenheit. Die Holzversorgung des Arsenals stand an erster Stelle. Nahegelegene Wälder, die über bestimmte Eichenqualitäten verfügten, wurden ausschließlich für spezifische Arsenalzwecke bestimmt: der Forst von Montello für Kiel-, der von Cansiglio für Ruderholz. Aber auch die Brennholzversorgung wurde in jener Zeit zur Staatsaufgabe; 1531 beklagte der Rat der Zehn die Brennholzknappheit und begnügte sich nicht nur mit einer Regulierung des Holzschlags, sondern ordnete – für jene Zeit höchst ungewöhnlich – auf der Terra ferma Aufforstungen an.[86]

War die venezianische Forstpolitik erfolgreich? Diese Frage ist bis heute umstritten. Waldkarten erwecken den Eindruck, daß die geschützten Wälder zumindest in Venezien, wo eine wirksame Kontrolle möglich war, über die Jahrhunderte in der Tat erhalten blieben, wenn sie auch gewiß nicht mit den Holzmassen Nord- und Westeuropas, die den neu aufsteigenden Seemächten zur Verfügung standen, wetteifern konnten. Noch im 19. Jahrhundert gehörten die ehemaligen venezianischen Staatsforsten in den Alpen zu den bevorzugten Zielen forstlicher Exkursionen. Robert P. Harrison glaubt, der Aufstieg Venedigs zur Seemacht sei eine «Katastrophe» für die Wälder gewesen; aber er weiß offenbar nicht, daß es sich bei dem Wald von Montello, den er immer wieder als Musterbeispiel eines schönen alten Waldes rühmt, um einen venezianischen Staatsforst handelt![87]

Goethe, der über die Strömungsverhältnisse in der Lagune wohlinformiert war, notierte 1786 bei seinem Aufenthalt in Venedig, die Lagunenstadt brauche sich um ihre Zukunft nicht zu sorgen: «die Langsamkeit, mit der das Meer abnimmt, läßt ihr Jahrtausende Raum, und sie werden schon den Kanälen klug nachhelfend sich im Besitz des Wassers zu halten wissen.» In der Tat kannte Venedig keine Wasserkatastrophen chinesischen Ausmaßes; man hatte beim Wasserbau Zeit für ein vorsichtiges, überlegt abwägendes Vorgehen. Goethe sah ganz richtig in der Bewältigung der Umweltprobleme vorrangig eine Tempofrage. Die Hauptgefahr war für ihn das Absinken des Wasserstandes. Gegen das Anbranden der Flut hatte man 1783 – es war das letzte hydraulische Großprojekt der sinkenden Serenissima – auf den Lidi, den vorgelagerten Nehrungen, die «murazzi» aus großen Felsblöcken fertiggestellt. Goethe klagte allerdings sehr über den Mangel an Reinlichkeit bei den Venezianern; und viele spätere Venedig-Touristen stimmten in diese Klage ein. Als Goethe in einer Herberge nach dem Abtritt fragte, bekam er zur Antwort, er könne seine Notdurft verrichten, wo er wolle. Aus der «città pulita» war eine stinkende Stadt geworden. Hatte die venezianische Führungsschicht, je mehr sie ihr Heil auf der Terra ferma suchte, ein desto geringeres Interesse an der Gesunderhaltung der Lagunenstadt? Vanzan Marchini glaubt, mit dem politischen Niedergang sei auch der Niedergang des venezianischen Umweltbewußtseins einhergegangen.[88]

«In Italien wurde die Architektur des Wassers geboren, und fast gänzlich hier entwickelte sie sich bis zur Vervollkommnung», schrieb ein italienischer Hydrauliker 1768. Seit dem 16. Jahrhundert hatte das Vordringen des Reisanbaus in der Poebene dort streckenweise zu einer Umgestaltung der Landschaft in geradezu chinesischem Stil geführt. Die lagunare Wasser-Weisheit Venedigs ist jedoch in Italien eine Ausnahme geblieben. Nicht Italien, sondern Holland wurde in der frühen Neuzeit das führende Land des Wasserbaus. Holländische Kanalbauer wirkten im 17. Jahrhundert von den pontinischen Sümpfen bis Göteborg, von der Weichsel bis zur Garonne.[89]

Die hydraulische Karriere der westfriesischen Küstenbewohner hatte schon im hohen Mittelalter begonnen, lange bevor es die Holländer als Staatsvolk gab. Bereits im 12. Jahrhundert findet man holländische Deichbaumeister an der Elb- und Wesermündung: Von Holland aus verbreitete sich frühzeitig an der gesamten Nordseeküste ein Abwehrgeist gegenüber dem Meer. Während die Brügger Kaufleute die Versandung ihres Hafens geschehen ließen – ähnlich wie sie, statt selber zur See zu fahren, ihre auswärtigen Kunden zu sich kommen ließen –, entwickelten die Holländer gegenüber der See schon früh eine aktive Energie, auch wenn sie gegenüber der Gewalt des Wassers immer wieder in die Defensive gerieten: Die Überschwemmungskatastrophen nahmen kein Ende, und die Landverluste waren im Mittelalter weit größer als der Landgewinn. Dann jedoch, in der Zeit des langen holländischen Befreiungskampfes gegen die Spanier, scheinen die politische, ökonomische und ökologische Energie gemeinsam zu kulminieren. Den Holländern war bewußt, daß sie in einer künstlichen, von ihnen selbst geschaffenen Umwelt lebten: «Gott hat die Welt erschaffen, der Holländer hat Holland gemacht», lautete ein Sprichwort.[90]

Auf den Deichbau kam es zuallererst an, und dabei gab es ähnlich wie im alten China die Philosophie, daß man sich dem Ansturm der Flut nicht frontal entgegensetzen dürfe, sondern diese durch stromlinienförmige Konstruktionen besänftigen und zähmen müsse. Ein Wasserbauer allerdings schrieb, daß solche Fluten, die bei alledem doch widerspenstig blieben, zu Tode «stranguliert» werden müßten. Die Mensch-Wasser-Szenerie war in Holland einfacher und drastischer als in Venedig: Die stürmische Nordsee war der große Gegner, der oft in Analogie zu den Spaniern gesetzt wurde; Deichbau und Entwässerungskanäle waren die Rettung. Ein vorsichtig abwägendes Balance-Denken wie in der venezianischen Lagune konnte sich unter diesen Bedingungen nicht entfalten. Während es in Venedig zur ökologischen Staatsräson wurde, der privaten Urbarmachung der Lagune strikte

Schranken zu setzen, stand hinter den holländischen Wasserbauarbeiten ein privates Gewinnstreben, das sich so hemmungslos entfaltete wie bis dahin noch nie in der Geschichte. Erst 1798 wurde eine zentrale Wasserbaubehörde, der «Rijkswaterstaat», eingerichtet. In Holland war Wasserpolitik mit keiner Waldpolitik verknüpft: Zum Heizen hatte man den Torf, und als man zum reichsten Land Europas geworden war, konnte man Holz in Massen aus Skandinavien und dem gesamten Einzugsgebiet des Rheins importieren. Noch im 18. Jahrhundert, als sich Holland längst im Abstieg befand, wurde der «Holländer»-Holzhandel auf dem Rhein mit seinen Riesenflößen zum weitaus größten deutschen Holzgeschäft der Zeit. Auch Amsterdam brauchte, ähnlich wie Venedig, ungeheure Holzmengen für seine Fundamente und den Schiffbau; aber dazu benötigte es keine nahegelegenen Wälder. Holland, von seinem Namen her eigentlich ein «Holzland», Waldland, wurde zum waldärmsten Land Mitteleuropas, zumal es keine schwer zu beackernden Gebirge hatte, auf denen der Wald einen Standortvorteil besessen hätte.

Holland, das Land der Deiche, der Kanäle und Schleusen und zugleich das Geburtsland der Freiheit, der politischen und der geistigen: Wittfogel selbst gab zu, daß die Niederlande ähnlich wie Venedig bewiesen, daß die politische Kultur eines Landes eben doch keine bloße Funktion der Hydraulik ist. Für Huizinga war das Wasser sogar die Grundlage der demokratisch-genossenschaftlichen Strukturen der Niederlande: «Ein Wasserland wie dieses kann nicht bestehen ohne Selbstregierung im engen Kreis»; nur die vereinte Energie vor Ort kann die Deiche und Kanäle instand halten. Traditionell war die Instandhaltung der Deiche Sache der Dörfer, die von ihnen profitierten; dabei mußten diese allerdings unter behördlicher Aufsicht zusammenarbeiten. Auch die Moorentwässerung ließ sich in Westfriesland dank der natürlichen Verhältnisse leichter als in dem benachbarten deutschen Gebiet durch lokale Initiativen ohne einen Staat, der einen zentralen Entwässerungskanal anlegt, betreiben. Karl V. hatte in chinesischer Manier versucht, die kaiserliche Macht in den Niederlanden mit hydraulischen Mitteln zu verstärken; aber die Gemeinden erwiderten, die 1544 geschaffene zentrale Wasserbauverwaltung kenne die örtlichen Verhältnisse nicht.[92]

Man darf sich von der Effektivität der holländischen Wasserwirtschaft allerdings keine übertriebenen Vorstellungen machen; ein Kenner der Materie versicherte, die Deichmeister seien gewöhnlich «Rabauken und Holzköpfe». Da Deichbauten die Gewalt der Nordsee oft auf benachbarte Küstenstrecken lenkten und die durch die Entwässerung des Hinterlandes bewirkte Bodensenkung die Überschwemmungsgefahr verschlimmerte, war ein Bedarf nach mehr zentraler Lenkung durchaus da. Auch in Holland begründete die Hydraulik Autorität: «Wer am besten Bescheid über Pumpen weiß / Den nennen sie ihren Herrn und ihres Landes Vater», heißt es in einem englischen Spottgedicht. Im übrigen zeigt die holländische Entwicklung auch sehr deutlich die Grenzen eines wesentlich vom privaten Profitstreben vorangetriebenen Wasserbaus. Denn im Vergleich zum Kommerz blieb die Einpolderung doch ein unsicheres und unübersichtliches Geschäft; in der Agrardepression des 17. Jahrhunderts kam sie nahezu zum Erliegen. Das eigentlich sehr naheliegende Projekt, das Haarlemer Meer trockenzulegen – womit man im holländischen Kerngebiet zwischen Amsterdam, Haarlem und Den Haag 18 000 Hektar gewonnen hätte –, wurde, obwohl schon seit dem 17. Jahrhundert geplant, erst im 19. Jahrhundert verwirklicht. Der schon im 17. Jahrhundert gefaßte Plan besaß, wie Schama bemerkt, «altägytische», nicht holländische Dimensionen. Das galt noch viel mehr für den erstmals 1667 ins Auge gefaßten Plan, die mehr als zehnmal so große Zuidersee trockenzulegen. Dieses Projekt, wie geschaffen für einen megalomanischen Hydraulik-Herrscher, ließ sich erst im 20. Jahrhundert teilweise realisieren. Ebenfalls einen mit moderner Technik ausgestatteten nationalen Akteur erforderte der «Delta-Plan», der den entscheidenden Anstoß durch die Flutkatastrophe von 1953 bekam: eine Deichverbindung zwischen Inseln im Rhein-Maas-Delta, um die Deichlänge drastisch zu verkürzen. Dieser Höhepunkt des niederländischen Wasserbaus geriet mit dem Aufkommen der modernen Umweltbewegung ins Zwielicht.[93]

Die Moorkultivierung war nicht nur ökologisch, sondern auch ökonomisch ein fragwürdiges Unternehmen. Da wurden kurzfristige Gewinne mit längerfristiger Bodenerschöpfung erkauft. Mit Entwässerung und Torfabbau setzte man einen «Teufelskreis» in Gang: Näherte sich der sinkende Boden dem Grundwasserspiegel, «so wurde der Ackerbau schwierig, und das Grasland versumpfte. Man mußte also den Wasserstand durch Vertiefung der Entwässerungsgräben und -kanäle erneut absenken.» Aber dann begann der «Schrumpfungsprozeß» von neuem. Auf diese Weise sind im Mittelalter vermutlich die Zuidersee und das Haarlemer Meer entstanden. Ein Gutteil der Wasserprobleme, mit denen sich die Holländer herumschlugen, war letztlich hausgemacht![94]

Der Torf war die energetische Grundlage des Goldenen Zeitalters der Niederlande; entsprechend hoch waren die Gewinne. Daß das Torfstechen mit einer wahren «Goldgräbermentalität» nach dem Motto

«Nach uns die Sintflut» betrieben wurde, verschlimmerte auf längere Sicht die Situation. Dieses Problem wurde schon im 16. Jahrhundert erkannt; aber ein Prohibitivzoll auf Torfexporte brachte nicht den gewünschten Erfolg. Sogar schon im 15. Jahrhundert waren Klagen darüber verbreitet, daß die Entwässerung des Marschlandes die Austrockung und Winderosion der ohnehin sandigen Geest befördere. Das Streben danach, dem Meer Ackerland abzugewinnen, läßt sich aus einer frühen Öko-Krise der Moorkultivierung erklären.[95]

Bei alldem handelte es sich nicht nur um ein holländisches Problem. Bei den Bewohnern des feuchten Blocklandes an der Wümme bei Bremen rief die Eindeichung und Einpolderung nach holländischer Manier einen anhaltenden Groll hervor: Sie waren ein amphibisches Dasein mit Fischen, Entenjagd und Weidewirtschaft gewohnt, schätzten die befruchtende Wirkung der Überschwemmung und verabscheuten die ewige Deicharbeit als eine ihnen aufgezwungene Sklavenfron.[96]

Um 1800 entdeckte ein Bauer in der Provinz Groningen das Rasenbrennen als eine Methode zur kurzfristigen Nährstoffanreicherung des Moorbodens wieder; aber diese Praktik, die sich rasch verbreitete, war ein Fortschritt fragwürdiger Art. Als die Methode im deutschen Nordwesten um sich griff und der Rauch den Himmel verfinsterte, bildeten sich dort regelrechte Vereine gegen das Moorbrennen, bis dieses in Deutschland 1923 verboten wurde. Ein Moorboden war nach sechs bis acht Jahren «totgebrannt». Im späten 19. Jahrhundert hieß es jedoch, die vormals «durch die Brennkultur verödeten Moorgegenden Hollands» seien mittlerweile insbesondere durch «Stadtdünger» – Kloakeninhalt mit Asche und Straßenkehricht vermischt – «in reiche blühende Landschaften umgewandelt» worden. In der Tat sind den Holländern und Flamen in Sachen der Düngung oft chinesische Tugenden zugeschrieben worden: Flandern und die Niederlande wurden im 18. Jahrhundert zu Musterländern der Agrarreformer, wo alles Brauchbare einschließlich der menschlichen Exkremente als Dünger genutzt, mit Düngemitteln Handel getrieben und der Boden so intensiv wie möglich bewirtschaftet wurde.[97] In der Öko-Ära dagegen galten die Niederlande zeitweise sogar aus eigener Sicht als «schmutzigstes Land Europas», wenn nicht gar der Welt: als ein Land, das als Folge einer ökologisch ganz und gar rücksichtslosen Agrarwirtschaft in Gülle zu ersticken drohte.[98] Da gab es Ansätze zur Umwertung der Geschichte dieses Landes: Holland als ein warnendes Beispiel dafür, wie es endet, wenn ein Land im Vertrauen auf seine Kapitalkraft allzusehr auf die Schaffung einer durch und durch künstlichen Umwelt setzt.

6. Malaria, Bewässerung, Entwaldung – die Endemie als Nemesis der Natur und als Hüterin ökologischer Reserven

Das, was wir heute unter «Umweltbewußtsein» verstehen, enthält in seinem Kern ein Stück Gesundheitsbewußtsein, nämlich einen Sinn dafür, daß die Gesundheit durch die Umwelt beeinflußt und durch bestimmte Umwelten bedroht wird. Ein solches Bewußtsein existiert schon seit Jahrtausenden, ganz besonders im Zusammenhang mit der Malaria, von der man wußte oder ahnte, daß sie mit der Natur bestimmter Landstriche zusammenhängt. Von der Antike bis heute war und ist sie die schlimmste und am weitesten verbreitete Endemie der Menschheitsgeschichte. Schon lange bevor die Ökologie zur Mode wurde, entwickelte sich in der Malariaforschung eine Verbindung von Medizin, Ökologie und Geschichte.[99]

Seit alter Zeit stellte die Malaria die Menschheit vor ein Dilemma, das an die heute so oft präsentierte Alternative «Ökonomie oder Ökologie?» erinnert: Um reiche Ernten zu erzielen, war es geboten, in feuchten Gebieten zu siedeln und die Feuchtigkeit womöglich durch Bewässerungssysteme zu erhöhen; aber aus Gründen der Gesundheit empfahl es sich, in trockener Atmosphäre zu wohnen. Die Malaria trieb dazu, die Siedlungen und Äcker an die Berge zu legen, obwohl die Niederungen den besseren und leichter zu beackernden Boden besaßen. Noch um 1900 freute sich der wissenschaftsgläubige Sozialdemokrat August Bebel auf eine bessere Zukunft, in der die menschliche Nahrung von der Chemie produziert würde und die Menschheit endlich nicht mehr «auf dem durchseuchten Schwemmboden und den sumpfigen angefaulten Ebenen, wo jetzt der Ackerbau betrieben werde», ihr Leben zu fristen brauche, sondern in die gesunden Wüsten ziehen könne![100]

Wer sich mit der historischen Bedeutung der Malaria befaßt, den kann das Gefühl überkommen, einen Hauptschlüssel zur Weltgeschichte gefunden zu haben, insbesondere für den Niedergang von Kulturen und den Fehlschlag imperialer Ambitionen. Ob bei den Feldzügen Alexanders des Großen oder beim Kolonialimperialismus des 19. Jahrhunderts: Immer wieder stößt man auf das aus den Sümpfen steigende Fieber, das den Heeren viel schlimmer zusetzt als der Feind und das der Geschichte unversehens eine neue Wendung gibt. Gewiß läßt sich die historische Bedeutung der Malaria schwer auf einen Nenner bringen; es ist nicht leicht zu entscheiden, ob diese Seuche mehr die Italiener oder die nach Italien einfallenden Nordländer schwächte; gleichwohl formulierte Angelo Celli, der italienische Malaria-Klassiker, die These: «Die Geschichte der Malaria ist da, wo sie herrscht, in gewisser Beziehung die Geschichte der Völker.» Sogar den Nomadismus in den Trockengebieten erklären manche aus dem Horror vor dem Sumpffieber.[101]

Wieweit die Malaria in den mediterranen Ebenen schon immer grassierte oder erst zu bestimmten Zeiten zunahm, ist bis heute nicht befriedigend geklärt. Cicero schrieb, Romulus habe für die Gründung Roms «in einer verseuchten Gegend einen gesunden Ort» (in regione pestilenti salubrem) gewählt. Schon um 1900, als Italien und Griechenland noch schwer unter der Malaria litten, vermutete man, daß bereits die antike Geschichte dieser Länder von der Malaria gezeichnet sei. Celli glaubte, Rom habe auf der Höhe seiner Macht die bereits im Vormarsch befindliche Malaria durch Entwässerung wieder zurückgedrängt, allerdings mitnichten ausgerottet. Im Spätmittelalter und danach wieder im 17. Jahrhundert habe diese Seuche dann das römische Umland mehr denn je entvölkert. Von der Literatur her überwiegt der Eindruck, daß diese Region ihre schlimmste Malariaphase vom 17. bis zum 19. Jahrhundert erlebte. 1709 prägte der italienische Mediziner Torti den irreführenden Begriff «Mal-aria», «schlechte Luft». Es mag sein, daß der Eindruck der neuzeitlichen Zunahme dadurch entsteht, daß jetzt der Begriff und eine darauf zielende Medizinalpolitik da waren, mit dem Chinin ein Gegenmittel zur Verfügung stand und Hydrauliker nach Aufträgen suchten. Damals wurde die Malaria für koloniale Eroberer wie auch für Agrarpolitiker, die fruchtbare Ebenen für die Landwirtschaft erschließen wollten, zum gefährlichsten Feind. Aber die Fortschritte bei der Bekämpfung blieben bis ins 20. Jahrhundert gering.[102]

Kulturoptimisten unter den Historikern wie Toynbee und Braudel erwähnen die Malaria als Folge des Niedergangs der Kulturen, der Verstopfung und Versumpfung der Bewässerungsnetze. «Die Malaria dringt vor, wenn die menschlichen Anstrengungen nachlassen.» (Braudel) Viele Indizien sprechen jedoch dafür, daß nicht der *Verfall* der Bewässerungssysteme, sondern die Bewässerungssysteme selbst weltweit eine Hauptursache von Malaria sind. Auch dann, wenn sie funktionieren, arbeiten sie längst nicht überall so perfekt, daß keine Stauungen und Tümpel entstehen, zumal vielfach Wasserreservoirs gebraucht werden und die Dränage oftmals vernachlässigt wird. Selbst im nordamerikanischen Georgia, das für Moskitos keine besonders guten Bedingungen bot, kam im 18. Jahrhundert mit dem Reisanbau die Malaria. George P. Marsh, der Warner vor der Entwaldung, glaubte, der

Reisanbau sei überall derart gesundheitsschädlich, daß nur ein starker Bevölkerungsdruck diese Menschenopfer rechtfertigen könne. Noch in moderner Zeit läßt sich beobachten, wie die Neuanlage von Stauseen und Bewässerungskanälen zu neuen Malariaausbrüchen führt.[103]

Im übrigen ist, wie schon Celli bemerkt, die mit fortschreitender Zivilisation einhergehende Entwaldung, die vielfach Erosion, Verschlammung der Flüsse und Versumpfung der Ebenen nach sich zieht, als eine Hauptursache von Malaria zu vermuten. Dann wäre die Malaria doch eine Nemesis und, wenn man will, sogar ein Selbstschutz der Natur; denn dank ihrer behielt die Welt in ihren warmen Feuchtgebieten noch eine Unendlichkeit an ökologischen Reserven, die bis ins 20. Jahrhundert dem menschlichen Zugriff entzogen blieben. Erst in dem Maße, wie sie sich an die dortige Malaria akklimatisierten, konnten die Chinesen Südchina für den intensiven Reisanbau vereinnahmen. Ein portugiesischer Seefahrer des 16. Jahrhunderts schildert das Sumpffieber als das Schwert des Cherub, das den Europäern den Zugang zum Paradies der Tropen verwehrt. Insgesamt war die Malaria wohl einer der stärksten Bremsfaktoren der Geschichte: Sie zermürbte Invasionsheere, reduzierte den Bevölkerungszuwachs und verbreitete Trägheit und Lethargie.[104]

Daß mit der Bewässerung das Sumpffieber drohte, war schon früheren Zeiten wohlbekannt, und dort, wo Bewässerungssysteme neu angelegt wurden, suchte die Bevölkerung sich trotz der Aussicht auf reichere Ernten manchmal zu wehren. Als im frühen 16. Jahrhundert der Naßreisanbau in der Poebene eingeführt wurde, entstand dort eine von der Angst vor der Malaria getriebene Gegenbewegung, die über Jahrhunderte anhielt. Die Regierungen erließen zunächst Verbote gegen den bewässerten Reisanbau; in der Folge wurden diese nur für den Umkreis der großen Städte aufrechterhalten. Noch für Johann Peter Frank, den Hygieniker des aufgeklärten Absolutismus, war es ein «glückliches Vorrecht» Mailands, daß in meilenweitem Umkreis um diese Stadt niemand Reis anbauen durfte; und er empfahl auch anderen Regionen, «den so ungesunden Reisanbau dem Gesundheitswohl der Untertanen aufzuopfern». Und das, obwohl der Reis den Ertrag der Felder vervielfachte! Noch im späten 19. Jahrhundert führte der von der britischen Kolonialregierung in Nordindien in großem Stil betriebene Bau von Bewässerungskanälen zu heftigen Klagen der Bevölkerung über die zunehmende Malaria, nicht zuletzt über die dadurch bei Männern hervorgerufene Impotenz. Die Klagen waren nur zu berechtigt; selbst ein gegenüber der Kanalkritik sonst eher skeptischer Autor bemerkt, daß im Zuge des Kanalbaus der Anteil der Malaria an den Todesfällen in davon betroffenen Regionen auf über 90 % gestiegen sei! Obwohl man die Ätiologie der Malaria damals immer klarer durchschaute, vernachlässigte man weiterhin die Dränage.[105]

Wußte man – ganz ohne moderne Bakteriologie – das Entscheidende über Ursachen und Verhütung der Malaria bereits in der Antike? Die von Umwelteinflüssen handelnde hippokratische Schrift hebt die große Bedeutung des Wassers für die Gesundheit hervor und warnt besonders vor dem Sumpfwasser; eine noch größere Bedeutung scheinen allerdings Luft und Winde zu haben. Varro nimmt sogar bereits die Mikrobakteriologie vorweg: «Überall dort, wo es Sümpfe gibt, entwickeln sich aus diesen ganz kleine Tierchen, die – unsichtbar dem Auge – vermittels der Luft durch Nase und Mund in den Körper gelangen und schwere Krankheiten verursachen.» Auch im alten China war der Zusammenhang zwischen Fieber und stehenden Gewässern wohlbekannt. Hätte die Menschheit nicht einfach ihrer Erfahrung und ihrem gesunden Instinkt folgen müssen, um sich gegen das Sumpffieber zu schützen? Schon im 6. Jahrhundert v. Chr. soll der Arzt und Philosoph Empedokles die Bürger der sizilischen Stadt Selinunt von dem Fieber erlöst haben, indem er zwei frische Bergbäche durch einen fauligen Sumpf leitete.[106]

War es nicht allein eine Frage des Willens und der Energie, sich von der Malaria zu befreien? In der Tat bietet die Geschichte dieser Seuche warnende Beispiele menschlicher Indifferenz gegenüber verhängnisvollen Umweltveränderungen. Allerdings – ganz eindeutig waren das Problem und seine Lösung keineswegs. Bis ins 19. Jahrhundert war die Malaria nicht in allen ihren Formen scharf gegen andere fiebrige Erkrankungen abzugrenzen. Standen die Stechmücken als Überträger schon seit der Antike im Verdacht, so wußte man es doch nicht genau; noch der Afrikaforscher Stanley hielt nichts von Moskitonetzen. Längst nicht überall droht von Stechmücken die Malaria. Und nicht immer steigt diese Seuche aus den Sümpfen; manchmal grassiert sie auch in anderen Regionen, und nicht alle Sumpfgebiete sind malariaverseucht.[107] Es war ähnlich wie heute in der Umweltpolitik: Wer auf exakt gesichertes Wissen wartete, fand stets einen Grund, nichts zu tun!

Aber selbst wenn die Menschen ganz richtig die Sümpfe als Ursache erkannten, nützte ihnen die Erkenntnis oft nicht viel. In früheren Jahrhunderten, vor der großen Zeit der Flußregulierung und Kanalisation, gab es in der Landschaft viel zu viele feuchte Stellen, als daß man alle hätte trockenlegen können, abgesehen davon, daß die Trockenlegung stets auch rechtliche Probleme aufwarf, da sie die benachbarte Land-

und Wiesenwirtschaft schädigen konnte. Im Lauf der Neuzeit versprach das Chinin einen – wenn auch teuren und behelfsmäßigen – Ausweg aus diesem Dilemma.

Im übrigen schuf die Malaria dort, wo sie einmal die Herrschaft erlangt hatte, gleichsam ein sich selbst reproduzierendes System: Sie brachte Lethargie und Menschenmangel hervor; es fehlte an der dichten Bevölkerung, die zur Anlage von Dränagenetzen nötig gewesen wäre; und wenn Arbeiter von auswärts geholt wurden, fielen diese bald selber in Massen der Malaria zum Opfer. Insofern besitzt die Malaria Merkmale eines historischen Subjekts. Für die Ortsansässigen, die – soweit sie überlebten – über eine gewisse Immunität verfügten, war die Malaria das Schicksal und dazu ein Schutz gegen Eindringlinge; anders als die Pest übte sie keine Schockwirkung aus, die große Gegenmaßnahmen hätte in Gang setzen können.

Die glänzenden Gegenbeispiele zu dieser Lethargie sind Venedig und Amsterdam, die sich von der Malaria einigermaßen freihielten, indem sie in ihren Kanälen für den freien Durchfluß und die Zirkulation von Meerwasser sorgten. Aber da befand sich die Malaria-Prävention in keiner isolierten Position, sondern konvergierte mit den Erfordernissen der Schiffahrt, dem allesbeherrschenden wirtschaftlichen Interesse. Das war eine ganz andere Situation als in den Naßreisgebieten, wo das hygienische mit dem ökonomischen Interesse zu kollidieren drohte, wenn auch nicht notwendig im Widerspruch stand. Bei Holland und Venezien handelte es sich um reiche hydraulische Gesellschaften, bei denen die Wasserregulierung zur Routine des Alltags gehörte. Schon damals zeigte sich, daß die Durchsetzungskraft hygienischer Umweltbelange von ihrer Anschlußfähigkeit an etablierte Interessen und Handlungsmuster abhängt. Aber auch von der Gunst der natürlichen Bedingungen: Amsterdam und Venedig hatten es im allgemeinen nicht mit der «Malaria perniciosa» südlicher Gefilde, sondern mit leichteren Krankheitsformen zu tun, und Holland bot dem Malariaerreger keine besonders günstige Brutstätte. Als die Holländer jedoch in Batavia (Djakarta) nach Amsterdamer Vorbild Kanäle anlegten, brach dort die Malaria aus.[108]

Einen düsteren Kontrast bietet Rom, dessen Umgebung schon seit dem Mittelalter oder noch länger von der «Malaria perniciosa» verseucht und entvölkert war. Für Rom bedeutete der Malariaring um die Stadt einen gewissen Schutz gegen Invasionsheere, aber auch für die Stadt selbst war die Seuche eine dauernde Bedrohung. Warum unternahm ausgerechnet diese Metropole des Abendlandes keine energischen Gegenmaßnahmen? Das Problem und seine mögliche Lösung wurden durchaus gesehen; päpstliche Pläne zur Trockenlegung der Pontinischen Sümpfe reichen bis ins Mittelalter zurück. Im späten 18. Jahrhundert setzte Papst Pius VI., um bei den agrarischen und hygienischen Fortschritten der Zeit mitzuhalten, diese Pläne endlich in die Tat um; aber die mit Vorschußlorbeeren überhäufte «Bonifica» der Sümpfe wurde zu einem schmählichen Fiasko. Es war offenbar so, daß weder die römischen Großgrundbesitzer, deren Schafherden in der verseuchten Campagna freie Bahn hatten, noch die dort ansässige spärliche Bevölkerung, die zum Teil von dem Fischreichtum der Gewässer lebte, an einem Erfolg der «Bonifica» ernsthaft interessiert waren.[109] Und eine kollektive Energie aller Beteiligten wäre nötig gewesen; denn die Trockenlegung eines seit langem versumpften und verseuchten Gebietes war eine weit schwierigere Aufgabe als die Intakterhaltung einer vorhandenen Lagune! Sie gelang erst unter der faschistischen Diktatur: Dieser Ausgang der Geschichte paßt nicht schlecht zu der Theorie Wittfogels!

In welchem Maße die Malaria eine Großepoche der Umweltgeschichte markiert, erkennt man heute noch besser als in früherer Zeit. Nach dem Zweiten Weltkrieg brachte das DDT kurzfristig in Ländern wie Italien und Griechenland einen Sieg über die Malaria, wie ihn das Chinin in Jahrhunderten nicht geschafft hatte. Aber gerade der exzessive DDT-Einsatz provozierte Rachel Carson zu ihrer Alarmschrift «Silent Spring» (1962), die den Anstoß zu der amerikanischen und schließlich weltweiten Umweltbewegung gab. Am Anfang des modernen Umweltbewußtseins steht die Umdefinition jahrtausendealter Umweltprobleme. Das Nachlassen der Malariaangst öffnete einen neuen Blick auf die Natur. «Vive le désert! Vive le dépeuplement! Vivent les moustiques!» («Die Einöde soll leben! Die Entvölkerung soll leben! Die Moskitos sollen leben!») Diese Parole setzten Naturschützer im Limousin, die Flußauen retten wollten, der Electricité de France entgegen, die Wasserkraftprojekte der Region nicht nur mit ökonomischen, sondern auch mit hygienischen Argumenten schmackhaft zu machen suchte.[110] In der Zeit der Malaria wäre eine derartige Parole blanker Zynismus gewesen! Bei vielen heutigen Naturfreunden dagegen erregen Sümpfe noch höheres Entzücken als Wälder. Auch heute ist jedoch die provokative Konfrontation von Natur- gegen Menscheninteressen eher als Schaukampf zu werten; in Wahrheit ist der Konnex zwischen Umwelt- und Gesundheitssorgen stärker denn je.

7. Entwaldung und «ökologischer Selbstmord» im Mittelmeerraum: Ein Scheinproblem? Erosion im Einklang mit der Natur und irreführende Historisierung

Die Gestade des Mittelmeers, die die Touristen begeistern, gelten seit dem 19. Jahrhundert unter denen, die einen kritischen Blick haben, als ruinierte Landschaften: als Opfer jahrtausendealter Kultur, die mit den Wäldern die Böden und den Wasserhaushalt zerstörte. Der Desertifikationsforscher Mensching erwähnt als bekannte Tatsache, unter der Einwirkung des Menschen sei dort «aus der vorantiken Waldlandschaft eine Erosionslandschaft, die kaum ihresgleichen auf der Erde kennt», entstanden; man könne geradezu von einer «Öko-Katastrophe» in der «mediterranen Antike» sprechen. Jared Diamond behauptet zumindest für die ostmediterranen Gesellschaften, diese hätten, ebenso wie der nahöstliche «Fruchtbare Halbmond», «ökologischen Selbstmord» begangen.[111] Im 19. Jahrhundert machte der Agronom Carl Fraas (1810–1875), der über praktische Erfahrungen mit der Rekultivierung verkarsteter Böden in Griechenland verfügte, die These von dem Niedergang des Bodens und der Vegetation seit der klassischen Antike zur herrschenden Lehre. Sie wurde von den waldliebenden deutschen Nationalisten gern gehört: Die romanischen Länder, heißt es in einer populären Darstellung (1885), seien «verdorrt und die Völker mit ihnen», «vorher aber hätte man die Waldungen zerstört, jene letzte Stätte der frei wirkenden Naturkraft! Wir in Deutschland sehen es noch ziemlich grün um uns her.» Aber auch der Deutschgrieche Gaitanides sieht in Griechenland ein «Schulexempel für die verheerenden Wirkungen der Entwaldung».[112] Italienische Umwelthistoriker stellen die Geschichte ihres Landes ähnlich dar. Fast vergißt man, daß von der Antike bis zum 18. Jahrhundert, von Vergil bis Goethe die Schriftsteller über die italienische Landschaft zu schwärmen pflegten: Ganz Italien ein einziger Garten, nicht nur voller fruchtbarer Felder, sondern auch voll von Fruchtbäumen und nicht zuletzt durch seine Vielfalt allen anderen Landschaften voraus![113] Ist es vor allem der *Blick* auf die italienische Landschaft, der sich in dem Maße wandelte, wie die nördlichen Wälder das forstliche Ideal wurden? Man kann staunen, wie schwer es ist, derart zentrale Fragen der Umweltgeschichte zu klären!

Bis zum Überdruß zitiert wird in der ökohistorischen Literatur die Entwaldungsklage in Platons «Kritias». Da ist die Rede von einer guten alten Zeit, die schon 9000 Jahre zurückliegt und in der es auf den Bergen Attikas noch viel fruchtbaren Boden und «viel Wald» gegeben habe, «von dem noch jetzt deutliche Spuren sich zeigen». Wodurch der Wald verschwunden ist, sagt Platon nicht; setzt er als bekannt voraus, daß das die Tat des Menschen war? Der Wortlaut des Textes gibt das nicht her. Da ist von «vielen mächtigen Überschwemmungen in den 9000 Jahren» die Rede; diese hätten den Boden – auch den Wald? – weggerissen, so daß mit dem heutigen Attika «gleichsam nur die Knochen eines erkrankten Körpers» übriggeblieben seien.[114]

Diese Platon-Passage wird jedoch aus dem Grund immer wieder zitiert, weil es in der uns bekannten antiken Literatur keine ähnlich eindrucksvolle Klage gibt, die Entwaldung und Verkarstung im Zusammenhang sieht. Sehr im Unterschied zu den neuzeitlichen Waldklagen ist im antiken Schrifttum nirgends ein verbreiteter Alarm über eine bedrohlich fortschreitende Entwaldung zu finden, und das, obwohl man Bäume sehr wohl zu schätzen wußte. Einer der wenigen Hinweise auf großflächige Abholzung von Wäldern stammt von Eratosthenes und wird von Strabo überliefert; er bezieht sich auf die Ebenen Zyperns, die früher von dichten Wäldern bedeckt, jetzt aber durch den Bedarf der Schmelzhütten und des Schiffbaus gelichtet worden seien. Jedoch die Pointe: «Obwohl hier eine unglaubliche Masse Holz verbraucht wurde, konnte der Wald auf keine Weise und durch keine menschliche Erfindung erschöpft werden.» Noch in der Spätantike schrieb Ammianus Marcellinus, daß Zypern aus eigenen Ressourcen ein ganzes Handelsschiff bauen könne – was viele griechische Inseln damals vermutlich nicht mehr konnten –: ein Zeichen für gute Hochwaldbestände.[115] Russell Meiggs, dem wir die gründlichste Untersuchung über «Bäume und Holz» im antiken Mittelmeerraum verdanken, gewinnt den Gesamteindruck, daß es, auch wenn exakte Angaben über antike Waldzustände ganz unmöglich sind, gemessen an den Bedürfnissen der Menschen doch bis zum Ende der Antike Wald genug gegeben haben muß. Er meinte, man müsse sich die Schauplätze der antiken Geschichte viel waldreicher vorstellen als die heutigen Landschaften.[116] Dadurch würde sich das Entwaldungsproblem auf die Zeit danach verschieben.

Oder besteht das Problem gar nicht? Braudel, nach eigenem Bekunden von der «majestätischen Unbeweglichkeit» des Mittelmeers ergriffen – so sehr, daß die «longue durée» der von ihm geschilderten mediterranen Lebensformen fast zeitlos wird –, neigt dazu, zwischen den Zeilen seiner Quellen eine ewig unveränderte oder doch nur wenig veränderte Mittelmeerlandschaft zu sehen: eine Landschaft, deren Bodenertrag im Vergleich zu dem fetterer nördlicher Regionen stets mehr oder weniger karg war.[117]

Viel radikaler zieht der englische Forsthistoriker Oliver Rackham, der auf Kreta forschte, über die «ruined landscape theory» her. Er stellt alle gängigen Auffassungen in Frage. Die mediterrane Landschaft sei gar nicht überall so ökologisch fragil, wie seit langem behauptet werde; die Landschaft Kretas habe sich im großen und ganzen als ziemlich robust erwiesen. Mit Recht habe der Tourist an dieser Szenerie seine Freude: Es sei eben – von modernsten Eingriffen abgesehen – gar keine kaputte Landschaft, sondern sie sei so, wie sie seit eh und je gewesen sei. Bei den «Wäldern», von denen antike Autoren reden, müsse man nicht an Hochwälder im nordeuropäischen Sinne denken. Auch die Macchie lasse sich als Wald ansehen, und sie halte den Boden besser als mancher Hochwald. Überhaupt bedeute Abholzung von Wald nicht automatisch Erosion und Verödung; auf den gelichteten Hängen wachse vieles nach. Auch zerstörten Schafe und Ziegen nicht unter allen Umständen den Wald; wenn man wolle, könne man diese Tiere sehr wohl daran hindern. In Griechenland zumindest habe man die Schafe und Ziegen traditionell überwacht. Und nicht zu vergessen: Als die Tiere noch nicht unter menschlicher Aufsicht weideten, hätten sie sich nach eigenem Trieb durch die Landschaft gefressen und bis an die Grenzen ihres Nahrungsspielraums vermehrt. «Kreta war seit zwei Millionen Jahren ‹überweidet›», – mit dieser flapsigen Bemerkung mokiert Rackham sich über mediterrane Überweidungstheorien. Nicht die Ziege, sondern erst der Bulldozer sei der wahre Agent der Erosion geworden.[118]

Eine deutliche und überraschende Neuigkeit erbrachten die Bodenarchäologie und Pollenanalyse bislang zumindest für griechische Regionen: Ein erster markanter Entwaldungs- und Erosionsschub erfolgte dort in typischen Fällen schon in prähistorischer Zeit, und zwar in der Zeit des frühen Ackerbaus. Auch in der Folgezeit schritt die Erosion nicht kontinuierlich, sondern schubweise mit großen Unterbrechungen voran, wobei ein neuer Schub in nachantiker Zeit erfolgte.[119] Demnach wäre eine Intensivierung der Kultur nicht stets von verstärkter Erosion begleitet; sondern gerade auch der Bevölkerungsschwund, der Verfall der Terrassen und das Vordringen einer ungeregelten Weidewirtschaft brachten den Boden an den Bergen zeitweise ins Rutschen.

Es ist jedoch evident, daß in sehr vielen – vor allem gebirgigen – mediterranen Regionen Entwaldung und Erosion vor allem im 19. und 20. Jahrhundert rapide voranschritten und die tiefste umwelthistorische Zäsur eher hier als in einer fernen Vergangenheit zu suchen ist. Demnach wäre das moderne Bevölkerungswachstum mitsamt der ökonomisch-technologischen Dynamik doch der größte Destabilisator der Mensch-Umwelt-Beziehung in der Geschichte. John R. McNeill hat die moderne Datierung mit besonderer Gründlichkeit für fünf weit auseinanderliegende Gebirgsregionen nachgewiesen: das südanatolische Taurus- und das nordgriechische Pindusgebirge, die lukanischen Apenninen in Süditalien, die spanische Sierra Nevada und das nordmarokkanische Rif-Gebirge. Zwar läßt er die Frage offen, wie repräsentativ diese Regionen sind; aber ob in Syrien oder auf Zypern, in Anatolien oder im Tessin, in Nordafrika oder auf Sizilien: überall wird eine großflächige Entwaldung durchweg erst seit dem 19. Jahrhundert nachweisbar und sieht es so aus, als ob es bis dahin noch weite Wälder gegeben habe. Braudel schildert, wie er mit detektivischer Akribie darauf stieß, daß die von ihm zunächst übernommene gängige Vorstellung, der Verfall Siziliens, der einstigen «Kornkammer» des Mittelmeers, sei schon im 16. Jahrhundert in vollem Gange gewesen, falsch sein muß und der ökonomisch-ökologische Niedergang Siziliens erst Jahrhunderte darauf in ein akutes Stadium trat. Die Griechen haben die Schuld an dem kahlen Zustand vieler ihrer Berge gerne auf die Türkenherrschaft geschoben; aber selbst Kolokotronis, der griechische Freiheitsheld, klagte darüber, daß Berge auf der Peloponnes, die zu türkischer Zeit noch bewaldet gewesen wären, nach der Befreiung in kurzer Zeit zu Kahlhängen geworden seien. Neueren Forschungen zufolge wurde der Bewaldungsgrad Griechenlands seit der Unabhängigkeit von 40 auf 14 % reduziert.[120] Was vielen Reisenden des 19. und 20. Jahrhunderts als ein Problem ferner Vergangenheiten erschien, war in Wahrheit eines der Gegenwart!

Hochwertiges Bauholz wurde in mediterranen Zentralregionen allerdings schon in der Antike, mehr noch im Mittelalter, knapp: Das erkennt man an Hinweisen auf Holzimporte. Haupthandelszentren wie Ägypten, Attika und Rom mußten sich von auswärts mit Schiffbauholz versorgen; aber solche Metropolen besaßen auch die Mittel dazu: Daraus erklärt sich die Spärlichkeit antiker Holzmangel-Klagen. Ein empfindliches Handicap dagegen scheint die Bauholzverknappung für die islamische Welt des Mittelalters geworden zu sein, zumal christliche Mächte wiederholt gegen den islamischen Raum ein Holzembargo verhängten. Wenn West- und Nordwesteuropa den Orient auf den Meeren weit überflügelten, so waren die Holzressourcen dabei wohl kein unwichtiger Faktor. Aber Mangel an Hochwald ist nicht gleichbedeutend mit ökologischer und ebensowenig mit Energiekrise. Auch Niederwald und Gestrüpp taugen als Bodenschutz und als Brennstoff. In Mesopotamien machte man vieles mit Schilf, wozu man anderswo Holz brauchte.[121]

Seit langem ist kontrovers, wieweit Erosionsvorgänge in der mediterranen Bergwelt natürliche oder anthropogene Prozesse sind.[122] In vielen Fällen ist diese Streitfrage nicht eindeutig zu klären. Aber genau das ist der springende Punkt: Die vom Menschen betriebene Umweltveränderung traf sich vielerorts mit natürlichen Trends. Als sich nach dem Abklingen der letzten Eiszeit die Klimaverhältnisse von einer stärker kühl-feuchten Witterung zum heutigen mediterranen Klima wandelten, bestanden die dem feuchten Klima entsprechenden Wälder zunächst vermutlich fort. Die menschliche Einwirkung muß die Anpassung an die neuen Klimaverhältnisse beschleunigt und ebenso die Erosion verstärkt haben, für die viele mediterrane Gebirgshänge ohnehin anfällig sind. Anders als man heute gerne meint, ist das menschliche Verhalten oft gerade dann besonders folgenschwer, wenn es «im Einklang mit der Natur», mit natürlichen Trends geschieht!

Noch ein anderer Punkt verdient festgehalten zu werden: Der Wald war im Mittelmeerraum, wie es scheint, anders als in Mittel- und Westeuropa nur in Ausnahmefällen eine Grundlage von Macht. Aristoteles kennt zwar Forstaufseher, hält es jedoch nicht für wichtig, bei diesem Punkt zu verweilen. Frühe Hinweise auf die umfassende Bedeutung des Waldes, insbesondere auf seinen Wert für den Wasserhaushalt, gibt es nach heutiger Kenntnis vorwiegend dort, wo eine solche Einsicht politische Kompetenzen begründete, so in Venezien und in der frühneuzeitlichen Provence.[123] Es mag sein, daß in mediterranen Archiven noch viele unerschlossene Quellen über den Wald liegen; einstweilen überwiegt jedoch der Eindruck eines beredten Schweigens der Quellen über weite Strecken der mediterranen Waldgeschichte: eines Schweigens, das davon zeugt, daß es an zuständigen Instanzen fehlte, die mit Waldklagen ein Interventionsrecht hätten begründen können. Das Fehlen derartiger Instanzen ist für den Wald allerdings nicht unbedingt tragisch. Unter mitteleuropäischen Bedingungen kommt der Wald auch ohne Förster wieder hoch. Eben deshalb war Forstpolitik im Mittelmeerraum machtpolitisch wohl nicht so attraktiv wie im Norden: Sie konnte an mediterranen Berghängen nicht so leicht Erfolge vorweisen wie in jenen regenreichen Gebieten, wo sie einfach nur Machtpolitik zu sein brauchte und andere Nutzer aus dem Forst heraushalten mußte, damit sich der Wald regenerierte.

8. Wald und Herrschaft in Europa: Von der Rodungsbewegung zu der Ära der Forstordnungen

Begann unsere Kultur mit dem Kampf gegen den Wald? Walther von der Vogelweide sieht zu seinen Lebzeiten den Wald niedergehauen und empfindet dabei sein eigenes Alter: «die mîne gespilen waren / die sint traege und alt. / bereitet ist das velt, / verhouwen ist der walt.» Die hochmittelalterlichen Rodungen gelten, wenn nicht als die größte Umwelt-, so doch als die großflächigste Landschaftsveränderung in der Geschichte Mittel- und Westeuropas von der Eiszeit bis heute. Neuere Forschungen haben ihnen jedoch einiges an Dramatik genommen: So wissen wir aus Pollenanalysen, daß die Rodungsbewegung des Hochmittelalters lediglich den Höhe-und Endpunkt jahrtausendelanger Rodungsprozesse darstellte, die mit dem frühen Ackerbau einsetzten. Solange man allerdings vorwiegend Wanderfeldbau, «shifting cultivation», betrieb, vernichtete die Rodung den Wald nicht unbedingt für die Dauer; vielfach beförderte sie sogar die Ausbreitung der Buche. Noch in nachantiker Zeit erlebte Germanien eine großflächige Wiederbewaldung, die ihren Höhepunkt im 7. Jahrhundert erreichte.[124] Erst mit der Seßhaftigkeit und der Mehrfelderwirtschaft begann der permanente Ackerbau. Bei einem Großteil der dafür gerodeten Ländereien handelt es sich vermutlich um Gebiete, die längst durch den Wanderfeldbau aufgelichtet und für den Ackerbau geeignet befunden worden waren.

Das alles ist nichts Besonderes; ähnlich sind die Bauern überall auf der Welt verfahren. Im Vergleich zu anderen Weltregionen erkennt man jedoch das ganz Ungewöhnliche, daß die Rodung auf ihrem Höhepunkt zu einem verrechtlichten, regulierten und breit dokumentierten Vorgang wird. Der Kontrast zu der Spärlichkeit der Quellen für die allermeisten anderen Regionen der Welt ist extrem! Rodung schafft Freiheit, genauer gesagt: bestimmte, meist zeitlich begrenzte Abgabefreiheiten für die Siedler; aber diese Freiheiten setzen voraus, daß das Roden genehmigungspflichtig und der Wald zu einem Rechtsbereich geworden ist. Gewiß gab es «wilde» Rodungen – wo wäre das Waldkataster und wo die flächendeckende Kontrolle gewesen, die sie hätte verhindern können? Wie immer enthalten die schriftlichen Quellen längst nicht alles. Aber auch die historische Siedlungsforschung weist darauf hin, daß viele Rodungssiedlungen planmäßig nach einigen wenigen Grundmustern angelegt wurden. Wo die Rodung eine Methode ist, Herrschaftsbereiche in Wälder hinein auszudehnen, wo die Eigentumsverhältnisse bis dahin unklar waren, kam es bei den Territorialherren zeitweise «geradezu zu einem Wettlauf» im Roden.[125]

War der Wald den Menschen jener Zeit – so wie es oft heißt – ein zu bekämpfender Feind? Aber schon viele damalige Wälder hat man sich nicht als menschenfeindliche Urwälder, sondern als lichte Hudewälder vorzustellen, die den Bauern für die Schweinemast von höchstem Nutzen waren. Bereits das Rodungsgebot im Capitulare de villis Karls des Großen (795) ist mit der Einschränkung verbunden, daß Wälder, «wo sie nötig sind» (ubi silvae debent esse), nicht übermäßig ausgeholzt und geschädigt werden dürften. Wohl zur Erläuterung dieses Nötigen ist danach von der Jagd und der Schweinemast die Rede. Die Verordnung setzt voraus, daß man weiß, wo Wald stehengelassen werden muß. Tatsächlich beschränkten sich die Hagenhufendörfer, die Rodungssiedlungen im südlichen Niedersachsen, auf die fruchtbaren Lößböden. Die im Hochmittelalter den Klöstern der Ile-de-France von den französischen Königen verliehenen Rodungsrechte enthielten Bestimmungen über Schutzwälder und Baumhecken.[126]

Vor allem brauchte man den Wald als Brennholzlieferanten. Sainct-Yon, der Verfasser des französischen Forstreglements von 1610, war der Meinung, im Mittelmeerraum sei man wegen des wärmeren Klimas um den Wald nicht so besorgt wie im Norden, wo wegen der strengen Winter «das Holz gleichsam das halbe Leben» sei (le bois est comme une demi-vie).[127] In der Tat, die Furcht vor der Winterkälte war, sobald das Holz vielerorts knapper zu werden begann, eine Urangst des Nordens und die Freude am flackernden Herdfeuer, wenn draußen der eisige Wind fegte, der Inbegriff des Wohlgefühls. Der jährliche Winterfrost brachte fast zwangsläufig eine Vorsorge-Mentalität hervor, zu der die Menschen wärmerer Regionen von der Natur nicht in gleichem Maße gezwungen wurden. Nicht zuletzt daraus erklärt es sich vermutlich, wenn ein planend-zukunftsorientiertes Umweltbewußtsein vorwiegend aus dem Norden kommt!

In vielen Regionen endete die Rodungsbewegung irgendwann um 1300, jedenfalls noch vor der Großen Pest und dem tiefen Bevölkerungseinbruch. Waren die noch leidlich zu beackernden Waldböden mehr oder weniger erschöpft? Zum Teil vermutlich ja; aber Marc Bloch glaubt, daß man darüber hinaus begriffen habe, daß es im Interesse der eigenen Lebensbedüfnisse besser sei, den verbliebenen Wald zu erhalten. Schon auf dem Höhepunkt der Rodungsbewegung begannen – gleichsam als Antwort darauf – die Waldschutzverordnungen; danach machte der als Folge der Pestseuchen nachlassende Bevölkerungs- und Rodungsdruck den Waldschutz über ein Jahrhundert weniger dringlich. Der im Spätmittelalter kulminierende Wüstungsprozeß traf ganz besonders die Rodungssiedlungen, von denen in Berglandschaften wie dem Solling oder der Rhön bis zu 70 % wieder verlassen wurden und an die noch lange danach verfallende Kirchen in der Einsamkeit erinnern. Im Reinhardswald, wo heute 25 ehemalige Dörfer unter Wald liegen, kann man an Reihenverbänden von Hudeeichen erkennen, daß diese systematisch für die Waldweide angeforstet wurden.[128]

Für die 1340er Jahre beobachtete Hans-Rudolf Bork auf südniedersächsischen Lößböden eine «katastrophale», «geradezu atemberaubende» Erosion, wie es sie seit der Eiszeit nicht gegeben habe. Als direkte Ursache erkennt er eine extreme Regenphase im Jahr 1342. Man kann jedoch davon ausgehen, daß die Rodung auf abschüssigem Gelände die Vorbedingung schuf. Danach war über vier Jahrhunderte – bis in die Zeit der Agrarreformen – mehr oder weniger Ruhe. Vermutlich hat die im Zuge des Wüstungsvorganges an den Berghängen vordringende Weidewirtschaft den Boden besser gehalten als der Pflug.[129]

Im Spätmittelalter vollzog sich eine große Wende: Nicht mehr die Rodung, sondern der Wald wurde zur Grundlage von Herrschaft: der aufsteigenden Königsmacht in Frankreich, des entstehenden Territorialfürstentums in Deutschland. Nicht mehr durch Rodungen, sondern durch Waldschutz manifestierten Landesherren ihren Herrschaftsanspruch im Wald. Das ist der Grund, weshalb von da ab die Quellenlage zur Waldgeschichte dieser Länder einzigartig gut ist. Seit dem 16. Jahrhundert stellten die Landesherren und ihre Juristen die Herrschaft über die großen Wälder wie selbstverständlich als ein uraltes Regal hin, obwohl es sich dabei in Wahrheit um eine neue Konstruktion auf brüchiger Traditionsbasis handelte.[130] Zwar gab es schon seit dem Frühmittelalter ein königliches Jagdregal, das sich auf Waldgebiete bezog; in diesem Sinn war die Verbindung von Wald und Macht im germanisch-keltischen Europa sehr alt. Dieses Regal umfaßte jedoch ursprünglich keine Kontrolle der Waldnutzung; diese wurde ohnehin erst im Spätmittelalter für die Herrscher interessant. Eine große Rolle spielte dabei in Deutschland der Aufstieg des Bergwesens: Da dieses einen enormen Holzbedarf hatte, ließ sich von dem Bergregal, das Barbarossa erstmals 1158 in der Ronkalischen Konstitution proklamierte, ein Zugriff auf die Wälder ableiten.

Ziemlich genau ab 1500 begannen die deutschen Landesherren einer nach dem anderen, Forstordnungen zu erlassen, die oftmals nicht nur für ihre Domanialwälder, sondern für alle Wälder des Landes galten; das führte zu anhaltenden Konflikten mit den Landständen. Auch in Frankreich begann 1516 unter Franz I. eine Serie forstlicher Erlasse, die den Anfang einer Ära energischer königlicher Forstpolitik markieren. Aus dem Deutschen Reich ist seit dem 16. Jahrhundert eine «ungeheure Zahl von Forstordnungen» überliefert: «Es gehörte geradezu zum guten Ton, Forstordnungen so oft als möglich zu erlassen.» Kein Zweifel: Die Fürsten entdeckten den Waldschutz als politisches Machtmittel ersten Ranges. Ihre Juristen legitimierten den umstrittenen Anspruch auf Oberherrschaft über alle Forsten des Landes mit dem alten Jagd- und dem Bergregal sowie mit der landesherrlichen Oberaufsicht über die bäuerlichen Markwälder, mehr noch jedoch mit einem von ihnen behaupteten einreißenden Holzmangel, der das ganze Land bedrohe. Nur diese Begründung war populär; das herrschaftliche Jagdwesen war den Bauern verhaßt. In einer Zeit, in der die Öffentlichkeit durch den Buchdruck, die Reformation und die Kommunikationsnetze der Humanisten zu einer Macht wurde, war es geboten, fürstliche Interventionen mit dem Gemeinwohl zu rechtfertigen.

Und ein pures Phantom war die drohende Holznot sicherlich nicht. Das Wachstum der Bevölkerung und der «Feuergewerbe» – der Metall- und Glashütten, des Salinenwesens, der Glas- und Ziegelbrennereien – führte in der Tat nicht selten zu lokalen Versorgungsengpässen. Gewiß war der Mangel nicht absolut; insgesamt gesehen gab es in Deutschland noch Wald genug, und die Holzversorgung war eine Transport- und Verteilungsfrage. Das Flößerei-und Triftwesen nahm seit jener Zeit einen steilen Aufstieg; immer mehr Flüsse und Bäche wurden durch Beseitigung natürlicher Hindernisse trift-und flößbar gemacht. Um 1580 trumpfte Herzog Julius von Braunschweig, der die Oker flößbar gemacht hatte, gegenüber der widerspenstigen Stadt Braunschweig damit auf, daß er nunmehr mit *einem* Gulden mehr bauen könne als sein Vater mit 24 Gulden. Dafür verschlechterte die Flößerei großen Stils die Selbstversorgung vieler Orte, aus denen das Holz in die Ferne «verführt» wurde. Die Gefahr der Holzverknappung erschien um so drohender, als der leicht zugängliche, den Städten vor Augen stehende Wald am schnellsten ausgeholzt war. Eben deshalb ließ sich mit dem drohenden Holzmangel immer besser Politik betreiben, nicht nur in Deutschland, sondern in weiten Teilen Europas. Nicht nur diente dieses Schreckgespenst dazu, die Territorialherrschaft fester zu verankern und Abgaben für Forstdelikte als Geldquelle zu erschließen; sondern die prekäre Holzversorgung war für die Regierungen auch ein Hebel, das Bergregal zu Geld zu machen und das Montanwesen stärker in den Griff zu bekommen. Die Fürsten beriefen sich auf die Holzverknappung; aber durch Restriktionen in der Waldnutzung trugen sie im eigenen fiskalischen Interesse kräftig dazu bei, das Holz knapper zu *machen*. In Frankreich warnte Colbert, der mächtige Minister Ludwigs XIV.: «Frankreich wird aus Mangel an Holz zugrunde gehen.» Seine Waldschutzpolitik diente zuoberst der Holzversorgung des Flottenbaus.[132]

Welche Auswirkungen hatte diese frühneuzeitliche Forstpolitik auf die Wälder? Diese Frage ist nicht leicht zu beantworten; sie ist bis heute umstritten. In Frankreich stehen die großen Werke von Maurice Devèze und Andrée Corvol gegeneinander: Für Devèze sind die französischen Könige die – wenn auch nur teilweise erfolgreichen – Retter vor der schon im 16. Jahrhundert einreißenden Holznot, für Corvol ist die «Tabuisierung» des Hochwaldes eine hochgradig symbolische Machtdemonstration des Ancien régime und die Entwaldung eine «Legende».[133]

Für England glaubt Rackham – allen Klagen über den neuzeitlichen Niedergang der Wälder zum Trotz –, die Forsten hätten zu den «dauerhaftesten und erfolgreichsten aller mittelalterlichen Institutionen» gehört. Dabei war die königliche Forstherrschaft gerade in England besonders verhaßt. Sie stammte aus der Zeit Wilhelms des Eroberers, also aus einer Zeit, als man mit Holzmangel noch keine Politik machen konnte, und enthielt einen Grundzug usurpatorischer Brutalität. Sie war für schauerliche Strafandrohungen wie Blendung und Kastration berüchtigt und wirkte als Ausdruck einer tyrannischen königlichen Jagdleidenschaft, die sich noch hinter keinem Gemeinwohl versteckte. Nicht umsonst wurde Robin Hood, der Rebell gegen die Forstaufseher der normannischen Könige, zum englischen Nationalhelden – aber auch er, ja gerade er brauchte den Schutz des Waldes. Die Einschränkungen der Königsmacht seit der Magna Charta (1215) wirkten sich auch auf die königlichen Forsten aus und brachten dort andere Interessen zur Geltung. Aber mußte dies die Wälder notwendig ruinieren? Mit Recht betont Rackham, daß das Urteil über die englische Waldentwicklung der älteren Zeit sehr viel günstiger werde, sobald man auch den Niederwald (coppices) einbeziehe, der den Interessen der Bauern und der Feuergewerbe entsprach. Dennoch wurde der Wald in England nie so populär wie in Deutschland, und das wirkte sich auch auf die Landschaft aus.[134] Heutigen Touristen fallen in England die kahlen Berge auf: Die Empfindung, daß die Berge der natürliche Standort für Wälder sind, gehört nicht zur britischen Tradition. Während in England und auch in Frankreich der Hochwald das Symbol der Monarchie und Aristokratie war, wurde er in Deutschland – und zwar gerade um die Zeit der Französischen Revolution – zum Inbegriff des gegen den Eigennutz zu schützenden Gemeinwohls.

Die Geschichte der Forstordnungen läßt sich als Geschichte ihrer Übertretungen schreiben; der Erlaß neuer Forstordnungen wird oft damit begründet, daß die bisherigen nicht mehr eingehalten werden. Viele Forstbeamte hatten gar kein Interesse daran, daß die Verbote beachtet wurden; denn sie lebten von den Strafgeldern. Als die Stadt Böblingen sich gegen die württembergische Forstordnung von 1532 wehrte, erklärte sie, sie brauche keinen landesherrlichen Forstmeister als «Pfleger» für ihren Stadtwald, denn «unns unnd unsern nachkommen ist die sach etwas mer angelegen, dan andern». Man möge nur ihre Wälder mit den landesherrlichen vergleichen; dann werde man sehen, wer mehr der «Pflegschaft» bedürfe.[135] Als Franz I. an Kartäusermönche die Frage richtete, wie es wohl komme, daß die Wälder des Kartäuserordens so schön erhalten und die königlichen so beschädigt seien, erwiderten diese, das liege daran, daß sie keine Forstbeamten hätten. Im 16. Jahrhundert gab es ohnehin noch keine genauen Waldkarten und flächendeckenden Bestandsaufnahmen: Die fürstlichen Forstverwalter kannten viele Wälder nicht, die sie zu schützen vorgaben. Andererseits: Unter mittel- und westeuropäischen Verhältnissen reichte meist schon die bloße Nutzungsbeschränkung, damit sich wieder Wald regenerierte. Die Jagdinteressen, die die fürstliche Forstpolitik teilweise bestimmten – wenn nicht der «Bergteufel», die Gier nach den Edelmetallen, stärker war als der «Jagdteufel» –, wirkten immerhin in die Richtung, daß die wirtschaftliche Nutzung mancher Waldgebiete stark eingeschränkt wurde, um das Wild nicht zu stören. Im 18. Jahrhundert mehrten sich in den Forstordnungen Aufforstungsbestimmungen.

Der europäische Wald regenerierte sich jedoch nicht nur durch Forstordnungen, sondern manchmal auch durch deren Übertretung und durch Waldkonflikte. Wenn sich die Bauern entgegen der Weisung der Förster nicht die Mühe machten, den Waldboden von «totem Holz» zu säubern, sondern entgegneten, das Totholz dünge den Waldboden, so hatten sie, ökologisch gesehen, nicht unrecht. Wenn sie an ihrer «Plenterwirtschaft» mit Einzelstammentnahme je nach Bedarf festhielten, statt den Wald schlagweise abzuholzen, so förderte diese «unordentliche» Waldnutzung, die von Forstleuten als «Plünderwirtschaft» geschmäht wurde, die natürliche Verjüngung des Waldes. Die Wilderer ermöglichten das Hochkommen von Laubmischwald, indem sie den von den Jagdhütern überhöhten Wildbestand reduzierten. Im Vergleich mit anderen Weltregionen erkennt man recht deutlich, wie sich in Mitteleuropa trotz allen Raubbaus ein praktisch wirksames Waldbewußtsein entwickelte, und zwar nicht zuletzt über Kontroversen, die mit rechtlichen und forstlichen Mitteln ausgetragen wurden. Eine stillschweigende, achtlose Vernichtung weiter Wälder über Jahrhunderte war unter solchen Umständen nicht leicht möglich.

Entscheidend war dafür, daß sich ein Waldbewußtsein von oben mit einem anderen von unten – von den Städten und bäuerlichen Waldgenossenschaften – traf. Auseinandersetzungen um den Wald können unter bestimmten Umständen auf den Wald zerstörerisch wirken: wenn alle Seiten, um ihre Gewohnheitsrechte zu demonstrieren, den Wald um die Wette ausbeuten. Wenn diese Konflikte jedoch verrechtlicht werden und ihr Austrag institutionalisiert wird – und das war in Mitteleuropa in der Regel der Fall –, dann können sie das Waldbewußtsein schärfen und zu einem Wettstreit darüber führen, wer der beste Waldschützer ist. Die Bauern haben den Vorwurf der übermäßigen Abholzung und Holzverschwendung oft und mit Recht an ihre Fürsten zurückgegeben. Sie waren durchaus nicht die «Holzwürmer» und «Blutegel der Forsten», als die sie von fürstlichen Forstaufsehern beschimpft wurden. In den zwölf Artikeln des Bauernkriegs von 1525, dessen Ursache nicht zuletzt in Waldkonflikten zu suchen ist, versichern die aufständischen Bauern, die von ihnen geforderte Rückgabe der Wälder an die Gemeinden würde nicht deren Rodung zur Folge haben, da die von der Gemeinde gewählten «Verordneten» über den Holzschlag wachen würden (Artikel 5). Noch im 18. Jahrhundert konnten die Markgenossen am Solling ihrem Landesherrn, der ihnen zur Rechtfertigung eigener Intervention Waldverwüstung vorwarf, mit Recht entgegenhalten, daß sie ihre eigene Holzordnung hätten und ihr Wald in gutem Zustand sei.[136]

Vor allem seit dem Spätmittelalter, als die Auseinandersetzung um den durch die Rodungen reduzierten Wald schärfer wurde, sind in vielen Regionen bäuerliche Waldgenossenschaften belegt. Ihre Grundnorm entsprach der Subsistenzwirtschaft und dem Prinzip «Wald soll Wald bleiben»; es war untersagt, Wald zu roden und Holz an fremde Leute zu verkaufen. In die Festlegung des Bedarfs spielten dörfliche Hierarchien hinein; neue Ansiedler erhielten seit dem 15. Jahrhundert oft keinen regulären Anteil an der Waldmark mehr, auch wenn sie diese de facto mitnutzten. Diese genossenschaftliche Waldaufsicht erfolgte normalerweise im Einvernehmen mit den Landesherren, deren frühe Forstordnungen die Rechtsgrundsätze der Markgenossenschaften weitgehend übernahmen. Bei allen Kämpfen um den Wald gab es zwischen Obrigkeit und Bauern doch auch Interessengemeinsamkeiten, und bis zu der scharfen Trennung von Land- und Forstwirtschaft im 19. Jahrhundert war es undenkbar, die Bauern radikal aus den Wäldern zu verdrängen. Der deutsche Bauernkrieg endete zwar mit einem blutigen Sieg der Fürsten; aber der Schock des Aufstandes saß diesen noch lange in den Knochen, und mit willkürlicher Aneignung von Waldrechten waren sie fortan im allgemeinen eher vorsichtig. Die Tiroler Markgenossenschaften erlangten 1847 nach einem über 500jährigen Rechtsstreit gegen die Grafen von Tirol und danach die habsburgischen Kaiser den Sieg und das Eigentum an ihren Wäldern! Vor französischen Gerichten des Ancien régime waren die Chancen der Bauern in der Regel schlechter; aber selbst dort glaubt Alain Rocquelet, der die Forstgeschichte der Normandie erforschte, «ohne Übertreibung» feststellen zu können, daß «das Ancien régime die Ära des Bauernwalds gewesen» sei. Hier allerdings sind die Meinungen geteilt.[137]

Welche Wirkung hatte die bäuerliche Wirtschaft auf den Wald? Die Bauern brauchten Hudewald für das Vieh, Niederwald zur Brennholzgewinnung und Plenterwald für den Bauholzbedarf. Unter dem Aspekt der «Biodiversität» konnten die Bauernwälder sich sehen lassen: Sie waren weit artenreicher als die von der modernen Forstwirtschaft gezüchteten Hochwald-Reinbestände. Die größte Flächenausdehnung hatte im allgemeinen wohl der Hudewald. Wie der Einfluß der Weide auf Wald und Umwelt zu bewerten sei, ist bekanntlich eine seit langem weltweit durch konträre Interessen belastete Streitfrage. Aber als ökologisch ruinös kann der zur Futtergewinnung bevorzugte lichte Wald mit viel Unterwuchs schwerlich gelten. Aus ökologischer Sicht gibt es Gründe zu einer Neubewertung der Rolle der Bauern in der Waldgeschichte.

9. Fixpunkte eines frühen Krisenbewußtseins: Städte und Bergbau

Den Städten und Bergbauregionen machten Holzversorgung und Wassernöte am meisten zu schaffen; aber auch jene Emissions- und Entsorgungsprobleme, die im Industriezeitalter überhandnahmen, wurden dort am frühesten akut. Ebenso sind es vor allem Städte und Bergbauorte, wo man sich relativ früh mit Energie um Lösungsstrategien gegenüber existenzgefährdenden Umweltproblemen bemühte. Das geschah besonders dort, wo sich Stadt und Montanwesen miteinander verbanden und ein hohes Maß an Handlungsautonomie bestand.

Relativ wenig Aufmerksamkeit fanden in vorindustrieller Zeit die Emissionsprobleme. Da man mit Rauch Ungeziefer vertrieb, konnte man ihn sogar für gesund halten. Aber die Schädlichkeit des arsenhaltigen Hüttrauches war unübersehbar, auch wenn man in den alpinen Hüttenregionen glaubte, daß geringe Arsendosen die Manneskraft stärkten. Ein ähnlicher nicht zu übersehender Extremfall war das Quecksilber; schon Paracelsus beobachtete im slowenischen Idria, wie die dortigen Hüttenleute durch Quecksilberdämpfe kränklich und zittrig wurden. Ein weiteres altbekanntes Berggift war das Blei. Als 1765 Kölner Bürger die Stillegung einer benachbarten Bleischmelze forderten, «damit sie nicht aus ihren Häusern vertrieben oder darin vergiftet werden mögen», scheinen sie sich durchgesetzt zu haben.[138] Noch im

Industriezeitalter hatten Umweltklagen am ehesten dann Erfolg, wenn sie sich auf «klassische» und hochschädliche Giftstoffe bezogen.

Beim Steinkohlerauch war es der Schwefelgehalt, der – anders als beim Holzrauch – frühzeitig Anstoß erregte. Am frühesten wurde er in London zum öffentlichen Skandal. John Evelyn wetterte in seiner Brandschrift «Fumifugium» (1661), die über ein Jahrhundert immer wieder aufgelegt wurde, gegen «that infernal Smoake», der der Ursprung aller Krankheiten Londons sei – jener Stadt, wo alles unablässig hustete, schniefte und spuckte und deren massierter Qualm Evelyn an den Ätna oder an die Vorhöfe der Hölle erinnerte. Die Hauptschuld gab er den Gewerben und der Steinkohle; er plädierte für die Rückkehr zum Holz und verfaßte mit «Sylva» den berühmtesten Aufforstungs-Aufruf der englischen Geschichte.[139] Aber London war zu jener Zeit ein Unikum, kein exemplarischer Fall; und als Unikum wird es von Evelyn attackiert. Er stellt den Londonern sogar Paris als Vorbild vor Augen!

Unter den Umweltproblemen der vormodernen ebenso wie der frühindustriellen Städte standen in typischen Fällen Wasserprobleme obenan. Insofern ist Venedig nicht gänzlich atypisch. Viele Städte hatten ihr «Klein-Venedig»: ein teilweise künstlich angelegtes Netz von Bächen und kleinen Kanälen, das die Mühlen antrieb, die Waschhäuser versorgte und den Stadtgraben füllte. Im Fall von Bologna war der frühneuzeitliche Aufstieg der Seidenindustrie die treibende Kraft, als die Stadt von einem Netz von Mühlenkanälen durchzogen wurde, die vor allem die Seidenzwirnereien antrieben; bei Wassermangel kam es zu einem Konflikt zwischen den Seiden- und den Kornmühlen. Zur dauernden Wasserversorgung der Mühlen waren in der Regel Stauteiche nötig. Damit kam zugleich die Angst vor dem Sumpffieber. Auch für den Brandfall – die größte Gefahr für die alten Städte! – waren Wasserreservoirs, die über die Stadt verteilt waren, vonnöten. Insofern mußte in vielen Städten beim Wasserbau eine Balance zwischen widerstreitenden Interessen gefunden werden. Häufig geschah das gewiß nicht sehr umsichtig. Schon der Mangel von entsprechenden Quellen für die vormoderne Zeit verrät, daß von Systemplanung großen Stils im allgemeinen keine Rede gewesen sein kann, sondern diese Be- und Entwässerungsnetze sich nach und nach, oft ohne Regie des städtischen Rats, entwickelten.[140]

Mit Trinkwasser versorgten sich die Bürger lange Zeit in der Regel aus privaten oder nachbarschaftlichen Brunnen. Gegen Ende des Mittelalters allerdings nahmen die öffentlichen Brunnen wie überhaupt die hydraulischen Aktivitäten der Kommunen deutlich zu. Die Stadtbrunnen, deren Einfassungen oft zu Kunstwerken ausgestaltet wurden, wurden zu einem konkreten Sinnbild des von der Stadtobrigkeit zu schützenden Gemeinwohls. Im 14. Jahrhundert beginnt in deutschen Städten ein «Zeitalter der Wasserkünste»: einer zentralen Versorgung mit Schöpfwerken, Wassertürmen und Wasserleitungen.[141]

Heute vergißt man leicht, daß nicht nur Venedig, sondern auch viele andere Städte früher oft unter Überschwemmungen zu leiden hatten. Einerseits brauchten die Städte die Flüsse als Verkehrsadern; daher liegen die meisten alten Städte an Flüssen, wenn sie nicht am Meer liegen; andererseits wurde der Fluß in Zeiten der Schneeschmelze und anhaltenden Regens zur Bedrohung. Manche Wasserprobleme drängten schon in jener Zeit über die kommunale Regelungsebene hinaus. Gewerbliche Wasserverschmutzer wie vor allem die Gerber und Färber mußten sich am Fluß unterhalb der Stadt ansiedeln; aber diese Externalisierung der Abwässer kollidierte bei wirtschaftlichem Wachstum irgendwann mit dem Interesse anderer Wassernutzer.

In hygienischer Hinsicht kann man bei dichtgebauten alten Städten nur von einer Dauerkrise reden. Denn für die Entsorgung der Fäkalien gab es keine saubere Lösung. Nach den modernen Sanierungen galten der Schmutz und Gestank der alten Städte stets als schlagender Beweis für die Unkultur und Stumpfheit der Sinne zu jener Zeit. In dieser Hinsicht hat sich jedoch in jüngster Zeit das Bild von der vormodernen Mentalität verändert. Auch damals empfanden die Nasen nicht so ganz anders als heute; Gestank ist keineswegs erst ein modernes Kultur-Konstrukt. Die «böse Luft» spielte in der älteren Krankheitsätiologie sogar eine ungleich größere Rolle als in der modernen Medizin. Eine Sehnsucht nach dem Fließwasser-Abort, das von dem Gestank erlöste, muß es schon im Mittelalter gegeben haben; und wer es sich leisten konnte und über einen entsprechenden Wasserlauf verfügte, legte sich schon damals manchmal ein «Wasserklosett» zu. Das erkennt man an dem großen Unglück von 1184 im Erfurter Bischofspalast: Als eine Geschoßdecke unter der Last der zu einem Königsbesuch versammelten Menge einbrach, stürzten die Menschen in die im Untergeschoß befindliche Kloake, und einige ertranken in dem darunter strömenden Fluß![142]

Stadtluft machte frei, aber sie war weder wohlriechend noch gesund: Das wußte man nur zu gut. Wer ein Landgut besaß, floh bei Seuchen aus der Stadt. Oft übertrafen in den Städten die Todesfälle die Geburten; nur durch immer neuen Zuzug vom Lande hielten sich die Städte am Leben. Johann Peter Süßmilch, der Begründer der deutschen Demographie im 18. Jahrhundert, nannte die Städte «ein wirkliches Übel für den Staat»: nicht nur wegen der von dort ausgehenden Unmoral, sondern auch wegen der umweltbedingten Gesundheitsschäden. Am schlimmsten die großen Städte: der Arzt Hufeland schmähte sie 1796 «offene Gräber der Menschheit».[143]

Man muß es durchaus als offene Frage sehen, warum sich die Bürger nicht schon in älterer Zeit energischer um die Sanierung ihrer Stadt bemüht haben, zumal das städtische Leben doch sonst vielerlei Regelungen unterworfen wurde. Ein Grunddilemma bestand gewiß darin, daß mehr Sauberkeit mit erhöhtem Wasserverbrauch verbunden gewesen wäre und man mit dem Wasser, solange man es mit dem Krug vom Brunnen holen mußte, ganz von selber sparsam umging. Hätten alle Bürger wie der Erzbischof ihre Latrine auf den Stadtbach geöffnet, wäre der Bach zur Kloake verkommen. Aber hinzu kam wohl noch etwas anderes: Die im Haus anfallenden Exkremente mit ihrem Düngewert waren ein Besitz, den viele Hausherren nicht ohne dringenden Grund fortkarren lassen wollten. Solange man noch selber Land hatte und ein Stück bäuerlicher Mentalität besaß, wollte man seinen eigenen Misthaufen haben. Oder man vertiefte die Latrine. Aber dann geriet man schließlich an das Grundwasser und verseuchte die Brunnen; diese tückischen Untergrundströme vermochte man jedoch früher allenfalls ahnungsweise zu durchschauen. Ulf Dirlmeiers Bilanz hat zumindest als Teilwahrheit einiges für sich: «Nicht Schlendrian und Gleichgültigkeit, sondern gerade die bewußt eingesetzten Methoden zu einer effizienten Abfallbeseitigung ohne Beschädigung des Wohnumfeldes schädigen Grundwasser und stadtnahes Oberflächenwasser ...» Die Tendenz ging zunächst dahin, das Entsorgungsproblem im Bereich des Hauses und der Nachbarschaft zu halten; im allgemeinen wurde es erst im Laufe der Neuzeit zu einer kommunalen Aufgabe. Im mittelalterlichen Basel, wo Kloakengräben «Dolen» genannt wurden, schlossen sich Nachbarn zu Dolengemeinschaften zusammen. Die mannshohen Dolen des frühneuzeitlichen Stuttgart wurden dagegen von der Stadt unterhalten.[144] Die Kanalisationsprojekte des Industriezeitalters standen in einer vorindustriellen Kontinuität.

Welche Rolle spielten die alten Städte in der Waldgeschichte? Die Holzversorgung einer Stadt war in hohem Maße davon abhängig, ob die Stadt an einem Fluß lag, auf dem in Massen Holz herbeigeflößt und -getriftet werden konnte. Der Holztransport zu Wasser ließ sich leicht in städtische Regie nehmen. Aber da konkurrierte man mit anderen Flußanliegern; auf dem Wasser wurde das Holz zu einer mehr oder weniger dem freien Markt unterworfenen Ware. Daher war es von Vorteil, das Holz aus umliegenden Wäldern zu beziehen, wo man über alte Rechte verfügte und keine großen Konkurrenten hatte. Zu Lande war der Holztransport jedoch sehr mühsam und lohnte sich nur über kurze Strecken. Viele Städte des mittelalterlichen Deutschen Reiches einschließlich Oberitaliens besaßen oder erwarben eigene Wälder. Diese wurden allerdings nicht nur als Holzlieferanten, sondern mindestens so sehr als Weidegebiete genutzt. Hochwertiges Bauholz vertrug längere Transportwege. Daraus erklärt es sich, daß die Wälder in der unmittelbaren Umgebung alter Städte nach modernen Begriffen oft eher kümmerlich wirken.

Die Forstgeschichtsschreibung hat von der Waldwirtschaft der Städte gewöhnlich ein sehr geringschätziges Bild entworfen.[145] Aber dieses Urteil kam aus einer parteiischen Sicht: Es entsprang dem Blickwinkel moderner Landesforstverwaltungen, die den Wert des Waldes an dem kommerziellen Ertrag und der Bauholzproduktion maßen. Die Stadtwälder wurden ganz überwiegend nach dem Prinzip der Subsistenz bewirtschaftet, wobei der Bedarf der Bürger Vorrang vor dem der Exportgewerbe besaß. Das gilt selbst für eine Stadt wie Nürnberg, eine der führenden Handels- und Gewerbestädte des alten Reichs, die – für eine Handelsstadt sehr ungewöhnlich! – keinen schiff- und flößbaren Fluß besaß und in ihrer Holzversorgung daher ganz auf die beiden nahegelegenen Reichswälder angewiesen war, an denen sie umfangreiche Nutzungs- und Aufsichtsrechte erlangte. Auch diese Stadt trieb mit ihren Holzressourcen nicht etwa – wie man es aus moderner Sicht erwarten würde – eine gezielte Gewerbeförderungspolitik, sondern drängte im Gegenteil seit dem 14. Jahrhundert die gewerblichen Holzgroßverbraucher aus den Wäldern heraus. Obwohl die Stadt eine Hochburg der Metallverarbeitung war, verlegte sie ihre Seigerhütten zur Silber- und Kupfergewinnung nach 1460 in den Thüringer Wald, um die stadtnahen Reichswälder zu schonen. 1544 untersagte sie obendrein den Messing- und Drahthämmern, den Schmelzhütten und denen, «die sonsten große Feuer gebrauchen», den Holzbezug aus den Reichswäldern und erneuerte dieses Verbot bis ins 18. Jahrhundert immer wieder.

Königliche Rodungsverbote Anfang des 14. Jahrhunderts erfolgten auf Druck der Städte und waren ein Mittel, um «die größeren Städte als Partner des Königtums gegen die aufsteigenden Landesherren zurückzugewinnen». Auch französische Regenten nahmen in ihrer Forstpolitik manchmal so weit Rücksicht auf die Subsistenzwirtschaft der Städte, daß sie Front gegen die Gewerbe bezogen: 1339 verordnete der Dauphin die Zerstörung der Schmieden und Schmelzöfen in einem Tal der Dauphiné, um die Holzversorgung von Grenoble zu sichern. Insgesamt werden im Spätmittelalter die Quellenzeugnisse über städtischen Waldschutz, ähnlich wie über den Wasserschutz, viel dichter. Das erklärt sich nicht nur aus einer Zunahme des Problemdrucks, sondern auch daraus, daß der reglementierende Eifer der Stadtoberen zu jener Zeit generell zunahm.[146]

Die Stadt-Umland-Beziehung hatte gewiß ihre krisenhaften Elemente. Dabei sollte man jedoch bedenken, daß die vormodernen Städte Europas anders als die großen asiatischen Metropolen in der Regel durch ihre gesamte Struktur nicht auf gigantisches Wachstum, sondern auf Selbstbegrenzung angelegt waren. Dahin wirkte nicht nur die Stadtmauer, sondern auch der Grundcharakter der alten Stadt als eines Personenverbandes, der nur unter bestimmten Bedingungen und für begrenzte Zeit nach Erweiterung strebte, da er eine ausgeprägte Tendenz nach Ausschaltung von Konkurrenz entwickelte. Die Knappheit der Ressourcen war unter solchen Umständen im Prinzip kein Element der Krise, sondern der Stabilisierung bestehender Strukturen. Darin liegt trotz allem ein umweltverträglicher Grundzug dieser Städte. Wirkliche Großstädte waren oft Residenzstädte; ihr Wachstum hatte primär politische, nicht ökonomische Antriebe. Das «protoindustrielle» wirtschaftliche Wachstum vollzog sich mehr auf dem Lande als in den Städten; damit entsprach es der Dezentralität der natürlichen Ressourcen. Im vorindustriellen West- und Mitteleuropa herrschte die Stadt in der Regel längst nicht so erdrückend über das Land wie in asiatischen Hochkulturen. Die Probleme der Holzversorgung hatten einen strukturell ausgleichenden Effekt: Sie machten am meisten den großen Städten zu schaffen und begünstigten waldreiche periphere Gebiete. Das Wachstum energieintensiver Gewerbe beschwor regelmäßig die Angst vor Holznot herauf. Den meisten städtischen Obrigkeiten des «hölzernen Zeitalters» wäre es absurd erschienen, das Heil ihrer Stadt in einem hemmungslosen Wachstum der «Feuergewerbe» zu suchen!

Vor allem in Mitteleuropa gab es viele Montan- und Salinenstädte. In den meisten Fällen hielt sich deren Wachstum jedoch in engen Grenzen. Die dortige städtebildende Kraft des Salinen-, Berg- und Hüttenwesens trug zugleich dazu bei, diese Branchen in soziale Strukturen einzubinden. Selbst Schwaz in Tirol, um 1500 «aller Bergwerke Mutter» und vorübergehend ein Bergbauzentrum von «explosionsartiger» Expansionsdynamik, wurde dabei doch nur eine mittlere, am Ende wieder eine kleine Stadt.[147] Das Schicksal all solcher Städte hing an der massenhaften Holzversorgung; daher waren sie auf die Holzbeschaffung geradezu spezialisiert. Die Salinenstadt Schwäbisch Hall bezog ihr Sudholz über die Trift auf dem Kocher aus den Wäldern der benachbarten Grafschaft Limpurg. Die Ankunft des Triftholzes war ein Hauptereignis im Leben der Stadt, und das Anlanden vollzog sich unter turbulenter Teilnahme der gesamten Bevölkerung. Als der Stadtrat 1738 unter Berufung auf drohenden Holzmangel den Bau eines kostspieligen Gradierwerks durchsetzen wollte, das durch die Anreicherung der Sole die Einsparung von Sudholz versprach, wies der Haalhauptmann das «Holzmangel»-Argument mit denkwürdigen Worten zurück: Die «Klagen über den Holzmangel» seien «uralt» und eine «mehr als 200jährige Leier», von der einem die «Ohren wehe» täten. «Die limpurgischen Wälder stehen da, und der Holzgott lebt ja noch ...» Es sei wie immer nur eine Frage der Einigung mit den Limpurgern, damit «das Holz wieder in abundanz vorhanden» sei.[148]

Auch in anderen Salinenstädten wie Lüneburg, die nicht genug eigenen Wald besaßen, war die Holzversorgung eine Frage der städtischen Außenpolitik. Lüneburg konnte die Verheidung seines für den Salinenbedarf abgeholzten Umlandes geschehen lassen, da es aus dem Nordosten über den Wasserweg Holz genug bekam; wegen des hohen Salzgehaltes seiner Sole fielen die Holzkosten ohnehin nicht in gleichem Maße ins Gewicht wie anderswo. Andere Salinenstädte, die eigene Wälder besaßen und auf diese angewiesen waren, betrieben relativ früh eine umsichtige Waldwirtschaft. Die bayerische Salinenstadt Reichenhall scheint bei der ausdrücklichen Formulierung des Gebotes nachhaltiger Waldwirtschaft sogar eine historische Priorität zu besitzen! In klassischer Weise formulierte der Reichenhaller Ratskanzler diese Norm 1661 gegenüber dem Obmann des Salzwesens: «Gott hat de Wäldt für den Salzquell erschaffen auf daß sie ewig wie er continuieren mögen / also solle der Mensch es halten: ehe der alte (Wald) ausgehet, der junge bereits wieder zum verhackhen hergewaxen ist.» Ob Reichenhall damals tatsächlich eine nachhaltige Waldwirtschaft betrieb, ist bis heute umstritten; aber einiges spricht dafür, daß «Holznot» dort lediglich aus Konflikten mit dem benachbarten Salzburg resultierte. Die alpinen Salinenstädte verfochten den Grundsatz «Wald muß Wald bleiben» vor allem gegen die expandierende Almwirtschaft der Bergbauern. Sie führten einen Kampf gegen die Buche, die sich nicht triften ließ, und förderten die Dominanz des Nadelwaldes. Ob dieser ökologisch stabiler war als die Almen der Bergbauern, darüber läßt sich streiten!

Im großen und ganzen erkennt man eine planvoll «nachhaltige» Wirtschaftsgesinnung am ehesten in den Salinenstädten, die dem Solefluß und der Salznachfrage entsprechend auf eine gleichmäßige Kontinuität eingestellt waren, und weniger in den Bergbaustädten, die häufig einem heftigen Auf und Ab unterworfen waren.[149]

Führte die Metallgewinnung im «hölzernen Zeitalter» zwangsläufig zur Waldzerstörung, und wurde sie ihrerseits durch den selbstverursachten Ruin der Wälder unterminiert? Diese Frage ist bis heute heftig umstritten. Besonders brennend wurde das Holzproblem bei der Eisenproduktion, da der Schmelzpunkt des Eisens (1528 °C) viel höher liegt als bei den meisten anderen Metallen und der Trend stärker zur Massenproduktion ging. Die Sorge, daß die Eisenhütten die Wälder überfordern, war spätestens im 18. Jahrhundert allgemein verbreitet. In Frankreich führten damals viele Gemeinden einen Kampf gegen die Eisenhütten und beschimpften diese als unersättliche Holzfresser. Das stand im Zusammenhang einer allgemeinen, sich über ganz Europa verbreitenden Furcht vor Holznot, die sich im vorrevolutionären Frankreich, aber nicht nur dort, zu einem förmlichen «Fieber» steigerte. Wäre die Französische Revolution ihren ursprünglichen Antrieben gefolgt, hätte sie energieintensive Pfade des wirtschaftlichen Wachstums bremsen müssen. Im frühindustriellen England sang man auf John Wilkinson, einen Pionier des Koksstahls, das Preislied: «That the wood of old England would fail, did appear, / And tough iron was scarce because charcoal was dear, / by puddling and stamping he cured that evil, / So the Swedes and Russians may go to the devil.» Die Schweden und die Russen: das waren die Holzlieferanten. Die drohende Holzkatastrophe gehört zur Gründungssaga des Zeitalters der Kohle.[150]

Oliver Rackham hat dieses Geschichtsbild, das wieder und wieder ungeprüft übernommen wurde, mit Hohn und Spott überschüttet: Jene Historiker, die annahmen, die Hüttenbesitzer hätten mit den Wäldern ihre eigene Existenzgrundlage zerstört, hätten vergessen, daß die Hüttenherren keine Selbstmörder gewesen seien und «that trees grow again». Gerade wenn der Wald gebraucht werde, werde er erhalten. Außerdem war die Eisenindustrie nicht auf Hochwald angewiesen; am besten eignete sich für die Verkohlung Niederwald mit einer Umtriebszeit von 10–20 Jahren, der schnell hochzuziehen war und sich leicht regenerierte. In der Tat war England, wenn man den Niederwald einbezieht, noch im 18. Jahrhundert nicht so waldarm, wie es oft heißt; erst allmählich erlangte die Steinkohle einen Preisvorteil vor der Holzkohle. Das bekannteste Beispiel einer wohldurchdachten und nachhaltigen Niederwaldwirtschaft, die die Holzkohleversorgung der regionalen Eisenindustrie mit dem Ackerbau und der Lieferung von Eichenlohe an die Gerber kombinierte, ist die Haubergwirtschaft des Siegerlandes, die durch die nassauische Holzordnung von 1562 eine gesetzliche Grundlage erhielt.[151]

Wie gut oder schlecht die Holzversorgung funktionierte, hing wesentlich daran, wieweit die bäuerliche Bevölkerung der umliegenden

Gegenden an den Holzfuhren ein finanzielles Interesse besaß und auf diesen Verdienst angewiesen war. Gerade in gebirgigen Gebieten mit dürftigem Ackerbau gab es Menschen genug, die die Holzfuhren zum Leben brauchten; dort jedoch drohten am ehesten irreversible Waldschäden, da die im Dienste des Montanwesens stehenden Forstverwaltungen häufig den Kahlschlag vorschrieben, um die benötigten Holzmassen, die über hölzerne «Holzriesen» und triftbar gemachte Bäche zu Tal befördert wurden, auf möglichst einfache Weise zusammenzubekommen. Viele solcher Kahlschläge blieben auf steilen Alpenhängen über Jahrhunderte kahl.[152] Die Plenterwirtschaft, die selektive Stammentnahme, wurde sogar mit Strafen belegt!

Wie stand es mit der Nachhaltigkeit bei dem Bergbau selbst, und wie sahen es die Zeitgenossen? Von der Antike bis weit in die frühe Neuzeit war die Vorstellung verbreitet, daß, wie die Pflanzen, auch die Metalle wachsen – gerade wenn man sich die Tiefe der Erde als Mutterschoß dachte – und sich regenerieren, wenn man ihnen beim Bergbau eine Zeit der Ruhe gönnt. Die Alchimisten kannten keine scharfe Trennung zwischen organischer und anorganischer Welt. Aber Agricola gehörte nicht zu ihnen, und er stellte nüchtern fest, was man aus der Geschichte des Bergbaus nur zu gut wußte: «Denn die Gänge hören schließlich einmal auf, Metalle zu spenden, während die Äcker immer Feldfrüchte zu tragen pflegen.»[153] Die Erkenntnis, daß der Übergang vom Ackerbau zum Bergbau den Übergang zu nichtregenerativen Ressourcen bedeutete, war schon damals möglich. Die Art von Nachhaltigkeit, auf die auch Agricola Wert legte, bestand hier nur darin, die Dauer des Abbaus zu verlängern, indem man auch minderhaltige Erze nutzte, anstatt diese um der raschen Ausbeutung der hochwertigsten Erzgänge willen auf die Halden zu werfen.

Ein Empfinden dafür, daß der Bergbau das Überschreiten einer gefährlichen Schwelle bedeutete, ist offenbar alt und weltweit verbreitet. Plinius der Ältere schrieb über die spanischen Bergleute, die ganze Berge zerstörten und Flüsse umlenkten: «Als Sieger blicken sie auf den Einsturz der Natur.» Besonders heftig ist seine moralische Verfluchung der Goldgier und all des Bösen, das diese erzeugt, und auch des Eisens, das als Waffe den Tod über die Menschen bringt. «Wie unschuldig, glückselig, ja wie prächtig wäre das Leben, wenn wir nichts anderes, als was über der Erde ist, begehrten.» Dieses Verdikt bleibt ein Grundmotiv der Verfluchung des Bergbaus, verbunden mit dem Vorwurf, dieser sei eine Verletzung der Natur. Erdbeben sind für Plinius «der Ausdruck des Unwillens der heiligen Mutter über unser Treiben».[154]

In antiker Traditon läßt Paulus Niavis (Paul Schneevogel) um 1490 die Mutter Erde auftreten, in grünem Gewand, um tränen- und blutüberströmt vor dem Göttervater Klage gegen den Bergbau zu führen, der sie schände. Auch die Najaden stimmen in die Klage ein: Die Bergleute hätten in ihrer Unverschämtheit die Quellen gestört und abgegraben. Fortuna, die das letzte Wort hat, bestreitet die Schädigung der Natur nicht, stellt jedoch fest, der Mensch könne nun einmal nicht anders, als die Berge zu durchwühlen, aber dafür gehe es ihm auch nicht gut dabei.[155] Agricola beginnt sein Werk über das Berg- und Hüttenwesen (1556), das Standardwerk für zwei Jahrhunderte, mit einer ausführlichen Verteidigung des Bergbaus gegen seine – ebenfalls sehr eloquent referierten – Gegner, so als habe es damals eine große Pro-und-Kontra-Diskussion gegeben. Zum großen Teil hält sich der Grundtenor dieser Erörterung in der antiken Tradition; von dem aktuellen Waldproblem lenkt Agricola eher ab.

Die beiden folgenschwersten Bergbauarten, der Eisenerz- und der Steinkohleabbau, geschahen in vorindustrieller Zeit meist nicht im Tiefbau, sondern wurden in offenen Gruben, die nicht viel mehr als mannstief waren, als bäuerliche Nebenbeschäftigung betrieben. Insofern wurde gerade diese tiefe Zäsur der Umweltgeschichte nicht von Anfang an als eine solche erlebt. Oder war schon der Goldbergbau die mentale Zäsur, die Entstehung einer grenzenlosen Gier, und haben die antiken Autoren das ganz richtig empfunden?

Plinius berichtet, der römische Senat habe in Italien das Schürfen nach Gold untersagt. Die Gier nach Edelmetallen tobte sich vor allem in den eroberten Gebieten aus, am meisten in Spanien. Auch frühneuzeitliche Montanregionen erlebten Schübe von «Bergfieber»; dieses wütete auch damals am heftigsten in manchen Kolonien. Aber die Dynamik grenzenloser Bedürfnisse wurde erst in der Moderne zur Haupttriebkraft des gesamten Lebens. Im «hölzernen Zeitalter» entwickelte das Montanwesen im allgemeinen noch keine Wachstumsdynamik, die sich von der sozialen Umwelt abgekoppelt hätte – wohl im kolonialen Potosí, aber gewiß nicht in Goslar. Das menschliche Leben beruhte eben noch nicht auf den Metallen; selbst Pflüge machte man lange Zeit aus Holz. Das Eisen wurde lange mehr mit Tod als mit Leben assoziiert: daher dieser «Haß auf das Eisen», der Mircea Eliade zufolge bis nach Indien, einem alten Eisenland, verbreitet ist.[156] In Mitteleuropa war es noch im 18. Jahrhundert, ja damals sogar mehr denn je, die Norm, die Hüttenwerke «in Proportion der Waldungen» zu halten, wenn man auch gewiß darüber streiten konnte, was das im Einzelfall konkret bedeutete.

Vom Endergebnis her könnte man die Pointe allerdings auch so setzen: Eben deshalb, weil die Holzversorgung des Berg- und Hüttenwesens in Mittel- und Westeuropa über Jahrhunderte relativ gut geregelt war und Umweltprobleme einigermaßen gelöst wurden, konnte dieser Wirtschaftssektor eine Dynamik entfalten, die in Synergie mit anderen Dynamiken schließlich alles überrollte. Das ist die Tücke der partiellen Bewältigung von Umweltproblemen: daß der Teilerfolg nur zu leicht schleichende Krisen verhüllt und auf diese Weise traditionelle Bremskräfte außer Funktion setzt, die die Mensch-Umwelt-Beziehung bis dahin leidlich in der Balance gehalten hatten.

IV. Kolonialismus als umwelthistorische Wasserscheide

Es gibt verschiedene Arten von Kolonialismus mit unterschiedlichen Folgeproblemen für die Umwelt: zum einen den Handelskolonialismus, der sich nur an den Hafenstädten der Küste festsetzt; zum anderen den Siedlungskolonialismus, der tiefer ins Land vordringt. Das Hauptproblem des Handelskolonialismus besteht darin, daß er die kolonisierten Länder einer Fremdsteuerung unterwirft und die Selbstregulierungselemente der Subsistenzwirtschaft stört. Der Siedlungskolonialismus bringt nicht notwendig die gleiche Gefahr mit sich. Siedler streben oft und mit Erfolg nach Unabhängigkeit vom Mutterland. Dafür drängen sie die einheimische Bevölkerung mitsamt ihrer Wirtschafts- und Lebensweise oft viel brutaler zurück als jene Kolonisatoren, die nur an Handel und Mehrwertabschöpfung interessiert sind. Mit dem Vordringen landfremder Siedler reißt eine über viele Generationen tradierte Lokalerfahrung ab. Im günstigsten Fall, wo dieses Defizit an überliefertem Erfahrungswissen klar erkannt wird, kommt es zur bewußten Organisation von neuem, durch Forschung gewonnenem Umweltwissen. Umwelthistorisch bedeutsam sind die Kolonialismen und Imperialismen jedoch nicht nur durch ihre beabsichtigten, sondern mindestens so sehr durch ihre unabsichtlichen Folgewirkungen: die «biologischen Invasionen», die Ausbreitung vieler Arten weit über ihre ursprünglichen Regionen hinaus. Der Siegeszug der menschlichen Imperien war auch ein Siegeszug der Ratten, Insekten und Mikroben.

Das Römische Reich, das Urbild aller westlicher Imperien, steht schon seit dem 19. Jahrhundert in dem Verdacht, durch Umweltzerstörung seinen eigenen Untergang beschleunigt zu haben. Für George P. Marsh, der 1864 als amerikanischer Botschafter in Florenz «Man and Nature» veröffentlichte und sich dabei von italienischen ebenso wie von amerikanischen Entwaldungseindrücken inspirieren ließ, war es evident, daß der «brutale und aussaugende Despotismus» des antiken Rom die «causa causarum» der mediterranen Verödung sei. In jüngster Zeit hält es der Desertifikationsforscher Horst G. Mensching für erwiesen, daß Rom durch forcierten Getreideanbau in semiariden Gebieten Nordafrikas Erosion und Wüstenbildung vorangetrieben habe; die Evidenz entsteht für ihn durch die römischen Ruinen in heutiger Wüste und durch den Analogieschluß aus modernen Erfahrungen.[1]

«Latifundia perdidere Italiam»; «die Latifundien haben Italien verdorben»: das war der berühmte Klageruf des älteren Plinius. Er meinte damit die Verdrängung des altrömischen Bauernstandes durch Großgrundbesitzer als Folge der ewigen Kriege. Nun bedeutete dieser Vorgang nicht notwendig einen ökologischen Kollaps. Dennoch kann man annehmen, daß die guten Einsichten der Agrarlehrer nichts nützen, wenn der Boden von Sklaven und Pächtern bestellt wird, die kein Interesse daran haben, die Güte des Bodens für künftige Generationen zu erhalten. Außerdem verbreitete sich mit den Latifundien eine Transhumanz, die auf den Ackerbau vermutlich nicht viel Rücksicht nahm und den Feldern den Dünger entzog. Seit etwa 200 n. Chr. wurden die «agri deserti», die verlassenen Felder, zu einem Dauerproblem des römischen Imperiums. Ein Hauptmotiv mag die Flucht vor dem wachsenden Steuerdruck gewesen sein. Dennoch ist diese Landflucht ohne ein Nachlassen des Bodenertrags schwer zu erklären – eine wachsende Attraktivität der Stadt läßt sich gerade für die Spätantike nicht annehmen! Daß der Niedergang des Römischen Reiches mit Verfallserscheinungen in der Landwirtschaft einherging, ist vielfach bezeugt; und die einst vielbeachtete Klimawandel-Theorie, mit der Ellsworth Huntington 1917 eine Diskussion über ökologische Niedergangsursachen entfachte, hat sich als Erklärung nicht gehalten.

Bei alledem sollte man jedoch eines nie vergessen: Das erklärungsbedürftige Phänomen ist vor allem die lange Dauer, nicht der schließliche Niedergang des römischen Imperiums! Die römischen Agrarlehrer waren noch das Vorbild der Agrarreformer des 18. Jahrhunderts. Krisenerscheinungen in der Landwirtschaft schärften auf dem Höhepunkt des Römischen Reichs das Bewußtsein für die Erhaltung der Fruchtbarkeit des Bodens.[2]

1. Das Mongolenreich und die «unification microbienne du monde»

Ein deutlich krisenträchtiger Imperialismus beginnt in der Umweltgeschichte mit dem Mongolenreich des Hochmittelalters. Bei den Mongolen handelte es sich um Pferdenomaden, die von Schaf- und Ziegenherden begleitet wurden: Von daher war die Gefahr einer Übernutzung der Weidegebiete größer als bei den arabischen Kamelnomaden. Da sich die Mongolenherrschaft in Innerasien nie institutionell verfestigte, gab es keine obere Instanz, die für eine Regulierung des Umgangs mit der Umwelt hätte sorgen können. In China ließen sich die mongolischen

Eroberer zu den chinesischen Verwaltungsmethoden bekehren, allerdings nicht völlig von der chinesischen Kultur absorbieren. Sie wandelten weite Ackerflächen in Weideland um. Als Dschingis Khan jedoch kurz nach dem Vorstoß nach China mit dem Gedanken spielte, die Chinesen auszurotten und ganz China in ein Tummelfeld der berittenen Nomaden zu verwandeln – so jedenfalls ein chinesischer Historiker des 14. Jahrhunderts –, ließ er sich von einem klugen chinesischen Berater, der ihm die Steuereinkünfte eines intakten China vorrechnete, von diesem schrecklichen Plan abbringen.[3]

Die größte Katastrophe brachten die Mongolen den Chinesen vermutlich ohne Absicht, indem ihre Reichsbildung dem Vordringen der Pest von Innerasien nach China Vorschub leistete. Wenn die chinesische Bevölkerung unter den Mongolen schätzungsweise von 123 auf 65 Millionen zurückging, so ist diese Seuche dabei vermutlich die Hauptursache. Und wenn die Pest 1347 mit Kaffa auf der Krim die erste europäische Stadt erreichte und von dort aus in wenigen Jahren ganz Europa verheerte, so war der unmittelbare menschliche Überträger die tatarische Goldene Horde, die aus Truppenteilen Dschingis Khans hervorgegangen war, in weiterem Sinne wohl auch der unter mongolischer Herrschaft kräftig belebte Handel auf der Seidenstraße.[4]

Die Verbreitung der Pest ebenso wie die anderer Epidemien ist eine Folgeerscheinung des Zusammenwachsens der Welt, der Entgrenzung traditioneller Lebensräume. Auf diese Weise dringen Mikroben in Ökosysteme vor, die gegen sie keine Immunität entwickeln konnten. Der Handel konnte mit den vorindustriellen Verkehrsmitteln die neueröffneten weltweiten Verbindungen nur mühsam und eingeschränkt nutzen. Dafür waren manche Mikroorganismen in ihrer weltweiten Verbreitung und Vermehrung sehr viel schneller. Le Roy Ladurie hat «die Vereinigung der Welt durch die Mikroben» («l'unification microbienne du monde») als makrohistorisches Konzept vorgeschlagen, um die Epidemien seit dem 14. Jahrhundert in der Alten und Neuen Welt weltgeschichtlich zu begreifen.[5] In einer Zeit, als sich das Leben der meisten Menschen noch in einem geographisch eng begrenzten Rahmen vollzog und die Überschreitung der Grenzen nur langsam und mühsam geschah, waren die großen Epidemien bereits ein zukunftsträchtiger Katastrophentypus, der auf der raschen und weltweiten Verbreitung von Schadensursachen basierte. In der Geschichte der Globalisierung der Umweltprobleme ist die Pest ein Vorläufer und ein böses Omen.

Etwas verwirrend ist der Umstand, daß der Mittelmeerraum allem Anschein nach schon vom 6. bis zum 8. Jahrhundert von verheerenden Pestzügen heimgesucht wurde: von der sog. «justinianischen Pest», die in Konstantinopel erstmals 542 auftrat. Anders als die spätmittelalterlichen Pestepidemien ging sie in keine Kollektiverinnerung ein; selbst moderne Historiker haben sie oft vergessen. Dabei war sie möglicherweise von noch größerer Tragweite als die Pest des 14. Jahrhunderts; denn vieles spricht dafür, daß sie noch mehr als die Völkerwanderung zur Schwächung des Mittelmeerraums und zur Verlagerung der Machtzentren beigetragen hat. Wie der Seuchenhistoriker McNeill bemerkt, wurden weite Gebiete des Römischen Reiches schon seit dem zweiten nachchristlichen Jahrhundert durch aufeinanderfolgende Seuchen verheert.[6] Demnach hätte bereits die durch die Pax Romana gestiftete Erweiterung der Welt ihren epidemischen Preis gehabt.

Ist die Annahme, daß die Pestzüge in etwa der Ausweitung der menschlichen Herrschafts- und Handelswege folgen, epidemiologisch plausibel; oder kann der Pesterreger auch per Zufall – durch vereinzelte Trägerorganismen – in ungeschützte Ökosysteme überspringen? Mehrere Überlegungen sprechen für die erste Annahme: Der wichtigste Wirt des Pesterregers war offenbar die Hausratte, die sich nur entlang menschlicher Gehäuse – einschließlich der Schiffe – verbreitet. Da sie auch selbst an der Pest stirbt, ist eine gewisse Massierung der Ratten und ihrer Lebensräume erforderlich, damit die Pest mit dem Tod ihrer Träger nicht rasch erlischt. Der Pesterreger kann aber auch von Mensch zu Mensch direkt übertragen werden. Je mehr die Pest die dichter besiedelten und vernetzten Regionen Europas erreichte, desto mehr scheint ihre Verbreitungsgeschwindigkeit zugenommen zu haben. Bei anderen Epidemien wie Typhus oder Ruhr, die sich über das Trinkwasser verbreiten, ist die Massierung von Menschen und pathogenen Umwelten als Verbreitungsbedingung noch deutlicher als bei der Pest.[7]

Eine aufregende Frage zielt darauf, ob die Pest noch auf andere und intimere Weise mit der Umweltgeschichte zusammenhängt. Es fällt auf, daß die Pest ungefähr in jenem historischen Moment über Europa herfiel, als weite Teile Europas die Grenzen ihres Nahrungsspielraums erreicht hatten: Darauf deuten Hungersnöte, eine allgemeine Verschlechterung des Ernährungszustandes und die bis auf schwer zu beackernde Böden vorgetriebene Rodungsbewegung hin. Die drastische Bevölkerungsverminderung durch die Pest hat die Balance zwischen den Menschen und den natürlichen Ressourcen für mehr als ein Jahrhundert erheblich verbessert. Auf manche Historiker wirkten die Pestseuchen wie Selbstregulierungsmechanismen der Groß-Ökosysteme. Am Anfang befiel die Pest Arm und Reich in gleicher Weise; im Lauf der Jahrhunderte wurde sie jedoch zu einer «sozialen Seuche», die die Unterschichten – zumal diese nicht auf Landgüter fliehen konnten – am stärksten traf. Defoe bezeichnete die Londoner Pest von 1665 als eine «Erlösung», indem diese «dreißig- bis vierzigtausend gerade von jenen Menschen dahinraffte, die, wenn sie am Leben geblieben wären, durch ihre Armut eine unerträgliche Last gewesen wären». Im 16. und 17. Jahrhundert, als die Pest in Konstantinopel endemisch geworden war, waren die Pestseuchen in Europa häufiger als im Mittelalter. Der Zusammenhang der Pestzüge mit Hauptströmen des Fernhandels und der Heeresbewegungen wird noch deutlicher.[8]

Nicht nur durch ihre Ursachen, sondern mindestens so sehr durch die menschlichen Gegenreaktionen wird die Pest zu einem elementaren Ereignis der Umweltgeschichte. Zwar offenbarte die Pest zunächst die Machtlosigkeit der Medizin; aber der sich durch die gesamte Neuzeit ziehende Prozeß der Hygienisierung der westlichen Zivilisation und der Politisierung der Hygiene – der wohl wichtigste Ursprung eines praktisch wirksamen Umweltbewußtseins – entsprang seinerseits zu einem Großteil der traumatischen Seuchenerfahrung. Jener «Prozeß der Zivilisation» mitsamt seiner Anhebung der Scham- und Ekelschwelle, der von Norbert Elias auf recht komplizerte Art erklärt wurde, läßt sich am einfachsten aus der Angst vor Ansteckung und «böser Luft» ableiten, die schon lange vor der Entdeckung der Bakterien grassierte.[9] Das Gefühl, daß es am gesündesten ist, einsam in der grünen Natur zu leben, hat hier einen ganz trivial-rationalen Grund.

In den mentalen und medizinalpolitischen Reaktionen auf die Pest unterschied sich Europa von der islamischen Welt, die die Pest fatalistischer als gottgesandtes Schicksal hinnahm. Europäische Sonderwege im Umweltbewußtsein manifestieren sich, außer in den Forstordnungen, am frühesten in der Reaktion auf die großen Seuchen. Gewiß waren die Gegenreaktionen jahrhundertelang nicht sehr erfolgreich. Solange die Handelsstädte die Hauptakteure waren, ließen sich rigide Quarantänemaßnahmen auf breiter Front nicht durchsetzen. Erst als die Landesherren die Initiative übernahmen und die Habsburgermonarchie ab 1728 auf dem Balkan einen breiten Pestkordon einrichtete, machten sich Fortschritte bemerkbar. Manche Seuchenhistoriker glauben allerdings, das merkwürdig rasche Verschwinden der Pest in Europa im 18. Jahrhundert sei kein Verdienst menschlicher Vorkehrungen, sondern resultiere aus der Verdrängung der Haus- durch die Wanderratte. Auch in moderner Zeit behält die Seuchengeschichte ein unheimliches und unberechenbares Element.[10]

2. Ökologische Dynamiken im Übersee-Kolonialismus

In seiner Wirkung auf die Weltwirtschaft wurde der frühneuzeitliche Kolonialismus oft überschätzt. Die Masse der Menschen und Waren, die von da ab die Weltmeere überquerte, blieb – insgesamt gesehen – bis ins 18. Jahrhundert noch so marginal, daß es fraglich erscheint, ob mit der Entdeckung Amerikas die Wirtschaft tatsächlich globale Dimensionen annahm. Viel schneller jedoch als der europäische Mensch waren manche Kräuter und Unkräuter, waren Mikroben und Ratten, Kaninchen und Schafe, Rinder und Pferde dazu in der Lage, sich in neuen Welten mit zunächst unbegrenztem Nahrungsspielraum, wo die natürlichen Feinde fehlten, flächendeckend zu verbreiten. Wenn der epochale Charakter des frühneuzeitlichen Kolonialismus nach Maßstäben der herkömmlichen Historie ins Wanken gerät, so bekommt er in der Umweltgeschichte einen neuen Sinn.

Einen solchen Sinn präsentiert Alfred W. Crosby in seinem «Ecological Imperialism» (1986): einem umwelthistorischen Großkonzept, das wie kaum ein anderes eine weltweite Wirkung ausgeübt hat.[11] Dieser Effekt beruhte wohl nicht zuletzt darauf, daß Crosby das Kunststück vollbrachte, einerseits aus der Eroberung Amerikas durch die Europäer einen Vollzug ökologischer Gesetze zu machen, andererseits jedoch auch das in der Dritten Welt verbreitete Bedürfnis, der Ersten Welt die Schuld an der eigenen Misere zu geben, in hohem Maße zu befriedigen.

Crosby schlägt einen kühnen Bogen über tausend Jahre Weltgeschichte, von 900 bis 1900, von der Besiedlung Islands bis zum Hochimperialismus. Er analysiert, wieso die europäischen Expansionsbemühungen die ersten 500 Jahre eine Serie von Mißerfolgen, danach eine Kette beispielloser Erfolge brachten. Insbesondere der Kontrast zwischen den Kreuzzügen und der Eroberung Amerikas ist ungeheuer, wenn man zwischen Aufwand und Ertrag vergleicht: auf der einen Seite die zweihundertjährigen irrsinnigen Kämpfe der Kreuzfahrer, am Ende mit einem Resultat gleich Null, auf der anderen Seite der rasche Siegeszug der Konquistadoren, der zur Unterwerfung der riesigen Neuen Welt führte, ohne daß es je ein mehr als episodisches indianisches Rollback gegeben hätte. Des Rätsels Lösung ist im Prinzip einfach: Im ersten Fall hatten die Europäer die Natur gegen, im zweiten Fall für sich. Und zwar nicht nur die Natur, die sie im fernen Land vorfanden, sondern auch die, die sie – teils absichtlich, teils unabsichtlich – mitbrachten: Nutzpflanzen und Nutztiere, aber auch Unkrautsamen,

Schädlinge und Bakterien. Die unbeabsichtigten Mitbringsel erwiesen sich sogar als besonders wirkungsvoll.

Die ökologische Unterlegenheit der Neuen Welt – die doch auf viele Europäer wie der Inbegriff ungebändigter Wildnis wirkte – hat bei Crosby erdgeschichtlich bedingte Ursachen: Seit Amerika von der eurasisch-afrikanischen Landmasse getrennt war, war es gegenüber der Alten Welt an Artenvielfalt und immunitätsfördernden Ausleseprozessen zurückgefallen. Die Kolonisation stellte die ökologische Ur-Einheit des Pangaia-Kontinents wieder her, vollzog sich also in gewissem Sinne im Einklang mit der Natur. Aus diesem Grunde wurde sie zu einer Erfolgsgeschichte größten Stils, auch wenn sie furchtbare Opfer forderte und die Welt letztlich artenärmer gemacht hat.

Crosby kann den Transfer vieler einzelner Arten und dadurch mitverursachte Verdrängungsprozesse autochthoner Arten nachweisen, aber wo er den Sieg und die Niederlage von Ökosystemen schildert, präsentiert er eine in wesentlichen Stücken konstruierte Geschichte, die davon ausgeht, daß es oberhalb aller Ökotope und ökologischen Nischen die Alte und die Neue Welt als mehr oder weniger kompakte Groß-Ökosysteme gibt. Wenn man sich dagegen die Welt aus vielen ökologischen Mikrokosmen zusammengesetzt vorstellt, muß man keine generelle ökologische Unterlegenheit der Neuen Welt annehmen. Und in der Tat, was man bei der Lektüre Crosbys fast vergißt: Viele amerikanische Arten haben in Eurasien großes Durchsetzungsvermögen gezeigt und Ökosysteme der Alten Welt durcheinandergebracht: an der Spitze die Kartoffel, aber auch Mais, Tabak, Bohnen, Tomaten, die Douglasie, der australische Eukalyptus – und nicht zu vergessen der Syphiliserreger und die Reblaus, die im 19. Jahrhundert das Gros der europäischen Weinkulturen zerstörte. Apropos: Die Nutzpflanzen und Nutztiere Europas stammen größtenteils aus Asien; dennoch hat ihre Übernahme keineswegs eine Herrschaft Asiens über Europa gefördert; von vielen Arten haben die Europäer sogar mehr profitiert als die Asiaten selbst. Auch die Indianer waren durchaus fähig, aus europäischen Arten Nutzen zu ziehen; das berühmteste Beispiel ist die zeitweise sehr erfolgreiche Symbiose mancher Indianervölker mit dem Pferd, dessen Aneignung durch die Indios die Spanier vergeblich zu verhindern suchten. Auch das Schaf haben die Indios im 17. Jahrhundert in ihre eigene Wirtschaft integriert.[12] Politische und ökologische Geschichte beschreiben bei Crosby eine viel zu glatte Parallele.

Crosby verweilt am liebsten auf Inseln: Madeira, den Azoren, Neuseeland; in diesen isolierten Kleinräumen kann sich die europäische

Flora und Fauna in begrenzter Zeit vollständig durchsetzen. Anders verhält es sich auf großen Kontinenten: Die sind nicht so leicht zu europäisieren. Drei Jahrhunderte nach Kolumbus hatte Alexander von Humboldt nicht den Eindruck, in Amerika eine überfremdete und zerstörte Natur zu finden. Wenn Crosbys Buch eine praktische Lehre enthält, so letztlich die, daß die Globalisierung, mag sie auch für weite Teile der Menschheit ein Verhängnis bedeuten, ein ökologisch unvermeidlicher, zwangsläufiger und irreversibler Prozeß ist, bei dem man sich, auch wenn man sich über dessen Ungerechtigkeit empört, doch am besten auf die Seite der Gewinner schlägt. Aber die Ökologie ist global zum Glück nicht so eng vernetzt wie der idealtypische Weltmarkt im Zeitalter der Elektronik.

Crosby kommt aus der historischen Erforschung der Infektionskrankheiten, und auf epidemiologischer Ebene trifft sein Konzept gewiß am allermeisten zu, obwohl der Begriff «Imperialismus» dort den wenigsten Sinn macht. Die Kolonisatoren haben durch die von ihnen eingeschleppten Krankheitskeime, die bei den durch keine Immunität geschützten Indios verheerende Seuchen auslösten, die Naturgeschichte der Neuen Welt sicherlich am schnellsten und einschneidendsten beeinflußt und unabsichtlich jene Vakuen und Schwächezonen geschaffen, in denen sie sich selbst und ihre großen Schaf- und Rinderherden etablieren konnten. Über die Zahl der amerikanischen Ureinwohner bei Ankunft der Europäer ist ohne Ende spekuliert worden; dabei haben sich die Schätzungen von unter 10 Millionen in den 1930er Jahren auf über 100 Millionen in den 60er Jahren bewegt. In der Tendenz wurde die Versicherung von Las Casas bestätigt, daß es in den Regionen, in die die Spanier in den ersten 50 Jahren nach 1492 vorgedrungen seien, von Menschen «wie in einem Bienenstock» gewimmelt habe. Wenn Kolumbus sich dort im «Paradies» glaubte – so William M. Denevan –, so meinte er ein menschliches Paradies, nicht das Paradies moderner Liebhaber der Wildnis. Die Konquistadoren hatten nicht deshalb soviel mehr Erfolg als die Kreuzfahrer, weil sie im Unterschied zu jenen auf eine spärlich besiedelte Wildnis gestoßen wären; vielmehr muß vieles von jener amerikanischen Wildnis, die die Romantiker des 19. Jahrhunderts entzückte, erst als Folge der durch die Epidemien bewirkten Entvölkerung entstanden sein. Nicht wenige Indizien – ob Brennholzmangel bei den Indianern des Nordostens oder die Bewässerungsterrassen in Mexiko und Peru – deuten darauf hin, daß weite Regionen bereits bis an die Grenze des Nahrungsspielraums besiedelt gewesen sein müssen.[13]

Unter den Inhalten des «biologischen Musterkoffers», die von den

Europäern mit Absicht in die Neue Welt gebracht wurden, war das Großvieh am allerwichtigsten. Auf das Pferd gründete sich zu einem Gutteil die militärische Überlegenheit der Spanier. Mit Pferden und Ochsen kam der Pflug, den die Altamerikaner aus Mangel an Zugvieh nicht besessen hatten. Rinder und Schafe verwandelten weite Regionen in Weideland. Die Weide wurde im ersten Jahrhundert nach Kolumbus ähnlich rücksichtslos betrieben wie die Eroberung insgesamt, ohne die Beschränkungen, denen die Hirten in europäischen Bauernländern unterworfen waren. Vegetations- und Bodenzerstörung mit nachfolgender Erosion waren die Folge. Das ist jedoch nicht das Ende der Geschichte; es gab auch Gegenreaktionen. Auf den Plantagen der Karibik ersetzte man im 18. Jahrhundert den Pflug wieder durch die Hacke, nachdem man die erosionsfördernde Wirkung des Pflügens bemerkt hatte.[14]

Am besten erforscht sind die Vorgänge in Mexiko. Elinor G. K. Melville hat eine Fülle von Indizien für eine rücksichtslose Überweidung des mexikanischen Hochlandes im 16. Jahrhundert zusammengestellt; ihre Arbeit ist die bislang gewichtigste Regionalstudie auf der Grundlage der Crosby-These. Aber schon im späten 16. Jahrhundert waren die Folgen der Überweidung für die Herdenbesitzer empfindlich spürbar; damals ging die Herdengröße abrupt zurück. Überweidung ist kein Typus von Umweltschädigung, der sich über sehr lange Zeit schleichend und ohne schädliche Folgen für die Verursacher vollzieht; sobald diese nicht mehr in Neuland ausweichen können, sind sie über kurz oder lang gezwungen, ihre Herden entsprechend der Tragfähigkeit des Weidelandes zu beschränken. Die Indianerschutzpolitik der spanischen Krone und Kirche, die stets das indianische Gemeindeland und auch die dazugehörigen Wasserrechte gegen die Gier der spanischen Haciendoros verteidigte, trug zum Fortleben vieler indianischer Dorf- und Anbaukulturen bei, die erst viel später, in postkolonialer Zeit, zerstört oder bedroht wurden. In weiten Teilen des Landes überlebte die traditionelle Mais-Bohnen-Subsistenzwirtschaft der Indios bis ins 20. Jahrhundert und geriet erst durch die «Grüne Revolution» in Bedrängnis.[15]

Die Kolonisation zog in Mexiko erhebliche Entwaldungsprozesse nach sich: vor allem durch die Schaffung weiter Weidegebiete und auch durch den enormen Holzverbrauch der Zuckerraffinerien. Dennoch ist zweifelhaft, ob die frühe Kolonialzeit in dieser Hinsicht gegenüber den präkolumbianischen Entwaldungsprozessen einen markanten Einbruch bedeutet. Schon der erste mexikanische Vizekönig war sich der Gefahr, die seiner Hauptstadt durch Entwaldung drohte, wohlbewußt. Gerade die Ausbeutung der Edelmetalle, des größten Reichtums der Kolonien für Spanien, hing ja nicht zuletzt am Holz. Die bedrohlichsten Entwaldungsschübe erfolgten in Mexiko wohl erst in postkolonialer Zeit; sie lassen zugleich erkennen, welche reichen Waldbestände es bis dahin noch gegeben haben muß. 1899 glaubte der französische Konsul in Mexiko, der Handel mit Tropenholz sei «das beste Geschäft auf der Welt». In den 1990er Jahren hat das Land, der Leiterin der mexikanischen Umweltbehörde zufolge, die höchste Entwaldungsrate Lateinamerikas. Rigorose Naturschutzbestrebungen, die aus urtümlichen Wäldern jegliche menschliche Nutzung verbannen wollen, kollidieren jetzt mit der indianischen Widerstandsbewegung der Zapatistas. Für jene nordmexikanischen Gebiete, die 1848 an die USA kamen, brachte der Einbruch der US-amerikanischen Zivilisation die weitaus tiefsten Umweltveränderungen, denen gegenüber die spanische Ära noch fast zur altamerikanischen Zeit gehört. In jüngster Zeit wird die relative Vernunft der spanischen Kolonialpolitik wiederentdeckt. Die aus Trockengebieten stammenden Kastilier kamen in Mexiko in eine Landschaft, die sie verstanden, heißt es nun – besser jedenfalls als die Yankees, die die Steppen um jeden Preis in Ackerland umwandeln wollten.[16]

Neben der Viehweide war es vor allem die Plantagenwirtschaft, mit der die Kolonisatoren die Natur der Neuen Welt großflächig veränderten. Der älteste und verbreitetste Typus von Kolonialwirtschaft, der soziale und ökologische Schadenswirkungen am schlimmsten vereint, ist die Zuckerrohrplantage. Keine andere Anbaupflanze hat in den Kolonien derart den kapitalistischen Großgrundbesitz und die Sklaverei gefördert wie das Zuckerrohr und keine andere in solchem Maße die Entwaldung: nicht nur durch den unersättlichen Verbrauch guten Bodens, sondern auch durch den Brennholzbedarf der Raffinerien, die ein Grund dafür waren, daß der Anbau von Zuckerrohr sich nur im kapitalstarken Großbetrieb lohnte. Vor dem Aufstieg der Zuckerrohrplantagen von Madeira im 15. und 16. Jahrhundert war Zypern für Europa die Zuckerinsel gewesen; daß sich im 15. Jahrhundert ein zypriotischer Raffiniermeister bemühte, durch den Einsatz von Eiern Holz zu sparen, läßt erkennen, wie gravierend das Holzproblem im waldarmen Mittelmeerraum wurde. Die Insel Madeira, deren Name «Holz» bedeutet und die ursprünglich für ihren Waldreichtum berühmt war, verlor durch das Zuckerrohr einen Großteil ihrer Wälder. Da bei der Ernte ein Stumpf der Pflanze im Boden bleibt, um neu emporzuschießen, ist bei Zuckerrohr kein Fruchtwechsel mit anderen Arten möglich, die den Boden regenerieren und die Ernährungsbasis verbreitern. Vermutlich war das neben dem Holzbedarf der wichtigste Grund, um den Zuckerrohranbau aus dem Mittelmeerraum in sonnenreiche Kolonien zu verlagern: «Abgesehen von dem einzigen Vorteil der Bodenfruchtbarkeit des brandgerodeten Waldlands bot der Anbau des Zuckerrohrs 4000 Seemeilen oder drei Monate von den Märkten Europas entfernt keinen logischen Vorteil.» In Brasilien, das zu einem führenden Zuckerland der Welt aufstieg, wurde die Zuckerrohrplantagenwirtschaft bis in die moderne Zeit als bloßer Raubbau, als «shifting cultivation» betrieben, bei der der erschöpfte Boden liegengelassen und neue Flächen gerodet wurden. Aber wohl erst im Industriezeitalter, als der Zucker vom Luxusartikel zum Massenkonsumgut aufstieg, erreichte der Zuckerrohranbau derartige Dimensionen, daß er nicht nur die Natur von Inseln zerstörte, sondern auch auf den Kontinenten weite Landschaften völlig veränderte. Als eines der verbreitetsten Suchtmittel der Moderne wurde der Zucker zu einer Art von historischem Subjekt. Wie noch nie zuvor machte die Dynamik des Konsums Welt- und Umweltgeschichte: Eine ganze Konfiguration neuer Genußmittel wie Zucker, Rum, Tee, Kaffee und Kakao trieb die Kolonisierung mitsamt dem Plantagensystem voran.[17]

Für einen Historiker Brasiliens ist es im 19. Jahrhundert eine bekannte Tatsache, daß das Zuckerrohr die Herrschaft der Aristokratie fördere, während der Kaffeebaum «sozusagen eine demokratische Pflanze» sei, deren erfolgreicher Anbau auch im Kleinbetrieb gelinge. Früher war es von Vorteil, wenn Kaffeesträucher zusammen mit anderen Pflanzen – in Brasilien mit Mais und Bohnen – angebaut wurden, die die jungen Kaffeepflanzen schützten. Auf diese Weise vertrugen sich Kaffeepflanzungen mit der Subsistenzwirtschaft und einer gewissen biologischen Vielfalt. Sobald der Kaffeebaum allerdings höher wurde, kamen in seinem dichten Schatten andere Pflanzen nicht mehr hoch. Als Folge des «Aberglaubens», «der Kaffeestrauch gedeihe nur auf jungfräulichem Waldboden», wurde in Brasilien auch für die Kaffeepflanzung ständig und unnötig viel Urwald gerodet. Walderhaltend dagegen wirkt der Kakaobaum, der den Schutz großer Bäume braucht. In Ghana entfiel mit dem Niedergang der Kakaoproduktion ein wichtiges Waldschutzmotiv.[18]

Eine über ganze Kontinente reichende Weltwirkung entwickelte der Kolonialismus wohl erst seit dem 19. Jahrhundert in Verbindung mit der Industrialisierung, mit Dampfschiff und Eisenbahn. Erst mit dem Massenexport von Fleisch nach Europa wurde die argentinische Ranch zum Riesenbetrieb. Die volle Dynamik des Industriezeitalters erfaßte viele Länder der Dritten Welt sogar erst in postkolonialer Zeit. Die Kolonialregierungen pflegten bestehende Sozialstrukturen, soweit diese ihnen nützlich oder zumindest nicht gefährlich waren, zu konservieren. Sie sind dafür von Fürsprechern des Fortschritts kritisiert worden;

aber die Urteile der Ökologen dürften in manchen Fällen anders ausfallen. In der Kolonialzeit hielten die Indios der La-Plata-Regionen mit Erfolg am Mais und am Grabstock fest und sperrten sich gegen den Weizenanbau und den Pflug. Erst im unabhängigen Argentinien führten die Gauchos einen ungehinderten Vernichtungskrieg gegen die Indios. Die Zerstörung der Tropenwälder erreichte ihre heutigen katastrophalen Ausmaße erst in der zweiten Hälfte des 20. Jahrhunderts, in der Zeit der Nachkriegskonjunktur und der Dekolonisation, des Lastwagens und der Motorsäge, der Massenexporte für die Zellstoffindustrie und der Bevölkerungsexplosion. Noch zu Zeiten Albert Schweitzers waren, wie er anschaulich berichtet, das Fällen und der Transport von Bäumen am Ogowe sehr mühsam; alles Holz, das mehr als einen Kilometer von der Straße oder dem Fluß entfernt lag, war so gut wie nicht mehr zu transportieren.[19]

Extrembeispiele der Entwaldung bieten in Asien Thailand und Nepal, die niemals Kolonialländer waren, und in Amerika Haiti, wo – ein Unikum in der Geschichte – im Gefolge der französischen Revolution schwarze Sklaven die Unabhängigkeit erkämpften. Nach diesem Sieg zog die Masse der Bevölkerung von den Plantagen der Ebene in die Berge, ohne dort jedoch eine stabile Terrassenkultur auszubilden. Einst die reichste Kolonie der Welt, wurde Haiti zum Extremfall von Erosion.[20] Äthiopien, das nur kurz Kolonie war und noch in den 1950er Jahren als besonders fruchtbares und verheißungsvolles Land galt, wurde seit der Hungerkatastrophe von 1982/84 zum Inbegriff ökonomisch-ökologischer Verelendung: anscheinend als Folge der Verbreitung des «Ochsen-Pflug-Systems» in ökologisch fragile Regionen.[21]

In manchen mittelafrikanischen Regionen wie Rhodesien richteten die Kolonialmächte am Ende des 19. Jahrhunderts das schlimmste Desaster dadurch an, daß sie unter dem Einfluß der Großwildjäger den Eingeborenen die Jagd auf Großwild verboten und auf diese Weise das Vordringen der in Symbiose mit dem Großwild lebenden Tsetsefliege förderten, die Mensch und Vieh mit der Schlafkrankheit infizierte. Die Zusammenhänge waren den bakteriologisch gebildeten Zeitgenossen wohlbekannt; über der Frage, ob die Jagd auf Großwild wieder freigegeben werden solle, kam es zu erbitterten Kontroversen. Wenn die Kolonialmacht willentlich-unwillentlich der Ausbreitung der Symbiose Großwild–Tsetsefliege Vorschub leistete, so betrieb sie keine Invasion einer fremden Natur, sondern lediglich das Umsichgreifen einer bereits endemischen Natur. In Afrika erfolgten wie in Amerika besonders rasche und für den Menschen schlimme Auswirkungen des Kolonialismus im Reich der Mikroben. Aber auch hier lassen sie sich nicht allesamt auf den Generalnenner «Naturzerstörung» bringen. Wie eine Fallstudie über Tanganyka ergab, enthielt die vorkoloniale Wirtschaft der Eingeborenen eine «agro-horticultural prophylaxis» gegen die Tsetsefliege, während die koloniale Wildschutz-Politik zum «Verlust der Kontrolle über die Umwelt» führte und «der Natur einen Vorteil über die Menschen» zuspielte. Die Geschichte der Herrschaft ist nicht in jeder Hinsicht eine Geschichte wachsender Naturbeherrschung! Die Tsetsefliege, die die menschlichen Siedlungen vom Großwild fernhielt, genoß die Sympathie der Großwildjäger ebenso wie des Tierschützers Grzimek. Solange die Schwarzen noch als Teil der Natur und nicht als «homo sapiens» im vollen Sinne galten, wurden sie von den Weißen in den Naturreservaten nicht als Fremdkörper empfunden; das änderte sich, je mehr die Europäer erkannten, daß auch die Afrikaner auf ihre Art in die Natur eingriffen. Die daraus entstehende Konfrontation zwischen Naturparks und Eingeborenen, die sich auch nach der Dekolonisation fortsetzte, war für die Entwicklung eines afrikanischen Umweltbewußtseins nicht günstig.[22]

3. Die Genese des globalen Blicks: Koloniale und insulare Ursprünge des modernen Umweltbewußtseins

Wie eine Replik auf Crosbys «Ecological Imperialism» liest sich der «Green Imperialism» von Richard H. Grove, der die Genese des modernen Umweltbewußtseins auf den Kolonialismus zurückführt. Grove präsentiert weitausholend eine schöne und überraschende Geschichte von großem Format. Nicht – wie oft angenommen – im Dunstkreis der Londoner Kloaken, sondern fern unter Palmen, auf exotischen Inseln, unter dem Eindruck bedrohter Paradiesträume, sei unser Umweltbewußtsein entstanden. Dort habe man erstmals den Konnex zwischen rapider Entwaldung, Versiegen der Quellen, Verdorren des Bodens und Verschlechterung des Klimas bewußt erlebt oder zu erleben geglaubt. Von St. Helena, St. Vincent und vor allem Mauritius habe dieses neue Bewußtsein um 1800 auf den britisch-indischen Subkontinent übergegriffen. Dort sei es nicht bei der bloßen guten Absicht geblieben, sondern die Ökologie sei zu einer einflußreichen «Lobby», zu einem «Establishment» wissenschaftlicher Expertise für die Politik geworden.[23] Vor allem in der Forstschutzpolitik habe sie Wirkungen von großer Tragweite erzielt. Dabei sei es nicht in erster Linie um Holz, sondern um die ökologische, vor allem klimatische Bedeutung des Waldes gegangen. Ärzte und Botaniker hätten die Initiative gehabt; die

Botanischen Gärten seien zu Pflanzstätten der politischen Ökologie geworden. Die Macht dieser Öko-Lobby beruhte offenbar auf der Herrschaft über die Diskurse mit Hilfe eines weltweiten intellektuellen Netzwerks, das bis in deutsche Gelehrtenstuben reichte, und auf der Angst der Kolonisatoren vor Tropenkrankheiten.

Groves Geschichte besitzt über Teilstrecken nicht nur empirische, sondern auch logische Evidenz. Die Begegnung der Europäer mit den Tropenwäldern und den tropischen Waldvölkern, den nackten «Wilden», hat dem Ideal der paradiesischen Natur und des unverdorbenen Naturmenschen eine magische Anziehungskraft verliehen: Der Natur-Enthusiasmus eines Rousseau wäre ohne diese Erfahrung nicht denkbar. Die Biologie und die «Lust zur Baumzucht» bekamen stärkste Impulse aus der exotischen Vegetation. Zugleich aber sah man sich in manchen Kolonialgebieten – am frühesten auf den Inseln – mit naturzerstörenden Kettenreaktionen weitaus drastischer konfrontiert als in Mittel- und Westeuropa: teilweise infolge der natürlichen Bedingungen dieser Regionen, zum Teil aber auch deshalb, weil in den Kolonien oft ein viel rascherer und rücksichtsloserer Raubbau am Wald, Wild und Boden betrieben wurde als in den Mutterländern. In den meisten mittel- und westeuropäischen Regionen geht die Erosion lange Zeit unbemerkt vor sich, und auf die Abholzung von Wald folgt kein prompter und irreversibler Bodenverlust. Wo sich der Regen über das ganze Jahr verteilt, drängt sich der Zusammenhang zwischen Wald und Wasserhaushalt des Bodens als Problemfeld nicht auf. Die Erosions- und Desertifikationsforschung bekam ihre Impulse aus Nordamerika und aus subtropischen und tropischen Regionen; erst im Laufe des 20. Jahrhunderts merkte man, daß es Erosion und Versteppung auch in Mitteleuropa gibt.[24]

Vor allem in den Kolonien galt die ständige Sorge des Europäers dem Klima und dessen Folgen für das eigene Befinden. Schon seit der Antike, seit Herodot und Hippokrates, hat die Begegnung mit fremdartigen Umwelten zu Gedanken über den Einfluß der Umwelt auf den Menschen angeregt; die überseeischen Entdeckungen und Eroberungen der Neuzeit gaben solchen Ideen einen ungeheuren Auftrieb. Manches folgte dabei antiken Denkmustern; aber als der Europäer erobernd in fremde Welten einbrach, stellte sich auch die umgekehrte Frage nach dem menschlichen Einfluß auf die Umwelt schärfer als bisher. Experimente mit der Einführung europäischer Arten in den Kolonien und exotischer Arten in Europa erzeugten eine neue Art von praktischem Umweltwissen. In Neuseeland machte man im 19. Jahrhundert die Erfahrung, daß man Hummeln zur Blütenbestäubung einführen mußte, damit der Kleeanbau gedieh.[25]

Bei alledem wurden *Inseln* zum exemplarischen Fall; diese isolierten Kleinwelten schufen für das Studium ökologischer Zusammenhänge gleichsam Laborbedingungen. Kolonisierte Inseln sind die Musterbeispiele für Crosby wie für Grove. Auf kleinen Inseln konnte es geschehen, daß der Wald binnen kurzer Zeit restlos vernichtet wurde; kein Samenflug aus Nachbargebieten vermochte ihn zu regenerieren. Auch Tierarten ließen sich hier rasch und restlos ausrotten; ein schon früh berühmt gewordenes Beispiel ist der Dodo, die legendäre Riesentaube von Mauritius, die schon im 17. Jahrhundert ausstarb. Auf dieser Insel bemerkte man bereits im frühen 18. Jahrhundert, daß die Abholzung des Waldes dort ein verhängnisvoller Fehler ist, wo die üppige Vegetation über die Fragilität des Mutterbodens hinwegtäuscht.[26]

Das Schicksal einer großen nordischen Insel wie Island, die um 900 von Wikingern besiedelt wurde, wurde im 19. Jahrhundert als Lehrstück der Umweltzerstörung entdeckt. Roscher zählte Island «zu den großartigsten Beispielen einer durch Waldzerstörung verschlechterten Natur». Über die Jahrhunderte bietet Island, wie es scheint, ein Musterbeispiel jenes ökologischen Circulus vitiosus, der von der Abholzung über die Überweidung zur Bodenzerstörung führt, die im Falle Islands durch Wind- und Wassererosion verstärkt wurde. Eine Abkühlung des Klimas scheint hier, am Rande der Arktis, die Verelendung der Bevölkerung noch verschlimmert zu haben, deren Zahl von etwa 80000 im 12. auf unter 30000 im 18. Jahrhundert sank. Die urtümlichen Waldschutz-Motive, die sich auf die Frucht- und Mastbäume richteten, schützten nicht die schütteren Birkenwälder des alten Island. Nun führen Entwaldung und Schafweide, wie man an England und Irland sieht, durchaus nicht überall zwangsläufig zur Bodenzerstörung; aber die Vegetation des alten Island war der Weide nicht gewachsen. Die isländischen Siedler hatten bis dahin nur Erfahrungen mit andersartigen Ökosystemen; daher versäumten sie es, sich rechtzeitig an eine Natur anzupassen, die sie nicht ihrer eigenen Wirtschaftsform anzupassen vermochten. Aber auch politische Umstände scheinen dazu beigetragen zu haben, daß sich die Isländer angesichts des Niedergangs ihrer Umwelt wie gelähmt verhielten: Sie verloren ihre Autonomie zunächst an die Norweger, dann an die Dänen; und um 1700 waren 94 % von ihnen zu armen Pächtern mit eng beschränktem Handlungsspielraum abgesunken, die sich, um die Pacht aufzubringen, keine Brache, die den Boden regenerierte, leisten konnten. Insofern fällt auch Islands Schicksal unter die Rubrik «Kolonialismus».[27]

Von dort ein Sprung an das andere Ende der Welt: auf die Osterinsel, jenes verödete Eiland mit den großen Steinbildern, den Zeugen vergangener, vielleicht verhängnisvoller Ambitionen. Diese einsamste Kulturinsel der Welt gilt heute als Paradebeispiel für ökologischen Selbstmord durch Waldvernichtung. Das Schicksal der Osterinsel als Warnung für das «Raumschiff Erde»! Die Vernichtung des Waldes müßte sehenden Auges geschehen sein; denn die Insel ist so übersichtlich, daß man wissen konnte, wann man den letzten Baum fällte. Oder handelt die wahre Geschichte der Osterinsel nicht von Selbstmord, sondern von Mord? Nach Pollenbefunden scheint die Insel schon vor über tausend Jahren nahezu baumlos gewesen zu sein; aber noch der holländische Admiral Roggeveen, der die Insel 1722 entdeckte, fand dort eine blühende Landwirtschaft mit einer üppigen Vielfalt von Früchten. Auch hier bedeutete Entwaldung nicht notwendig Verödung, zumal es noch Palmen gab. Der Ruin kam anscheinend erst in der Folgezeit durch den grausamen Bürgerkrieg, vollends 1862 durch die Wegführung des Großteils der Bevölkerung durch peruanische Sklavenhändler und die Verwandlung der Insel in eine große Schaf-Ranch.[28] Exotische Öko-Modelle sind anfällig für Projektionen!

Schlagende Beispiele für manche Elemente der Grove-Theorie befinden sich außerhalb des von ihm behandelten Zeit- und geographischen Raums: so die seit dem Ende des 19. Jahrhunderts unter dem Druck der Großwildjäger-Lobby, die von Naturforschern Schützenhilfe bekam, in Afrika eingerichteten Wild-Reservate und die durch den nordamerikanischen Raubbau an Wald und Feld provozierten Alarmrufe. Auch der moderne, mit Dampfschiff und Eisenbahn in die Tiefe des Raums vordringende Imperialismus hatte seine Art von Umweltbewußtsein: Es war ein Bewußtsein von den Grenzen der globalen Ressourcen, das sich verschärfte, je mehr die weißen Flecken vom Globus verschwanden, und das den Wettlauf um die Rohstoffe stimulierte. Walther Rathenau warnte 1913, die Verknappung der Rohstoffe sei absehbar, die Welt sei verteilt: «Wehe uns, daß wir so gut wie nichts genommen und bekommen haben.» Schon im späten 18. Jahrhundert war die Furcht vor Holzmangel ein Antrieb der britischen Indienpolitik gewesen.[29] Hat diese Art von Ressourcensorge mit dem heutigen Umweltbewußtsein nichts zu tun? Das ist nicht ganz sicher; die ökologische Rechtfertigung von Machtpolitik dürfte in Zukunft zunehmen.

Groves Geschichte von der kolonialen Genese des «Environmentalism» bietet – wie so viele gute Stories – nur eine Teilwahrheit. Die Belege für die praktische Wirkung der frühen kolonialen Sorgen um die Natur sind alles in allem eher dürftig und undeutlich. Selbst Poivre, Groves Kronzeuge für die von Mauritius ausstrahlende ökologisch motivierte Waldschutzpolitik, regierte die Insel nur ganze neun Monate[30] und ohne dauerhafte Wirkung; im übrigen war er vor allem ein auf Steigerung der Agrarproduktion bedachter Physiokrat. Die britische Forstpolitik in Indien drehte sich im 19. Jahrhundert in erster Linie um Teak, nicht um die Erhaltung ökologisch-klimatischer Funktionen des Waldes. Zur Rettung ihrer Gesundheit flüchteten sich die britischen Kolonialbeamten im tropischen Indien in die «Hill Stations», die Höhenluftkurorte; nicht aus diesem Grund betrieben sie Forstpolitik. Hier wie anderswo bekam die Aufforstung ihre entscheidenden wissenschaftlichen Impulse aus Deutschland, nicht aus den botanischen Gärten der Kolonien. Die deutsche Pionierrolle in der Forstwirtschaft erklärt sich jedoch daraus, daß Deutschland *keine* Kolonien besaß und mit seinen heimischen Waldressourcen auskommen mußte. Viele von Groves Belegen wirken nur dann, wenn man sie aus dem Zusammenhang reißt, «ökologisch» im heutigen Sinne. Auch wenn man hier und da ökologische Interdependenzen erkannte, so ging es doch vor allem um Steigerung der land- und forstwirtschaftlichen Erträge, oft auch um «Akklimatisation» bestimmter Nutzpflanzen an ein neues Terrain, nicht jedoch um Erhaltung bestehender Ökosysteme.[31]

Zu den Kronzeugen Groves gehören die Weltreisenden Forster – Vater und Sohn –, Alexander von Humboldt und Charles Darwin. Sie bilden eine Traditionslinie: Humboldts Begeisterung für die Tropen wurde durch Georg Forster, diejenige Darwins durch Humboldt geweckt. Sie alle bieten faszinierende Beispiele dafür, wie eine ganzheitliche Vision der Natur, der unendlichen Interdependenzen zwischen Mensch und Tier, Vegetation und Morphologie der Erde unter dem Eindruck exotischer Welten zur Leidenschaft und zum Impetus einer voranstürmenden Neugier wird. Sie alle waren Gegner der Sklaverei und kolonialen Ausbeutung; aber ihre Reisen wären ohne den Kolonialismus nicht möglich gewesen. Grove glaubt zu erkennen, daß die «Humboldtsche Umwelt-Ideologie», insbesondere seine Ideen über den Wert des Waldes für die Erhaltung der Luft- und Bodenfeuchte, einen prägenden Einfluß auf die Wissenschaftler der britischen Ostindien-Gesellschaft ausgeübt hätten. Bei alldem darf man jedoch nicht vergessen, daß der Grundton bei Humboldt ganz und gar durch die grenzenlose Begeisterung über die unendliche Vielfalt der Natur in den Tropen bestimmt wird; die Sorge um die Erhaltung der Natur im Zuge der menschlichen Kolonisation ist nur ein gelegentlich anklingender Nebenton. Da die lateinamerikanische Natur auf ihn unerschöpflich wirkte, begriff er nicht den Sinn der indianischen Geburtenkontrolle.[32]

Die Furcht vor Ressourcenerschöpfung war bei Forster und Humboldt deutschen Ursprungs; sie war typisch für ein Land, das sich vor Mangel nicht durch koloniale Importe schützen konnte. Auf Neuseeland empfand Forster es als unangenehm, «nichts als Waldung» zu sehen, und blickte voller Befriedigung auf ein Stück Land, das die Matrosen gerodet hatten; auf seiner Reise am Niederrhein dagegen, die er 1790 mit Humboldt unternahm, überkam ihn eine düstere Ahnung, daß die winterkalten Regionen durch Holzmangel in irgendeiner Zukunft unbewohnbar werden und die europäischen Völker von der Kälte gen Süden getrieben werden würden. Humboldt sah im Revolutionsjahr 1789, als überall Warnrufe vor einer bevorstehenden großen Holznot ertönten, einen «von allen Seiten einreißenden Mangel». Den praktischen Wert seiner Weltreisen erblickte er darin, der Menschheit durch die Erkenntnis der unendlichen Vielfalt der Vegetation neue Nahrungsquellen zu eröffnen. Gewiß war er hingerissen von der wilden Natur; aber zugleich trieb ihn der Gedanke, daß die Natur sich noch viel besser für den Menschen nutzbar machen lasse. Das gleiche gilt für Forster, der den Europäer dafür tadelt, daß er Hundefleisch verschmäht, wo die Natur den vermehrungsfreudigen Hund, der dem Menschen nachläuft, doch augenscheinlich zur Nahrung für den Menschen erschaffen habe![33]

Crosby stellt seinem «Ecological imperialism» eine Bemerkung Darwins voran, zu der dieser durch den rapiden Rückgang der australischen Urbevölkerung veranlaßt wurde: «Wo nur immer der Europäer seinen Fuß hingesetzt hat, scheint der Tod den Eingeborenen zu verfolgen. Wir können auf die großen Flächen von Amerika, nach Polynesien, dem Vorgebirge der Guten Hoffnung und Australien hinblicken, wir finden dasselbe Resultat.» Wieder ein Beleg für den kolonialen Ursprung des modernen Umweltbewußtseins? Sieht man diese Bemerkung jedoch im Zusammenhang, wird einem bewußt, daß Darwin dieses Aussterben zwar mit menschlichem Bedauern, zugleich jedoch mit grimmiger Befriedigung registriert. Der Vorgang zeugt in seinen Augen keineswegs von einem Niedergang, sondern eher von der kreativen Fähigkeit der Natur, die für das Überleben der vitalsten Arten sorgt. Es ist das Darwinsche Gesetz des «Survival of the fittest», das in aller Welt für den Europäer, ganz besonders für den Briten arbeitet. Die Darwinsche Botschaft ging vor allem dahin, daß auch der Mensch ein integraler Bestandteil der Natur sei; daher bestand für ihn zwischen der Ausrottung von Arten durch den Menschen und durch natürliche Feinde kein prinzipieller Unterschied. Beides war ein naturnotwendiger, kein naturzerstörender Prozeß. In der Logik Darwins besaß Artenschutz keinen Sinn.[34]

Der wohl beliebteste Öko-Witz Darwins ist seine Bemerkung über die Verdienste der Katzen um das britische Empire: Indem diese viele Mäuse fangen, hindern sie die Mäuse am Verzehr von Getreide und verbessern damit die Ernährung der britischen Truppen. Diese ökologische Wirkungskette war jedoch keine neue Einsicht der modernen Wissenschaft, sondern jedem Bauern stets wohlbekannt.

Gewiß stammen vitale Bestandteile dessen, was man heute unter Umweltbewußtsein versteht, aus der kolonialen Welt. Das verrät sich noch in den Leidenschaften, die die Zerstörung tropischer Regenwälder in der heutigen Umweltbewegung hervorruft, während umfangreiche, ökologisch nicht minder bedenkliche Abholzungsvorgänge in den Trocken- und den borealen Nadelwäldern kaum jemals starke Emotionen wecken.[35] Der Regenwald des Amazonas ist zum Inbegriff der bedrohten Umwelt geworden – für die Industrieländer des Nordens, die dort ihren Traum vom Paradies dahinschwinden sehen. Aber diese aus dem Kolonialismus stammende, wenn auch oft mit antikolonialer Gesinnung verbundene Tradition hat ein Grundproblem: Es handelt sich um ein Umweltbewußtsein von oben und aus der Ferne, eines des Wissenschaftlers, des Reisenden oder des Kolonialexperten. Sobald es zu einer Macht wird, droht es mit der Interessenwahrnehmung der Einheimischen zu kollidieren. Da Umweltschutz auf die Dauer nur schwer *gegen* die Ortsansässigen durchzusetzen ist, bedeutet diese Entwicklung für die Umweltpolitik eine Gefahr. In der Kolonialgeschichte fehlte es nicht an Beispielen dafür, wie leidenschaftliche Naturbegeisterung und tiefe Einsichten in die Naturgeschichte mit einem de facto acht- und rücksichtslosen Umgang mit der Umwelt einhergehen.

Die gewaltigen neuen Erkenntnisse dieses weiten Blicks auf die Welt sind nicht zu bestreiten. Vieles erkennt man in der Tat am besten aus der Distanz und durch den Vergleich. Die Weitung des Horizonts durch die kolonialen Eroberungen trug direkt und indirekt wesentlich dazu bei, die Wissenschaft von der Natur zu einer geistigen Macht mit internationalem Netzwerk und wachsender institutioneller Grundlage zu machen. Auf diese Weise entstand eine neue Art von Wissen, das die antike Tradition weit hinter sich ließ und auch durch die bloße lokale Erfahrung nicht mehr einzuholen war. Es traf sich jedoch – ob mit oder ohne Absicht – mit den Interessen machtbewußter Administrationen und mit einem Wissenschaftsbetrieb, der das «tacit knowledge» der Lokalbevölkerung ignorierte.

4. Koloniale und postkoloniale Zäsuren in der Umweltgeschichte Indiens

Auch in Indien bieten sich, wie in so vielen Ländern, Wald und Wasser als umwelthistorische Leitmotive an. Eine Quellenbasis gibt es jedoch, soweit bislang zu übersehen, frühestens für die Mogulzeit (16./17. Jahrhundert), kontinuierlicher überhaupt erst für die Ära der britischen Kolonialherrschaft. Fragen an die Umweltgeschichte zielen vor allem auf die Auswirkungen dieser Fremdherrschaft; von daher liegt es nahe, auf Indien im Kontext Kolonialismus einzugehen.

Quellenlage und Forschungsstand sind für die vormoderne Zeit unvergleichlich viel schlechter als für China. Um so größer ist die Versuchung, die ältere indische Umweltgeschichte von ideologischen Vorannahmen her zu konstruieren. Der bislang einzige Gesamtüberblick über die «ökologische Geschichte Indiens» begreift, wenn auch mit manchen Abstrichen, die vorkoloniale Zeit als eine Ära der Harmonie zwischen Mensch und Umwelt und die Zeit danach als Ära einer tief gestörten Balance; die Mogulherrschaft bedeutet demgegenüber *keine* Zäsur. Eine noch vor der Öko-Ära entstandene Geschichte der Landwirtschaft in Mogul-Indien dagegen deutet die indische Geschichte als jahrtausendelangen «hartnäckigen Kampf gegen die Natur» – gegen Wald und Ödland.[36]

Bis ins 19. Jahrhundert war Indien für Europäer das Wunderland; heute ist es vom Inbegriff des Reichtums zu dem der Armut geworden. Das alte Bild war mit der Vorstellung paradiesischer, das neue mit der zerstörter Natur verbunden. Handelt es sich bei diesem Helldunkel nur um einen Wechsel der europäischen Beleuchtung, oder ist die neuere indische Umweltgeschichte tatsächlich die Geschichte eines tiefen Sturzes? Schon der französische Reisende Bernier, der im 17. Jahrhundert Bengalen für das fruchtbarste Land der Welt hielt, schilderte die armen Bauern als eine von Lokalgouverneuren aufs äußerste ausgepreßte Elendsmasse, die unmöglich ein Verhältnis zu ihrem Boden gewinnen und auf die Erhaltung seiner Fruchtbarkeit bedacht sein konnte. Anders als in China wurde in Mogul-Indien nicht die Ackerfläche, sondern der Ernteertrag besteuert: Dadurch wurde ein etwaiger Antrieb zu einer Intensivierung der Landwirtschaft zusätzlich geschwächt.[37]

Imperialisten wie Antiimperialisten haben lange Zeit das britische Empire zu *der* großen Zäsur der indischen Geschichte gemacht; schon in den ersten Anfängen der britischen Herrschaft donnerte ihr leidenschaftlicher Ankläger Edmund Burke, England sei für Indien verderblicher als die Mongolen geworden und habe es von einem «Paradies» «in eine heulende Wüste verwandelt». Neuere Forschungen dagegen brachten Einsichten über die «Marginalität des britischen Einflusses» und die «Kontinuität der geschichtlichen Entwicklung». Die Präsenz der Engländer in diesem Riesenland blieb punktuell; das Empire wirkte vor allem durch die Art und Weise, wie lokale einheimische Machthaber und Steuereintreiber die fremde Macht für sich auszunutzen verstanden. Gewiß schwächten die Briten die indische Subsistenzwirtschaft, indem sie im Interesse des Exports den Anbau von Baumwolle, Zuckerrohr und Indigo begünstigten. Dennoch ist der Unterschied zu der Kolonisation Amerikas sehr groß: In Indien wurde nicht mit Zwang eine Plantagenwirtschaft eingeführt; die traditionelle Struktur des indischen Dorfes blieb erhalten. Selbst der Anbau von Tee geschah bis in die zweite Hälfte des 19. Jahrhunderts in Teegärten, erst später in Plantagen.[38] Dem indischen Subkontinent ein europäisches Groß-Ökosystem aufzuzwingen war ganz unmöglich. Auch die Mikroben standen in Indien keineswegs auf seiten der Europäer, sondern bedrohten diese ständig mit Krankheit und Tod.

Andere Eigentümlichkeiten der indischen Umweltgeschichte ergeben sich im Vergleich mit China. Das gilt ganz besonders im Bereich der Bewässerung. Da macht sich die grundlegende Andersartigkeit der indischen gegenüber der chinesischen Geschichte am stärksten bemerkbar: der Mangel an staatlicher Einheit und Kontinuität und das Fehlen einer hochentwickelten bürokratischen Tradition in vorkolonialer Zeit.

In mancher Hinsicht boten die Indus- und die Gangesebene ähnlich ideale Chancen für große Bewässerungssysteme wie die Täler des Nil, des Euphrat und des Hoangho. Cautley, in den 1830er Jahren Bauleiter des Ganges-Kanals, bezeichnete die nordindischen Ebenen als eine «von der Natur für die künstliche Bewässerung bestimmte Großregion». So eindeutig war die natürliche Prädestination allerdings nicht. In Bengalen war der Ackerbau auch ohne hydraulische Großanlagen möglich: Die Dörfer hatten ihre Brunnen, und der Sommermonsun brachte Regen zur besten Wachstumszeit. Zuverlässig war er jedoch nicht; es gab schlimme Dürrejahre. Von daher hätten die Inder einen noch größeren Anreiz als die Chinesen zur Anlage großer Wasserreservoirs gehabt.[39]

Ein moderner Hydrauliker gerät bei Indien ins Schwärmen und nennt es ein «Märchenland der Bewässerung». «Dieses Land übertrifft in der Vielseitigkeit seiner Bewässerungsverfahren selbst China bei weitem.» Dennoch: Die die Jahrhunderte überdauernde Kontinuität lag bis ins 19. Jahrhundert vor allem in Südindien bei den Dorfteichen, den «Tanks», und bei den bäuerlichen Brunnen, aus denen das Wasser durch ein von zwei Männern betriebenes Schöpfwerk aufs Feld geleitet wurde. Für diese Bewässerung wurde keine Staatsmacht gebraucht.[40] Der Zerfall des Mogulreiches, der vielfach als Beginn der indischen Tragödie gilt, muß für die dörfliche Ökonomie und Ökologie kein Nachteil gewesen sein.

Bis zur britischen Zeit bestand in Indien zwischen Wasser und Macht eine längst nicht so intime Beziehung wie in China und Ägypten. Bezeichnenderweise fanden die hochentwickelten Bewässerungssysteme der alten Induskultur von Mohenjo-Daro keine Fortsetzung. Kein Deichbauer und Flutenbändiger steht im Zentrum der indischen Mythologie; statt dessen wird der Gott Indra als Befreier der Flüsse gerühmt. Allerdings heißt es im Rigveda, daß die indoarischen Einwanderer die Flüsse zur Bewässerung der Felder abgeleitet hätten. Das Arthashastra, das wohl aus dem dritten vorchristlichen Jahrhundert stammende Lehrbuch altindischer Staatskunst, spornt den Herrscher an, künstlich bewässertes Land höher zu besteuern, und dieser Rat ist in der indischen Geschichte oft befolgt worden. Insofern bestand für die Machthaber durchaus ein Anreiz zur Expansion der Bewässerungssysteme; aber die Steuer machte solche Projekte bei den Beherrschten nicht populär. Zwar taten sich auch manche indischen Herrscher mit ehrgeizigen Bewässerungsprojekten hervor, aber solche Machtstrategien spielen in der indischen Geschichte nicht entfernt die Rolle wie in der chinesischen. Von China her, wo die Kaiser das Hoangho- und das Yangtse-Tal durch den Großen Kanal verbanden, hätte man erwarten können, daß indische Könige einen ähnlichen Ehrgeiz entwickelt hätten, die Einzugsbereiche des Ganges und des Indus miteinander zu verbinden; aber dazu fehlte die Organisation. Selbst von den Kanalbauten der Mogulkaiser, auf deren Spuren die britischen Kanalbauer allenthalben stießen, vermitteln die literarischen Quellen ein merkwürdig undeutliches Bild. Bei vielen Kanälen hing die Instandhaltung von den Bauern ab. Bernier stellte schon um 1660 fest, daß die Bewässerungsanlagen verfielen, da niemand zur Kanalarbeit bereit sei. Dennoch konnte noch der britische Kanalbau in seinen Anfängen auf indischen Erfahrungen aufbauen.[41]

Für Toynbee war die Verschlammung der indischen Kanäle ein Zeichen des kulturellen Niedergangs. Aber unter ökologischem Aspekt sind ganz andere Akzente möglich. Da hat die traditionelle Brunnenbewässerung vieles für sich. Die Verdunstung blieb dort minimal; auch eine Versalzung des Bodens wurde weitmöglichst vermieden. Schon zur Mogulzeit waren diejenigen Gebiete, wo der Ackerbau ganz an künstlicher Bewässerung hing, besonders krisenanfällig. Die großen Kanalbauten, die das britische Empire seit dem 19. Jahrhundert betrieb, hatten einen hohen Preis: erhebliche Wasserverluste, Versalzung und Malaria. Diese Kehrseite der Groß-Hydraulik wurde rasch erkannt: nicht nur von einzelnen Experten, sondern auch von der betroffenen Bevölkerung. Für das britische Kolonialregime waren die Projekte offenbar jenseits aller Kosten-Nutzen-Abwägungen eine Methode, sich als ein auf Wissenschaft und Fortschritt gegründetes System zu inszenieren. Es hieß, man müsse Halbnomaden nur einen Kanal geben, um sie von Viehdieben in Musterbauern zu verwandeln. In Europa wurden die Kolonialherren dafür kritisiert, daß sie in Indien immer noch zu wenig für die Bewässerung täten: Damit hätten sie die indischen Hungersnöte verschuldet. Manchmal wurden ihnen sogar die Mogulherrscher als hydraulisches Vorbild vorgehalten! Die Verteilung des Wassers beim Endverbraucher entzog sich weithin der britischen Regulation; da regierten die lokalen Machthaber. Die hydraulischen Großanlagen schwächten die Selbstregulierung der Dörfer: ein von der britischen Regierung, die die Dörfer als Instanzen brauchte, nicht beabsichtigter Effekt.[42]

Sehr viel markanter als die ältere hydraulische Geschichte Indiens ist die von Ceylon (Sri Lanka). Dort, nicht in Indien, erreichte die vormoderne Wasserbautechnik Südasiens ihren Gipfel. Denn die Zentralregion des Reiches von Anuradhapura, dessen Anfänge bis in das 5. vorchristliche Jahrhundert zurückreichen, lag in der nördlichen Trockenzone der Insel; dort war der Reisanbau ohne künstliche Bewässerung aus teilweise umfangreichen Stauseen nicht möglich. Needham glaubt, die ausgedehnteste dieser Stauanlagen sei über tausend Jahre das größte Wasserreservoir der Welt gewesen! Noch im 12. Jahrhundert n. Chr. erreichte diese hydraulische Zivilisation einen letzten Höhepunkt; aber schon im 13. Jahrhundert brach sie zusammen. In der Folgezeit entfernten sich die politischen Zentren Ceylons von der Trockenzone. Seither entsprach die Bewässerung auch auf dieser Insel dem indischen Typus der lokalen Tanks, die den Monsunregen sammeln.[43]

Neben dem Wasser ist der Wald das andere große Leitmotiv der Umweltgeschichte; er ist in Indien ein markanteres Element als in China. Am Anfang der Geschichte steht hier wie in so vielen Regionen eine Ära der Brandrodung, die den Wald in weiten Teilen der Gangesebene vernichtete. Die indoarischen Mythen verherrlichen das Niederbrennen des Waldes mitsamt der wilden Tiere durch Agni, den Feuergott, lassen allerdings bisweilen auch schon die Erfahrung erkennen, daß mit dem Verschwinden des Waldes die Flüsse austrocknen oder in der Regenzeit zur reißenden Flut anschwellen. Der legendäre erste indische König Manu rodete die Wälder; der zehnte dagegen mußte sich vor einer großen Flut retten. Es heißt, daß es nach dem Tode Buddhas schwierig gewesen sei, die zur Verbrennung seines Leichnams erforderliche Holzmenge zusammenzukaufen![44]

Man könnte in der Ablehnung des Tiertötens durch den Buddhismus und die Jain-Religion einen Reflex dieser Erfahrung mit der Schädlichkeit eines ungehemmten Feldzugs gegen Wald und Wild sehen. Ein Edikt des zum Buddhismus bekehrten Kaisers Ashoka untersagt es, Wälder nutzlos oder zur Vernichtung von Tieren niederzubrennen. Aber sehr deutlich sind die altindischen Waldschutztraditionen nicht. Klar ist nur, daß sich hier wie überall die Fruchtbäume – vor allem die Mangobäume, an den Küsten die Kokospalme – besonderer Hochschätzung erfreuten. Gab es jedoch auch bereits eine altindische Verbindung von Wald und Macht? Das Arthashastra weiß den Wert des Waldes durchaus zu schätzen und gibt zu bedenken, es sei möglich, in vielen Landstrichen Wälder zu pflanzen. Da der Elefant die Verkörperung indischer Herrschermacht war, stand der Elefantenwald unter besonderem Schutz. Der Weisung des Arthashastra gemäß sollte derjenige, der einen Elefanten- oder einen Nutzwald anzündet, selber verbrannt werden. Aber das altindische Gesetzbuch Dharmashastra enthält die Bestimmung: «Wer als erster ein Grundstück abholzt, der besitzt es.» Da ist es die Rodung, die Macht und Besitz schafft! Dabei muß man bedenken, daß die großen Wälder in Indien bis in die Neuzeit nicht nur das Reich der wilden Tiere, sondern auch der autonomen Wald- und Bergvölker waren, also eine Welt, die sich der Herrschaft entzog. Den Armen boten die Wälder eine letzte Zuflucht in Hungerzeiten. Für die vormodernen Herrscher waren sie jedoch nur begrenzt eine regulier- und ausbeutbare Ressource. Eines der wenigen aus vorkolonialer Zeit überlieferten Waldschutzedikte stammt von dem Mahrattenherrscher Shivaji (ca. 1670), dem Führer der hinduistischen Revolte gegen das Mogul-Imperium. Aber eine Tradition des institutionalisierten Forstschutzes kann man daraus nicht erkennen. Der deutschbritische Forstinspektor Brandis (s.u.) fand einheimische Waldschutztraditionen lediglich bei heiligen Hainen und fürstlichen Wildreservaten.[45]

Erst mit der britischen Herrschaft wird die Verbindung von Wald und Macht institutionell ausgebaut. Von Anfang an durchzieht die Forstpolitik Britisch-Indiens eine tiefe Ambivalenz: Die kommerzielle Ausbeutung der Wälder wird mit mehr System betrieben als früher; aber auch die Einsicht in verhängnisvolle Folgewirkungen des Raubbaus ist frühzeitig da, in mancher Hinsicht sogar früher als im britischen Mutterland. Zunächst, in der Zeit der napoleonischen Kriege, dreht sich alles um Teakholz für den Flottenbau. In Europa sind die entsprechenden Eichenqualitäten knapp geworden; in dieser Situation wird, gegen den Widerstand der Londoner Werften, ein Teil des Schlachtschiffbaus mit Erfolg nach Bombay verlagert, wo es bereits eine einheimische Schiffbautradition gibt. Da die Werften jedoch nur ganz bestimmte Holzqualitäten brauchen können, führt diese Art der Nachfrage noch zu keiner großflächigen Waldvernichtung. Dazu kommt es erst seit der Mitte des 19. Jahrhunderts durch den gewaltigen Schwellenholzbedarf des Eisenbahnbaus, der vorzugsweise aus den nordindischen Sal- und Deodarwäldern gedeckt wird. Kein Geringerer als Hugh Cleghorn, einer der Gründerväter der Forstverwaltung Britisch-Indiens, unterzog 1861 den Umgang seiner Landsleute mit den Wäldern einer schneidenden Kritik: Von allen europäischen Nationen hätten die Engländer den geringsten Sinn für den Wert der Forsten, und diese Achtlosigkeit setze sich noch in den USA fort, wo die Auswanderer die Wälder rücksichtslos zerstört hätten. Für den Arzt Cleghorn (1820–95), seit 1858 erster Conservator of the Forests in Madras, bestand der Wert des Waldes nicht nur im Holzertrag, sondern mindestens so sehr in seinem Einfluß auf das Klima und das menschliche Wohlbefinden.[46]

Der Holzbedarf der Marine hat in der Geschichte immer wieder die frühesten und stärksten Aufforstungsimpulse gegeben. So war es auch in Britisch-Indien – vor allem dank der Warnungen des aus Deutschland stammenden Barons Franz von Wrede –, und die Ostindien-Kompanie bestellte 1806 einen ersten Conservator of the Forests; aber nach dem Ende der napoleonischen Kriege verlief diese erste Waldschutz-Initiative wieder im Sande. Wieder bewahrheitete sich, was Adam Smith konstatiert hatte: daß eine «Gesellschaft von Kaufleuten» wie die Ostindien-Kompagnie nicht anders könne, als «bei jeder Gelegenheit den kleineren und vorübergehenden Gewinn des Monopolisten dem großen und dauerhaften Einkommen des Landesherrn vorzuziehen». Die Situation änderte sich erst, als die britische Krone 1858 nach dem Sepoy-Aufstand die Besitzungen der Ostindien-Kompanie in eigene Regie nahm. 1860 wurde mit dem indischen Forest Department «die erste und am höchsten entwickelte Forstverwaltung der kolonialen Welt» eingerichtet. 1862 wurde der in Bonn für Botanik habilitierte Dietrich Brandis, seit 1858 Leiter der Forstverwaltung von Britisch-Burma, als forstlicher Berater in die britische Zentralregierung berufen und 1864 zum Generalforstinspektor ernannt; er war jahrzehntelang der führende Kopf des indischen Forstwesens. Auch unter seiner Ägide war Teakholz das oberste Ziel der Forstwirtschaft; Brandis' bis heute reichende Bedeutung bestand jedoch darin, daß er schon in seiner ersten Zeit in Burma die Notwendigkeit und Möglichkeit erkannte, die Aufzucht von Teakbäumen mit dem Wanderfeldbau der Eingeborenen zu einer Form von «Agroforestry» zu kombinieren. Unter seiner Direktion kam es zeitweise zu einer sozialen und ökologischen Balance zwischen der Subsistenzwirtschaft der Einheimischen und den kommerziellen Interessen der Briten. Diese vom politischen Gesamtklima abhängige Harmonie war allerdings nicht von Dauer. Brandis, dem bewußt war, daß ein erfolgreicher Waldschutz auf die Dauer nur in Zusammenarbeit mit den Ortsansässigen möglich ist, und der deutsche Gemeindewälder als Vorbild vor Augen hatte, wollte den Dorfwäldern einen offiziellen Status geben; in diesem Punkt konnte er sich jedoch nicht durchsetzen. Weitsichtiger als manche seiner Nachfolger war er auch darin, daß er den für die Eingeborenen hochwichtigen Bambus, der für andere Forstleute kein Baum, sondern ein Unkraut war, zum Bestandteil der Forstkultur erhob.[47]

Probleme brachte die Forstpolitik nicht nur dort, wo sie versagte, sondern auch da, wo sie zeitweise Erfolg hatte: Indem sie den Waldschutz im Konflikt mit traditionellen Waldnutzungen der Einheimischen durchsetzte, machte sie diese zu Feinden des Waldes. Die Spannung zwischen der Subsistenzwirtschaft der Anwohner und der kommerziellen Nutzholz-Orientierung der Forstwirtschaft war und ist ein weltweites, auch in Mitteleuropa begegnendes Phänomen; aber in den Kolonien wurde sie dadurch verschärft und politisch aufgeladen, daß die Forstaufseher die Fremdherrschaft verkörperten. Die Brandstiftung im Wald wurde zur Widerstandsmethode; diese politischen Waldbrände, die sich vor allem gegen die Nadelwaldkulturen richteten, erreichten in Indien im Jahr 1921 einen verheerenden Höhepunkt.[48]

Der unpopuläre Waldschutz wurde in Indien nach Erlangung der Unabhängigkeit, obwohl die koloniale Forstverwaltung fortbestand, über drei Jahrzehnte vernachlässigt; korrupte Forstleute fungierten als Helfershelfer einer ungehemmten Ausbeutung der Wälder. Da der Staat das Holz für die Industrie billig machen wollte, war der Anreiz zur Holzverschwendung groß und zur Aufforstung gering. In den 1960er Jahren wurde der unter tropischen Bedingungen besonders verhängnisvolle Kahlschlag eingeführt. Die ersten Jahrzehnte der indischen Unabhängigkeit waren – auch als Folge der Bevölkerungsexplosion – für die Umwelt vermutlich eine schlimmere Phase als die späte Kolonialzeit. Um so epochaler ist eine Stimmungswende in Teilen der Landbevölkerung vor allem am Südrand des Himalaya: Seit den 1970er Jahren gab es nicht mehr Rebellionen *gegen*, sondern *für* den Waldschutz. Weltberühmt wurde die vor allem von Frauen getragene Chipko-(«Umarmt die Bäume»-)Bewegung, die gegen den kommerziellen Holzschlag protestierte. Natürlich ging es nicht um die Ökologie um ihrer selbst willen, sondern um traditionelle Waldnutzungen der Dorfbewohner. Darüber hinaus kam jedoch ein Impetus aus der Einsicht in den Zusammenhang von Wald und Wasserhaushalt. Das Wort eines alten Mannes aus dem Stamm der Munda wird zitiert: «Die Wälder sind wie deine Augen, du erkennst ihren Wert erst, wenn du sie verloren hast.» Am Rand des Himalaya war die Schutzfunktion des Waldes besonders eindrucksvoll.[49]

Der fortschrittsfreudige Teil der indischen Unabhängigkeitsbewegung pflegte den Briten vorzuwerfen, daß sie die Industrialisierung Indiens gehemmt und hintertrieben hätten. Gandhi dagegen, der die europäische Zivilisation als «satanisch» bezeichnete, machte den Kolonialherren diesen Vorwurf gerade nicht. In seiner Idealisierung der indischen Dorfgemeinschaft war er von der britischen Sozialromantik im Grunde nicht sehr weit entfernt; ein fortschrittsgläubiger indischer Historiker dagegen glaubt, die Unveränderlichkeit des indischen Dorfes habe für das Land «weit tödlichere Konsequenzen als jede Invasion gehabt». Wie dem auch sei, eine systematische Zersetzung der traditionellen Dorfkultur kann man der Kolonialherrschaft nicht anlasten. Führt die Ökologie zu einer partiellen Rehabilitation des aufgeklärten Kolonialismus? Hier und da vielleicht; aber es ist nicht sicher, ob die herkömmliche Wirtschaftsweise der Dörfer jene Nachhaltigkeit besaß, die ihr Öko-Nostalgiker zuschreiben. Ein eklatanter und fundamentaler Unterschied der indischen zur chinesischen Landwirtschaft bestand in der Vernachlässigung des Düngens: Die menschlichen Exkremente waren tabu, und der Kuhdung wurde als Brennstoff gebraucht. Schon dieser Umstand erklärt, warum die indische Landwirtschaft mit ihren traditionellen Methoden ein Bevölkerungswachstum nur unzureichend durch Intensivierung aufzufangen vermochte. Eine tiefe Zäsur brachte da erst die «Grüne Revolution» der 1970er Jahre mit ertragreicheren Getreidesorten, Kunstdünger und Motorpumpen. Die Ertragssteigerung wurde jedoch mit einem erheblich höheren Wasserverbrauch und einer Übernutzung des Grundwassers erkauft, in deren Folge Brunnen versiegten und Dörfer verlassen werden mußten. Auch auf die Abwasserprobleme der Industriegesellschaft waren die indischen Institutionen nicht eingerichtet. Der Mogulkaiser, der sehr auf gutes Wasser achtete, trank – heute unvorstellbar! – am liebsten Gangeswasser; in der Gegenwart sind die meisten indischen Flüsse zu Kloaken geworden.[50]

5. *Yankee- und Muschik-Ökologie*

Mehr noch als Indien oder Lateinamerika wurden die USA schon seit dem späten 18. Jahrhundert zum warnenden Beispiel für rücksichtslosen Raubbau an Wald, Wild und Boden. Ein anonym 1775, im Jahr vor der amerikanischen Unabhängigkeit, in London erschienenes Buch «American Husbandry» enthält einen Generalangriff auf die neuenglischen Farmer. Die «amerikanischen Pflanzer und Farmer» – so der ungenannte englische Autor – seien «im allgemeinen die größten Schlamper (slovens) der Christenheit», die Land über Land auf jegliche Weise ruinierten. Immer wieder das gleiche Lied: Diese Kolonisten hätten sich von der Überfülle an Land und der anfänglichen Fruchtbarkeit des frisch gerodeten Waldbodens dazu verführen lassen, alle guten Bauernregeln zu vergessen und eine «absurde» Wirtschaft zu betreiben. Sie ließen das Vieh frei im Wald herumlaufen, ohne den Dünger zu sammeln; ebensowenig kümmerten sie sich um die Fruchtfolge, sondern bauten immerzu Mais an, den «great exhauster»; anstatt die Fruchtbarkeit des Bodens wiederherzustellen, nähmen sie einfach neues Land unter den Pflug, wenn das alte erschöpft sei, und vernichteten auf diese Weise immer mehr Wald, ohne für den künftigen Holzbedarf Vorsorge zu treffen. Aber nicht nur Europäer urteilten so. Auch Benjamin Franklin klagte: «Wir sind schlechte Farmer, weil wir so viel Land haben»; John Taylor aus Virginia, einer der Gründerväter der USA, brandmarkte die übliche Yankee-Wirtschaft ähnlich wie später Liebig als «Ermordung des Bodens». Kein Geringerer als George Washington klagte: «Wir ruinieren das Land, sobald wir es urbar gemacht haben, und schlagen noch mehr Wälder, solange wir welche haben, oder ziehen nach Westen weiter.» Er und viele andere Zeitgenossen hatten bereits ihre Erfahrungen damit, wie der ständige Anbau von Tabak, dem weitaus lukrativsten Exportprodukt der Südstaaten im 18. Jahrhundert, den Boden erschöpft.

Auf den Tabak folgte die Baumwolle. In John Steinbecks «Grapes of Wrath» (1939) ist es allbekannte Tatsache, daß die ohne Fruchtwechsel angebaute Baumwolle das Land ausraubt: Sie «saugt alles Blut aus ihm heraus». Wenn «King Cotton» im 19. Jahrhundert die militante Einheit der Südstaaten schuf, dann nicht nur durch seine Dominanz, sondern auch durch seine ökologische Labilität: Wegen der fortschreitenden Bodenerschöpfung, die sich durch die wachsende Monokultur verschlimmerte, war es aus der Sicht der Südstaaten eine Lebensfrage, der Baumwolle mitsamt der Sklaverei den Weg in den Westen offenzuhalten. Darüber entstand der Bürgerkrieg.[51]

Der Agrarhistoriker Avery Craven hat 1926, auf gründliche Recherchen gestützt, die Bodenerschöpfung als einen Hauptfaktor der Geschichte von Virginia und Maryland, ja der amerikanischen Geschichte überhaupt eingeführt. Während sein Lehrer Frederick Jackson Turner mit seiner berühmten «Frontier»-These das Pionierdasein an der Grenze zum Wilden Westen zum Jungbrunnen des Amerikanertums erhoben hatte, machte Craven die Trübsal des ausgelaugten Hinterlandes zur Triebkraft der Expansion: der Drang in den Westen als Flucht vor der ökologischen Krise! Streckenweise argumentiert er mehr idealtypisch als empirisch: «Frontier communities» seien «eben von Natur aus notorische Erschöpfer ihrer Böden». An der Grenze gebe es kein Wirtschaften auf lange Sicht; und diese Grenzer-Mentalität bestehe fort, auch wenn die Grenze weiter nach Westen gerückt sei, wie sie auch jenen unersättlichen Landhunger hervorrufe, der ständig neuen Druck auf die Grenzen ausübe. Am meisten trifft die Craven-These gewiß für Regionen und Perioden mit ständigem Tabak-, Mais- und Baumwollanbau zu. Eine exakte empirische Überprüfung der These ist allerdings schwierig, zumal «soil exhaustion» – wie Craven selber zugibt – kein eindeutiger Begriff ist.[52]

In der amerikanischen Frühzeit, als der Weg in den Westen noch nicht frei war, übernahmen die Siedler notgedrungen viele Praktiken der indianischen Landwirtschaft. Die europäische Landwirtschaft setzte sich in der Neuen Welt nicht so leicht durch, wie man von der Crosby-These her erwarten könnte; die Natur stand durchaus nicht in jeder Hinsicht auf der Seite der Yankees.[53] Selbst das immer neue Weiterziehen und Roden von Neuland entsprach im Prinzip der indianischen «shifting cultivation», so wie sie den Siedlern bei den Irokesen begegnete. Ein solcher Wanderfeldbau ohne Viehdünger ist nicht unbedingt ökologisch ruinös, jedenfalls nicht so lange, wie die Besiedlung dünn und Land reichlich vorhanden ist. Anders wurde es, als sich diese halbnomadische Wirtschaftsweise mit kapitalistischem Gewinnstreben, Marktorientierung, Monokulturen und Bevölkerungsdruck verband. Da entstand zwischen den ökologisch labilen Elementen der Landwirtschaft und der amerikanischen Expansionsdynamik eine Synergie. Später, in der Ära des Handelsdüngers, wurde das ganze Problem von einem ökologischen zu einem ökonomischen umdefiniert: Da ging es nicht mehr um die Wiederherstellung der natürlichen, sondern um die Herstellung der für bestimmte Anbausorten benötigten Fruchtbarkeit; und das war eine Geld- und Kunstdüngerfrage.

In eine besonders kritische Phase geriet der dynamische Zirkel von Bodenerschöpfung und Expansion, als die Siedler die Appalachen und den Mississippi überschritten und in die ökologisch labile Steppenlandschaft der Great Plains vordrangen. Erst jetzt öffnete sich die ungeheure Weite des Westens; aber dahinter gab es keine neue Weite mehr, die man nach Abnutzung des bisher okkupierten Landes vereinnahmen konnte. Zunächst waren es nicht die Farmer, sondern die Rancher, die mit ihren sich rasant vermehrenden Viehherden den mittleren Westen überzogen, und sie erlebten ihr Öko-Desaster schon ziemlich prompt, nachdem die Expansion ihre natürlichen Grenzen erreicht hatte. In der Cowboy-Mentalität hatte die Sorge um Nachhaltigkeit keinen Platz. Bereits in den 1880er Jahren – nur ein, zwei Jahrzehnte nach der Eroberung der Great Plains durch die Cowboys – erlitt die Viehwirtschaft als Folge rücksichtsloser Überweidung einen schweren Einbruch. Als einige kalte Winter aufeinanderfolgten, bedeckten verhungerte und erfrorene Rinder zu Tausenden die Erde. Man konnte das Fiasko auf ein Defizit an «property rights» zurückführen und den Mangel an Vorsorge daraus erklären, daß viele Rancher an ihren Weiden kein verbrieftes Eigentumsrecht besaßen. Im New Deal setzte sich jedoch die Sichtweise durch, daß die Great Plains ein öffentliches Gut seien, das staatlicher Aufsicht bedürfe. 1934 etablierte der Kongreß einen National Grazing Service, um Überweidung und Bodenzerstörung zu verhindern.[54]

Zu einer noch weit größeren Krise hatte im gleichen Jahr das Vordringen bäuerlicher Siedler in den Mittelwesten geführt: 1934 begann die Ära des «Dust Bowl», der verheerenden Staubstürme. Die Flüchtlingsströme der «Exodusters» – der Farmer, die ihren Boden verloren hatten – sind in die amerikanische Literatur und Filmkunst eingegangen. Der Dust Bowl wurde zu einem Trauma, das eine ganze Ära des amerikanischen Umweltbewußtseins prägte und weltweit die Erosionsforschung anstieß. Die Zeitschrift «Fortune» schrieb damals, die Dust-Bowl-Katastrophe sei die Kulmination der «ganzen tragischen Geschichte der amerikanischen Landwirtschaft, die bis zu dem frühesten Mißbrauch des Bodens zurückreicht».[55]

Als die Getreideregionen des Mittelwestens später in feuchteren Jahren und durch künstliche Bewässerung wieder reiche Ernten brachten – allerdings nur mit wachsendem Einsatz von chemischem Dünger –, konnte man die Zuversicht gewinnen, daß der Dust Bowl die Fruchtbarkeit des Bodens doch nicht irreversibel zerstört habe. Waren die «Exodusters» wirklich die Opfer einer ökologischen und nicht vielmehr die einer ökonomischen und sozialen Katastrophe gewesen? John Steinbeck, der mit den «Grapes of Wrath» den Klassiker über die Flüchtlinge schrieb, machte gerade die von ihrem Grund und Boden vertriebenen Klein- und Mittelfarmer zu den guten bodenbewußten Bauern, die sich und Amerika durch Solidarität retten könnten, während er die Schuld an dem Elend den großen Agrarkapitalisten und den mit ihnen verbündeten Banken gab. Viele andere allerdings glaubten, die Dust-Bowl-Opfer seien an ihrem Unglück selber schuld. Henry L. Mencken, der die «Pennsylvania Dutch» als Muster soliden Bauerntums vor Augen hatte, schmähte die Exodusters als «Schwindelfarmer», die, nachdem sie den Boden geplündert hätten, auch noch den Steuerzahler plündern wollten.[56]

Wie man sieht, gibt es nicht eine einzige Geschichte des Dust Bowl, sondern eine ganze Reihe möglicher Geschichten: Man konnte den Dust Bowl als Strafe für die Ursünde der Yankee-Wirtschaft, der Besessenheit vom kurzfristigen Profit, aber auch als Strafe für einen Modernisierungsrückstand interpretieren. Für Teile der Great Plains konnte man große Bewässerungsprojekte, für andere Regionen die Rückkehr zu einer – nunmehr staatlich regulierten – Weidewirtschaft empfehlen; aber manche bezweifelten, ob es überhaupt Sinn habe, im Geiste des New Deal aus dem Dust Bowl eine Rechtfertigung für einen umfangreichen Staatsinterventionismus zu machen. Der Agrarhistoriker James C. Malin – der sehr seltene Fall eines Historikers, der die ökologische Theoriebildung beeinflußte – suchte ausführlich nachzuweisen, daß Staubstürme in den Plains ganz normale und seit eh und je beobachtete Naturereignisse seien, die den Boden nur verlagerten, aber nicht zerstörten. Er klagte, Erkenntnisse in dieser Richtung würden dadurch blockiert, daß die Öffentlichkeit mit einer «Propaganda zur Rechtfertigung gigantischer Programme für den Umgang mit den natürlichen Ressourcen bombardiert» werde. Er und andere argumentierten, der Rekurs auf ein vermeintlich natürliches ökologisches Optimum der Great Plains habe keinen Sinn, da deren ursprünglicher Zustand längst durch die indianische Brandwirtschaft verändert worden sei. Daher gebe es keinen prinzipiellen Grund, warum nicht die Weißen die Plains ebenso für ihre Bedürfnisse nutzen sollten, wie das die Indianer vor ihnen getan hätten.[57]

Aber mit dieser Abwehr eines ökologischen Fundamentalismus war noch längst nicht gesagt, daß die Wirtschaftsmethoden im amerikanischen Westen dauerhaften Erfolg versprachen. Aus heutiger Sicht hat auch der technokratische New-Deal-Optimismus mit seinem Stolz auf die Tennessee-Staudämme das in jener Zeit aufbrechende Umweltbewußtsein oft fehlgeleitet. In neuerer Zeit setzt sich mehr und mehr die Auffassung durch, daß das größte Umweltproblem des Westens nicht in Dürre und Staubstürmen, sondern in den zur Vorkehrung dagegen aus dem Boden gestampften Großprojekten bestehe: in den großen Stauseen und Bewässerungsanlagen, die ökonomisch ebenso wie ökologisch höchst fragwürdig sind und die Grundwasserressourcen zu erschöpfen drohen. Einst, im 19. Jahrhundert, hatten die großen Eisenbahngesellschaften und ihre publizistischen Parteigänger einen regelrechten Propagandafeldzug gegen die bis dahin verbreitete Vorstellung geführt, die baumlosen Weiten des Westens seien eine Wüste: Sie seien alles andere als dies, vielmehr Kornkammern der Zukunft und die künftige Kernlandschaft der Nation. Heute dagegen wird ernsthaft darüber diskutiert, ob es nicht am besten wäre, diese Landschaft als Wüste zu akzeptieren. Einer Berechnung zufolge erfordert die Bewässerung in heißen Wüstengebieten wegen der extrem hohen Verdunstung mehr als zehntausendmal soviel Wasser wie in Feuchtgebieten![58]

Ein Gegenbeispiel zu den puren Boden-Ausbeutern boten deutsche Einwanderungsgruppen, die auch unter amerikanischen Bedingungen – und zwar in ganz unterschiedlichen Regionen von Pennsylvanien bis Texas – die Grundsätze des mitteleuropäischen Bauerntums mitsamt seiner seßhaften Mentalität beibehielten und auf gute Düngung und Fruchtwechsel ebenso wie auf schonenden Umgang mit dem Wald achteten. Auch amerikanischen Agrarlehrern stand das europäische Ideal des Gleichgewichts von Feld, Wald und Weide vor Augen. Der Stolz des US-Farmers war und blieb jedoch der Zaun (fence), nicht der Misthaufen.[59] Die typisch amerikanischen Farmhäuser sind im Unterschied zu alteuropäischen Bauernhäusern nicht für künftige Generationen gebaut.

In Rußland, wo Land in ähnlichem Überfluß wie in Nordamerika vorhanden war und der Muschik, der leibeigene Bauer, ohnehin wenig Interesse an der Bodenkultur hatte, herrschte ein in mancher Hinsicht vergleichbarer – teils archaischer, teils kolonialer – Umgang mit dem Boden vor: In weiten, vor allem neubesiedelten Regionen wurden bis in das 20. Jahrhundert Düngung und Fruchtwechsel vernachlässigt. War der Boden erschöpft, ließ man ihn liegen und nahm neuen unter den Pflug. Die Viehhaltung war, mit Ausnahme der Schafzucht, im allgemeinen wenig entwickelt. Der russische Historiker Kljutschewskij sprach von dem einzigartigen Talent der alten russischen Bauern, «das Land zu verwüsten». Oder dauerte die oft zehnjährige oder noch längere Brache lange genug, damit sich die Fruchtbarkeit des Bodens regenerierte? Wenn die allgemeine Trägheit der Verhältnisse aus der Sicht der modernen Ökonomie ein Horror war, so braucht sie nicht ökologisch ruinös gewesen zu sein. Die russische Umweltgeschichte ist noch kaum erforscht. Deutlich sind jedoch die schweren ökologischen Schäden, die die Rodung des südrussischen Steppengürtels seit dem 17. Jahrhundert hervorrief. Weite, einst fruchtbare Gebiete haben heute durch Erosion ihren Wert für den Ackerbau verloren. In dem besonders fruchtbaren Schwarzerdegebiet wurde der Boden mit seltenen Ausnahmen nie gedüngt; statt dessen diente der Dünger wie in Indien und Innerasien als Brennstoff. In Sibirien wurde die Brandwirtschaft besonders exzessiv und unkontrolliert betrieben.[60] Auf seine Art tradierte das russische Großreich in ähnlicher Weise Grundmuster der Nicht-Nachhaltigkeit wie Nordamerika. Den beiden Weltmächten des 20. Jahrhunderts fehlte eine Tradition des Bodenbewußtseins.

Eine metaphysisch überhöhte Naturromantik findet man dagegen in der amerikanischen Kultur nicht weniger als in der Alten Welt. Die amerikanische Leidenschaft für die Wildnis zielte jedoch oft an dem Bemühen um nachhaltiges Wirtschaften vorbei. Der Enthusiasmus für die (scheinbar) unberührte Wildnis scherte sich wenig um die Wiederaufforstung abgeholzter Waldgebiete und um die Regelung des Holzschlags. Gerade Thoreau, der Einsiedler und Waldmensch, war ein Prediger des ungehemmten Individualismus, nicht der Regulierung. Waldromantik und Waldabholzung größten Stils liefen in den USA ähnlich nebeneinander her wie Indianerromantik und Genozid an den Indianern. Tocqueville glaubte, die romantische Wirkung der amerikanischen Wälder rühre aus dem Wissen, daß sie bald fallen würden.[61]

Auf die Länge der Zeit blieb die Naturromantik nicht ohne Wirkung. Die Nationalparkbewegung, die von den USA in die ganze Welt ausging, ist die praktische Konsequenz der Verherrlichung der Wildnis. In vielen Fällen allerdings entspricht sie dem kolonialen Typus des von Metropolen gegen die Einheimischen durchgesetzten Naturschutzes. Nicht nur die Yankee-Wirtschaft, sondern auch die amerikanische Art des Umweltbewußtseins steht in mancher Hinsicht in kolonialen Traditionen.

6. Zur Frage des europäischen Sonderwegs in der Umweltgeschichte; Rückwirkungen des Kolonialismus auf die Kolonialmächte

Über die vormodernen Ursprünge der modernen Überlegenheit Europas ist viel gerätselt worden, ohne daß man zu einem weithin anerkannten Resultat gelangt wäre. Zunächst suchte man nach einem frühen Vorsprung von Wirtschaft und Wissenschaft, von Industrie und Technik. Aber da war China bis zur frühen Neuzeit in vielem voraus. In der Zeit des Kalten Krieges, als unter Führung der USA die Ideologie von der «freien Welt» herrschende Doktrin war, pflegte man in der Freiheit – der politischen und geistigen – die besondere Qualität des Westens zu sehen. Die Tradition der Freiheit im heutigen Sinn reicht historisch jedoch nicht sehr weit zurück. Ein neuerer Trend geht dahin, die Besonderheit Europas mehr im Bereich der Bindungen, der Institutionen und Rechtsordnungen zu suchen. Da ist man auf soliderem Boden. An erster Stelle das private Eigentum- und Erbrecht: Es hat in Europa vormoderne Ursprünge, die bis in die Antike zurückreichen. Auch in nichtwestlichen Zivilisationen gab es jedoch – wenn nicht de jure, so doch de facto – dauerhafte Nutzungsrechte.

Die Umweltgeschichte wirft auf vieles ein neues Licht. Ethnologen wie Marvin Harris und Jared Diamond haben ähnlich wie Crosby und Eric L. Jones auf einen ganz entscheidenden natürlichen Vorteil Eurasiens gegenüber Amerika, Afrika und Australien hingewiesen: auf die Vielfalt domestizierbarer Nutzpflanzen und vor allem Nutztiere.[62] Es war nicht Lethargie, die die anderen um diesen Vorteil brachte; denn die allermeisten Tiere lassen sich nicht in einer für den Menschen nutzbringenden Weise zähmen. Schon lange vor dem Industriezeitalter besaß Europa durch die Masse der Haustiere gegenüber den altamerikanischen Kulturen, aber bis zu einem gewissen Grade auch gegenüber China und Indien einen Vorsprung in der Dienstbarmachung von Energien und Kalorien. Damit hätte es allerdings noch nicht automatisch einen ökologischen Vorteil: Der von Ochsen gezogene schwere Pflug strapaziert die Böden stärker als der mit Hacke und Spaten betriebene Landbau; Weidetiere können den Wald und die Vegetationsdecke beschädigen. Im übrigen waren bei den Nutzpflanzen asiatische Regionen dem Westen zunächst voraus.

Dennoch ist es nicht schwer zu erklären, wieso Europa im Laufe der Zeit gegenüber dem Nahen Osten, dem Ursprung des Ackerbaus, einen wachsenden Vorsprung erlangte. Denn die Ökologie weiter Teile Europas ist viel stabiler als die des Nahen Ostens. Die Gefahren der Bodenerschöpfung, der Erosion, der Versteppung und Versalzung sind hier ungleich geringer als dort. Wo sich der Regen über das ganze Jahr verteilt, braucht man nicht jene fragilen Bewässerungssysteme, die den nahöstlichen Ackerbau gerade in seiner höchsten Entwicklung in die Krise brachten. Wichtig ist noch ein anderer Faktor, bei dem natürliche und gesellschaftliche Bedingungen zusammenwirken: In großen Teilen Europas konnte sich eine ökologisch vorteilhafte Kombination von Ackerbau und Viehzucht weit besser entwickeln als in vielen außereuropäischen Regionen. Überall dort, wo das Nomadentum hinreicht, besteht zwischen Acker und Weide eine gesellschaftliche Trennscheide. Nicht die Bauern profitieren von der erfolgreichen Züchtung des Kamels mit seinem vielfachen Nutzen. Nomadeneinfälle haben das Bauerntum oft geschwächt. In waldarmen Gegenden wird der Dünger als Brennstoff gebraucht. Die Kultur des Düngerhaufens wird in heißen Regionen vermutlich auch durch die Angst vor Seuchen gehemmt. Auf Böden, die keinen schweren Pflug ertragen, fehlt ein Hauptimpuls zur Großtierhaltung. Und noch ein anderer Punkt ist wichtig: Das pastorale Element der europäischen Landwirtschaft gewährleistete weit mehr als der intensive Reisanbau Ostasiens den Fortbestand ausgedehnter ökologischer Reserven. Allerdings darf man sich das Gleichgewicht zwischen Feld, Wald und Weide auch in der europäischen Geschichte nicht zu perfekt vorstellen!

Die Kombination von Ackerbau und Weide ist nicht nur eine Frage der natürlichen, sondern auch der gesellschaftlichen und rechtlichen Rahmenbedingungen, der formellen und informellen Institutionen, von der Dreifelder-Rotation bis zu den Feudalabgaben. Damit gelangen wir zu der Frage, ob ein europäischer Sonderweg im Umgang mit der Umwelt auch auf institutioneller Ebene existiert. Vieles deutet in der Tat darauf hin. Die Grundbedingung der europäischen Geschichte zeigt sich auch hier: die vielgerühmte «Einheit in der Vielfalt» – die Vielzahl der Macht- und Rechtsquellen mitsamt einer immer breiteren und dichteren Kommunikation und dem Bestreben, über alle Fehden und Kriege hinweg die Konfliktlösung zu verrechtlichen. Nun waren die europäischen Rechtstraditionen gewiß nicht in jeder Hinsicht ökologisch von Vorteil. Aus afrikanischer Sicht wird heute kritisiert, daß der hohe Respekt vor den «property rights», der in der europäischen und insbesondere englischen Rechtstradition verankert sei, die individuellen Freiheiten weit besser gegen den Staat als öffentliche Güter gegen private Eingriffe schützt.[63] Überall dort, wo Umweltschutz nicht in der vom Privatinteresse geleiteten Erhaltung der vielen kleinen Umwelten der Einzelhaushalte restlos aufgeht, sondern auch den Schutz öffentlicher Güter gegen privaten Eigennutz verlangt, wirkt sich ein zu weitgehender Schutz der privaten Handlungsfreiheit schädlich aus.

Europa entwickelte jedoch auch bei der Herausbildung überlokaler, territorialer und nationaler Institutionen und Loyalitäten vor vielen anderen Weltregionen einen Vorsprung. Der europäische Prozeß der Verrechtlichung tat nicht nur im privaten, sondern auch im öffentlichen Bereich seine Wirkung. Ob die «salus publica» der römischen Antike, das «bonum commune» der mittelalterlichen Scholastik oder das «gemeine Beste» des germanischen Rechts: der Schutz öffentlicher Güter hat im europäischen Rechtsdenken eine alte Tradition, wenn auch die Definition des «öffentlichen Interesses» an ihrem Schwierigkeitsgrad mit dem Erklettern der Eiger-Nordwand verglichen worden ist. Aber daß das öffentliche Interesse nie ein für allemal feststand, sondern stets Verhandlungsgegenstand blieb, war nicht unbedingt ein Nachteil.

Ebensowenig hat die Unterentwicklung des privaten Eigentumsrechts in anderen Weltregionen den Umweltschutz gefördert. Von der Bewältigung syrischer Agrar- und Umweltprobleme heißt es, solche «Aufgaben, die ein einzelner oder eine Familie aus eigener Kraft bewältigen» könnten, wie die Pflege eines Baumhains oder das Abteufen eines Brunnens, würden «meist hervorragend gelöst.» «Organisierte Gemeinschaftsaktionen hingegen finden beim Syrer im allgemeinen wenig Gegenliebe.» Ähnliches gilt für sehr viele Regionen der Welt. Selbst für die Chinesen mit ihrer jahrtausendealten kontinuierlichen Staatstradition versichert Lin Yutang noch in den 1930er Jahren, de facto gelte ihre Loyalität ausschließlich der Familie und finde schon in der Nachbarschaft ihre Grenze. Der Chinese halte sein Haus sauber, aber kehre seinen Unrat dem Nachbarn vor die Tür.[64]

Auch im frühneuzeitlichen Europa war die Loyalität gegenüber dem Staat zunächst mehr Ideal als Realität; ihre effektive Durchsetzung gelang erst im Zuge des Nationalismus und der Bürokratisierung. Und auch dieser Prozeß ist nicht per se ein Vorteil für die Umwelt. Noch in der Neuzeit funktionierte die Bewältigung von Umweltproblemen sehr oft am besten auf lokaler Ebene; was höhere Instanzen betrieben, war häufig nur eine symbolische Problembewältigung. «Eine gut organisierte dörfliche Gemeinschaft war vielfach eher in der Lage, ihren Wald entsprechend ihren Bedürfnissen zu erhalten und zu pflegen als eine kapitalschwache Herrschaft mit großen Bedürfnissen auf einem zu kleinen Territorium.» Aber derartige dörfliche Regelungstraditionen waren eben in vielen europäischen Regionen vorhanden; eine Verrechtlichung vollzog sich auf mehreren Ebenen, mündlich wie schriftlich. Auf jeden Fall war Europa im großen und ganzen besser als die meisten anderen Weltteile für Situationen gerüstet, in denen die Lösung von Umweltproblemen außerhäusliche Instanzen und Loyalitäten erfordert.[65]

Für all das bietet die Waldgeschichte das beste Beispiel. Das Schweigen der Quellen über Waldschäden in den allermeisten außereuropäischen Regionen in vorkolonialer Zeit ist vielsagend. Es verrät, daß die Instanzen fehlten, die sich durch Ahndung von Waldfreveln legitimierten. Die Verbindung von Wald und Macht erscheint als ein weithin mittel- und westeuropäisches Phänomen; das zeigt der globale Überblick mit frappanter Klarheit. Gewiß sollte man die ökologischen Verdienste der Verbindung von Wald und Macht nicht übertreiben. Nicht selten war gerade jene Obrigkeit, die vorgab, den Wald zu schützen, selber der weitaus größte Holzkonsument. Aber nicht sie alleine profitierte von der Verrechtlichung der Waldnutzung; es gab auch andere Waldberechtigte, die sich gegen Übergriffe von oben wehren konnten. Und eben das ist der springende Punkt: Verschiedene Nutzer konnten um Waldrechte mit legalen Mitteln kämpfen. Aus dem Hin und Her der Vorwürfe entwickelte sich ein schärferer Blick auf die Vorgänge im Wald; und das sich dadurch entwickelnde Waldbewußtsein hatte praktische Folgen.

In mancher Hinsicht waren es vermutlich über viele Jahrhunderte die Chinesen, die die Kunst der annähernd nachhaltigen Landwirtschaft zu höchster Höhe entwickelt hatten; nicht allerdings im Waldschutz und in der Kombination von Ackerbau und Viehzucht. Und noch auf einer anderen, mehr informellen und verborgenen Ebene der Selbstregulierung scheinen europäische Regionen seit langem einen für die Umweltbalance gewichtigen Vorteil gegenüber Ostasien und anderen dichtbevölkerten Stromkulturen gehabt zu haben: in der Begrenzung des Bevölkerungswachstums durch späte Heirat und Beschränkung der Eheschließungen nach dem mittelalterlichen Gebot «kein Land – keine Heirat», durch Diskriminierung unehelicher Kinder, durch empfängnisverhütende Sexualpraktiken und wohl auch durch versteckten Kindsmord, vor allem an Mädchen. Im 17. Jahrhundert begegnet zuerst das «westeuropäische Muster der späten Eheschließung und eines relativ hohen Anteils Unverheirateter»; im 18. Jahrhundert wurde Frankreich, damals die Führungsmacht Europas, zum klassischen Land der Empfängnisverhütung. Die Beschränkung der Kinderzahl war nicht mehr nur Reaktion auf drückende Not, sondern mehr und mehr auch Vorsorge zur Sicherung des Lebensniveaus.[66]

Welche Rückwirkungen übte der Kolonialismus vor diesen Hintergründen auf die europäischen Kolonialmächte aus? War jenes von Grove geschilderte Umweltbewußtsein, das sich in bestimmten Kreisen der Kolonialverwaltung entwickelte, auch daheim von Belang? Betrachten wir zunächst Spanien, die erste Kolonialmacht Europas, und danach England, die Führungsmacht des späteren Imperialismus.

In *Spanien* erfuhr die Transhumanz im unmittelbaren Gefolge der kolonialen Expansion einen gewaltigen Auftrieb; damals wurde sie geradezu entfesselt und von bisherigen Beschränkungen befreit. Der Kolonialismus führte dazu, daß die spanische Wirtschaftspolitik außenhandels- statt subsistenzorientiert wurde, in einem Maße, daß sie die spanische Subsistenzbasis unterhöhlte. Der Export der begehrten Merinowolle brachte der Krone den höchsten Gewinn; und daher wurde die Mesta, das zuerst 1273 privilegierte Syndikat der Schafherdenbesitzer, von den Königen fortan systematisch auf Kosten der Landwirtschaft begünstigt. «Vergeblich zäunten die Ortsgemeinden die ihnen gehörigen Felder ein. Die wandernden Schafherden wurden von mitreisenden Richtern begleitet, die Streitigkeiten kraft der Mestaprivilegien im Interesse der Wanderschaft entschieden.»[67]

Schon im 16. Jahrhundert stießen die Mesta-Privilegien auf den Widerstand der Cortez, der spanischen Stände; im 18. Jahrhundert dann auf die scharfe Kritik der Physiokraten, die am Ende das Verbot der Mesta durchsetzten. Seit jener Zeit gilt die Mesta als der Fluch Spaniens, als «monströse Usurpation» und «größte Geißel», «der die Landwirtschaft jemals irgendwo unterworfen gewesen», verantwortlich für den Verfall der spanischen Wirtschaft und die Verödung der Landschaft. In jüngster Zeit werden die drei Millionen Schafe, die jährlich Kastilien «verwüsteten», auch als Beispiel für den ökologischen «Selbstmord» einer Region durch Überweidung erwähnt.[68] Ist dieses Umwelt-Geschichtsbild plausibel?

Für Douglass C. North, das Oberhaupt der institutionellen Schule der Ökonomie, ist die Mesta der Inbegriff einer verhängnisvollen Institution – ein negativer Beweis für die Lehre, daß alles an den Institutionen hängt. Aber das ist ein Urteil nach dem Maßstab des wirtschaftlichen Wachstums. Unter ökologischem Aspekt wird die Bewertung schwieriger; die Transhumanz ist geradezu ein Exempel für das Werturteilsproblem in der Umweltgeschichte. Weideland ist nicht per se schlechter als Äcker oder Wälder; unter dem Aspekt des Artenreichtums und Bodenschutzes kann es sogar Vorzüge haben. Viele Weidegebiete sind eben nicht so öde, wie sie aus der Ferne wirken. Auf die Länge der Zeit betrachtet, sieht es nicht so aus, als habe die spanische Transhumanz ökologischen Selbstmord begangen: Dazu hat sie zu lange überlebt, auch nach dem Ende der Mesta. Schon im Laufe des 16. Jahrhunderts wurde die Zahl der Schafe wieder rückläufig: ein Zeichen dafür, daß man sich auf die Tragfähigkeit des Weidelandes einpendelte. Wenn die Mesta auf einer ungeschmälerten Erhaltung der Brache bestand und dadurch eine Intensivierung der Landwirtschaft hemmte, zog sie sich das Verdammungsurteil der Agrarreformer, aber nicht unbedingt der Ökologen zu. Im übrigen hat sich die spanische Transhumanz nach Verlust der Mesta-Privilegien offenbar wieder besser mit bäuerlichen Interessen arrangiert. Der Historiker sieht heute mit Verblüffung, wie die Erhaltung der verbliebenen Transhumanzgebiete in Spanien nicht nur bei Umweltschützern, sondern auch bei Bauern populär ist! Umweltschützer feiern die Transhumanz als «großen Treck für die Natur» und «umweltverträglichste Form der Viehwirtschaft», und Bauern bereiteten einer auf einer alten Transhumanzroute wieder in Marsch gesetzten Schafherde einen festlichen Empfang![69]

Wenn die spanische Umweltgeschichte spätestens seit der Reconquista heute oft als Tragödie gilt – obwohl die spanische Vegetation mit ihrem Artenreichtum an der Spitze Europas steht –, so ist ein Hauptgrund dafür die Entwaldung weiter Teile des Landes. In alter Zeit – im Mittelalter oder noch früher – soll die iberische Halbinsel zum größten Teil mit Wald bedeckt gewesen sein; heute wirken weite Teile des Landesinnern auf den von Norden kommenden Reisenden geradezu wüstenhaft. Die Vermutung eines in Europa nahezu einzigartigen historischen Umwelt-Fiaskos drängt sich auf, und damit zugleich der Verdacht, daß der spanische Kolonialismus, der zur Vernachlässigung der spanischen Wirtschaft führte, auch die Vernachlässigung der Umwelt nach sich gezogen habe. Tatsächlich bekräftigten Ferdinand und Isabella das Mesta-Privileg, «kleinere Bäume» als Tierfutter zu schlagen. Im 19. Jahrhundert, in der Zeit der großen Aufforstungsbewegung, galten die Spanier als geschworene Feinde des Waldes. Der Direktor der Tharandter Forstschule v. Berg erkannte besonders in Kastilien einen «dem Volke innewohnenden Haß gegen die Bäume», der aus einem bornierten Weide- und Ackerbauinteresse resultiere und eine «greuliche Verbeißung der Wälder» durch Tausende von Ziegen geschehen lasse. George P. Marsh findet den «sprichwörtlichen Baumhaß des Spaniers» schon im 16. Jahrhundert bezeugt und glaubt, Spanien sei das einzige europäische Land, das weder Waldschutz noch Aufforstung betreibe, vielmehr «einen systematischen Krieg gegen den Garten Gottes» führe.[70]

Die Vernichtung vieler Wälder war offenbar nicht von oben intendiert. Auch in der spanischen Geschichte fehlt es nicht an königlichen

Waldschutzverordnungen: Sie setzten ähnlich wie in Mitteleuropa im 14. Jahrhundert ein und erreichten einen ersten Höhepunkt im 16. Jahrhundert unter Karl V., und Philipp II. Philipp, der Liebhaber der Jagdforsten und der flandrischen Gärten, wurde von seinem Biographen Henry Kamen sogar zu «einem der ersten ökologischen Herrscher» hochstilisiert![71] Die Forstpolitik scheint jedoch selbst auf dem Höhepunkt der spanischen Königsmacht nur geringe praktische Wirkung gehabt zu haben.

Es war wohl nicht nur die Macht der Mesta, sondern auch der Kolonialismus, der in Spanien den Sinn für den Wert der inländischen Waldressourcen schwächte. Seit dem 16. Jahrhundert bezog Spanien Schiffbauholz aus Mittelamerika, vor allem aus Kuba. Erst 1748, als die spanische Seemacht längst nicht mehr zu retten war, wurde eine «Ordonanz für den Schutz und die Förderung der Marine-Wälder» mit detaillierten Bestimmungen zur Aufforstung erlassen; sie stieß in Teilen Kastiliens auf Widerstand. Im 19. Jahrhundert folgte eine Aufforstungspolitik nach deutschem Muster; aber gerade damals führte die Liberalisierung der Waldwirtschaft zu dem vermutlich stärksten Entwaldungsschub der neueren spanischen Geschichte![72]

Die spanische Waldgeschichte der Neuzeit besteht nicht nur aus Niedergang. Mit dem Sieg der Reconquista hielt auch das vom Islam verabscheute Schwein in vielen spanischen Regionen seinen Einzug; hier wie anderswo war die Schweinemast der stärkste Impuls zur Hegung von Eichenhainen. Auf der iberischen Halbinsel kam die Korkgewinnung aus der Korkeiche als weiteres Motiv hinzu. Diese Eichenhaine sind gegenüber den Weidegebieten eine andere Welt; hier ist von einer spanischen Baumfeindschaft nichts zu spüren. Im übrigen pflegt die Forstwirtschaft bei ihren Lageberichten den «matorral», den macchienähnlichen spanischen Buschwald, zu vernachlässigen. Nach forstlichen Maßstäben ist er kein Wald; aber Ökologen schätzen ihn heute höher als viele neuaufgeforstete Wälder. 1985 ketteten sich spanische Umweltschützer an Bagger, die ein mit «matorral» bewachsenes Gelände umgraben und für die Aufforstung präparieren sollten![73]

Dem germanischen Teil Europas wird heute oft ein besonderes Waldbewußtsein zugeschrieben. Um so mehr fällt auf, daß sich im europäischen Nordwesten gerade die Niederlande und England, die beiden Kolonialmächte, seit der frühen Neuzeit, als sich in Mitteleuropa die Waldschutzbestrebungen verstärkten, am wenigsten um den Waldschutz kümmerten. Holland wurde zu einem besonders waldarmen Land, dafür wurde der «Holländer»-Holzhandel in Deutschland zum größten Holzgeschäft des 18. Jahrhunderts. Die Kolonialmächte hatten die Mittel, Holz aus Mitteleuropa, Skandinavien, dem Baltikum und Übersee zu importieren. Die Menge des westwärts durch den dänischen Sund transportierten Holzes stieg vom 16. bis zum 18. Jahrhundert, wie den Sundzollregistern zu entnehmen ist, auf das Achtzigfache![74]

In *England* verfaßte John Evelyn mit «Sylva» (1664) den berühmtesten Aufforstungsappell des 17. Jahrhunderts, der über mehr als ein Jahrhundert zitiert und plagiiert wurde; dennoch blieben Baumpflanzungen auf der britischen Insel «mehr ein Gentleman-Hobby als ein ernsthaftes Geschäft». Englische Dichter und Landschaftsmaler verherrlichten seit dem 18. Jahrhundert den Wald nicht weniger als deutsche Romantiker; aber diese Waldeslust kam mehr den Parks als den großen Forsten zugute. Der zur Brennholzversorgung gebrauchte Niederwald scheint in England im 18. Jahrhundert allerdings noch weit verbreitet gewesen zu sein. Eine gewisse Nachhaltigkeit ist im Niederwald durch die Art der Holzentnahme gewährleistet, die ausschlagfähige Baumstümpfe stehenläßt. Erst die Steinkohle beseitigte den Impetus zur Erhaltung des Niederwalds.[75]

Zu den ökologischen Rückwirkungen des Kolonialismus sind auch die in England um 1840 einsetzenden Guanoimporte aus Peru zu rechnen. Von nun an war es nicht mehr wichtig, in der Landwirtschaft auf ein Gleichgewicht von Acker und Weide zu achten; ein Dünger-Defizit, also ein Mangel an inhärenter Nachhaltigkeit, ließ sich nun durch Guano beheben. Von da ab wurde der Siegeszug des Wasserklosetts möglich, das die menschlichen Ausscheidungen der Landwirtschaft entzog. Aber der Guano war eine Ressource, die sich unendlich viel langsamer regeneriert, als sie damals abgebaut wurde. In den Augen Liebigs war die britische Landwirtschaft nunmehr der Gipfel des agrarischen Raubbaus und der Guano die Verschleierung der längst eingetretenen ökologischen Krise.[76]

An dieser Stelle noch ein Blick auf die «Enclosures», jene Einhegungen vormals offener Felder zu Zwecken der Schafzucht und der Intensivierung des Ackerbaus. Es handelt sich um einen Prozeß, der im 16. Jahrhundert begann und in der zweiten Hälfte des 18. Jahrhunderts seinen Höhepunkt erreichte. Er gehört zu den zumindest indirekten Rückwirkungen des Kolonialismus und der dadurch verstärkten Außenhandelsorientierung. Von etwa 1750 an wurden die Enclosures, die vorher meist durch private Übereinkunft vorgenommen worden und lange Zeit auf königlichen Widerstand gestoßen waren, vom Parlament systematisch in einem Maße vorangetrieben, daß sie die englische Landschaft in einem «revolutionären Tempo» veränderten. Die hohen Gewinne des Wollhandels gaben der Schafzucht, wie in Spanien, so auch in England, einen enormen Auftrieb. Und hier wie dort waren die sozialen Kosten der sich ausbreitenden Schafherden heftig umstritten; schon in der «Utopia» des Thomas Morus (1516) ertönte die Klage, daß die Schafe die Menschen vertreiben. Der Begriff des «Gemeinwohls» kam in England als Schlagwort gegen die Enclosures auf.[77] Die ökologischen Auswirkungen waren in England allerdings ganz anders als in Spanien: Hier, unter den Bedingungen des aufsteigenden privaten Eigentumsrechts, führte der Wollboom nicht zu Ausdehnung des kollektiven Weidelandes zu Lasten des Ackerbaus, sondern im Gegenteil typischerweise zur Kombination von Schafzucht und Ackerbau auf begrenztem Raum und mit voller Handlungsfreiheit des Grundherrn.

Die vorherigen «common fields» mit ihrem Flurzwang und weiten Weide-Radius sind zur Erhaltung der Fruchtbarkeit des Bodens vermutlich nicht so schlecht gewesen, wie die Agrarreformer behaupteten. Dennoch kann man annehmen, daß die ökologische Balance durch die Enclosures im allgemeinen verbessert wurde. Da ließ sich der wertvolle Schafdünger besser sammeln; und die Hecken, die nun mehr denn je zu einem markanten Element der englischen Landschaft wurden, erfreuen bis heute die Naturfreunde und lieferten überdies Holz. Der deutsche Enzyklopädist Krünitz schrieb 1789, die Engländer verspürten, obwohl sie fast alle ihre Wälder gerodet hätten, keinen Mangel an Holz, da sie alle Äcker mit «lebendigen Zäunen und Bäumen» umgäben. Wie allerdings schon manche Zeitgenossen bemerkten, erhöhte die Intensivierung des Ackerbaus mancherorts die Gefahren einer Übernutzung der Böden, die bei der alten, vorwiegend subsistenz- und nicht wachstumsorientierten Wirtschaftsweise geringer gewesen war. Im übrigen führte die Kommerzialisierung der englischen Landwirtschaft zu einer zunehmenden Spezialisierung und damit zu einer Trennung von «arables» und «pasturables». Wie der deutsche Agrarreformer Thaer kritisierte, ging dabei viel Dünger für den Acker verloren. Das ökologische Potential der Einhegungen wurde durch den Trend zur arbeitsteiligen Landwirtschaft durchkreuzt.[78]

Ein europäischer Sonderweg in der Forstwirtschaft mit Richtung zur Nachhaltigkeit findet sich nicht so sehr in Spanien, den Niederlanden und England, sondern weit mehr in Frankreich und am stärksten in Mitteleuropa. Deutschland wurde unter anderem deshalb, weil es die längste Zeit *keine* Kolonien besaß und auf die heimatlichen Holzressourcen angewiesen war, zum klassischen Land der Hochwald-Aufforstung. Der europäische Vorzug der Dezentralität war in Deutschland stärker gegeben als in den älteren Nationalstaaten. Da konnte sich eine

Vielzahl von forstlichen Lehren und Praktiken entwickeln, die den regionalen Gegebenheiten einigermaßen angepaßt waren, während der in Frankreich unter Colbert begonnene Versuch einer zentral gesteuerten Forstpolitik weniger Zukunft hatte. In Deutschland entwickelte sich keine so scharfe Dichotomie zwischen «wissenschaftlicher» Forstlehre und lokalem Erfahrungswissen wie in vielen anderen Ländern der Welt.

Alles in allem: Die Besonderheiten der europäischen Entwicklung enthielten nicht nur in ökonomischer, sondern auch in ökologischer Hinsicht beträchtliche Vorteile. Diese wurden allerdings zum Teil durch den Kolonialismus mit seiner Entgrenzung der Ressourcen beeinträchtigt. Aber auch in sich selbst enthielten die Vorzüge in Verbindung mit der ökonomischen Dynamik Europas eine Gefahr: Indem sie das wirtschaftliche Wachstum besser abfederten, als dies anderen Zivilisationen möglich war, trugen sie dazu bei, diese Dynamik erst recht zu entfesseln. Nur eine ökologisch relativ robuste Landwirtschaft konnte Ertragssteigerungsambitionen entwickeln, die alles Dagewesene übertrafen. Nur eine Weltregion mit viel Wald und einer leidlich nachhaltigen Forstwirtschaft konnte die Metallverhüttung auf einen Wachstumskurs manövrieren, der sich schließlich die Steinkohle – bis dahin nur lokaler Holzersatz – als neue Ressource für noch viel stärkeres Wachstum erschloß. Nur wasserreiche Regionen konnten einen Typus von industrieller Zivilisation hervorbringen, der wie selbstverständlich einen gigantischen Wasserbedarf enthielt und dessen Transfer in trockenere Weltregionen diese in schwere Engpässe manövrierte. Nur Länder mit funktionsfähigen kommunalen und territorialen Institutionen, die die schlimmsten industriellen Umweltschäden zumindest abmildern oder aus dem Blickfeld entfernen konnten, waren in der Lage, eine Industrialisierung voranzutreiben, die nicht schon bald an sich selbst erstickte, sondern wachsende Popularität gewann. Die Umweltgrenzen des wirtschaftlichen Wachstums wurden auf diese Weise nicht beseitigt, sondern nur hinausgeschoben und verschleiert. Entsprechend trügerisch ist das Gefühl relativer Sicherheit, das europäische Institutionen im Verein mit einer relativ robusten Ökologie zu verschaffen vermochten. Und trügerisch ist auch die Attraktion, die das «Modell Europa» auf den Rest der Welt ausübt. Solange man rein ökonomisch denkt, mag man Europa für ein beliebig verallgemeinerbares Vorbild halten; aus ökologischer Sicht wird dagegen klar, daß vieles von dem europäischen Erfolgspfad ein Sonderweg war, der für andere Weltregionen zur Sackgasse wird.

V. An den Grenzen der Natur

1. Der Vorstoß zu den letzten Reserven

Der Begriff der «Industriellen Revolution» ist altmodisch geworden; aber man sollte ihn nicht zu sehr zerreden. Eine neue Ära begann mit den Fabriken gewiß. *Eine* Definition des damaligen Neuen ist in der Umwelthistorie bereits etabliert: der Übergang vom solaren zum fossilen Energiesystem als Wesen dieses Wandels. In der Tat, im Endeffekt ist das der springende Punkt. Die Kohle war jedoch nicht von Anfang an die Triebkraft der Industrialisierung. Die Dampfmaschine, diese mit Steinkohle gefeuerte Energiequelle, ist als Antrieb der Industriellen Revolution oft überschätzt worden; ihr suggestiver Eindruck hat förmlich zu falschen Vorstellungen vom Gang der Dinge geführt. Nicht der neue Energieträger steht am Anfang der Industrialisierung; es ist nicht Sache des Umwelthistorikers, jenes energetische Geschichtsbild, das in den 1950er Jahren zu falschen Hoffnungen auf die Kernenergie führte, zu bestärken. Die frühen Phasen der Industrialisierung basierten selbst in England, schon gar in kontinentaleuropäischen Regionen großenteils auf Holz und auf Wasser-, Tier- und Menschenkraft, ja waren vielfach von Bemühungen um restlose Nutzung dieser regenerativen Ressourcen begleitet. Nicht zuletzt dadurch bekommt jene Zeit ihren Grundcharakter. Der englische Agrarreformer Arthur Young prangerte 1773 den «monströsen Anteil» des Ödlands am britischen Boden als «Skandal für die nationale Politik» an.[1]

Soll man annehmen, daß die Dynamik des Kapitalismus bei alledem der Kern der Dinge ist? Aber diese Erklärung reicht nicht aus. Der Kapitalismus als solcher – nämlich als individuelles Streben nach Profitmaximierung – konstituiert noch keine Gesellschaft und keine Kultur; er ist in sich geradezu antisozial und hat diesen Grundcharakter oft genug offenbart. Um zum Bestandteil eines raumprägenden Systems zu werden, braucht er gesellschaftliche und politische Supplemente; diese sind in der Geschichte sehr unterschiedlich gewesen und haben sich auch in ihren Folgen für die Umwelt stark voneinander unterschieden. Über viele Jahrhunderte entwickelte sich der europäische Kapitalismus selbst in den Städten in engem Verbund mit Feudalstrukturen; reiche Unternehmer suchten in typischen Fällen Sicherheit und Ruhe im

Grundbesitz und wurden auf Landgütern behäbig. Bis ins 18. Jahrhundert waren Privatkapitalisten im allgemeinen nicht sehr auf aufwendige technische Innovationen versessen; lange liebten sie es nicht, ihr Kapital in kostspieligen Fabrikanlagen festzulegen, sondern zogen es vor, das Fixkapital möglichst gering zu halten. Der Bau großer Manufakturen und spektakulärer Maschinen gehörte eher zum Stil ehrgeiziger Landesherren, die keine genaue Kosten-Nutzen-Rechnung aufstellten. Und vor allem von dort kam auch der Ehrgeiz der flächendeckenden Nutzung des gesamten Territoriums.

Charakteristisch für die «Protoindustrialisierung» des 18. und frühen 19. Jahrhunderts ist der Trend weg von den Städten, der zu den späteren hochindustriellen Ballungen scharf kontrastiert. Dieser Trend entsprach vor allem der Dezentralität der natürlichen Ressourcen. Quantitatives Wachstum bekam in vormoderner Zeit, sobald es gewisse Grenzen überschritt, zwangsläufig einen dezentralen Grundzug. Das ungestörte Fortschreiten der Protoindustrialisierung war auf landesherrlichen Rückhalt angewiesen; denn viele Städte suchten in ihrem Umkreis die ländlichen Gewerbe niederzuhalten. Das Wachstum unterbäuerlicher Schichten, die vom Land allein nicht leben konnten, wurde durch die staatliche Peuplierungspolitik begünstigt: den Kampf gegen bäuerlich-altständische Eheverbote, Kindsmord, Pocken und Diskriminierung unehelicher Kinder.

Wie der Forsthistoriker Schwappach bemerkt, gab es in Deutschland noch im 18. Jahrhundert «ungeheure Strecken Ödland», die den Landesherren gehörten.[2] Bis dahin sorgten schon die miserablen Verkehrsbedingungen dafür, daß weite Teile Deutschlands, ja Europas und der Welt für sich blieben und von überregionalen Handelsdynamiken nur wenig berührt wurden. Das begann sich seit jener Zeit zu ändern: zuerst ganz langsam, dann immer schneller. Die Erweiterung und Verdichtung der Verkehrsnetze gaben ökonomischen Entwicklungen, die vormals an bestimmte Städte und Handelswege gebunden waren, einen zunehmend flächendeckenden Charakter. Bezeichnenderweise begann im 18. Jahrhundert die Zeit der exakten Kartierung in großem Stil. Wirtschaftliche und technische Prozesse, die zunächst voneinander getrennt waren, wirkten jetzt mehr und mehr ineinander, so daß synergetische Effekte auftraten. Einen ersten Höhepunkt in diesem Prozeß der flächendeckenden Vernetzung brachte die Eisenbahn.

Der für die Umweltgeschichte besonders folgenreiche Grundzug jener Zeit war der allenthalben zu beobachtende Drang zur optimalen Nutzung der letzten Reserven der Natur. Bis zur Mitte des 18. Jahrhunderts freuten sich die Autoren, die über das Oderbruch schrieben, über den Fischreichtum dieses Feuchtgebietes; nun auf einmal sahen preußische Hydrauliker in den Naturgegebenheiten eine Herausforderung zum Deichbau. Die Urbarmachung von Mooren, Sümpfen und Flußniederungen war ein typisches Ziel des 18. Jahrhunderts, von Preußen bis zum Kirchenstaat. Der Rückgriff auf die letzten Reserven wurde damals in gewisser Weise sogar, wenn man an China denkt, ein weltweiter Trend. Mehrere heutige Globalstudien datieren jene ökologischen Probleme, die aus systematischer Urbarmachung vormals leerer Flecke in der Agrarlandschaft resultieren, bis in die Zeit um 1700 zurück.[3] Durch die Zunahme weltweiter Verflechtungen verstärken sich die Gleichzeitigkeiten in der Umweltgeschichte. Der Mais und die Kartoffel, die wichtigsten Agrarimporte aus Amerika, werden in vielen Regionen Eurasiens zu einer epochalen Innovation, die zu einer intensiven Nutzung von bis dahin extensiv bewirtschafteten Böden führt. «Die Kartoffel gibt uns Mut und Hoffnung, Mißjahre zu überstehen», jubelte der Siebenbürger Agrarreformer Roth. «Ihre Zigeunernatur und Wohnung unter der Erde verspricht uns Hilfe.» Anders als das Getreide konnte sie nicht vom Hagel erschlagen werden; aber wie die irische Katastrophe zeigt, enthielt sie dafür andere Risiken. In den Pyrenäen und Alpen, später sogar im Himalaya, förderte sie eine Bevölkerungsverdichtung, die zur Übernutzung von Wäldern und Weiden führte.[4]

Der schwere Pflug mit eisernem Streichbrett, auf den Lynn White bereits eine Agrarrevolution im frühen Mittelalter zurückführen will, scheint in Europa erst im 18. Jahrhundert weitere Verbreitung gefunden zu haben; das könnte ein Grund dafür sein, daß sich zu jener Zeit ein Erosionsschub beobachten läßt. Bodennährstoffe, die vorher unerreichbar waren, wurden jetzt für den Ackerbau mobilisiert. Mit der Besömmerung der Brache im Zuge der Agrarreformen wird die systemimmanente Wildnis der alten Landwirtschaft beseitigt: Auch für die Geschichte des Unkrauts bedeutet das 18. Jahrhundert eine Zäsur.[5]

Ein durchgehender Grundzug des neuen Zugriffs auf die Natur besteht in verstärkten wasserbaulichen Aktivitäten, sowohl in der Be- als auch in der Entwässerung und im Kanalbau. Durch großräumige Entwässerungsarbeiten suchte Preußen neues Ackerland zu gewinnen. Mit der Bewässerung begann in England, in Südfrankreich und im Schweizer Mittelland eine Ära zunehmend intensivierter Landwirtschaft. Auf diese Weise ließ sich der Ertrag der Wiesen auf das Fünf-, ja Achtfache steigern. Wässerwiesen ermöglichten eine höhere Viehhaltung auf engem Raum; dadurch stand dem Ackerbau mehr Dünger zur Verfügung. Im regenreichen Mitteleuropa waren die Bauern – wie selbst ein Agrarreformer anerkannte – vollauf in der Lage, die dazu notwendigen Grabensysteme selber anzulegen, wenn sie dadurch auch in viele Wasserkonflikte und einen «Teufelskreis der ständigen Unterhaltungslast» hineingerieten. Es gab jedoch größere Projekte, wo der Staat gefordert wurde. Waren bis dahin in Europa vor allem Venedig und Holland Pioniere der politischen Hydraulik gewesen, so bekam die europäische Politik seit dem 18. Jahrhundert allgemein ein hydraulisches Element. Französische Regierungen betrieben seit der Zeit Ludwigs XIV. Kanalbauten als großangelegte Prestigeprojekte. Deren Zeitrahmen überschritt die Möglichkeiten von Privatunternehmern bei weitem. «Drei Jahrhunderte lang Projekte, dazu ein halbes Jahrhundert für die Verwirklichung, das ist fast die normale Dauer für den Bau eines Kanals», bemerkt ein französischer Kanalhistoriker mit Blick auf die Entstehungsgeschichte des Canal de Bourgogne. Das frühindustrielle England erlebte vor dem Eisenbahnfieber eine «Canal Mania», wobei hier allerdings der Bau der Kanäle, die nicht aufwendiger waren als nötig, durch Privatgesellschaften erfolgte. Adam Smith meinte, der Bau und Betrieb von Kanälen könne durchaus von Aktiengesellschaften übernommen werden, obwohl er diesen sonst nicht viel zutraute.[6] Unterirdisch erlebte der Kanalbau noch im Eisenbahnzeitalter mit den städtischen Kanalisationen einen neuen Boom, der am Ende die städtischen Entsorgungsprobleme in einer Art massierte, wie das bis dahin nie geschehen war.

Dazu die Wasserschutzbauten. 1711 faßte der Große Rat in Bern nach einer verheerenden Überschwemmung den Beschluß, die Kander, die bis dahin in die Aare mündete, in den Thuner See umzuleiten. Bei den Bauarbeiten machte man dramatische Erfahrungen mit dem Eigenwillen des Gebirgsflusses; und als dieser in den Thuner See mündete, erhöhte er dort die Überschwemmungsgefahr. Seit der Umleitung der Brenta durch die Venezianer war es das erste europäische Unternehmen dieser Art. Im Vergleich zu heute hatten die Wasserbauer jener Zeit vor der Gewalt der Flüsse notgedrungen noch viel Respekt.

Das größte deutsche Wasserbauprojekt wurde nach 1800 die Oberrheinkorrektion unter Leitung des an der Pariser Ecole Polytechnique ausgebildeten Johann Gottfried Tulla. Es war ein Projekt aus napoleonischem Geist, das noch von dem durch Napoleon in Straßburg eingesetzten «Magistrat du Rhin» begonnen wurde. An der neuen Karlsruher Ingenieurschule etablierte Tulla eine Wasserbautradition großen Stils. Die «Rektifikation» des Rheins war für Tulla eine Angelegenheit des Staates, die eine «Berücksichtigung des Ganzen» jenseits der Partialinteressen erfordere. Vorrangig waren der Schutz vor Überschwemmung und der Gewinn von Ackerland in der Rheinaue. Dabei war die Hauptgefahr von Anfang an klar: daß der beschleunigte Abfluß des Wassers durch den begradigten Oberrhein die Überschwemmungsgefahr stromabwärts verschlimmerte. Von 1826 bis 1834 erhoben Preußen, Hessen und die Niederlande Einspruch gegen die Bauarbeiten, die dadurch verzögert wurden. Der Verfasser einer Gegenschrift prophezeite den «Bewohnern des Mittel- und Unterrheins» von der Rektifikation des Oberrheins «furchtbare Folgen». Seine Argumente lassen sich noch heute hören: Die Krümmungen der Flüsse seien «als eine sehr wohltätige Einrichtung der Natur zu betrachten, welche vermöge der öfteren Stauungen dem Zunehmen der Geschwindigkeit und dem Zuseichtwerden der Flüsse bei niederem Wasserstande wesentlich steuert und so eine bessere Schiffahrt gewahrt und erhält.» Zudem würde die Fischerei durch die Begradigung «außerordentlich beeinträchtigt werden. Je ruhiger ein Strom fließet, je mehr Schlängelungen, mithin bedeutende Tiefen er hat, desto fischreicher finden wir ihn.» Tatsächlich führte die Rheinkorrektion zum Niedergang der Berufsfischerei. Die Fischer scheinen jedoch damals, nach Aufhebung ihrer Zünfte, keine Institution zur Gegenwehr gehabt zu haben. Anders war es um 1750 bei der Regulierung der Oder; da wandten sich die mit Recht alarmierten Fischer mit Eingaben an den König. Dort hatten sich die «Hechtreißer» seit 1692 zu einer florierenden Zunft zusammengeschlossen, die sich nun in ihrer Existenz bedroht sah.[7] Aber sie konnten die Urbarmachung des Oderbruchs nicht verhindern.

Als 1772 Preußen und Lippe gemeinsam mit der Kanalisierung des Flüßchens Werre begannen, erhob der größte Teil der bäuerlichen Flußanlieger im Umkreis von Herford Einspruch, mit der Begründung, «daß die frühjährigen Überschwemmungen gleich den heilsamen Ausflüssen des Nils ihre Ländereien mit Blumen und schmackhaften Kräutern befruchten». Die an der Werre gelegenen Wiesen seien «die edelsten und ergiebigsten Grundstücke» im ganzen Herforder Stadtgebiet. Der Stadtarzt Georg Wilhelm Consbruch, der sich über den Zusammenhang zwischen Umwelt und Gesundheit manche Gedanken machte, sorgte sich darüber, daß der in «enge Schranken eingeschlossene» Fluß sich in um so schlimmeren Überschwemmungen «Luft verschaffen» möchte – was dann auch geschah.[8] An der Werre in kleinem Maßstab das gleiche Problem wie am Hoangho!

Für den preußischen Baurat Schloenbach, der die Werre-Kanalisierung vorantrieb, zeugten die Einwände nur von Eigensinn und Dummheit. Aber nicht alle zeitgenössischen Experten dachten so. Ein führender preußischer Hydrauliker, Johann Esaias Silberschlag (1721–1791), trat dafür ein, bei der Flußregulierung alle beteiligten Parteien anzuhören, und gab zu bedenken, «gleich eigensinnigen Freunden» seien die Flüsse «nur so lange dienstfertig, als man ihnen höflich begegnet; tritt man ihrer Strombahn nur einigermaßen zu nahe, so können sie in der Rache nicht leicht ein Ende finden». Der Fluß wie ein beseeltes Lebewesen! Silberschlags Fluß-Diplomatie erinnert an die Fluß-Pädagogik der altchinesischen Hydrauliker, die die Flüsse als Kinder ansahen, denen man die Mäuler nicht versperren dürfe. Der wahre Experte zeichnet sich in den Augen Silberschlags dadurch aus, daß er mit den Flüssen vorsichtig umgeht. Mit dieser Meinung stand er unter den Hydraulikern seiner Zeit nicht allein. 1787, nach einer Donau-Hochwasser-Katastrophe, war die Wiener öffentliche Meinung überzeugt, daß die kürzlich durchgeführten Uferschutzbauten den Strom zu stark eingeengt hätten, und Kaiser Joseph II. schloß sich dieser Meinung an. Tulla, der die Rheinkorrektion ebenfalls noch ohne Dampfbagger betreiben mußte, projektierte nach dem Prinzip, daß sich der regulierte Fluß sein neues Bett selber gräbt; es handelte sich selbst nach Maßstäben moderner Naturschützer noch um eine schonende Flußregulation. Eine «immer bedrohlichere Versteppung großer Teile der Oberrheinebene» setzte erst in den 1920er Jahren ein, als Frankreich – auf den Vertrag von Versailles gestützt – den Rheinseitenkanal baute, der dem «Restrhein» einen Großteil des Wassers entzog. Eine Streitschrift von 1879 gegen die «naturwidrige Wasserwirtschaft der Neuzeit» kontrastierte den älteren Typ der Flußregulierung, der noch sämtliche Interessen der Flußanlieger berücksichtigt habe, zu der unter einseitigen Gesichtspunkten betriebenen Flußkanalisierung der Gegenwart.[9]

Eine Art von Intakterhaltung der von Menschen benötigten Umwelt kann sich nicht nur aus der Abwehr der Interessenten, sondern gerade aus dem Zusammenwirken einer Vielfalt von Interessen ergeben. Die alten Fischer und Wassermüller und ebenso die Brauer und die um ihre Wiesenbewässerung besorgten Bauern hatten – alle auf ihre Art – einen sehr ausgeprägten Sinn für die Reinheit und Lebendigkeit des Wassers. Günter Bayerl hat wohl recht mit seiner Ansicht, daß die Wasserinteressen der «Fischer, Müller, Landwirte, Schiffer, Brauer etc.» in vormoderner Zeit ein «wechselseitiges Korrektiv» dargestellt hätten.[10] Man kann gewiß bezweifeln, ob diese Balance der Interessen stets zuverlässig im Sinne der Nachhaltigkeit funktionierte; aber der Unterschied zum Industriezeitalter, in dem viele Wasserläufe zu bloßen «Vorflutern» für die Abwasserkanalisation absanken, ist eklatant.

Der Grundzug der Wirtschaftsregulierung geht in Mittel- und Westeuropa während des 18. und frühen 19. Jahrhunderts dahin, die auf regenerativen Ressourcen beruhende Wirtschaftsweise zur höchsten Perfektion zu treiben; und das bedeutete häufig auch: ihre Nachhaltigkeit zu verbessern. An erster Stelle galt das für die Landwirtschaft, vor allem in Mitteleuropa jedoch auch mehr und mehr für den Wald; nicht selten allerdings ging die Steigerung der Agrarproduktion auf Kosten der Wälder. Immerhin: Seit dem 18. Jahrhundert intensivieren sich im deutschen Bereich allenthalben die Waldschutz-und Aufforstungsbestrebungen; und das Bemühen um Holzersparnis, um «Menage des Holzes» zieht sich wie ein roter Faden durch die Technikgeschichte jener Zeit. Zum Teil handelte es sich um papierene Projekte; aber unter dem Druck steigender Preise wurde das Holzsparen doch zu einem Bestandteil des Alltags. Noch nie war der Gesellschaft die hölzerne Grundlage ihrer Existenz so bewußt geworden wie damals, als sie systematisch die Grenzen ihrer Waldressourcen erkundete; insofern hat Sombarts Begriff des «hölzernen Zeitalters» seinen Sinn. Manchmal taucht die Utopie des totalen Holzstaats auf: einer allumfassenden Kontrolle der Holznutzung und einer Regulierung des gesamten Lebens mit Blick auf die Wälder! Zwar kann man jene Zeit als Vorgeschichte der Industrialisierung, der Entfesselung des scheinbar grenzenlosen Wachstums beschreiben; aber gerade dann, wenn man sie aus der Nähe besieht, kann man doch immer wieder beeindruckt sein, wie selbstverständlich man damals noch mit der Vorstellung der Grenzen des Wachstums lebte und wie rasch sich bei jedem Wachstum, das den Wald strapazierte, die Angst vor Holznot zu Wort meldete. Auch die Steinkohle revolutionierte die Grundeinstellung erst nach geraumer Zeit. Ein Memorandum zweier Essener Bergmeister warnte 1827 vor einem Quantensprung bei der Kohleförderung, «da alles seine Grenzen hat».[11]

Mit Recht bemerkt Barrington Moore, nichts spreche dafür, «daß die Masse der Bevölkerung irgendwo auf der Welt je eine Industriegesellschaft gewollt hätte»; vielmehr deuteten zahlreiche Zeugnisse auf das Gegenteil. Ähnlich glaubt Polanyi zu erkennen, daß die «Gesellschaft des 18. Jahrhunderts» sich «unbewußt gegen jeglichen Versuch» gesträubt habe, «sie zu einem bloßen Anhängsel des Marktes zu machen». Das galt für große Teile der Oberschichten ebenso wie für die «kleinen Leute». Viele Handwerker und Kaufleute hätten offenbar am liebsten eine oligopolistische Position auf einem geschützten Markt behalten, auch wenn sie dabei keine Aussicht auf große Reichtümer hatten. Eine Politik der sorgsamen Aufrechterhaltung der Balance zwischen menschlicher Wirtschaft und natürlichen Ressourcen hatte damals auch ohne modernes Umweltbewußtsein viele Verbündete, und man muß fragen, warum sich in Europa keine stabile Allianz dieser Art hat halten können. Eine Antwort ist die, daß ökologische Motive damals auf verschiedene, teilweise einander konträre Gruppen und Instanzen verstreut waren. Der Glaube an die Fähigkeit der Natur zur Selbstregulierung war damals vor allem bei den Liberalen und den Kritikern alter Ordnungen verbreitet; dagegen standen diejenigen Kräfte, die eine relative Autarkie begrenzter Räume verteidigten und damit über einen Rahmen verfügten, in dem sich ein Gleichgewicht Mensch-Natur hätte durchsetzen lassen, oft auf der Gegenseite.[12] Die Naturbegeisterung verband sich in der Regel mit dem Ruf nach «Freiheit», nach Deregulierung, während der Holznot-Alarm gewöhnlich im Verbund mit forstlichen Regulierungsbestrebungen ertönte.

In den Akten von staatlich beaufsichtigten Holzgroßverbrauchern wie der Eisenindustrie findet man die Formel, daß die Produktion «in Proportion der Waldungen» gehalten werden müsse. Es wäre allerdings voreilig, daraus auf eine stabile Harmonie zwischen Wald und Wirtschaft zu schließen. Gewiß bemühte man sich um das exakte Gleichgewicht; aber Erich Jantsch hat daran erinnert, daß Gleichgewichtszustände entgegen einer beliebten Annahme instabil sind: Ein geringer Anstoß genügt, um eine genau austarierte Balance zu erschüttern.[13] Stabilität läßt sich lediglich in Form eines «Fließgleichgewichts» ausdenken, das sich auch nach Turbulenzen wiederherstellt. Dazu sind Sicherheitsreserven nötig. Wo man im 18. Jahrhundert zu einer exakten Balance zwischen Wald und Wirtschaft gelangte, waren diese nicht mehr da. Unvorhergesehene Ereignisse wie die napoleonischen Kriege, die riesige Holzmassen absorbierten, brachten alles durcheinander. Der zu jener Zeit beginnende Niedergang Chinas zeigt das Schicksal einer Zivilisation, die nur noch über geringe ökologische Reserven verfügt.

Je mehr der Staat die forstlichen Kompetenzen an sich zog, desto mehr lag es an ihm, die Wälder zu schützen. Die forstliche Rolle des Staates ist jedoch vielfach zwielichtig. Er drängte die Bauern aus dem Wald, um selber die Wälder auf viel größerer Fläche abzuholzen. Nicht zuletzt durch Holzverkäufe wurden die im 18. Jahrhundert vielfach explodierenden Staatsschulden abgegolten. Während die altständische Wirtschaft der Städte die gewerblichen Holzgroßverbraucher zunehmend restriktiv behandelte, wurde in vielen Staaten das Berg- und Hüttenwesen aus fiskalischen und machtpolitischen Gründen privilegiert. Im vorrevolutionären Frankreich steigerte sich die Furcht vor Holznot ähnlich wie in Deutschland zu einem förmlichen «Fieber», das sich vielerorts in Attacken gegen die «holzverschlingenden» Eisenhütten Luft machte; davon zeugen die «cahiers de doléances», die Beschwerdebriefe an die Regierung, in denen sich die in die Revolution mündende Stimmungslage dokumentiert. Wäre die Französische Revolution ihren ursprünglichen Impulsen gefolgt, dann hätte sie energieintensive Industrialisierungspfade abbremsen müssen. Aber die Wende zum kriegerischen Imperialismus machte das Wachstum der Eisenindustrie zur Sache der nationalen Größe; und mit der Ingenieurelite des Corps de Mines bekam die Eisenindustrie auch bei dem Zugriff auf die Wälder eine mächtige institutionalisierte Lobby. Ähnlich bekräftigte Heynitz, der Leiter des preußischen Berg- und Hüttendepartements, 1786 seine Hoffnung, der König werde niemals zulassen, daß eines der Hüttenwerke «des benötigten Kohlholzes je beraubt» werde, da die Hütten «für einen Kriegsstaat» unerläßlich seien.[14]

Die Art und Weise, wie die Kategorie «Natur» in den politischen und ökonomischen Lehren jener Zeit auftaucht, enthielt nicht unbedingt ein Memento an die Grenzen des Wachstums. Nicht selten war sie ein Element von Wachstumsstrategien, so etwa in der Vorstellung der noch zu erschließenden «natürlichen Reichtümer» eines Landes. Und nicht zu vergessen: Jene Natur, die die dynamischen Kräfte jener Zeit bis an ihre Grenzen durchdringen und nutzen wollten, war nicht zuletzt die innere Natur des Menschen. Aber wie fügte sich dieser neue «natürliche» Mensch in verordnete Grenzen des Wachstums? «Natürlich» war jener Geist der Freiheit, der gegen grundherrliche Eheverbote ebenso wie zünftlerische Gewerbebeschränkungen und jene Zollschranken, die den natürlichen Strom der Flüsse durchschnitten, aufbegehrte. «Unnatürlich» war nicht nur die Unterdrückung der Sexualität, sondern waren auch empfängnisverhütende Sexualpraktiken. Im 18. Jahrhundert begann, ausgerechnet mit Rousseau gipfelnd, eine hysterische Kampagne gegen die Onanie; es hieß, mit Praktiken solcher Art werde «die Natur betrogen». Alte demographische Regulierungsmittel der Mensch-Umwelt-Beziehung erscheinen im Licht der neuen Naturbegeisterung als widerwärtig und widernatürlich. Um im Sinne von Gregory Batesons «Ökologie des Geistes» zu reden: Jene traditionalistische Mentalität, die zur Homöostase der auf begrenzten regenerativen Ressourcen gegründeten Wirtschaft gehört – jener Gleichmut, der nicht ständig nach neuen Reizen und Höhepunkten strebt –, war im Zeitalter der Revolutionen und musikalischen Crescendos auf dem Rückzug. Sie war noch da, sie war sogar noch sehr verbreitet, aber sie verlor an Attraktivität.

Es gibt die These, daß sich die Industrialisierung als rettender Ausweg aus einer akuten ökologischen Krise durchgesetzt habe: indem sie die übernutzten Wälder durch den neuen Brennstoff Steinkohle entlastet und die Fruchtbarkeit der übernutzten Äcker durch Kunstdünger wiederhergestellt habe. Sombart hat die Industrialisierung als Rettung vor einer drohenden Holzmangelkatastrophe, Liebig seinen chemischen Dünger als Rettung vor einer Hungerkatastrophe durch Erschöpfung der Äcker hingestellt; für beide Wissenschaftler ging es um Sein oder Nichtsein der europäischen Zivilisation. Man kann diese These nicht leichthin abtun; viele Zeitzeugnisse scheinen sie zu bestätigen. In der Tat wimmelte es im 18. Jahrhundert in West-und Mitteleuropa von pessimistischen Urteilen über Zustand und Zukunft der Wälder und der bäuerlichen Allmende. Ricardo, von den Erfolgen damaliger Agrarreformen nicht sehr beeindruckt, formulierte das Gesetz des sinkenden Bodenertrages bei wachsendem Arbeitsaufwand, und dieser Pessimismus wurde rasch zum Gemeingut der Nationalökonomie. Für ein Land wie Dänemark, das im 18. Jahrhundert nach radikaler Reduzierung seiner Wälder schwer unter Winderosion zu leiden hatte, scheint eine ökologische Krise erwiesen zu sein.[16]

Dennoch waren – aus der Distanz besehen – im 18. Jahrhundert die Grenzen des «solaren Energiesystems» noch längst nicht erreicht; auch auf der Grundlage der regenerativen Ressourcen gab es noch erhebliche Spielräume. Nur wenn man von einem sich unaufhaltsam fortsetzenden Bevölkerungs-und Gewerbewachstum ausging, war die Situation prekär. *Eine* Entwicklung jener Zeit ging dahin, die Nachhaltigkeit der letztlich auf Solarenergie beruhenden Wirtschaft planvoll zu vervollkommnen, in der Agrar- wie in der Waldwirtschaft. Da hat die Industrialisierung zukunftsträchtige Trends durchkreuzt: Guano und Kunstdünger machten die Perfektionierung der Fruchtfolge und der Balance Ackerbau-Viehzucht auf die Dauer obsolet. Die Steinkohle entwertete die vor allem für Brenn- und Kohlholz geschätzten Buchenwälder und leistete in Mitteleuropa den Nadelholz-Monokulturen, in anderen Regionen der Vernachlässigung der Wälder Vorschub.

Ein entscheidender Punkt war wohl der, daß die auf die Spitze getriebene Nutzung regenerativer Ressourcen mit wachsenden Regulierungsproblemen verbunden war. Als sich an vielen Bächen Mühle an Mühle, Hammerwerk an Hammerwerk reihte und jeder Meter, ja Zentimeter Gefälle verteilt war, mußte man sich beim Umleiten und Aufstauen von Wasserläufen mit einer zunehmenden Zahl bestehender Wasserrechte auseinandersetzen, sofern man solche Barrieren nicht mit staatlicher Unterstützung überwinden konnte. Da wirkte die Dampfmaschine, so kompliziert sie technisch war, in ihrem Regelungsbedarf eher als ein Fortschritt zur Einfachheit. Und ähnlich verhielt es sich mit der Steinkohle zu einer Zeit, als viele Hüttenwerke ihre alten Waldprivilegien durch neue Holzinteressenten bedroht sahen. Die vermeintliche ökologische Krise der vormodernen Zivilisation war in ihrem Kern vielfach eine Regulierungskrise. In weltweitem Vergleich erkennt man klar, daß die Industrialisierung nicht in Regionen mit besonders krisenhafter, sondern in solchen mit besonders stabiler, ja zunehmend stabilisierter Ökologie begann.

Geht man nach der Wahrnehmung vieler Zeitgenossen, präsentierte sich die Industrialisierung in zwei Phasen: einer ersten, in der sie die Umwelt verschönerte, und einer zweiten, in der sie die Welt immer häßlicher machte. Reiseberichte über frühe Industrielandschaften verfallen oft in einen Grundton von Begeisterung: Der Reisende, der die Gegend noch aus der Zeit vor der Markenteilung in Erinnerung hat, sieht voller Entzücken, wie Ödland in wogende Getreidefelder verwandelt worden ist, sich an den Bächen Mühle an Mühle reiht und überall emsiger Gewerbefleiß und reges Leben pulsieren. «Mit einem unbeschreiblichen Genusse» betrachtet Georg Forster, der Feind des alten Feudalismus, die Aachener Tuchmanufakturen.[17] Das ändert sich im Zeitalter der Steinkohle. Nun erhebt sich über den neuen Industrielandschaften ein Wald qualmender Schlote, um den rauchgeschwärzte Arbeitersiedlungen wuchern, deren soziale und hygienische Mißstände für die Zukunft Unheil verheißen. Mit der Steinkohle und der Kohlechemie wurden die Emissionen der Industrie in Luft und Wasser zum aufreizendsten Umweltproblem; im «hölzernen Zeitalter» waren sie das nie gewesen.

Man muß sich die Neuartigkeit der Situation vor Augen halten: Das zu schützende Gemeingut war nun nicht mehr die Allmende oder der Genossenschaftswald, wo es darum ging, die Interessen eines noch einigermaßen übersichtlichen Nutzerkreises miteinander in Einklang zu bringen, sondern waren Luft und fließende Gewässer, wo der Kreis der Betroffenen nicht mehr zu übersehen war und immer mehr die Umwelt als solche gegen alle Interessenten geschützt werden mußte. Unglücklicherweise fiel diese große Wende in der Umweltproblematik gerade in eine welthistorische Situation, in der der ökonomische Liberalismus zur herrschenden Doktrin wurde und mit ihm ein Begriff von Gemeinwohl, das sich durch ein Interessenclearing auf dem Markt herstellt. Bis heute tut sich die Menschheit mit den praktischen Konsequenzen aus der Neuartigkeit ihrer Umwelt-Situation schwer: Es ist eine Reaktionsträgheit, die mit Blick auf die vergangenen Jahrtausende nicht verwundert.

Weil sich die Industrie im Kohlezeitalter zunächst in Ballungsräumen massierte, stellte sich die industrielle Umweltproblematik – sogar mehr noch als vorindustrielle Wald- und Agrarprobleme – vorrangig als kommunale Aufgabe dar. Ein verbreitetes Problembewußtsein war von

Anfang an da; aber die Städte und die staatlichen Gewerbeaufsichtsinstanzen reagierten in der Regel nur mit Ad-hoc-Verfügungen. Ob der moderne Historiker sie deswegen verurteilen darf, ist fraglich: Gerade aus heutiger Sicht erkennt man, daß die Industrialisierung bis zum 19. Jahrhundert die Natur im allgemeinen nicht irreversibel zerstörte. Stätten der englischen Frühindustrialisierung haben sich heute nicht selten in Naturidylle verwandelt. Im Vergleich zu den im 20. Jahrhundert durch die Motorisierung entstandenen Asphaltwüsten fügte sich die Eisenbahn über weite Strecken noch einigermaßen harmonisch in die Landschaft ein, und ihr Flächenverbrauch pro Transportleistung war relativ gering. Nicht nur die ökonomischen Wachstumsschübe, sondern auch die epochenspezifischen Grenzen des Wachstums und die diversen Gegenreaktionen der Gesellschaft geben der Umweltgeschichte des Industriezeitalters ihre Struktur. Epochemachend in der Umweltgeschichte sind nicht nur die Fabriken, sondern auch die im 18. Jahrhundert aufkommende große Natursehnsucht und die sich im direkten Gefolge der Industrialisierung breit ausfächernde Hygienebewegung. Und epochal ist auch der Nationalismus, der den Staatsverband auf die Natur zu gründen versuchte.

2. *«Wo Mistus, da Christus»: Von der Brache zum «Mistkultus» und zur Politisierung des Ackerbaus*

Der Grundzug der agrarischen Reformlehren des 18. und frühen 19. Jahrhunderts ging in der Regel dahin, das Ackerland maximal zu nutzen und vor allem die Brache durch Fruchtwechsel, Anbau von Futterpflanzen und Stallfütterung des Viehs unnötig zu machen. Zumindest in der Idee waren viele der Neuerungen ein wohlausgedachtes, perfekt ineinandergreifendes System; die Wirklichkeit war oft nicht so perfekt. Das lag nicht zuletzt an der Schwachstelle Mensch. Den damaligen Agrarreformern stand ja keine neue Energiequelle zur Verfügung; sondern sie erhöhten vor allem die Anforderungen an die menschliche Energie, nicht zuletzt an die Arbeitskraft der Frau. Die alten Gemeinweiden wurden zum Inbegriff des überkommenen «Schlendrians»; wie der Agrarreformer Schwerz schrieb: «Ich habe noch nie und nirgends etwas gefunden, was mehr die Trägheit nährt, dem Ackerbau hinderlicher, für die Besitzer verderblicher und an sich selbst weniger einträglich ist, als große ausgedehnte Gemeinweiden und Waldhuten.» Für ihn war das eine «Nomadenwirtschaft», bei der ihm ein förmlicher «Ekel» hochkam.[18] Das Verdammungsurteil kam aus Gründen der Arbeitsmoral, aber auch der agrarischen Ökologie: Denn auf den weiten unübersichtlichen Weiden drohte viel Dünger – vor allem sein flüssiger Anteil – verlorenzugehen. Jedenfalls konnte der tierische Dünger unter Bedingungen der Weidewirtschaft nicht optimal aufbereitet und gezielt eingesetzt werden; und eben dies sollte jetzt geschehen.

Die agrarischen Innovationen erfolgten in vielen Fällen nicht als abrupte, von neuen Theorien geleitete Umwälzung, sondern als ein allmählicher, sich an der Erfahrung entlangtastender Prozeß. Auch die Agrarreformer jener Zeit schöpften aus bäuerlichen Erfahrungen; eine Wissenschaft, eine den Bauern überlegene Wissensquelle besaßen sie bis ins 19. Jahrhundert nicht, und die Bauern wußten das wohl. Im allgemeinen dachten die Reformer ähnlich wie die damaligen Bauern noch in Vorstellungen der Balance von Ackerbau und Viehzucht. Der Fruchtwechsel reichte zur Regeneration der Bodenfruchtbarkeit nicht aus; tierischer Dünger mußte dazukommen; eine Intensivierung des Ackerbaus *ohne* Viehzucht, allein mit Grün-, menschlichem und mineralischem Dünger, lag im allgemeinen außerhalb der Vorstellungen des damaligen Europa, auch wenn man den chinesischen Ackerbau bewunderte. Die Humustheorie von Albrecht Thaer (1752–1828), dem Begründer der deutschen Agrarwissenschaft, rückte den organischen Dünger mehr denn je ins Zentrum. Bis in die Mitte des 19. Jahrhunderts hielten in Deutschland viele Bauern ihr Vieh «nur um des Düngers willen»; mit dem Fleischverkauf erzielten sie keine Preise, die die Viehzucht lohnten. «Der Ackerbau ist eine Maschine, wo ein Rad ununterbrochen in das andere eingreift», lehrte Schwerz. «Die Haupttriebfeder dieser Maschine bleibt aber immer der Viehstand, also das Futter.»[19]

Mochten die Agrarreformer auch viele papierene Lehren verkünden, über die die Praktiker spotteten, so trafen sie sich in der Düngerfrage mit dem bäuerlichen Bewußtsein. «Um vielen Mist zu gewinnen, tut der Bauer alles», versicherte der hohenlohische Pfarrer Johann Friedrich Mayer (1774), der von Schwerz als «Apostel des Gipses» tituliert wurde. Und er beschrieb beifällig, wie erfinderisch seine Bauern mit ihren Düngemitteln seien, nach dem Grundsatz: «Ein jedes Geschöpf, wenn es aufgelöset wird, dünget das andere.» Der schweizerische Musterbauer Kleinjogg (1716–1785), der durch den Zürcher Stadtarzt Hirzel als «philosophischer Bauer» in ganz Europa berühmt wurde, suchte «alles, was sich schickt, zu Mist zu machen»; zur reichlichen Düngergewinnung legte er seinem Vieh so viel Streu unter, «daß man in seinem Stalle bis an die Knie in das weiche Lager einsinkt». Besonderen

Wert legte er auf die Sammlung der flüssigen Jauche, die er «das köstlichste Material» nannte.[20]

«Wo Mistus, da Christus», wurde zum geflügelten Wort, und in den Ohren damaliger Bauern klang es nicht gotteslästerlich, «Christ» auf «Mist» zu reimen. Im Revolutionsjahr 1848 meißelte ein Paderborner Bauer in den Torbalken seines Hauses: «Willst Du sein ein frommer Christ / Bauer, bleib auf Deinem Mist; / laß die Narren Freiheit singen, / düngen geht vor allen Dingen.» Arthur Young, der von der französischen Landwirtschaft sagte, sie stünde vielerorts nicht auf höherem Niveau als bei den Huronen, wurde durch elsässische Dunghaufen in helles Entzücken versetzt; diese, sorgfältig mit Strohbündeln aufgeschichtet und mit Blättern abgedeckt, seien «das schönste Schauspiel, das ich je gesehen habe». «Bewundernswert! Verdiente eine weltweite Nachahmung!» Das höchste Dünger-Vorbild war für ihn jedoch Flandern, wo man systematisch auch die städtischen Abfälle, nicht zuletzt die menschlichen Ausscheidungen, verwertete. Da erblickte Schwerz adrett gekleidete Frauen, die Pferdeäpfel sammelten, um sie zu verkaufen, womit sie sich zugleich um die Reinlichkeit der Straßen verdient machten.[21]

Was war an diesem Düngerbewußtsein neu? Schon den Römern war der Wert des Düngers ja wohlbekannt, und schon da konnten die Weisen von den Bauern lernen: Seneca versicherte, die Bauern fänden selber «viele neue Mittel zur Hebung der Bodenfruchtbarkeit» ohne Hilfe der Gelehrten. Selbst auf die segensreiche Wirkung der im 18. Jahrhundert gepriesenen Lupine weist schon Plinius der Ältere hin. Liebig meint allerdings, der römische «Mistkultus» sei im 18. Jahrhundert erst nach zweitausendjähriger Vergessenheit wieder zu Ehren gekommen. Der Amtmann Tiemann in Brackwede bei Bielefeld, der zu Weihnachten 1784 seinen Amtseingesessenen die neuesten Lehren der Agrarreform unter die Nase rieb, warf den Bauern vor, sie seien «Feinde des Düngers», da sie sich nicht zur Stallfütterung bekehren wollten, sondern ihr Vieh «außer Stalles jagten». Mayer in Hohenlohe kannte damals schon hochgradig düngerbewußte Bauern; aber es war wohl so, daß sich ein Großteil des Düngerproblems dort, wo man das Vieh auf die Brache trieb und dem Boden keine Spitzenerträge abforderte, mehr oder weniger von selbst erledigte. Den kostbaren Dünger der Schafe, die im Pferch koteten, konnte man auch ohne Stallfütterung sammeln. Aus dem frühneuzeitlichen England wird eine Vielzahl von Düngemitteln berichtet; man findet da die reinste Hexenküche des Experimentierens, wobei man allerdings zugleich erkennt, daß das Düngen vielerorts ein nie ganz gelöstes Problemfeld darstellte, zumal man die durch das Düngen bewirkten Bodenprozesse nicht durchschaute. Im übrigen war auch in England, dem Musterland der Agrarreformer, eine Wertschätzung des Düngers nicht überall verbreitet; noch im 18. Jahrhundert wird berichtet, daß Kuhfladen wie in Asien als Brennstoff dienten.[22]

In der Zeit, als manche «Mist» auf «Christ» reimten, strapazierten andere die Assonanz von «Mistwirtschaft» und «Mißwirtschaft». Das zielte vor allem darauf, daß unter den Bedingungen der freien Weide der Urin dem Dünger verlorenging. Vor allem dies war in der Tat das ökologische Leck der alten Landwirtschaft, wo selbst unter Bedingungen der Autarkie der Kreislauf unvollkommen war. Erst die Stallfütterung und die Untermauerung der Ställe schafften hier Abhilfe. Wenn der Düngewert der flüssigen Jauche den Bauern auch schon vorher bekannt war, so erfuhr der agrarische Stoffkreislauf an diesem Punkt im 18. und 19. Jahrhundert tatsächlich eine Vervollkommnung. Widersprüchlicher ist das Gesamtbild bei der Nutzung der menschlichen Exkremente. Die Latrinen-Archäologie zeigt, daß diese in älterer Zeit nur unvollkommen geschehen sein kann. John Evelyn hatte – hier im Widerspruch zu Columella – vor der Nutzung der menschlichen Ausscheidungen gewarnt. Das flandrische Vorbild fand nicht überall Nachahmung. Auf deutschen Bauernhöfen lagen die Abtritte zwar oft direkt auf dem Dunghaufen; die französische Landwirtschaft nutzte die menschlichen Fäkalien jedoch nicht oder nur zögernd. Die «Dreckapotheke» der Volksmedizin schrieb dem Kot Heilkraft zu; aber auch der Ekel vor dem Kot ist nicht erst ein Phänomen der Moderne. Die Naturwissenschaften des 19. Jahrhunderts kannten keinen Ekel, sondern gingen mit Eifer daran, den Düngewert nicht nur der tierischen, sondern auch der menschlichen Exkremente zu berechnen. Zu Liebigs Zeit erprobte man an den Soldaten der Rastatter Garnison, daß deren Ausscheidungen genügend Dünger lieferten, um das zu ihrer Ernährung nötige Getreide zu erzeugen.[23] Mit wachsender Düngernachfrage schien der menschliche Kot auch außerhalb Flanderns zur begehrten Handelsware zu werden – da durchkreuzten Wasserklosett, Mischkanalisation und Kunstdünger diese Perfektionierung des Stoffkreislaufs. Die Entdeckungen der Bakteriologie und die moderne Empfindlichkeit zivilisierter Nasen machten die Schwelle des Abscheus gegenüber dem Kot höher denn je.

Wenn Düngermangel in vielen Regionen wohl stets eine chronische Misere der Landwirtschaft war, so wurde er doch vor allem durch den sich seit dem 18. Jahrhundert immer mehr verstärkenden Drang zur Steigerung des Agrarprodukts zu dem großen Engpaß schlechthin. Der dadurch ausgelöste Innovationsschub führte auf lange Sicht zu Wirtschaftsformen, die die ökologischen Gleichgewichtsstrategien auf der Grundlage regionaler regenerativer Ressourcen verließen. Dennoch wäre es nicht richtig, eine schnurgerade Linie von den Agrarreformen des 18. Jahrhunderts bis zur Gegenwart zu ziehen. Bis weit ins 19. Jahrhundert bestand der Grundzug der Neuerungen darin, die Nachhaltigkeit der traditionellen Landwirtschaft zu verbessern. Der Agrarexperte Hermann Priebe, der sich vom EG-Berater zum scharfen Kritiker der Brüsseler Agrarpolitik wandelte, sieht die Entwicklung der deutschen Landwirtschaft sogar bis zum Zweiten Weltkrieg als «Lehrstück einer organischen Entwicklung»; erst damals sei jene agrarische Großepoche, die auf bewußt-nachhaltigem Umgang mit regenerativen Ressourcen beruhte, zu Ende gegangen.[24]

Für viele Bauern war der Boden wie ein lebendiges Wesen. Dünger für Geld wegzugeben – sagten die Hohenloher Bauern – sei «ebenso abscheulich, als abscheulich es ist, wenn man einem eben geborenen Kinde die mütterlichen Brüste entziehet». Lange vor Liebig wußte man sehr wohl, daß verschiedene Pflanzen den Boden unterschiedlich beanspruchen. «Der Brabanter behandelt sein Land wie sein Pferd», schrieb Schwerz: «Er fordert von beiden eine beständige Arbeit, dagegen füttert und besorgt er sie aber auch in demselben Verhältnisse.» Schwerz zeigte ähnlich wie Young und andere Agrarreformer jener noch nicht am Maschineneinsatz orientierten Zeit eine besondere Vorliebe für den Kleinbauern, der seinen Boden durch und durch kennt und «mit einer bewundernswürdigen Unverdrossenheit» zu verbessern sucht. «Wo er irgendeinen Fanggraben anlegen kann, um den Schlamm zu fassen, den der Regen herbeiführt, tut er es.» Obwohl eifrige Bauern jeden Fußbreit ihres Bodens zu nutzen suchten, war der Kampf gegen das «Unkraut» noch längst nicht so radikal wie im 20. Jahrhundert, handelte es sich doch um Kräuter, mit denen die Landwirtschaft seit vielen Jahrhunderten lebte und die teilweise als Volksheilmittel geschätzt wurden. Die Unkrautvertilgung beschränkte sich im wesentlichen auf das Pflügen; «nun wachse selber», pflegte der Bauer nach der Saat zu sagen. Nur der Flame jätete so eifrig, daß Schwerz in ganz Flandern nicht so viele Kornblumen sah wie daheim auf einigen Morgen. Noch im 19. Jahrhundert war die Kornblume die beliebteste Feldblume der Deutschen; sie war die Lieblingsblume der Königin Louise, der «preußischen Madonna», an deren Grabmal ihr Sohn, Wilhelm I., 1870 nach dem Sieg über Frankreich einen Kornblumenstrauß niederlegte. Erst die Herbizide seit den 1950er Jahren machten der Kornblume den Garaus, jedoch – wie es scheint – nicht für immer.[25]

Dennoch – ein reines Ökotopia war die reformierte Landwirtschaft sicherlich nicht. Liebig hatte wohl nicht in jeder Hinsicht unrecht, wenn er vielen Reformern vorwarf, daß sie das Grundproblem: daß man dem Boden auf die Dauer nur soviel entnehmen kann, wie man ihm an Nährstoffen zuführt, oftmals verschleierten und daher Gefahr liefen, die Übernutzung der Böden auf längere Sicht zu verschlimmern. Der Mist-Pantheismus des «Alles düngt alles» – was in Wahrheit eben doch nicht funktionierte – war geeignet, Illusionen eines grenzenlosen Wachstums zu fördern. Viele Reformer hatten zwar durchaus einen Sinn für die Vielfalt der Bodenbedingungen und die Komplexität der Wechselwirkungen im Boden; aber aus Gründen des raschen praktischen Effekts neigten sie doch zu bestimmten einseitig wirkenden Patentmitteln, ob Klee, Gips oder Mergel. Mit Recht wies Liebig darauf hin, «daß ein jeder Spezialdünger das Feld erschöpfen müsse». Selbst den Kleeanbau konnte man übertreiben, wenn man ihn zu monomanisch betrieb: so in Dänemark, das als Gegenreaktion auf die Verheerung des entwaldeten Landes durch Flugsande des Guten zuviel tat.[26]

Vor allem jedoch ging der unersättliche Düngerhunger in der Praxis oft auf Kosten des Waldes, dessen Schicksal den meisten Lobrednern des Ackerbaus herzlich gleichgültig war. Die Stallfütterung erhöhte den Bedarf an Streu ganz erheblich, und die Streunutzung bedeutete für die Ökologie des Waldes eine größere Gefahr als der Holzschlag. Der «Gipsapostel» Mayer versicherte, seine Bauern würden, wenn sie nur könnten, gewiß alle Tannen und Fichten «ihrer Äste berauben und in den Stall einstreuen».[27]

Die ausgeklügelten Fruchtfolgen der Reformer wurden von den Konjunkturen des Marktes durchkreuzt. In der Proto- und Frühindustrialisierung entstand eine starke Nachfrage nach Flachs; wo man damit keine alte Erfahrung hatte, mußte man lernen, daß Flachs «als Vorfrucht mit sich selbst unverträglich» ist und in der Regel auf dem gleichen Feld nur alle sieben Jahre angebaut werden kann. Auf diese Weise begünstigte der Flachs immerhin den Fruchtwechsel und die Polykultur. Auch die Zuckerrübe, die auf deutschen Äckern im 19. Jahrhundert die steilste Karriere erlebte, ließ sich in die Fruchtfolge eingliedern; aber sie wurde bei permanentem Anbau zum klassischen Experimentierfeld des Kunstdüngers, vom Superphosphat bis zum Kali. Die durchschlagendste Neuerung jener Zeit war in vielen Regionen Europas die Kartoffel, die zwar die Nahrung der Armen kalorienreicher machte, zugleich jedoch das Bevölkerungswachstum, die schädlingsanfällige Monokultur und die Nutzung der letzten Landreserven begünstigte und auf diese Weise zur ökologischen Destabilisierung der Landwirtschaft beitrug. Kartoffeln und Flachs ergaben jedoch eine gute Fruchtfolge.[28]

Im heutigen ökologischen Landbau ist die alte Brache – sogar die mehrjährige – wieder zu Ehren gekommen, die das Land in regelmäßigem Wechsel dem bunten Wildwuchs überließ: Sie konnte die Fruchtbarkeit des Bodens mindestens so wirkungsvoll regenerieren wie der Anbau bestimmter Futterpflanzen. Selbst Schwerz gab gelegentlich zu, daß nicht jeder überkommene Schlendrian unsinnig sei: «Die Duldung der Mängel auf einer Erde, wo alles so unvollkommen ist, hat auch manchmal ihren Nutzen ...» Er hatte bereits negative Erfahrungen mit zu einseitigen und schematischen Agrarreformen vor Augen und hämmerte seinen Schülern ein: «Alles Ausklügeln und Andichten, alle Hypothesen und Systeme helfen nichts, wenn sie nicht mit dem Ganzen der Natur zusammentreffen.» Noch 1872 bemerkte ein populäres Lehrbuch der Landwirtschaft, daß die ganzjährige Stallfütterung gegenüber den Tieren «eigentlich etwas grausam» und in höchstem Maße naturwidrig sei und auf längere Sicht wohl eine «vernünftige Verbindung der Stallfütterung mit Bewegung im Freien» der Gesundheit der Tiere besser bekomme.[29]

Diese Art von vorsichtiger, naturverbundener Vernunft konkurrierte jedoch schon im späten 18. Jahrhundert teilweise mit einer anderen Rationalität. Bereits bei dem «philosophischen Bauern» Kleinjogg wird die Ökonomie zu einer Besessenheit, die alle behagliche Daseinsfreude und Naturverbundenheit aus dem bäuerlichen Leben verbannt; in manchen Zeitzeugnissen präsentiert Kleinjogg sich als ein von Besitzgier und Besserwisserei strotzender Geizkragen, der seinen Hausgenossen alle Festfreude, jegliche Muße und Großzügigkeit austreiben will.[30]

Im Laufe des 19. Jahrhunderts bewegte sich die west- und mitteleuropäische Landwirtschaft in ihrem unersättlichen Verlangen nach mehr Dünger über die Grenzen der regenerativen Ressourcen hinaus: zunächst, um 1840 beginnend, durch den massenweisen Import von chilenischem Guano, später auch durch den Großeinsatz von Kali und Phosphaten. In der deutschen Agrargeschichte wird die «Mineraldüngerepoche» etwa ab 1880 datiert.[31] Damals hatte das Deutsche Reich im Kaliabbau weltweit die Führung erlangt. Auch diese neuen Stoffe besaßen die bekannten Nachteile der einseitigen Düngemittel. Nach Anfangserfolgen mußten sie zur Auspowerung des Bodens führen, sofern nicht die neu entstandenen Nährstoffengpässe durch neue chemische Düngemittel ausgeglichen wurden: so seit dem frühen 20. Jahrhundert vor allem durch den synthetisch erzeugten Stickstoffdünger, dessen Notwendigkeit noch Liebig lange Zeit bei seinem Kampf gegen die «Stickstöffler» geleugnet hatte.

Bei alledem blieben jedoch die Probleme der Bodenstruktur unbeachtet. Statt dessen wurde der schon bestehende Trend zum tieferen Pflügen durch das Aufkommen der Dampfkraft gewaltig verstärkt; der Dampfpflug-Pionier Max Eyth wurde zum führenden Kopf der deutschen Landtechnik, obwohl der Dampfpflug in deutschen Kleinlandschaften schwerer einzusetzen war als in den USA oder Ägypten, von wo Eyth Dampfpflug-Abenteuer mit Karl-May-Romantik zu erzählen wußte. Die Folgen des immer tieferen Pflügens für die Bodenökologie waren nur teilweise zu durchschauen.[32] Zur gleichen Zeit setzte sich, durch die industrielle Technik angespornt, der Trend zur Zusammenlegung der in der Zeit der Mehrfelderwirtschaft zersplitterten bäuerlichen Ackerfluren unter der Devise «Flurbereinigung» weiter fort. Schon am Ende des 19. Jahrhunderts wurden Naturfreunde von der zunehmenden Monotonie der Agrarlandschaft, dem Verschwinden der Hecken und Tümpel bedrückt.[33] Mit der Abschaffung der freien Weide brauchte man die Einhegungen und Viehtränken nicht mehr.

Die Langzeitgeschichte der Agrarreformen bestätigt wie so manche Fernwirkungsgeschichte in der Mensch-Umwelt-Beziehung den Verdacht, daß die Lösungen der Umweltprobleme mitunter gefährlicher werden als die Probleme selbst. Die Agrarreformen mit ihrer Düngerversessenheit und ihrer Herstellung des vollen Privateigentums am Boden waren bis zu einem gewissen Grad eine Antwort auf ökologische Schwächen der vormodernen Landwirtschaft gewesen und haben die agrarische Ökologie in mancher Hinsicht wohl tatsächlich stabiler gemacht; die mit ihnen verbundene ökonomisch-psychologische Dynamik hatte jedoch auf die Dauer destabilisierende Nebenwirkungen. Ein Hauptfaktor dabei war gewiß die Entfesselung des privaten Gewinnstrebens; aber auch die Ambitionen der Staaten waren mit im Spiel. Unter dem Einfluß der Physiokraten wurde die Landwirtschaft in Europa zum Politikum ersten Ranges. Noch nie war die Schöpfungskraft der Natur so sehr zum Ausgangspunkt einer Wirtschaftslehre geworden wie bei den Physiokraten; aber auch noch nie sah sich der Staat so sehr ermutigt, dieser Schöpfungskraft nachzuhelfen, wie seit jener Zeit. Zumal Friedrich II. von Preußen handelte ganz aus dem Bewußtsein heraus, daß es in seinem Land keine gute Natur zu erhalten, sondern nur eine erbärmliche Natur zu verbessern gab.

Seit jener Zeit ist die Landwirtschaft ein Politikum geblieben; paradoxerweise ist sie es mit sinkender ökonomischer Bedeutung sogar immer mehr geworden. Das Unbehagen an der überhandnehmenden Industrialisierung kam in Deutschland und anderswo dem Einfluß der Agrarier und ihrem Ruf nach einem Schutz der Landwirtschaft zugute; aber gerade das damals begründete System des Agrarprotektionismus hat auf die Dauer die Fremdsteuerung und Naturferne der bäuerlichen Wirtschaft auf die Spitze getrieben: so sehr, daß selbst der neue ökologische Landbau auf staatlichen Rückhalt nur noch schwer verzichten kann.

3. Holznotalarm, Aufforstungsbewegung und Aufkommen einer ökologischen Wald-Apologetik

Mehr als alles andere wurde der Wald in Mittel- und Westeuropa, später auch in den USA zur Verkörperung jener natürlichen Umwelt, die im gemeinsamen Zukunftsinteresse des Schutzes gegen ausbeuterische Partikularinteressen bedarf. Noch mehr als in der Landwirtschaft tritt hier der Staat als Hauptakteur in Szene; in vielen Territorien beginnt eine staatliche Forstpolitik sogar schon im 16. Jahrhundert. Ersetzung des bisherigen Raubbaus durch eine nachhaltige Waldwirtschaft, die das Gleichgewicht zwischen Holzschlag und Nachwuchs gewährleistet: das wird im 18. und 19. Jahrhundert zur Devise. Dominierte bis dahin die bloße Regulierung des Holzschlags durch Konzessionen und Verbote, so beginnt jetzt eine aktive Aufforstungspolitik, die häufig mit einer Umforstung der Wälder auf ertragreichere Baumarten einhergeht. Man darf die Geschichte der Forstordnungen allerdings nicht mit der wirklichen Waldgeschichte verwechseln: Hochwald entstand nicht erst damals, sondern war schon längst «in tausend Übergängen aus der Plenterwirtschaft hervorgegangen».[34]

Die staatliche Intervention wird üblicherweise mit einer akuten Krise der Wälder, ja mit einer drohenden Katastrophe der Holzversorgung gerechtfertigt. Bis heute gründet sich das historische Selbstbewußtsein der institutionalisierten Forstwirtschaft auf die Vorstellung, einst im Anblick des Ruins der Wälder als Retter aufgetreten zu sein. In Wirklichkeit handelte es sich bei der Aufforstung vielfach eher um eine *Um*forstung bestehender Wälder zur Erzielung höherer Holzerträge. Der Flächenumfang der Waldgebiete ging zur gleichen Zeit durch Aufteilung der Allmende und Abholzung von Bauernwäldern in manchen deutschen Regionen sogar zurück. Europa- und weltweit gesehen, war das 19. Jahrhundert ohnehin weit mehr eine Ära der Abholzung als eine der Aufforstung. Holzmangel- und Waldverwüstungsvorwürfe, die von staatlichen Instanzen oder privilegierten Waldnutzern gegen andere Waldnutzer erhoben werden, sind stets mit Vorsicht zu genießen; denn – wie Krünitz' «Ökonomische Enzyklopädie» 1789 feststellte – «wenn das oberste Polizey- und Finanzcollegium findet, daß die Waldungen im Lande in keiner gerechten Proportion stehen, und daß jährlich mehr Holz consumiret wird, als nachwächst», dann hatte der Staat nach damals herrschender Auffassung auch in privaten Ländereien ein Recht zur Intervention. Gewerbe mit traditionellen Waldrechten suchten mit Holznot-Alarmrufen neue Holznutzer aus dem Wald herauszuhalten. Der drohende Ruin der Wälder gab ein gutes Argument für die Stärkung der Ordnungsmächte ab. Eine 1801 im «Westfälischen Anzeiger» veröffentlichte Holzmangelklage mündet in einen Generalangriff auf die verweichlichten «Philanthropen», die es nicht mehr über sich brächten, Diebe auspeitschen und an den Galgen hängen zu lassen.[35]

Nun brauchte man zum Waldschutz nicht unbedingt den Staat; oft waren private Waldbesitzer dazu besser in der Lage. Im Paderborner Land entwickelten mancherorts Bauern beim Baumpflanzen eine förmliche «Wut», die dem Agrarreformer Schwerz zu weit ging. Als den westfälischen Bauern nach den Markenteilungen ihre Wälder als Privateigentum gehörten, kam es vor, daß sie – so 1806 in Versmold – an Holzdieben Lynchjustiz übten, so daß «die Menschen wie abgestochene Schweine herumgelegen haben». Nicht mit logischer Notwendigkeit führte die Klage über den Niedergang der Wälder zum Ruf nach dem Staat. Johann Jakob Trunk, als Professor für Forstwissenschaft in Freiburg einer der deutschen Vorreiter bei der Akademisierung der Forstlehre, beschimpfte die staatlichen Forstbeamten 1802 als eine «verdorbene, betrügerische Menschenrasse», die unter den Waldfrevlern, die sie zu verfolgen vorgebe, selber obenan stehe. Wenn die neuen «holzgerechten» Förster den Holzschlag zur «Hauptnutzung» des Waldes erhoben und die traditionellen bäuerlichen und unterbäuerlichen Waldnutzungen – ob Weide oder Harzzapfen – zu «Nebennutzungen» degradierten, so kam diese scharfe Reduktion der einstigen Nutzungsvielfalt nicht unbedingt der Ökologie des Waldes zugute; denn die meisten «Nebennutzungen» waren walderhaltend gewesen, mehr als Kahlschlag und Nadelwald-Monokulturen.[36]

Anders als jedoch heute oft behauptet wird, sind ökologische Grundsätze in der Forstwirtschaft keineswegs neu: Im Prinzip wußte man stets mehr oder weniger, daß man die natürlichen Standortgegebenheiten beachten muß, und ebenfalls, daß diese oft recht kompliziert sind und nur durch geduldige Beobachtung der Natur in Erfahrung gebracht werden können.[37] Aber es war *eine* Sache, das «eiserne Gesetz des Örtlichen» zu proklamieren – so wie es der preußische Forstlehrer Wilhelm Pfeil tat – und eine andere, eine wirklich im Endeffekt standortgerechte Forstwirtschaft zu praktizieren, zumal es eine wissenschaftliche Waldbodenkunde damals kaum im Ansatz gab.

Schon der Hannoveraner Forstmann Wächter wußte 1833 aus bösen Erfahrungen in norddeutschen Nadelwäldern, daß man mit Nadelholz-Reinbeständen einem «Heer von Insekten» ein gefundenes Fressen schafft. Der Trend zum Nadelwald hat sich oft hinter dem Rücken der Forstwissenschaft unter dem Anreiz kurz- und mittelfristiger Finanzinteressen durchgesetzt, zumal die Aufforstung von Nadelwald das beste Mittel war, um die bäuerliche Waldweide unmöglich zu machen. Das Ländchen Lippe verdankt seinen bis heute hohen Laubwaldanteil nicht zuletzt dem wirkungsvollen Widerstand der Landbevölkerung gegen eine von oben aufoktroyierte Nadelwald-Aufforstung.[38]

Alles in allem erkennt man folgendes Grundmuster, das sich auch auf andere Episoden der Umweltgeschichte übertragen läßt: als Ausgangsbasis traditionelle Wirtschaftsweisen, die ihre Art von Nachhaltigkeit, aber durchaus auch gewisse ökologisch labile Seiten enthalten, die – wenn man bestimmte Trends linear in die Zukunft extrapoliert – bedenkliche Folgen haben können. Dagegen gibt es verschiedene Strategien: manche alltäglich-unspektakulär und dezentral, andere zu großen staatlichen Reformprojekten und zum Ausbau von Institutionen geeignet. Die letztgenannten Strategien entstehen nicht lediglich als Reaktion auf akute Probleme, sondern sie machen sich diese auch zunutze und spielen sie hoch. Das heißt nicht, daß sie an den realen Problemen vollständig vorbeioperieren. Das Standardargument, daß die Forstwirtschaft sich wegen der langen Wachstumszeiten der Bäume nicht von selbst – durch den Markt und das Interesse der privaten Waldbesitzer – reguliere, sondern eine Intervention von oben notwendig sei, ist nicht ganz und gar aus der Luft gegriffen, sondern trifft in manchen Konstellationen zu oder enthält doch ein Stück Wahrheit. Die mit drohender Holznot legitimierten Forstreformen haben jedoch die Holznot der Armen, die ihre Gewohnheitsrechte im Wald verloren, verschärft. Und nicht nur aus sozialer, sondern auch aus ökologischer Sicht sind die Aufforstungen ein ambivalenter Prozeß. Erhöhung und Gefährdung der Nachhaltigkeit liegen manchmal eng beieinander; denn man konnte argumentieren, daß man den Wald und die Waldwirtschaft, um Nachhaltigkeit zu gewährleisten, erst einmal berechenbar machen müsse: Und dazu müsse man den Wald in gleichartige Schläge aufteilen und schlagweise aufforsten und abholzen. Auf diese Weise führte das Gebot der Nachhaltigkeit zum Kahlschlag und zur Monokultur.

Ein Harzförster klagte 1863: «In einem ähnlichen Sinne als Linné den Hund das Schlachtopfer der Anatomie nannte, könnte man den Wald das Schlachtopfer der Forsttaxatoren nennen.» «Großenteils verschwunden» seien «die schönen alten Bestände mit ihren imposanten Baumriesen». Und nicht einmal die Erträge der Hochwälder hätten sich durchweg verbessert, sondern sie seien «vielfach herabgesunken».[39]

Das Nachhaltigkeitskonzept des preußischen Forstreformers Georg Ludwig Hartig (1764–1837) setzte trotz der revolutionären Zeit eine ewig statische Welt voraus, in der über die Generationen hinweg jedes Jahr in etwa die gleiche Menge Holz verbraucht und der gleiche Preis dafür erzielt wird; so glaubte er, den Holzeinschlag über ein Jahrhundert, ja noch länger festlegen zu können. Bei dem Leitbild «Nachhaltigkeit» liefen zunächst ökonomische und ökologische Interessen parallel: Indem man den Holzschlag entsprechend dem Nachwuchs einschränkte, erhielt man nicht nur die Waldsubstanz, sondern auch den Holzpreis auf einem hohen Niveau – sofern der Holzmarkt regional begrenzt war. Sobald jedoch Holz aus der Ferne eingeführt und in die Ferne exportiert werden konnte, fielen Ökonomie und Ökologie in der Tendenz auseinander. Schon durch die in großem Stil betriebene Trift und Flößerei, aber mehr noch durch Eisenbahn, Dampfschiff und Lastkraftwagen drohte das Prinzip der Nachhaltigkeit, obwohl es sich seit dem 19. Jahrhundert über die ganze Welt verbreitete, unterlaufen zu werden. Dennoch verstand um die Mitte des 19. Jahrhunderts nicht einmal mehr der Sozialromantiker Riehl die Weisheit der alten bäuerlichen Subsistenzwirtschaft, als er sich darüber belustigte, daß rheinische Bauern die ihnen damals vom Staat für ihren Holzverkauf vorgeschriebene Versteigerung verdarben: Als «fremde Steigerer kamen, trieben sie dieselben mit Dreschflegeln und Heugabeln aus dem Wald, damit kein hohes Gebot geschehe, und versteigerten dann untereinander ihr eigenes Holz zu Spottpreisen.»[40]

Die deutsche Aufforstungsbewegung, deren Anfänge in das frühe 18. Jahrhundert oder noch weiter zurückreichen, weitete sich im frühen 19. Jahrhundert zu einem gesamtdeutschen Trend. Zu jener Zeit war die systematisch betriebene Hochwald-Aufforstung ein deutscher Sonderweg. In eben diese Zeit fällt auch die Entstehung und Popularisierung jener Waldromantik, die seither als typisch deutsch gilt. Es liegt nahe, zwischen beiden Inwertsetzungen des Waldes einen Zusammenhang anzunehmen. Aber welcher Art war er? Von den Fakten her ist er nicht so evident, wie man erwarten könnte; manches spricht sogar für eine kontrapunktische Beziehung. Denn die populäre Waldromantik kultivierte vielfach nicht jenen Wald, zu dem die auf höchsten Holzertrag bedachten Förster hinwollten. Der Lieblingsbaum der nationalen Waldromantik war die Eiche, und zwar die uralte, knorrige, freistehende, mit ihren Ästen nach allen Seiten breit ausladende. Das war jedoch die Ästhetik des alten bäuerlichen Hudewaldes, nicht des neuen Försterwaldes.

In einem alten Eichenhain traf sich in einer Mondnacht des Jahres 1772 eine Gruppe Göttinger Studenten, um sich, Girlanden von Eichenblättern in den Händen haltend, ewige Freundschaft zu schwören; sie waren von einer Szene aus Klopstocks Hermann-Triologie inspiriert, wo ein Druide vor der Schlacht die Eichen als Wohnsitz der deutschen Götter beschwört. Das war eine Geburtsstunde der Waldromantik und zugleich des sich in Bünden sammelnden deutschen Nationalismus. Ernst Moritz Arndt, einer der Propheten des deutschen Nationalismus in der Zeit der Freiheitskriege, kämpfte zeitlebens «für die beiden Urstützen des Staates»: « für die Wälder und für die Bauern». Für die Wälder nicht wegen des Holzes, sondern wegen ihrer Bedeutung für das Klima, die Fruchtbarkeit des Bodens, «Gesundheit und Stärke» der Menschen. 1820 hatte er in einem Aufruf zur nationalen Waldpflege gewarnt, die Axt, die an den Baum gelegt werde, drohe zur Axt zu werden, «die an das ganze Volk gelegt» werde. Eigentlich hätten die Forstleute darüber entsetzt sein müssen; denn sie lebten ja vom Holzschlag und arbeiteten für ihn. Wenn Arndt jedoch aus seiner national-ökonomischen Hochschätzung des Waldes die Forderung ableitete, zum Verkauf angebotene Wälder «um jeden Preis» in Staatsforsten umzuwandeln, so konnte das den Forstbeamten gefallen. Und auch, wenn Arndt dazu aufrief, die Gewerbe aus dem Wald zu vertreiben: «Also weg mit den waldverwüstenden Fabrikanten! Weg mit ihnen von den Höhen und Berggipfeln!» Das romantische Ideal der Waldeinsamkeit traf sich mit dem Ziel des Försters, im Wald allein zu bestimmen und dort nicht durch Gewohnheitsrechte der Köhler, Glasmacher oder Pechbrenner behelligt zu werden. Riehl, auch einer der großen Ideologen der deutschen Waldromantik, sah den neuen forstlichen Eifer gleichwohl mit gemischten Gefühlen: Deutschland, so klagte er um 1850, habe «in neuerer Zeit» durch die «künstliche Umwandlung des stolzen Laubholzhochwaldes in kurzlebige Nadelwälder mindestens ebensoviel von seinem eigentümlichen Waldcharakter verloren als durch die völlige Rodung ungeheurer Waldflächen». Er wollte den Wald als Wildnis und als Raum der Freiheit, wo der Deutsche die Zwänge der Zivilisation abwerfen und der Erwachsene wieder zum Kind werden dürfe.[41]

Am Anfang der deutschen Forstlehren stand im 18. Jahrhundert das Bestreben, aus den landesherrlichen Wäldern den maximalen Ertrag zur Sanierung der oft hochverschuldeten Staatshaushalte zu erwirtschaften. Die forstliche Praxis dagegen war von ihrem Ursprung her eine ganz andere Welt; sie entstand in typischen Fällen aus der fürstlichen Jägerei. Da war die Brücke zur Waldromantik schon eher da; das Jagdwesen ist ein Urquell der leidenschaftlichen Waldeslust. Der Jäger liebt nicht so sehr den dichten Nadelwald, sondern eher den von Lichtungen unterbrochenen Laubmischwald mit viel Unterholz, der dem Wild reichlich Nahrung und Unterschlupf bietet. Aus der herrschaftlichen Jagd stammte ursprünglich das gesellschaftliche Prestige des Forstwesens. Der «holzgerechte» Förster dagegen, so wie er offiziell seit der Reformzeit gefordert war, befand sich – auch wenn er es nicht wahrhaben wollte – in der beruflichen Tradition der Holzhauer, die den Holzwert eines Waldes meist besser taxieren konnten als der gelernte Förster. Führende Forstleute sahen es im 19. Jahrhundert mit gemischten Gefühlen, daß der Revierförster nunmehr zu einer «lebendigen Holzaxt» «dressiert» werden sollte.[42]

Im übrigen führte der Kampf der Forstreformer gegen Waldweide und Streunutzung zu schweren sozialen Konflikten. Noch in den 1860er Jahren versicherten in Süddeutschland arme Bauern, die Waldstreu sei der «Angelpunkt, um den sich unsere ganze Wirtschaft dreht». «Lieber kein Brot in der Tischlade, sagen wir, als keine Streu im Stall. Wird nun diese durch die Forstleute entzogen, so müssen wir unsere einzige Kuh, unsere Nahrungs- und Düngerquelle verkaufen.» Dabei war die Streunutzung aus ökologischer Sicht das schlimmste, was dem Wald geschah. Eine populäre Abhandlung von 1885 rief «die gesamte Nation» dazu auf, gegen die Streunutzung und «für die Erhaltung des natürlichen Walddüngers in die Schranken» zu treten![43]

Wenn die Förster sich nach Vorschrift verhielten, kamen sie oft mit armen Leuten in Konflikt. Daher waren sie in Deutschland wie anderswo lange Zeit ein besonders verhaßter Berufsstand. Es war schon eine phänomenale Wende, daß der Forstdienst im 19. Jahrhundert zum Traumberuf der Deutschen wurde – zum Inbegriff eines kraftvoll-naturverbundenen Lebens im Dienste der Zukunft der Nation. An diesem radikalen Image-Wandel hat die Waldromantik gewiß entscheidenden Anteil. Besonders am Vergleich mit anderen Ländern und Weltregionen erkennt man, in welchem Maße eine erfolgreiche Aufforstungspolitik auf einen breiten Konsens in der Bevölkerung angewiesen ist, gerade weil sie in der Anfangszeit gewöhnlich unter heftigen Konflikten mit lokalen Bevölkerungsgruppen vor sich geht und man nicht neben jeden Baum einen Polizisten stellen kann. Dieser breite Konsens ist in Deutschland um 1800 offenbar in ziemlich kurzer Zeit entstanden, auch wenn er teilweise auf romantischen Illusionen über das Forstwesen beruhte.

In Frankreich scheinen Waldschutz und Aufforstung erst seit dem späten 19. Jahrhundert populär geworden zu sein – zu lange war das Forstwesen ein Spannungsfeld zwischen der Zentrale und den Kommunen gewesen. Andrée Corvol schreibt, der «Kult des Hochwaldes» sei unter dem Ancien régime «Staatsreligion» gewesen; der alte Hochwald, Verkörperung der gesellschaftlichen Hierarchie, habe unter einem quasisakralen «Tabu» gestanden. Ein Claude Rondeau wurde 1731 in einem Vogesental wie ein Ketzer lebendig verbrannt, weil er im Wald Feuer gelegt hatte; hier wie anderswo war die Brandlegung die Art und Weise, wie landhungrige Bauern neuen Ackerboden gewannen. Unter solchen Umständen war der Schutz des Hochwaldes in der Zeit der Revolution politisch aufs stärkste belastet; wie Marsh schreibt, begann nunmehr «ein allgemeiner Kreuzzug gegen die Forsten». Soziale Forstpolitik bedeutete hier wie noch heute in weiten Teilen der Dritten Welt, den kleinen Leuten Hude- und Brennholzwälder zur Verfügung zu stellen. Die Gegenreaktion ließ nicht lange auf sich warten; in der Folgezeit wurde der Schutz des Hochwaldes zu einer Strategie, die die Restauration mit einem idealen Hauch von Naturromantik umgab.[44]

Bäuerliche Rebellionen zur Verteidigung alter Gewohnheitsrechte im Wald hatten in Frankreich und Deutschland ebenso wie anderswo Tradition. Da Brennholzlese und Streusammeln in vielen Gegenden Frauensache waren, traten Frauen bei solchen Unruhen oft sehr handgreiflich in Aktion, ja wurden von den Männern geradezu vorgeschickt. In französischen Regionen kam es seit dem 18. Jahrhundert – zuerst anscheinend 1765 im Forêt de Chaux nahe der königlichen Saline von Salins – wiederholt vor, daß Männer, die die Forstaufseher überfielen, sich als Frauen verkleideten: Die «Demoiselles»-Revolten wurden zu einem französischen Typus der Forstrebellion, der sich noch im 19. Jahrhundert fortsetzte, zumal es da mancherorts mit den Waldrechten der Bauern weit schlechter bestellt war als vor der Revolution.[45] In der Waldfrage fanden rebellische Bauerndörfer im 19. Jahrhundert jedoch immer weniger Unterstützung bei der bürgerlich-städtischen Linken. Die Auffassung, daß der staatliche Waldschutz ein Gebot der Vernunft sei, verbreitete sich mit der Zeit auch in Frankreich. Eine Aufforstungspolitik großen Stils begann unter Napoleon III. Jene Zeit stand bereits im Zeichen des Aufstiegs der Steinkohle; da griff das Holzmangel-Argument nicht mehr so wie früher. Dafür rückte die Bedeutung des Waldes für den Wasserhaushalt an oberste Stelle: Es handelt sich um eine für die Genese des modernen Umweltbewußtseins bedeutsame Wende!

Schon in vormoderner Zeit gab es eine Hochschätzung des Waldes, die dessen ökonomischen Nutzen hintanstellte. «Le principal plaisir qui vient du bois sauvage est / Que par la verdure il délecte merveilleusement», heißt es in einem 1583 in Paris publizierten Lehrgedicht. «Das höchste Vergnügen, das der wilde Wald beschert, ist die wunderbare Freude an seinem Grün.» «Le bois vous défend de l'injustice du soleil et de la grande chaleur ...» «Der Wald schützt euch vor der Unbarmherzigkeit der Sonne und der großen Hitze.» Es war eine Waldeslust, die man am stärksten im Süden empfand. Eine forstpolitische Priorität erlangten quasiökologische Argumente für den Waldschutz in weiten Teilen Europas erstmals gegen Mitte des 19. Jahrhunderts: Stärker als ehedem wurde der Wert des Waldes für den Wasserhaushalt, den Boden, das Klima und damit für die menschliche Gesundheit betont. In jener Zeit wurde die Theorie, daß Entwaldung für Überschwemmungen oder, mehr noch, für einen Wechsel von Dürre und Überschwemmung verantwortlich sei, zur herrschenden Lehre. Sie ging im frühen 19. Jahrhundert von Frankreich aus. Zu einer Zeit, als die deutsche Forstpolitik noch an erster Stelle mit dem Holzmangel-Argument operierte, gaben – so Andrée Corvol – in Frankreich die «Ultras der Restauration» den im Zuge der Revolution geschehenen Abholzungen die Schuld an Überschwemmungskatastrophen.[46]

Im deutschen Sprachraum begegnet die Idee, daß Überschwemmungen durch Entwaldung verursacht würden, zuerst in den Alpen, wo die Schutzfunktion der Wälder gegen Lawinen ohnehin evident war. Um die Mitte des 19. Jahrhunderts wird die Verhütung von Überschwemmungen zum Leitmotiv der schweizerischen Forstpolitik. Als die ökonomische Gesellschaft Sachsens 1856 die Preisfrage stellte, «welche Nachteile» «aus der Verwüstung der Privatwaldungen hervorgegangen» seien, ging der erste Preis an eine Schrift, die die Bedeutung des Waldes «im Haushalt der Natur» hervorhob. Nach dem Verstummen des Holznot-Alarms war die Wasser- und Klimafrage das schlagende Argument für die Unverzichtbarkeit der Staatsaufsicht: «Welcher Private wird sein Ackerland mit Fichten und Eichen bepflanzen, nur um die Feuchtigkeitsniederschläge des Landes zu regulieren?» Für den Amerikaner Marsh ist 1864 «vielleicht kein Punkt» in den Walddiskussionen bedeutsamer als die Wasserfrage, obwohl die Meinungen darüber immer noch geteilt seien. «Forest and Stream» wurde zur populärsten amerikanischen Forstzeitschrift. Gegen Ende des 19. Jahrhunderts siegte in der amerikanischen Kontroverse die Position, die den feuchtigkeitsfördernden Wert des Waldes betonte. Das Bewässerungsinteresse wurde zur starken Triebkraft der entstehenden amerikanischen

Forstpolitik. Auch in dem von Dürre bedrohten Australien fand Marsh eine enthusiastische Resonanz. In Indien gab die Überschwemmungskatastrophe von 1970, obwohl unmittelbar durch einen ungewöhnlich heftigen Monsunregen verursacht, den Anstoß zu jenen Protesten gegen Waldabholzung, die in die Chipko-Bewegung mündeten.[47]

Wenn man die Dinge in großem Überblick sieht, wird ziemlich deutlich, daß die ökologische Waldschutz-Argumentation ihren Aufstieg zunächst zu einem Gutteil strategisch-taktischen Interessen der staatlichen Forstverwaltungen verdankt. Sie fungierte als Lückenbüßer, als der Holznot-Alarm nicht mehr zog. Überdies baute sie eine ideologische Brücke zur populären Waldromantik jener Zeit. In Deutschland war es zudem die Herausforderung durch die Bodenreinertragslehre, die die Forstwirtschaft mit scharfer Konsequenz am Kosten-Nutzen-Kalkül ausrichten und ihr alle verborgene Sentimentalität austreiben wollte, die dazu führte, daß sich in der Forstwirtschaft nunmehr auch ökologische Positionen schärfer formierten.[48]

Bei alledem war es Forstwissenschaftlern wohlbewußt, daß vieles an den Behauptungen über die ökologische Bedeutung des Waldes mehr oder weniger spekulativ war. Das galt am meisten für den Zusammenhang zwischen Wald und Klima, aber auch für den zwischen Entwaldung und Überschwemmung. Schon Zeitgenossen war klar, daß es sich dabei um eine politische Kontroverse handelte. Heute überschauen wir, wie kompliziert und vielfältig die Wechselwirkungen zwischen dem Baumbestand und dem Wasserhaushalt des Bodens sind; aber schon im 19. Jahrhundert konnte man erkennen, daß es da keine simple und allgemeingültige Kausalität gab. Theoretisch war beides möglich: Die Bäume können Wasser speichern, dem Boden jedoch auch Wasser entziehen. Bei manchen Arten (Eukalyptus, Birke) überwiegt der Entwässerungseffekt. Nicht nur durch Wald, sondern auch durch Gras und Buschwerk wird Wasser gebunden und der Boden festgehalten. Große Überschwemmungskatastrophen sind gewöhnlich keine direkten Folgen von Entwaldung, sondern von starken Regenphasen. Die Folgen der Waldverminderung sind vorwiegend schleichender, nicht akuter Art. Dennoch bleibt bestehen, daß der großflächige Wald durch sein tiefes Wurzelwerk im Gebirge den Wasserhaushalt im großen und ganzen besser reguliert als eine niedere Vegetation.[49]

In der Schweiz, wo die absolutistische Tradition der Forstpolitik fehlte, war es die Überschwemmungskatastrophe von 1868, die zur forstlichen Intervention des Bundes führte. Schon lange vorher hatte der Forstreformer Marchand (1799–1859) die «höheren Zwecke» der Wälder im «Haushalt der Natur» betont; aber erst die Überschwemmungen konnten den Widerstand der Kantone gegen eine von Bern aus betriebene Forstpolitik überwinden. Das unter den Wasserfluten leidende Unterland gab den Bergbauern die Schuld an der «Alpenplage», die für Marchand die Strafe der Natur für die an ihr begangenen Sünden war. Dabei wußten Experten schon damals, daß die Schuld der Bergbewohner keineswegs erwiesen war. Überschwemmungsserien hatte es auch zu Zeiten gegeben, als von großflächigen Rodungen im Hochgebirge keine Rede gewesen war.[50] In der Forstpolitik wurde ein alter Gegensatz zwischen Ober- und Unterland ausgetragen. Dennoch wird man heute nicht bestreiten, daß die Aufforstung im Interesse des Wasser-, Boden-und Lawinenschutzes im großen und ganzen vernünftig war. War bei Überschwemmungen die Witterung der primäre, der Waldzustand allenfalls der sekundäre Faktor, so konnte man doch nur an diesem sekundären Faktor etwas ändern. Auf diese Handlungslogik sieht sich die Umweltpolitik bis heute überall da verwiesen, wo sie sich teilweise auf hypothetischer Grundlage bewegt und nicht sämtliche Ursachen der Probleme erreicht.

4. Die mehrdeutige Entfaltung der modernen Naturreligion

Nicht nur pragmatische, sondern auch emotionale und spirituelle Motive prägen das Verhältnis des Menschen zur Natur; das gilt für alte ebenso wie für moderne Zeiten. Diese Motive liegen jedoch nicht alle auf *einer* Linie. Was sie zu bedeuten haben und in der Praxis bewirken, ist ihnen selbst nicht immer anzusehen und erst durch genaues Hinschauen zu ermitteln. Da Meditationen über die Natur schon in sich etwas Glücklichmachendes haben, drängen sie oft zu gar keiner Praxis hin!

Carolyn Merchant suchte in ihrem Buch «Tod der Natur» zu zeigen, daß die Vorstellung von der Natur als einer dem Menschen vorgegebenen weiblichen Macht – Natur als nährende Mutter – ein Opfer neuzeitlicher patriarchalischer Rationalisierungsprozesse geworden sei. Wie jedoch aus den Arbeiten von Keith Thomas und Simon Schama hervorgeht, kann man mit Leichtigkeit eine Gegenbilanz aufstellen: Das wilde Wuchern der Naturideen und Natur-Ideale erreicht seine Höhepunkte gerade im Laufe der Neuzeit. Gewiß: Descartes, Merchants meistzitierter Gewährsmann, kennzeichnet die Tiere als seelenlose Mechanismen, deren Schmerzensschreie dem Quietschen einer Maschine gleichzusetzen seien; aber das war nicht das letzte Wort der Moderne. «Wenn ich mit meiner Katze spiele», fragte sich Montaigne, «wer weiß, ob sie sich nicht mehr noch die Zeit mit mir vertreibt als ich mir mit ihr?» Thomas erkennt gerade im frühneuzeitlichen England einen Prozeß des Niederreißens der scharfen Grenze zwischen Mensch und Tier, der einen vitalen Untergrund in der wachsenden Liebe zu Haustieren hat. Wurden bis zum 17. Jahrhundert vielerorts an Kirchenfesten öffentlich lebendige Katzen verbrannt – die Katze als Symbol teuflischer Hexerei und Falschheit! –, so avancierte die Katze seit dem 18. Jahrhundert zum zärtlich geliebten Kuscheltier. Die Schlachthäuser und Tierfabriken des 20. Jahrhunderts sind kein logischer Endpunkt der modernen Mensch-Natur-Beziehung, sondern unbeabsichtigte Folgewirkungen der Dynamik des Massenkonsums und nicht zuletzt auch der modernen Hygiene-Normen.[51] Ihre Existenz zeugt jedoch davon, daß sich viele Natur-Enthusiasten die längste Zeit nicht für die Steuerung ökonomisch-technischer Entwicklungen interessierten.

Steht die Moderne im Zeichen der Säkularisierung und der Verwissenschaftlichung der Natur? Das ist eine gängige These; und nicht weniges paßt in dieses Schema. Zugleich lebt jedoch in der Natur ein Kernstück des Göttlichen fort, ja erlebt in ihr seine Wiederauferstehung. Der Glaube an die Göttin Natura, über viele Jahrhunderte eine christlich verkleidete Geheimreligion, wird nunmehr für eine immer breitere Öffentlichkeit der einzige feste Halt des Denkens und Glaubens. Im Laufe des 18. Jahrhunderts entwickelten sich die Bekenntnisse zur Natur «zu einer Art von religiösem Akt».[52] Die romantische Malerei und Poesie verleihen der Naturlandschaft einen Schimmer, der in ein lockendes Jenseits weist und den Betrachter mit Schauern überrieselt. Aber auch die neue Naturwissenschaft wirkt mit. Die Alchimie hatte sich die Natur anthropomorph gedacht und die Grenze zwischen organischer und anorganischer Natur verwischt; erst danach lernte man, in Vorstellungen der Eigengesetzlichkeit der Natur und der Eigenart des Organischen zu denken. In den «Naturgesetzen» ist die Natur als höchster Gesetzgeber präsent.

Ist all das nun eine Geschichte der Wortspiele, der Phantasien, der Malerei und bestenfalls des Gartenbaus? Doch im Hintergrund erkennt man vitale Triebkräfte, alte und moderne Erfahrungen von Lust und Leid. In der Liebe zur Natur, zum Garten- und Grotten-Idyll waren von der Antike bis in die Moderne erotische Wunschträume verborgen. Der junge Goethe, der oft genug selber die Natur vergötterte, parodiert zugleich den Naturkult jener Zeit in seiner Dramenskizze «Satyros», wo ein Naturprediger, der dem ganzen Volk den Kopf verdreht, am Ende als geiler bocksfüßiger Faun entlarvt wird, der im Allerheiligsten der neuen Naturreligion ein Mädchen bespringt. Aber auch das Leiden an den Streßerscheinungen der aufsteigenden Industrialisierung und Urbanisierung spiegelt sich in der Sehnsucht nach Natur. Nicht umsonst blühte die moderne Naturromantik zuerst im frühindustriellen England: Sie begleitete die Industrialisierung von Anfang an und nahm ihre Schmerzen auf. In der Zeit des frühen Naturkults entdeckte man die Nerven und ihre Reizbarkeit. «Kaufmann und Anwalt fliehen das Getöse und das Treiben der Straßen», schrieb Emerson; «kaum erblicken sie wieder den freien Himmel und die Wälder, und sie sind wieder Mensch.» Später fand John Muir, der amerikanische Nationalpark-Prophet, in den Nervösen seine Bundesgenossen im Kampf gegen Holzfäller und Wasserbau-Ingenieure.[53] Biographien, ob von Rousseau oder von Hermann Löns, liefern Belege genug für den lebensgeschichtlichen Zusammenhang von Naturkult und psychischem Leiden.

Die wilde Romantik der Felslandschaften läßt sich am wenigsten utilitaristisch erklären. Sie ist als solche ein Phänomen der Moderne, erinnert jedoch an den alten Glauben an heilige Berge als den Sitz höherer Mächte. Gerade in ihren Anfängen enthielt diese Romantik ein Element der Angst. Heines «Loreley», der berühmteste Liedtext der deutschen Romantik, handelt von der Todesnot der Fischer am Felsenriff. Die Schluchten des Yangtse, gegen deren Überflutung heute eine breite Protestbewegung kämpft, hießen noch eine Generation davor «Tor zur Hölle».

Je mehr man entdeckte, daß die Natur in sich voller Ordnung ist, desto plausibler wurde der Gedanke, daß die Natur den menschlichen Ordnungen, deren Unzulänglichkeit offenkundig war, überlegen sei. Auf diese Weise gelangte man zur Hochschätzung der «wilden», nicht vom Menschen geordneten Natur. Auch Rousseau liebte die wilde Natur nicht als Chaos, sondern als Stifterin neuer Ordnung; er schätzte Linné, der in die Tier- und Pflanzenwelt Kategorien und System brachte. Und dennoch: Die Naturleidenschaft entwickelte, wie die Natur selbst, schon im 18. Jahrhundert eine nicht zu bändigende Eigendynamik. In der Gartenkunst, der englischen «Gartenrevolution», der Öffnung des alten «hortus conclusus» zum «Landschaftsgarten» kann man verfolgen, wie man der geordneten Natur überdrüssig wird und die grenzenlose, überraschende Natur sucht. Das ewige Dilemma des «Naturgartens» bestand darin, daß die vermeintliche Wildnis doch stets geplante, arrangierte Natur blieb und auch die Schlängellinien der Wege und Teiche bald zur Schablone wurden. Das Produktive und Echte des Naturgefühls äußerte sich darin, daß der Gartenbau seit dem 18. Jahrhundert in Bewegung blieb.

Der Aufstieg des modernen Naturkults ist weder eine geradlinige noch eine durchweg erbauliche Geschichte. Adam Smith klagte, daß die Akkordarbeiter ihre Gesundheit ruinierten, indem sie das natürliche Bedürfnis nach Entspannung unterdrückten: «Es ist gleichsam die Stimme der Natur, die nach Erholung und Schonung ruft ...» Aber gerade die liberale Lehre, die der Wirtschaft ihren natürlichen Lauf lassen wollte, hat den von Smith beklagten Verstößen gegen die menschliche Natur Vorschub geleistet. Im England des 18. und 19. Jahrhunderts florierte der aristokratische Baumkult und wurden Bäume zum «unerläßlichen Bestandteil der Szenerie des Oberklassen-Lebens»; aber die Forstwirtschaft geriet in Verfall. Die berühmten Parkanlagen des Fürsten Pückler-Muskau wurden durch die «totale Verwüstung der Muskauer Forsten» finanziert: So triumphierte die eine auf Kosten der anderen Natur.[54]

Das Naturrecht hatte im 18. Jahrhundert sein Goldenes Zeitalter, und – wie Franz Wieacker hervorhebt – es begründete einen Respekt vor dem menschlichen Körper: Unter seinem «Einfluß verzüngelten seit dem Beginn des 18. Jahrhunderts langsam die Scheiterhaufen, verstummte das Röcheln der Gefolterten oder martervoll Hingerichteten ...» Aber die Natur wurde als leitende juristische Autorität rasch verschlissen; bald siegten Gegentrends, die das Recht zum Produkt des Staates und der Geschichte machten. Die Französische Revolution schmückte sich mit Natursymbolik; als das Straßburger Münster 1794 zum Tempel der Natur geweiht wurde, errichtete man im Chor einen Berg aus schroffem Felsgestein. Viele Freiheitsbäume der Revolution wurden, anders als die herkömmlichen Maibäume, mit den Wurzeln ausgegraben und neu eingepflanzt; aber nicht wenige Bäume gingen auf diese Weise ein.[55] Es war ein Baum-Theater, das zu den massenhaften Waldschädigungen in der Zeit der Revolution kontrastierte. Der Schutz der Waldesnatur und die Vorstellung vom Staat als Organismus, der keine scharfen Schnitte verträgt, wurden zu Waffen der Restauration. Bestimmte politische Dienstbarkeiten sind der Natur am Ende nicht gut bekommen; die Naturidee hat sich diesen jedoch auf die Dauer stets zu entziehen gewußt.

Die «Landschaftsgärten», in denen das Naturideal natürliche Gestalt annahm, waren von der Landschaftsmalerei inspiriert. Das Konzept der «Landschaft», das im 19. und 20. Jahrhundert die Geographie und auch die Ökologie beeinflußte, stammt aus der Malerei. Die von den Malern der Renaissance erfundene Technik der Perspektive – ein charakteristisches Element des europäischen Sonderwegs – übte die Wahrnehmung in der Synopse von Vorder- und Hintergrund, von Mikro- und Makrostrukturen. Da Gedanken von Gefühlen getragen sind und in Wechselwirkung mit der sinnlichen Wahrnehmung stehen, ist diese Schärfung des Blicks nicht ohne Bedeutung für die Entwicklung des Umweltbewußtseins. Die blauen Berge am Horizont machten Vergnügen an der Unendlichkeit der Natur. Idyllische und wilde Natur, blumenübersäte Wiesen und schroffe Felspanoramen sind in der Landschaftsmalerei kombiniert. In der Erkenntnis, daß die Freude an dem einen und dem anderen zusammenhängt, ist die Malerei modernen Naturschützern voraus, die darüber streiten, ob Nationalparks die traditionelle Weidelandschaft kultivieren oder der Wildnis pur überlassen werden sollen.

Wichtig sind nicht nur die neuen Wahrnehmungsweisen, sondern auch die mit den neuen Garten- und Parkanlagen verbundenen Körpererfahrungen. Im späten 18. Jahrhundert wird der Spaziergang erfunden, dessen Geschichte, wie Gudrun König schreibt, nicht nur ein Stück Mentalitäten- und Körpergeschichte, sondern zugleich auch eine «Geschichte des Naturgefühls» ist. Indem das Spazierengehen die Verdauung förderte, beseitigte es bei Angehörigen der sitzenden Schichten eine Hauptquelle körperlichen Unbehagens. Die fluktuierende Geselligkeit der Alleen durchbrach die in Sitzordnungen fixierte und ständisch abgeschottete Stubengeselligkeit. Die versteckten Winkel der Landschaftsparks waren ein idealer Ort für Liebespaare und sollten das nach den Wünschen der höfischen Gesellschaft des Rokoko auch sein. Das «Wörlitzer Gartenreich» bei Dessau war voller erotischer Darstellungen, mit denen sein Begründer, Fürst Leopold Friedrich Franz von Anhalt-Dessau, vergebens die Sinnlichkeit seiner schönen jungen Frau animieren wollte.[56] Anderen wurde die Naturliebe zum Ersatz für Frauenliebe. Seit dem 19. Jahrhundert ließen die Urlaubsreise und der Wochenendausflug ins Grüne den Kontrast von Industriegesellschaft und Natur zum ritualisierten Erlebnis immer breiterer Massen werden.

Die moderne Wissenschaft von der Natur: War das eine ganz andersartige Welt mit einem unterkühlten, analytischen Naturbegriff? Aber zwischen ihr und dem Naturkult gibt es ein Netz von Querverbindungen, beginnend mit der Physikotheologie des 17. und 18. Jahrhunderts. Die Bindeglieder waren wohl nicht nur intellektueller, sondern auch emotionaler Art: Auch die Naturwissenschaft besaß lange Zeit einen libidinösen Untergrund von Naturfreude und unersättlicher Neugier auf Natur. Die Naturforscher fanden ihre Inspirationen nicht nur im Labor, sondern auch auf dem Spaziergang. «Belustigungen» war ein beliebter Titel-Bestandteil naturkundlicher Literatur.

Besonders unter die Haut ging der Glaube an die Kraft der Natur in der Heilkunde. Das gilt nicht nur für die romantisch-ganzheitliche, sondern selbst für die sich zur exakt-analytischen Naturwissenschaft entwickelnde Medizin: Gerade weil sie zunächst zu einem «therapeutischen Nihilismus» führte – zu der Einsicht, daß es eine auf exakte Wissenschaft gegründete Therapie nicht gab –, sah sich der Arzt um so mehr auf die vis medicatrix naturae, die Heilkraft der Natur, rückverwiesen. Ein führender Kopf der romantischen Medizin, Andreas Röschlaub, warnte schon um 1800 vor der Schädlichkeit des Steinkohlenrauchs, die manche Mediziner unter dem Einfluß der Bakteriologie nicht einmal um 1900 wahrhaben wollten. Ein Schüler Röschlaubs, Johann Nepomuk Ringeis, wetterte gegen das aufkommende Instrumentenwesen in der Medizin. Besonders umstritten war seit langem die Geburtszange. Schon im 17. Jahrhundert hatte sich William Harvey, der Entdecker des Blutkreislaufs, gegen alle unnötigen Eingriffe gewandt, die bei der Geburt «das ruhige Werk der Natur» störten; tatsächlich machten die britischen Ärzte von der Geburtszange lange Zeit nur einen sehr zurückhaltenden Gebrauch. In Paris dagegen griffen die Ärzte im 18. Jahrhundert bei der Entbindung immer schneller zur Zange. Johann Lucas Boer, eine der Koryphäen der aufsteigenden Wiener Medizin, erlebte 1790 das Trauma seines Lebens, als die Erzherzogin Elisabeth nach der von ihm mit der Zange beschleunigten Entbindung starb. Fortan ging Boer mit diesem Instrument nur noch sehr vorsichtig um und wurde so zum «Pionier der natürlichen Geburtshilfe». Er sagte, «er habe in Frankreich gelernt, was die Kunst, in England, was die Natur zu wirken vermöge.»[57]

Der berühmteste Naturforscher des 19. Jahrhunderts, Charles Darwin, gewann seine Erkenntnisse über den Ursprung der Arten durch Reisen und Beobachtungen, nicht durch Analysen im Labor. Brachte seine These vom mörderischen «Kampf ums Dasein» – wie Worster meint – in das idyllische Naturbild einen tiefen Bruch? Nicht so ganz; denn daß zur Natur auch der Tod gehört, wußte man stets; und andererseits ging die liebenswerte Natur durch Darwin keineswegs verloren. Die quasireligiöse Faszination des Darwinismus beruhte auf dem neuen Gefühl des Einsseins von Mensch und Natur. Führende deutsche Darwinisten wie Ernst Haeckel und Wilhelm Bölsche machten in ihrem Naturbild nicht viel Wesens von dem Kampf, sondern entwarfen vor allem von der Einheit Mensch-Natur ein verlockendes Bild. Bei Bölsche offenbart sich die Naturhaftigkeit des Menschen am allermeisten in der Liebe, konkret: in den vielfältigen Spielarten der Sexualität. Walther Schoenichen, später der oberste Naturschützer des «Dritten

Reiches», hob 1903 in einem «darwinistischen Vortrag» hervor, «eine wie ungeheuer wichtige Bedeutung der Scheintod», nicht zuletzt das absichtsvolle Sich-unsichtbar-Machen für das Überleben aller Lebewesen besitze.[58]

Der Naturkult konnte zu einem übertriebenen Vertrauen auf die Unzerstörbarkeit der Natur führen und insofern der Ausbeutung der letzten natürlichen Ressourcen freie Bahn schaffen. Für Immanuel Kant war die vermeintliche Tatsache, daß holzarme Gegenden auf schwer erklärbare Weise mit Schwemmholz versorgt würden, ein Hinweis auf das Walten einer «über die Natur gebietenden Weisheit». Eben zu jener Zeit ertönten jedoch allenthalben Alarmrufe über drohenden Holzmangel. Die Sorge um eine Übernutzung der Natur kam nicht so sehr aus der Naturphilosophie wie vielmehr aus dem praktischen Interesse an der Natur. Aber auch der Wald- und Naturschutz baute auf seine Weise auf die Planbarkeit der Natur; es fiel ihm nicht leicht, die Unberechenbarkeit der Natur zu akzeptieren. Die Ingenieure sprachen von dieser Unberechenbarkeit mehr als die Wissenschaftler – gezwungenermaßen; denn immer wieder kam es vor, daß die Natur die Berechnungen der Techniker zuschanden machte. Es gab einen Respekt vor der Natur, der aus der technischen Praxis kam.[59]

Die Kehrseite des modernen Naturkultes war die Vernachlässigung der Stadt. Im Bann der Wildnis-Phantasien verkümmerte oftmals der Sinn für eine naturnahe und lebensfreundliche Gestaltung der Stadtlandschaften. So wurde der Horror vor der Industriestadt zur self-fulfilling prophecy: Die planlos wuchernden Industriestädte bestätigten die schlimmsten Befürchtungen. Bei den dann folgenden Versuchen zur Hygienisierung der Stadt scheint das Leitbild «Natur» zunächst keine große Rolle gespielt zu haben. So bewegte sich der Naturkult vorerst an den Problemen der industriellen Zivilisation vorbei.

5. Natur und Nation: Auf dem Wege zur Konkretisierung der zu schützenden Natur

Die *Gefahren* des Nationalismus sind dem modernen Deutschen wohlbekannt; aber der Zauber, der einst von ihm ausging und den er für viele Völker noch heute besitzt, ist nach zwei Weltkriegen kaum mehr nachzuempfinden. Worauf beruhte diese Faszination? Auf machtpolitischen und auch ökonomischen Attraktionen, gewiß; aber das war es nicht allein. Der Nationalismus gab jedem Angehörigen einer Nation über das bißchen Land hinaus, das dieser – wenn überhaupt – ererbt hatte, ein

Riesenland als imaginäres Eigentum, und er gründete die Teilhabe daran auf die Natur. Darin ähnelte er der Familie, die ihre besondere Geborgenheit dadurch ausstrahlt, daß man durch Geburt oder Heirat, ohne weitere Bedingungen und Leistungen, zu ihr gehört. Man mußte sich nicht zu bestimmten religiösen Dogmen bekennen, mußte nicht gegen eigene Wirklichkeitserfahrungen gegenanglauben – zur eigenen Nation gehörte man «einfach so», durch die eigene körperliche Natur, die als Bestandteil einer kollektiven Natur gedacht wurde. Dadurch besaß der Nationalismus bei all seinem idealistischen Pathos doch einen sinnlichen Untergrund, und dadurch schuf er eine Einheit zwischen der eigenen inneren und der äußeren Natur.

Dazu brauchte man jedoch bestimmte Vorstellungen von der nationalen Natur: der «Natur» in der Landschaft und der im Menschen. «Das ist des Teutschen Vaterland, / Wo Eide schwört der Druck der Hand, / Wo Treue hell vom Auge blitzt, / Und Liebe warm im Herzen sitzt – / Das soll es sein!» So dichtete Ernst Moritz Arndt: «Deutsch» war da die herzliche, innige, ungekünstelte und unkalkulierte Liebe – eine Natürlichkeit, die von dem Naturideal Rousseaus nicht weit entfernt war und letztlich übernationalen Charakter trug. Als Herder im Jahr 1765 ein lettisches Sonnenwendfest miterlebte, bei dem lettische Frauen und Mädchen wilde Tänze und Gesänge unter brennenden Teertonnen aufführten, wurde ihm – wie Meinecke schreibt – «der singende und tanzende Urmensch» zu einer leibhaftigen Vorstellung und zur Vorlage naturhafter Nationalcharaktere.[60]

Die Natur war in puncto Nation mehrdeutig. Irgendwo – so konnte man es sehen – waren die Menschen von Natur aus alle gleich; und selbst unter exotischer Hülle fand man die gleichen menschlichen Urphänomene von Liebe und Schmerz. Auf der anderen Seite hatte die Natur die Einzelmenschen und Völker mit krassen Unterschieden ausgestattet. Die durch Klima, Landschaft und Lebensweise bewirkten Verschiedenheiten der Völker und Rassen sind von der Antike bis heute ein unerschöpfliches Thema der Reiseberichte, das in der frühen Neuzeit mit den zunehmenden Welt-, Entdeckungs- und Bildungsreisen seine erste große Konjunktur erlebte. Damals entstand das Literaturgenre der «Naturgeschichte» und der Beschreibung der Tier- und Pflanzenwelt bestimmter Regionen. «Welch unendliche Ergötzung», schwärmte Thomas Elyot 1531, «schöpft man aus der Betrachtung der Verschiedenheit von Völkern und Tieren, Vögeln, Fischen, Blumen und Kräutern, aus dem Kennenlernen der vielerlei Sitten und Lebensweisen der Völker und der Mannigfaltigkeit ihrer Natur.»[61] Es war jedoch nicht leicht, aus der deutschen Landschaft eine Natur des deutschen Menschen herzuleiten, schon gar im Kontrast zu Frankreich: Die deutsche Landschaft ist ja von der nord- und mittelfranzösischen nicht scharf unterschieden.

Ein Volk wie die Norweger hatte es da leichter: Als diese sich 1814 von Dänemark lösten, konnten sie sich gegen die Dänen als ein nordisches Wald- und Gebirgsvolk konstituieren. Da war die nationale Landschaftsnatur fast von selbst gegeben und wurde durch die norwegische «Freiluftkultur», den Ski-Langlauf in den langen Wintern, zu einer gelebten Erfahrung. Das Nordische war hier viel stärker Realität, weniger Ideologie als in Deutschland. Im England des 18. Jahrhunderts entstand demgegenüber die Vision, das ganze Land in einen großartigen Garten, natürlich in einen Naturgarten englischen Stils im Kontrast zu den gekünstelten Parks des französischen Absolutismus, zu verwandeln: Da war die nationale Natur etwas praktisch zu Schaffendes. Das «arkadische» Ideal war von der Schafweide inspiriert. William Blake allerdings sah 1804 «Englands liebliche Weiden», auf denen das «heilige Lamm Gottes» zu Hause gewesen sei, durch die «dark Satanic mills» geschändet.[62]

Auch der Fuldaer Gartenbaumeister Vorherr gab 1808 in seiner Schrift «Über Verschönerung Deutschlands» die Losung aus: «Deutschland ganz Deutschland ein großer Garten!» Am Ende stand für ihn das Ziel, den «großen Gesamtbau Erde» zu verschönern und auf diese Weise die Menschheit zu veredeln. Ein uneingestandener Ursprung moderner Umweltpolitik ist bei diesen in die Landschaft expandierenden Gartenbau-Projekten zu suchen. Die deutsche Natur als Variante der neuen englischen Garten-Natur? Ab 1804 leitete Friedrich Ludwig von Sckell die Anlage des Englischen Gartens in den Münchener Isarauen. Die einen rühmten ihn als «Ausdruck deutschen Geistes»; andere fanden ihn jedoch langweilig. Riehl sprach geringschätzig von den «gefesselten», eingehegten englischen Parks, in die der Wanderer keinen Zutritt habe, und verherrlichte den «freien Wald» als Natur-Grundlage der deutschen Freiheit.[63] Aber welchen Wald?

Die Schwierigkeiten beim Herausfinden und Erfinden der nationalen Natur können produktiv sein. Die Natur ist ja, genau betrachtet, stets eine Ganzheit von unendlich komplizierter Art; und daher hatte es sein Gutes, wenn man sich frühzeitig gezwungen sah, die deutsche Natur als ein vielschichtiges Gebilde zu begreifen. Die deutsche Natur trägt bei Riehl die Spuren der Geschichte; und sie ist keineswegs in jeder Hinsicht erbaulich: Das Mittelgebirge, dem Riehl selber entstammte, ist zwar die alte deutsche Kernlandschaft, aber sie ist für ihn doch eine durch Zersplitterung und Überkultivierung entkräftete

Zone, während Kraftressourcen nur noch in dem norddeutschen und dem süddeutsch-österreichischen Großraum zu erkennen sind.[64] Die natürliche deutsche Dreiteilung ist jedoch von der Natur keineswegs zur Dreieinigkeit prädestiniert.

Demgegenüber präsentierte sich die populäre und erbauliche nationale Natur in Bildern, die die wirkliche Natur stilisierten und nur einzelne Elemente aus ihr herausgriffen. Einen Bildcharakter hatte oftmals auch jene Natur, die von den Natur- und Landschaftsschützern beschworen wurde, um die Erhaltung bestimmter Landschaftsszenerien zu rechtfertigen. In der Landschaftsmalerei, die den Geschmack einer breiten Käuferschaft spiegelte, kann man am frühesten und deutlichsten die Erfindung nationaler Naturen verfolgen. Am Anfang stehen die Holländer mit der Darstellung ihres dem Meere abgerungenen, stets vom Wasser bedrohten Landes. Als sich die altholländische Landschaftsmalerei von den italienischen Vorbildern löste und auf pittoreske Berg-und-Tal-Romantik verzichtete, schwelgte sie in der Weite, in Wasser und Wolken, und auch in den Reizen des Winters. All das besaß einen Anschein von wilder Natur, obwohl Holland intensiver kultiviert wurde als Italien. Auch in Deutschland, Rußland und Skandinavien wurden nationale Landschaften mit Vorliebe als nordischer Kontrast gegen die italienische Idylle entworfen, die ihrerseits zu einem Gutteil eine Imagination der Maler aus dem Norden war.[65]

Wie man sich die nationale Natur konkret vorzustellen habe, wurde vor allem am Wald zu einer kontroversen Frage. Noch einigermaßen klar erschien die Antwort in Frankreich, das weit mehr als Deutschland bis heute ein Land des Laubwaldes geblieben ist. Da kämpfte um die Mitte des 19. Jahrhunderts die Malerschule von Barbizon am Rande des Forstes von Fontainebleau organisiert und wirkungsvoll gegen die Nadelholzaufforstung in diesem von traditioneller Weidewirtschaft aufgelockerten Laubmischwaldgebiet. Diese Schule steht am Anfang der impressionistischen Freilichtmalerei, daher brauchte sie ihren Wald nötiger als die Ateliermaler; und tatsächlich setzte sie 1860 die Schaffung eines Naturreservats eigens für die Kunst durch. Das war die erste Aktion für den Landschaftsschutz in Frankreich. Die deutsche Forstwissenschaft war, wie Pfeil hervorhob, im Kontrast zur französischen «allein das Produkt der Teilung Deutschlands in verschiedene Länder»; daher kannte sie keinen «deutschen» Wald – vorerst jedenfalls nicht.[66]

Caspar David Friedrich präsentierte in seinem unter dem Eindruck der Freiheitskriege gemalten «Chasseur im Walde» einen dichten Nadelhochwald, der an einen gotischen Dom gemahnt, als Inbegriff des deutschen Waldes, der den französischen Eindringling verschlingt. Im 19. Jahrhundert wurde die Tanne als deutscher Weihnachtsbaum populär. Im Sommer jedoch liebten auch die meisten Deutschen mehr den Laubmischwald; und im 20. Jahrhundert bestätigten die Pollenkundler, daß dieser in den meisten deutschen Regionen die natürliche Vegetation war. Die Palynologie bot im übrigen eine Begründung, um das Artenspektrum des «natürlichen» Waldes zu erweitern, indem sie entdeckte, daß hier vor der letzten Eiszeit viele Arten heimisch gewesen waren, die dann durch das Eis nach Süden abgedrängt wurden. Der berühmteste Streitfall war ab 1880 in Deutschland die Einführung der nordamerikanischen Douglasie; darüber bildeten sich unter den Forstleuten regelrechte Fraktionen. Die Pollenanalyse wies jedoch nach, daß Vorfahren der Douglasie auch in Europa vorgekommen und erst in der Eiszeit verschwunden waren.

Manche Naturschützer rühmten den Mischwald aus Laub- und Nadelholz als «urdeutsch». Andererseits überwog gerade in preußischen und auch österreichisch-alpinen Kerngebieten der Nadelwald. Während der NS-Zeit konstituierte sich innerhalb des Deutschen Heimatbundes ein Ausschuß zur Rettung des Laubwaldes, der 1941 mit einer Denkschrift an die Öffentlichkeit trat. Da klagte ein Verseschmied: «O deutscher Wald, o Buchengrün /Und Kraft der starken Eichen / o deutscher Wald, du sinkst dahin / Von deines Würgers Streichen!» Man berief sich auf ein Hitler-Wort, die «deutsche Landschaft» müsse «als Quelle der Kraft und der Stärke unseres Volkes unter allen Umständen erhalten bleiben». Aber man war ehrlich genug zuzugeben, daß «zur Wiederherstellung echt deutscher Landschaft» erst einmal «der einstige Wald ermittelt» und mit gegenwärtigen Interessen in Einklang gebracht werden müsse. In der Masse der Stellungnahmen, die die Denkschrift unterstützen, fällt auf, daß das nationale Motiv neben ökologischen und wasserwirtschaftlichen Argumenten ganz zurücktritt – selbst 1941![67] Die Waldromantik der deutschen Populärliteratur – ob Ganghofers «Schweigen im Walde», Roseggers «Waldbauernbub» oder Hansjakobs «Waldleute» – hat einen ganz überwiegend regionalen, nicht nationalen Charakter: Es ist Heimatliteratur der Alpen und des Schwarzwalds. Im Norden Deutschlands richtete sich die leidenschaftlichste Naturromantik auf die Lüneburger Heide, die ein Produkt anthropogener Entwaldung war, aber für Löns und seine Verehrer zum Inbegriff herrlicher Wildnis wurde.

Für Riehl war die deutsche Natur, die Waldes-Wildnis noch eine gegenwärtig existierende und weitverbreitete, wenn auch durch viel «Widernatürliches» bedrohte Landschaft. Im späten 19. Jahrhundert dagegen mehren sich die Pessimisten, für die die reale Gegenwart und die ursprüngliche deutsche Natur immer weiter auseinanderfallen. Ludwig Klages fand 1913 die «Fauna Germaniens» fast ganz vernichtet. Selbst die Singvögel würden «von Jahr zu Jahr» seltener. «Noch vor knapp einem Menschenalter» sei «selbst in den Städten zur Sommerzeit die blaue Luft vom Schwirren der Schwalben» voll gewesen; jetzt sei es «sogar auf dem Lande» «unheimlich still geworden». Schon hier die Schreckensvision des «stummen Frühlings», die in den 1960er Jahren die amerikanische Öffentlichkeit alarmierte! Vor diesem düsteren Szenario geriet der zu jener Zeit aufkommende «Naturschutz» zu einem Schutz kleiner verbliebener Reservate. Mußte das so sein? Gerade den leidenschaftlichsten Naturschützern fehlte oftmals der Blick dafür, daß es auch außerhalb der (vermeintlich) unberührten Natur nach wie vor viel Schützenswertes gab, ja manches sogar neu entstand. So wanderte im 19. Jahrhundert die aus der Steppe kommende Haubenlerche in Deutschland ein, wo sie in den zunehmenden «Kultursteppen» einen Lebensraum fand.[68]

In Deutschland und ähnlich auch in Frankreich gingen seit dem Ende des 19. Jahrhunderts Natur- und Heimatschutz eng zusammen, Heimatschutz verstanden im Sinne der Erhaltung traditioneller bäuerlicher Architektur und Dorfbilder. Man kann zwischen beiden Bestrebungen eine Spannung konstruieren: «Heimat» spiegelte eine Sehnsucht nach Geborgenheit, «Natur» eine Sehnsucht nach Freiheit. Aber das war nicht notwendig ein Widerspruch. Unter europäischen Bedingungen hatte es seinen Sinn, das eine mit dem anderen zu verbinden; denn auch bei der vermeintlichen Wildnis handelte es sich in der Regel um alte Hudegebiete. Beiden Sehnsüchten schwebten regionale Landschaftsbilder vor. Zwar sprach man von «deutscher Heimat»; aber in der Regel meinte «Heimat» den engeren vertrauten Umkreis. Die Stärke der deutschen Natur-und Heimatschutzbewegungen lag wesentlich in ihren regionalen Verbänden.

Die Stellung dieser Bewegungen zu den Führungseliten des Kaiserreichs war uneinheitlich. Oft klagten sie bitter über die Mißachtung ihrer Forderungen durch Behörden und Industrie. Andererseits fehlte es ihnen nicht an Beziehungen zu höchsten Kreisen; und im Prinzip bestand ein breiter Konsens darüber, daß das Anliegen des Natur- und Heimatschutzes ehren- und beherzigenswert sei. 1906 wurde die «Staatliche Stelle für Naturdenkmalpflege» im preußischen Kultusministerium unter Hugo Conwentz geschaffen; das war das erste Mal in Europa, daß für den Naturschutz eine eigene Behörde eingerichtet wurde. Sie bekam mit Provinzialstellen einen dezentralen Unterbau.

Conwentz scheute die Öffentlichkeit, verstand sich aber sehr wohl auf die Mechanismen der Bürokratie. Der Heimatschutz kam ab 1907 durch die in den deutschen Ländern rasch aufeinanderfolgenden «Verunstaltungsgesetze» voran, mittels derer zwischen Staat und Heimatschützern ein gemeinsamer Code und eine Routine der Zusammenarbeit entstand.[69]

Heimat- und Naturschutz erlangten ihre Haupterfolge in der Erhaltung einzelner Bau- und Baumdenkmale, während ihnen die Kernbereiche der Agrar-, Forst- und Wirtschaftspolitik verschlossen blieben. Populäre Inkarnationen der Natur waren jedoch nicht nur die Bäume, sondern mindestens ebensosehr die Tiere. Wo war da die «deutsche» Natur? Wilde Großtiere mit national-deutscher Symbolik gab es nicht mehr; Deutschland besaß kein Pendant zum amerikanischen Büffel. Der «deutsche Schäferhund» war eine Neuzüchtung um 1900. Vergeblich versuchte man in den 1930er Jahren, den Wisent auf der Halbinsel Darß heimisch zu machen. Statt dessen waren es in Mitteleuropa die Vögel, die die stärkste Sympathie der Naturfreunde fanden. Die Vogelschutzbewegung, die zum Gutteil von Frauen getragen wurde, war eine der ersten Kerntruppen des deutschen Naturschutzes. Sie fand rasch Resonanz bei den Regierungen bis hinauf zum Reich; 1888 wurde nach zwölfjähriger Beratung ein Reichsvogelschutzgesetz erlassen, das freilich zum Mißfallen vieler Vogelschützer immer noch zwischen nützlichen (zur Insektenvertilgung) und unnützen Vögeln unterschied. Zur gleichen Zeit suchte die englische, ebenfalls stark von Frauen getragene Vogelschutzbewegung die Vogeljagd durch eine Veränderung des Konsumverhaltens zu bekämpfen: mit einer heftigen Kampagne gegen die Federhüte. Über dem Vogelschutz entstand damals eine Spaltung zwischen dem germanischen und dem romanischen Europa, wo der Vogelfang im Zeichen der freien Jagd zu einem populären Volkssport wurde. Vormals war er auch im deutschen Bereich beliebt gewesen, wie Papagenos Vogelfänger-Arie aus Mozarts «Zauberflöte» zeigt; von nun an jedoch offenbarte sich aus der Sicht der germanischen Völker in der Vogeljagd das gestörte Naturverhältnis der Romanen. Vermutlich kam der stärkste Impetus bei der deutschen Vogelschutzgesetzgebung nicht aus der Naturromantik, sondern aus der Landwirtschaft, die damals gelernt hatte, in welchem Maße die freie Jagd auf Vögel die Raupen- und Insektenplage verschlimmert. Ein ökologischer Denkansatz ergab sich bei der Vogel- und Insektenfrage vor allem aus dem bäuerlich-pragmatischen Interesse. Hier entstand schon lange vor der DDT-Kontroverse eine Tradition der «biologischen Schädlingsbekämpfung». Da Zugvögel keine Grenzen kennen, kam es sogar schon 1902 zu einer Internationalen Konvention zum Schutz der für die Landwirtschaft nützlichen Vögel.[70]

Eigentlich hätte man «nationale» Motive ganz besonders beim Schutz des Rheins gegen Verschmutzung erwarten können. Aber das wurde im späten 19. Jahrhundert zu einem hoffnungslosen Unterfangen: Viel zu viele Abwässer sammelten sich im «deutschen Strom». 1899 klagte ein hoher Staatsbeamter auf dem westdeutschen Fischereitag: «Wir haben 1870 für den deutschen Rheinstrom gekämpft – unsere Söhne werden in einem neuen Krieg für die deutsche Rheinkloake kämpfen können!»[71]

Viel kompakter als in Deutschland wurde die Vorstellung von der nationalen Natur in den *USA*. Weil es hier an einer anschaulichen historischen Identität in Gestalt alter Städte und Bauwerke fehlte, suchte man hier um so bewußter eine nationale Identität in der Natur. Aber welche Identität und in welcher Natur? Thomas Jefferson fand das Tal des Potomac einzigartig; europäische Reisende sahen sich dort jedoch an das Rheintal erinnert. Am eindrucksvollsten waren die riesigen Wälder mit den gewaltigen Bäumen; diese waren jedoch von einem Heer von Holzfällern bedroht: Sehr amerikanisch waren nicht nur die Baumriesen, sondern war auch die Axt. Thomas Cole (1801–1848) malte seine großen romantischen Wald-Panoramen bereits in einem schmerzlichen Bewußtsein von der Gefährdung dieser Natur. Sein Gedicht «The Lament of the Forest» (1841) schließt mit einem Ausblick auf eine nahe bevorstehende Zukunft, in der die kahlen Berge von der Sonne ausgedörrt werden, die Quellen versiegen, die Tiere aussterben und «unsere alte Rasse» gleich den Israeliten unter die Völker verstreut wird.[72]

Eine grandiose Natur, von der man sagen konnte, daß sie die Alpen übertraf, entdeckten die Amerikaner erst in den Gebirgen des fernen Westens. Die Yankees, die die Wildnis lange bekämpft hatten, fanden hier ihr neues Ideal der Wildnis. Sie fanden es jedoch genau zu der Zeit, als auch diese Wildnis bedroht war. Auch die amerikanische Natur war eine zu schützende Natur. Aus dieser Situation entstand seit den 1860er Jahren die amerikanische Nationalpark-Bewegung, die im 20. Jahrhundert zu ähnlichen Initiativen auf der ganzen Welt führte. 1872 wurde der Yellowstone-, 1890 der Yosemite-Nationalpark gegründet; im Yosemite-Tal bestand schon seit 1864 ein kalifornischer Staatspark. Diese wildromantischen Berglandschaften blieben stets die Leitbilder der Nationalpark-Idee – einem geflügelten Wort zufolge «the best idea America ever had». Die wilde und gigantische Bergwelt bot eine Art von Natur-Identität, die dem Aufstieg der USA zur Weltmacht entsprach. Erst in den 1930er und 40er Jahren, als die Errichtung eines Nationalparks in der Sumpflandschaft der Everglades in Florida betrieben wurde, erlangte der ökologische «Biodiversity»-Aspekt den Vorrang vor dem Streben nach der pittoresken Szenerie. Aber das nationalistische Motiv war nach wie vor im amerikanischen Naturschutz präsent. Als sich Rachel Carson, die spätere Autorin des «Silent Spring», 1946 an einem Wettbewerb für das beste Naturschutz-Gelübde für junge Leute beteiligte, gewann sie mit folgendem Text einen Preis: «I pledge myself to preserve and protect America's fertile soils, her mighty forests and rivers, her wildlife and minerals, for on these her greatness was established and her strength depends.»[73]

In John Muir, einem Mann der Wildnis von prophetischem Format, der den Kampf um den Wald zu einem «Teil des ewigen Kampfes zwischen Gut und Böse» erhob, fand die Nationalparkbewegung eine Führergestalt, die den Eindruck erweckte, als komme diese Bewegung aus den Wäldern. Die Nationalpark-Idee entstammte jedoch in Wahrheit der Sehnsucht der Städter und kollidierte häufig mit den Interessen der Rancher und Holzfäller vor Ort. Daher suchten die Protagonisten der Nationalparks Rückhalt bei der Bundesregierung. Da es im Westen noch viel «public domain» gab, besaß die Bundesintervention eine rechtliche Grundlage.[74]

Zur gleichen Zeit verstärkten sich Besorgnisse ökonomischer Art über die Abholzung der amerikanischen Wälder. Schon 1876 brachte der «Scientific American» einen redaktionellen Artikel mit der Schlagzeile «Timber Waste a National Suicide», der die Existenz der amerikanischen Nation als Folge des maßlosen Holzschlags akut bedroht sah. In den 1880er Jahren geriet der Holzmarkt von Chicago, der bis dahin größte der Welt, in die Krise, weil die von dort erreichbaren Wälder weitgehend abgeholzt waren. Ähnlich wie Europa ein Jahrhundert davor erlebten nunmehr auch die USA eine Welle von Entwaldungsphobien mit übertriebenem Pessimismus.[75]

Theodore Roosevelt, der US-Präsident von 1901 bis 1909, ein hyperaktiver und von Energie überschäumender Reformer und Imperialist, fand in dem Schutz der nationalen Ressourcen ein Aktionsfeld, das ihn begeisterte und auch andere Tatmenschen anzog. In Gifford Pinchot, der seit 1900 die Forstabteilung des Landwirtschaftsministeriums leitete und sich als Führer einer großen forstlichen Erweckungsbewegung fühlte, fand er einen kongenialen Mitstreiter für Waldschutz und Aufforstung. Nachdem die USA über ein Jahrhundert lang an den Wäldern den größten Raubbau der Weltgeschichte getrieben hatten, avancierte der Wald- und Naturschutz nunmehr in einem Maße wie noch nie zuvor zu einer nationalen Aufgabe allerersten Ranges und zu einem idealen Aktionsfeld, um staatsmännische Tatkraft zu demonstrieren. Naturschutz, Wasserschutz, Forstpolitik, ökonomische Zukunftsvorsorge, erhöhte Effizienz, Stärkung der Nation: all diese Motive, die in Europa vielfach ein disparates Dasein führten, wurden von Theodore Roosevelt – und dann in den 1930er Jahren wieder von Franklin D. Roosevelt – machtvoll gebündelt, wenn auch nicht miteinander in Einklang gebracht. Die Spannung zwischen «Conservation» und «Preservation», zwischen nachhaltiger Ressourcen-Bewirtschaftung und Schutz der wilden Natur, blieb eine Zeitlang verdeckt. Die uralten Baumriesen, die Könige der amerikanischen Wälder, waren jedoch in den Augen der von Pinchot begründeten Forstverwaltung nur Anzeichen für ein ineffektives Forstmanagement. Im übrigen waren die Bewässerungsinteressen des Westens eine Haupttriebkraft der Forstpolitik; man ging ja davon aus, daß die Bäume das Wasser festhielten. Als sich zeigte, daß sich die Bewässerung in wüstenhaften Gebieten nicht rentierte, wurde sie zur nationalen Aufgabe gemacht, ohne freilich dem Powerplay der Partikularinteressen wirklich entzogen zu werden. Als das expandierende San Francisco sich um Wasserzuleitung aus dem Hetch-Hetchy-Tal im Yosemite-Nationalpark bemühte, kam es zu einer exemplarischen Kollision zwischen «Conservation» und «Preservation», wobei die Anhänger der Wildnis unterlagen. Aus heutiger ökologischer Sicht markieren die Ära Theodore Roosevelt und ebenso die New-Deal-Ära von Franklin D. Roosevelt nicht nur eine Wende zur Umweltpolitik, sondern auch Stufen einer nachhaltigen Störung des natürlichen Wasserhaushalts.[76]

Auch begeisterte Naturschützer hatten in der Regel nicht das Ganze der Natur vor Augen, sondern hegten bestimmte Vorlieben. Für Theodore Roosevelt, den großen Jäger, bestand die Natur vor allem aus Tieren, und er wunderte sich, daß John Muir, als er mit ihm durch das Yosemite-Tal ritt, nur einen Blick für die Bäume und Felsklippen und kein Ohr für den Gesang der Vögel hatte. Das Problem der selektiven Naturliebe wurde in der Kaibab-Affäre der 1920er Jahre akut. Der National Park Service hatte damals in dem Kaibab-Reservat das Raubwild so erfolgreich dezimiert, daß sich das Rotwild von 4000 auf fast 100 000 Stück vermehrte und den Wald verwüstete. Der Machtkampf zwischen Wildhegern und Forstverwaltung wurde zu einer Auseinandersetzung zwischen dem Staat Arizona und der Bundesregierung, wobei der Supreme Court seine Entscheidung 1928 für den Bund und für den Wald fällte. Die Affäre wurde zum Schlüsselerlebnis für Aldo Leopold, den neuen Vordenker des amerikanischen Naturschutzes, der – bis dahin einer der Raubtierjäger – dabei lernte, daß es weise sein kann, die Natur sich selbst und also auch die Raubtiere ihrer natürlichen Vermehrung zu überlassen.[77] Da dieser Respekt vor der Wildnis letztlich dem Wald zugute kam, zeigte sich zugleich, daß der Widerspruch zwischen «Conservation» und «Preservation» nicht unlösbar war.

Mehr als anderswo auf der Welt wurden Natur- und Ressourcenschutz in den USA schon seit der Jahrhundertwende zum nationalpolitischen Ereignis ersten Ranges; ob man daraus jedoch auf eine nachhaltige Breitenwirkung schließen darf, bleibt bis heute fraglich. Eine nachhaltige Waldwirtschaft begann sich in den USA erst seit den 1920er Jahren durchzusetzen, als eine Begrenzung des Holzeinschlags den Kartellinteressen des oligopolistischen Holzhandels entsprach.[78] Die mit der Politisierung auf höchster Ebene verbundenen Schübe von spektakulärem Aktionismus blieben in ihrer Stoßrichtung zwangsläufig einseitig und haben nicht verhindert, daß die USA bis heute den mit weitem Abstand größten Ressourcenverbrauch der Welt betreiben und internationale Verhandlungen zur Emissionsreduzierung blockieren. Das Naturideal der Wildnis scheint von einer umweltverträglicheren Umsteuerung der industriellen Zivilisation abzulenken.

Welche Bilanz läßt sich, auch mit Blick auf die USA, aus der Geschichte des Natur- und Heimatschutzes in Deutschland ziehen? «Pritzelkram ist der Naturschutz, so wie wir ihn haben», höhnte Hermann Löns 1911. «Der Naturverhunzung dagegen kann man eine geniale Großzügigkeit nicht absprechen. Die Naturverhunzung arbeitet ‹en gros›, der Naturschutz ‹en detail›. Zähneknirschende Wut erfaßt einen, sieht man die grauenhafte Verschandelung der deutschen Landschaft.» In der Tat, nicht wenige Erfolge des Naturschutzes wirken aus der Distanz eher läppisch, und oft genug verzettelte sich die Natur- und Heimatschutzbewegung in kleinlicher und trübseliger Vereinsmeierei. Rudorff warnte 1911, die Vorstandsleute würden den Bund Heimatschutz «noch einmal zu Tode organisieren».[79] Dennoch sind solche Sarkasmen nicht das letzte Wort. Man sollte sich bei einer historischen Gesamtbilanz nicht zu sehr auf einzelne Gruppierungen und Episoden fixieren. Entscheidend ist am Ende die Frage: Welche Dynamik entwickelten diese Bewegungen auf die Länge der Zeit? Welche Netzwerke und Querverbindungen zu anderen Strömungen jener Zeit stellten sie her; zu welchen institutionellen Verankerungen des Umweltschutzes mit nachhaltiger Fernwirkung trugen sie bei?

Der Bund Heimatschutz wurde zwar von den Kalk- und Dachpappefabrikanten angefeindet, fand dafür jedoch finanziellen Rückhalt bei Krupp. Die Schaffung des Naturschutzgebietes Lüneburger Heide erhielt 1911/12 sogar massive Unterstützung durch Kaiser Wilhelm II. Conwentz genoß als führender Mann des preußischen Naturschutzes die Protektion des mächtigen Ministerialdirektors Althoff. Mochten viele Naturschützer als Einzelpersonen machtlos und weltfremd sein, so galt dies doch nicht für den Naturschutz insgesamt. Gewiß, bei dem Kampf um die Laufenburger Stromschnellen, die durch eine Rhein-Aufstauung zur Elektrizitätsgewinnung überflutet wurden, erlitten die Heimatschützer, obwohl viel geistige Prominenz des Kaiserreichs auf ihrer Seite stand, eine schwere Niederlage; aber schon kurz darauf, bei der Kanalisierung der Isar, erlangte eine Natur- und Heimatschutz-initiative partielle Erfolge.[80]

Natürlich gab und gibt es keine nur-deutsche Natur. Dennoch war es in wissenschaftlicher wie in praktischer Hinsicht ein weiterführender Schritt, die Natur nicht nur als etwas Philosophisch-Allgemeines, sondern auch als etwas Regional-Besonderes und sich in Wechselbeziehung mit bestimmten Kulturen Entwickelndes zu begreifen. Von dem dynamischen Ganzen der Natur bekommt man nur in begrenzten Räumen eine konkrete Vorstellung. Die Möglichkeiten dieses Denkansatzes sind im nationalistischen Zeitalter bei weitem nicht ausgeschöpft worden, zumal dieser der wissenschaftlichen Ökologie vorauseilte. Hat die Verquickung von Natur und Nation nationalistische Illusionen gefördert? Streckenweise gewiß; aber gerade die nationalen Natur-Ideale führten am Ende manchmal zu jenen Desillusionierungen, aus denen ein kritisches Umweltbewußtsein hervorging. Schon Rudorff mahnte 1880, in mancher Hinsicht seien Engländer und Franzosen den Deutschen im Heimat- und Landschaftsschutz weit voraus. Für einen nationalistischen Größenwahnsinn lieferte die deutsche Natur keine Grundlage. Selbst für einen Schoenichen war es selbstverständlich, daß viele «Naturdenkmale fremder Länder an Größe und Wucht allem überlegen» seien, «was sich in unserem Heimatland an Offenbarungen der Naturgewalten befindet».[81]

Ulrich Becks These, der ältere Naturschutz habe niemals das Stigma der «Fortschrittsfeindlichkeit und Rückständigkeit» loswerden können, trifft nicht zu; der Naturschutz unterhielt zu Wissenschaft, Wirtschaft und Technik sogar bemerkenswert gute Beziehungen. Und er besaß eine Affinität zu vielen Reformbewegungen jener Zeit: dem Wandervogel, der Reformpädagogik und dem breiten Spektrum der Hygiene-, Gesundheits- und Lebensreformer, die untereinander in einem dynamischen Zusammenhang standen. Da war «Natur» nicht nur etwas zu Konservierendes, sondern auch etwas neu zu Schaffendes: So schuf die «vegetarische Obstbaum-Kolonie Eden» ab 1900 bei Berlin auf märkischem Sandboden mittels des auf Berliner Straßen gesammelten Pferdedüngers ihr Obst- und Garten-Paradies. Heimatschützer kämpften nicht nur für alte Fachwerkhäuser, sondern auch gegen Gewässerverschmutzung und industrielle Emissionen.[82] Wie sehr die Heimatliebe etwas Konstruktives und Zukunftsträchtiges besaß, erkennt man heute klarer denn je, wo man sieht, in welchem Maße die Landflucht mitsamt dem Auswuchern der Metropolen das Unglück vieler Länder der Welt ist. Man kann sogar eine Schwäche der heutigen Umweltbewegung darin sehen, daß sie nicht mehr im gleichen Maße wie der alte Naturschutz eine Basis in der Heimatliebe und der Anhänglichkeit an ein vertrautes Bild von der Heimat hat. Denn nur ein solches Leitbild kann wirklich populär und libidinös besetzt werden – ein zwischen Experten auszuhandelnder Emissions-Grenzwert bietet kein lockendes Ziel!

Die Nationalisierung von Heimat- und Naturschutz hatte nicht zuletzt den Sinn, staatliche Unterstützung auf höchster Ebene zu mobilisieren. Dabei war die Annahme, daß die Ziele dieser Bewegungen nur durch einen starken staatlichen Rückhalt zu erreichen seien, vollauf berechtigt; denn letztlich bekam man es ja mit dem gesamten Industrialisierungsprozeß zu tun. Die direkten Umweltschäden der Industrialisierung wurden zu jener Zeit allerdings ganz überwiegend auf kommunaler, nicht auf nationaler Ebene angegangen. Es war eine Zeit, in der die alte Stadt als eine gegen das Umland abgegrenzte eigene Welt äußerlich noch halbwegs bestand. Vor allem in den Städten erlangten industrielle Mißstände eine sinnlich wahrnehmbare Penetranz; und die zur Behebung nötigen technischen Netzwerke der Ver- und Entsorgung waren zunächst nur im städtischen Rahmen zu realisieren. Deutschland gewann dabei mit seiner Tradition der städtischen Selbstverwaltung selbst gegenüber England, dem Ursprungsland der Städtesanierung, einen Vorsprung. Edwin Chadwick (1800–1890), dem der Ehrgeiz nachgesagt wurde, sich zum britischen «Gesundheitsdiktator» aufzuschwingen, sah in den Kommunen seine Gegner und kämpfte für den Aufbau einer zentralen staatlichen Gesundheitsbehörde; aber dieser zentralistische Weg drohte trotz seiner Öffentlichkeitswirkung im 19. Jahrhundert zu einer Sackgasse zu werden. Das Bündnis zwischen der Hygienebewegung und den Städten, das sich in Deutschland im späten 19. Jahrhundert entwickelte, war damals effektiver.[83]

Die städtische «Hygiene» wurde zum Wahrzeichen einer großen Ära der Kommunalpolitik und der «Stadttechnik», allerdings auch der Gewöhnung der Städte an eine wachsende Verschuldung. Dabei war die kommunale Versorgungspolitik, soweit möglich, gewinnorientiert, und dies zeitweise mit einigem Erfolg. Demgemäß war der Bau von Klärwerken weit weniger beliebt als die Anlage von Wasser-, Gas- und Stromleitungen und von Kanalisationen. 1877 suchte der preußische Staat die Einleitung ungeklärter Abwässer in die Flüsse rigoros zu unterbinden; die Städte jedoch mit Frankfurt an der Spitze, gestützt auf die Theorie von der «Selbstreinigungskraft der Flüsse», erreichten eine Aufweichung des Verbots. Für nicht wenige Städte erwies sich dieser Erfolg als ein «Pyrrhussieg», da sie selbst unter den Wassereinleitungen oberer Flußanlieger zu leiden hatten. Hamburg, das unter den deutschen Metropolen mit einer Kanalisation nach englischem Muster vorangegangen war und seitdem das Image einer besonders sauberen Stadt genoß, geriet durch die Cholera-Epidemie von 1892, die ein Licht auf das Fehlen der Wasserklärung und auf üble hygienische Mißstände warf, in Schmach und Schande, während die preußisch-deutsche, von Robert Koch geführte Seuchenpolitik aus dem Fiasko als Gewinner hervorging. Zu jener Zeit war oft staatlicher Druck nötig, damit die Städte bei der Abwasserklärung etwas taten. Aber auch die Städte lernten aus dieser bösen Erfahrung; andernorts war die Cholera als «Gesundheitspolizei» nicht vonnöten, damit Kläranlagen gebaut wurden.[84]

«Der Himmel bewahre uns ... vor einem Reichsabwassergesetz», rief Carl Duisberg, der Chef der Farbwerke Bayer, 1912 auf einer Verbandstagung der chemischen Industrie. Damals war also abzusehen, daß eine nationale gesetzliche Regelung schärfer ausfallen würde als die Vorschriften der Städte, zumindest derer, in denen die Industrie dominierte. Die kommunale Entsorgungshoheit hat sich im 20. Jahrhundert oft als umweltpolitischer Bremsklotz ausgewirkt. Die neuen Dimensionen der Umweltprobleme erforderten überregionale Instanzen und Loyalitäten; auch insofern hat der Konnex zwischen Natur und Nation seinen Sinn. Noch in der modernen Umweltpolitik gibt es jedoch nicht nur die zum Zentralismus führende Logik. Überall da, wo der stärkste Impetus nicht so sehr aus den Diskursen der Wissenschaftler, sondern mehr aus der sinnlichen Wahrnehmung und der direkten Betroffenheit kam – so bei der Rauch- und Lärmbelästigung –, geschah auf kommunaler Ebene oft mehr als auf überregionaler.[85] Sinnlich konkret war die zu schützende Natur stets am meisten vor Ort.

6. *Die erste industrielle Umweltkrise und die Genese moderner Grundmuster des Krisenmanagements*

Entgegen dem, was oft behauptet wird, kann keine Rede davon sein, daß die Menschheit in die Industrialisierung arglos hineingetappt wäre, ohne von unerwünschten Folgewirkungen eine Ahnung zu haben. Ein blinder Glaube an die Segnungen des technischen Fortschritts herrschte nie allein. Die Dampfmaschine mit ihrer Explosionsgefahr und ihrem Lärm und Qualm signalisierte schon früh, daß jetzt etwas Beunruhigendes neuer Art auf die Menschheit zukam, das eine neue Qualität von Aufmerksamkeit erforderte. Klagen und Sorgen haben die Industrialisierung von Anfang an begleitet. Die bislang wohl größte Leistung der historischen Umweltforschung besteht in der Wiederentdeckung der einstigen Flut von Beschwerden. Oft läßt dieses Quellengenre zweierlei Lesarten zu: Auf der einen Seite wirft es ein Licht auf üble Mißstände, auf der anderen zeugt es auch davon, daß man diese nicht tatenlos hinnahm. Damals saß der Grundsatz noch tiefer als zu mancher späteren Zeit, daß niemand das Recht hat, den Nachbarn im vollen Genuß des Eigentums zu beeinträchtigen. Um 1800 tobte in Paris, einem Zeitzeugnis zufolge, ein «beständiger Kampf zwischen Fabrik und Nachbarn».[86]

In der Fülle der Klagen zeichnet sich ein allgemeines Krisenbewußtsein ab, vor allem, seitdem sich die Industrie in großen Städten und Ballungsräumen konzentrierte. Da konnte man die Unannehmlichkeiten des industriellen Wachstums in einem Maße sehen, hören und riechen, wie man sich das heute in sanierten westlichen Großstädten kaum mehr vorstellen kann, wo man es nicht mehr mit dickem schwarzem Qualm, dröhnenden Dampfhämmern und verfärbten Flüssen zu tun hat. Daß da etwas geschehen mußte, darüber entstand im 19. Jahrhundert ein breiter Konsens. Hans Wislicenus, ein Chemiker der Forsthochschule Tharandt, die sich seit den 1850er Jahren mit den Emissionen des benachbarten Freiberger Hüttenreviers herumschlug, bezeichnete 1901 auf der Hauptversammlung des Vereins deutscher Chemiker «die Staubplage, die Rußbelästigungen, die Abwässerfrage, die Rauchschäden» als «Schmerzenskinder unserer Industrie», die die «väterliche Fürsorge der Staatsgemeinschaft» herausforderten.[87]

Mehr noch als heute standen im 19. Jahrhundert städtische Umweltsorgen in direkt bedrohlichen Kontexten. Schmutz und Gestank der Industriestädte bildeten damals ein Kontinuum mit Seuchengefahr und sozialem Explosivstoff. Für die bis ins späte 19. Jahrhundert herrschende Miasmentheorie waren Verunreinigungen des Bodens eine Krankheitsquelle schlimmster Art. Von daher war Gestank nicht nur unangenehm, sondern auch Anzeichen einer tödlichen Gefahr. Damals gab es also Umweltsorgen von einer Art, die heute vergessen ist. Die Sanierung der Städte begann im Zeichen der Miasmenlehre; der Sieg der Bakteriologie gegen Ende des 19. Jahrhunderts dagegen milderte manche frühen Umweltängste. Auch um 1900 herrschte die Bakteriologie jedoch nicht absolut. Der Glaube an die Heilkraft der frischen Luft und des nicht von Rauchschwaden verdüsterten Sonnenlichts war in Kreisen der wachsenden Naturheilbewegung sogar populärer als eh und je. «Wo die Sonne hinkommt, kommt der Arzt nicht hin», war das Credo vieler Höhenkurorte; aber auch die Städtereformer glaubten an den Segen von «Licht und Luft».[88]

Heutige Öko-Fundamentalisten, die nur den Respekt vor der Natur um ihrer selbst willen als Umweltbewußtsein gelten lassen, neigen dazu, das alte mit «Hygiene» und «sozialer Frage» verquickte Umweltbewußtsein nicht für voll zu nehmen. Aber gerade der enge Verbund mit Gesundheits- und Sozialpolitik konnte Umweltbelangen eine besondere Durchschlagskraft geben. Gewiß sind die Erfahrungen aus dem 19. Jahrhundert in dieser Hinsicht mehrdeutig. Wenn man die «soziale Frage» vorrangig als Wasserleitungs- und Mietskasernendurchlüftungsproblem begriff, hatte man es leicht, von den Verteilungskonflikten abzulenken. Chadwick, der Vorkämpfer von «Public Health» und Kanalisation in England, war sozialpolitisch ein Hardliner, ein Anhänger des Arbeitshauses und Gegner der mitleidigen Philanthropen. Andererseits hat die Aufmerksamkeit auf Wohn-, Wasser- und Umweltbedingungen doch sehr wesentliche Aspekte der Benachteiligung sozialer Gruppen bewußtgemacht, die bei der ausschließlichen Konzentration auf Lohn und Arbeitszeit aus dem Blick gerieten. Damals wie heute ist die Lebensqualität mindestens ebensosehr eine Umwelt- wie eine Lohnfrage. Das haben schon führende Sozialdemokraten des Kaiserreichs begriffen. Philipp Scheidemann bekannte als Abgeordneter von Solingen im Reichstag, beim Anblick der Müngstener Brücke, wo die Technik «anscheinende Ungeschicklichkeiten der Natur» korrigiere, gehe einem «vor Freude das Herz auf; aber es berührt doch sofort auch wieder sehr schmerzlich, wenn man unter dem Wunderwerk der Technik die tintenschwarze Wupper fließen sieht».[89]

Die Hauptsorge galt lange Zeit der durch die Fäkalien bewirkten Boden- und Wasserverunreinigung. Diese Sorge hatte in großen Metropolen schon eine lange Geschichte; in Paris reicht die Klage über die zur Latrine verkommene Seine sogar bis ins 16. Jahrhundert zurück, zumal die Pariser vor den 1860er Jahren aus der Seine ihr Trinkwasser bezogen. Andererseits war dieses Problem im Prinzip lösbar, da die Fäkalien ja wertvollen Dünger abgaben; das Problem des nicht ohne weiteres rezyklierbaren Industriemülls tauchte zunächst nur am Rande auf. Berlin erwarb bis um 1890 zur Anlage von Rieselfeldern eine Fläche, die mehr als doppelt so groß war wie die Stadt! Selbst der Unrat auf den Straßen wurde wegen seines hohen Pferdemist-Anteils als Dünger geschätzt; am meisten scheint der Pferdekot in den USA, wo man auf das Düngen weniger Wert legte als in der Alten Welt, zu einem urbanen Skandal geworden zu sein.[90]

Unter den Industrieabfällen und -emissionen wurden lange Zeit ganz überwiegend diejenigen Schadstoffe beachtet, deren Gefährlichkeit man schon aus vorindustrieller Zeit kannte: Arsen, Blei, Quecksilber, Schwefel, Salzsäure ... In Preußen waren es im späten 19. Jahrhundert die «Endlaugen» der rapide wachsenden Kaliproduktion, die einen besonders großen Ansturm der Kritik hervorriefen; die unangenehme Wirkung salzhaltiger Abwässer auf das Trinkwasser und die Wässerwiesen war im Umkreis der Salinen ein altbekanntes Problem. Im übrigen bestand das Emissionsproblem der Chemie im 19. Jahrhundert vor allem in Schwefel- und Salzsäure; als solches erschien es als prinzipiell lösbar, da sich die Schadstoffe in wertvolle Produkte verwandeln ließen. Beim Steinkohlerauch erblickte man die Hauptgefahr im Schwefelgehalt; der Rauch der Holzfeuer, der keinen Schwefel enthielt, galt als unschädlich.[91] Die Chemieanlagen waren als «Giftfabriken» verschrien und erregten nicht ohne Grund besonderes Mißtrauen. Auf der anderen Seite verstand es gerade die Chemie, die den in den Gaswerken anfallenden Steinkohleteer in leuchtende Farben verwandelte, sich als der große Reststoffrezykler der Zukunft zu profilieren. Früher als andere Industriebranchen baute sie einen wissenschaftlich geschulten Expertenstab auf, der sich nicht ohne Erfolg bemühte, die Diskussion über die Risiken der Chemie in eigene Regie zu nehmen. Die neuen Risiken der Chemie waren für die Öffentlichkeit weit undurchsichtiger als die altbekannten Gefahren. Darin liegt wohl ein generelles Dilemma der Umweltdiskurse.

Sehr alt war das Hauptthema der Umweltsorgen des 19. Jahrhunderts: das *Wasser*! Vor allem auf das verschmutzte Wasser konzentrierte sich im 19. Jahrhundert die Seuchenangst: so sehr, daß andere Umweltprobleme daneben zunächst zurücktraten. Hygienisierung der Städte wurde für geraume Zeit gleichbedeutend mit Kanalisation, mit Wegschaffung der Abwässer und Herbeiführung von kontrolliert sauberem Trinkwasser. Dazu das Bäderwesen und die Hydrotherapie: auch die Sehnsucht nach Regeneration kreiste um das Wasser, und das selbst im Widerspruch zu den Einsichten der wissenschaftlichen Medizin. Bei der Trinkwasserversorgung ging der Trend zunächst vom Grund- zum Flußwasser: Die städtischen Brunnen fielen generell unter den Verdacht der Unsauberkeit, und die neu benötigten Wassermassen – nicht zuletzt für die Wasserklosetts – waren zunächst oft nur aus den Flüssen zu beschaffen. Aber dadurch wurde die Verunreinigung der Flüsse, die durch die Kanalisation erschreckend anschwoll, um so bedrohlicher. Im Lichte der Bakteriologie waren die Flüsse – wie Heinrich Zellner, ein preußischer Staatschemiker, 1914 warnte – «hygienisch in hohem Grade verdächtig». «Viele Flüsse» könnten «nur noch als Fäkalflüsse angesprochen werden», klagte der Rheinisch-Westfälische Ausschuß für Reinhaltung der Gewässer 1912 in einer Eingabe an den Landtag. Man baute zur Reinigung des Flußwassers Filtrieranlagen; aber das war auf dem damaligen Stand der Klärtechnik, so Zellner, «ein sehr böser Notbehelf» und «eine hygienisch bedenkliche, ästhetisch abscheuliche Angelegenheit».[92]

In dieser Situation bestand der Fortschritt darin, durch Tiefbohrungen neue Grundwasserressourcen zu erschließen. Ein Experte beschrieb dieses Grundwasser als einen «Schatz im Schoße der Erde», «dem schönsten Quellenwasser» gleich, «vor Krankheitserregern aufs beste bewahrt und oft in unermeßlichen Quantitäten aufgespeichert». «Es kommt bloß darauf an, diesen Schatz zu heben.» Andere warnten jedoch schon damals, die Ansicht von der Unerschöpflichkeit des Grundwassers sei ein großer Irrtum.[93] Und wußte man wirklich so sicher, daß das Grundwasser von dem Schmutz der Oberwelt hermetisch abgeschlossen war? Mit den Tiefbohrungen geriet man in einen Bereich der unübersichtlichen und schleichenden Risiken. Wäre man von Anfang an bei den städtischen Brunnen geblieben und hätte sich dort um garantierte Sauberkeit bemüht, wäre ein starker Impetus entstanden, Verunreinigungen des Grundwassers an Ort und Stelle zu bekämpfen. Eine Übernutzung des Grundwassers hätte man an der Notwendigkeit, die Brunnen zu vertiefen, gespürt. Die Grundwassernutzung im großen Stil und mit Motorpumpen wurde im 20. Jahrhundert zum schwächsten Punkt des Wasserreglements.

Mißbräuchliche Wassernutzungen ließen sich weit besser einklagen als Belästigungen der Umwelt durch Rauch und Lärm; denn bei der Regulierung der Wassernutzung gab es Rechtstraditionen, die bis in die Antike zurückreichten. Damals wurde ähnlich wie heute von manchen Wasserschützern betont, die zur Reinhaltung nötigen Rechtsnormen seien längst da; man müsse sie nur anwenden.[94] Das flüssige Element machte den Juristen ihre Arbeit jedoch nicht leicht. Da die Verunreinigung der Flüsse sich am deutlichsten im Fischsterben manifestierte, hätten die Fischer am ehesten traditionelle Nutzungsrechte gegen die Verschmutzer geltend machen können – aber ein Recht der Fischer auf ein exakt festgelegtes und einklagbares Maß von Wasserreinheit war nirgends fixiert. Die Rechtsprechung war – kein Wunder! – auf diese neue Situation nicht vorbereitet; eher war sie darauf eingestellt, zwischen Flößern, Wassermüllern und um die Wiesenbewässerung besorgten Bauern zu vermitteln. Da das Trinkwasser bis dahin meist aus Brunnen bezogen worden war, hatte sich der Regelungsbedarf hier im Rahmen des Nachbarrechts gehalten.

Das quantitativ größte Abwasser-Einzelproblem des Deutschen Reiches – die Endlaugen der Kaliindustrie – wurde schließlich per Kartellsystem geregelt: Über Endlaugen-Konzessionen verteilte man die Produktionsanteile zwischen den Kali-Unternehmen. Also eine Kombination von Ökonomie und Ökologie: von Produktions- und Abwasserbegrenzung! Ein Handlungsdruck war dadurch entstanden, daß die Endlaugen der mitteldeutschen Kaliindustrie in Agrargebiete flossen, wo sie sich – anders als im Rhein-Ruhr-Revier – hinter keiner «Ortsüblichkeit» verstecken konnten, und daß sie dabei nicht nur auf einflußreiche Großagrarier, sondern auch auf selbstbewußte Großstädte wie Magdeburg und Bremen stießen, die die städtische Wasserhygiene ins Feld führten. Die mit dem Endlaugenkartell gefundene Lösung war allerdings auf zwielichtige Art trickreich: Zwar enthielt sie einen Impetus, zwecks Produktionserhöhung den Endlaugenanteil zu vermindern, gab jedoch zugleich auch ein Recht zur Flußverschmutzung, und zwar am meisten denen, die schon bis dahin die Flüsse am stärksten belastet hatten![95]

Der *Rauch* war zu einer Zeit, als die Industriestädte von einem Wald qualmender Schlote überragt wurden, eine noch allgegenwärtigere Belästigung als die Wasserverschmutzung. Aber die «Rauchplage» rief keine Seuchenangst hervor, im Gegenteil: Der Rauch besaß eine Tradition als Desinfektionsmittel. Wenn man den Verdacht gehegt hatte, daß der Kohlenrauch an der Tuberkulose, der größten Volksseuche des 19. Jahrhunderts, mitschuldig sei, so räumte die Bakteriologie diesen Verdacht aus. Zwar war nach wie vor das Gefühl verbreitet, daß Rauch ungesund sei; dabei handelte es sich jedoch mehr um ein diffuses Unbehagen. Der Verdacht, daß Rauch Krebs erzeugt, verdichtete sich erst in den 1950er Jahren. Am plausibelsten war die Beeinträchtigung des Wachstums der Vegetation durch die verminderte Sonneneinstrahlung. In Deutschland wie in anderen Ländern wurde es Usus, dieses Problem im Vorfeld der Justiz durch Entschädigungen zu erledigen, die manche «Rauchbauern» geradezu zu Nutznießern der Rauchplage machten.[96] Im übrigen war der Rauch nicht nur ein Problem der Industrie; ein erheblicher Teil der Rauchglocke über den Städten entstammte den Schornsteinen der Wohnhäuser. Bis ins 20. Jahrhundert wurde die «Rauchplage» kaum je zum Politikum gemacht, vielmehr auf bürokratischem Wege angegangen.

Es gab seit der frühen Industrialisierung ein Standardmittel, um die Belästigung der unmittelbaren Nachbarschaft durch den Rauch zu vermindern: die Erhöhung der Schornsteine. Das war ein einmaliger Akt; und die hohen Schornsteine wurden zu einer weithin sichtbaren Repräsentationsarchitektur potenter Fabrikherren. Die Hochschornsteinpolitik hielt sich vielfach noch bis in die 1970er Jahre; sie zeigt die Attraktivität der simplen und nach außen vorzeigbaren technischen Lösung. Dennoch erkannte man schon im späten 19. Jahrhundert, daß es sich in vielen Fällen – so bei «großen Quantitäten saurer Gase» – nur um eine Scheinlösung handelte. Zwar wurde gelegentlich versichert, die «Massen verbrannter Steinkohle» verschwänden «spurlos in dem gewaltigen Luftmeer»; aber selbst Wislicenus, der diesen Glauben noch 1901 bekräftigte, bezeichnete 1933 die 144 m hohe «Halsbrücker Esse», den seinerzeit höchsten Schornstein der Welt, als «Riesengeschütz für die Fernbeschießung größerer Waldgebiete».[97] Beim Schwefeldioxyd konnte man nachweisen, daß es auch bei hohen Schornsteinen keineswegs im Nichts verschwand. Das Kohlendioxyd allerdings beachtete man noch kaum, und diese Indifferenz hielt sich bis in die 1970er Jahre.

Schon im 19. Jahrhundert war wohlbekannt, daß sich zumindest der sichtbare Qualm durch eine verbesserte Feuerung drastisch vermindern ließ. Anders als bei den kostspieligen hohen Schornsteinen gingen dabei sogar Umweltschutz und Effektivitätserhöhung zusammen. Der englische Sozialromantiker und Proto-Ökologe William Morris machte 1880 den Textilunternehmer Titus Salt zum Vorbild, dessen hoher Fabrikschornstein in der Mustersiedlung Saltaire bei Bradford «nicht mehr Schmutz als ein gewöhnlicher Küchenschornstein» ausstoße. Warum reagierten viele Unternehmer dennoch nur zögernd? Vermutlich deshalb, weil der Heizraum für sie eine «black box» bedeutete, die sie nur ungern betraten. Das war eine dunkle, von finsteren Gestalten bevölkerte Welt, die sich dem Zugriff der Ingenieure lange entzog und für die den Juristen erst recht keine Normen einfielen. Regelungsvollmacht und praktische Kompetenz lagen hier bei ganz verschiedenen Personengruppen. Aber es gab keinen Fundamentalkonflikt, der die Bekämpfung der «Rauchplage» blockiert hätte. Im Prinzip bestand

Ende des 19. Jahrhunderts von Deutschland bis in die USA ein breiter Konsens, daß auf diesem Gebiet einiges geschehen müsse und auch geschehen könne. Hier wie bei vielen anderen Umweltproblemen scheint das Dilemma nicht so sehr in einem Grundwiderspruch zwischen Gesellschaft und Natur, sondern mehr in der Trägheit der Verhältnisse und dem Mangel an einer wirkungsvollen Akteurskoalition bestanden zu haben.[98]

Die größte deutsche Rauchschadensdebatte des 19. Jahrhunderts wurde nicht in den großen Steinkohlerevieren, sondern in Sachsen geführt. Das lag wesentlich daran, daß dort auf beiden Seiten gewichtige staatspolitische Interessen mitspielten: Gegen die Montanindustrie stand die ebenfalls im Staatsapparat verankerte Land- und Forstwirtschaft. Mehr noch: Bei der Kontroverse um die Hüttenrauchschäden traten sich zwei weltberühmte und einander benachbarte Hochschulen entgegen: die Freiberger Bergakademie und die Tharandter Forsthochschule. Auf beiden Seiten gab es Wissenschaftler von Format, die das Hüttenrauchproblem als Chance begriffen, um ihre Kompetenz unter Beweis zu stellen. Auf diese Weise entwickelte sich die Rauchdebatte zu einem «Dauerbrenner» und erlangte eine gewisse, wenn auch nicht gänzliche Unabhängigkeit von ökonomischen Interessen. Dabei ist die Einsicht in ökologische Zusammenhänge nicht nur bei denen zu finden, die die Rauchschäden am stärksten betonten; denn diese Monokausalität lenkte von der Schuld der Forstwirtschaft an Waldschäden ab.[99]

Der stärkste Einzelfaktor bei der Auseinandersetzung mit Umweltschäden ist im 19. und frühen 20. Jahrhundert, in Deutschland ebenso wie in Westeuropa, die *Hygienebewegung*. Es ist nicht übertrieben, hier von einer «Bewegung» zu reden; denn im Zeichen der Hygiene entstand ein europaweites Netzwerk, das Kommunalpolitiker, Mediziner und Ingenieure umfaßte, getragen von einem Ethos und einer Begeisterung, die sich bis zum Fanatismus steigerten. Die Bewegung bekam ihre Durchschlagskraft durch konkrete praktische Ziele; aber sie fand, sobald diese erreicht waren, neue Ziele; denn ihr Begriff von Gesundheit war weit und wurde nach 1900 noch weiter. Es ging nicht nur um individuelle Sauberkeit, sondern auch um die Gesundheit der Gesellschaft. In neuerer Zeit ist der Kampf um die Hygiene mit Vorliebe als eine Strategie bürgerlicher Sozialdisziplinierung interpretiert worden; aber es handelt sich wohl um ein elementares Phänomen, das sich keineswegs auf bürgerliche Eliten beschränkte, sondern diesen sogar Verunsicherungen bescherte. Es gab nicht nur die Hygienepropaganda von oben, sondern auch eine Hygienebewegung von unten, die ihre Eigendynamik besaß.[100]

Anders als die Naturschützer waren viele Hygieniker an der Jahrhundertwende von Stolz erfüllt. Der Kölner Kommunalpolitiker Krautwig, der das einst verrufene Köln zum Vorbild der Stadthygiene gemacht hatte, blickte 1911 auf ein halbes Jahrhundert glänzender Erfolge zurück. Seit 1888 war die Mortalität in deutschen Städten erstmals unter die des platten Landes gesunken: für die Zeitgenossen ein Triumph der Hygiene, wenn auch deren Verdienst daran bis heute nicht erwiesen ist. Die Hygieniker besaßen ein viel ungetrübteres Verhältnis zur modernen Technik als die Naturschützer; die Netzwerke der modernen Stadttechnik standen geradezu im Zentrum der Hygiene. Aus umwelthistorischer Distanz betrachtet, war die Hygienebewegung zugleich Problemlösung und Quelle neuer Probleme. Führende Hygieniker propagierten zuerst und vor allem das Wasserklosett und die Kanalisation. Bald war es soweit, daß gesittete Nasen den Geruch des «Plumpsklos» nicht mehr ertrugen. Der über die Flußverschmutzung besorgte Arzt Georg Bonne klagte 1907, es sei, «als ob ein Taumel die Bevölkerung erfaßt habe, wenn sie von Wasserklosetts schwärmen hören, und als ob ihre Magistrate und Stadtverordneten hypnotisiert wären».[101] Gerade das WC trug ja wie keine andere Innovation dazu bei, daß sich das Flußverschmutzungsproblem krisenhaft zuspitzte! Verschiedene Sauberkeitsideale kamen einander ins Gehege.

Dieses Drama wiederholte sich in den 1950er Jahren, als die neuen chemischen Waschmittel ganze Flüsse mit Schaumkronen bedeckten. Sucht man nach den großen historischen Triebkräften des Umweltschutzes, stößt man nicht zuletzt auf die menschliche Sehnsucht nach Sauberkeit mitsamt ihren weit zurückreichenden religiösen, moralischen und hygienischen Antrieben. Aber auch hier waren es mehr als einmal die unbeabsichtigten Folgen von Problemlösungen, die neue Probleme schufen.

Auch die Einleitung der Abwässer in die Flüsse wurde mit einer Art von Naturglauben gerechtfertigt: mit der Berufung auf die «Selbstreinigungskraft der Flüsse». Um 1900 war jedoch offenkundig, daß diese Selbsthilfe der Natur von den großstädtischen Kloaken bei weitem überfordert wurde. Der Streit um die Mischkanalisation war wohl die größte umweltrelevante Technikkontroverse des 19. Jahrhunderts. Liebig verdammte die «Schwemmkanalisation» zeitweise als Untergang der Kultur, da diese den ohnehin ausgepowerten Böden vollends die Nährstoffe entziehe. Daß sie sich dennoch am Ende durchsetzte, verstand sich keineswegs von selbst; denn sie hatte zunächst eine breite Front etablierter Interessen – von den Landwirten bis zu den Hausbesitzern – gegen sich und zwang die Kommunen zur Verschuldung und

Steuererhöhung. Die Fertigstellung der Kanalisation zog sich in den allermeisten deutschen Städten denn auch bis weit in das 20. Jahrhundert hinein. Aber anders als die Alternativen besaß die «Schwemmkanalisation» den Vorzug einer kompakten großen Lösung, um die sich Interessen kristallisieren konnten und die mehr und mehr den Horror vor Gestank als «Totschlagargument» für sich hatte. Die Anlage der notwendigen Klärwerke hinkte jedoch oft weit hinter dem Bau der Kanalisation her. Hier gab es zwar einen Wirrwarr von Meinungen, aber keine große Diskussion und noch weniger eine kompakte und endgültige Lösung. Als die Hamburger Cholera von 1892 an den Grenzen des bereits mit einer Kläranlage ausgerüsteten Altona haltmachte, bot sich das Klärwerk als «Happy-End» der Katastrophe an; in Wirklichkeit ist jedoch die perfekte Wasserklärung bis heute eine unendliche Geschichte geblieben. Gewiß, um 1900 wurden mehr und mehr Klärwerke gebaut, mechanische und auch schon chemische und biologische; aber – so der Arzt Bonne – «die Gewässer, in die diese ‹Kläranstalten› ihre graubraungelben trüben Fluten entlassen», bildeten «ein übelriechendes Menetekel». Die Rieselfelder, einst für Chadwick die perfekte Lösung, die die städtischen Fäkalien wieder dem Ackerbau zuführte, und noch für den Hygieniker Grotjahn 1902 die Quelle «üppiger Fruchtbarkeit» für die sandige Umgebung Berlins, waren für den Landschaftsschützer Alwin Seifert eine heillose Schweinerei und ein Hohn auf jegliche Hygiene![102]

Im späten 19. Jahrhundert wurde in den führenden Industriestaaten eine ganze Reihe von bis heute wirksamen Grundmustern im Umgang mit industriellen Umweltproblemen festgelegt: von der Kanalisation bis zu den «end-of-the-pipe»-Technologien wie Klärwerk und Schornstein und von der Aushandlung von Emissions-Grenzwerten bis zu der partiellen Trennung von Wohn- und Industriegebieten. Es ist nicht ganz leicht, diese Strategien insgesamt zu bewerten. Technische «Hygiene» in den Fabriken bedeutete in der Regel bessere Ventilation, also Beförderung der Schadstoffe von den Arbeitsräumen in die Umgebung; auf diese Weise konnte zwischen Arbeits- und Umweltschutz ein Gegensatz entstehen, und die Front der Ärzte, den oftmals einzigen vor Gericht brauchbaren Experten für Umweltgefahren, wurde gespalten. Die Politik der Grenzwerte hatte am Anfang oft mehr symbolische als praktische Bedeutung, da man die Grenzwerte weder wissenschaftlich begründen noch deren Einhaltung kontrollieren konnte. Aber was wäre die Alternative gewesen? Aus der Rückschau ist die Strategie der Toleranzgrenzen ein ermutigendes Beispiel dafür, wie eine zunächst nur symbolische Umweltpolitik mit der Zeit Substanz ansetzt. Für James

Lovelock, den Schöpfer der Gaia-Theorie, ist die Wasserpolitik der Städte des 19. Jahrhunderts ein gutes Exempel, wie eine praktisch veranlagte Generation auch ohne zureichende wissenschaftliche Basis mit ihren schlimmsten Umweltproblemen fertig wird.[103] Aus heutiger Sicht handelt es sich bei vielen damaligen Lösungswegen um bloße Scheinlösungen, die die ärgsten Mißstände lediglich aus dem bürgerlichen Gesichtsfeld entfernten und nach außen Aktionismus demonstrierten. Dennoch, gemessen an den damaligen Emissionsmengen und dem, was man zu jener Zeit über die Schadenswirkungen wußte, waren die Großprojekte der «Städtehygiene» mehr als eine bloße Farce.

Nicht nur die Behörden, sondern auch die Privatwirtschaft wurde aktiv. Wie Ulrike Gilhaus schreibt, existierte um 1914 bereits eine «derartige Fülle an Umwelttechnologien», daß ein «Leitfaden für die Rauch- und Rußfrage» eine Besprechung aller Anlagen für unmöglich erklärte.[104] Damals schienen die Elektrizität und die «weiße Kohle», die Wasserkraft, viele Umwelt- und Gesundheitsgefahren der ersten finsteren Industrialisierungsphase auf die Dauer zu erledigen. Auch die Fortschritte der Chemie verführten zu dem optimistischen Glauben, daß die Technik mit ihrem Voranschreiten ihre Probleme von selbst löse. Genau besehen, waren viele Fortschritte an Sicherheit und «Hygiene» allerdings nur Abfallprodukte einer primär am privaten Gewinn orientierten Entwicklung. Eine Umsteuerung der Technik im Sinne kollektiver Umweltinteressen ist nicht geschehen.

VI. Im Labyrinth der Globalisierung

1. Die tiefste Zäsur in der Umweltgeschichte: Die mißlungene Amerikanisierung der Welt

Historisches Bewußtsein bedeutet heutzutage in Umweltfragen zuallererst, sich den aus der gesamten bisherigen Geschichte vollkommen herausfallenden Charakter der gegenwärtigen Wirtschaftsweise vor Augen zu halten, die in *einem* Jahr die in einer Jahrmillion entstandenen fossilen Energieträger in die Atmosphäre verheizt, ohne die Folgen dieses Prozesses zu überblicken, geschweige denn zu bewältigen. Der Ursprung dieser großen Wende liegt bereits bei dem Übergang zur Ära der Kohle; die volle Entfesselung der nichtnachhaltigen Ökonomie fällt jedoch in das 20. Jahrhundert; vieles überhaupt in eine allerneueste Zeit, die bislang noch weithin im toten Winkel der Historiker-Optik liegt.

Das Neue ist dabei nicht so sehr die Ausbeutung nichterneuerbarer Ressourcen als solche, sondern das rasant beschleunigte Tempo und die flächendeckende und weltweite Dimension dieses Prozesses. Weil sich im Zeitalter der Elektrifizierung, der Motorisierung und der Massenmedien Einzelvorgänge viel weniger als früher auf bestimmte Regionen und Wirtschaftssektoren beschränken, gibt es immer mehr unbeabsichtigte Synergieeffekte. Lkw-Trassen in entlegene Gebiete zusammen mit dem durch die moderne Medizin ermöglichten Bevölkerungswachstum durchkreuzen in vielen Weltregionen die offizielle Waldschutzpolitik. In der Bundesrepublik wurden die restaurativen Leitbilder der Ära Adenauer von der Dynamik des Massenkonsums und dem Zusammenwirken vieler technischer Entwicklungen überrollt. Die Beschleunigung vieler Vorgänge, für den 80jährigen Toynbee der beunruhigendste Aspekt der modernen Entwicklung, vermindert die Fähigkeit der Gesellschaft zur rechtzeitigen Ausbildung von Kontrollinstanzen. Eisenbahnunfälle waren noch gesellschaftliche Ereignisse, die nach Konsequenzen verlangten; bei der wachsenden Lawine der Autounfälle im 20. Jahrhundert kam das gesellschaftliche Reaktionsvermögen nicht mehr mit. Die Motorisierung erlangte die Unwiderstehlichkeit eines Naturprozesses. Im 19. Jahrhundert, in der großen Zeit der Eisenbahn, vollzog sich die Temposteigerung noch linear und einigermaßen übersichtlich; im 20. Jahrhundert dagegen überkreuzten sich Beschleunigungsimpulse unterschiedlicher Art.

Epochal in der Umweltgeschichte ist der grundlegende Wandel der Umweltprobleme, vor allem in den Industriestaaten. Die Club-of-Rome-Studie «Die Grenzen des Wachstums» (1972) appellierte noch an die alte Angst vor Ressourcenerschöpfung und erzielte auf diese Art ihre prompte und ungeheuer durchschlagende Wirkung. Dieses Problem erwies sich in der Folge jedoch als unerwartet nichtakut; mehr und mehr bedrohlich dagegen erschien die Verschmutzung der «globalen Allmende», der Lufthülle und der Meere. Nicht die Energieknappheit, so wie es noch in der «Ölkrise» von 1973 erschien, sondern der Überfluß an billigen Energieträgern bedroht die Umwelt – zumindest in den führenden Industriestaaten. In der Landwirtschaft besteht die ökologische Misere nicht mehr im Düngermangel, sondern in der Überdüngung; nicht mehr in Unkraut und Schädlingen, sondern im Übermaß der Herbi- und Pestizide. Gerade die Radikallösung jahrtausendelanger Probleme hat die neue Problemlage geschaffen. Wenn manche Historiker den Akzent darauf legen, daß die heutige Umweltzerstörung im Menschen schon immer angelegt gewesen sei, so ist das allenfalls eine Teilwahrheit: Der Mensch hatte durchaus seine Gewohnheiten, um mit den uralten Umweltproblemen umzugehen; aber es ist aus historischer Sicht nicht verwunderlich, daß die menschlichen Normen und Institutionen auf einen Großteil der gegenwärtigen ökologischen Risiken nicht eingestellt sind.

In der Dritten Welt haben vielfach noch traditionelle Umweltnöte Priorität: sinkende Bodenfruchtbarkeit, Erosion als Folge von Entwaldung, Versalzung als Folge von Bewässerung. Diese wurden jedoch durch die neue wirtschaftliche Dynamik vielfach verschlimmert, die dort besonders fatal wirkt, wo sie überkommene ökologische Instabilitäten verstärkt. Erst seit den 50er Jahren wird die Vernichtung von Tropenwald in afrikanischen Regionen zum großflächigen Desaster – selbst ein Albert Schweitzer hatte bei der Urbarmachung von Urwald noch «Wonne» empfunden![1] In den Industriestaaten wird die ökologische Destabilisierung der Agrarwirtschaft durch den im chemischen Dünger enthaltenen Energieaufwand und durch Futtermittelimporte aus der Dritten Welt verdeckt. Während die herkömmliche Erosion den Boden vielfach nur vom Berghang ins Tal beförderte und daher der menschlichen Nutzung nicht dauerhaft entzog, bedeutet die rapide um sich greifende Bodenversiegelung durch Überbauung und Asphalt einen mittelfristig irreversiblen Bodenverlust. Dabei handelt es sich großenteils um eine direkte oder indirekte Auswirkung der Massenmotorisierung. Sie schritt auch in der Öko-Ära ungemindert voran.

Der Schweizer Umwelthistoriker Christian Pfister hat den Begriff «50er Syndrom» in die Debatte geworfen und die 1950er Jahre als die tiefste Zäsur in der Umweltgeschichte markiert, von der ab die Ära der globalen Gefährdung eigentlich erst beginnt. Das entscheidende Kriterium sind für ihn die in die Atmosphäre emittierten Treibhausgase: Diese gehen von den 50er Jahren an so steil in die Höhe, daß alles Vorangegangene vergleichsweise harmlos wirkt. Bis in die 1940er Jahre reicht für Pfister die gute alte Zeit – ein Eindruck, zu dem man aus schweizerischer Perspektive gewiß leichter gelangt als aus deutscher![2]

Wie schon der Begriff «Syndrom» anzeigt, kamen bei der Wende der 50er Jahre mehrere Entwicklungen unterschiedlichen Ursprungs zusammen; aber bei alledem gibt für Pfister doch *eine* Ursache den Ausschlag: das Sinken der Ölpreise. Aus der Perspektive des Ölzeitalters wirkt die Ära der Kohle in mancher Hinsicht noch als Fortsetzung des hölzernen Zeitalters; denn die Förderung der Steinkohle war mühsam, und die Bereitstellung dieses Energieträgers erforderte noch viel menschliche Arbeit. Erst mit dem Öl begann eine nahezu mühelose, in kurzer Zeit fast beliebig zu steigernde Ausbeutung der fossilen Ressourcen der Erde, die eine verschwenderische Mentalität von einer Art ermöglichte, wie sie in der bisherigen Geschichte ohne Beispiel ist. Auch die Kunststoff-Lawine, die ein Abfallproblem von historisch neuer Qualität schuf, ist eine Folge des billigen Öls.

Gegen die These vom «50er Syndrom» gibt es eine Reihe naheliegender Einwände. Über die monokausale Heraushebung des Öl-Faktors läßt sich streiten. Ein Gegenbeispiel ist die DDR, die von der Ölschwemme nur wenig abbekam, aber in dem Pro-Kopf-Energieverbrauch und den dadurch bedingten Emissionen westliche Länder sogar noch übertraf: Auf der Basis von Braunkohle konnte sich ein achtloser Umgang mit Energie und Umwelt ebenso entwickeln wie auf der Basis von Öl. Auch das Beispiel Japan zeigt, daß niedrige Ölpreise für eine explosive Wirtschaftsdynamik nicht die Bedeutung haben, die ihnen im Westen oft zugeschrieben wurde. Auch aus prinzipiellen Gründen ist es unbefriedigend, sich einen neuen Energieträger als erste Ursache vorzustellen. Das billige Öl floß ja nicht von selbst; eine fieberhafte Ölsuche und ein weltweiter Wettlauf großer Gesellschaften war die Voraussetzung, letztlich also die begründete Erwartung eines Riesengeschäfts. Im übrigen lassen sich die 50er Jahre als zeitlicher Fixpunkt anfechten. Selbst in einem «Autoland» wie der Bundesrepublik begann das Automobil erst nach 1960 die Stadt- und Landesplanung auf breiter Fläche zu beherrschen. Jener Wandel des Lebensstils, der die Umweltbelastung nach oben schnellen ließ, fällt zum erheblichen Teil erst in die 60er und 70er Jahre. Noch 1967 kam aus dem Kreis der Elektroberaterinnen, die die Hausfrauen für neue Elektrogeräte zu werben suchten, die Klage: «In uns allen sitzt noch die Angst vor dem Wegwerfen.»[3] Die Fixierung auf das «50er Syndrom» könnte von umweltbelastenden Neuentwicklungen in *noch* jüngerer Zeit ablenken: Man denke allein an den Massentourismus in der Luftfahrt!

Im übrigen handelt es sich bei alledem nicht nur um ein zufälliges Zusammentreffen diverser Umstände; sondern der Vorgang hat auch ein starkes zielgerichtetes Element: Die USA wurden weltweit zur konkreten Utopie – das «Land der unbegrenzten Möglichkeiten», das seit langem an einen verschwenderischen Umgang mit Raum und Ressourcen gewöhnt war und dessen Weite in der Ära der Motorisierung und Mobilität zu einem Trumpf wurde wie noch nie. Zwar stammte der Benzinmotor, der größte Einzelfaktor des neuen Zugriffs auf die Umwelt, aus Europa; aber die Dynamik der auf fossile Energieträger gegründeten Wirtschaft war in der Alten Welt durch Kartelle, hochgehaltene Energiepreise, politische Grenzen und Traditionen der Sparsamkeit noch vielfach gebremst. Zu ihrer vollen Entfaltung gelangte sie erst in den USA. Die Weltkriege zerbrachen die kulturelle Hegemonie Europas; und auch der Kommunismus hatte, wie wir heute wissen, der Attraktivität der US-Zivilisation nichts Gleichwertiges entgegenzusetzen.

Seit den 50er Jahren waren die technischen Umwälzungen in der Landwirtschaft für die Umwelt von mindestens so großer Tragweite wie die Innovationen in der Industrie. Hatten die Agrarreformen des 18. und 19. Jahrhunderts im allgemeinen noch auf eine Vervollkommnung des traditionellen Stoffkreislaufs – eine Verbesserung des Fruchtwechsels und der Kombination von Ackerbau und Viehzucht – hingewirkt, so wurde dieses Ziel mit dem Masseneinsatz von chemischen Düngemitteln obsolet: Das bedeutete das Ende einer jahrtausendelangen Ära des Ackerbaus. Selbst ein sonst nicht zum Öko-Pessimismus neigender Geograph kommt zu dem Schluß: «Mit der zweiten agrarischen und technischen Revolution seit den 50er Jahren dieses Jahrhunderts hat sich die vom Menschen herbeigeführte Degradierung, Abtragung und Vergiftung der Böden in nahezu exponentiellem Maßstab verstärkt.»[4] Zugleich gerieten die Reste der Subsistenzwirtschaft, die sich noch bis ins 20. Jahrhundert gehalten hatten, rapide unter Druck: Auch damit schrumpfte ein Element, das nicht nur eine letzte Rettung in Zeiten der Not geboten, sondern im großen und ganzen auch zur ökologischen Stabilität des menschlichen Daseins beigetragen hatte. Das wirtschaftliche Wachstum begann in einem Maße wie nie zuvor die Mentalität und auch die Zukunftsperspektiven zu prägen. In den 50er Jahren wußte man zunächst nicht, ob man dem neuen Wohlstand trauen durfte; aber am Ende triumphierte ein Wirtschaftsdenken, das das Wachstum zum Normalzustand erklärte. Neben die Gegenwart des billigen Öls trat die vermeintliche Zukunft noch billigerer Kernenergie.

Vor dem Hintergrund der deutschen Katastrophe präsentieren sich die 50er Jahre besonders markant als neue Ära. Insgesamt handelt es sich bei dieser Wende jedoch um ein nationenübergreifendes, am Ende weltweites Phänomen, nicht nur mit dem durch die Hochkonjunktur geschaffenen Massenwohlstand, sondern mehr noch mit den Folgen für die Umwelt. In Frankreich und Italien verlief die Entwicklung weitgehend parallel. Fumagalli gebraucht für die seit jener Zeit erfolgende Eliminierung der letzten Wälder, Gärten und Hecken aus der Poebene sogar den Begriff «Endlösung». Einer französischen Umweltstudie von 1990 zufolge wurde die französische Landschaft seit 1950 stärker verändert als in den tausend Jahren davor.[5]

Der Sowjetkommunismus entwickelte gegenüber dem amerikanischen Weg nie ein eigenes Konzept des technischen Fortschritts, sondern statt dessen den hoffnungslosen Ehrgeiz, den Westen zu überholen. Obwohl in dem ursprünglichen Spektrum der russischen Revolutionäre auch die Naturschützer nicht fehlten, führte die geringschätzige Grundeinstellung des Kommunismus gegenüber bäuerlichen Traditionen zu einer Rücksichtslosigkeit im Umgang mit dem Boden, die die des westlichen Kapitalismus noch übertraf. Und dazu fehlte es in einem System, in dem der Staat vorgab, alle der Borniertheit der Partikularinteressen entspringenden Probleme zu lösen, an jeglicher Gegenmacht zu diesem Staat. Noch in den 30er Jahren war die Sowjetunion führend in der Erosionsforschung; Chruschtschow dagegen, der die Steigerung der Agrarproduktion viel monomanischer betrieb als Stalin, verursachte durch seine Mais- und Baumwollkampagnen, die mit wenig Rücksicht auf regionale Boden- und Wasserverhältnisse vorangetrieben wurden, in desertifikationsanfälligen Gebieten Innerasiens ein ökologisches Fiasko größten Ausmaßes. In den 60er Jahren begann die Austrocknung des Aralsees als Folge des Karakumkanals und wurde die großflächige Verschmutzung des Baikalsees durch die Zellstoffindustrie zum Skandal. 1985 bemerkte der russische Schriftsteller Walentin Rasputin, um zur sowjetischen Umweltbewegung zu gehören, brauche man «sehr wenig: Man muß sich erinnern und vergleichen, was unsere Erde vor zwanzig oder gar zehn Jahren war und was daraus geworden ist.»[6]

Galt die Öko-Bewegung Anfang der 70er Jahre, in der Zeit der Stockholmer Umweltkonferenz der UNO (1972), vielfach noch als Wohlstandsphänomen reicher Industrieländer, die keinen Hunger mehr kennen und sich daher «postmaterialistischen» Werten zuwenden, so hat sich seither herausgestellt, daß weite Teile der Dritten Welt noch schlimmer und direkter von Umweltproblemen betroffen sind als die Erste Welt, nur daß hier häufig traditionelle, für die moderne Ökologie nicht so interessante Probleme überwiegen. Aber seitdem die «Grüne Revolution» voranschreitet, mischen sich auch dort die traditionellen Mißstände mit den durch die Problemlösung entstandenen Problemen. Die «Grüne Revolution», wenn auch in Mexiko schon in den 50er Jahren mit dem «Mexiko-Weizen» oder «Wunderweizen» («Miracle Wheat») begonnen, setzte sich auf breiterer Front erst in den 70er Jahren durch, also fast zeitgleich mit der Umweltbewegung, und sie hat es in manchen Punkten – so in der Ersetzung des massiven DDT-Einsatzes durch schonendere Methoden der Schädlingsbekämpfung – gewiß verstanden, aus der Öko-Kritik zu lernen. Ungeachtet dessen führt sie, ebenso wie die zweite Agrarrevolution in den Industrieländern, überall auf der Erde zu massivem Einsatz von chemischen Düngemitteln, oft zu erheblich erhöhter Bewässerung mitsamt deren Folgeproblemen und stets dazu, daß jene kleinräumigen Stoffkreisläufe, auf die sich die ökologische Stabilität des Ackerbaus über die Jahrtausende gründete, aufgebrochen werden. Mexikanische Bauern, die chemische Düngemittel anfangs kostenlos bekommen hatten, sahen sich in einem Teufelskreis der Verschuldung gefangen, als sie ohne den Zukauf von Dünger nicht mehr auskamen und noch Pestizide dazukaufen mußten; und ihr Schicksal ist längst typisch für Kleinbauern der Dritten Welt. Selbst im asiatischen Reisanbau, der mit traditioneller Methode fast ohne Dünger auskam, dringen hochgezüchtete japanische Reissorten vor, die auf chemische Düngemittel angewiesen sind und die alte inhärente ökologische Stabilität der Reiskultur zerstören.[7]

Dabei wird aus historischer Sicht eines besonders deutlich: Der ältere, nachhaltige Typ der Agrarreform besaß per se, auch ohne Absicht des Agrarreformers, eine Affinität zu dem Klein- und Mittelbauern, der auf seinem überschaubaren Stück Land überall seine Augen hat und im eigenen Interesse zupackt. Da wurden die ökologischen Probleme des intensivierten Landbaus durch die intensive Beziehung des Bauern zu seinem Boden kompensiert. Die heutige technisierte und chemisierte Landwirtschaft dagegen besitzt eine Affinität zum Großbetrieb; eine Intensivierung höchsten Grades wird nunmehr auf großen Flächen möglich. Insofern können gesellschaftliche Machtstrukturen mehr noch als früher bis in den Alltag des Ackerbaus durchschlagen und die bäuerliche Subsistenzwirtschaft in einem Maße zerstören, wie das vor dem 20. Jahrhundert unmöglich gewesen war.

Die Landflucht und das krebsartige Auswuchern der Metropolen und ihrer Slums sind zu den deprimierendsten Kennzeichen der Dritten Welt geworden – auch dies erst in den Jahrzehnten nach 1945. Bis in die 1940er Jahre war Mexico City als eine der schönsten Städte der Welt berühmt, als ein Idyll von Kanälen, Gärten und Laubengängen; seit den 60er Jahren dagegen gilt die Stadt als Vorhölle eines ökologischen Hiroshima, wo die Smogwerte im Jahr 1988 die Normen der Weltgesundheitsorganisation (WHO) an 312 Tagen überschritten und im Jahr 1991 Sauerstoffkabinen zum Auftanken der Lungen aufgestellt wurden.[8] Nachträglich sieht man, wieviel Recht die Großstadt-Kritiker hatten, die den Aufstieg der Metropolen voller Argwohn beobachteten, und welche Horrorszenarien in Deutschland trotz allem verhindert wurden.

In der zweiten Hälfte des 20. Jahrhunderts sind die Wasserkraft-Megaprojekte und die Kernkraftwerke zu Umweltrisiken ersten Ranges geworden: beides Energietechniken, die aus dem Bewußtsein der Endlichkeit der fossilen Energieressourcen hervorgingen, also im Ursprung auf die Lösung von Umweltproblemen zielten. Die Atomeuphorie der 50er Jahre hatte keine real existierenden Kernkraftwerke vor Augen, sondern die Vision unerschöpflicher und sauberer Fusionsenergie, die nach dem Vorbild der Sonne – direkter allerdings der Wasserstoffbombe – durch Verschmelzung von Wasserstoffkernen frei wird. Auf diese Weise wurde die Zukunftsvision Solarenergie, die es schon damals längst gab, von der nuklearen Vision absorbiert.

In der Zeit davor war unter den Ingenieuren der ganzen Welt die Überzeugung verbreitet, die Zukunft gehöre vor allem der Wasserkraft: Da habe man eine saubere und unerschöpfliche Energiequelle. Um die Jahrhundertwende begann, in Deutschland und Frankreich ebenso wie in den USA, die große Zeit der Talsperren, der gigantischen Staudämme. Dabei bestand in dichtbesiedelten europäischen Regionen, wo ein Dammbruch eine Katastrophe bedeutete, ein hohes Risikobewußtsein, und dem Bau vieler früher Talsperren gingen heiße Diskussionen voraus. In Deutschland gab man anfangs dem aus großen Bruchsteinen bestehenden «Zyklopenmauerwerk» den Vorzug vor dem Beton. Die Auswirkungen der Stauseen auf den natürlichen Wasserhaushalt einer Region waren für die damalige Öffentlichkeit undurchsichtig; Fragen des regionalen Wasserhaushalts wurden überhaupt erst im Zuge der Stauseeanlagen erforscht. In Deutschland kam der erste Anstoß zum

Talsperrenbau von dem ins Ungeheure gewachsenen Wasserbedarf des Ruhrgebiets; die Trinkwasserqualität des Stausee-Wassers war zeitweise heftig umstritten.[9] Der stärkste neue Impuls zum Bau großer Staudämme ging jedoch im 20. Jahrhundert von der Elektrizitätserzeugung aus. Für einen ganzen Ingenieurstyp wurde der Staudamm zu *dem* faszinierenden Großprojekt schlechthin, das auf einen Schlag mehrere Funktionen erfüllte: Krafterzeugung ohne rauchende Schlote, Regulierung des Wasserstandes im Interesse der Schiffahrt und der Verhütung von Überschwemmungen, dazu in manchen Fällen noch die Trinkwasserversorgung und Bewässerung von Ackerland... In der Regel allerdings besaß *eine* Funktion die Priorität und kollidierte häufig mit anderen Wasserinteressen.

In Deutschland stieß der Talsperrenbau mit der Heimatschutzbewegung zusammen. Sehr nachhaltig wirkte dieser Widerstand jedoch in der Regel nicht. Manche Heimatschützer wurden ihrer selbst unsicher: Trugen Stauseen nicht zur Verschönerung der Heimat bei? Waren sie nicht die Alternative zu qualmenden Kohlekraftwerken? Staute nicht die Natur selbst das Wasser in Seen auf? Im wasserreichen deutschen Mittelgebirge wirkten die ökologischen Auswirkungen der Staudämme nicht allzu dramatisch. Schon in den Alpen, dem «europäischen Kraftmassiv» der Wasserkraftpropheten, wurde es bedenklicher, wo als Folge von Stauseen idyllische Alpentäler vertrockneten und sich in Geröllhalden verwandelten; da wuchs im Laufe des 20. Jahrhunderts der Widerstand gegen einen weiteren Ausbau der Wasserkraftnutzung und verband sich in den 60er Jahren sogar mit der Begeisterung für die Kernenergie als der neuen Alternative zur Wasserkraft.[10]

In der Dritten Welt begann die große Zeit der gigantischen Staudämme in den 50er Jahren, als Ägypten den neuen Assuandamm projektierte. Damals waren die 21 Staudämme der TVA (Tennessee Valley Authority), der berühmtesten Organisation des New Deal, das leuchtende Vorbild. Die Weltbank, die viele Staudammprojekte in der Dritten Welt förderte, stand in der TVA-Tradition. Mehr denn je war es vor allem die Faszination der Energieerzeugung, die alle Bedenken erschlug und die traditionelle multiperspektivische Sicht des Wassers verdrängte. Wie man heute weiß, haben die großen Stauseen in südlichen Ländern oft ein ökologisches Fiasko nach sich gezogen, ob durch die gewaltigen Schlammablagerungen, durch die erhöhte Verdunstung oder die sich um die stehenden Gewässer bildenden Seuchenherde. Die Staudämme, allen voran der Assuandamm, sind zu Prototypen einer ökologisch verheerenden Großtechnik geworden. Aber auch manche Alternativen haben ihre Tücken, so etwa eine verstärkte Grundwassernutzung, die zur Senkung des Grundwasserspiegels führt. Daher ist eine prinzipielle Öko-Opposition gegen Stauseeprojekte jeglicher Art nicht zu rechtfertigen.[11]

Ganz ungehemmt ist die vom Menschen unternommene Naturveränderung auch in der zweiten Jahrhunderthälfte nicht geworden. Vielleicht wird man selbst unsere heutige Welt in hundert Jahren als vergleichsweise naturnah empfinden! Immer noch – das darf man nie vergessen! – gibt es sehr viel Natur zu verlieren. Bei all den naturzerstörenden Großprojekten, die zur Realität wurden, sollte man manchmal auch an jene noch viel größeren, einschneidenderen Projekte denken, die *nicht* verwirklicht wurden, aber viele Ingenieure und Meinungsmacher zeitweise faszinierten: die Umleitung der sibirischen Flüsse nach Süden zur Wüstenbewässerung («Dawidow-Plan»), die Trockenlegung des Mittelmeers durch einen Riesendamm bei Gibraltar (das «Atlantropa»-Projekt Hermann Sörgels) oder die in der Zeit der Atomeuphorie herumgeisternden Pläne, das Polareis durch nukleare Wärme abzuschmelzen oder einen Mega-Panamakanal auf Meeresniveau mit Atombomben («Panatomic Canal») durch die Meerenge zu sprengen.[12] Auch die Megalomanie hatte bislang ihre Grenzen.

Epochal in einem verheißungsvollen Sinne ist gewiß die Entwicklung wirksamer empfängnisverhütender Mittel, die anders als frühere Methoden den sexuellen Genuß nicht trüben. Möglicherweise ist das überhaupt die wertvollste Errungenschaft der neuesten Umweltgeschichte. Denn eine Harmonisierung der Symbiose von Mensch und Natur ist auf die Dauer ohne Geburtenregelung nicht vorstellbar. Diese war bislang stets damit verbunden, daß der Mensch seiner inneren Natur Zwang antun mußte: ob durch Verzicht auf Geschlechtsverkehr, Coitus interruptus, Abtreibung oder Kindsmord. Der Malthusianismus der älteren Zeit besaß etwas Erbarmungsloses. Da haben die modernen Antikonzeptiva einen jahrtausendelangen Widerspruch in der Mensch-Natur-Beziehung gelöst. Zunächst sah es so aus, als seien die modernen Methoden der Empfängnisverhütung gerade für die armen, unter Bevölkerungsdruck leidenden Länder der Dritten Welt ohne Bedeutung. Seit den 70er Jahren zeichnet sich jedoch auch dort teilweise ein Rückgang des Bevölkerungszuwachses ab, vermutlich nicht zuletzt dank der langsam zunehmenden Autonomie der Frauen.[13] Die lange vielfach zu hörende These, daß die Geburtenregelung einen gewissen Wohlstand voraussetze – eine im Grunde resignative These, da die hohe Geburtenzahl einen solchen Wohlstand verhindert –, hat nicht die Zwangsläufigkeit eines Gesetzes. Aus der Geschichte hätte man dies stets wissen können; denn oft strebten gerade arme Menschen danach, ihre Kinderzahl niedrig zu halten. Häufig war es der Ehrgeiz der Regierungen, der das Bevölkerungswachstum förderte. Aber bei der heutigen Waffentechnik hängt die militärische Stärke nicht mehr an der Zahl der Soldaten: auch dies eine sehr bedeutsame Wende!

Je flächendeckender die Umweltprobleme wurden, desto mehr traten zwischen den verschiedenen Problemfeldern Wechselwirkungen auf; daraus entstand in der zweiten Hälfte des 20. Jahrhunderts ein neues Bewußtsein. Viele ältere Probleme – so das der Erhaltung der Fruchtbarkeit der Äcker – verwandelten sich in ein Energieproblem, und das Energieproblem wurde zum Umweltproblem. In einem Maße wie nie zuvor wurde eine Vielfalt von Problemen als Aspekt *eines* großen und globalen Problems wahrgenommen: Auf diese Weise bekam der Begriff «Umwelt» seinen heutigen Sinn. Denkt man an das mehr oder weniger disparate Dasein der einstigen Ansätze von Naturschutz und «Stadthygiene», dann weiß man die Schubkraft dieses neuen weltumspannenden Kontextes zu würdigen. Die Rettung eines Baches ist kein Kleinkram mehr, sondern Bestandteil einer Menschheitsaufgabe: Dieser neue Horizont ist nicht ohne Wirkung. Dennoch kann der Begriff «Umwelt» davon ablenken, daß sich Umwelt-Initiativen nach wie vor, um etwas zu bewirken, auf spezifische Handlungsebenen begeben und deren Regeln beachten müssen. Die Umweltpolitik, die als ein Amalgam aus einem ganzen Bündel älterer Politiken entstand – von der Forstpolitik bis zum Wasserschutz –, besteht, wenn sie konkret wird, ungeachtet ihres Ganzheitsanspruches immer noch aus solchen sektoralen Politiken.

Kann es eine Umweltpolitik, die ihren ganzheitlichen und globalen Anspruch erfüllt, überhaupt geben? Der Schutz der alten dörflichen Allmende erforderte nichts weiter als ein Arrangement zwischen den verschiedenen Interessenten. Der Schutz der globalen Allmende dagegen – der Weltmeere, der Atmosphäre – ist auf mächtige Instanzen *über* allen Interessenten angewiesen. Von den bisherigen historischen Erfahrungen her ist es sehr schwer, sich durchsetzungsfähige Instanzen solcher Art vorzustellen.

Skeptisch stimmt auch eine andere Überlegung: Einstmals war das pure Trägheitsgesetz der Hauptfaktor der Umwelterhaltung. Es war mühsam und gefährlich, Bäume zu fällen und zu transportieren, Erze aus der Tiefe der Erde zu holen und zu verarbeiten, Fische aus der Tiefe des Meeres zu fangen; die bloße Trägheit, die mächtigste Kraft des Daseins, trug dazu bei, die Ausbeutung der Natur in Grenzen zu halten. Heute dagegen ist die Wirkungsweise des Trägheitsgesetzes gleichsam umgekippt: Die Dinge einfach laufen zu lassen trägt eher zur Destabilisierung der Mensch-Umwelt-Beziehung bei. Damit ist ein unauffälliges, aber die gesamte bisherige Geschichte hindurch wirksames Element der inhärenten Stabilität in der Mensch-Umwelt-Beziehung verlorengegangen. Nur ein kleiner Teil der Menschheit hat für die alte Art der Stabilität eine schöne neue Welt eingetauscht. Juan Martínez Alier mahnt, ein guter Historiker dürfe nicht vergessen, daß die Mehrheit der Menschheit nach wie vor nahezu ausschließlich von der Solarenergie lebt.[14] Denn die Amerikanisierung ist nicht global gelungen, sie konnte es schon aus ökologischen Gründen nicht; die weltweiten Disparitäten sind heute größer denn je.

2. *Blut und Boden: Der Amoklauf des Autarkismus*

Eine historische Antithese zur US-Zivilisation war in ökologischer Hinsicht nicht so sehr der Sowjetkommunismus, sondern eher der deutsche Nationalsozialismus, der die Natur- und Bodenbindung des Menschen ideologisch in den Mittelpunkt stellte. Das schreckliche Fiasko des NS-Regimes hat zu der weltweiten Hegemonie der amerikanischen Zivilisation wesentlich beigetragen. Solange man den Nazismus als Inkarnation des Bösen begreift, gibt sein Schicksal im Grunde nicht viel zu denken. Erst wenn man die Elemente ökologischer Einsicht in der NS-Bewegung erkennt, wird die NS-Katastrophe im vollen Maße zu einem Stachel für die historische Reflexion.

Wenn man das «50er Syndrom» als *die* verhängnisvolle Wende in der Mensch-Umwelt-Beziehung ansieht, ereignete sich das Auf und Ab des Nazismus gleichsam 5 vor 12; und dann besaß die Blut-und-Boden-Ideologie bei aller Verschrobenheit doch eine Art von ökologischer Geistesgegenwart. Damals gab es tatsächlich in letzter Minute eine bäuerliche Traditionswelt zu retten, die die Erfahrung vieler Jahrhunderte enthielt. Zugleich bietet die NS-Diktatur das bislang krasseste Beispiel dafür, wie quasiökologische Ideen zu Signaturen eines machtbesessenen Herrschaftssystems werden.

Kein Zweifel: In der Umweltgeschichte ist der Nationalsozialismus keineswegs nur eine belanglose Episode. Die Blut-und-Boden-Rhetorik war kein bloßes Phrasengebräu, sondern von starken Emotionen, aber auch von rationalen Motiven getragen. Selbst David Schoenbaum, der als erster den im Endeffekt modernisierenden Effekt der NS-Politik hervorhob, geht bis zu der Behauptung, die Verwurzelung im heimischen Boden sei das einzige echte Ziel des Nazismus gewesen – so sehr, daß «den SS-Männern der oberen Ränge die Augen leuchteten und die Stimme brach, wenn sie an ein Leben auf dem Lande dachten».[15]

In der Tat besaßen manche NS-Ideologen im Vergleich zum Kommunismus und auch zum damaligen Liberalismus ein besseres Gespür für die Frustrationen, die der Verlust der Beziehung zur Natur bei vielen Menschen auslöst; und nicht zuletzt daraus erklärt es sich, daß die NS-Bewegung bei all ihrer Gewalttätigkeit vielen doch eine Art von Geborgenheit vermittelte. Man muß jedoch auch die rationalen Beweggründe beachten. In den Hungersnöten des Ersten Weltkrieges hatten es die Deutschen zu spüren bekommen, was es im Notfall bedeutet, wenn sich ein Land nicht mehr aus eigenen Ressourcen ernähren kann. Aus dieser Erfahrung kam ein Impetus zum Aufbau einer nachhaltigen nationalen Subsistenzwirtschaft mit dem Ackerbau an erster Stelle, zumal die Deutschen nach 1918 wiederholt zu ihrem Leidwesen erleben mußten, daß auf die Weltwirtschaft kein Verlaß war. Eine partielle Reagrarisierung Deutschlands unter Auflösung der industriellen Ballungsgebiete wirkte damals weit realistischer als heute; selbst Raumplaner im Ruhrgebiet orientierten sich an Leitbildern dieser Art.[16] Die Gesamturteile darüber, wie sich die NS-Zeit unter Umwelt-Aspekten darstellt, sind bislang unsicher. Um ein Stück weiter zu kommen, muß man eine Reihe von Einzelbereichen unterscheiden, die untereinander meist nur wenig zusammenhingen:

(1) *Naturschutz.* Zumindest auf gesetzlicher Ebene war die NS-Ära hier epochal: mit dem Reichsnaturschutzgesetz vom 26. 6. 1935. Es enthielt so wenig NS-Jargon, daß es noch nach 1945 jahrzehntelang unbeanstandet in Geltung bleiben konnte. Hatte der Naturschutz bis dahin bei den Ländern gelegen, so wurde er nun Sache des Reiches und bekam mit der Reichsstelle für Naturschutz auch eine entsprechende Instanz. De facto handelte es sich um die seit 1908 bestehende Preußische Stelle für Naturschutz; neue Planstellen wurden damals nicht geschaffen. Mitsamt seinen Durchführungsbestimmungen war das Gesetz ein für die damalige Zeit vorbildliches Regelungsinstrument, das über den Schutz von Naturdenkmälern und Reservaten hinausging und den Naturschutz an sämtlichen landschaftsverändernden Planungen beteiligte. Ein Landschaftspfleger meint allerdings aus der Rückschau, es habe «wohl nicht viele Gesetzesbestimmungen gegeben, gegen die so oft verstoßen worden» sei, wie gegen die der Naturschutz-Beteiligung![17]

(2) *Agrarpolitik.* Der nationalsozialistische Reichslandwirtschaftsminister Darré bemühte sich um die Stabilisierung des mittleren Bauerntums, setzte in der Landwirtschaft das Prinzip der Bedarfsdeckung an die Stelle der Herrschaft des Marktes und der Profitmaximierung

und wetterte über das «diabolische Grinsen des Kapitalismus». Er suchte bodenschädigende Richtungen der agrarischen Modernisierung zu bremsen und bekehrte sich zu dem «biologischen Landbau» der Anthroposophen. Darré, der Züge eines Aussteigers hatte und früher gerne Gaucho in Argentinien geworden wäre, wirkte in der NS-Führung als Sonderling, über den geringschätzige Witze kursierten (Grabschrift eines Schweins: «Auch ich erlitt den Heldentod / ich starb an Darrés Gerstenschrot!»). Es fehlte ihm an Durchsetzungsvermögen, und im Krieg wurde er kaltgestellt. Die «Erzeugungsschlacht», die maximale Steigerung der Agrarproduktion, besaß Vorrang. Um Devisen für Futtermittelimporte zu sparen, mußten die Bauernhöfe die Produktionssteigerung jedoch weitmöglichst aus eigenen Ressourcen – so durch Verbesserung des Fruchtwechsels – erwirtschaften. Daher bedeutete die NS-Autarkiepolitik den letzten Höhepunkt der alten Landwirtschaft.[18]

(3) *Forstpolitik*. 1934 trat der ostelbische Gutsbesitzer Walter v. Keudell, ein entschiedener Verfechter des Laubmischwaldes und Feind des Kahlschlags, unter Görings Protektorat an die Spitze des neugeschaffenen Reichsforstamts. In dieser Position versuchte er, sein Leitbild des «Dauerwalds» auf rigide Weise und – nach Meinung seiner Gegner – ohne viel Rücksicht auf regionale Gegebenheiten durchzusetzen. Das führte in forstlichen Kreisen zu einer rebellischen Stimmung; manchen Forstleuten ging bei dem Keudellschen Dirigismus «das Messer im Sack auf». Obendrein kollidierte die von Keudell verordnete Einzelstammwirtschaft mehr und mehr mit den erhöhten Anforderungen der nationalsozialistischen Autarkiepolitik an den Wald. 1937 wurde v. Keudell abgelöst; seine Nachfolger gaben die Kompromißparole «naturgemäßer Wirtschaftswald» aus. Die von der NS-Regierung angeordneten Überhiebe, die das Gebot der Nachhaltigkeit mißachteten, wurden von den Beamten des Reichsforstamtes angeblich teilweise verhindert.[19]

(4) *Landschaftsschutz*. Da gab es eine profilierte Kämpfergestalt: mit Alwin Seifert, dem «Reichslandschaftsanwalt» beim Autobahnbau und dem Warner vor der «selbstmörderischen Versteppung Deutschlands» durch übertriebene Entwässerung und Flußbegradigung. Als Mitarbeiter von Fritz Todt, dem Leiter des Autobahnbaus, kämpfte Seifert dafür, daß die Autobahnen sich in geschwungener Linienführung dem Gelände anpaßten und an den Seiten nicht Gräben, sondern bepflanzte Böschungen angelegt wurden. Seifert nutzte jedoch seine prominente Position auch zu grundsätzlichen Attacken auf naturwidrige Arten des Wasserbaus und der Flurbereinigung. Ein merkwürdiges Schauspiel:

Der militanteste Naturschützer Arm in Arm mit dem ranghöchsten Techniker des «Dritten Reiches», ja überhaupt der bisherigen deutschen Geschichte, und das bei jenem Projekt, das mehr als alles andere die Motorisierung in Schwung brachte! Nicht das Automobil und der Straßenbau, sondern die Eisenbahn mitsamt ihrem Verwaltungsapparat war für Seifert und andere damalige Naturschützer der große Feind. Aus damaliger Sicht zerschnitt die Eisenbahn die Landschaft schärfer als die Straße, die sich mit ihren Kurven besser dem Gelände einschmiegte. Über Fragen des Landschaftsschutzes und der umweltverträglichen Technikgestaltung waren selbst im totalitären NS-Staat heftige öffentliche Diskussionen möglich. Themen solcher Art lagen damals in der Luft; und da gab es keine verbindliche Parteilinie. Todt zeigte sich überrascht, wieviel öffentliche Zustimmung Seifert bei seinen Attacken auf den Wasserbau aus ganz unterschiedlichen Kreisen bekam; er rief die Ingenieure auf, hier eine «totale Lösung auf lange Sicht» zu finden. Ein feindseliges Verhältnis entwickelte sich allerdings ausgerechnet zwischen Seifert und Darré: So sehr fehlte es damals an einer breiten Umweltschutz-Allianz! Seifert vertrat nach außen hin eine Philosophie der großen Synthese: Die beste Technik sei zugleich die naturfreundlichste Technik, und der beste Schutz der Landschaft sei zugleich der beste Schutz der Landwirtschaft. Seine Motive waren jedoch nicht nur pragmatischer, sondern letztlich metaphysischer Art; das Wasser war für ihn etwas Lebendiges, und er glaubte, der naturnahe Mensch habe dafür ein Gespür. Seifert, der aus dem Gartenbau kam, blieb am längsten als ein Gründervater des «Öko-Gartens» in Erinnerung.[20]

(5) *Recycling.* Die nationalsozialistische Autarkiepolitik bedeutete eine Blütezeit für Abfallverwertungs- und Rohstoffrückgewinnungsprojekte, denen allerdings – ähnlich wie im Ersten Weltkrieg – oft ein säuerlicher Beigeschmack der Notlösung anhaftete. Rieselfelder, vor 1933 als Gestanksquellen und Bakterienherde Objekte eines wachsenden Widerwillens, avancierten nun erneut zu Vorbildern der Fäkalienverwertung, allerdings zum Ekel eines Alwin Seifert. Regierungserlasse schrieben 1935/36 vor, daß bei der Abwasser-Entsorgung zunächst stets die Möglichkeit landwirtschaftlicher Verwertung zu prüfen sei und erst bei deren nachweislicher Undurchführbarkeit der Bau von Kläranlagen in Betracht gezogen werden dürfe.[21]

Insgesamt ist die Umweltbilanz der NS-Autarkiepolitik jedoch schwerlich positiv, schon wenn man an die Großprojekte der Kohlehydrierung denkt. Der abrupte Übergang zur verstärkten Ausbeutung heimischer Ressourcen ohne deren effizientere Nutzung und ohne

Strukturwandel der Industrie, statt dessen mit forcierter Aufrüstung, führte zwangsläufig – besonders im Wald – zu einer Übernutzung, die am Ende ein Motiv zur Eroberung neuen «Lebensraums» abgab. Am allerschlimmsten war in den Augen vieler Naturschützer die vom Arbeitsdienst betriebene Kultivierung von «Ödland», vieler kleiner Wildnisse in Moor und Geröll, die bis dahin von den Bauern links liegengelassen worden waren. Schon in der NS-Zeit erhob sich dagegen wütender Protest. Hitler ordnete 1941 an, daß die Moorkultivierung gestoppt werden sollte, da die Deutschen nun Land genug bekämen. In der späteren Erinnerung Hans Kloses, der von 1938 bis 1945 – obwohl Vierteljude und kein NSDAP-Mitglied – die Reichsnaturschutzstelle leitete, stellt sich die NS-Ära extrem ambivalent dar: in einer Weise als eine große Zeit des Naturschutzes, andererseits als eine Zeit, in der sich «die naturzerstörenden Kräfte ins Unermeßliche» steigerten.[22]

Der springende Punkt besteht bei alledem wohl darin, daß es trotz des Duos Todt-Seifert in NS-Deutschland zu keiner massiven Allianz von Umweltschutz und Machtinteressen gekommen ist. Ein starkes, wenn auch diffuses Streben nach Naturnähe lag im Zug der Zeit; aber es ist doch mehr der sentimentalen als der hart-aktivistischen Seite des Nazismus zuzuordnen. Wo es um Macht ging, war Hitler, wie er selbst bekannte, ein «Narr der Technik», gerade der amerikanischen, auch wenn er im kleinen Kreis Sympathie für die dezentrale Nutzung regenerativer Energiequellen zeigte und sich gelegentlich sogar in Gaia-Gedanken vom Gesamtzusammenhang der Erde erging.[23] Die nationalsozialistische Autarkiepolitik kam nicht aus einem Geist der Selbstgenügsamkeit, sondern war ein Mittel der Kriegsvorbereitung unter den Bedingungen der Devisenknappheit. Der Nationalsozialismus war in der Essenz nicht wirklich eine Gegenreaktion auf den «Amerikanismus», vielmehr eine krampfhafte Nachahmung der Groß-Imperien unter den gedrängten Verhältnissen Mitteleuropas.

Auf konkreter Ebene setzte das NS-Regime im Naturschutz lediglich Traditionen aus der Weimarer Republik fort. Dennoch galt die Naturschutzbewegung nach 1945 zu ihrem Leidwesen vielfach als NS-belastet. Es gibt eine ganze Großväter-Generation der deutschen Umweltbewegung – man denke an Seifert, Grzimek, Günther Schwab, Konrad Lorenz, die Brüder Ernst und Friedrich Georg Jünger und den Philosophen Heidegger[24] –, die wegen zeitweiliger Affinitäten zum Nazismus später verleugnet wurde. Wegen dieser gekappten Vergangenheit sah es so aus, als sei die deutsche Öko-Bewegung gegenüber der amerikanischen um mindestens ein Jahrzehnt hinterdreingehinkt.

3. Untergründe der Umweltsorgen: Die atomare Apokalypse und die Krebsangst

Die stärksten Antriebe erwachsen aus einem Zusammenwirken von Liebe und Angst. Auch das Umweltbewußtsein wird dann zur drängenden Leidenschaft, wenn sich die Liebe zur Natur – die sinnliche und die übersinnliche Liebe – mit der Angst verbindet. Die Angst um die Natur wird dann am heftigsten, wenn sie auch eine Angst um das eigene Wohlergehen ist; und sie wird dann zu einer öffentlichen Macht, wenn sich die Objekte der individuellen Sorgen glaubwürdig zu einer großen volks- und menschheitsbedrohenden Gefahr kombinieren lassen. Eine derartige Vernetzung der Ängste steht am Anfang der modernen Umweltbewegung.

Donald Worster behauptet, das «Zeitalter der Ökologie» habe am 16. Juli 1945 bei Alamogordo begonnen, als der erste Atomblitz die Wüste von New Mexico in gleißendes Licht tauchte und der erste Atompilz in die Atmosphäre quoll. Aber für die Weltöffentlichkeit wurden Alamogordo und Hiroshima erst ein Jahrzehnt darauf oder noch später zum Signal einer neuen Ära, und diese war zunächst nicht die Ära der Ökologie. 1945 hatten die Europäer ihre eigenen Trümmerfelder vor Augen; da waren die nuklearen Ruinenfelder von Hiroshima und Nagasaki noch weit weg. Anton Metternich, dessen Buch «Die Wüste droht» (1947) die erste nachkriegsdeutsche Umwelt-Apokalypse war, stand noch unter dem Eindruck des Dust Bowl und der Warnungen Seiferts und nannte die Bodenerosion «das furchtbarste Gespenst der modernen Zeit».[25] Bis weit in die 50er Jahre war das Inferno von Hiroshima in der öffentlichen Wahrnehmung noch nicht sehr konkret, da Japan bis 1952 der amerikanischen Militärzensur unterlag. Erst im Laufe der 50er Jahre bekam man eine Ahnung von dem Ausmaß der nuklearen Spätschäden. Bis dahin hatte sich die Öffentlichkeit um die von der Radioaktivität drohenden Gefahren nur wenig gekümmert, zumal Radonbäder mit der heilenden Wirkung radioaktiver Substanzen warben. Obendrein wirkte die Atombombe auf viele Amerikaner beruhigend, solange die USA das atomare Monopol besaßen.

Anders wurde es, als der Westen sich von sowjetischen Atomraketen bedroht sah; mehr noch jedoch erfolgte eine Wende im öffentlichen Bewußtsein, als alarmierende Informationen über die Gefahren des radioaktiven Fallouts aus den atomaren Bombentests bekannt wurden. Das Unglück des japanischen Fischerbootes «Glücklicher Drache», das im März 1954 in den Fallout einer amerikanischen Wasserstoffbombe geriet, markiert mehr noch als Hiroshima die Wende im Bewußtsein der Welt.[26] Da erkannte man, daß das atomare Unheil kein einmaliges und örtlich begrenztes Ereignis war, sondern eine dauernde Gefahr, die alle bedrohte, ja selbst künftige Generationen. Und da verband sich die Angst vor der atomaren Rüstung mit einer neuen großen Angst: der Angst vor Krebs. Auf diese Weise wurde sie anschlußfähig gegenüber einem ganzen Bündel zukunftsträchtiger Zivilisationssorgen.

Hier stoßen wir auf eine andere fundamentale Ebene der Geschehnisse: die Geschichte der Krankheitsängste. Claudine Herzlich und Janine Pierret erkennen in Frankreich ziemlich genau um 1960 eine säkulare Gezeitenwende: Die Angst vor Seuchen und anderen Infektionskrankheiten, die mindestens sechs Jahrhunderte – seit der ersten großen Pest – die Gesundheitssorgen beherrschte, tritt nun ziemlich rasch in den Hintergrund – damit auch die Angst vor Fiebersümpfen und menschlichen Bazillenträgern! Dafür rückt die Angst vor zivilisationsbedingten Leiden nun an die oberste Stelle. Diese Phobie ist zwar als solche nicht neu; aber nun gehört zu ihr auch die neuerdings schlimmste aller Krankheitsängste: die Angst vor Krebs. Bei vielen ist sie so panisch, daß sie das Wort «Krebs» am liebsten gar nicht in den Mund nehmen. Da kann die Sorge um die Umwelt zur Chiffre für die Krebsangst werden. Die Krebskrankheit wurde ihrerseits zu einer Metapher für die Umweltproblematik. «Das Wachstum als Selbstzweck ist die Ideologie der Krebszelle», lautete ein Slogan der amerikanischen Öko-Szene. Auch ältere Menschen, die der Umweltbewegung sonst fernstanden, wurden durch die Angst vor Krebs anfällig für Öko-Sorgen: so der US-Präsident Reagan, bis dahin der mächtigste Gegner der «Environmentalists», der nach zwei Hautkrebs-Operationen schließlich auf die Linie des FCKW-Verbots umschwenkte, auch als der Zusammenhang zwischen FCKW, Ozonloch und Hautkrebs noch nicht exakt erwiesen war. In den 50er Jahren war die krebsauslösende Wirkung von Umweltschäden ein neues Thema; durch den Fallout-Alarm geriet es in einem Maße wie noch nie in die Hauptschlagzeilen. «War es die Angst vor Krebs, dieser fünfzehnte Nothelfer alter Umweltdemagogen, die unsere Besorgnis um die Erde wachrüttelte?» fragt Lovelock. Die amerikanische Umweltbehörde EPA widmete sich jahrelang vor allem der Krebsbekämpfung, obwohl sie dazu wenig beitragen konnte.[27]

Bereits im späten 19. Jahrhundert wurden die Industriestaaten von einer Welle von Angst vor umweltbedingten Krankheiten erfaßt; und diese Angst vermochte schon zu jener Zeit erhebliche Ressourcen zu mobilisieren. Die damals zum Siege gelangende Bakteriologie lenkte jedoch von dem Faktor «Umwelt» ab. Es kam zu keiner Synergie der großen Ängste wie ab den 1950er und 60er Jahren. Die damalige Angst vor dem Zivilisationsleiden «Nervosität» führte in andere Richtung als die Angst vor Cholera und Tuberkulose. Krebs war noch kein großes Thema, selbst die Gesundheitsapostel jener Zeit wußten nicht viel damit anzufangen, wenn sie auch den zunehmenden Fleisch- und Tabakkonsum im Verdacht hatten.[28] Das Neue bei dem mächtig anschwellenden Vegetariertum des späten 20. Jahrhunderts ist nicht der ethische Fundamentalismus, den es längst gab, sondern das weit solider als früher untermauerte Gesundheitsargument.

Ein interessanter Fall ist der Mikrobiologe René Dubos: Er war der bedeutendste Historiker der Tuberkulose, zu deren Erforschung er selber beitrug, wurde jedoch international ein geistiger Wegbereiter der Umweltbewegung und deren apokalyptischer Stimmung. Sein mit Barbara Ward verfaßtes Buch «Only One Earth» wurde zur Bibel der Stockholmer Umweltkonferenz von 1972. Das scheint der These von dem Zusammenhang zwischen der Genese des Umweltbewußtseins und dem säkularen Wandel der Krankheitsängste zu widersprechen. Aber Dubos attackierte die Herrschaft der Bakteriologie in der Tuberkuloseforschung; er betonte auch dort den Faktor Umwelt und polemisierte heftig gegen das aus seiner Sicht absurde und ökologisch verhängnisvolle Ziel, alle Krankheitskeime mit Antibiotika auszurotten. Er erkannte darin den Geist des totalen Krieges. Sein Denken war von der Furcht vor dem Atomkrieg, später auch vor der «Bevölkerungsbombe» geprägt.[29]

Als Begründerin der amerikanischen Öko-Bewegung gilt Rachel Carson (1907–1964), wobei jedoch der prompte und durchschlagende Erfolg ihres «Silent Spring» (1962), der schon bald neben «Onkel Toms Hütte» gestellt wurde, darauf hindeutet, daß die Öffentlichkeit für diese Botschaft bereit war. Als das Buch herauskam, litt die Verfasserin bereits tödlich an Krebs, und ihr Leben war schon seit langem von Krebsangst überschattet. Wenn der «Stumme Frühling» eine bei weitem größere Wirkung ausübte als alle Naturschutz-Bücher davor, dann lag das wohl nicht zuletzt daran, daß sich die Autorin, obwohl sie auf ein breites Spektrum moderner Umweltgifte hinwies, doch auf *eine* Zielscheibe konzentrierte: das Insektizid DDT, das seit dem Zweiten Weltkrieg großflächig versprüht worden war; und dabei war der springende Punkt für viele Leser wohl der, daß das DDT in den Verdacht geraten war, beim Menschen Krebs auszulösen. Carson argumentierte, der Mensch sei sogar besonders bedroht, da sich das DDT in den Nahrungsketten anreichere und der Mensch an der Spitze der meisten Nahrungsketten stünde.[30] Zu jener Zeit profitierte das DDT nur noch wenig davon, daß es noch ein Jahrzehnt davor als der große Retter vor der Malaria gegolten hatte; denn die alte Angst vor Malaria prägte nicht mehr das Bewußtsein.

Das Nahrungsketten-Argument spielte auch in der frühen Kritik an der Kerntechnik eine Schlüsselrolle: als Warnung vor der Anreicherung radioaktiver Substanzen in Organismen, die der menschlichen Ernährung dienen. In den USA gab es weit mehr als in der Bundesrepublik einen direkten Übergang von dem Protest gegen die Atomwaffen zur Kritik an der zivilen Kerntechnik, vermittelt über die Opposition gegen die Atomtests, deren Folgewirkungen unmittelbar in die Umweltproblematik hineinführten. Greenpeace begann 1969 als Protestbewegung gegen die Wiederaufnahme der Atomtests. Das Schreckbild «Bevölkerungsbombe», mit dem gleichnamigen Buch Paul Ehrlichs (1968) ein Leitmotiv der amerikanischen Umweltbewegung, war nach dem Muster der Atombombe konstruiert.

In vielen Ländern, so auch in Deutschland, hatte sich in den 50er Jahren dank einer agilen Publizistik die Angst vor der Atombombe mit exaltierten Hoffnungen auf das «friedliche Atom» verbunden, so als ob dieses die Rettung vor seinem bösen Geschwisterkind verheiße. Noch der deutsche Anti-Kernkraft-Protest der 70er Jahre, der zum Katalysator der gesamten Öko-Bewegung wurde, empfand das Thema «Atombombe» zunächst eher als Ablenkung. Erst um 1980, im Zuge der Protestbewegung gegen die Wiederaufnahme des nuklearen Wettrüstens, wurden die Querverbindungen zwischen ziviler und militärischer Kerntechnik zur Zielscheibe des deutschen Widerstands. Es ist kein Zufall, daß in der Bundesrepublik, wo die Anti-AKW-Bewegung stärker als anderswo war, auch die bislang «größte und finanzstärkste grüne Partei Europas» (Anna Bramwell) entstand.[31]

Von großer Bedeutung wurden die nuklearen Erfahrungen für die Auseinandersetzung mit der Gentechnik, die in den USA zuerst in den 70er Jahren kulminierte. «I started thinking in terms of the atomic bomb and similar things», erinnerte sich Janet Mertz, eine Urheberin der Kontroverse. Eine stehende Argumentationsfigur wurde der Hinweis, daß die Gen- wie die Atomtechnik die Grundelemente der Natur manipulativ verändere und daher unberechenbare und irreversible Folgewirkungen verhängnisvoller Art auslösen könne. Wohl war die Gentechnik durch kein Hiroshima belastet; aber die angloamerikanischen Pläne für den Einsatz von Bazillen im Zweiten Weltkrieg, die nachträglich publik wurden, ließen erkennen, daß ein biotechnisches Über-Hiroshima sehr wohl im Bereich des Denkbaren lag. Nicht moralische

Skrupel, sondern mangelnde militärische Kalkulierbarkeit hatte damals den Einsatz von Biowaffen verhindert. Die Gentechnik versprach jedoch, biologische Waffen kalkulierbar zu machen.[32]

Die Atomwaffen machten es real und sehr konkret vorstellbar, daß die Menschheit sich selbst ausrottet – nicht durch archaische Instinkte, sondern durch ihren nicht zu bremsenden Erfindergeist. Dieses gedankliche Grundmuster förderte ähnliche Denkfiguren in anderen Problembereichen. Heute wird manchmal behauptet, das Neue der modernen Öko-Bewegung sei der Respekt vor der Natur um ihrer selbst willen. Das war jedoch schon ein altes Element des Naturschutzes und der Naturromantik; neu dagegen war die Sorge, daß die Naturzerstörung auf die Dauer die physische Existenz der Menschheit bedroht. Vor allem dadurch entstand ein auch von Politikern empfundener Handlungsdruck.

Hiroshima war gewiß nicht der einzige Ursprung apokalyptischer Umwelt-Visionen; manches davon knüpfte an ältere Traditionen an, ob religiöser, kulturpessimistischer oder malthusianischer Art. Entgegen dem, was man heute oft hört, hat es Zeiten eines allesbeherrschenden blinden Glaubens an dem Fortschritt auch früher nicht sehr oft gegeben; meist war die Modernisierung von Sorgen begleitet, nicht zuletzt auch von solchen, die um die Störung der Mensch-Natur-Beziehung kreisten. Schon ab 1900 entstand eine sich an Horrorphantasien vor der Zukunft gruselnde Science-fiction-Literatur. Als literarisches Motiv hat die Vorstellung, daß der Mensch durch seine eigene Schöpfung vernichtet wird, eine zumindest bis zu Mary Shelleys «Frankenstein» (1818) zurückreichende Geschichte.[33]

Bei alledem erkennt man jedoch nicht nur die alten Traditionen, sondern zugleich auch das Neue und Geistesgegenwärtige der Umwelt-Apokalyptik der jüngsten Zeit. Sie war von tiefem Pessimismus erfüllt, enthielt dabei jedoch praktische Impulse, wenn auch mit dem Bewußtsein, daß es ein einfaches Rezept für die Problemlösung nicht gab. Eine neue Qualität erlangte diese Literatur durch ihre thematische Breite und durch die Dichte und Präzision ihrer Informationen. Die Katastrophen wurden mindestens so sehr intellektuell kombiniert wie emotional suggeriert. Die Apokalyptiker erfaßten schärfer ein breites Spektrum von teilweise neuartigen Umweltschäden als die Naturschützer älteren Typs, die sich nicht so sehr für neueste Entwicklungen der Industriegesellschaft, sondern vor allem für die Erhaltung von Naturreservaten interessierten.[34]

Die größte Breitenwirkung unter den frühen Umwelt-Apokalyptikern hatte im deutschsprachigen Bereich wohl Günther Schwab. Sein

Buch «Der Tanz mit dem Teufel» (1958) führte 1960 zur Gründung des «Weltbundes zum Schutze des Lebens», der Keimzelle der Anti-Kernkraft-Bewegung. Schwabs Buch «Morgen holt dich der Teufel» (1968) war das zu jener Zeit beste Kompendium von Anti-AKW-Argumenten. Der Teufel wurde sozusagen Schwabs Markenzeichen; in allen seinen Buchtiteln kam er vor, und immer wieder präsentiert Schwab die Umweltzerstörung als raffinierte Machenschaft der Teufel, die es auf den Untergang der Menschheit abgesehen hätten. Von der literarischen Einkleidung her also eine Heraufbeschwörung uralter Höllenängste, aber im Kern handelt es sich um solide recherchierte Sachbücher. Rachel Carsons Warnung vor DDT kann man bei Schwab schon Jahre früher lesen.[35] Dennoch, welch ein Unterschied im Habitus der Autoren und in der Präsentation ihrer Botschaft! Carson gab sich stets als Wissenschaftlerin, selbst in ihren Visionen; Schwab dagegen, der steirische Forstmann mit NS-Vergangenheit, präsentierte selbst wissenschaftliche Befunde in dämonologischem Gewand!

Wieweit bekam die Apokalyptik Unterstützung durch die Wissenschaft? Vom 19. Jahrhundert her war «der Katastrophismus ein überaus vorbelastetes Konzept» in der Naturgeschichte. Im frühen 19. Jahrhundert hatte es große Kontroversen zwischen Katastrophentheoretikern und Evolutionisten gegeben, und die Evolutionisten hatten gesiegt. Sie glaubten an die allmähliche Entwicklung in langen Zeiträumen, und Katastrophentheorien wirkten auf sie wie eine Neuauflage des Glaubens an die Sintflut.[36] Zwar kannten die Darwinisten durchaus ein Aussterben ganzer Arten, aber doch nur durch den Sieg höherentwickelter Rivalen; es handelte sich also keineswegs um einen Niedergang der Natur insgesamt.

Aber auch der Evolutionismus war letztlich ein Glaube und keine exakt gesicherte Lehre. In neuerer Zeit hat er die Alleinherrschaft verloren, und Katastrophentheorien haben eine neue Konjunktur erlebt. Bei dem ökologischen Katastrophismus ist der Einfluß der Massenmedien spürbar, bei denen Weltuntergangsprognosen die beste Chance haben, in die Hauptschlagzeilen zu kommen.[37]

Es wäre allerdings wohl voreilig, aus der Erfahrung weniger Jahrzehnte zu folgern, daß dieser Katastrophenalarm lediglich in eine Psycho-Geschichte der Ängste und nicht in eine Geschichte der realen Gefahren hineingehörte. Selbst Malthus, dessen Kassandrabotschaft lange Zeit als durch die tatsächliche Entwicklung widerlegt galt, könnte über die Jahrhunderte doch recht behalten. Die Kritiker der Kernenergie konzentrierten sich zunächst auf die schleichenden Gefahren: den Atommüll und die radioaktiven Niedrig-Emissionen im Normalbetrieb der Kernkraftwerke. Dann entdeckten sie den «Super-GAU», das maximale Katastrophenrisiko: Das markierte den Höhepunkt der Kontroverse.[38] Danach wurde es jahrelang still um den Maximalstörfall – da zeigte Tschernobyl, daß dieser keineswegs nur ein Phantom war!

Oft wurde die Trägheit der Politik gegenüber den Warnungen kritisiert; man muß jedoch zugeben, daß diese Reaktionsträgheit ihre Gründe hatte. Häufig erkennt man erst nach einiger Zeit, welches das wirklich wichtige Problem und die wirksame Lösung ist. Angesichts dieser Unsicherheit scheint sich in der Umweltpolitik – ob explizit oder unausgesprochen – die Maxime durchzusetzen, vorzugsweise solche Maßnahmen zu ergreifen, die so oder so vernünftig sind und deren Sinn sich nicht einzig auf bestimmte hypothetische Annahmen gründet. An und für sich würde der Umgang mit unübersichtlichen Risiken und unsicheren Lösungen einen experimentellen, stets für neue Erfahrungen offenen Politikstil erfordern; aber diesen zu schaffen, ohne in ein bloßes Sich-Durchwursteln zu verfallen, ist offenbar nicht einfach. Gerade wenn die Umweltbewegung eine Macht werden will, verlangt sie nach festen Positionen.

Diese zu begründen, dazu sind bestimmte Katastrophenszenarien zunächst nicht schlecht geeignet. Wenn die prophezeiten Katastrophen jedoch nicht eintreffen, verfehlt diese Methode ihren Zweck. Ein Problem besteht auch darin, daß die Katastrophenangst gerade dann, wenn sie wirklich empfunden wird, das Denken fixiert und auf große Lösungen versteift, die es nicht gibt. Aus historischer Erfahrung muß man mit der Möglichkeit rechnen, daß gerade diejenigen Gefahren, an die nur wenige denken, besonders tückisch sind. Dazu gehören vor allem die mit schleichenden, niemals alarmierenden Umweltveränderungen verbundenen Risiken. Pfister klagt mit Blick auf die Schweiz, daß eine «nur noch mit Sensationsmeldungen sensibilisierbare Bevölkerung» nur sehr schwer davon zu überzeugen sei, daß «weniger eine Häufung von medienträchtigen Naturkatastrophen als vielmehr schleichende Prozesse wie der Rückzug des Schnees aus den Niederungen» Alarmzeichen eines anthropogenen Klimawandels seien.[39] Auch bei den um 1980 massenhaft registrierten neuartigen Waldschäden hat das Schlagwort «Waldsterben» das irreführende Bild einer akuten Katastrophe hervorgerufen – mit dem seither der Öko-Katastrophenalarm lächerlich gemacht wird –, während die Indizien für einen schleichenden Niedergang vieler Wälder nach wie vor besorgniserregend sind. Braucht die Öko-Bewegung wirklich die Angst vor dem Weltuntergang? Die historische Erfahrung scheint zu zeigen, daß eine praktische Ethik den Glauben an die Hölle nicht nötig hat.

4. Wissenschaftliche, spirituelle und materielle Ursprünge der Öko-Bewegung

Wenn man aus der Geschichte über die Öko-Bewegung eines lernen kann, dann gewiß dies, daß diese Bewegung nicht aus heiterem Himmel kam: aus keiner plötzlichen Erleuchtung, keinem abrupten Umschlag naiver Technikgläubigkeit in Fortschrittspessimismus. Vielmehr entlud sich in ihr ein Unbehagen, das sich seit mehr als einem Jahrhundert angesammelt hatte. Nicht nur bei der Umweltproblematik selbst, sondern auch beim Umweltbewußtsein kann man ein «50er Syndrom» erkennen. In den USA ebenso wie in Teilen Europas kommt bereits im Laufe der 50er Jahre in die Klagen über Wasser- und Luftverschmutzung, manchmal auch über Landschaftsverschandelung und Lärmbelästigung ein neuer herausfordernder Ton, der nach Fundamentallösungen verlangt; und das Thema gewann deutlich an politischer Priorität.[40] Nur deshalb war es möglich, daß Rachel Carsons «Silent Spring» 1962 so prompt einschlug.

Auf den ersten Blick erscheinen die USA, die nicht durch Kriegszerstörungen und Wiederaufbau zurückgeworfen waren, als Pionier des neuen Umweltbewußtseins. Man erkennt das gleiche Grundmuster wie schon im frühen 20. Jahrhundert: Zunächst wird bis zum Exzeß an der Umwelt gesündigt; dann aber inszenieren sich auch Gegenkampagnen spektakulärer als in Ländern der Alten Welt, wo man seit langem bis zu einem gewissen Grade auf Wald- und Bodenschutz bedacht gewesen war und wo man auch in den 50er Jahren DDT nicht tonnenweise vom Flugzeug aus versprühte. Im 19. Jahrhundert hatte man in den USA weit mehr Eisenbahnunfälle toleriert als in Europa; im 20. Jahrhundert dagegen wurde die amerikanische «Safety-first»-Bewegung den Europäern ein Vorbild, ebenso wie der «Health Engineer» und der Nationalpark amerikanischen Stils. Was man im kleinräumigen Europa längst gewußt hatte, lernten die amerikanischen Naturschützer in den 1920er Jahren durch die «Kaibab-Affäre» auf aufsehenerregende Art: daß die ungehemmte Vermehrung bestimmter Wildarten die Landschaft ruiniert. Pittsburgh, um 1900 ein industrielles Inferno, wurde im 20. Jahrhundert zur Musterstadt der urbanen Umweltsanierung. Nachdem der Auto-Smog in Los Angeles katastrophale Kulminationen erreicht hatte, wurde Kalifornien amerikanische Spitze im Umweltbewußtsein.[41]

In Deutschland gab es keine Rachel Carson; aber, genau besehen, war das Umweltbewußtsein auch dort seit den späten 50er Jahren im

Wachsen, wenn auch auf unauffälligere Art. Ein Wasserschützer erkennt schon 1958 eine «weitverbreitete Angstpsychose», zumal man damals noch kein Experte zu sein brauchte, um über die Wasserverschmutzung durch die Städte und die Industrie das kalte Grausen zu kriegen.[42] Im Vergleich zu später allerdings vermißt man damals eine Allianz zwischen dem Umweltschutz und allgemeinen politischen Reformkonzepten. In typischen Fällen besaß der Umweltschutz einen eher konservativen Einschlag. Wie so oft in der Geschichte fehlte nicht eigentlich das Bewußtsein, sondern die wirkungsvolle Akteurskoalition. Und auch mit der Mobilisierung der Wissenschaft war es in den ersten Nachkriegsjahrzehnten nicht weit her. Der weitaus populärste deutsche Naturanwalt der 60er Jahre war Bernhard Grzimek: Er verfügte sicherlich über ein breites biologisches Wissen, appellierte jedoch an sentimentale Emotionen und sah seine Verbündeten weit mehr in den «kleinen Leuten» als in den Intellektuellen.

Der Öko-Szene ist häufig Technikfeindlichkeit unterstellt worden. Aus historischer Sicht ist in diesem neuen Milieu jedoch nicht das Unbehagen, sondern das Interesse an der Technik bemerkenswert. Der Ausweg aus der ökologischen Krise wird zu einem Gutteil in technischen Lösungen, in «sanfter Technik» und Erhöhung der energetischen Effizienz, gesucht; Leitfigur ist kein Hermann Löns, sondern ein Amory Lovins! Und weiter: Zwar pflegen Kritiker den Anhängern der Öko-Bewegung ihre Emotionalität vorzuwerfen. Aus historischer Sicht fällt jedoch gegenüber der Naturromantik früherer Zeiten das genaue Gegenteil auf: in welchem Maße sich diese Bewegung als angewandte Wissenschaft, als «Ökologie», präsentiert und mit welchem Erfolg sie den Anschluß an die Wissenschaft sucht. Schon Rachel Carson war in dieser Hinsicht bahnbrechend. An den Anfang ihres Buches zwar stellte sie eine auf das Gefühl wirkende Todesvision: das Sterben der Vögel, das Verstummen des Vogelgesangs im Frühling. Ein neuartiger Zug des Umweltbewußtseins der letzten Jahrzehnte besteht jedoch darin, daß unsichtbare, mit den Sinnen zunächst nicht wahrzunehmende Gefahren im Zentrum stehen, von deren Realität man sich erst durch Wissenschaft überzeugen kann: die Radioaktivität, die Risiken der Gentechnik, die Veränderung des Klimas durch die CO_2-Emissionen. Auch die Öko-Bewegung kann allerdings nicht wirklich auf die Sinneswahrnehmung verzichten. Das Risiko der Kernenergie ging am meisten bei der Katastrophe von Tschernobyl unter die Haut, die eine sehr sichtbare und sinnenhafte Seite hatte. An die Ernsthaftigkeit des Treibhauseffekts glaubt die Öffentlichkeit am ehesten in ungewöhnlich heißen Sommern.[43]

Aus der Wissenschaftsgeschichte läßt sich der Aufstieg der Öko-Bewegung nicht erklären. Zwar wurde der Begriff «Ökologie» 1866 von Ernst Haeckel als Analogiebildung zu «Ökonomie» gleich mit hohem Anspruch geprägt; und Haeckels «Welträtsel» (1899) – ein Welt-Bestseller jener Zeit – wurde zur Bibel der «Monisten», die auf die Einheit von Mensch und Natur eine ganze Weltanschauung gründeten. Aber von dort führte kein direkter Weg zur «Ökologie» der Öko-Bewegung. Das, was innerhalb der Wissenschaft zwischen Haeckel und Rachel Carson als «Ökologie» existierte, war ein meist politik- und öffentlichkeitsferner Seitenzweig der Biologie, der lange ein unscheinbares Nischendasein führte und aus eigener Kraft nie in der Lage gewesen wäre, die öffentliche Meinung zu erobern.

Eine merkwürdige historische Paradoxie besteht darin, daß sich die wissenschaftliche Ökologie gerade zu jener Zeit, als die Öko-Bewegung Gestalt annahm, in eine Richtung entwickelt hatte, die sie von der «Ökologie» im nunmehr populären Sinne entfernte. Arthur G. Tansleys zuerst 1935 formuliertes Konzept des «Ökosystems» bedeutete eine Absage an die ältere ökologische Vorstellung der Lebensgemeinschaft und reduzierte die Welt auf Stoff- und Energieflüsse. Auf diese Weise wurde die Ökologie zu einer «harten», exakt quantifizierenden, zugleich aber ganz unromantischen und wertfreien Wissenschaft, in der der Mensch als Geschöpf sui generis gar nicht vorkam. Im Zuge der Weiterentwicklung der Ökologie wurde auch das alte Ideal der «unberührten Natur» demontiert und gerieten die Ökosysteme ins Fließen; einen idealen Ruhezustand gab es nicht mehr. Die Öko-Bewegung hatte ursprünglich das überholte Konzept jener idealen urtümlichen Lebensgemeinschaft zwischen Mensch und Natur im Herzen gehabt – was nicht heißt, daß sie nicht auch mit den Neuentwicklungen in der ökologischen Wissenschaft korrespondieren konnte. Wenn jedoch Hubert Weinzierl, der Vorsitzende des BUND, noch 1980 verkündete, der Naturschutz baue «auf unverrückbaren ökologischen Grundgesetzen» auf[44], so war längst zweifelhaft, ob die Ökologie solche Gesetze liefert.

Heute wie schon im 18. und 19. Jahrhundert bekommt die Erforschung anthropogener Umweltschäden ihre stärksten Impulse nicht aus inneren Tendenzen bestimmter Wissenschaften, sondern wesentlich von außen, aus der praktischen Erfahrung und den in Praxisfeldern entwickelten Interessen. Das spricht nicht gegen, sondern eher *für* die Fundiertheit dieser Sorgen. Bei alldem bleibt jedoch bemerkenswert, in welchem Maße sich die Umweltbewegung, in der anfangs viel Grundsatzkritik an der modernen Wissenschaft ertönte, im Lauf der Zeit verwissenschaftlicht hat. Diese Verwissenschaftlichung hat ihren Preis; und nicht immer ist sicher, ob der Preis sich lohnt. Verwissenschaftlichung schafft Hierarchien, mit den Laien zuunterst, auch wenn die Initiative von ihnen kam. Das Wissen der Laien wird abgewertet, auch wenn es für die Praxis des Umweltschutzes mindestens so nützlich ist wie das Expertenwissen. Bei Fachsimpeleien über Grenzwerte kann der Laie kaum noch mitreden, auch wenn die Grenzwerte letztlich ausgehandelt und nicht aus Laborexperimenten deduziert werden. Da die Erforschung vieler Umweltprobleme nie zum Ende kommt, ist es in der Politik schon längst ein beliebter dilatorischer Trick, Fragen an die Wissenschaft zu verweisen.[45] Indem man Umweltprobleme als «ökologisch» definiert, verschleiert man, daß die Entscheidung in der Regel auch eine Frage von Interessen ist.

Zu alledem neigen Experten dazu, Probleme und ihre Lösungen zu komplizieren, um sie in der eigenen Kompetenz zu behalten. Auch schieben sie gerne solche Probleme weg, die für die eigene Disziplin uninteressant sind. Simple konventionelle Themen wie Bodenerosion oder Lärm, die für Leben und Wohlergehen sehr vieler Menschen von größter Bedeutung sind und noch vor wenigen Jahrzehnten in der Proto-Umweltdebatte weit oben rangierten, laufen in den letzten Jahrzehnten im allgemeinen weit unter Kurs – sie bieten wenig Stoff für attraktive Forschungsprojekte. Auch Flugzeuge und Lastkraftwagen finden als Umweltstörer schwerster Art bei weitem nicht die Aufmerksamkeit, die sie verdienen. Die Regierung Adenauer hatte sich einst mit der Lkw-Lobby weitaus härter auseinandergesetzt als später die Regierungen der Öko-Ära.[46]

Die Öko-Bewegung schneidet ihre Wurzeln ab, wenn sie die sinnenhafte Erfahrung abwertet, und wohl auch, wenn sie ihre spirituelle Grundlage verleugnet. Bei aller Berufung auf ökosystemare Zusammenhänge enthält doch jene Natur, um die es der Öko-Bewegung geht, in ihrem Innern vieles von der alten Göttin Natura, die man lieben und mit der man in der Phantasie Zwiesprache halten konnte: Das verrät sich in Leitbildern wie «Frieden mit der Natur»! Gerade in der Gegenwart, wo die größten Umweltprobleme im Alltag nicht mehr sinnlich faßbar sind, reicht eine rein pragmatische Basis für die Öko-Bewegung nicht aus.

Das spirituelle Element des Umweltbewußtseins variiert je nach den kulturellen Traditionen der Länder. Besonders deutlich sind die spirituellen Wurzeln der neuen Öko-Bewegung in den USA, wo eine «transzendentalistische» Traditionslinie von Emerson und Thoreau über John Muir und Aldo Leopold bis zu Rachel Carson reicht. Carson verehrte Albert Schweitzer und bekannte sich zu seiner Ehrfurcht vor allem Leben, auch dem tierischen; sie schloß Freundschaft mit einer Spinne und war tief ergriffen durch den Anblick der über Flußtreppen springenden Lachse, die es zu ihrer Heimat zurückzog, obwohl sie im Meer hätten bleiben können. Der Mediävist Lynn White argumentierte in seinem berühmt gewordenen Essay über die «historischen Ursprünge unserer ökologischen Krise», der letzte Grund dieser Krise liege in der jüdisch-christlichen Religion, und daher sei sie letztlich auch nur auf spirituellem Wege zu überwinden. Er empfahl den Ökologen Franz von Assisi als Schutzheiligen und rühmte die Beatniks, die Vorläufer der Hippies, mit ihrer «Affinität zum Zen-Buddhismus» als die wirklichen Revolutionäre unserer Zeit. Die Hippies, die in ihren Anfängen von Thoreau beeinflußt wurden, haben zumindest atmosphärisch zu dem neuen Leitbild des «sanften» Umgangs mit der Natur – auch der menschlichen – nicht wenig beigetragen, sofern sie nicht den harten Drogen verfielen. Später wurde der Anfang der amerikanischen Öko-Bewegung gerne auf den «Earth Day» von 1970 datiert: Auch dieses Geschichtsbild betont das spirituelle Element.[47] Es vernachlässigt freilich die institutionelle Ebene – so etwa die Gründung der EPA (Environmental Protection Agency), ebenfalls 1970 – und ignoriert auch die viel älteren Traditionen der Städtehygiene und der Forstwirtschaft.

Die amerikanische Ökofeministin Charlene Spretnak glaubte 1984 im Innern auch der deutschen Grünen eine spirituelle Wärmequelle zu entdecken, die vielen Grünen allerdings peinlich sei und am liebsten verleugnet werde. In der Tat, in professionell geschriebenen Analysen der Grünen von deutschen Autoren, ob Hubert Kleinert oder Joachim Raschke, findet man so gut wie nichts davon – es ist, als handelten sie von einer ganz anderen Partei als Charlene Spretnak. Deren Kronzeugin ist Petra Kelly, die stark durch ihr Studium in Washington geprägt und dort in ihrer spirituellen Unbefangenheit bestärkt wurde. Vielen deutschen Linken fiel dagegen bei jeglicher Mystik immer gleich «Faschismus» ein.[48]

Für das breitere Öko-Milieu dagegen, aus dem die Grünen ihre Wähler beziehen und dessen emotionale Impulse vielfach aus Naturheillehren, Natur-Esoterik und östlichen Religionen stammen, ist das spirituelle Moment vermutlich von erheblicher Bedeutung. Vielleicht hat man hier sogar jene innere Einheit dieses Milieus, nach der die Sozialwissenschaftler vergeblich suchen! Sogar Geschichten von ökologischen Erweckungserlebnissen werden gerne erzählt.

Züge einer Religion besaß bereits die «Ökologie» Ernst Haeckels, des erklärten Feindes der christlichen Kirchen. Die «Göttin der Wahrheit» – so Haeckel – «wohnt im Tempel der Natur, im grünen Walde, auf dem blauen Meere, auf den schneebedeckten Gebirgshöhen.» Der Naturkult war keineswegs nur eine Angelegenheit der Literaten und Ästheten. Selbst handfeste Vorkämpfer einer naturnäheren Wasserwirtschaft wie Alwin Seifert empfanden ein Bedürfnis nach einer spirituellen Begründung ihres Tuns. Zur konsequenten «Abwasserbekämpfung» sei «eine verpönte Art ‹romantischer› Grundhaltung unerläßlich», ein Gespür für die «uralten heidnischen Beziehungen zum klaren Wasser der Bäche», heißt es in einer 1958 von der Vereinigung Deutscher Gewässerschutz herausgegebenen Schrift. Auch in der Anti-AKW-Bewegung verstärkte sich im Laufe der 70er Jahre das naturromantische Element, vor allem, als sie das archaische, abseitige Wendland gegen das Wiederaufarbeitungsprojekt bei Gorleben verteidigte. Vor allem unter der Parole «Gorleben soll leben» wurde sie zur breiten Sammlungsbewegung, nachdem sie vorher in Gemäßigte und Radikale zu zerfallen drohte. Noch populärer wurde die neue deutsche Öko-Bewegung durch den «Waldsterben»-Alarm der frühen 80er Jahre, als sie die alte deutsche Waldromantik für sich mobilisieren konnte. Auch die Öko-Bewegung der Schweiz bekam erst durch das «Waldsterben» politische Durchschlagskraft. Der damalige Alarm lenkte allerdings von den Sünden der Forstwirtschaft, den Fichten-Monokulturen ab. Erst «Forstmeister Sturm» – der Sturm Wiebke im Frühjahr 1990 mit seinen verheerenden Waldschäden – bewirkte in breiten deutschen Forstkreisen eine Wende zum naturnäheren Wald.[49]

Deutlicher als die spirituelle ist die institutionelle Basis der Öko-Bewegung. Denn wenn man die Dinge im größeren zeitlichen Rahmen betrachtet, brach diese Bewegung keineswegs ganz von außen in die politische Sphäre ein. Unter dem momentanen Eindruck jener dramatischen Szenen, als die Anti-AKW-Demonstranten vor die Wasserwerfer der Polizei gerieten, kann man leicht vergessen, daß sich Natur- und Umweltschutz im großen und ganzen in Affinität zu staatlichen Instanzen entwickelt haben und es ganz unrealistisch wäre, eine Geschichte des Umweltbewußtseins ohne diesen Hintergrund zu schreiben. Ob in Europa oder in den USA: Von Hause aus handelte es sich keineswegs um eine staatsfeindliche, sondern eher um eine integrative Bewegung, trotz vieler Kollisionen mit staatlichen Instanzen im konkreten Fall. Das staatliche Bildungswesen, die Forschungsanstalten, die Forstverwaltungen, die Gesundheitsämter, die Gewerbeaufsicht und nicht zuletzt die Kommunalverwaltungen: ohne sie ist die moderne Entwicklung des Umweltbewußtseins und des Umgangs mit Umweltproblemen gar nicht zu denken. Rachel Carson erwarb ihre ökologische

Kompetenz als Mitarbeiterin des U. S. Fish and Wildlife Service (FWS); als sie allerdings am «Silent Spring» schrieb, hatte sie sich selbständig gemacht und recherchierte auf eigene Faust. Ihr Ruhm entstand durch die Resonanz, die sie in der Öffentlichkeit und den Medien fand, aber auch durch ihre Auftritte vor dem Senatskomitee und dem wissenschaftlichen Beirat des Präsidenten. Die Regierung Kennedy erkannte im Umweltschutz rasch ein zur Profilierung geeignetes Thema und noch mehr Kennedys Nachfolger Johnson, der in seiner «Great-Society»-Ansprache von 1964 erstmals «das Umweltproblem in den größeren Kontext seiner Vision von der zukünftigen amerikanischen Gesellschaft stellte». Es war damals ein weit attraktiveres Problem als der Vietnamkrieg. Der Deutsche Naturschutzring brachte 1966 eine Dokumentation «Natur in Not» heraus, die er mit beifälligen Briefen von Adenauer, Franz Josef Strauß und Bundespräsident Lübke garnierte – noch nichts davon, daß das konservative Machtkartell als Feind aufgebaut wurde! Der Herausgeber, der spätere BUND-Vorsitzende Hubert Weinzierl, war damals Regierungsbeauftragter für den Naturschutz in Niederbayern; er suchte zu jener Zeit noch das Bündnis mit der einflußreichen Jagdlobby. «Umweltpolitik» als neuer umfassender Politikbereich wurde 1970 von der neuen sozialliberalen Regierung auf der Suche nach populären Aktionsfeldern nach US-Vorbild erfunden; und Umwelt-Bürgerinitiativen fanden anfangs sogar staatliche Förderung![50]

Ebenso wie den Gegensatz zwischen Umweltschutz und Staat sollte man den Widerspruch zwischen Ökologie und Ökonomie nicht überbewerten. Wenn man das nichtanthropozentrische Selbstverständnis von Teilen der Öko-Bewegung ernst nimmt, erscheint der Widerspruch freilich als unlösbar; in der historischen Realität dagegen existiert kein solcher Fundamentalkonflikt, und es ist zweifelhaft, ob es klug war, ihn als Schaukampf zu inszenieren. Im großen gesehen und auf längere Sicht betrachtet, bestand zwischen ökonomischen und ökologischen Interessen in der Regel viel Konvergenz. Das gilt selbst noch für die Kernenergie-Kontroverse: Indem die Protestbewegung die gigantischen Kernkraftpläne der frühen 70er Jahre mitsamt Brüter und Wiederaufarbeitung stoppte, hat sie die Energiewirtschaft vor den größten Fehlinvestitionen ihrer Geschichte bewahrt. Eine deutliche Konvergenz besteht auch zwischen der Öko-Bewegung und der sinkenden Bedeutung der Industrie gegenüber dem tertiären Sektor und der abnehmenden Bedeutung der Energie im «elektronischen Zeitalter». In der Landwirtschaft sind als Folge der Überproduktion die Flächenstillegung, Aufforstung und Schaffung neuer Wildnisse rational geworden. In der Forstwirtschaft fördern steigende Lohnkosten und sinkende Erträge die Neigung, den Wald einfach sich selbst zu überlassen. Heute kann man fast daran zweifeln, ob es die Öko-Bewegung als Gebilde eigener Art noch gibt oder ob ihre Motive, soweit sie praktische Bedeutung haben, nicht längst von politischen und ökonomischen Mächten aufgesogen worden sind. Dieser Vorgang der Vereinnahmung, der manchmal am klarsten von verärgerten Außenseitern benannt wird, kann neue Probleme schaffen, für die eine kritische Öffentlichkeit noch nicht existiert.

5. Nepal, Bhutan und andere Gipfelperspektiven: Umweltprobleme im Visier des Tourismus, der Entwicklungshilfe und der Raumfahrt

Im Herbst 1966 kursierte in der Hippie-Szene die Parole «Christmas in Kathmandu», und tatsächlich strömten zu Weihnachten Hunderte von «Blumenkindern» in die nepalische Hauptstadt. Das Himalaya-Königreich wurde zum magischen Ziel eines neugierigen Ferntourismus. Ab 1969 folgten auf die sanften Hippies die robusten Trekking-Touristen, deren Zahl sich bis 1979 nahezu verhundertfachte. Mit der Gründung der nepalischen Nationalparks kam eine wachsende Zahl von Öko-Touristen dazu, die nicht nur das Hochgebirge, sondern auch die Dschungelgebiete des Südens entdeckten. Die Royal Nepal Airlines gaben den Werbeslogan aus, neben Hinduismus und Buddhismus habe Nepal nunmehr eine dritte Religion: Tourismus. Zugleich wurde der Himalayastaat zum bevorzugten Revier von Ethnologen und Entwicklungshelfern. Nepal ist heute eines der bestuntersuchten Länder der Dritten Welt und eines mit dem höchsten Pro-Kopf-Aufkommen an Entwicklungshilfe.

Nepal, das sich zunächst als Eldorado überreicher alter Kultur und grandioser Natur präsentierte, wurde seit den späten 70er Jahren zugleich als Paradigma schlimmster Natur- und auch Kulturzerstörung wahrgenommen. Das neue Leitmotiv gab 1975 ein Artikel von Erik P. Eckholm mit der These, in keinem anderen Gebirgsland der Welt seien die Kräfte der «ecological degradation» so rapide und sichtbar am Werk wie dort. In den 80er Jahren galt Nepal als das Land mit der weitaus höchsten Entwaldungsrate Südasiens; es wurde zum Lehrstück für den Teufelskreis von Übervölkerung, Entwaldung, Erosion und noch stärkerem Bevölkerungsdruck. Genauer besehen, könnte es jedoch mindestens so sehr ein Lehrbeispiel werden für die Problematik der Umweltwahrnehmung von außen, der Konstruktion von Umweltproblemen nach einem bestimmten Schema, der Rückwirkung von Projekt-Interessen auf die Definition von Umweltkrisen und überhaupt für das Dilemma der Umweltpolitik in weiten Teilen der Welt.[51]

Gewiß hat die rasante Entwicklung des Nepal-Tourismus den Blick auf die dortige Umwelt erweitert und geschärft, und zwar durchaus auch in einem kritischen Sinne, nicht nur auf der Linie der Reiseprospekte. Euphorie und Ernüchterung liegen auf Urlaubsreisen oft nahe beieinander. Hier wie anderswo neigt die Umwelt-Wahrnehmung der Touristen zu einem extremen Helldunkel: Zwischen Himmel und Hölle gibt es wenig Zwischenstufen. In den neuen Nationalparks präsentierte sich Nepal mehr denn je als Paradies der «Biodiversity». Zugleich jedoch erstickte das Tal von Kathmandu, das bis in die 70er Jahre wie ein Märchen aus Tausendundeiner Nacht gewirkt hatte, in Abgasen, Smog, Lärm und Müll. Im Inferno von Kathmandu wirkte die ökologische Katastrophendiagnose nur allzu plausibel. Die Trekker im Himalaya sahen die von anderen Trekkern verursachten Umweltschäden, und sie sahen auch die Fragilität der Terrassenfelder in den höchsten Regionen. Schon vom Flugzeug aus erkennt man allenthalben Erdrutsche, ohne allerdings beurteilen zu können, ob diese menschlichen oder natürlichen Ursprungs sind. In den Agrargebieten des Mittel- und Unterlandes gibt es kaum Touristen, und auch für Forscher sind diese Regionen weniger von Interesse. Die Ökotouristen suchen den vermeintlichen Urwald und schenken den zahllosen kleinen Bambushainen inmitten der Ackerbaugebiete nur wenig Beachtung. Hinzu kommt eine zeitliche Blickverengung: Da Nepal bis 1950 ein verschlossenes Land war, besteht bei Ausländern die Tendenz, Wandlungsprozesse auf die Zeit danach zu datieren.

Zwischen der Umwelt-Wahrnehmung der Touristen, der Entwicklungshilfe-Organisationen, nepalischer Instanzen und auch der indischen Öffentlichkeit haben sich Konvergenzen und Wechselwirkungen herausgebildet. Da das Entwicklungsmodell im Sinne der herkömmlichen Fortschrittsidee längst fragwürdig geworden ist, sucht die Entwicklungshilfe seit den 70er Jahren nach einer neuen ökologischen Legitimation. Sie braucht daher solche Umwelt-Krisendefinitionen, die die Basis für Entwicklungsprojekte liefern. Wenn man den Kern der Krise als «Entwaldung» definiert, kann man damit große Aufforstungsprojekte begründen, auch wenn diese gar nicht dort Abhilfe schaffen, wo sich das Abholzen von Bäumen verderblich auswirkt. Definiert man den Kern der Krise als Energienot und Folge von Brennholz-Übernutzung, versprechen Stauseen zur Elektrizitätsgewinnung Abhilfe, auch wenn diese zugleich kostbares Ackerland in den Tälern überfluten. Der Anreiz zum Bau von Wasserkraftwerken ist im Himalaya extrem hoch; es waren vor allem technische Schwierigkeiten und Kooperationsmängel zwischen den Himalayastaaten, die derartige Projekte bislang hemmten.

Ein Report der Weltbank prophezeite 1978, in zwanzig Jahren werde es in Nepal keine zugänglichen Wälder mehr geben. Aufforstungsprojekte wurden zu einem probaten Mittel, um Geld von der Weltbank und anderen Entwicklungsfonds zu bekommen. Der nepalische Staat brauchte nicht lange, um sich in seinen Sprachregelungen auf diese neue Situation einzustellen. Die Öko-Katastrophendiagnose wurde zur offiziellen Doktrin. Zur Durchsetzung staatlicher Waldschutzprogramme verkündeten Forstbeamte auf Dorfversammlungen, ohne diese Projekte würde der Ackerboden in den Golf von Bengalen gespült werden. Auch in Indien griff man die Katastrophentheorie auf, da sie geeignet war, die Schuld an den Überschwemmungen in Bengalen auf Nepal zu schieben. Ein indischer Sammelband spricht von einem «Environmental Holocaust» (1989) im Himalaya; das dort präsentierte Belegmaterial vermag jedoch eine derart krasse These nicht zu stützen.[52]

Der nepalische Entwaldungsalarm erinnert in mancher Hinsicht, wenn man die Hintergründe analysiert, an den mitteleuropäischen Entwaldungsalarm des späten 18. Jahrhundert: Eine Krise bestimmter Art wird herbeidefiniert, um Interventionen von oben zu rechtfertigen. Hier wie dort beruhte die Klage über «Entwaldung» auf einer bestimmten Definition von Wald, die aufgelockerte Hude- und verstreute Bauernwälder ausschloß. In vielen nepalischen Gebirgsregionen läßt sich der Wald nur durch Luftaufnahmen erfassen; Bewaldungsangaben variieren je nachdem, welche Kronendichte man als «Wald» definiert. Allerdings gibt es einen Unterschied zu früher: In Deutschland fand die Aufforstung tatsächlich statt; in Nepal geschieht sie allzu oft nur auf dem Papier!

Was läßt sich über die reale Umweltsituation in Nepal und über die Ursachen ermitteln? Pauschalaussagen sind stets anfechtbar; denn die regionalen Unterschiede sind in einem Land wie Nepal extrem groß: schon durch die Geographie, aber auch durch die Unterschiedlichkeit dortiger Kulturen. Die pauschale Schuldzuweisung an die Bergbauern, die einem weltweit verbreiteten Muster folgt, ist mit großer Wahrscheinlichkeit falsch. In den Bergen ist es oftmals nicht die Übervölkerung, sondern die Abwanderung, die zum Verfall der Terrassen führt. Wenn es oft heißt, die Bergbauern machten auch den letzten Baum zu Brennholz, so kann sich der Nepal-Wanderer leicht vom Gegenteil überzeugen. Da viele Bauern das Laub der Bäume als Viehfutter benötigen, ist eine bäuerliche Baumkultur weit verbreitet. Eine Brennholz-

Verknappung wird auf dem Lande vielfach nicht wahrgenommen. Dabei ist freilich zu bedenken, daß das Brennholzsammeln in Nepal wie in vielen Ländern der Welt traditionell Frauenarbeit ist; da bekommen es die Männer nicht zu spüren, wenn die Holzbeschaffung immer weitere Wege erfordert!

Eine nachweisliche Entwaldung großen Ausmaßes hat vor allem im Unterland, im Terai, stattgefunden, seitdem dort ab 1957 mit DDT die Malaria ausgerottet und damit der Weg zur Urbarmachung durch von auswärts kommende Siedler geöffnet wurde. Aber bei diesem Entwaldungsschub handelt es sich eher um einen historisch einmaligen Vorgang, der mittlerweile durch die Einrichtung der Nationalparks gestoppt wurde. Bis 1982 war Nepal ein bedeutendes Holzexportland; bis vor kurzem noch lebten die Nepali in dem Bewußtsein, einen Überfluß an Wald zu haben. Auch daraus erklärt es sich, daß es an älteren Waldschutz-Traditionen vielfach fehlt.[53]

Die Umweltschädigung durch den Tourismus scheint, insgesamt gesehen, längst nicht die Bedeutung zu haben, die ihr von kritischen Touristen oft zugeschrieben wird. Am stärksten vom Tourismus betroffen sind die Sherpas, die Lastträger und Lieblinge der Hochgebirgs-Trekker; aber deren Kultur scheint entgegen früheren Behauptungen durch den Tourismus eher stabilisiert worden zu sein. Die tiefste Zäsur für die Sherpa-Ökologie bedeutete vermutlich die schon Ende des 19. Jahrhunderts beginnende Einführung der Kartoffel. Da die Sherpas diesen neuen Kalorien-Mehrertrag jedoch teilweise zur Gründung von Klöstern verwandten, förderte die Kartoffel in diesem Fall indirekt die Geburtenregelung. Aber die tibetisch-buddhistischen Sherpas, bei denen sich auch gewisse Waldschutz-Traditionen nachweisen lassen, sind für die nepalische Gesamtbevölkerung keineswegs typisch. Es wäre falsch, der pauschalen Schuldzuweisung an die Bergbewohner eine ökologische Apotheose der Bergbauern entgegenzusetzen! Es gibt durchaus Prozesse der Bodendegeneration, die diese weder bewältigen noch überhaupt durchschauen.[54]

Überhaupt wäre es voreilig, sich von der Einsicht, daß an den behaupteten Umweltkatastrophen vieles absichtsvoll konstruiert ist, zu dem Pauschalurteil verführen zu lassen, daß es sich bei allen Umweltkrisen lediglich um Konstrukte handele. Wenn die empirischen Belege der Pessimisten lückenhaft sind, so heißt das noch lange nicht, daß die Gegenposition, der Optimismus, fundiert wäre. Gerade Nepal bietet für einen Öko-Optimismus wenig Grund. Selbst Kritiker der Katastrophentheorie betrachten die nepalischen Umweltveränderungen mit großer Sorge. Gewiß muß man bedenken, daß es sich bei dem Teufelskreis Übervölkerung – Entwaldung – Erosion um einen Idealtypus handelt, der in der Realität gewöhnlich nur teilweise und nur unter bestimmten Bedingungen zutrifft. Aber der konträre Idealtypus, bei dem das Bevölkerungswachstum zu besserer Bodennutzung führt, trifft die nepalischen Verhältnisse in aller Regel noch weniger. Die Bevölkerungsverdichtung ist nicht von steigenden, sondern teilweise von sinkenden Flächenerträgen begleitet. Zwar sind viele Sherpas ähnlich düngerbewußt wie deutsche Musterbauern im 18./19. Jahrhundert; im übrigen gibt es jedoch viele Hinweise auf unzulängliche Düngung und abnehmende Bodenfruchtbarkeit.

So pittoresk die nepalischen Ackerbauterrassen wirken, so sind sie in der Regel doch keine sehr stabile Struktur. Meist haben sie keine Stützmauern, sondern die Böschungen werden in jedem Winter abgestochen und neu modelliert; an steilen Hängen kann jeder heftige Monsunregen dieses System ins Rutschen bringen – und mit wachsendem Bevölkerungsdruck ziehen sich die Terrassen immer steiler die Berge hinauf. Nepal mit seinen heterogenen Kulturen ist keine straff organisierte hydraulische Gesellschaft wie Java oder Bali; vielmehr kommt es häufig vor, daß die Bauern einander nachts das Wasser abgraben. Der Ackerbau beruht hier auf tierischem Dünger, also auf ausgedehnten Weidegebieten; diese werden jedoch durch die Bevölkerungsverdichtung verengt. Wenn sich bislang auch keine akute Umweltkatastrophe erkennen läßt, so gibt es doch zahlreiche Indizien für eine schleichende Krise.

Diese ist jedoch vermutlich nicht von einer solchen Art, daß sie sich durch Entwicklungsprojekte und auswärtige Experten wirksam angehen ließe. Zwar gehören Bekenntnisse zur «participation» der Bergbauern längst zum Entwicklungshilfe-Jargon; aber selbst eine Publikation des ICIMOD (International Centre for Integrated Mountain Development) in Nepal bekennt: «Mountain people are invisible to policy-makers, even in a predominantly mountain country like Nepal.» Mit den Bambushainen und Terrassenböschungen haben die großen Entwicklungsprojekte in aller Regel nichts zu schaffen. Der gesamte Stil der aus der Ferne konzipierten Politik paßt schlecht zu den Problemen des Bergbauerntums. Hier wie anderswo hat gerade der staatliche Anspruch auf den Wald, der nie von einem effektiven Forstmanagement begleitet war, dazu beigetragen, die Lokalbevölkerung gegen den Waldschutz von oben aufzubringen.

Das Öko-Schrifttum über Nepal ist imposant; aber phänomenal und bezeichnend ist auch die Zusammenhanglosigkeit zwischen dem Öko-Diskurs und den Vorgängen im Lande. Noch mehr als in Europa muß der Historiker in einem solchen Land darauf achten, die Diskurs- nicht mit der Realgeschichte zu verwechseln. Die Umwelt-Publizistik erfordert eine eigene Art von Quellenkritik. In Nepal wie in vielen anderen Ländern der Dritten Welt scheint der fatalste Punkt der zu sein, daß ein Großteil der Landbevölkerung nicht mehr an die Zukunft der eigenen Lebensform glaubt, sondern gerade die Aktivsten der jungen Generation in die Stadt und am liebsten weiter in die USA möchten. Nachhaltigkeit erfordert als soziale und mentale Basis eine Bevölkerung, die nicht nur äußerlich, sondern auch innerlich zu Hause ist und an die Zukunft ihrer Heimat glaubt, so wie die Bauern in der Zeit der alten Agrarreformen, deren Zukunftsvertrauen sich in prachtvollen Hofanlagen manifestierte. Aber diese Mentalität droht im Zeichen der allgemeinen Mobilität zu erodieren; und dieser Prozeß ist vermutlich noch verhängnisvoller als die Bodenerosion.[55] Viele Entwicklungshelfer leisten wider Willen schon durch ihre bloße Existenz – ihren neiderregenden Lebensstil, ihre nach Drittweltmaßstäben exorbitanten Gehälter – der «Nichts-wie-weg»-Mentalität Vorschub!

Als das Tal von Kathmandu im Smog versank, entdeckten manche Touristen, daß es in nächster Nähe noch ein anderes, wirklich archaisches und unberührtes Himalaya-Paradies gibt: *Bhutan*. Dieses entlegene und bis dahin kaum bekannte buddhistische Königreich, von den natürlichen Gegebenheiten her Nepal so ähnlich, stellte sich seit den 80er Jahren als entgegengesetztes Extrem dar: als ein Land, das die Fehler Nepals konsequent vermied. Wie kaum ein anderes attraktives Land der Welt sperrte Bhutan sich bislang hartnäckig gegen den Massentourismus. Die Tourismusplanung Bhutans gelte als «eine der vorbildlichsten der Welt», rühmt ein für das Bundesamt für Naturschutz erstellter Bericht über «Biodiversität und Tourismus» (1997). Bhutan besitzt (1990) pro Kopf der Bevölkerung fast zwölfmal soviel Wald wie Nepal; es ist eines der ganz wenigen Drittweltländer, das eine wirksame Waldschutzpolitik nicht nur in Naturreservaten betreibt, und dies im Rahmen einer Gesamtpolitik, die das traditionelle Holz- und Textilhandwerk schützt und die Einfuhr industrieller Massenprodukte gering hält.

Bhutan wurde für seine Liebhaber zum neuen Shangri-La, zum buddhistischen Traumland und Ersatz für das von den Chinesen okkupierte und rüde abgeholzte Tibet. Durch Nebelwälder hinauf glaubt der Reisende in ein Märchenland zu gelangen, wo die Zeit stehengeblieben und die Natur noch unverletzt ist. Auch in Bhutan gab es jedoch eine Zeit des rücksichtslosen Raubbaus an den Wäldern; erst seit 1980, im Zuge der weltweiten Öko-Ära, ist die Regierung zu einer energischen Waldschutz- und Aufforstungspolitik übergegangen. Sie scheint insgesamt erfolgreich zu sein, auch wenn sich das Verbot der Brandrodung nicht überall durchsetzen ließ. Der Hauptgrund für die guten Waldzustände ist gewiß die sehr geringe Bevölkerungsdichte. Bhutan besitzt keine breiten Täler, in denen sich eine agrarische Wachstumsdynamik entfalten konnte; und die Polyandrie und der hohe Anteil der Mönche, vielleicht auch die relative Selbständigkeit der Frauen halten die Bevölkerungszahl stabil. Die geographische Abgeschiedenheit des Landes und das weitgehende Fehlen von aufreizendem Luxuskonsum der Oberschichten begünstigt eine Atmosphäre relativer Bedürfnislosigkeit. Es gibt keine größeren Städte und kaum ansatzweise eine «dual economy»: ein schroffes Nebeneinander von modernen und traditionellen Wirtschaftssektoren. Damit entfallen Hauptprobleme der Dritten Welt, die einen wirksamen Umweltschutz erschweren. 1960 wurden die Wälder Bhutans verstaatlicht; aber dieser Akt, der in Nepal wie in vielen anderen Ländern die Anwohner dem Wald entfremdete, scheint in Bhutan nicht die gleiche negative Wirkung zu haben.[56] Das ist der Vorteil eines kleinen überschaubaren Landes, wo die Hauptstadt kaum mehr als ein großes Dorf ist und trotz des autoritären Regierungssystems Regenten und Regierte einander gleichsam in Sichtweite sind.

Das bhutanische Ökotopia hat seit 1990 seine Schattenseite, und auch diese könnte exemplarische Bedeutung haben: die Vertreibung von über 100 000 meist nepalischen Einwanderern aus dem Land. Die Flüchtlinge machen etwa ein Sechstel der bisherigen Bevölkerung Bhutans aus. Unmittelbarer Anstoß waren Unruhen als Folge einer in den 80er Jahren von der Regierung betriebenen Politik der «Bhutanisierung», deren äußeres Zeichen die allgemeine Durchsetzung einer Nationaltracht und auch die Schaffung eines «Green Belt», eines unbewohnten Waldgürtels gegenüber Indien, war. Gerade dort konzentrierte sich die nepalische Bevölkerung. Die Regierung begründete die Ausweisung mit der mangelnden Loyalität der Einwanderer, aber auch mit quasiökologischen Argumenten: Die Nepalesen vermehrten sich stärker als die Einheimischen, sie zerstörten die Wälder mit ihrer Brandrodung; die Alteingesessenen würden mitsamt ihrer Kultur und Natur zu einer «endangered species».[57] Das entspricht dem üblichen Pauschalbild der nepalischen Umweltkrise, das jedoch, genau besehen, nur teilweise zutrifft.

Man erkennt, wie eng in Bhutan Ökologie mit der Erhaltung des politischen Systems verquickt ist. Eine Warnung war das Schicksal des benachbarten Sikkim, das seine Unabhängigkeit verlor, als nepalische Immigranten zur Mehrheit der Bevölkerung geworden waren. Eine bare

Erfindung war die der bhutanischen Kultur und Natur drohende Gefahr wohl kaum. Ein Öko-Dilemma, das in westlichen Umwelt-Diskursen bislang nur am Horizont auftaucht, wurde in Bhutan akut; darin könnte das archaische Gebirgsland zukunftsträchtig sein.[58] Ob sich jedoch der bhutanische Sonderweg auf die Dauer wird halten können, ist unsicher.

Das Worldwatch-Institut in Washington glaubt bereits als allgemeine Regel zu erkennen, daß sich die Menschen in dem Maße, wie der Bevölkerungsdruck zunehme und sich die regionalen Ressourcen verknappten, «zu ihrem Schutz auf ethnische und religiöse Gemeinsamkeiten» besönnen.[59] Sie verhalten sich damit nicht einmal völlig verblendet; denn tatsächlich läßt sich eine Balance zwischen Mensch und Natur am besten in kulturell homogenen sozialen Mikrokosmen herstellen. Was aber, wenn es ein Zurück zu diesen kleinen Traditionswelten nicht mehr gibt oder der Weg dorthin über schreckliche Blutbäder führt? Der Ausweg wäre der Nationalstaat, der aus einer historisch gewachsenen Symbiose benachbarter Kulturen hervorgeht. Aber in weiten Teilen der Welt gilt die Loyalität nicht dem Staat, sondern der Familie, der Sippe, dem Stamm, der Religion, der Partei. Der Staat gilt – oft zu Recht – als korrupt und als bloßes Werkzeug einer herrschenden Fraktion. Darin dürfte das Dilemma nicht nur der Sozial-, sondern auch der Umweltpolitik in einem Großteil der heutigen Welt bestehen. Daraus erklärt sich der Aufstieg der «Non-Government Organizations» (NGO) in der Entwicklungshilfe und auch in der internationalen Umweltpolitik der neuesten Zeit. In Nepal gründete 1984 sogar der König eine Naturschutz-NGO!

Aus dem Versagen vieler Staaten könnte man – wie es oft geschieht – die Folgerung ziehen, daß die Umweltpolitik nur von einer internationalen, am besten globalen Ebene aus wirksam betrieben werden kann. Dort – so könnte man argumentieren – sind die weiteste Sicht, die umfassendste Kompetenz und die größte Distanz zu der Borniertheit der umweltzerstörenden Partikularinteressen. Die ökologische Wissenschaft kennt ohnehin keine nationalen Grenzen, und grenzüberschreitend sind auch viele Emissionen. Gerade jene Gefahren, die Weltuntergangsszenarien heraufbeschwören: die Schädigung der Atmosphäre und der Weltmeere, lassen sich nur global angehen. Und weiter noch: Umwelt-Auflagen für die Industrie lassen sich am besten dann durchsetzen, wenn sie für *alle* gelten und keiner nationalen Industrie einen Konkurrenznachteil verschaffen.

Schon seit 1945 führte das apokalyptische Denken – zunächst aus Furcht vor einem Dritten Weltkrieg – immer wieder zu der Quintessenz, das Ziel aller vernünftigen Menschen müsse heute die Weltregierung sein.[141] Die globalen Umweltgefahren haben die Logik dieser Argumentation verstärkt. Weil diesem Ziel jedoch unerhörte Schwierigkeiten und zahllose Interessen entgegenstehen, könnte gerade das Streben nach universalen Lösungen die Menschheit in die schlimmsten Konflikte stürzen. Die ökologische Weisheit könnte am Ende darin bestehen, die *Sinnlosigkeit* dieses Ziels zu begreifen, aus der Einsicht heraus, daß die konkrete Symbiose von Mensch und Natur stets in kleineren Einheiten vor sich geht, am besten über ein behutsames Ineinander von Regulation und Selbstregulation funktioniert und prinzipiell nicht von ganz oben organisiert werden kann. Erich Jantsch, der Theoretiker der «Selbstorganisation des Universums», meint, vielleicht sollten wir «unser Augenmerk eher auf die Symbiose subglobaler autopoietischer Systeme richten ... anstatt auf Weltregierung und Weltkultur.»[60]

Nicht nur die Systemtheorie, sondern auch die historische Erfahrung spricht entschieden für diese Präferenz. Entscheidend ist für wirksame Umweltpolitik nicht das abstrakte Bewußtsein, sondern die Organisation, die Akteurskoalition, der gemeinsame praktische Code. Daran hat es oft gefehlt, nicht an dem prinzipiellen Bewußtsein der Umweltprobleme; und diese praktisch-organisatorischen Aufgaben lassen sich am besten in bestimmten Regionen und Situationen bewältigen. Viele Umweltprobleme sind zwar, abstrakt gesehen, auf der ganzen Welt mehr oder weniger gleich; aber die Lösungswege variieren je nach Region und historischer Situation. Selbst von Alpental zu Alpental sind sie manchmal verschieden. Gerade das Gros der für die Dritte Welt relevanten Umweltprobleme ist wesentlich lokaler und regionaler Art. Waldschutz, Aufforstung, «agroforestry», «social forestry» und bodenschonende Bewässerung lassen sich unmöglich in globalem Rahmen organisieren, sondern hängen weitgehend von lokalem Wissen und Interessen-Arrangement ab. Überhaupt bleibt das Ziel «Nachhaltigkeit» auf globaler Ebene eine Leerformel; nur in viel begrenzterem Rahmen und auf konkrete Leitbilder bezogen läßt es sich mit Substanz füllen.

Und zu alledem die Machtfrage! Jene Expertengespräche, die sich in Szenarien ergehen, wie die Bundesrepublik per «joint implementation» die chinesische Energiewirtschaft umweltfreundlich umrüstet, bewegen sich in einer seltsam irrealen Atmosphäre, als ob es die Macht und den Eigenwillen der Staaten gar nicht gäbe! Und wenn schon die Loyalität gegenüber den Staaten in Umweltfragen häufig gering ist, so dürfte die Loyalität gegenüber internationalen Instanzen noch viel geringer sein.

Ein wirksamer Umweltschutz, der Massen von Menschen mobilisiert, kann nicht nur aus Verboten und Grenzwerten bestehen, sondern muß um positive Leitbilder herum angelegt sein. Auch das ist auf globaler Ebene nicht vorstellbar. Wenn sich solche Leitbilder nicht in Leerformeln erschöpfen, sondern konkrete Gestalt annehmen sollen, müssen sie in viel engerem Rahmen entworfen werden. Man denke allein an den Umgang mit Abfällen: Da hängt vieles an der nationalen Kultur und den regionalen Bedingungen, und nur auf dieser Ebene ist eine kreative Politik möglich. Eines der schlimmsten Umweltprobleme, der Lärm, ist per se lokal und wird bei einer Globalisierung der Umweltpolitik stets ignoriert.

Das heißt nicht, daß es vernünftig wäre, gegenüber der Globalisierung ins andere Extrem zu verfallen und internationale Umweltpolitik als sinnlos abzutun. Man kann aus der Umweltgeschichte gewiß nicht entnehmen, daß «local knowledge» alle Probleme löst, zumal dann, wenn die lokalen Erfahrungstraditionen – wie das heute vielfach der Fall ist – als Folge von Landflucht und Migration abgerissen sind.[61] Auf der Suche nach historischen Analogien muß man auch darüber nachdenken, ob es nicht möglich ist, daß bestimmte Umweltnormen den Entscheidungsträgern dieser Welt in ähnlicher Weise zur «zweiten Natur» werden, wie es die Hygiene-Normen bereits mehr oder weniger sind. *Ein* Lösungsweg liegt vermutlich in dieser Richtung. Dennoch ist es von bisherigen Erfahrungen her unüberlegt, sich so einseitig auf weltweite Lösungen zu konzentrieren, wie dies Teile der deutschen Öko-Szene mit ihrem Horror vor dem Nationalstaat tun.

Die *UNO* ist der Testfall für Chancen und Tücken des globalen Zugriffs. Die Stockholmer Umweltschutzkonferenz von 1972 hat ein großes Verdienst daran, daß «Umwelt» seit jener Zeit zum weltweiten Thema avancierte; und auch die UNO-Konferenz für Umwelt und Entwicklung (UNCED) in Rio 1992 wurde mit ihrem Leitziel «sustainability» zu einem epochalen Ereignis des internationalen Umweltdiskurses. Aber Umwelt-Initiativen solcher Art waren doch stets in Gefahr, sich in Worten und symbolischen Gesten zu erschöpfen, die davon ablenkten, daß in der Realität keine Große Wende kam. In mancher Hinsicht wirkten UNO-Konferenzen sogar kontraproduktiv; denn dort wurde «Umwelt» zum Spielball zwischen bestehenden Machtblöcken und Allianzen. Bei diesem Spiel besteht in der Regel die Tendenz, daß Umwelterhaltung als ein Anliegen der hochindustrialisierten Staaten erscheint, während sich bei der Dritten Welt die fixe Idee festsetzt, es gehe hier gar nicht um ihr eigenes Interesse, sondern handeln müsse man nur dann, wenn man von der Ersten Welt etwas dafür kriege.

Dabei besteht, wie Oberndörfer feststellt, gerade in vielen Dritte-Welt-Ländern schon kurz- und mittelfristig «kein Gegensatz zwischen Ökologie und Ökonomie»; das sich zwischen Erster und Dritter Welt entwickelnde Rollenspiel lenkt von dem vitalen Eigeninteresse ab.[62] Wirksamer Umweltschutz kann jedoch nur aus einem solchen Eigeninteresse heraus gelingen.

Das beste Vorbild internationaler Öko-Diplomatie bot bislang die Konferenz von Montreal (1987), die dazu führte, daß zum Schutz der Ozonschicht der Erde die Produktion bestimmter Aerosole verboten wurde. Hier gab es ein globales Problem, und auch eine Gegenmaßnahme war gefordert. Betroffen waren fast nur die Industriestaaten, und denen fiel der Verzicht auf die Produktion der schädlichen Aerosole nicht schwer. Entscheidend vorangetrieben wurden die Verhandlungen durch die Initiative einzelner Staaten, mal der USA, mal der Bundesrepublik. Auch die globale Ebene braucht nationale Akteure![63]

Die *Europäische Union* (EU), 1957 als Wirtschaftsgemeinschaft gegründet, bekam erst 1987 eine Kompetenz für Umweltpolitik. An und für sich ist sie politisch gewiß sehr viel leistungsfähiger als die UNO. Mittel- und Westeuropa haben kulturell und ökonomisch viel Gemeinsames, und auch im Umweltbewußtsein gibt es Prozesse der Annäherung. Da Umweltpolitik nicht zuletzt eine Frage der Industrienormen ist, liegt ein Schlüssel dazu in der europäischen Normenangleichung; in der umweltfreundlichen Produktpolitik blieb die EU allerdings zurück. Die Bundesrepublik preschte 1983 mit der Großfeuerungsanlagenverordnung bei der Schwefeldioxyd-Reduzierung vor, verhielt sich jedoch als Autoland bei den Stickoxyden weniger vorbildlich. Zumindest verbal entwickelt sich zwischen den EU-Ländern streckenweise ein edler Wettstreit, wer der bessere Umweltschützer ist. Aber auch nationale Animositäten brechen auf, die schwer auszudiskutieren sind, da dabei unterschiedliche Umweltschutzphilosophien aufeinanderstoßen, von denen jede aus der Sicht des betreffenden Landes ihre eigene Logik hat. England bevorzugt auf seiner vom Westwind durchwehten Insel anders als kontinentaleuropäische Ballungsgebiete eine Emissionspolitik, die die Luftqualität festlegt, ohne den Emissionen eine bestimmte Grenze zu setzen. Dafür reagierten die Briten sensibler als die Kontinentaleuropäer auf die Schädigung der Vogelwelt durch die EG-Agrarpolitik. Da ein öffentlicher Druck auf europäischer Ebene nur selten gelingt, fehlt in Brüssel ein entscheidender Impetus zu umweltpolitischer Eigeninitiative. In den Verhandlungen zur Ozonschicht spielte die EU als Ganzes *keine* aktive Rolle. Im Naturschutz ging sie in den 90er Jahren mit der FFH-Richtlinie (Flora,

Fauna, Habitat) voran. Aber das Problem, dem Naturschutz die nötige Popularität zu geben, vermag sie nicht zu lösen. Mittelmeerschützer, die den Meeresnationalpark Nördliche Sporaden mit den dortigen Fischern aushandelten, empfanden die EU-Naturschutzpolitik, die sich um lokale Interessen nicht schert, als Störfaktor, ja als «Größenwahnsinn».[64] Beklemmend ist nicht zuletzt die heillose Unübersichtlichkeit des Umweltrechts im Zuge der Europäisierung, die den Umweltschutz vollends zur exklusiven Expertensache macht. Vermutlich noch fataler ist die durch das Zusammenwachsen der EU allgemein erhöhte Mobilität; denn der Verkehr ist heute in vieler Hinsicht der Umweltschädling Nummer eins. Auf der anderen Seite zeigt die mittlerweile vorbildliche dänische und niederländische Umweltpolitik den Vorteil kleiner und übersichtlicher Länder, wo ein praxisrelevanter Konsens relativ leicht herzustellen ist und die Probleme vergleichsweise konkret und unkompliziert angegangen werden. Auch das weist darauf hin, daß es unklug ist, funktionsfähigen Nationalstaaten ohne Not Umwelt-Kompetenzen zu entziehen und auf höhere Ebenen zu verlagern. Der australische Ökologe Timothy F. Flannery glaubt zu erkennen, daß sich die Länder mit wachsendem Umweltbewußtsein auseinanderentwickeln, und das mit innerer Logik. Dann wäre eine zunehmende Internationalisierung der Umweltpolitik widersinnig.[65]

Die Grundfrage, auf welcher Ebene die Umweltpolitik vor allem anzusiedeln ist, wird – wenn überhaupt – nicht nur auf rationale Weise erörtert, sondern sie bringt starke Emotionen ins Spiel. Emotionen knüpfen sich an den Nationalstaat, aber auch an die Entgrenzung. Das Gefühl, daß man in der Umwelt heute vor allem global denken muß, bekam einen starken und suggestiven Impuls aus der Raumfahrt und von den Satellitenfotos. Von dort stammt die Rhetorik vom «Raumschiff Erde», das in seiner Verletzlichkeit als Ganzes betrachtet und gesteuert werden müsse und das seine Insassen zur Solidarität zwinge. «We travel together, passengers on a little spaceship», verkündete der amerikanische UNO-Botschafter Adlai Stevenson 1965, wenige Tage vor seinem Tod; «preserved from annihilation only by the care, the work, and I will say, the love we give our fragile craft.» Die Raumschiff-Metapher wurde rasch beliebt. Die Paradoxie der Raumfahrt bestand darin, daß sie ihre eigene Magie zerstörte und bewußtmachte, wie leer und leblos der Weltraum ist. Wie Wolfgang Sachs schreibt, «wurde die Neuentdeckung der Erde zur eigentlichen Offenbarung der Raumfahrt». Glaubten viele in den 50er Jahren noch an die Marsmenschen und daran, daß die Menschen der Erde, wenn ihr Planet zu voll wird, auf andere Planeten auswandern würden, so erkannte man jetzt die Unsinnigkeit solcher Phantasien und begriff, daß man nur diese eine Erde hat. In gewissem Sinne wurde die «kopernikanische Wende» rückgängig gemacht: Die Erde, seit Kopernikus ein Planet unter anderen, wurde wieder zu etwas Einzigartigem im All. Aus dem Weltraum wirkte sie klein, einsam und zerbrechlich, und ihre Atmosphäre – in den Worten des deutschen Astronauten Ulrich Walter – wie eine «hauchdünne Reifschicht».[66]

Der globale Blick erschien von da ab als das Zeichen ökologischer Erleuchtung. Gewiß, auch rationale Erkenntnisse waren dabei im Spiel. Die Erforschung der bedrohten Ozonschicht bot der NASA eine ideale Chance, sich als Öko-Pionier zu profilieren und ihren Konnex mit einstigen Plänen eines Weltraum-Weltkrieges in Vergessenheit zu bringen. Die NASA präsentierte sich – so Lovelock – als der «Prinz», der die Erde aus ihrem «Aschenputteldasein» erlöste. Satellitenfotos boten ein flächendeckendes Bild, wie es das bis dahin nicht gegeben hatte, vom Stand der Tropenwälder und der Desertifikation. Ein Desertifikationsforscher allerdings läßt mit den Satellitenbildern eine Ära der Irreführung beginnen, in der man die Desertifikation fälschlich für ein weltweit einheitliches Phänomen gehalten habe.[67] Die dadurch suggerierte Vorstellung, die Desertifikation lasse sich von höchster Ebene aus mit Globalprojekten bekämpfen, ist ganz unrealistisch.

Die heute vermutlich am meisten verbreitete emotionale Basis des Fernblicks auf die Natur ist der Tourismus. Schon seit dem 18. Jahrhundert ist das Reisen um seiner selbst willen – zunächst mehr zu Stätten der Kultur als der Natur – zur Mode der oberen Schichten geworden; der moderne Massen-und Ferntourismus dagegen hat sein eigenes «50er Syndrom». Vor allem mit dem Ende der 50er Jahre einsetzenden Chartertourismus hat er einen steilen Aufschwung genommen – ganz besonders bei den Deutschen, die ihr Fernweh lange hatten unterdrücken müssen. Gerade in der Bundesrepublik scheinen seither viele Menschen den Hauptsinn ihres Lebens im Reisen zu sehen. Im Vergleich zu den traditionellen Bildungsreisen ist im Tourismus die Suche nach dem Naturerlebnis – und sei es beim Baden und Sonnen – dominant geworden. Wenn der Tourismus schon seit Jahrzehnten weltweit die größte Wachstumsbranche ist, so ist innerhalb des Tourismus in jüngster Zeit der «Ökotourismus», der sich nach üppiger Natur sehnt, am meisten im Wachsen, ob in Kärnten oder in Indonesien.[68]

In der Geschichte der Naturgefühle und Naturideale, aber auch der Frustrationen über verschandelte Natur spielt das Reisen allem Anschein nach eine riesengroße Rolle.[69] Neben der Angst um die Gesundheit ist es vermutlich der am meisten verleugnete Ursprung dessen, was heutzutage als «Umweltbewußtsein» gilt. Denn im Zusammenhang mit Reisen werden nicht nur emotionale Erfahrungen gemacht, sondern wird auch Wissen um die Umwelt – welcher Qualität auch immer – en masse erworben. Die Algenpest und das Absterben der Korallenriffe sensibilisieren Badeurlauber für die Verschmutzung und Erwärmung der Weltmeere. Die sich in nie dagewesener optischer Raffinesse überschlagenden Reiseführer und Reiseprospekte bieten auf höchst suggestive Art eine Fülle von Umwelt-Informationen über die ganze Welt, und unablässig sind sie auf der Suche nach neuen Natur-Kultur-Reizen, von den Bewässerungskanälen auf Madeira bis zu den Mangrovensümpfen in Malaysia. Es ist ein ständiger Versuch der Verzauberung der Welt, der jedoch zwangsläufig immer wieder über Wirklichkeiten stolpert, die nicht ins Bild passen.

Zwischen Naturschutz und Tourismus entwickelte sich im Zeitalter der Eisenbahn rasch ein gespanntes Verhältnis. Schon Rudorff klagte 1880, daß die Touristen die Natur, die sie suchten, verschandelten. Die Heimat- und Naturschutzbewegung entzündete sich in den Alpen um die Jahrhundertwende an dem Kampf gegen das Projekt einer Eisenbahn auf das Matterhorn und gegen andere Bergbahnpläne. Ein böhmischer Naturschützer bekannte 1925 seinen lebenslangen «leidenschaftlichen Haß gegen die Fremdenindustrie».[70] Der Horror hatte seinen Grund; und heute sind die durch den industrialisierten Tourismus verursachten Umweltschäden vollends zu einem weltweiten Phänomen geworden. Der fatalste Effekt des Ferntourismus besteht vermutlich darin, daß er dazu beiträgt, daß der wasser- und energieaufwendige westliche Lebensstil überall auf der Welt – auch da, wo Wasser und Energie knapp sind – zum unwiderstehlichen Leitbild wird. Dieser mentale Prozeß enthält das wohl schwierigste Problem jeglicher Umweltpolitik in weiten Teilen der Welt.

Manche Art von Tourismuskritik ist allerdings mehr ideo- als ökologischen Ursprungs. Die Liebhaber der reinen Wildnis verachten die bloßen Landschaftsschutzgebiete mit Bänken und Kiosken, obwohl diese für die Popularisierung des Naturschutzes unentbehrlich sind. In alterfahrenen Zentren des Alpentourismus wie Grindelwald und Davos, wo die Gemeinden den Fremdenverkehr in eigene Hand genommen haben, hat dieser dazu beigetragen, das Bergbauerntum zu erhalten.[71] Man muß die Wirkung des Tourismus auf die Umwelt stets an den ökonomischen Alternativen messen, die sich einer Region bieten und die die Umwelt in vielen Fällen stärker belasten würden.

In Costa Rica hat der Tourismus, insbesondere der Öko-Tourismus, nachdem das Land noch in den 80er Jahren die höchste Entwaldungsrate Lateinamerikas aufwies, zu einer ökologischen Wende beigetragen, in deren Gefolge ein Viertel der Landesfläche unter Naturschutz gestellt wurde und Costa Rica weltweit zum Musterland nachhaltiger Entwicklung avancierte. In den 90er Jahren wurde der Öko-Tourismus zur größten Einnahmequelle des Landes. Manche Naturschutzgebiete bestehen bislang allerdings nur auf dem Papier, und andere mußten in heftigen Konflikten gegen die einheimische Bevölkerung durchgesetzt werden.[72] Auch lenken die Naturschutzgebiete davon ab, daß draußen – in den Plantagen und Weidegebieten – nur wenig ökologische Rücksichten genommen werden. Dennoch bleibt Costa Rica ein Vorbild, vergleicht man es etwa mit dem benachbarten El Salvador, das seit langem nächst Haiti die schlimmsten Erosionsschäden ganz Lateinamerikas aufweist, nachdem es einst dank seines Straßen- und Brückenbaus als fortschrittlichster Staat Mittelamerikas gegolten hatte! El Salvador und Haiti deuten darauf hin, daß unter modernen Bedingungen, wo der Staat als Umweltschützer gebraucht wird, ein Zusammenhang zwischen politischer und ökologischer Instabilität besteht. Haiti hat nicht nur einen lateinamerikanischen Rekord an blutigen Revolutionen, sondern auch an Bodenerosion.[73]

Überall in der Welt steht heute hinter der Errichtung von Nationalparks nicht die Ehrfurcht vor der Natur, sondern das Interesse am Tourismus. Ohne diesen, so ein Artenschutzexperte des WWF (Worldwide Fund for Nature), «wäre es um viele Naturgebiete der Erde schlechter bestellt».[74] Wenn die Erhaltung des tropischen Regenwalds für die westliche Welt zum Paradigma für Naturschutz geworden ist, ist der Einfluß des touristischen Blicks unverkennbar, im Verein mit dem alten Traum vom «letzten Paradies»! Als der französische Präsident Mitterrand 1988 vorschlug, weite Teile des Amazonasgebietes zum Schutz des Regenwalds unter die Aufsicht der UNO zu stellen, rief er in Brasilien heftige Empörung hervor. Auch der zu jener Zeit von Umwelt-Organisationen ausgerufene Tropenholz-Boykott, der in Deutschland jahrelang sehr populär war, scheint bei den betroffenen Ländern nicht das Waldbewußtsein geschärft, sondern Trotzreaktionen hervorgerufen zu haben, zumal diese darauf hinweisen konnten, daß die Industrieländer ihre eigenen Urwälder längst gerodet oder zu Nutzwäldern umgeforstet haben. Daher wurde der Boykott im Laufe der 90er Jahre abgeblasen. Nicht der vom Menschen unberührte Urwald, sondern nur die «Agroforestry» – die Kombination von Ackerbau und Baumkultur – ist als populäres ökologisches Leitbild für die Dritte Welt zu gebrauchen.

Wie man beim Gang durch die Jahrhunderte erkennt, gibt es zwei zueinander konträre Pole der Liebe zur Natur: einen in der Nähe und einen in der Ferne – im eigenen Garten und in einem exotischen Arkadien. Oft vereinen sich beide Arten der Sehnsucht und Lust in ein und demselben Menschen. Die deutsche Öko-Bewegung suchte diesen Zwiespalt mit der Parole «Global denken – lokal handeln» zu harmonisieren; aber wenn man diese zu wörtlich nähme, verfiele man der Schizophrenie. Nicht selten ist es nützlich, auch lokal zu denken. Heute wird es oft so dargestellt, als sei die globale Sichtweise moralisch höherwertig, und die Konzentration auf den Schutz der eigenen unmittelbaren Umwelt wird als borniertes «St.-Florians-Prinzip» oder in den USA als NIMBY («Not In My Backyard») ins Lächerliche gezogen. Aus historischer Sicht besteht dazu kein Grund: Man denke nur an den kolonialen Ursprung des Fernblicks auf die Natur! An wirksamen Akteurskoalitionen hängt alles; sie kommen nicht zustande, wenn deutsche Umweltschützer sich mehr für «Klimabündnisse» mit Indio-Stämmen am Amazonas als für Kooperationen mit heimischen Forstleuten interessieren. Ein wirksamer Widerstand gegen Kernkraftprojekte kam erst in dem Augenblick in Gang, als die Risiken der Kernenergie nicht mehr in abstrakter Form, sondern ganz konkret in der eigenen Nachbarschaft zur Debatte standen. Vandana Shiva klagt, die Konzentration auf «globale Umweltprobleme» habe, «anstatt den Blickwinkel zu erweitern, den Aktionskreis in Wirklichkeit verengt».[75]

6. Die Probleme der Macht und der Unsicherheit in der Umweltpolitik

Der Aufstieg der Öko-Bewegung ist zunächst einmal phänomenal, auch aus historischer Sicht. Man erinnere sich, wie die Arbeiterbewegung im 19. Jahrhundert generationenlang kämpfen mußte, um aus der Kriminalisierung herauszukommen und zum Verhandlungspartner der Mächtigen zu werden: Da fällt einem auf, wie schnell das bei der Öko-Bewegung ging, so als hätte die Politik auf sie gewartet! Und wie rasch hat sie weltweit, bis in entlegene Winkel der Erde, den Jargon der Politik erobert! Wenn man glaubt, daß es die Diskurse seien, die unsere Wirklichkeit konstituieren, besteht zu Öko-Optimismus aller Grund. Öko-Themen geben viel Gesprächsstoff, selbst im Alltag von Nichtintellektuellen: Das hört man in der Schule, der Straßenbahn, der Sauna. Es handelt sich dabei keineswegs nur um ein typisch deutsches oder westliches Phänomen: Selbst in Rußland, einem aus der Sicht der westlichen Öko-Szene ziemlich hoffnungslosen Land, entstehen «Öko-Lizeen» als Versuchsanstalten, wird «Nachhaltigkeit» zum Zauberwort und Ökologie für manche Kreise zur neuen Religion. Im innerasiatischen Tuva wurde Umweltkunde ein wichtiger Lehrstoff an den Schulen, wobei der Höhepunkt in der Teilnahme an Ritualen bei heiligen Quellen und Bäumen besteht.[76] Eine Öko-Faszination entsteht durch den globalen Blick, aber auch durch den neuen Regionalismus, die Rückbesinnung auf die Tradition.

Blickt man auf die Medienlandschaft, kann man tatsächlich glauben, daß wir seit 1970 im ökologischen Zeitalter leben. Greenpeace, die berühmteste und finanzstärkste Umweltorganisation, 1971 gegründet, ist bekanntermaßen ein Virtuose im Umgang mit den Medien. Niemand war besser geeignet, die Umweltschützer von dem Image des ängstlichen Schluffi zu befreien, als diese «Regenbogen-Kämpfer», die ein Vorbild von modernem Heldentum schufen und zugleich Idealismus mit präziser Kalkulation zu kombinieren wußten. Den ersten Höhepunkt erreichte der Ruhm von Greenpeace 1975, als sich Greenpeace-Leute auf dem Schlauchboot zwischen einen sowjetischen Walfänger und die Wale manövrierten und sich selbst vor den Harpunen filmten. Da stellten sie bei der Rückkehr nach San Francisco fest, daß sie zu Helden der Nation geworden waren. Auf US-Druck kam 1986 ein internationales Verbot des Walfangs zustande – selbst Japan mußte nachgeben, um nicht sein Gesicht zu verlieren. Für Greenpeace war es «einer der größten Siege in der Geschichte des Umweltschutzes». «Wir haben einer einzigen Tiergruppe einen geradezu göttlichen Status eingeräumt, indem wir alle ihre Mitglieder zu einem Symbol zusammengefaßt haben» – zum Symbol der bedrohten Natur. Großtiere besaßen diese Symbolkraft in besonderem Maße: Das zeigt die ungeheure Popularität von Grzimeks Kampagne für die Elefanten der Serengeti und Dian Fosseys tödlich endendem Kampf für die Berggorillas von Ruanda, obwohl es zweifelhaft war, ob gerade diese Arten besonders bedroht waren, und obwohl die Methoden dieser Tierschützer dazu angetan waren, den Artenschutz bei den Eingeborenen verhaßt zu machen. Ein ergreifendes Symbol der bedrohten Kreatur wurden auch die Robben mit ihren bittenden Augen ebenso wie der Pandabär, den China zu einem Nationaltier erkor, den aber auch die Tibeter für sich in Anspruch nahmen, die über die Zerstörung ihrer Natur durch die Chinesen klagten.[77]

Wie man sieht, kann die «Panda-Politik» dazu dienen, von anderweitiger Umweltzerstörung abzulenken. Umweltpolitik ist oft im Kern *symbolische* Politik geblieben, auch wenn sie hier und da etwas Reales bewirkte. Man braucht sie deshalb nicht unbedingt als Pseudopolitik abzutun. Symbole sind für die menschliche Orientierung von großer

Bedeutung; und auf die Länge der Zeit können sie sehr wohl reale Relevanz bekommen. Nirgends präsentiert sich die Situation der Umweltpolitik so doppeldeutig wie hier![78]

Der Optimist wird am allermeisten auf die Flut von Umweltgesetzen hinweisen, die in den letzten dreißig Jahren erlassen worden sind: in den USA, in der Bundesrepublik und in vielen anderen Ländern der Welt. Das Umweltrecht, früher ein Anhängsel anderer Rechtsbereiche wie des Gewerbe-, Wasser- oder Forstrechts, ist zu einem eigenen Rechtsbereich geworden: ein aus juristischer Sicht bedeutsamer Aufstieg. Zum Teil mag es sich nur um eine neue Überschrift über schon bestehenden Rechtssparten handeln; aber im Laufe der Zeit sind im Umweltrecht – national und international – zumindest im Ansatz auch neue und zukunftsträchtige Prinzipien zum Zuge gekommen: präventiver Schutz statt nachträglicher Entschädigung, Verhinderung des Entstehens umweltschädlicher Stoffe statt nachträglichen Herausfilterns, Verlagerung der Beweislast bei Umweltschäden von den Betroffenen auf den Verursacher ... Beeindruckende Erfolge wurden – zumindest in führenden Industriestaaten – vor allem bei einer Reihe «klassischer» Umweltschäden erzielt: bei der Flußverschmutzung und bei der «Rauchplage», zumindest bei dem sichtbaren Qualm und bei dem schon seit alters berüchtigten Schwefeldioxyd.[79]

Leider ist das nicht die ganze Geschichte. Auch die Gegenrechnung der Pessimisten ist lang. Gegenüber neuartigen und unübersichtlichen Risiken war die Umweltpolitik – was nicht zu verwundern ist – bei weitem nicht so erfolgreich wie gegenüber den «klassischen» und allbekannten Gefahren. Zwar wurde das DDT verboten – zumindest innerhalb der USA und der EU –; aber einer amerikanischen Vereinigung gegen den Pestizid-Mißbrauch zufolge produzierten die USA in den 90er Jahren dreizehntausendmal mehr Pestizide als zur Zeit des «Silent Spring»! Nach wie vor liegt das Gesetz des Handelns bei der Industrie, nicht bei den Umweltschützern; diese sehen sich in einem aussichtslosen Wettlauf mit den von der Chemie ständig neu auf den Markt gebrachten Substanzen, die allein im Laufe der letzten Jahrzehnte in die Millionen gehen.[80] Von Anfang bis heute ist es eine Binsenwahrheit, daß im Umweltrecht vieles mehr oder weniger nur auf dem Papier steht und vernünftige Prinzipien in der Praxis nicht umgesetzt werden, ja mangels eines effektiven Instrumentariums gar nicht umgesetzt werden *können*. Die deutschen Flüsse wurden sauberer, aber die Nitratbelastung des Grundwassers durch die chemisierte Landwirtschaft und die Verschmutzung der Weltmeere schreiten weiter voran, ebenso wie die CO_2-Belastung der Atmosphäre. In den meisten Großstädten der

Welt fließen die Abwässer immer noch ungeklärt in Flüsse und Meere. Öko-Optimisten pflegen über die Dritte Welt nicht viel zu reden.

In nur zu verständlicher Taktik hat sich die Umweltpolitik im bestehenden Politikbetrieb erst einmal ökologische Nischen – von Abwasser bis Artenschutz – gesucht, wo sie nicht zu massiv mit mächtigen etablierten Interessen kollidierte. Um zum Kern der Probleme vorzudringen, müßte sie jedoch auch Bestandteil der Energie- und Agrar-, der Verkehrs- und der Steuerpolitik werden. Aber sobald sie in Kernzonen der Macht gelangt, stößt sie meist auf Granit, heute manchmal sogar noch mehr als in der ersten großen Zeit des Umweltbewußtseins; denn mittlerweile haben sich – ob offen oder unter der Hand – längst Gegenkräfte formiert, auch wenn kaum jemand den Umweltschutz offen attackiert. Stimmen mehren sich, die behaupten, die Öko-Ära sei schon wieder vorbei.[81] Wenn über den Klimaschutz immer noch Massen von Papier produziert werden, so kann der Wortschwall vergessen machen, daß das Klimaproblem vielen Politikern nicht mehr wirklich auf den Nägeln brennt und viele Reden über «Agenda» einen Mangel an Bereitschaft zur Aktion verdecken. «Heiße Luft» ist der stehende Begriff für verhandelte Pseudo-Emissionsverringerungen, wenn beispielsweise Rußland ein Recht auf Emissionen, die es gar nicht ausstößt, an die USA verkauft![82]

Über Öko-Themen kann man so viel und so tönend reden: Das führt dazu, daß der öffentliche Öko-Diskurs oft nur der rhetorischen Selbstdarstellung der Beteiligten dient, mit der Wirkung, daß die Positionen mit dem maximalen rhetorischen Effekt häufig andere, die sich mehr an der Praxis orientieren, übertrumpfen. Mit großen Worten darüber, daß der Mensch sich als Teil der Natur begreifen muß, kommt man meist besser an als mit einem konkreten Entwurf für eine auch noch so bescheidene Energiesteuer.

Mit sarkastischer Schärfe hat Luhmann auf die oftmalige Zusammenhanglosigkeit zwischen der «ökologischen Kommunikation» und dem, was tatsächlich vor sich geht, hingewiesen (1986). Die großspurigen Öko-Proklamationen – so Luhmann –, die auf ein Handeln im Ganzen zielen, ignorieren die Ausdifferenzierung der modernen Gesellschaft in Subsysteme, von denen jedes seinen eigenen Code und seine eigene Handlungslogik besitze und auf andere Sprachen nicht reagiere. Da wirkt die Öko-Bewegung wie ein großes Baby, das an dem Computer «Gesellschaft» sinnlos herumhampelt und Kommandos plärrt, die dieser nicht verstehen kann. Aber da muß man bedenken, daß Luhmann den sozialwissenschaftlichen Öko-Diskurs der frühen 80er Jahre vor Augen hatte: die großen Worte, denen der Praxisbezug fehlte. Sein Spott traf in Wahrheit nur die ideale, nicht die reale Umweltpolitik, die es stets verstanden hat, auf der Klaviatur der gesellschaftlichen Subsysteme zu spielen, da sie ja – historisch gesehen – aus verschiedenen Spezialpolitiken zusammengewachsen ist.[83]

Verbitterte Radikale in der Öko-Szene empören sich über die zunehmende Zahl jener Umweltschützer, die sich auf Konsensgespräche mit den etablierten Mächten in Politik und Wirtschaft einlassen. Noch mehr könnte man sich jedoch darüber wundern, wie wenig die Regierungen bislang bei dieser neuen Chance der Legitimation von Herrschaft zugegriffen haben. Denn an und für sich bietet «Umwelt» eine ideale Rechtfertigung für Steuererhöhungen vielfacher Art und für einen umfassenden staatlichen – selbst militärischen – Interventionismus, ob im eigenen Land oder irgendwo in der Welt.[84] Eigentlich läßt sich der Staat auf ökologische Weise noch besser begründen als mit den Mitteln der Ökonomie und der Sozialpolitik; denn bei der Ökologie geht es nach heutigem Verständnis um langfristige Lebensbedürfnisse *aller* Menschen, nicht nur um materielle Interessen bestimmter Gruppen. Die Ökologie ist darauf angelegt, das Gemeinsame, nicht das Spaltende in einer Gesellschaft hervorzukehren. Auch den *Fähigkeiten* staatlicher Bürokraten scheint der Umweltschutz mit seinem bremsenden und kontrollierenden Grundzug weit besser zu entsprechen als die Wirtschafts- und Technologiepolitik, die unternehmerische Begabung erfordert. Wie die Geschichte des Forstwesens und des Wasserbaus zeigt, war Umweltpolitik in gewissem Sinne schon seit vielen Jahrhunderten für Herrschaftssysteme hochattraktiv.

Bei der Auseinandersetzung mit den neuartigen globalen Umweltproblemen fehlt jedoch anders als bei den früheren vielfach der unmittelbar greifbare politische Nutzen. Aber noch etwas anderes kommt hinzu: Die Öko-Ära fällt in eine Zeit des Niederbruchs der Ideologien des staatlichen Interventionismus und der zentralen Planwirtschaft. Die einst auf der Linken erhoffte Allianz von Ökologie und Sozialismus, die rein theoretisch ihre Logik hatte, wurde durch das ebenso ökologische wie ökonomische Desaster des Ostblocks diskreditiert. Auch der Nationalismus, in mancher Hinsicht ein geeigneter Verbündeter des Naturschutzes, war in Deutschland und auch anderswo gerade in den Augen der reformerischen Kräfte durch Weltkriege und NS-Verbrechen schwer in Mißkredit geraten. Was die passenden politischen Kombinationsmöglichkeiten angeht, kam die Öko-Bewegung in mancher Hinsicht zu spät. Zu anderen Zeiten, als die große Mehrheit der Menschen auch in der westlichen Welt noch kein Auto besaß, als viele Kommunen den Großteil ihrer Straßen am liebsten gegen den Autoverkehr gesperrt hätten und die Parole «Gemeinnutz geht vor Eigennutz» noch nicht durch Mißbrauch verschlissen war, hätte es die Öko-Bewegung in entscheidenden Punkten leichter gehabt: Die von ihr erstrebten Alternativen wären noch *realer* gewesen.

Eine der brillantesten und packendsten Öko-Konfessionen der 90er Jahre ist «Earth in the Balance» (1992) von Al Gore, der im gleichen Jahr Vizepräsident der US-Regierung Clinton wurde.[85] Da entwirft er auf sympathieerweckende und suggestive Art globale Umweltpolitik als US-amerikanische Machtpolitik in expliziter Analogie zum Kalten Krieg, aus dem die USA als Sieger hervorgingen. Damals konnte man glauben, hier sei das Bündnis von Öko-Leidenschaft und höchster Macht Wirklichkeit geworden. Einige Jahre darauf jedoch wirkt das Buch statt dessen als schlagendes Beispiel für die Zusammenhanglosigkeit von Öko-Pathos und realer Politik selbst bei ein und demselben Menschen. Wirkungsvolle globale Umweltpolitik läßt sich eben doch nicht im Stil des Kalten Krieges betreiben; denn der größte Widersacher ist in diesem Fall das eigene Land – der «American way of life»!

Umweltschutz scheint nur begrenzt staatliche und industrielle Ambitionen zu befriedigen. Zwar treffen sich Öko-Kriterien, soweit es um Erhöhung der energetischen Effizienz geht, mit ökonomischer und technischer Perfektionierung; und auch die Reststoffverwertung paßt bis zu einem gewissen Grade in die traditionelle Strategie der Chemie. Weniger attraktiv sind jedoch die Dezentralisierung der Energiewirtschaft und die Schadstoffvermeidung. Am meisten tabu ist das größte Problem: das Automobil!

Auf weite Sicht besteht die Schicksalfrage in den Fortschritten bei der Nutzung regenerativer Ressourcen. Der Schluß erscheint logisch zwingend, daß die Menschheit irgendwann wieder zur Solarenergie zurückkehren muß – fragt sich nur, wann! Ob eine Ökowende tatsächlich stattfindet, kann man letztlich nur an dieser Energie-Wende überprüfen. Aber was ist das Gebot der gegenwärtigen Zeit: ein massiver Einstieg in die Solartechnik? Oder ist es dazu zu früh, und würde eine Forcierung nur zu horrenden Fehlkalkulationen führen, die die Solarenergie diskreditieren? Wird sich am Ende herausstellen, daß die Pflanzen doch die effektivsten und umweltfreundlichsten Solarkollektoren sind? Die historische Standortbestimmung der Gegenwart ist nicht leicht. Seit den 80er Jahren ist das Öl wieder unerwartet billig geworden, und schon seit den 60er Jahren ist das Erdgas – wieder unerwartet – zu einem Hauptfaktor der Energiewirtschaft aufgestiegen. In den Augen vieler heutiger Energieexperten lehrt die Geschichte, daß die Furcht vor einer akuten «Energielücke» in die Irre führt und sich regelmäßig herausstellt, daß die Energieressourcen der Erde größer sind als gedacht.

Schon bei der Durchsetzung früherer Energietechniken – der Dampfkraft, der Elektrizität, des Verbrennungsmotors und ganz besonders der Kernenergie – haben politische Rahmenbedingungen eine Schlüsselrolle gespielt; nicht der Marktmechanismus allein hat die großen energetischen Schübe bewirkt. Aber wie kommt ein solcher politischer Wille zustande? All diese älteren Energietechniken besaßen frühzeitig die Faszination der Macht. Es war rasch klar, daß sie im Kräftespiel der Welt – dem militärischen wie dem wirtschaftlichen – Überlegenheit verschafften. Das ist bei der Solarenergie anders. Macht verspricht sie allenfalls in der Form extraterrestrischer Solarkollektoren, die die Sonnenenergie zu Laserstrahlen gebündelt auf die Erde schicken; aber solche Pläne sind noch gruseliger als die Zukunftsprojekte der Atomwirtschaft. Sinnvolle Lösungen sind in der Regel dezentral und bestehen in der Kombination mit anderen regenerativen Energieträgern. Dabei ist jedoch das Problem der tragfähigen Akteursallianz kritischer denn je, und das ist wohl vor allem der springende Punkt, warum die Solartechnik nur so langsam vorankommt. Klaus Traube hat darauf hingewiesen: Um die Kernenergie durchzusetzen, brauchte man nur kleine Eliten überzeugen, bei der Solarenergie dagegen muß die Riesenzahl der Endverbraucher mitspielen.[86]

Man kann die Erfahrungen der Vergangenheit jedoch schwerlich als Beweis dafür ins Feld führen, daß die Politik die Regulierung der Mensch-Umwelt-Beziehung am besten dem Gang der Dinge überläßt. Wir leben nicht mehr in der Ära der Subsistenzwirtschaft und der lokalen Mikrokosmen, wo sich die Balance zwischen Mensch und Umwelt gleichsam von selbst, nämlich auf der Ebene der Einzelhaushalte und Nachbarschaften, regelte. Und auch jene stets so wohltönende rhetorische Figur, daß es nicht so sehr auf die Politik als vielmehr auf ein neues Bewußtsein ankomme, ist mit Vorsicht zu genießen. Ein Bewußtsein für Schädigungen der Umwelt war oft vorhanden; aber das Bewußtsein allein vermag nicht viel, wenn es an wirksamen Instanzen und Instrumentarien fehlt. Im übrigen hat die öffentliche Betroffenheit ihre kurzlebigen Konjunkturen; oft wird sie erstaunlich rasch von anderen Themen und Emotionen verdrängt. Auch in dieser Hinsicht war allein die Geschichte der letzten Jahrzehnte überaus lehrreich. Nur Institutionen besitzen jene lange Dauer, die dem chronischen Charakter vieler Umweltprobleme entspricht. Allerdings ist in der Regel öffentlicher Druck nötig, damit die Institutionen über die gewohnte Routine hinaus aktiv werden.

Je mehr der staatliche Interventionismus in der herrschenden Ökonomie in Mißkredit geraten ist, desto lauter ertönt der Ruf nach marktkonformen Maßnahmen auch in der Umweltpolitik. In der Tat sprechen triftige Gründe dafür: Die Insider der Industrie wissen in der Regel weit besser als staatliche Aufsichtsbeamte darüber Bescheid, welche Energiesparpotentiale noch in den Produktionsprozessen verborgen sind und wie sich die Entstehung von Schadstoffen schon in der Produktion verhindern läßt. Am effektivsten ist meist das, was die Wirtschaft aus eigenem Interesse und nicht in Ausführung von Verordnungen tut. In der Tat hatten sich schon lange vor der Öko-Ära, ob in Mitteleuropa oder der angloamerikanischen Welt, zwischen Industrie und öffentlichen Instanzen in Umweltfragen nützliche Formen einvernehmlicher Kooperation entwickelt. Die Erfahrung zeigt jedoch auch, daß die Wirtschaft in Sachen Umweltschutz häufig erst dann handelt, wenn andernfalls staatliche Auflagen drohen. Von sich aus ließ sich die Industrie oft nicht einmal zu solchen rauchmindernden Vorkehrungen herbei, die die Brennstoffnutzung verbesserten, aber zunächst einfach lästig waren. Und auch jene «Umwelttechnik», bei der die Bundesrepublik mittlerweile weltgrößter Exporteur geworden ist, jene Filter-, Klär- und Recyclingtechnik, wird oft erst unter staatlichem Druck eingeführt. Im übrigen handelt es sich bei der Umwelttechnik, mit der sich Geld verdienen läßt, vielfach um «End-of-the-pipe»-Vorkehrungen, die die Schadstoffe lediglich verlagern und aus dem Gesichtsfeld entfernen, zugleich aber neue Probleme schaffen. Bei vielen Stoffen ist das Recycling noch umweltschädlicher als die Endlagerung.[87]

Manche Arten marktkonformer Umweltpolitik tendieren dahin, die soziale Ungleichheit zu erhöhen. Über Gewinner und Verlierer wird im Öko-Diskurs im allgemeinen wenig gesprochen. Umweltsteuerpläne setzen sich wie selbstverständlich über das hundertjährige Streben der Sozialpolitik hinweg, das fiskalische Schwergewicht von den Verbrauchs- auf Einkommens- und Körperschaftssteuern zu verlagern. Der Handel mit Emissionsquoten führt in letzter Konsequenz dahin, den kapitalstärksten Unternehmen einen Großteil des Verfügungsrechts über die Atmosphäre zuzuschanzen: eine angesichts der immer weiter voranschreitenden Kapitalkonzentration in der Welt zutiefst demoralisierende Aussicht!

Nach dem Niederbruch des Sozialismus ist der Ökologismus weltweit als einzige ideologische Alternative zur absoluten Hegemonie des privaten Gewinn- und Konsumstrebens übriggeblieben. Man kann nicht sagen, daß die Öko-Bewegung diese Chance bislang sehr bewußt und wirkungsvoll genutzt hätte. Wenn sie vorgibt, daß es ihr nicht um menschliches Glück, sondern um die Natur um ihrer selbst willen gehe, hält sie sich aus aller Sozialpolitik heraus. Oft macht sie sich auch dadurch widerstandsunfähig, daß sie sich an die Rhetorik der Globalisierung anhängt und aus «Emissionen kennen keine Grenzen» die nicht gerade logische Folgerung zieht, daß der Umweltschützer an der Entgrenzung der Welt aktiv mitarbeiten müsse. Dabei ist längst zu erkennen, daß der unbeschränkte globale Wettbewerb nicht nur jegliche Sozial-, sondern auch jegliche Umweltpolitik unterläuft. Die Erhaltung der Schönheit der Welt und des menschlichen Glücks läßt sich nicht unter der Bedingung ungehemmter weltweiter Konkurrenz, sondern nur auf der Grundlage einer unendlichen Vielfalt sozialer und ökologischer Nischen vorstellen: jener individuellen Umwelten im Sinne Uexkülls, die jedes Lebewesen zum Wohlsein braucht.

Am Ende bleiben die Staatsapparate das einzige – zumindest potentielle – Gegengewicht gegen die Allmacht privater Kapitalinteressen, wobei man freilich zugeben muß, daß die Staaten diese Funktion oft genug nicht erfüllen oder nicht auf intelligente Art. Die Erfahrung zeigt, daß die ökologische Vernunft nicht durch die Allmacht des Staates, sondern eher in der Auseinandersetzung zwischen staatlichen Instanzen und öffentlicher Kritik gedeiht. Dennoch: Allein mit Konsens-Prozeduren, ohne verbindliche Rechtsnormen und Instrumentarien der Durchsetzung, dürfte die Umweltpolitik in all solchen Fragen, die sich nicht mit dem unternehmerischen Eigeninteresse decken, keine große Chance haben. Gerade aus welthistorischer Perspektive lernt man die westliche Tradition der Verrechtlichung schätzen. Nicht selten hat sie einen hohen Preis – den zermürbenden Aufwand gerichtlicher Querelen –; andererseits führt das gänzlich sich selbst überlassene informelle Aushandeln von Umweltnormen durch die Hauptbeteiligten erfahrungsgemäß zu einem Insider-Gekungel unter Mißachtung der Interessen Dritter.

Innerhalb der Jurisprudenz gibt es im Zuge der «Deregulierung» eine Tendenz zur Abkehr von ordnungsrechtlichen Wegen der Umweltpolitik. Das Hauptargument trifft sich mit historischen Erfahrungen: Das Ordnungsrecht befinde sich gegenüber der ewig im Wandel befindlichen Technik in einem aussichtslosen «Hase-und-Igel-Rennen» – es hinke hinter den durch technische Innovationen geschaffenen Umweltproblemen stets hinterher und sei in der Praxis oft gar nicht anwendbar. Die Vergangenheit bietet eine Fülle von Erfahrungen mit den Tücken des Bürokratisierungsprozesses. Umweltprobleme können für Bürokraten eine fatale Art von Attraktivität enthalten; denn sie bieten einen schier unerschöpflichen Stoff für einen wuchernden Instanzen- und Paragraphendschungel, der von den Betroffenen als pure Schikane empfunden wird und alles, was mit «Umwelt» zusammenhängt, in Verruf bringt. Da besteht die Tendenz, zwar Kernbereiche des Umweltschutzes, wo man auf mächtige Kontrahenten trifft, nach Möglichkeit zu meiden, dafür aber drittrangige Fragen mit überflüssiger Kleinlichkeit zu regeln, wann etwa die Bauern in Naturschutzgebieten ihre Wiesen mähen dürfen oder ob Obstbäume am Bachufer standortgemäß sind.[88] Da darf man sich über Trotzreaktionen der Betroffenen nicht wundern. Der Naturschutz, ein Ursprung ökologischen Denkens, trägt heute in der ganzen Welt leider einiges dazu bei, die Ökologie unpopulär zu machen und die tatsächlichen Bedingungen der Symbiose zwischen Mensch und Natur zu verkennen.

Dennoch darf man nicht jedes Lamento über «Bürokratismus» für bare Münze nehmen, da es sich dabei stets um die Standardklage derjenigen handelt, die eine staatliche Regulierung grundsätzlich nicht *wollen*. Was die Sicherheitsvorschriften in der Kerntechnik anbelangt, so sind sie nicht zuletzt deshalb so kompliziert geworden, weil die Atomwirtschaft die Philosophie der inhärenten Sicherheit verließ und sich statt dessen ganz auf die der externen Sicherheitsvorkehrungen verlegte. Die Voraussetzung dazu waren – in den USA wie in der Bundesrepublik – staatliche Risikoübernahmen: Diese setzten die sonst aus den Versicherungskosten erwachsenen Risikohemmungen in der Wirtschaft außer Funktion!

Der Medizinhistoriker Alfons Labisch zieht aus der Geschichte der Seuchen die Quintessenz, die Gesellschaft reagiere zwar sehr wohl auf Gefährdungen der Gesundheit; sie reagiere jedoch «nicht auf alle, sondern nur auf bestimmte Risiken». Ähnliches gilt für den Umgang der Gesellschaft mit Umweltschäden. Gesetze sind in der Regel um so wirksamer, je präziser sie sich auf bestimmte Ziele konzentrieren, die im Brennpunkt der öffentlichen Aufmerksamkeit stehen; dagegen kann man Gesetze ineffektiv machen, indem man zuviel in sie hineinpackt. Eben darin liegt möglicherweise auf lange Sicht das größte Problem des Umweltschutzes. Denn je mehr dieser institutionelle Gestalt annimmt, desto stärker wird in der Regel die Tendenz, daß er sich auf bestimmte Risiken fixiert, die bis dahin als vorrangig erschienen, und neu hinzukommende oder bislang weniger beachtete Risiken vernachlässigt. Der amerikanische Umweltschutz-Experte Fiorino nennt dies die «Falle» der Umweltpolitik.[89]

Eine Lehre aus der Umweltgeschichte ist besonders beeindruckend: daß gerade die großen *Lösungen* bestimmter Umweltprobleme immer wieder besonders vertrackte neue Umweltprobleme *schaffen.* Man denke an die großen Staudämme, die ein- für allemal den Wasserstand der Flüsse regulieren und eine rauchlose Energieversorgung sichern sollten; die Bewässerungssysteme, die der Dürre und der Winderosion vorbeugen sollten; den chemischen Dünger, der das jahrtausendelange Problem der abnehmenden Bodenfruchtbarkeit endgültig lösen sollte; die Chlorchemie, die das bei der Elektrolyse anfallende Chlor verwerten sollte; die Kernenergie, die die Abhängigkeit von den fossilen Energieträgern überwinden sollte; die Wiederaufarbeitung, die die Kernkraft zum Kreislauf abrunden sollte; die Biotechnik, die umweltbelastende chemische Prozesse ersetzen soll ... In Callenbachs «Ökotopia» (1975) gab es eine energiesparende Magnetschwebebahn; als diese jedoch Wirklichkeit wurde, stieß sie auf den Widerstand der Öko-Szene. Diese Geschichte der sich wandelnden Probleme und Horizonte ist vermutlich nicht zu Ende. Sobald Öko-Steuern einen relevanten Teil des Staatshaushalts ausmachen, entsteht ein besonders tückisches Problem: daß der Staat von den Umweltsünden profitiert, ja von ihnen lebt, ähnlich wie die frühneuzeitlichen Förster von den Strafgeldern der Forstfrevler! Und wenn Treibstoff aus Energiepflanzen gewonnen wird, kann es leicht dahin kommen, daß die Energieversorgung der Ersten mit der Ernährung der Dritten Welt um den Boden konkurriert: ein Szenario, das erschauern läßt. Das 1975 begonnene Proalcool-Programm Brasiliens – die Treibstoffproduktion aus Zuckerrohr – gibt einen Vorgeschmack davon, daß auch der Weg der regenerativen Ressourcen keineswegs unschuldig ist. Manche Öko-Erfolge können soziale Probleme verschärfen. Das größte Hindernis der Umweltpolitik von morgen können Umwelt-Institutionen von gestern sein.

Je mehr institutionelle Macht die Öko-Bewegung erlangt, desto schärfer brechen zwangsläufig auch innere Spannungen auf. Schon die Professionalisierung und die Kooperation mit Industrie und Politik haben Fraktionierungs-und Entfremdungsprozesse mit sich gebracht. Mittlerweile streiten sich Landschaftsschützer mit Promotoren der Windkraft, die Liebhaber der «Wildnis» mit denen traditioneller Kulturlandschaften und die Vorkämpfer der «unberührten» Natur mit den Managern des Öko-Tourismus. Das Leitbild «Natur» ist mehrdeutig und läßt sich nie ganz an einem Einzelkonzept oder an einer bestimmten Technik festmachen. Aus historischer Sicht erkennt man das Unheil eines intoleranten «Natur»-Dogmatismus und die Notwendigkeit, konkrete Natur-Leitbilder immer neu zwischen den Beteiligten und Betroffenen auszuhandeln. Wenn «grüne» Politiker manchmal selbst in Umweltfragen geringere Erfolge haben als Politiker alten Schlages, so erklärt sich das teilweise daraus, daß die Öko-Bewegung ihre Zukunftsvisionen oft allzusehr als Imperative der Natur und nicht als politische Ziele gedacht hat, zu deren Erreichung man Widerstände überwinden muß und Verbündete braucht. Viele Öko-Entwürfe präsentieren ihre Zielvorstellungen im übrigen viel zu zeitlos und enthalten kaum Reflexionen darüber, welche Prioritäten der gegenwärtigen Situation entsprechen.[90]

Weil auf eine effektive Globalsteuerung der Mensch-Umwelt-Beziehung keinerlei Aussicht besteht und die Politik mitsamt ihren Institutionen der Komplexität und Wandelbarkeit der Umweltprobleme nur ganz begrenzt gewachsen ist, dürfte die Menschheit, wie stets in ihrer Geschichte, auch in Zukunft ganz wesentlich auf die Selbstheilungskräfte der Natur angewiesen sein. Daher befindet man sich in der Regel dort auf der sicheren Seite, wo man der Natur Reserven läßt, statt eine intensive Nutzung bis in die letzten Winkel der Erde voranzutreiben. Das Leitbild der «Nachhaltigkeit» würde zum Irrlicht, wenn es dazu diente, die totale Nutzung der letzten Reserven ökologisch zu legitimieren. Auch die Nachhaltigkeit der traditionellen Landwirtschaft war teilweise den «stillen Reserven» zu verdanken![91] So besehen, ist der Gegensatz zwischen jenen Umweltschützern, die die nachhaltige Wirtschaft, und jenen anderen, die die Wildnis wollen, nicht unüberwindbar.

Umweltschutz bedeutet in der Essenz heute Zukunftsvorsorge; aber die Zukunft ist ungewiß: Das ist das Dilemma! Ein Streben nach Nachhaltigkeit, das die Ewigkeit der eigenen Welt, so wie man sie sich vorstellt, postuliert und mit starrer Monomanie verfolgt, erliegt einer gefährlichen Illusion. Man muß auf Unvorhergesehenes gefaßt sein. Auch das ist ein Argument für eine besorgte, nicht allzu optimistische Grundhaltung; denn der Optimismus begünstigt die lineare Prognose und die falsche Sicherheit, und er führt auch leicht dazu, daß negative Erfahrungen der Vergangenheit in Vergessenheit geraten. Ein «Quality-Assurance»-Revisionsbericht über die Weltbank gelangt 1997 zu dem Schluß, «daß die institutionelle Amnesie die selbstverständliche Folgerung aus dem institutionellen Optimismus ist».[92] Die zahlreichen Teilerfolge, die die Umweltpolitik erzielt hat, erhöhen die Illusion der Sicherheit. In Wirklichkeit mündet die Umweltgeschichte auch heute nicht ganz und gar in eine Geschichte der Umweltpolitik, also in eine zielbewußt vom Menschen gemachte Historie, sondern sie bleibt im Kern eine Geschichte des Ungeplanten und Unerwarteten, der stets instabilen Symbiose von Mensch und Natur. Das ist das Grundproblem des in festen Institutionen verankerten Umweltschutzes.[93] Vermutlich ist ein «vagabundierender Blick»[94], ob des Historikers oder des Öko-Amateurs, noch am ehesten auf Überraschungen gefaßt. Denn, mag es von der Ökonomie her eine gewisse Logik haben, an ein «Ende der Geschichte» zu glauben – von der Ökologie her ist ein solches Ende nicht in Sicht.

Anmerkungen

Vorwort

1 Anil Rawat, Life, Forests and Plant Sciences in Ancient India, in: Ajay S. Rawat (Hrsg.), History of Forestry in India, New Delhi 1991, S. 241 f.
2 Eric L. Jones, Das Wunder Europa, Tübingen 1991, S. XI.
3 Oliver Rackham, The Illustrated History of the Countryside, London 1994, S. 6; ders., The countryside: History & pseudohistory, in: The Historian 14/1987, S. 13–17, außerdem Anm. III 118.
4 Merkwürdiger Kontrast: Während in der deutschen Umwelthistorie bislang die Entsorgungsprobleme der Städte ganz im Mittelpunkt standen, war in den USA bis vor kurzem strittig, ob die Städte in die Umweltgeschichte überhaupt hineingehören! Donald Worster, der Nestor der amerikanischen Umweltgeschichte, betrachtet das Richtziel «Nachhaltigkeit» mit Skepsis; s. ders., Auf schwankendem Boden: Zum Begriffswirrwarr um nachhaltige Entwicklung, in: Wolfgang Sachs (Hrsg.), Der Planet als Patient, Berlin 1994, S. 95 ff. Als ich ihm klagte, wir in Europa hätten nicht die indianische Alternative, erwiderte er: «You must invent the Indians!»
5 Zu seinem theoretischen Ansatz: Frank Uekötter, Confronting the Pitfalls of Current Environmental History: An Argument for an Organisational Approach, in: Environment and History 4/1998, S. 31–52.
6 Vorüberlegungen zur Konzeption dieses Buches: Joachim Radkau, Wald- und Wasserzeiten, oder: Der Mensch als Makroparasit? Epochen und Handlungsimpulse einer humanen Umweltgeschichte, in: Jörg Calließ u. a. (Hrsg.), Mensch und Umwelt in der Geschichte, Pfaffenweiler 1989, S. 139–174; ders., Unausdiskutiertes in der Umweltgeschichte, in: Manfred Hettling u. a. (Hrsg.), Was ist Gesellschaftsgeschichte? (Festschrift für H.-U. Wehler) München 1991, S. 44–57; ders., Was ist Umweltgeschichte? in: Werner Abelshauser (Hrsg.), Umweltgeschichte, Göttingen 1994 (Sonderheft von Geschichte und Gesellschaft), S. 11–28; ders., Beweist die Geschichte die Aussichtslosigkeit von Umweltpolitik? in: Hans G. Kastenholz u. a. (Hrsg.), Nachhaltige Entwicklung, Berlin 1996, S. 23–44; ders., Natur als Fata Morgana? Naturideale in der Technikgeschichte, in: Kulturamt Stuttgart (Hrsg.), Natur im Kopf, Bd. 2, Stuttgart 1994, S. 281–310; ders.; Unbekannte Umwelt: Von der altklugen zur neugierigen Umweltgeschichte, in: Praxis Geschichte 11/1997, H. 4, S. 4–10. Mit einschlägiger neuerer Literatur habe ich mich in einer Sammelrezension auseinandergesetzt: Geschichte in Wiss. und Unterricht 48/1997, S. 479–497; 50/1999, S. 250–258 und 356–384.

I. Nachdenken über Umweltgeschichte

1 Über die «Geschichte als Magna Mater und ihre Ausstattung mit Attributen der Natur»: Joachim und Orlinde Radkau, Praxis der Geschichtswissenschaft: Die Desorientiertheit des historischen Interesses, Düsseldorf 1972, S. 149–157; Reinhart Koselleck, Wozu noch Historie? in: Histor. Zeitschrift 212/1971, S. 2.
2 Arnold J. Toynbee, Der Gang der Weltgeschichte, Stuttgart 1954, S. 81; Othmar Anderle, Das universalhistor. System Arnold J. Toynbees, Frankfurt/M. 1955, S. 196f.
3 Fernand Braudel, Frankreich, Bd. 2, Stuttgart 1990, S. 183. Anders Emmanuel Le Roy Ladurie, der das periodische Elend der Übervölkerung schildert. Die Klagen über die Branntweinbrenner, daß diese die Holzpreise hochtrieben und fauliges Wasser in die Umgebung abließen, tut er jedoch mit einer Handbewegung ab: «On n'arrête pas le progres» – den Fortschritt vom Wein zum Branntwein! Ders., Les paysans de Languedoc, Paris 1969, S. 268.
4 Jeffrey A. McNeely/Paul S. Sochaczewski, Soul of the Tiger: Searching for Nature's Answers in Southeast Asia, Honolulu 1995, S. XV. Das Indonesia-Transmigration-Projekt, das «ehrgeizigste Siedlungsprojekt der Welt», das Millionen armer Indonesier von den dichtbevölkerten inneren auf die äußeren Inseln umsiedelte, hinterließ nicht nur massenhafte Verelendung, sondern auch ein ökologisches Desaster großen Ausmaßes: Bruce Rich, Die Verpfändung der Erde, Stuttgart 1998, S. 43–47.
5 Vandana Shiva in der Einl. zu: John Vandermeer/Jvette Perfecto, Breakfast of Biodiversity, Oakland 1995. Florence Shipek, Kumeyaay Plant Husbandry: Fire, Water, and Erosion Management Systems, in: Thomas C. Blackburn/Kat Anderson (Hrsg.), Before the Wilderness: Environmental Management by Native Californians, Melo Park 1993, S. 388.
6 Wilhelm Heinrich Riehl, Die Naturgeschichte des deutschen Volkes, Kurzausgabe von G. Ipsen, Stuttgart 1939, S. 76 (urspr. 1853).
7 International von besonderer Breitenwirkung sind vor allem Clifford Geertz, Garret Hardin, Marvin Harris und Jared Diamond.
8 Ramachandra Guha, The Unquiet Woods, Delhi 1989, S. XII.
9 Jared Diamond, Ecological Collapses of Past Civilizations, in: Proceedings of the American Philosophical Society 138/1994, S. 368.
10 Qu Geping/Li Jinchang, Population and the Environment in China, Boulder/London 1994. Qu Geping war stellvertret. Vorsitzender des Umweltschutzbüros im Staatsrat der VR China; s. Bernhard Glaeser, Umweltpolitik in China, Bochum 1983, S. 15. Robert Sallares, The Ecology of the Ancient Greek World, Ithaca 1991; bereits Hesiod riet zu einer «K-Strategie»: «*Einen* Sohn nur habe, um das Haus des Vaters zu erhalten, denn so wächst der Wohlstand im Hause.» (Werke und Tage, Vers 376f.) John R. McNeill, The Mountains of the Mediterranean World: An Environmental History, Cambridge 1992, S. 356.
11 Hubert Markl, Die Dynamik des Lebens: Entfaltung und Begrenzung biologischer Populationen, in: ders. (Hrsg.), Natur und Geschichte, München

1983, S. 88. Wieweit es in traditionellen Kulturen eine absichtsvolle Anpassung der Bevölkerungsgröße an die Nahrungsgrundlage gibt, ist unter Anthropologen bis heute umstritten; dazu Steven Folmar, Variation and Change in Fertility in West Central Nepal, in: Human Ecology 20/1992, S. 226 f. Im Hintergrund steht das fundamentale Problem, ob sich Kulturen funktionalistisch erklären lassen.

12 Joachim H. Schultze, Das Wesen der Bodenerosion und ihre Problematik in Thüringen, in: Gerold Richter (Hrsg.), Bodenerosion in Mitteleuropa, Darmstadt 1976, S. 57.

13 John und Stamati Crook, Explaining Tibetan Polyandry: sociocultural, demographic and biological perspectives, in: John Crook/Henry Osmaston (Hrsg.), Himalayan Buddhist Villages, Bristol 1994, S. 765 ff.

14 Alwin Seifert, Die Versteppung Deutschlands, in: Die Versteppung Deutschlands, Sonderdruck aus der Zeitschrift «Deutsche Technik» (1939), S. 7 f.; er erklärt diese Wasserscheu mit dem einstmals feuchteren Klima in Mitteleuropa. Schon der Prediger Friedrich Heusinger klagte 1815 über den «einseitigen Eifer», sich des Regenwassers «so schnell als möglich zu entledigen»: Hans-Rudolf Bork u. a., Landschaftsentwicklung in Mitteleuropa, Gotha 1998, S. 169, 263 f. Pettenkofer: Jürgen Büschenfeld, Vernetzung der Umweltmedien Boden und Wasser: Kaliindustrie und Umwelt in der Geschichte, in: Veränderung von Böden durch anthropogene Einflüsse, hrsg. v. Dt. Institut für Fernstudienforschung, Berlin 1997, S. 167. Joel Simon, Endangered Mexico: An Environment on the Edge, San Francisco 1997, S. 60 ff. Ahistorische Risikotheorien haben bislang nicht überzeugend zu erklären vermocht, warum die Menschen auf manche Risiken weit heftiger reagieren als auf andere, die rechnerisch größer sind.

15 Joachim Radkau, Technik in Deutschland, Frankfurt/M. 1989, S. 21 ff.; ders., Kontinuität und Wandel nach 1945 in West- und Ostdeutschland, in: Peter Frieß/Peter Steiner (Hrsg.), Deutsches Museum Bonn. Forschung und Technik in Deutschland nach 1945, München 1995, S. 57 f. Eduard Pfeiffer, Technik der Stadt, Stuttgart 1937, S. 127: «Jeder einzelne Faulraum zeigt Besonderheiten, man möchte fast sagen, Eigensinn und Launen.»

16 Clarence J. Glacken, Traces on the Rhodian Shore: Nature and Culture in Western Thought from Ancient Times to the End of the 18th Century, Berkeley 1967, S. 132 ff.; Seneca, 90. Brief an Lucilius.

17 Justus v. Liebig, Die Chemie in ihrer Anwendung auf Agricultur und Physiologie, 9. Aufl., Braunschweig 1876, II, S. 73, 86; ders., Chemische Briefe, Leipzig 1865, S. 470.

18 Wilhelm Henneberg, Die agriculturchemischen Streitfragen der Gegenwart in ihren wesentlichsten Momenten, in: Journal für Landwirtschaft 6/1858, S. 249, 254. J. Conrad, Liebig's Lehre von der Bodenerschöpfung und ihre geschichtliche, statistische und nationalökonomische Begründung, Jena 1864, S. 126 f., hebt hervor, schon im Altertum sei man auf die Verwertung der menschlichen Exkremente bedacht gewesen. Das Thema scheint jedoch in der europäischen Vergangenheit umstritten und manchmal tabu gewesen zu sein; vgl. Donald Woodward, ‹Gooding the Earth›: Manuring Practices in Britain 1500–1800, in: S. Foster/T.C. Smout (Hrsg.),

The History of Soils and Field Systems, Aberdeen 1994, S. 100–110. Krünitz handelt in seiner Oekonom. technolog. Encyklopädie ausführlich von dem «Gebrauch und Nutzen des Menschen-Kothes als Dünger» (s. Bayerl/Troitzsch, Anm. III 97, S. 210 ff.): Es war ein auch damals (1789) umstrittenes Thema, und Krünitz klagt, daß die menschlichen Exkremente oft in die Flüsse geworfen würden.

19 Wilhelm Roscher, Nationalökonomik des Ackerbaues, 13. Aufl. Stuttgart 1903, S. 102; Heinrich v. Treitschke, Dt. Gesch. im 19. Jh., Bd. 4, 3. Aufl. Leipzig 1890, S. 580.

20 Wilhelm Abel, Agrarkrisen und Agrarkonjunktur, 2. Aufl. Hamburg 1966, S. 236f. u.a.

21 Jean Vogt, Aspects of Historical Soil Erosion in Western Europe, in: Peter Brimblecombe/Christian Pfister (Hrsg.), The Silent Countdown: Essays in European Environmental History, Berlin 1990, S. 86 u.a.; Vogt stützt sich auf jahrzehntelange Forschungen zur Erosionsgeschichte vor allem im östlichen Frankreich. Bork, Landschaftsentwicklung (Anm. 14), S. 31 ff. Jacks (1939), zit. n. Monique Mainguet, Desertification, Berlin 1991, S. 7.

22 Lynn White jr., The Historical Roots of Our Ecological Crisis, in: Science 155/1967, Nr. 3767, S. 1203–1207; gekürzte deutsche Fassung in: Michael Lohmann (Hrsg.), Gefährdete Zukunft: Prognosen angloamerikanischer Wissenschaftler, München 1970, S. 20–29.

23 Heinz Ellenberg, Vegetation Mitteleuropas mit den Alpen, 5. Aufl. Stuttgart 1996, S. 150, erkennt sogar Indizien dafür, daß schon in der warmen Zwischeneiszeit vor 200000 Jahren vom Menschen gelegte Flächenbrände zusammen mit Elefanten und anderen Großtieren die Vegetation flächendeckend veränderten! Karl W. Butzer, Archaeology as human ecology: Method and theory for an contextual approach, Cambridge 1982, S. 155; McNeill, Mountains (Anm. 10), S. 353.

24 Franz M. Wuketits, Evolution, Erkenntnis, Ethik: Folgerungen aus der modernen Biologie, Darmstadt 1984, S. 67, 74.

25 Dieter Brosius u.a., Die Lüneburger Heide, Hannover 1984, S. 8; Arie J. Kalis, Zur Umwelt des frühneolithischen Menschen: Ein Beitrag der Pollenanalyse, in: Hansjörg Küster (Hrsg.), Der prähistorische Mensch und seine Umwelt, Stuttgart 1988, S. 128f., 136.

26 Ruth und Dieter Groh, Von den schrecklichen zu den erhabenen Bergen: Zur Entstehung ästhetischer Naturerfahrung, in: Heinz-Dieter Weber (Hrsg.), Vom Wandel des neuzeitl. Naturbegriffs, Konstanz 1989, S. 58; Heinrich Schipperges, Der Garten der Gesundheit: Medizin im Mittelalter, München 1990, S. 16; Stephen R. Kellert/Edward O. Wilson (Hrsg.), The Biophilia Hypothesis, Washington 1993.

27 Glacken, Traces (Anm. 16), S. 49f.; Seneca, 89. Brief an Lucilius; Wolfgang Bauer, China und die Hoffnung auf Glück, München 1974, S. 197f.; ders., Das Antlitz Chinas, München 1990, S. 112ff., 206f.; Kenneth Ch'en, Buddhism in China, Princeton 1964, S. 23f. Klaus M. Meyer-Abich (Aufstand für die Natur, München 1990, S. 89): «Wir erleben die Natur der äußeren Welt sogar erst dann, wenn wir sie in eins als unsere eigene, innere Natur erfahren ... Dies ist das Programm einer alternativen Wissenschaft.»

28 Ernst Robert Curtius, Europ. Literatur und latein. Mittelalter, 4. Aufl. Bern 1963, S. 127ff., 132; Hans-Liudger Dienel, Homo Faber – Der techn. Zugang zur Natur, in: Technik und Kultur, hrsg. v. G.-Agricola-Gesellschaft, Bd. 6, Düsseldorf 1994, S. 48.

29 Joachim Radkau, Warum wurde die Gefährdung der Natur durch den Menschen nicht rechtzeitig erkannt? in: Hermann Lübbe/Elisabeth Ströker (Hrsg.), Ökologische Probleme im kulturellen Wandel, Paderborn 1986, S. 47ff.

30 Norbert Elias, Über die Natur, in: Merkur 40/1986, S. 471.

31 Robert Spaemann, Rousseau – Bürger ohne Vaterland, München 1980, S. 57: «Die Eindeutigkeit des Naturbegriffs wird durch die Eindeutigkeit seines Gegensatzes gewährleistet.»

32 Rolf Peter Sieferle, Aufgaben einer künftigen Umweltgeschichte, in: Christian Simon (Hrsg.), Umweltgeschichte heute, Mannheim 1993 (Environmental History Newsletter, Special issue No. 1), S. 33.

33 Die These stammt von Michael Harner, The Ecological Basis of Aztec Sacrifice, in: American Ethnologist 4/1977, S. 117–135; in genüßlicher Breite bei Marvin Harris, Kannibalen und Könige: Die Wachstumsgrenzen der Hochkulturen, Stuttgart 1990, S. 128–146. Nach aztekischen Angaben wurden die Kriege im 15. Jh. als «Blumenkriege» im Einvernehmen mit den Gegnern geführt, damit beide Seiten genug Gefangene für die Menschenopfer bekommen hätten, die nötig gewesen seien, um die Götter nach einer großen Hungersnot zu beschwichtigen. Hanns J. Prem/Ursula Dyckerhoff, Das alte Mexiko, München 1986, S. 234f. Eine ähnliche These wurde schon vorher für Neuguinea diskutiert: Mark D. Dornstreich/George E. B. Morren, Does New Guinea Cannibalism Have Nutritional Value? in: Human Ecology 2/1974, S. 1–13. Für die Azteken wird sie inzwischen überwiegend abgelehnt: Lane Simonian, Defending the Land of the Jaguar: A History of Conservation in Mexico, Austin 1995, S. 27.

34 Madhav Gadgil/Ramachandra Guha, This Fissured Land: An Ecological History of India, Oxford 1992, S. 93–110. Marvin Harris (S. 68) spielt sogar mit einer ökologischen Rechtfertigung des Krieges, da dieser die Völker tendenziell davon abhalte, «bis zu dem Punkt zu wachsen, da sie ihre Umwelt auf die Dauer erschöpfen».

35 Richard Pott/Joachim Hüppe, Die Hudelandschaften Nordwestdeutschlands, Münster 1991, S. 119–170, über das «Borkener Paradies» und das «Verdener Paradies» sowie deren Erhaltungswürdigkeit, obwohl sie anderswo (S. 23) von den «verheerenden Auswirkungen» der Hude auf die Waldvegetation sprechen. Helmut Jäger, Einführung in die Umweltgeschichte, Darmstadt 1994, S. 223; Meyers Naturführer Harz, Mannheim 1992, S. 16. Josef H. Reichholf, Comeback der Biber: Ökologische Überraschungen, München 1993, S. 20.

36 Ludwig Hempel, Jungquartäre Klimaveränderungen im ostmediterranen Raum: Auswirkungen auf Reliefgestaltung und Pflanzendecke, in: Probleme der Umweltforschung in historischer Sicht, München 1993 (Rundgespräche der Kommission für Ökologie Bd. 7), S. 180.

37 Harris, Kannibalen (Anm. 33), S. 33; Fernand Braudel, Frankreich, Bd. 3;

Stuttgart 1990, S. 64; Jäger, Einführung (Anm. 35), S. 20. Helen Mayer Harrison/Newton Harrison, Grüne Landschaften, Vision: Die Welt als Garten, Frankfurt/M. 1999, S. 68: «Und so ist die Wiese Lehrmeisterin und Vorbild und Prophetin.»

38 Werner Bätzing, Die Alpen: Naturbearbeitung und Umweltzerstörung, Frankfurt/M. 1984, S. 1.

39 J. V. Thirgood, Cyprus: A Chronicle of its Forests, Land and People, Vancouver 1987, S. 29; S. 346: Überblick über kontroverse Literatur zur Ziegenweide auf Zypern. Allg.: Joachim Radkau/Ingrid Schäfer, Holz: Ein Naturstoff in der Technikgeschichte, Reinbek 1987, S. 63.

40 Colin Maher, The Goat: Friend or Foe? in: East African Agricultural Journal, Oct. 1945, S. 115. Marcus H. French, Oberservations on the Goat, Rom (FAO) 1970, S. 32f.; David Mackenzie, Goat Husbandry, London 1990, S. 28, 66, 78; R. W. Dennell, Archaeology and the Study of Desertification, in: Brian Spooner/H.S. Mann (Hrsg.), Desertification and Development, London 1982, S. 53; Bruce D. Smith, The Emergence of Agriculture, New York 1995, S. 57ff.

41 Radkau, Technik (Anm. 15), S. 83, Jäger, Einführung (Anm. 35), S. 126.

42 Alfred Runte, National Parks: The American Experience, 3. Aufl. Lincoln 1997, S. 60. Gifford Pinchot, Breaking New Ground, Washington 1998 (zuerst 1947), S. 181: Zu jener Zeit seien «die Schafe zehnmal schlimmer als die Rinder» gewesen. Er gibt ihnen sogar die Hauptschuld an den Staubstürmen der 1930er Jahre. Mit entsprechender Kontrolle könne jedoch der Schaden der Schafweide für die Vegetation minimiert werden.

43 Georg Sperber, Der Umgang mit dem Wald – eine ethische Disziplin, in: Hermann Graf Hatzfeld (Hrsg.), Ökologische Waldwirtschaft, Heidelberg 1996, S. 51; Hartmut Boockmann, Erfahrene Umwelt – Deutschland in einem Reisebericht aus dem 15. Jh., in: Ernst Schubert/Bernd Herrmann (Hrsg.), Von der Angst zur Ausbeutung – Umwelterfahrung zwischen Mittelalter und Neuzeit, Frankfurt/M. 1994, S. 110; Brosius, Heide (Anm. 25), S. 17; Walter Kremser, Niedersächsische Forstgeschichte, Rotenburg 1990, S. 346; Dieter Haßler u.a. (Hrsg.), Wässerwiesen, Karlsruhe 1995, S. 32, 122; Robert Delort, Der Elefant, die Biene und der heilige Wolf: Die wahre Geschichte der Tiere, München 1987, S. 265; S. N. Adams, Sheep and cattle grazing in forests: A review, in: Journal of Applied Ecology 12/1975, S. 147. Clifford Geertz, Agricultural Involution: The Process of Ecological Change in Indonesia, Berkeley 1963, S. 4: «The sheep and the pasture form an integrated, equilibrated system»; dies zu erkennen und über die unmittelbare Wahrnehmung des zerstörenden Effekts der Schafweide hinauszugelangen kennzeichne den «ecological approach».

44 Wolfgang Jacubeit, Schafhaltung und Schäfer in Zentraleuropa bis zum Beginn des 20. Jh.s, Berlin 1987, S. 36, 50, 92, 409 u.a.

45 Michael Kienzle, Natur-Schauspiele, Tübingen 1993, S. 10.

46 Colin M. Turnbull, Das Volk ohne Liebe: Der soziale Untergang der Ik, Reinbek 1973.

47 Riehl, Naturgeschichte (Anm. 6), S. 76.

48 Jacob v. Uexküll, Niegeschaute Welten: Die Umwelten meiner Freunde, Berlin 1936, S. 21.

49 Ellenberg, Vegetation (Anm. 23), S. 52.

50 Edwin N. Wilmsen, The Ecology of Illusion: Anthropological Foraging in the Kalahari, in: Reviews in Anthropology 10/1, 1983, S. 15; Georges Bertrand, Pour une histoire écologique de la France rurale, in: George Duby/Armand Wallon (Hrsg.), Histoire de la France rurale, Bd. 1, Paris 1975, S. 44; ökologischer Determinismus als Mode und Episode in der Archäologie der 1960er Jahre: Donald V. Kurtz, The Economics of Urbanization and State Formation at Teotihuacan, in: Current Anthropology 28/1987, S. 346; Erwin K. Scheuch, Ökologischer Fehlschluß, in: Wörterbuch der Soziologie, hrsg. v. W. Bernsdorf, Stuttgart 1969, S. 757 f.

51 Anders Hjort, A Critique of «Ecological» Models of Pastoral Land Use, in: Nomadic Peoples 10/1982, S. 23.

52 William S. Abruzzi, Ecological Stability and Community Diversity during Mormon Colonization of the Little Colorado River Basin, in: Human Ecology 15/1987, S. 317–338; Marc Reisner, Cadillac Desert, 2. Aufl. New York 1993, S. 53 f., 231.

53 Gordon R. Willey/Demitri B. Shimkin, The Maya Collapse: A Summary View, in: T. Patrick Culbert (Hrsg.), The Classic Maya Collapse, Albuquerque 1973, S. 487, 491; Joseph A. Tainter, The Collapse of Complex Societies, Cambridge 1988, S. 50ff.; Robert Sharer, Did the Maya Collapse? A New World Perspective on the Demise of the Harappan Civilization, in: Gregory L. Possehl (Hrsg.), Harappan Civilization, Warminster 1982, S. 376.

54 William T. Sanders, The Cultural Ecology of the Lowland Maya: A Reevaluation, in: Culbert, Collapse (Anm. 53), S. 361 f.; Sharer, Collapse (Anm. 53), S. 373 ff.; Linda Schele/David Freidel, Die unbekannte Welt der Maya, Augsburg 1994, S. 501, 590 f. In einer Maya-Schrift heißt es: «Die Wälder brennen, damit Mais gepflanzt wird, und alles brennt, und die Tiere des Landes sterben ...» Simonian, Defending (Anm. 33), S. 23. Jeremy A. Sabloff, Die Maya, Heidelberg 1991, S. 188 ff. («Lektionen aus dem Zusammenbruch der Maya»).

55 Joel Mokyr, Why Ireland Starved. A Quantitative and Analytical History of the Irish Economy, 1800–1850, London 1985, S. 276, 291 f. Cecil Woodham-Smith, The Great Hunger, London 1987, S. 29; Redcliffe Salaman, The History and Social Influence of the Potato, Cambridge 1985 (zuerst 1949), S. 339; Pier Paolo Viazzo, An Anthropological Perspective of Environment, Population, and Social Structure in the Alps, in: Brimblecombe/Pfister (Anm. 21), S. 64.

56 Liebig, Chemie (Anm. 17), II, S. 64; Frank Mitchell, Shell Guide to Reading the Irish Landscape, London 1986, S. 149, 177, 181, 185, 190; Michael J. Conry/G. Frank Mitchell, The Age of Irish Plaggen Soils, in: Dan H. Yaalon, Paleopedology, Jerusalem 1971, S. 129 ff.; Vernon G. Carter/ Tom Dale, Topsoil and Civilization, Oklahoma 1974 (zuerst 1955), S. 183 f.; David Grigg, Population Growth and Agrarian Change: An historical perspective, Cambridge 1980, S. 124.

57 Eileen McCracken, The Irish Woods since Tudor Times: Distribution and Exploitation, Newton Abbot 1971, S. 56, 68; Mitchell, Reading (Anm. 56), S. 181, 195.

58 Moses I. Finley u. a., Geschichte Siziliens und der Sizilianer, München 1989, S. 131.

59 Jared Diamond, Guns, Germs and Steel, London 1997, S. 412 f.

60 vgl. Anm. 22.

61 Rachel Carson, Der stumme Frühling, München 1990 (zuerst 1962), S 64; Gerhard Eisenbeis/Michael Sturm, Technik und Boden, in: Technik und Kultur, hrsg. v. G.-Agricola-Ges., Bd. 6, 1994, S. 449. Bodenforschung galt lange Zeit als ein unfruchtbares und «schmutziges» Forschungsgebiet: Jill E. Cooper, The Scientific Roots of Environmental Thought, Paper auf der ASEH-Tagung in Baltimore 1997, S. 4. Über die methodischen Schwierigkeiten, Prozesse der Bodendegradation zu erforschen: Boris G. Rozanov u. a., Soils, in: B. L. Turner (Hrsg.), The Earth As Transformed by Human Action: Global and Regional Changes in the Biosphere over the Past 300 Years, New York 1990, S. 213; schon in der klassischen Abhandlung von Avery Craven, Soil Exhaustion as a Factor in the Agricultural History of Virginia and Maryland, 1606–1860, Urbana 1926, S. 9 ff.; Mike Stocking, Measuring land degradation, in: Piers Blaikie/Harold Brookfield (Hrsg.), Land Degradation and Society, London 1987, S. 61; Bork, Landschaftsentwicklung (Anm. 14), S. 44 f. Klaus Kümmerer u. a. (Hrsg.), Bodenlos: Zum nachhaltigen Umgang mit Böden = Polit. Ökologie Nov./Dez. 1997, S. 33, 47, 75 (Martin Held, Karl Stahr, Christian Hiß).

62 August Bernhardt, Geschichte des Waldeigentums, der Waldwirtschaft und Forstwissenschaft in Deutschland, Bd. 3, Aalen 1966 (zuerst 1875), S. 321; auch Bd. 2, S. 370 ff.

63 David S. G. Thomas, Desertification: Exploding the Myth, Chichester 1994, S. 24; R. W. Dennell, Archaeology and the Study of Desertification, in: Brian Spooner/H. S. Mann (Hrsg.), Desertification and Development; Dryland Ecology in Social Perspective, London 1982, S. 48, 53; Monique Mainguet, Desertification: Natural Background and Human Mismanagement, Berlin 1991; Horst G. Mensching, Desertifikation, Darmstadt 1990, S. 1 f., 11, 34, 69; Andrew B. Smith, The Neolithic Tradition in the Sahara, in: Martin A. J. Williams/Hugues Faure (Hrsg.), The Sahara and the Nile: Quaternary environments and prehistoric occupation in northern Africa, Rotterdam 1980, S. 451 f.

64 Christian Pfister, Im Strom der Modernisierung: Bevölkerung, Wirtschaft und Umwelt im Kanton Bern, 1700–1914, Bern 1995, S. 341, 448; Andreas Ineichen, Innovative Bauern, Luzern 1996, S. 185; H. H. Lamb, Klima und Kulturgeschichte: Der Einfluß des Wetters auf den Gang der Geschichte, Reinbek 1989, S. 252; Christian Pfister, Spatial patterns of climatic change in Europe A. D. 1675 to 1715, in: ders./Birgit Glaeser (Hrsg.), Climatic trends and anomalies in Europe 1675–1715, Stuttgart 1994, S. 289. Wiederholt wurden Umweltveränderungen zunächst mit Klimawandel-Hypothesen erklärt, die jedoch im Laufe der detaillierteren Erforschung in Zweifel gerieten. Allg. dazu: Stefan Militzer, Klima –

Klimageschichte – Geschichte, in: Gesch. in Wiss. und Unterricht 47/1996, bes. S. 82ff.

65 Joachim Radkau, Hiroshima und Asilomar, in: Gesch. und Gesellschaft 14/1998, S. 356 f.

II. Die Ökologie der Subsistenz und des schweigenden Wissens – urtümliche Symbiosen von Mensch und Natur

1 Daß das autarke, selbstgenügsame Dasein der Polis der vollkommene Glückszustand sei, lag der aristotelischen Staatsphilosophie axiomatisch zugrunde: Friedrich Tomberg, Polis und Nationalstaat, Darmstadt 1973, S. 233ff., 239. Eine feministische Analyse der Subsistenzwirtschaft auch als weltweiter aktueller Perspektive: Veronika Bennholdt-Thomsen/Maria Mies, Eine Kuh für Hillary: Die Subsistenzperspektive, München 1997; Bennholdt-Thomsen u. a., Das Subsistenzhandbuch. Widerstandskulturen in Europa, Asien und Lateinamerika, Wien 1999. Ich danke Veronika Bennholdt-Thomsen für viele Hinweise und Anregungen

2 Roscher, Ackerbau (Anm. I 19), S. 105f.; Abel, Agrarkrisen (Anm. I 20), S. 109.

3 Karl Polanyi, The Great Transformation (dt.), Frankfurt/M. 1978 (urspr. 1944), S. 170ff.; Fernand Braudel, The Mediterranean and the Mediterranean World in the Age of Philipp II, Bd. 1, London 1975 (urspr. 1949), S. 152; Jean Jacquart, Immobilisme et catastrophes, in: Duby/Wallon, France rurale, Bd. 2, S. 259ff. Bei denjenigen Autoren, die die Vernunft der Subsistenzwirtschaft würdigen, findet man manchmal die These, diese habe sich nach dem Prinzip «Risikominimierung statt Ertragsoptimierung» verhalten und daher stets die Polykultur bevorzugt (so Rainer Beck in: Werner Konold, Hrsg., Naturlandschaft – Kulturlandschaft, Landsberg 1996, S. 42 f.). Ich bezweifle jedoch, ob man ein derartiges vorausschauendes Risikokalkül generell voraussetzen kann; es fehlt in der Geschichte nicht an Gegenbeispielen.

4 Otto Brunner, Adeliges Landleben und europäischer Geist: Leben und Werk Wolf Helmhard v. Hohbergs 1612–1688, Salzburg 1949, S. 245; Susan Reynolds, Fiefs and Vassals: The Medieval Evidence Reinterpreted, Oxford 1994, S. 59ff. u. a.: Auch im Mittelalter sei «volles Eigentum» von Einzelpersonen etwas Normales gewesen; die allesbeherrschende Lehenspyramide sei eine Legende. Robert McC. Netting, Smallholders, Householders: Farm Families and the Ecology of Intensive, Sustainable Agriculture, Stanford 1993, S. 168 Fn. Bruce Campbell/Ricardo A. Godoy, Commonfield Agriculture: The Andes and Medieval England Compared, in: Proceedings of the Conference on Common Property Resource Management, Washington 1986, S. 330: Individuell bewirtschaftete Feldstücke auch innerhalb aller Formen der Commonfields. Eric Kerridge, The common fields of England, Manchester 1992, S. 112: Es gebe keinen Beleg für eine kollektive Beackerung der Commonfields.

5 Netting, Smallholders (Anm. 4), S. 41 u.a.; Mariano Feio, Le Bas Alentejo et l'Algarve, Evora 1983, S. 75 ff. Der Deutschbrasilianer, Träger des Alternativen Nobelpreises und zeitweilige brasilianische Umweltstaatssekretär José Lutzenberger: Aus Unverständnis habe er sich einst über die Kleinbauern geärgert, «die an den steilsten Hängen schlimme Erosion verursachten und die, wenn der Boden weg war, immer weiter rodeten, bis es keinen Wald mehr gab, riesige Erdrutsche den Berg entstellten, die Flüsse tot und versandet waren ... Erst später ... erkannte ich, welche Überlebenskünstler sie waren, wie interessant ihre Kultur, wie bewußt ihnen ihre eigene Ausweglosigkeit war.» (Ders./Michael Schwartzkopff, Giftige Ernte, Greven 1988, S. 26). Auch er bestreitet nicht die Realität der von den verelendeten Kleinbauern verursachten Bodenzerstörung.

6 Edward P. Thompson, Plebeische Kultur und moralische Ökonomie, Frankfurt/M. 1980, S. 89 f.; Joachim Radkau, Das Zeitalter der Nervosität, München 1998, S. 254.

7 Joachim Radkau, Das Rätsel der städtischen Brennholzversorgung im «hölzernen Zeitalter», in: Dieter Schott (Hrsg.), Energie und Stadt in Europa: Von der vorindustriellen ‹Holznot› bis zur Ölkrise der 1970er Jahre, Stuttgart 1997, S. 62. Wie stolz vormoderne Regionen auf ihre Fähigkeit zur Selbstversorgung waren, zeigt eine Passage in einer statist.-topograph. Übersicht des Ländchens Hohenlohe aus dem Jahre 1791: «Die natürliche Lage dieses Landes ist so vorzüglich gut, daß, wenn man dieses wie China mit einer Mauer umfaßte ..., es die ganze übrige Welt würde entbehren können, so einen Überfluß besitzt es.« Werner Konold, «Liebliche Anmut und wechselnde Szenerie«, in: Hohenloher Freilandmuseum Mitt. 17/1996, S. 6.

8 Roscher, Ackerbau (Anm. I 19), S. 195; Woodward, Gooding (Anm. I 18), S. 107; Albert Wirz, Sklaverei und kapitalist. Weltsystem, Frankfurt/M. 1984, S. 204; Bennholdt-Thomsen, Kuh (Anm. 1), S. 22 ff.

9 Hesiod, Werke und Tage, V. 346; Columella (De re rustica I 3) rät besonders ausführlich, beim Kauf eines Landguts auf die Nachbarn zu achten.

10 Radkau/Schäfer, Holz (Anm. I 39), S. 63 f.; Franz Hafner, Steiermarks Wald in Geschichte und Gegenwart, Wien 1979, S. 31; Engelbert Koller, Forstgeschichte des Salzkammergutes, Wien 1970, S. 443 ff.; Arthur Young, Voyages en France, Bd. 3, Paris 1976, S. 1236. Young war in seiner Einstellung zur Brandwirtschaft ambivalent: An anderer Stelle lobt er das gut regulierte Brennen in höchsten Tönen, wobei er die Bauernweisheit paraphrasiert, daß das Feuer ein guter Knecht, jedoch ein schlechter Herr sei. Stephen J. Pyne, Vestal Fire: An Environmental History, Told through Fire ..., Seattle 1997, S. 249.

11 Stephan J. Pyne, Fire in America: A Cultural History of Wildland and Rural Fire, Princeton 1982, S. 302 f.; Anregungen zur ökologischen Geschichte des Feuers bekam ich durch eine Exkursion mit Stephan Pyne in die Catalina Mountains (Arizona) im April 1999; Alfred Runte, Yosemite: The Embattled Wilderness, Lincoln 1990, S. 58 ff.

12 Bernard Campbell, Ökologie des Menschen: Unsere Stellung in der Natur von der Vorzeit bis heute, München 1985, S. 98 f.

13 Bertrand: Duby/Wallon, France rurale (Anm. I 50), S. 92; Nancy M. Williams/Eugene S. Hunn (Hrsg.), Resource Managers, North American and Australian Hunter-Gatherers, Boulder 1982, S. 10 u.a.; François Sigaut, L'agriculture et le feu: Rôle et place du feu dans les techniques de préparation du champ de l'ancienne agriculture européenne, Paris 1975, S. 14 u.a.

14 Axel Steensberg, Fire-Clearance Husbandry: Traditional Techniques Throughout the World, Herning 1993, S. 187ff.; Vergil, Georgica I V. 84f.: «Oft war es nützlich, unfruchtbare Äcker anzuzünden und dürre Stoppeln mit prasselnden Flammen abzubrennen.» Hafner, Wald (Anm. 10), S. 258.

15 Sigaut (Anm. 13), S. 194; Stephen J. Pyne, Burning Bush: A Fire History of Australia, New York 1991, S. 161; Steensberg (Anm. 14), S. 186; P. Rowley-Conwy, Slash and Burn in the Temperate European Neolithic, in: Roger Mercer (Hrsg.), Farming Practice in British Prehistory, Edinburgh 1981, S. 95; Ellenberg, Vegetation (Anm. I 23), S. 31.

16 Gordon G. Whitney, From Coastal Wilderness to Fruited Plain: A History of Environmental Change in Temperate North America 1500 to the Present, Cambridge 1994, S. 109. «Indian summer» habe ursprünglich nicht nur auf das rote Laub, sondern auch auf den Widerschein der indianischen Brände angespielt. Ebd. S. 119: Viele Forscher glauben, daß die Prärien des Mittelwestens durch die indianische Brandwirtschaft entstanden seien. Dieses Argument wird mit Vorliebe bei der Entmythologisierung der Indianer gegen die Vorstellung der indianischen Harmonie mit der Natur ins Feld geführt.

17 Steensberg (Anm. 14), S. 116, 216; Sanders, Ecology (Anm. I 54), S. 344; Williams/Hunn (Anm. 13), S. 49; Clara Sue Kidwell, Systeme des Wissens, in: Alvin M. Josephy (Hrsg.), Amerika 1492: Die Indianervölker vor der Entdeckung, Frankfurt/M. 1992, S. 491; Susanna Hecht/Alexander Cockburn, The Fate of the Forest: Developers, Destroyers and Defenders of the Amazon, London 1990, S. 44f.; Pyne, Fire in America (Anm. 11), S. 122; J. V. Thirgood: Man and the Mediterranean Forest, London 1981, S. 67; Jorge Freitas Branco, Bauernarbeit im mediterranen Alltag, Berlin 1984, S. 168; Pyne, Vestal Fire (Anm. 10), S. 287.

18 Jussi Raumolin, The Problem of Forest-Based Development as Illustrated by the Development Discussion, 1850–1918, Helsinki 1990 (Dpt. of Social Policy, Research Reports 4), S. 124; ders. (Hrsg.), Special Issue on Swidden Cultivation, Helsinki 1987 (Suomen Antropologi 4), darin vor allem Raumolins Einführung (S. 185ff., 192) und Matti Sarmela, Swidden Cultivation in Finland as a Cultural System (S. 241ff., 259f.). Fritz Schneiter (1879–1970), langjähriger Alminspektor in der Steiermark, nimmt die dortige traditionelle Brandwirtschaft gegen den Vorwurf der Humuszerstörung in Schutz und rühmt zugleich die Krisenfestigkeit dieser Art von Subsistenzwirtschaft gegenüber den Konjunkturen des Marktes: Ders., Agrargeschichte der Brandwirtschaft, Graz 1970, S. 89f. Eine Bodenanalyse im Kondelwald an der Mosel führte im Gegensatz zur landläufigen Meinung zu dem Ergebnis, daß die Brandwirtschaft «unzweifelhaft zu einer gewissen Bodenverbesserung» geführt habe: Christoph Ernst, Den Wald entwickeln, Diss. Trier 1998, S. 177.

19 McNeill, Mountains (Anm. I 10), S. 276f.; Pyne, Fire in America (Anm. 11), S. 415.
20 David G. McGrath, The Role of Biomass in Shifting Cultivation, in: Human Ecology 15/1987, S. 240; Harris, Kannibalen (Anm. I 33), S. 119ff.
21 Geertz, Involution (Anm. I 43), S. 27; Pyne, Fire in America (Anm. 11), S. 39.
22 Richard B. Lee/Irven DeVore (Hrsg.), Man the Hunter, 3. Aufl. Chicago 1972, S. 3; kritisch dazu: Bruce Bower, A World That Never Existed, in: Science News 135/1989, S. 264–266; ausführlich über die jahrzehntelange Man-the-hunter-Diskussion: Matt Cartmill, Tod im Morgengrauen: Das Verhältnis des Menschen zu Natur und Jagd, Zürich 1993. Cartmill resümiert, die «Jagdhypothese» sei als ein «Mythos» entstanden, «zusammengebraut aus antiquierten vorgefaßten Meinungen und Wunschdenken» (S. 272). Aber auch bei den Kritikern erkennt er ideologische Vorannahmen. Die Annahme, daß die Männerrolle über Jahrzehntausende stark durch die Jagd geprägt wurde, erscheint immer noch plausibel. Dazu Kim Hill, Hunting and Human Evolution, in: Journal of Human Evolution 11/1982, S. 521–544.
23 Robin Ridington, Die Jäger des Nordens, in: Josephy, Amerika 1492, S. 35; W. W. Hill, The Agricultural and Hunting Methods of the Navaho, Indians, Yale 1938, S. 182; Liebig, Briefe (Anm. I 17), S. 344.
24 Kritik: s. Anm. 22; außerdem: Thomas N. Headland/Robert C. Bailey, Have Hunter-Gatherers Ever Lived in Tropical Rain Forest Independently of Agriculture? in: Human Ecology 19/1991, S. 115–122; ähnlich Terese B. Hart/John A. Hart, The Ecological Basis of Hunter-Gatherer Subsistence in African Rain Forests: The Mbuti of Eastern Zaire, in: Human Ecology 14/1986, S. 29–55, Bruce D. Smith, The Emergence of Agriculture, New York 1995, S. 81; Lévi-Strauss: John Seymour/Herbert Girardet, Fern vom Garten Eden: Die Geschichte des Bodens, Frankfurt/M. 1985, S. 30f.
25 Für Midas Dekkers haben solche Mythen eine reale Grundlage in uralten und weltweiten Gewohnheiten sexueller Kontakte zwischen Mensch und Tier: Ders., Geliebtes Tier: Geschichte einer innigen Beziehung, Wien 1994.
26 Peter Iverson, Die Hüter des Himmels und der Erde, in: Josephy, Amerika (Anm. 17), S. 145.
27 Paul S. Martin/Richard G. Klein, Quaternary Extinctions: A Prehistoric Revolution, Tucson 1984, mit breiter Diskussion. Die «Overkill»-Hypothese wirkt insgesamt schlüssiger als die Klimawandel-Gegenhypothese. Niles Eldredge, Wendezeiten des Lebens: Katastrophen in Erdgeschichte und Evolution, Frankfurt/M. 1997, S. 257ff., 267ff., mit aufschlußreichen Befunden aus Madagaskar; für die Umweltgeschichte besonders wichtig ist seine Überlegung, daß nicht die Tötung der Tiere, sondern die Zerstörung ihrer Lebensräume entscheidend gewesen sein muß.
28 Jens Lüning, Leben in der Steinzeit, in: Markl, Natur (Anm. I 11), S. 136; Christian Goudineau/Jean Guilane (Hrsg.), De Lascaux au Grand Louvre: Archéologie et histoire en France, Paris 1989, S. 264f. (Catherine Farizy); Eldredge (Anm. 27), S. 259; Werner Müller, Geliebte Erde: Naturfrömmigkeit und Naturhaß im indianischen und europ. Nordamerika, 4. Aufl.

Bonn 1982, S. 52; empirische Gegenbefunde gegen Nachhaltigkeit der Jagd bei «Naturvölkern»: Michael S. Alvard, Testing the «Ecologically Noble Savage» Hypothesis: Interspecific Prey Choice by Piro Hunters of Amazonian Peru, in: Human Ecology 21/1993, S. 355–387; Timothy F. Flannery, The Future Eaters: An ecological history of the Australasian lands and people, S. 180ff. (Veränderung der australischen Vegetation als Folge der Ausrottung des Großwilds durch die Aborigines).

29 Turnbull, Volk (Anm. I 46), S. 15; Klaus Rösch, Einfluß der Beweidung auf die Vegetation des Bergwaldes, Nationalpark Berchtesgaden Forschungsbericht 26/1992, S. 13; zur Frage der Familien-Jagdreviere bei den Algonkin-Indianern: Rolf Knight, A Re-Examination of Hunting, Trapping, and Territoriality among the Northeastern Algonkin Indians, in: Anthony Leeds/Andrew P. Vayda (Hrsg.), Man, Culture, and Animals: The Role of Animals in Human Ecological Adjustments, Washington 1965, S. 27ff., 40f.

30 Robert Krottenthaler, Die Jagd im alten Indien, Frankfurt/M. 1996, S. 13f., Krit. Bll. f. Forst- und Jagdwiss. 6/1832 (Leipzig), S. 226f.

31 Tsui Yenhu, A Comparative Study of the Attitudes of the Peoples of Pastoral Areas of Inner Asia Towards Their Environments, in: Caroline Humphrey/David Sneath (Hrsg.), Culture and Environment in Inner Asia, Bd. 2, Cambridge 1996, S. 14, 18f.; Michael P. Hoffman, Prehistoric Ecological Crises, in: Leser J. Bilsky (Hrsg.), Historical Ecology, Port Washington 1980, S. 36; Roscher, Ackerbau (Anm. I 19), S. 23.

32 J. Donald Hughes, North America Indian Ecology, El Paso 1996 (zuerst 1983), S. 25ff.; Peter Gerlitz, «Religionsökologie»: Gibt es ein «ökologisches Bewußtsein» unter den Pak Pak Nordwest-Sumatras? In: Peter E. Stüben (Hrsg.): Seelenfischer: Mission, Stammesvölker und Ökologie, Gießen 1994, S. 209f. Karl Hasel, Forstgeschichte, Hamburg 1985, S. 14.

33 Fernand Braudel, Das Meer, in: Ders. u.a., Die Welt des Mittelmeeres, Frankfurt/M. 1997, S. 40; Arthur F. McEvoy, The Fisherman's Problem: Ecology and Law in the California Fisheries 1850–1980, Cambridge 1986, S. 19, 29ff., 271. Patrick W. Kirch, The Ecology of Marine Exploitation in Prehistoric Hawaii, in: Human Ecology 10/1982, S. 455–476 (teils empirische, teils hypothetische Strategien der Anpassung an die Fischbestände). Regelung des Fischfangs auf deutschen Binnenseen im 15. Jh.: Ernst Schubert, Einführung in die Grundprobleme der dt. Gesch. im SpätMA, Darmstadt 1992, S. 59.

34 Wolfgang Bauer, China und die Hoffnung auf Glück, München 1971, S. 51; Anne-Marie Cocula-Vaillières, Un fleuve et des hommes, Paris 1981, S. 120ff.; Richard Ellis, Mensch und Wal: Die Geschichte eines ungleichen Kampfes, München 1993, S. 234ff.

35 Der Sachsenspiegel, ausgew. von Walter Koschorrek, Frankfurt/M. 1976, S. 48f.; Robert P. Harrison, Wälder: Ursprung und Spiegel der Kultur, München 1992, S. 91, 98; Karl Hasel, Studien über Wilhelm Pfeil, Hannover 1982 (Aus dem Walde, H. 36), S. 32f., 167.

36 John M. MacKienzie, The Empire of Nature: Hunting, Conservation and British Imperialism, Manchester 1988, S. 262 u.a.; Radkau, Nervosität (Anm. 6), S. 378f.; Theodore Roosevelt, Aus meinem Leben, Leipzig 1914,

S. 248; Susan L. Flader, Thinking Like a Mountain: Aldo Leopold and the Evolution of an Ecological Attitude Toward Deer, Wolves, and Forests, Madison 1994, S. 168ff. Selbst Thoreau, obwohl später Anhänger des Vegetarismus, pries Jagd und Fischerei als die beste Art, eine intime Kenntnis der Natur zu erwerben. Henry D. Thoreau, Walden, Zürich 1979 (urspr. 1854), S. 210ff.

37 Thomas Dupke, Hermann Löns, Hildesheim 1994, S. 92ff.; Hubert Weinzierl, Jagd und Naturschutz, in: Ders. (Hrsg.), Natur in Not, München 1966, S. 294ff.; Grzimek: Einl. zu dem Band; Hans-Helmut Wüstenhagen, Bürger gegen Kernkraftwerke, Reinbek 1975, S. 39; Brunner, Landleben (Anm. 4), S. 292f.

38 Harris, Kannibalen (Anm. I 33), S. 41.

39 Eduard Hahn, Die Haustiere und ihre Beziehungen zur Wirtschaft des Menschen, Leipzig 1896, S. 28ff.; Homer Aschmann, Comments on the Symposium «Man, Culture, and Animals», in: Leeds/Vaydas (Anm. 29), S. 259ff., 263ff.; Keith Thomas, Man and the Natural World: Changing Attitudes in England 1500–1800, London 1984, S. 28, 108.

40 Glacken, Traces (Anm. I 16), S. 186; Jutta Nowosadtko, Zwischen Ausbeutung und Tabu: Nutztiere in der Frühen Neuzeit, in: Paul Münch (Hrsg.), Tiere und Menschen, Paderborn 1998, S. 257ff.; Thomas (Anm. 39), S. 35; Hahn (Anm. 39), S. 50. Norbert Benecke, Der Mensch und seine Haustiere. Die Gesch. einer jahrtausendealten Beziehung, Stuttgart 1994, S 43: «Es ist überhaupt zu vermuten, daß vom Anbeginn der Domestikation eine unbewußte Selektion zugunsten der Tiere stattgefunden hat, die dem Menschen im ständigen Umgang die geringsten Probleme der Haltung bereiteten.»

41 Günther Franz u.a., Geschichte des deutschen Gartenbaues, Stuttgart 1984, S. 20, 200, auch für die folgenden Ausführungen.

42 Francis Bacon, 46. Essay «Über Gärten» (urspr. 1625); Roscher, Ackerbau (Anm. I 19), S. 132, 190. Eines der welthistorisch berühmtesten Zeugnisse leidenschaftlicher Gartenliebe – verbunden mit genauer Naturkenntnis – ist die Autobiographie des Mogulherrschers Baber. Dieser begeisterte sich jedoch ebenfalls für die wilde Natur, vor allem unter Alkoholeinfluß; vgl. Stanley Lane-Poole, Babar, urspr. 1890, ND Delhi 1990, S. 27, 37ff., 149. Aus Babers Schilderung Indiens kann man den Eindruck gewinnen, daß er dort die Frösche bemerkenswerter fand als die Menschen!

43 Wilhelm Hamm (Hrsg.), Das Ganze der Landwirtschaft in Bildern, 2. Aufl. Leipzig 1872 (ND Hannover 1985), S. 52; Ramón Gutiérrez, Pueblos and Spanish in the Southwest, in: Carolyn Merchant (Hrsg.), Major Problems in American Environmental History, Lexington 1993, S. 49f. Heide Inhetveen, Die Landfrau und ihr Garten: Zur Soziologie der Hortikultur, in: Zs. f. Agrargesch. u. Agrarsoziologie 42/1994, S. 41–58; dies., Farming Women, Time and the ‹Re-agrarianization› of Consciousness, in: Time & Society 3/1994, S. 259–276; dies., «... ein Beet mit schönsten Rapunzeln bepflanzt»: Frauen und Pflanzenzucht, Mskr. (über Anna von Sachsen). Ich danke Heide Inhetveen für Materialien zur Gartengeschichte. Elisabeth Meyer-Renschhausen, Die Gärten der Frauen: Gärten als Anfang und

Ende der Landwirtschaft? in: Bennholdt-Thomsen, Subsistenzhandbuch (Anm. 1), S. 120–136. Auch in Deutschland gibt es längst nicht in allen Regionen eine alte Tradition der Gartenkultur; vgl. Rainer Beck, Unterfinning, München 1993, S. 42.

44 Fernand Braudel, Die Geschichte der Zivilisation, München 1971, S. 368 f. In: Frankreich, Bd. 3, Stuttgart 1990, S. 36 f., bringt er das gleiche Zitat, nunmehr ohne Verwunderung. Ulrich Bentzien, Bauernarbeit im Feudalismus, Berlin 1980, S. 112. Der mecklenburgische Agrarreformer Andreas Christlieb Streubel (1698–1774) empfahl die Rückkehr vom Pflug zum alten «Mecklenburgischen Haken»: U. Bentzien in: Karl Baumgarten u. a., Mecklenburg, Volkskunde, Rostock 1988, S. 14 f., 128 f. Kerridge, Fields (Anm. 4), S. 107.

45 George Ordish, Geschichte eines Gartens vom 16. Jh. bis zur Gegenwart, Frankfurt/M. 1989, S. 134 ff., 250: Angeblich wurden unter Georg III. (1760–1820) an die 7000 neue Pflanzen nach England eingeführt!

46 Peter Brown, Augustinus von Hippo, Leipzig 1972, S. 150; Günther Franz (Hrsg.), Quellen zur Geschichte des deutschen Bauernstandes im MA; Darmstadt 1974, S. 491; August Bernhardt, Gesch. des Waldeigentums, Bd. 1, Berlin 1872, S. 118, 133. M. N. Srinivas, The Remembered Village, Delhi 1976, S. 135 f.: In indischen Dörfern gilt Baumpflanzen nicht nur als Gebot der Nützlichkeit, sondern auch der Ethik, und das Fällen eines Baumes, besonders eines Fruchtbaumes, als sehr verwerflich.

47 Franz, Gartenbau (Anm. 41), S. 143 ff.; Cervantes, Don Quixote, 1. Teil, 11. Kapitel; ähnlich Paulus Niavis, Judicium Jovis, Berlin 1953 (Freiberger Forschungshefte D 3), S. 27, Ceres: «Ja, als die Menschen sich noch von Eicheln nährten, da ehrten sie alle Götter.» Dazu Vergil, Georgica, I, V. 147 ff.: «Ceres lehrte als erste die Sterblichen, das Erdreich mit dem Eisen zu wenden, als schon Eicheln und Erdbeeren im heiligen Wald zu Ende gingen ...» Harris, Kannibalen (Anm. I 33), S. 121. Das «Buch der Landwirtschaft» von Ibn al-Awan (um 1300) widmet sich großenteils der Baumkultur: Philipp Blanchemanche, Bâtisseurs de paysages, Paris 1990, S. 183.

48 Thirgood, Cyprus (Anm. I 39), S. 60 f., 340; Atluri Murali, Whose Trees? Forest Practices and Local Communities in Andhra, 1600–1922, in: David Arnold/Ramachandra Guha (Hrsg.), Nature, Culture, Imperialism, Delhi 1996, S. 92, 97; Braudel, Mediterranean (Anm. 3), Bd. 1, S. 239; Ludwig Reinhardt, Kulturgesch. der Nutzpflanzen, München 1911, S. 195.

49 Hugh Johnson, Das große Buch der Bäume, 3. Aufl. Bern 1976, S. 240; Alfred Philippson, Das Mittelmeergebiet: Seine geograph. und kulturelle Eigenart, Hildesheim 1974, S. 161 f.; Victor D. Hanson, Practical Aspects of Grape-Growing and the Ideology of Greek Viticulture, in: Berrit Wells (Hrsg.), Agriculture in Ancient Greece, Stockholm 1992, S. 161; Goudineau/Guilane, Lascaux (Anm. 28), S. 52 f., 101; Guy Fourquin, in: Duby/Wallon, France rurale (Anm. I 50), Bd. 1, S. 466, 470, 473; Marie-Claire Amouretti/Georges Comet, Le livre de l'olivier, Aix-en-Provence 1985, S. 64 f., 94, 97 f., 137; Le Roy Ladurie, Paysans (Anm. I 3), S. 272 f.; Glacken, Traces (Anm. I 16), S. 130; Marcel Lachiver, Vins, Vignes et Vignerons: Histoire du vignoble français, Paris 1988, S. 164.

50 Philippson (Anm. 49), S. 160ff.; Claude Royer, Les Vignerons: Usages et mentalités des pays de vignobles, Paris 1980, S. 16; Braudel, Frankreich (Anm. 44), Bd. 3, S. 116ff.; Jacqueline Waldren, Insiders and Outsiders: Paradise and Reality in Mallorca, Oxford 1996, S. 107; Jorge F. Branco, Bauernarbeit im mediterranen Alltag: Agrikultur und Umweltgestaltung auf der Inselgruppe Madeira (1750–1900), Berlin 1984, S. 4. Brasilien: Carl D. Goerdeler in «Die Zeit», 4. 1. 1991, S. 10f. Am Beispiel Siams zeigte Pierre Poivre, daß Obstbäume ohne gesicherte individuelle Nutzungsrechte nicht bestehen können: Ders., Reisen eines Philosophen 1768, Sigmaringen 1997, S. 102. Hans Lohmann, Atene (sic !), Köln 1993, I, S. 210: Wenn Herodot hervorhebe, es habe «damals in der Welt nur in Athen Ölbäume gegeben», so spreche daraus Stolz auf jene kulturelle Kontinuität, ohne die Olivenkulturen nicht gediehen. S. 196ff. viele Details auf archäologischer Basis.

51 Radkau/Schäfer, Holz (Anm. I 39), S. 55.

52 Pott/Hüppe, Hudelandschaften (Anm. I 35), S. 61; andererseits verlockten gerade Eichenwälder zur Rodung, da Eichenbestände ein Zeichen für guten Ackerboden waren: Friedrich Mager, Der Wald in Altpreußen als Wirtschaftsraum, Bd. 2, Köln 1960, S. 147ff. Hans Hausrath, Geschichte des deutschen Waldbaus von seinen Anfängen bis 1850, Freiburg 1982, S. 91. Thoreau glaubte, Linné habe gesagt, «daß das Schwein, während es nach Eicheln wühle, Eicheln pflanze»: Engelbert Schramm (Hrsg.), Ökologie-Lesebuch, Frankfurt/M. 1984, S. 105. Diamond, Guns (Anm. I 59), S. 129.

53 Reinhardt, Nutzpflanzen (Anm. 48), S. 216; James J. Parsons, Die Eichelmast-Schweinehaltung in den Eichenwäldern Südwestspaniens (1962), in: Hans-Wilhelm Windhorst (Hrsg.), Beiträge zur Geographie der Wald- und Forstwirtschaft, Darmstadt 1978, S. 157, 164, 172. J. Russell Smith, The Oak Tree and Man's Environment, in: Geographical Review 1/1916, S. 3–19; Radkau/Schäfer, Holz (Anm. I 39), S. 28.

54 Diego Moreno, Châtaigneraie «historique» et chatâgneraie «traditionelle», in: Médiévales (université Paris VIII), 1989, S. 153, 160; durch eine Exkursion mit Diego Moreno in Katalanische Wälder im Juni 1991 wurde ich auf die historische Bedeutung der Kastanienkulturen hingewiesen; Ariane Bruneton-Governatori, Châtaignes, Paris 1991, S. 11; dies., Le pain de bois: Ethnohistoire de la châtaigne et du châtaignier, Toulouse 1984, S. 450 u.a.; Philippe Joutard u.a., Les Cévennes: De la montagne à l'homme, Privat 1979, S. 25ff.; Le Roy Ladurie, Paysans (Anm. I 3), S. 75ff.; Vito Fumagalli, Mensch und Umwelt im MA, Berlin 1992, S. 29. Jacques Blondel, James Aronson, Biology and Wild Life in the mediterranean Region, Oxford 1999, S. 230f.

55 Aufstellung der «Vor- und Nachteile eines agro-silvo-pastoralen Anbausystems»: Rainer Droste, Möglichkeiten und Grenzen des Anbaus von Johannisbrot als Bestandteil eines tradit. Anbausystems im Algarve, Göttingen 1993, S. 189.

56 Noch in den 1990er Jahren rangierte unter den Prioritäten deutscher Gartenbesitzer – einer Allensbach-Umfrage zufolge – der Wunsch, daß im Gar-

ten «Ordnung» herrscht, weit vor dem Ideal des «Naturgartens»! Renate Köcher, Garten & Glück, Konstanz (Dt. Gartenbau-Ges.) 1999, S. 17 f.

57 Kritischer Forschungsrückblick: David Harris, Agricultural origins, beginnings and transitions: the quest continues, in: Antiquity 68/1994, S. 873–877. Merkwürdig ist die Beobachtung (S. 876), daß die einschlägige Literatur die Tiere in der Regel nur am Rand berücksichtigt.

58 Jefferson Reid/Stephanie Whittlesey, The Archaeology of Ancient Arizona, Tucson 1997, S. 64.

59 Vergil: vgl. Anm. 47. Netting, Smallholders (Anm. 5), S. 13, 266 u. a.

60 Markl, Dynamik (Anm. I 11), S. 96.

61 Smith, Emergence (Anm. 24), S. 211 ff.; Karl W. Butzer, Environment and Archaeology: An Ecological Approach to Prehistory, London 1971, S. 562; Diamond, Guns (Anm. I 59), S. 102 f., 112, 195 u. a.

62 Marija Gimbutas glaubt, auch die Indogermanen seien ursprünglich kriegerische Steppenvölker gewesen, die – «ruhelos und räuberisch» – die friedlichen Bauernkulturen Europas erobert hätten: Dies., Die Indoeuropäer: Archäolog. Probleme (1963), in: Anton Scherer (Hrsg.), Die Urheimat der Indogermanen, Darmstadt 1968, S. 555 ff., 565.

63 Diamond, Guns (Anm. I 50), S. 205.

64 Hansjörg Küster, Mittelalterl. Eingriffe in Naturräume des Voralpenlandes, in: Bernd Herrmann (Hrsg.), Umwelt in der Geschichte, Göttingen 1989, S. 63 f.; zu Tacitus' Bemerkung über die Germanen: «Arva per annos mutant, et superest ager»: Kerridge, Fields (Anm. 4), S. 125 f.

65 Franz, Quellen (Anm. 46), S. 9; Xavier de Planhol, Kulturgeograph. Grundlagen der islam. Geschichte, Zürich 1975, S. 343.

66 Lynn White jr., Die mittelalterliche Technik und der Wandel der Gesellschaft, München 1968, S. 52 f.

67 Plinius secundus, Natural historia, 18. Buch, Kap. 48; 17. Buch, Kap. 3. Propyläen Technikgeschichte Bd. 1, Frankfurt/M. 1991, S. 84 ff. (Helmuth Schneider) und 386 ff. (Dieter Hägermann); Joachim Hans Weniger, Die Erfindung der Agrikultur, in: Markl, Natur (Anm. I 11), S. 183 f.; Gottfried Zirnstein, Ökologie und Umwelt in der Geschichte, Marburg 1994, S. 221 f.

68 White: vgl. Anm. 66; Bentzien, Bauernarbeit (Anm. 44), S. 147.

69 Jacques Le Goff, Das Hochmittelalter, Frankfurt/M. 1965 (Fischer Weltgeschichte 11), S. 277 f.; Roscher, Ackerbau (Anm. I 19), S. 19 Stefan Ludwig Roth, Schriften, Briefe, Zeugnisse, Bukarest 1971, S. 153; Braudel, Frankreich, Bd. 3, S. 104; für Italien: Fumagalli (Anm. 54), S. 46, 51; Roger Dion, Essai sur la formation du paysage rural français, Tours 1934.

70 Jacubeit, Schafhaltung (Anm. I 44), S. 102; Feio, Alentejo (Anm. 5), S. 100, 122; Piers Blaikie/Harold Brookfield, Questions from history in the Mediterranean and western Europe, in: Dies., Degradation (Anm. I 61), S. 124.

71 Walther Heissig, Die Mongolen: Ein Volk sucht seine Geschichte, München 1978, S. 204. Ibn Khaldûn, The Muqaddimah: An Introduction to History, transl. by Franz Rosenthal, Bd. 1, Princeton 1967, S. 177 ff., 302 f.

72 Campbell, Ökologie (Anm. 12), S. 177; Planhol (Anm. 65), S. 8 f., 16 f.

73 Horst G. Mensching, Die Verwüstung der Natur durch den Menschen in

historischer Zeit: Das Problem der Desertifikation, in: Markl, Natur (Anm. I 11), S. 164f.

74 H. F. Lamprey, Pastoralism Yesterday and Today: The Over-Grazing Problem, in: François Bourlière (Hrsg.), Tropical Savannahs, Amsterdam 1983, S. 645 ff.; Louise E. Sweet, Camel Pastoralism in North Arabia and the Minimal Camping Unit, in: Leeds/Vayda (Anm. 29) S. 129 ff.; Brent D. Shaw, Environment and Society in Roman North Africa, Aldershot 1995, S. 663 ff., 700 ff.; Marshall G. S. Hodgson, The Venture of Islam, Bd. 2, Chicago 1974, S. 391; Planhol (Anm. 65), S. 50f., 150f., 214ff. Nomaden als Urheber der Steppe: Aus der Geheimen Geschichte der Mongolen gewinnt man den Eindruck, daß die Mongolei damals bewaldeter war als heute und – wichtiger noch – daß der Wald den Mongolen kein fremdes Element war; vgl. Dschingis Khan – Ein Weltreich zu Pferde: Das Buch vom Ursprung der Mongolen, hrsg. v. Walther Heissig, Köln 1981, S. 10, 18, 25, 34, 53, 137, 159. Einem Lied zufolge hatten Dschingis Khan und seine Gefährten «die Bäume als Schutzdach» (ebd. S. 81).

75 Neeladri Bhattacharya, Pastoralists in a Colonial World, in: Arnold/Guha (Anm. 48), S. 50; Herodot IV, 46f.

76 Kritik am ökologischen Determinismus bei der Interpretation des Nomadentums: Hjort (Anm. I 51); Karl Jettmar, Die Bedeutung polit. Zentren für die Entstehung der Reiternomaden Zentralasiens, in: Die Nomaden in Geschichte und Gegenwart, Berlin 1981 (Veröff. des Museums f. Völkerkunde Leipzig 33), S. 49, 62; Melvyn Goldstein/Cynthia M. Beall, Die Nomaden Westtibets, Nürnberg 1991, S. 62, 69 ff. Vgl. dies., Die Nomaden der Mongolei, Nürnberg 1994, S. 26, 53, 76: Dort haben bis 1990 die «negdel»-Weidekollektive die Zahl der Weidetiere einigermaßen konstant gehalten, wenn auch unbeabsichtigt durch Lähmung der Individualinitiative. Die seither eingeführte Liberalisierung hat das Problem der Überweidung akut gemacht. E. Erdenijab: «The struggle between the limitations of pastures and the breeding of livestock is the fundamental conflict of the pastoral economy.» Ders., An Economic Assessment of Pasture Degradation, in: Caroline Humphrey/David Sneath (Hrsg.), Culture and Environment in Inner Asia, Bd. 1, Cambridge 1996, S. 189. Fischer, Weltgeschichte Bd. 16, S. 22 (Gavin Hambly); P. B. Tseren (Traditional Pastoral Practice of the Oirat Mongols and Their Relationship with the Environment, in: Humphrey/Sneath, Bd. 2, S. 153) spricht zwar davon, daß die Mongolen in ihren Weideländern «unsichtbare Zäune» hatten. Schon Wilhelm von Rubruk bemerkte um 1250 bei den Tataren: «Jeder Häuptling kennt ja nach der Anzahl seiner Untertanen die Grenzen seines Weidelandes und weiß, wo er im Winter und Sommer, im Frühling und Herbst weiden muß.» (Ders., Reise zum Großkhan der Mongolen, hrsg. v. Hans D. Leicht, Stuttgart 1984, S. 40f.). Aber als exakt und stabil darf man sich diese Grenzen auf die Länge der Zeit schwerlich vorstellen, gab es doch keine übergeordnete Instanz, die sie hätte überwachen können! Ferdinand v. Richthofen, China, Bd. 1 (1877), ND Graz 1971, S. 45. 1631/32 legte der Mandschu-Kaiser die Grenzen der mongolischen Weidegebiete fest: Udo B. Barkmann, Gesch. der Mongolei, Bonn 1999, S. 25.

77 Der Mongolist Walther Heissig wandte sich im Gespräch mit Verf. heftig gegen die verbreitete Vorstellung eines unbegrenzt mobilen Nomadentums (3.8.1999). Johannes Esser, Lebensraum und soziale Entfremdung (am Beispiel der Oase Brezina, Algerien), Frankfurt/M. 1984, S. 97ff.; McNeill, Mountains (Anm. I 10), S. 279.

78 Bhattacharya (Anm. 75), S. 64ff.; Marvin Harris/Eric B. Ross (Hrsg.), Death, Sex, and Fertility: Population Regulation in Preindustrial and Developing Societies, New York 1987, S. 45 f.; B. O. Gomboev, The Structure and Process of Land-Use in Inner Asia, in: Humphrey/Sneath (Anm. 76), Bd. 1, S. 50; Rolf Herzog, Auswirkung der letzten Dürre auf die Sahel-Nomaden, in: Nomaden in Gesch. (Anm. 76), S. 138; David Western/Virginia Finch, Cattle and Pastoralism: Survival and Production in Arid Lands, in: Human Ecology 14/1986, S. 89; Lamprey (Anm. 74), S. 658; kritisch dazu: Monique Mainguet, Desertification, Berlin 1991, S. 13. Nach F. Clark Howell (in: Cambridge History of Africa, Bd. 1, Cambridge 1982, S. 572) und Raymond Mauny (ebd. Bd. 2, S. 272ff.) überwiegt in der Forschung heute die Annahme, daß Viehherden – die hier früher bezeugt sind als irgendwo anders im Nahen Osten – erheblich zur Wüstenbildung in der Sahara beigetragen haben. Worster in: Merchant, Problems (Anm. 43), S. 317f. Thomas E. Lawrence, Die sieben Säulen der Weisheit, München 1979 (urspr. 1926), S. 16.

79 Grigorij F. Dachslejger, Seßhaftwerdung von Nomaden, in: Nomaden in Gesch. (Anm. 76), S. 109f. Israeliten: Jacques Le Goff, La désert-forêt dans l'occident médiéval, in: Traverses 19/1980, S. 23. «Gegenüber der Stadt, der Schöpfung des Kain, bewahrte die Wüste im alten Israel lange Zeit ihr Ansehen.» Thomas Allsen (in: Cambridge History of China, Bd. 6, Cambridge 1994, S. 328) geht bis zu der These: «Indeed, pure nomadism is a hypothetical construct, not a social reality.» Der rumänische Philosoph Lucian Blaga sah das rumänische Wesen in den über die Berge ziehenden Schafhirten verkörpert – ähnlich, wenngleich nicht so liebevoll, sehen es auch viele Siebenbürgensachsen –, während Nicolae Iorga, der bedeutendste rumänische Historiker, die Rumänen als Bauernvolk, der «schweren, heiligen Kultur des Bodens» ergeben, verstanden wissen wollte: Ders., Schriften und Briefe, Bukarest 1978, S. 47ff. Tibet: James F. Downs/Robert B. Ekvall, Animals and Social Types in the Exploitation of the Tibetan Plateau, in: Leeds/Vayda (Anm. 29), S. 180ff. Über das bäuerliche Element und das hochentwickelte Düngerbewußtsein der Tibeter: Rolf A. Stein, Die Kultur Tibets, Berlin 1989, S. 117f., 132ff. In der Fülle der heutigen Literatur, die die spirituelle Harmonie des tibetischen Buddhismus mit der Natur zelebriert, wird dieser handfest-triviale Aspekt gewöhnlich nicht beachtet!

80 Bhattacharya (Anm. 75), S. 67. Da die Nomaden auf den Handel mit Ackerbaugebieten angewiesen waren, ist es wenig logisch, den Untergang der zahlreichen innerasiatischen Bewässerungskulturen, deren Ruinen man heute in der Wüste sieht, unbesehen auf Nomadeneinfälle statt auf die inhärente ökologische Instabilität des Bewässerungsackerbaus in ariden Gebieten zurückzuführen.

81 Josef H. Reichholf in: Süddt. Zeitung, 27./28. 3. 1999. James Lovelock, Das Gaia-Prinzip, Frankfurt/M. 1993, S. 233; Robert Lawlor, Am Anfang war der Traum: Eine Kulturgeschichte der Aborigines, München 1993, S. 158, für den dieser «unsägliche» Vorschlag ein Schreckbeispiel «einäugiger» Öko-Globalplanung darstellt.

82 So Ernst Friedrich, Wesen und geographische Verbreitung der «Raubwirtschaft», in: Petermanns Mitt. 50/1904, S. 69.

83 Garret Hardin, The Tragedy of the Commons, in: Science 162/1968, S. 1243–48; dt. in: Michael Lohmann (Hrsg.), Gefährdete Zukunft, München 1970, S. 30–48. Diskussion darüber: John A. Baden/Douglas S. Noonan (Hrsg.), Managing the Commons, Bloomington 1998 (zuerst 1977); Herman S. J. Cesar, Control and Game Models of the Greenhouse Effect: Economic Essays on the Comedy and Tragedy of the Commons, Berlin 1994. Die Diskussion wird vorwiegend theoretisch geführt; Historiker sind kaum beteiligt.

84 Johann Nepomuk v. Schwerz, Beschreibung der Landwirtschaft in Westfalen (1836), ND Münster-Hiltrup o.J., S. 321; ähnliche Berichte aus Frankreich: Josef Kulischer, Allg. Wirtschaftsgesch. des MAs und der Neuzeit, München 1965, S. 53 ff. Reiner Prass, Reformprogramm und bäuerl. Interessen: Die Auflösung der tradit. Gemeindeökonomie im südl. Niedersachsen, Göttingen 1997, S. 93; Rainer Beck, Unterfinning: Ländl. Welt vor Anbruch der Moderne, München 1993, S. 85. Stefan Brakensiek, Agrarreform und ländl. Gesellschaft: Die Privatisierung der Marken in Nordwestdeutschland 1750–1850, Paderborn 1991, zwar S. 45: «die Gemeinheiten waren ökologisch am Ende.» Andererseits, S. 319: Heidegemeinheiten erbrachten, als sie kultiviert wurden, schon bald nicht weniger als die alten Ackerfluren. Johann Moritz Schwager in: Westfäl. Anzeiger Nr. 1409 (1801), S. 105: «Auf Heiden, wo sich sonst das zu häufig aufgetriebene Vieh um jedes kärgliche Grashälmchen stritt, wogen jetzt fette Kornsaaten ...» Dann kann von Bodenzerstörung keine Rede gewesen sein! Reinhold Tüxen, Die Haselünner Kuhweide: Die Pflanzengesellschaften einer ma. Gemeinweide, Göttingen 1974 (Mitt. der florist.-soziolog. AG N. F. H. 17).

85 Netting, Smallholders (Anm. 5), S. 173 Fn.; K. William Kapp, Soziale Kosten der Marktwirtschaft, Frankfurt/M. 1988 (urspr. 1950), S. 73; Gustav Engel, Die Westfalen, Bielefeld 1987, S. 196; Jon Mathieu, Bauern und Bären: Eine Geschichte des Unterengadins von 1650 bis 1800, Chur 1987, S. 39; Bätzing, Alpen (Anm. I 38), S. 46; 22 f. (Erosionsschutz); Winfried Schenk, Waldnutzung, Waldzustand und regionale Entwicklung in vorindustr. Zeit im mittleren Deutschland, Stuttgart 1996, S. 297 f.; Andreas Ineichen, Innovative Bauern: Einhegungen, Bewässerung und Waldteilungen im Kanton Luzern im 16. u. 17. Jh., Luzern 1996, S. 68 ff., 74.

86 Radkau/Schäfer, Holz (Anm. I 39), S. 54 f.; Margaret A. McKean, The Japanese Experience with Scarcity: Management of Traditional Common Lands, in: Kendall E. Bailes (Hrsg.), Environmental History: Critical Issues in Comparative Perspective, Lanham 1985, S. 358, 362 (eine der wenigen histor. Untersuchungen, die sich explizit und ausführlich mit Har-

din auseinandersetzen!). Martin Stuber, «Wir halten eine fette Mahlzeit, denn mit dem Ei verzehren wir die Henne»: Konzepte nachhaltiger Waldnutzung im Kanton Bern 1750–1880, Zürich 1997, S. 167; Jeremias Gotthelf, Die Käserei in der Vehfreude, Basel 1978 (urspr. 1850), S. 133; François Walter, Bedrohliche und bedrohte Natur: Umweltgeschichte der Schweiz seit 1800, Zürich 1996, S. 58 f. Johann Stehrer, Der Wandel in der Almwirtschaft, in: Ders. (Hrsg.), Strobl am Wolfgangsee, Strobl 1998, S. 407. Ebd. S. 393 (Johannes Lang): Dort war den Bauern stets eine bestimmte Stückzahl von Tieren für die Almweide vorgeschrieben, die sich vom Spätmittelalter bis zum 19. Jh. kaum veränderte.

87 Roscher (Anm. I 19), S. 351; Bhattacharya (Anm. 75), S. 49 ff.; Ramachandra Guha, The Unquiet Woods, Oxford 1989, S. 56 f.; Bruce Rich, Die Verpfändung der Erde, Stuttgart 1998, S. 57. In China sieht Mark Elvin in dem Fehlen einer jeglichen Entsprechung zu den europäischen «common lands» ein Element der Instabilität, nämlich des Mangels an ökologischen Reserven: Ders., The environmental history of China: an agenda of ideas, in: Asian Studies Review 14/1990, S. 48.

88 Albrecht Thaer, Grundsätze der rationellen Landwirtschaft, Bd. 1, 9. Aufl. Berlin 1837, S. 85 ff.

89 B. H. Slicher van Bath, The Agrarian History of Western Europe A. D. 500–1850, London 1963, S. 245; Julius Adolph Stöckhardt, Chemische Feldpredigten für deutsche Landwirthe, 2. Abt., Leipzig 1856, S. 185.

90 Georg Niemeier/Willi Faschenmacher, Plaggenböden: Beiträge zu ihrer Genetik und Typologie, Münster 1939 (Westf. Forschungen 2 H. 1), S. 32 ff.; Brakensiek (Anm. 84), S. 43 f. Im 19. Jh. wird von Heidebauernhöfen berichtet, daß die Plaggen- und Streugewinnung die Hälfte der gesamten Hand- und Spannarbeit beanspruchte: Hermann Cordes u. a., Naturschutzgebiet Lüneburger Heide, Bremen 1997, S. 69. Der Brackweder Amtmann Tiemann, der die Sennebauern vom Plaggenstechen abbringen wollte, schilderte diese Arbeit als elende Quälerei und versicherte, «Plaggen» komme von «Plagen»: Horst Wasgindt/Hans Schumacher, Bielefeld Senne Bd. 2, Bielefeld 1989, S. 41; Werner Franke u. a., Wald im Emsland, Sögel 1981, S. 50.

91 Heinz Ellenberg, Bauernhaus und Landschaft in ökolog. und histor. Sicht, Stuttgart 1990, S. 127; Karl-Ernst Behre, Zur ma. Plaggenwirtschaft in Nordwestdeutschland und angrenzenden Gebieten nach botan. Untersuchungen, in: Heinrich Beck u. a. (Hrsg.), Untersuch. zur eisenzeitl. und frühma. Flur in Mitteleuropa, Göttingen 1980, S. 32 ff., 42. Schwerz (Anm. 84), S. 121 ff., 209 ff.; Dieter Brosius u. a., Die Lüneburger Heide, Hannover 1984, S. 19, 28.

92 Liebig, Briefe (Anm. I 17), S. 474.

93 Walter Kremser, Niedersächs. Forstgeschichte, Rotenburg 1990, S. 769 f., 781; Pott/Hüppe, Hudelandschaften (Anm. I 35), S. 50, 69; Vandana Shiva, Das Geschlecht des Lebens: Frauen, Ökologie und Dritte Welt, Berlin 1989, S. 79.

94 «... arme Söhne» wird auch in den USA um 1800 als deutsche Bauernweisheit zitiert: James T. Lemon, The Best Poor Man's Country, Baltimore 1972, S. 173. Thorkild Kjaergaard, The Danish Revolution 1500–1800: An

Ecohistorical Interpretation, Cambridge 1994, S. 49 ff.; Schwerz (Anm. 84) S. 60 f., 96; Stöckhardt (Anm. 89), S. 65; Carl Sprengel, Die Lehre vom Dünger, Leipzig 1845, S. 347, 365 f. «Goldgrube»: Hamm (Anm. 43), S. 170.

95 Gertrud Schröder-Lembke, Die Hausväterliteratur als agrargeschichtliche Quelle, in: Zs. f. Agrargesch. und Agrarsoziologie 1/1953, S. 115.

96 Niklas Luhmann, Ökologische Kommunikation, Opladen 1986, S. 68 f.

97 Roy A. Rappaport, Pigs for the Ancestors: Ritual in the Ecology of a New Guinea People, New Haven 1968; Reinhardt, Nutzpflanzen (Anm. 48), S. 140 ff.; James G. Frazer, The Golden Bough: A Study in Magic et Religion, London 1978 (urspr. 1922), S. 147; Peter E. Stüben, Pioniermission und die Zerstörung indigener Tabus: Folgen für die Umwelt? in: Ders. (Hrsg.), Seelenfischer: Mission, Stammesvölker und Ökologie, Gießen 1994, S. 193: «Immerhin, die Angst vor ihren bösen Geistern sind sie los – ihre Bäume aber auch.» Tsui Yenhu, in: Humphrey/Sneath (Anm. 76), Bd. 2, S. 7.

97 Harris, Kannibalen (Anm. I 33), S. 119.

98 Stein, Kultur Tibets (Anm. 79), S. 293–296.

99 Duerr: «Der Spiegel» 50/1996, S. 223 f. Clifford Geertz, Dichte Beschreibung, Frankfurt/M. 1983, S. 86, 88 (Religion als kulturelles System). Die Ethnologin Ute Luig hob dem Verf. gegenüber (12. 11. 1998) den «ungeheuren Pragmatismus» der Afrikaner im Umgang mit Normen hervor: Selbst heilige Haine dürfen bei Bedarf nach Vollzug bestimmter Rituale geschlagen werden!

100 Frazer (Anm. 97), S. VII, 389 ff., 149 f.

101 Ebd., S. 148 ff.; Albert Hauser, Wald und Feld in der alten Schweiz, Zürich 1972, S. 79 f.; Schele/Freidel, Maya (Anm. I 54), S. 84 f.

102 Roy Pascal, Der Sturm und Drang, Stuttgart 1963, S. 255; McNeill, Mountains (Anm. I 10), S. 272.

103 Oswald Spengler, Der Untergang des Abendlandes, München 1972 (urspr. 1923), Bd. 2, S. 660; Herbert Kühn, Erwachen und Aufstieg der Menschheit, Frankfurt/M. 1966, S. 257; Ferdinand Herrmann, Die religiös-geistige Welt des Bauerntums, in: Karl J. Narr (Hrsg.), Handbuch der Urgeschichte, Bd. 2, Bern 1975, S. 650, 662.

104 Hahn, Haustiere (Anm. 39), S. 101: Walter Heissig, Der «Dank an die Mutter» und seine mongolischen Varianten, in: Klaus Röhrborn u. a. (Hrsg.), Memoriae munusculum, Wiesbaden 1994, S. 65. Erich Neumann, Die große Mutter, Darmstadt 1957, S. 229; Walter Heissig (Hrsg.), Dschingis Khan: Ein Weltreich zu Pferde, Köln 1981, S. 42; Bauer, China (Anm. I 27), S. 292 f.

105 Karl-Heinz Kohl, Der postmoderne Wilde, in: Psychologie heute, Februar 1998, S. 60 f.; William Arrowsmith/Michael Korth, Die Erde ist unsere Mutter: Die großen Reden der Indianerhäuptlinge, München 1995, S. 51, ähnlich 30 ff.

106 Eugen Drewermann, Der tödliche Fortschritt, 5. Aufl. Freiburg 1991, S. 74, 160 ff.; Arrowsmith/Korth (Anm. 105), S. 44. Auch bei der im Öko-Schrifttum wiederholt begegnenden, angeblich essenischen Eloge auf die Mutter Erde (z.B. bei Mayer-Tasch, s. Anm. 107, S. 128 ff.) handelt es sich nach Auskunft des Neutestamentlers Andreas Lindemann um eine Fälschung!

107 Thomas (Anm. 39), S. 154; Glacken (Anm. I 16), S. 197; Peter Brown, Au-

gustinus von Hippo, Leipzig 1972, S. 123; Peter-Cornelius Mayer-Tasch (Hrsg.), Natur denken: Eine Genealogie der ökologischen Idee, Bd. 1, Frankfurt/M. 1991, S. 141.

108 Manfred Höfler, Wald- und Baumkult in Beziehung zur Volksmedicin Oberbayerns, München 1892, S. 3f.; Thomas (Anm. 39); Glacken (Anm. I 16), S. 214ff.; Werner Müller, Geliebte Erde, Bonn 1982, S. 35; Helmut Feld, Franziskus von Assisi und seine Bewegung, Darmstadt 1994, S. 224. Wie repräsentativ oder wie singulär Franziskus in seinem brüderlichen Gestus gegenüber der Natur war, darüber gehen die Meinungen auseinander. Henry Thode, Franz von Assisi, Wien 1934, S. 149: «Unerschöpflich sind die alten Biographen in Erzählungen von der innigen Liebe, mit welcher Franz alle Tiere als Geschöpfe Gottes umfing.» Selbst Luther waren solche Vorstellungen nicht ganz fremd; das erkennt man an seiner Parteinahme für vom Menschen gejagte Vögel in seiner Schrift «Klage der Vögel an D. Martinum Luthern über Wolfgang Siberger seinen Diener». Die Spatzen nimmt er davon jedoch als Schädlinge aus. Christoph Gasser, Vogelschutz zwischen Ökonomie und Ökologie: Das Beispiel der Sperlingsverfolgungen (17.–20. Jh.), in: Mensch und Tier, Marburg 1991 (Hess. Bll. f. Volks- und Kulturforschung N. F. 27), S. 42.

109 Glacken (Anm. I 16), S. 205f., 379ff.

110 René Grousset, Die Reise nach Westen oder wie Hsüan Tsang den Buddhismus nach China holte, Köln 1986, S. 109; Planhol (Anm. 65), S. 8f., 39f., 51f., 74f., 90f.; dagegen: Peter Christensen, The Decline of Iranshahr, Kopenhagen 1993, S. 2, 10, 12, 186, 324. Clifford Geertz, Islam Observed: Religious Developments in Morocco and Indonesia, Chicago 1971. Die Distanz zwischen Mensch und Tier scheint in der islamischen noch größer als in der christlichen Kultur zu sein: Herbert Eisenstein, Mensch und Tier im Islam, in: Münch, Tiere (Anm. 40), S. 137 u.a. Über mühsame moderne Versuche zur Ökologisierung des Islam: Poul Pederen in: Ole Bruun/Arne Kalland (Hrsg.), Asian Perceptions of Nature: A Critical Approach, Richmond 1995, S. 263.

111 Madhav Gadgil/Ramachandra Guha, This Fissured Land, Delhi 1992, S. 81f., 103f.; «... Erlösung des Menschen»: Das betonte sehr dezidiert Tenzin Choegyal, der Bruder des Dalai Lama, dem Verf. gegenüber auf dessen Fragen nach Elementen von Umweltbewußtsein im Buddhismus (23.11.1996). Und: Über Baumkulte zu reden sei Zeitvergeudung. Er empfand die ökologische Interpretation des Buddhismus offenbar als westlichen Modetrend. Bruce Rich, Die Verpfändung der Erde, Stuttgart 1998, S. 26–29; David Feeny, Agricultural Expansion and Forest Depletion in Thailand, 1900–1975, in: John F. Richards/Richard P. Tucker (Hrsg.), World Deforestation in the 20th Century, Durham 1988, S. 112ff. Leslie E. Sponsel/Poranee Natadecha, Buddhism, Ecology, and Forests in Thailand: Past, Present, and Future, in: John Dargavel u.a. (Hrsg.), Changing Tropical Forests, Canberra 1988, S. 305ff. Der Buddhismus als Öko-Inspiration ist offenbar erst ein Phänomen der jüngsten Zeit!

112 Graham E. Clarke, Thinking through Nature in Highland Nepal, in: Bruun/Kalland (Anm. 110), S. 101.

III. Wasser, Wald und Macht

1 Anne-Marie Cocula-Vaillières, Un Fleuve et des Hommes: Les Gens de la Dordogne au XVIIIe siècle, Paris 1981, S. 55.

2 Ian Burton u. a., The Environment as Hazard, New York 1978, S. 2.

3 Garcilaso de la Vega, The Incas: The Royal Commentaries of the Inca, hrsg. v. Alain Gheerbrant, New York 1964, S. 156; ähnlich der andere «klassische» Bericht über das Inkareich: The Incas of Pedro de Cieza de Léon, hrsg. v. Victor W. v. Hagen, Norman 1959, S. 15.

4 Pierre-Étienne Will, Un cycle hydraulique en Chine: La province du Hubei du XVIe au XIXe siècles, in: Bull. de l'École Française d'Extrême-Orient 68/1980, S. 267 f. Die Wasser-Weisheit wirkte im alten China auf die politische und Lebensweisheit zurück. Im 6. vorchristlichen Jahrhundert wies der Kanzler Zi Chan einen Vorschlag, Kritik an der Regierung zu unterdrücken, zurück mit dem Wasserbau-Argument, dadurch bewirke man lediglich ein stetes Ansteigen des Drucks, bis der Damm schließlich ganz fortgerissen werde. Es sei klüger, dem Wasser kleine Abflußrinnen zu schaffen. Caroline Blunden/Mark Elvin, China, Augsburg 1998, S. 64.

5 Hans W. Schumann, Der historische Buddha, Köln 1982, S. 136 f. Kaum Kriege um das Wasser: J. A. Allen, «Virtual Water»: An Essential Element in Stabilizing the Political Economies of the Middle East, in: Jeff Albert u. a. (Hrsg.), Transformations of Middle Eastern Natural Environments: Legacies and Lessons, New Haven 1998.

6 He Bochuan, China on the Edge: The Crisis of Ecology and Development, San Francisco 1991, S. 22; David S. G. Thomas /Nicholas I. Middleton, Desertification, Exploding the Myth, Chichester 1994, S. 18; ähnlich schon Ferdinand v. Richthofen, China (1877), ND Graz 1971, S. 124 f. Die in Fischer Weltgeschichte Bd. 16, S. 15, von Gavin Hambly erwähnte Klimawandel-Hypothese von Ellsworth Huntington gilt als überholt. Peter Christensen, Middle Eastern Irrigation: Legacies and Lessons, in: Albert, Transformations. Daß Bewässerungssysteme in ariden Gebieten flußabwärts gelegene Regionen schädigen, war im Prinzip evident und altbekannt. Anthony Jenkinson schreibt 1558 über Chwaresm: «Das Wasser, das dieses ganze Land bedient, wird durch Gräben aus dem Fluß Oxus abgezogen, zum großen Verderben besagten Flusses, aus welchem Grund er nicht in das Kaspische Meer ausläuft, wie er es in früheren Zeiten getan, und in kurzer Zeit wird dieses ganze Land verdorben und vernichtet sein und aus Mangel an Wasser eine Wildnis werden, wenn der Fluß Oxus versiegt.» Edgar Knobloch, Turkestan, 4. Aufl. München 1999, S. 125 f.

7 Carl Troll, Qanat-Bewässerung in der Alten und Neuen Welt, in: Mitt. der Österreich. Geograph. Gesellschaft 105/1963, S. 255–272; Michael Bonine, Qanats and Rural Societies: Sustainable Agricultur and Irrigation, Cultures in Contemporary Iran, in: Jonathan B. Mabry (Hrsg.), Canals and Communities: Small-Scale Irrigation Systems, Tucson 1996, S. 183–209 (S. 187 ff.: Niedergang erst in den 1960er und 70er Jahren; anscheinend Wiederbelebung durch die «Islamische Republik»); Norman Smith, Mensch und Wasser: Geschichte und Technik der Bewässerung und Trink-

wasserversorgung vom Altertum bis heute, Wiesbaden 1985, S. 113ff.; Thomas F. Glick, Irrigation and Society in Medieval Valencia, Cambridge, Mass. 1970, S. 182ff. Günther Garbrecht, Wasser: Vorrat, Bedarf und Nutzung in Geschichte und Gegenwart, Reinbek 1985, S. 45ff. Christensen (Anm. 25), S. 122: Dank der Qanate sei der Ackerbau auf dem iranischen Hochland weit krisenfester gewesen als in Mesopotamien, obwohl auch die Qanate störanfällig gewesen seien und die Verbreitung der Malaria begünstigt hätten.

8 Horst G. Mensching, Desertifikation, Darmstadt 1990, S. 46ff.; Hansjörg Küster, Technik und Gesellschaft in frühen Kulturen der Menschheit, in: Technik und Kultur, hrsg. v. G.-Agricola-Ges., Bd. 10, Düsseldorf 1993, S. 49f.

9 Mensching (Anm. 8), S. 84; Garbrecht (Anm. 7), S. 74; Schwerz (Anm. II 84), S. 331. Zum Problem der Dränage danke ich Hans-Karl Barth (Paderborn) für wichtige Hinweise.

10 Ian Stone, Canal Irrigation in British India, Cambridge 1984, S. 138. Ellsworth Huntington berichtet, daß ein chinesischer Statthalter (Amban) zwischen 1889 und 1904 dreimal hintereinander im Tarimbecken Städte mit Bewässerungsnetzen anlegen ließ, die jedes Mal binnen weniger Jahre an Versalzung zugrunde gingen. So wenig war selbst ein Land mit der hydraulischen Tradition Chinas auf das Versalzungsproblem in ariden Gebieten eingestellt! Auch Huntington selber ist so sehr auf seine Klimawandel-Theorie fixiert, daß er nicht einmal an solchen Stellen auf die Idee kommt, die von ihm in weiten Teilen der Welt beobachteten historischen Desertifikationsprozesse könnten teilweise anthropogenen Ursprungs sein. Statt dessen begeistert auch er sich für die Idee, die Wüsten Innerasiens zu bewässern! Ders., Across Central Asia (Reisebericht von 1905), ND New Delhi 1996, S. 266 ff., 237 f.

11 Glick (Anm. 7), S. 22ff.

12 R. W. Dennell, Archaeology and the Study of Desertification, in: Brian Spooner/H.S. Mann (Hrsg.), Desertification and Development: Dryland Ecology in Social Perspective, London 1982, S. 54.

13 Karl A. Wittfogel, Die Oriental. Despotie: Eine vergleichende Untersuchung totaler Macht, Frankfurt/M. 1977 (urspr. 1957), S. 327.

14 Extrembeispiel: Lawrence Krader, von 1948–51 Wittfogels Assistent, setzt sich in seinem 450-Seiten-Opus über die «asiatische Produktionsweise» nur in einer einzigen, aber seitenlangen Fußnote mit seinem einstigen Lehrer auseinander, der in dem gesamten Opus unsichtbar präsent ist! Ders., The Asiatic Mode of Production, Assen 1975, S. 115ff. Fn. Breiter Überblick über die weltweite Diskussion: Anne M. Bailey/Josep R. Llobera (Hrsg.), The Asiatic Mode of Production, London 1981. «Wir haben alle bei dir abgeschrieben», bekannte Rudi Dutschke immer wieder, als er Wittfogel 1979 persönlich besuchte (taz 30.5.1988). Zu Wittfogels Wende und der Rezeptionsgeschichte seiner Theorie: Joachim Radkau, Der Emigrant als Warner und Renegat: K. A. Wittfogels Dämonisierung der «asiatischen Produktionsweise», in: Exilforschung: Internat. Jahrbuch Bd. 1, München 1983, S. 73–94.

15 Peter C. Perdue, Exhausting the Earth. State and Peasant in Hunan, 1500–1850, Cambridge, Mass. 1987, S. 5: «Paradoxically, as Western and Japanese scholars have turned away from Oriental Despotism, Chinese scholars have turned toward it.» Einfluß des späten Wittfogel auf die Ökologisierung der amerikanischen Anthropologie in teilweise kritischer Beleuchtung: Barry L. Isaac, AMP (Asiatic Mode of Production), HH (Hydraulic Hypothesis) & OD (Oriental Despotism): Some comments, in: Research in Economic Anthropology, Suppl. 7 (1993), S. 464 u. a. Mark Elvin an Verf., 6. 10. 1999.

16 Donatella Mazzeo/Chiara Silvi Antonini, Angkor, Wiesbaden 1974, S. 59 ff., 62 ff., 173; Jan Myrdal, Kunst und Imperialismus am Beispiel Angkor, München 1973, S. 95, Fischer Weltgesch. Bd. 18, Frankfurt/M. 1965, S. 226 ff. (John Villiers); John Audric, Angkor and the Khmer Empire, London 1972 (Angkors Schicksal als Warnung vor den ökologischen Risiken von Groß-Bewässerung in den Tropen). Teotihacán: Hanns J. Prem/Ursula Dyckerhoff, Das alte Mexiko, München 1986, S. 149 u. a.; Donald W. Kurtz, The Economics of Urbanization and State Formation at Teotihuacan, in: Current Anthropology 28/1987, S. 329–353 (Kontroverse zwischen Ökonomisten und Ökologisten). Susan H. Lees, Hydraulic Development as a Process of Response, in: Human Ecology 2/1974, S. 159–175 (zentrale Lenkung des Wasserbaus im Tal von Oaxaca als Antwort auf ökologische Krisenerscheinungen). William Doolittle, Canal Irrigation in Prehistoric Mexico: The Sequence of Technological Change, Austin 1990, S. 151. Douglass C. North (Theorie des institutionellen Wandels, Tübingen 1988, S. 26, 121) nimmt Wittfogels «hydraulische Gesellschaft» als Paradigma für die Leistung von Institutionen in der Wirtschaftsgeschichte, geht dabei aber zu sehr von einer Harmonie zwischen den hydraulischen Institutionen und den natürlichen Gegebenheiten aus.

17 Harris, Kannibalen (Anm. I 33), S. 201 f., 206 ff.

18 Herodot I 193; Garbrecht (Anm. 7), S. 62; J. H. Breasted, Geschichte Ägyptens, Zürich 1954, S. 16; Julian Rzóska, Euphrates and Tigris, Mesopotamian Ecology and Destiny, The Hague 1980, S. 44, 52; Karl W. Butzer, Early Hydraulic Civilization in Egypt: A Study in Cultural Ecology, Chicago 1976, S. 109 u. a.

19 Butzer (Anm. 18), S. 12 ff., 47; Herodot II 99; Lutz Knörnschild, Zur Gesch. der Nilwassernutzung in der ägypt. Landwirtschaft von den Anfängen bis zur Gegenwart, Frankfurt/M. 1993, S. 58 Fn., 63.

20 Herodot II 13–14; Adrian Balbi, Allg. Erdbeschreibung, Bd. 1, 8. Aufl. Wien 1893, S. 1049 ff.

21 Knörnschild (Anm. 19), S. 60 ff., 64, 259; Butzer (Anm. 18), S. 28, 33, 82; Breasted (Anm. 18), S. 135; Herodot II 108; Wolfgang Schenkel, Die Bewässerungsrevolution im alten Ägypten, Mainz 1978, S. 67; den Titelbegriff «Revolution» stellt er am Schluß in Frage (S. 73 f.).

22 Herodot II 149; Garbrecht (Anm. 7), S. 80 ff., Fischer Weltgesch. Bd. 2, Frankfurt/M. 1965, S. 337 ff. (Jean Vercoutter); William Tarn, Die Kultur der hellenist. Welt, Darmstadt 1966, S. 215. In der Zeit der kolonialen Kanal- und Stauseeplanungen interpretierte man die altägyptische Erfahrung

um: Nicht der Nil als solcher, sondern die «Staubecken und Kanäle» hätten den Reichtum Ägyptens hervorgebracht! Prometheus 23/1912, S. 406.

23 Die blühenden Städte der Sumerer, Time-Life-Buch, Amsterdam 1993, S. 13, 33 ff., 144; Clive Ponting, A Green History of the World, London 1991, S. 43 f., 61, 69 ff.; Thorkild Jacobsen/Robert M. Adams, Salt and Silt in Ancient Mesopotamian, Agriculture: Progressive changes in soil salinity and sedimentation contributed to the breakup of past civilizations, in: Science 128/1958, S. 1251–58; Adnan Hardan, Archaeological Methods for Dating of Soil Salinity in the Mesopotamian Plain, in: Dan H. Yaalon (Hrsg.), Paleopedology, Jerusalem 1971, S. 181 f.

24 Jacobsen/Adams (Anm. 23), S. 1252; Hardan (Anm. 23), S. 181 ff., 186; Hans Helbaek, Ecological Effects of Irrigation in Ancient Mesopotamia, in: Iraq 22/1960, S. 194 ff.; Herbert Sauren, Topographie der Provinz Umma nach den Urkunden der Zeit der III. Dynastie von Ur, Teil I: Kanäle und Bewässerungsanlagen, Diss. Heidelberg 1966, S. 66 ff., Smith (Anm. 7), S. 22 f.

25 Robert McC. Adams, Historic Patterns of Mesopotamian Irrigation Agriculture, in: Theodore E. Downing/McGuire Gibson (Hrsg.), Irrigation's Impact on Society, Tucson 1974, S. 1–19, bes. 3 f.; dagegen Hinweise auf großräumigere Bewässerungssysteme in mittelassyr. Zeit bei Hartmut Kühne, The effects of irrgation agriculture: Bronze and Iron Age habitation along the Khabur, Eastern Syria, in: S. Bottema u. a. (Hrsg.), Man's Role in the Shaping of the Eastern Mediterranean Landscape, Rotterdam 1990, S. 21 u. a. Garbrecht (Anm. 7), S. 72, über «Riesenkanäle» der Chaldäer. Peter Christensen, The Decline of Iranshahr: Irrigation and Environments in the History of the Middle East 500 B. C. to A. D. 1500, Kopenhagen 1993, S. 4, 19 f.

26 Mohammes El Faiz, L'agronomie de la Mésopotamie antique: Analyse du «Livre de l'agriculture nabatéenne» de Qûtâmä, Leiden 1995, S. 78 ff., 97.

27 Christensen (Anm. 25), S. 73, 104, 252 ff.; Adams (Anm. 25), S. 7 ff.; Rzóska (Anm. 18), S. 59; Andrew W. Watson, Agricultural innovation in the early Islamic world: The diffusion of crops and farming techniques, 700–1100, Cambridge 1983, S. 104, 108, 125, 140; Marshall G. S. Hodgson, The Venture of Islam, Bd. 1, Chicago 1974, S. 483 ff.

28 Homer, Ilias XXI, V. 257 f. Vergil, Georgica I, V. 108 f. lobt den, der den ausgedörrten Feldern den Fluß durch Kanäle zuführt. V. 269 f.: «Kein frommes Bedenken verbot je, Bäche abzuleiten ...» Michel Sivignon, La Grèce sans monuments, Paris 1978, S. 37, 110, 248; Gilbert Argoud, Le problème de l'eau dans la Grèce antique, in: CNRS (Hrsg.), L'eau et les hommes en Méditerranée, Paris 1987, S. 205 ff. Oliver Rackham/Jennifer Moody, The making of the Cretan landscape, Manchester 1996, S. 210 ff.

29 Gudrun Vögler, Öko-Griechen und grüne Römer? Düsseldorf 1997, S. 83 f.; Werner Eck, Organisation und Administration der Wasserversorgung Roms, in: Frontinus-Ges. (Hrsg.), Sextus Iulius Frontinus: Wasserversorgung im antiken Rom, München 1983, S. 63 f., 71.

30 Die *Induskultur* von Mohenjo-Daro und Harappa galt lange, schon vor der Öko-Ära, als Musterbeispiel einer Kultur, die vermutlich daran zugrunde ging, daß sie ihre eigene ökologische Basis untergrub. «Mohenjo-daro was

wearing out its landscape» war ein klassischer Ausspruch Mortimer Wheelers, des Gründervaters der Indus-Archäologie (J. V. Thirgood, Man and the Mediterranean Forest, London 1981, S. 63). Für James Lovelock bietet die Induskultur das wohl beste historische Beispiel dafür, wie eine Zivilisation sich durch Abholzung der Wälder selbst zerstört (ders., Gaia: Die Erde ist ein Lebewesen, München 1991, S. 157). Neuere paläobotanische Untersuchungen fanden in der Vegetation jenes Gebietes jedoch keinen markanten Unterschied zwischen der Harappa-Zeit und heute! D. P. Agrawal/R. K. Sood, Ecological Factors and the Harappan Civilization, in: Gregory L. Possehl (Hrsg.), Harappan Civilization, Warminster 1982, S. 225 f.; ebd. auch S. 417 ff.: Robert H. Dyson, Paradigm Changes in the Study of the Indus Civilization. Eine Mahnung zur Vorsicht gegenüber Entwaldungstheorien, die aus vorgefaßten Modellen deduziert werden! Oder täuschen die – zwangsläufig punktuellen – Befunde der Pollenkundler, zumal sich die Induskultur nach heutigem Erkenntnisstand über 1 Million km² erstreckte?

31 Régis Ambroise u. a., Paysages de terrasses, Aix-en-Provence 1989, S. 11; ähnlich J. E. Spencer/G.A. Hale, The Origin, Nature, and Distribution of Agricultural Terracing, in: Pacific Viewpoint 2/1961, S. 1 f. Toskana: Heute rätselt man über die Motive einer so bodenzerstörenden Methode. Vielleicht war es der Horror vor stehenden Gewässern, vor Malaria? Henri Desplanques, I paesaggi collinari tosco-umbro-marchigiani, in: Touring Club Italiano (Hrsg.), I paesaggi umani, Milano 1977, S. 104.

32 Rackham/Moody (Anm. 28), S. 144, 145: «Terraces are the greatest outstanding problem in Greek landscape archaeology.» Ähnlich dies., Terraces, in: Berrit Wells (Hrsg.), Agriculture in Ancient Greece, Stockholm 1992, S. 123–133. Lin Foxhall, Feeling the earth move: cultivation techniques on steep slopes in classical antiquity, in: Graham Shipley/John Salmon (Hrsg.), Human Landscapes in classical antiquity: Environment and culture, London 1996, S. 44 ff. Eberhard Zangger, Neolithic to present soil erosion in Greece, in: Martin Bell/John Boardman (Hrsg.), Past and Present Soil Erosion, Oxford 1992, S. 144 ff., 158. Tjeerd H. van Andel/Curtis Runnels, Beyond the Acropolis: A Rural Greek Past, Stanford 1987, S. 145. Neuere Untersuchungen stellen zumindest in Attika antike Terrassen für Ölbaumkulturen fest: Helmut Brückner, Changes in the mediterranean ecosystem during antiquity, in: Bottema (Anm. 25), S. 130 f.; Hans Lohmann, Atene, Teil I, Köln 1993, S. 194.

33 J. Despois, La culture en terrasses dans l'Afrique du Nord, in: Annales E. S. C. 1956, S. 48; Le Roy Ladurie (Anm. I 3), S. 65 f., 367 f. Jorge F. Branco, Bauernarbeit im mediterranen Alltag: Agrikultur und Umweltgestaltung auf der Inselgruppe Madeira (1750–1900), Berlin 1984, S. 9 f., 175 ff., 283. Clifford Geertz, Agricultural Involution: The Processes of Ecological Change in Indonesia, Berkeley 1963, S. 34.

34 Ambroise (Anm. 31), S. 35, 18; Clifford Geertz, The Wet and the Dry: Traditional Irrigation in Bali and Morocco, in: Human Ecology 1/1972, S. 27; ders., Organization of the Balinese Subak, in: E. Walter Coward (Hrsg.), Irrigation and Agricultural Development in Asia, Ithaca 1980, S. 70 ff., 78 f.; Planhol (Anm. II 65), S. 93, 165, 246, 250; Branco (Anm. 33), S. 9.

35 Ambroise (Anm. 31), S. 21, 71; Spencer/Hale (Anm. 31), S. 12; Despois (Anm. 33), S. 45, 47, 50; Geertz, Wet (Anm. 34), S. 29; Philippe Blanchemanche, Bâtisseurs de paysages: Terrassement, épierrement et petite hydraulique agricoles en Europe XVIIe-XIXe siècles, Paris 1990, S. 8; D. H. Grist, Rice, 5. Aufl. London 1975, S. 87f.

36 Clifford Geertz, Two Types of Ecosystems, in: Andrew P. Vayda (Hrsg.), Environment and Cultural Behavior, New York 1969, S. 18; weniger stabiles Bild: N. C. van Setten van der Meer, Sawah Cultivation in Ancient Java: Aspects of developing during the Indo-Javanese period, 5th to 15th century, Canberra 1979, S. 16f., 20ff. Ambroise (Anm. 31), S. 25, 40; Blanchemanche (Anm. 35), S. 171, 149; Netting, Smallholders (Anm. II 5), S. 30f. Mallorca: Jacqueline Waldren, Insiders and Outsiders, Oxford 1996, S. 223. R. A. Donkin, Agricultural Terracing in the Aboriginal New World, Tucson 1979, S. 132. Johannes Müller, Kulturlandschaft China, Gotha 1997, S. 33.

37 Rackham/Moody, Terraces (Anm. 32), S. 124f.; Ambroise (Anm. 31), S. 46; Geertz, Types (Anm. 36), S. 18, 21; Spencer/Hale (Anm. 31), S. 10; Jonathan A. Sandor, Long-Term Effects of Prehistoric Agriculture on Soils: Examples from New Mexico and Peru, in: Vance T. Holliday (Hrsg.); Soils in Archaelogy, Washington 1992, S. 227f., 237, 241; Garcilaso (Anm. 3), S. 158f.

38 Bruno Strebel, Kakteenbauern und Ziegenhirten in der Buknaiti Are (Nordäthiopien), Diss. Zürich 1979, S. 77.

39 Branco (Anm. 33), S. 177, 180; Lucien M. Hanks, Rice and Man: Agricultural Ecology in Southeast Asia, Honolulu 1992 (zuerst 1972) S. 34, 65; Gregory Bateson, Ökologie des Geistes, Frankfurt/M. 1981, S. 171f.; McNeely/Sochaczewski (Anm. I 4), S. 40; versuchte Einführung von Bewässerungsterrassen in Nordkenia als katastrophaler Fehlschlag: W. K. Lindsay, Integrating parks and pastoralists, in: David Anderson/Richard Grove (Hrsg.), Conservation in Africa, Cambridge 1989, S. 304. Ähnlich Peter Ondiege, Land tenure and soil conservation, in: Calestous Juma/J. B. Ojwang, In Land We Trust: Environment, Private Property and Constitutional Change, Nairobi 1996, S. 133f., obwohl es gerade in Kenia im Laufe der Zeit auch Erfolge gegeben hat (ebd. S. 138f.). Gegenwärtig liegen etwa 40% der stark degradierten Böden der Welt in Afrika: Friedrich Beese, Böden und globaler Wandel, in: Spektrum der Wiss., Dossier 2/97, S. 75. Zu Terrassen in Ostafrika danke ich Andrea Queiroz de Souza für Informationen.

40 Geertz, Wet (Anm. 34), S. 26; auch ders., Involution (Anm. 33), S. 28, 33; Adrian Vickers, Bali: Ein Paradies wird erfunden, Köln 1994, S. 336.

41 Robert B. Marks, Tigers, Rice, Silk and Silt: Environment and Economy in Late Imperial South China, Cambridge 1998, S. 341; Zhong Gongfu, The Mulberry Dike-Fish Pond Complex: A Chinese Ecosystem of Land-Water Interaction on the Pearl River Delta, in: Human Ecology 10/1982, S. 191–202.

42 Justus v. Liebig, Chem. Briefe, Leipzig 1865, S. 498, 500f.

43 George Varrentrapp, Über die Entwässerung der Städte: Über Werth und Unwerth des Wasserclosetts, Berlin 1868, S. 20, 22, 24f. Werner Pieper,

Das Scheiss-Buch: Entstehung, Nutzung, Entsorgung menschlicher Fäkalien, Löhrbach 1987, S. 118ff., 140. Bernhard Glaeser, Umweltpolitik in China, Bochum 1983, S. 184; Jonathan D. Spence, Chinas Weg in die Moderne, München 1995, S. 663. Weniger positiv wertet Mark Elvin den eifrigen Gebrauch der «Nachterde», da dieser die Verbreitung einer unheilbaren Wurmkrankheit begünstigt habe: Ders., The Environmental Legacy of Imperial China, in: China Quarterly, Dec. 1998, No. 156 (Themenheft «China's Environment»), S. 734. Die Malaien pflegen darüber zu spotten, daß die Chinesen ihre Gemüsebeete mit Fäkalien düngen und auf diese Weise gleichsam ihre eigenen Exkremente essen (Oskar Weggel, Die Asiaten, München 1994, S. 85).

44 Netting, Smallholders (Anm. II 5), S. 236 u.a.; Qu Geping/Li Jinchang, Population and the Environment in China, Boulder 1994, S. 4 u.a.; Thomas Malthus, An Essay on the Principle of Population (urspr. 1798), Harmondsworth 1970, S. 30, 88f.; Barrington Moore, Soziale Ursprünge von Diktatur und Demokratie, Frankfurt/M. 1969, S. 203. Während im maoistischen China derartige Sorgen lange Zeit als reaktionärer Malthusianismus verketzert wurden, wird der Bevölkerungsdruck seit etwa 1980 auch von chinesischen Regierungskreisen als ökonomisch-ökologisches Problem ersten Ranges anerkannt: Spence (Anm. 43), S. 799ff.

45 Richthofen (Anm. 6), S. 70; ders., Tagebücher aus China, Berlin 1907, Bd. 1, S. 151f., 163, 167f., 207, 254, 333f., 561f.; Gudula Linck, «Die Welt ist ein heiliges Gefäß, wer sich daran zu schaffen macht, wird Niederlagen erleiden»: Konfliktaustragung an der Natur während der Umbrüche in der chines. Geschichte; in: Calließ (Vorwort Anm. 5), S. 334. Bruno Baumann, Gobi, München 1995, S. 116f., 123.

46 Herbert Franke, Geschichte und Natur: Betrachtungen eines Asien-Historikers, in: Markl, Natur (Anm. I 77), S. 55, 63; ähnlich Ole Bruun, Fengshui and the Chinese Perception of Nature, in: Ders./Arne Kalland, Asian Perceptions of Nature: A Critical Approach, Richmond 1995, S. 173ff.

47 Linck (Anm. 45), S. 327, 346 u.a.

48 Grundlegend für die folgenden Ausführungen über China: Mark Elvin/Liu Ts'ui-jung (Hrsg.), Sediments of Time: Environment and Society in Chinese History, Cambridge 1998. Dieses 820-Seiten-Sammelwerk übertrifft an Umfang, Qualität und empirischer Fundiertheit alle anderen bisherigen Publikationen zur außerwestlichen Umweltgeschichte, nicht zuletzt dank der einzigartigen chinesischen Überlieferung. Für hilfreiche Hinweise danke ich Jürgen Osterhammel (Freiburg). Elvin: s.o. Anm. 43; außerdem: Ders., 3000 Years of Unsustainable Growth: China's Environment from Archaic Times to the Present, in: East Asian History 6/1993, S. 7–46; ders., The environmental history of China: an agenda of ideas, in: Asian Studies Review 14/1990, S. 39–53. In Replik auf Pearl S. Bucks, Titel «The Good Earth» Vaclav Smil, The Bad Earth: Environmental Degradation in China, New York 1984, S. 3f. und 6f., gegen einen überzogenen kulturalistischen Ansatz, der die Umweltzerstörung beschönige. Zu dieser Problematik: J. Baird Callicott/Roger T. Ames, Epilogue: On the Relation of Idea and Action, in: Dies. (Hrsg.), Nature in Asian Traditions of Thought, Albany 1989,

S. 279–289; Yi-Fu Tuan, Discrepancies between environmental attitude and behaviour: Examples from Europe and China, in: Canadian Geographer 12/1968, S. 176–191; ders., China, London 1970, bes. S. 29 ff. und 127 ff. (Ergebnisse der histor. Geographie über anthropogene Umweltveränderungen). Joseph Needham, Wissenschaftl. Universalismus: Über Bedeutung und Besonderheit der chines. Wiss., Frankfurt/M. 1977, S. 78 f.

49 Ebd., S. 168; ders., Science and Civilization in China, Bd. 44, Teil III, Cambridge 1971, S. 234 f., R. Keith Schoppa, Xiang Lake: Nine Centuries of Chinese Life, New Haven 1989, S. 121 f. Zur praktischen Bedeutung der chines. Naturphilosophie und Geomantik: Johannes Müller, Kulturlandschaft China, Gotha 1997, S. 71 ff. Über Art und Verbreitung des chines. Naturgefühls: Lin Yutang, Mein Land und mein Volk, Stuttgart o.J. (ca. 1935), S. 56 f., 154, 314 ff.

50 He Bochuan (Anm. 6), S. 30 f.; Needham, Science (Anm. 49), 4/III, S. 224 f.; Tuan, China (Anm. 48), S. 29 f. Kevin Sinclair, Der Gelbe Fluß, Hamburg 1988, S. 109 ff.; Ludwig Reinhardt, Kulturgeschichte der Nutzpflanzen, München 1911, S. 46. Laut Jung Chang, Wilde Schwäne, München 1991, S. 77, wurde es den Chinesen unter japanischer Besatzung 1939 bei Todesstrafe verboten, Reis oder Weizen zu essen, so daß sie sich vorwiegend von Sorghum ernähren mußten.

51 Needham, Universalismus (Anm. 48), S. 18 ff., 64 ff., 70 ff., 166 ff. Er redet dabei von Wittfogel im allgemeinen anerkennend, obwohl er an anderer Stelle dessen «orientalischen Despotismus» als «fundamental nonsense» abtut! G. L. Ulmen, The Science of Society (Wittfogel-Biographie), The Hague 1978, S. 374.

52 Isaac (Anm. 15), S. 452 f.; Arthur Cotterell/Yong Yap, Das Reich der Mitte: 5000 Jahre Gesch. und Traditionen des Alten China, Herrsching 1986, S. 123 f.; Walter Böttger, Kultur im alten China, Leipzig 1977, S. 51.

53 Records of the Historian: Chapters from the Shih chi of Ssu-ma Ch'ien, transl. by Burton Watson, New York 1969, S. 230 f.; dazu Needham, Universalismus (Anm. 4, S. 168 [«Kein Land der Welt kennt wohl so viele Legenden von heldenhaften Ingenieuren» wie China!]); Richthofen, China (Anm. 6) S. 285 f.

54 Records (Anm. 53), S. 236, 231 f.; Needham, Science (Anm. 49), 4/III, S. 285 f.

55 Tsui Chi, Gesch. Chinas und seiner Kultur, Zürich 1946, S. 166 ff. Needham, Science (Anm. 49), 4/III, S. 306 ff., 319; Pierre-Étienne Will, Un cycle hydraulique en Chine: La province du Hubei du XVIe au XIXe siècles, in: Bull. de l'École Française d'Extrême-Orient 68/1980, S. 267 f.; Zuo Dakang/Zhang Peiyuan, The Huang-Huai-Plair, in: Earth (Anm. I 61), S. 473 ff.; Jacques Gernet, Die chines. Welt, Frankfurt/M. 1979, S. 416, 305 f., 317; Rolf Trauzettel. Die Yüan-Dynastie, in: Michael Weiers (Hrsg.), Die Mongolen, Darmstadt 1986, S. 250; Klaus Flessel, Der Huang-ho und die histor. Hydrotechnik in China, Diss. Tübingen 1974, S. 103, 87 ff.

56 Europa und die Kaiser von China, hrsg. v. Berliner Festspiele GmbH. Frankfurt/M. 1985, S. 116 ff., 129 ff., 289 f.; Gernet (Anm. 55), S. 461, 641; Spence (Anm. 43), S. 228, 581; Richthofen, China (Anm. 6), S. 420 f.; Will

(Anm. 55), S. 268. Noch in den 1930er Jahren trugen Überschwemmungs- und Dürrekatastrophen, die auf das Versagen der staatlichen Aufsicht über die Wasserbauanlagen zurückzuführen waren, zum Verfall des Tschiang-Kai-schek-Regimes bei: Jürgen Osterhammel, Shanghai 30. Mai 1925: Die chines. Revolution, München 1997, S. 182. Sinclair (Anm. 50), S. 172, 180.

57 Jonathan B. Mabry, The Ethnology of Local Irrigation, in: Ders., Canals (Anm. 7), S. 6; angeblich sind noch unter kommunist. Herrschaft in China «Tausende kleiner Staudämme» errichtet worden, die «in Eigenregie der lokalen Bevölkerung instand gehalten» wurden: Siegfried Pater/Einhard Schmidt-Kallert, Zum Beispiel Staudämme, Göttingen 1989, S. 14. Schoppa, Xiang Lake (Anm. 49).

58 Pierre-Étienne Will, State Intervention in the Administration of a Hydraulic Infrastructure: The Example of Hubei Province in Late Imperial Times, in: Stuart R. Schram (Hrsg.), The Scope of State Power in China, London 1985, S. 295–347. Verschlammung der Kanäle und Stauteiche als soziales Problem, aus dem Druck des individuellen Landhungers auf die öffentlichen Gewässer: Pierre-Étienne Will, The Zheng-Bai Irrigation System, in: Elvin/Liu (Anm. 48), S. 325.

59 Elven, 3000 Years (Anm. 48). Aus Elvin/Liu (Anm. 48) geht deutlich hervor, daß sich eine ökologische Krise Chinas erst seit dem 18. Jh. auf breiter Quellengrundlage belegen läßt.

60 Pierre Poivre, Reisen eines Philosophen 1768, hrsg. v. Jürgen Osterhammel, Sigmaringen 1997, S. 196–199, 202. Johannes Müller, Kulturlandschaft China, Gotha 1997, S. 124; Hans-Rainer Kämpfe, Die Innere Mongolei von 1691 bis 1911, in: Weiers (Anm. 55), S. 431; Li Wen, China's Environmental Conditions in 1998, in: Beijing Review, 12.7.1999, S. 17. Mittlerweile führt der wachsende Fleischkonsum auch zu einer Übernutzung der letzten Reserven von Weideland.

61 Franke: Fischer Weltgesch. Bd. 19, Frankfurt/M. 1968, S. 212; Jean-Claude Debeir u.a., Prometheus auf der Titanic: Gesch. der Energiesysteme, Frankfurt/M. 1989, S. 80ff., 84ff.; Smil, Earth (Anm. 48), S. 9.

62 Liu Ts'ui-jung, Rice Culture in South China, 1500–1900: Adjustment and Limitation in Historical Perspective, in: Akira Hayami/Yoshihiro Tsubouchi (Hrsg.), Economic and Demographic Developments in Rice Producing Societies: Some Aspects of East Asian Economic History (1500–1900), Leuven 1990, S. 51ff.; ebd. S. 70ff. Shi Zhihong, The Development and Underdevelopment of Agriculture during the Early Qing Period. Perdue, Exhausting (Anm. 13), S. 19f.; Will (Anm. 55), S. 279; Anne Osborne, Economic and Ecological Interactions in the Lower Yangzi Region Under the Qing, in: Elvin/Liu (Anm. 48), S. 212 (Klage aus dem 19. Jh., daß Mais die Berge ruiniere, so daß man dort weder Bambus noch Wald anpflanzen könne); Joachim H. Schultze, Das Wesen der Bodenerosion, in: Gerold Richter (Hrsg.), Bodenerosion in Mitteleuropa, Darmstadt 1976, S. 57; Georg Borgstrom, Der hungrige Planet, München 1967, S. 74; Wen Dazhong/David Pimentel, 17th Century Organic Agriculture in China: Energy Flows through an Agroecosystem in Jiaxing Region, in: Human Ecology 14/1986, S. 26f. Auch Mark Elvin hebt im allgemeinen die Entwaldung als

Schlüsselfaktor im ökolog. Niedergang Chinas hervor: Ders., 3000 Years (Anm. 48), S. 29ff. u.a. Hartmut Graß, Brisante Mischung, in: Kümmerer, Bodenlos (Anm. I 61), S. 16.

63 Needham, Science (Anm. 49), 4/III, S. 241, 244.

64 Ebd., S. 245; Linda Hershkovitz, Political Ecology and Environmental Management in the Loess Plateau, China, in: Human Ecology 21/1993, S. 327; Linck (Anm. 45), S. 343, 345; Müller, Kulturlandschaft (Anm. 49), S. 186f.; vereinzelte Indizien für dörfliches Waldbewußtsein in Yunnan: Nicholas K. Menzies, The Villagers' View of Environmental History in Yunnan Province, in: Elvin/Liu (Anm. 48), S. 113.

65 Richthofen, Tagebücher (Anm. 45), S. 187; Smil, Earth (Anm. 48), S. 36.

66 David Farrelly, The Book of Bamboo, San Francisco 1984, S. 301f., 285; Lin Yutang (Anm. 49), S. 59, 155; Marianne Beuchert, Die Gärten Chinas, Frankfurt/M. 1998, S. 70f.

67 Gernet (Anm. 55), S. 331, 337; Beuchert (Anm. 66), S. 128.

68 Hierzu mehrere Veröffentlichungen von Nicholas K. Menzies; s.o., Anm. 64; ders., Forest and Land Management in Imperial China, New York 1994, bes. S. 95ff., 120, 132; ders., 300 Years of Taungya: A Sustainable System of Forestry in South China, in: Human Ecology 16/1988, S. 367; ders., Sources of Demand and Cycles of Logging in Pre-Modern China, in: John Dargavel/Richard Tucker (Hrsg.), Changing Pacific Forests, Durham 1992, S. 64ff.

69 Menzies, Forests (Anm. 68), S. 44; auch aus den Veröffentlichungen Elvins (Anm. 48) geht hervor, daß der Waldschutz in China traditionell keine Herrschaftsfunktion besaß. Der gleiche Eindruck ergibt sich aus Elvin/Liu (Anm. 48). Ebd. S. 247 (Eduard B. Vermeer, Population and Ecology along the Frontier in Quing China): «Traditional Chinese thought exhibited a definite bias against forests and the cultivation of trees.» Auch S. 279. Otto Fischer, Der Baum in der Kultur Chinas, in: Intersilva 2/1942 (München), S. 348; Edward H. Schafer, The Conservation of Nature under the T'ang Dynasty, in: Journal of the Economic and Social History of the Orient 5/1962, S. 303ff.; Debeir (Anm. 61), S. 99ff.; Yoshida Tora, Salt Production Techniques in Ancient China, Leiden 1993. Daß die Bergwälder der Sitz wilder Völker und potentieller Störenfriede seien, ist eine bei den Staatsvölker Chinas, Indiens und Südostasiens gängige Vorstellung; auch von daher besteht ein negatives Verhältnis zwischen Herrschaft und Wald. Dazu Weggel (Anm. 43), S. 83 ff.

70 Patrick J. Caffrey, Toward Wise Use: The People's Republik of China and Forest Management in Northeastern China, 1949–1953, Paper zur ASEH-Konferenz in Baltimore, 1997; S. D. Richardson, Forestry in Communist China, Baltimore 1966; Li Jinchang u.a., Price and policy: the keys to revamping China's forestry resources, in: Robert Repetto/Malcolm Gillis (Hrsg.), Public policies and the misuse of forest resources, Cambridge 1988, S. 212. Botschaft des Dalai Lama am 10.3.1999: «Es ist traurig und schade, daß es erst der schrecklichen Überschwemmungen des vergangenen Jahres bedurfte, damit Chinas Führung den Nutzen von Umweltschutz erkannte.» In: Tibet und Buddhismus 13/1999, Nr. 49, S. 32.

71 Smil, Earth (Anm. 48), S. 49f. National Research Council, Grasslands an Grassland Sciences in Northern China, Washington 1992, S. 31. Heissig, Mongolen (Anm. II 71), S. 193, 208.

72 Bo Gunnarsson, Japans ökolog. Harakiri oder Das tödliche Ende des Wachstums (urspr. 1971), Reinbek 1974; Shigeto Tsuru/Helmut Weidner, Ein Modell für uns: Die Erfolge der japan. Umweltpolitik, Köln 1985; «Der Spiegel» 6.2.1989, S. 139ff. Arnold Toynbee/Daisaku Ikeda, Wähle das Leben! Ein Dialog, Düsseldorf 1982, S. 366: Da glaubt Ikeda, daß Toynbee die ökologischen Meriten des Shintoismus überschätze, während der Dialog sonst eher ein Wechselgesang gegenseitiger Bestätigung ist.

73 Die folgenden Ausführungen stützen sich vor allem auf die Bücher von Conrad Totman mit deren ökolog. Interpretation der neueren japan. Geschichte. Ders., Early Modern Japan, Berkeley 1993, S. 229f., 268f.; ders., The Green Archipelago: Forestry in Preindustrial Japan, Berkeley 1989, S. 182f., 187 u.a.; ders., The Lumber Industry in Early Modern Japan, Honolulu 1995, S. 103, 110 u.a. Masako M. Osako, Forest Preservation in Tokugawa Japan, in: Richard P. Tucker/J.F. Richards (Hrsg.), Global Deforestation and the 19th-Century World Economy, Durham 1983, S. 129ff., 134.

74 John B. Cornell, Three Decades of Matsunagi: Changing Patterns of Forest Land Use in an Okayama Mountain Village, in: Harold K. Steen (Hrsg.), History of Sustained-Yield Forestry, Portland 1984, S. 237, 257ff.; Helmut Erlinghagen, Japan, München 1976, S. 238f. Radkau/Schäfer, Holz (Anm. I 39), S. 260f.; Owen Cameron, Japan and South-East Asia's Environment, in: Michael J. G. Parnwell/Raymond L. Bryant (Hrsg.), Environmental Change in South-East Asia, London 1996, S. 67ff. In Japan blieben die Bewässerungssysteme weit mehr als in vielen anderen Teilen Asiens unter lokaler Kontrolle; vgl. Randolph Barker u.a., The Rice Economy of Asia, Washington 1985, S. 95.

75 Für Hinweise zur venezianischen Umweltgeschichte danke ich Klaus Bergdolt, Piero Bevilacqua, Rolf Petri und Ingrid Schäfer. Piero Bevilacqua, Venezia e le acque. Una metafora planetaria, Rom 1995, S. 13, 21; Pietro Zampetti, Il problema di Venezia, Florenz 1976, S. 22f.; Bernd Roeck, Wasser, Politik und Bürokratie: Venedig in der frühen Neuzeit, in: Die alte Stadt 20/1993, S. 214, 218; Elisabeth Crouzet-Pavan, «Sopra le acque salse»: Espaces, Pouvoir et société à Venise à la fin du Moyen Âge, Bd. 1, Rom 1992, S. 315; Nelli-Elena Vanzan Marchini, Venezia de laguna a città, Venedig 1985, S. 115f.; Alvise Zorzi, Venedig, Frankfurt/M. 1987, S. 137f.; Rolf Petri, Venedig, Hamburg 1986, S. 65.

76 Bevilacqua (Anm. 75), S. 24, 26f.

77 Crouzet-Pavan (Anm. 75), I, S. 291; Frederic C. Lane, Seerepublik Venedig, München 1980, S. 20f., 35, 100; Zorzi (Anm. 75), S. 183; Bevilacqua (Anm. 75), S. 47, 50.

78 Crouzet-Pavan (Anm. 75), I, S. 317 u.a.; Bevilacqua (Anm. 75), S. 95ff., 100ff.; Archivio di Stato di Venezia (Hrsg.), Ambiente e risorse nella politica veneziana, Venedig 1989, S. 40f.; Alvise Zorzi, Canal Grande, Hildesheim 1993, S. 254.

79 Philippe Braunstein/Robert Delort, Venise: porträt historique d'une cité, Paris 1971, S. 16ff. Drei Jahrhunderte früher (1142) hatte Venedig Padua vergeblich mit kriegerischen Mitteln daran zu hindern gesucht, das Wasser der Brenta in die Lagune zu leiten: Ein früher Öko-Krieg? Freddy Thiriet, Storia della Repubblica di Venezia, Venedig 1981 (urspr. 1952), S. 28. «Zerstörung»: Archivio di Stato di Venezia (Hrsg.), Laguna, lidi, fiumi: Cinque secoli di gestione delle acque, Venedig 1983, S. 26.

80 Lane (Anm. 77), S. 35, 415f.; Laguna, lidi (Anm. 79), S. 27f.; Zorzi, Canal (Anm. 78), S. 253; Roeck (Anm. 75), S. 212f.; Vanzan Marchini (Anm. 75), S. 33.

81 Wittfogel (Anm. 13), S. 333f.; Petri (Anm. 75), S. 65.

82 Michelangelo Muraro/Paolo Marton, Villen in Venetien, Köln 1996, S. 37; Zorzi (Anm. 75), S. 364.

83 Alvise Cornaro, Vom maßvollen Leben, hrsg. v. Klaus Bergdolt, Heidelberg 1991, S. 57ff.; Muraro/Marton (Anm. 82), S. 53f.; Laguna, lidi (Anm. 79), S. 54; Lane (Anm. 77), S. 478f., 675f.; Vanzan Marchini (Anm. 75), S. 34f.; Emanuela Casti Moreschi, L'analyse historique de l'utilisation des eaux dans la lagune de Venise, in: CNRS, L'eau (Anm. 28), S. 78.

84 Bevilacqua (Anm. 75), S. 14f.; Vanzan Marchini (Anm. 75), S. 33ff. Roeck (Anm. 75), S. 218ff., meint allerdings, auf lange Sicht habe Sabbadino eine «ökologische» Niederlage erlitten; denn das Problem, die Unversehrtheit der Lagune mit der Ökonomie in Einklang zu bringen, sei nicht auf die Dauer gelöst worden. Rolf Petri an Verf., 18.12.1998: Im 19. Jh. gab es erneut Plädoyers für die Trockenlegung der Lagune. Dies sei von «einer mächtigen Hotellobby» verhindert worden. Diese habe jedoch indirekt, durch Förderung der Industrialisierung auf dem Festland, zur Störung des hydrolog. Gleichgewichts der Lagune beigetragen. Venedig bietet ein Musterbeispiel für die Problematik ökologischer Werturteile!

85 Vanzan Marchini (Anm. 75), S. 141, 38; Archivio di Stato di Venezia (Hrsg.), Boschi della Serenissima: Storia di un rapporto uomoambiente, Venedig 1988, S. 24; Bruno Vecchio, Il bosco negli scrittori italiani del settecento, Turin 1974, S. 30f.

86 Boschi (Anm. 85), S. 11f., 55ff., 69ff.; Archivio di Stato di Venezia (Hrsg.), Boschi della Serenissima: utilizzo e tutela, Venedig 1987, S. 31f.; Ambiente (Anm. 78), S. 73f.

87 Herbert Hesmer, Leben und Werk von D. Brandis, Opladen 1975, S. 144; Robert P. Harrison, Wälder, München 1992, S. 11f., 117, 283f., 290f., 302, 310.

88 Goethe: Tagebucheintragung vom 9.10.1786; Lane (Anm. 77), S. 676; Vanzan Marchini (Anm. 75), S. 77, 155.

89 L'Ambiente nella storia d'Italia, hrsg. v. Fondazione L. e L. Basso, Venedig 1989, S. 29 (Gabriella Bonacchi/Margherita Pelaja); Piero Bevilacqua, Le rivoluzioni dell'acqua, in: Storia dell'agricoltura italiana in età contemporanea, Bd. 1, S. 255f. Charles Wilson, Die Früchte der Freiheit: Holland und die europ. Kultur des 17. Jh.s, München 1968, S. 78ff.

90 Marc Bloch hielt es für eine historische Schlüsselerkenntnis, die Versandung des Brügger Hafens nicht als Naturereignis, sondern als Reflex ge-

sellschaftlicher Verhältnisse zu begreifen (Apologie der Geschichte, urspr. 1949, Stuttgart 1974, S. 42 f.); vermutlich ist er mit seiner Bagatellisierung der Eigenmacht der Natur etwas zu weit gegangen. – Paul Zumthor, Das Alltagsleben in Holland zur Zeit Rembrandts (urspr. 1959), Leipzig 1992, S. 348.

91 Simon Schama, Überfluß und schöner Schein: Zur Kultur der Niederlande im Goldenen Zeitalter, München 1988, S. 57f.; Dietrich Ebeling, Der Holländer-Holzhandel in den Rheinlanden, Stuttgart 1992, bes. S. 60ff., 84ff.; Radkau/Schäfer, Holz (Anm. I 39), S. 138f.

92 Wittfogel (Anm. 13), S. 36; Johan Huizinga, Holländ. Kultur im 17. Jh., Frankfurt/M. 1961, S. 20; Jan de Vries, The Dutch Rural Economy in the Golden Age, 1500–1700, New Haven 1974, S. 197; Audrey M. Lambert, The Making of the Dutch Landscape: an historical geography of the Netherlands, London 1971, S. 113f. (uneinheitliche Aussagen darüber, wieweit die Deicharbeit die Selbstverwaltung oder höhere Instanzen stärkte). Die Landschaften Niedersachsens, 3. Aufl. Hannover 1965, Nr. 50.

93 Schama (Anm. 91), S. 55ff., 59, 289; Zumthor (Anm. 90), S. 350ff.; Slicher van Bath (Anm. II 89), S. 213; Hans Walter Flemming, Wüsten, Deiche und Turbinen, Göttingen 1957, S. 159; Sheila Jasanoff u.a., Handbook of Science and Technology Studies, Thousand Oaks 1995, S. 342ff. (Wiebe E. Bijker).

94 Hans-Jürgen Nitz, Mittelalterl. Moorsiedlungen: Agrar. Umweltgestaltung unter schwierigen naturräuml. Voraussetzungen, in: Hermann, Umwelt (Anm. II 64), S. 54; Petra van Dam an Verf., 14.6.1999. Ich danke ihr auch für weitere Hinweise zur niederländischen Umweltgeschichte.

95 Nitz (Anm. 94), S. 56, 60; de Vries (Anm. 92), S. 202; Slicher van Bath (Anm. II 89), S. 162; Lambert (Anm. 92), S. 208ff.; J. W. de Zeeuw, Peat and the Dutch Golden Age, Wageningen 1978, S. 21ff.

96 Heinrich Hoops, Gesch. des Bremer Blocklandes, Bremen 1984 (urspr. 1927), S. 9f., 16f., 35f., 45.

97 Fridrich Arends, Abhandlungen vom Rasenbrennen und dem Moorbrennen, Hannover 1826, S. 3ff., 8f.; ein Hannoveraner Protest gegen das Moorbrennen von 1836, der schon das Motiv des «stummen Frühlings» vorwegnimmt, in: Günter Bayerl/Ulrich Troitzsch (Hrsg.), Quellentexte zur Gesch. der Umwelt von der Antike bis heute, Göttingen 1998, S. 258. Karlhans Göttlich (Hrsg.), Moor- und Torfkunde, Stuttgart 1990, S. 394f.; Josef Kulischer, Allg. Wirtschaftsgesch. des MAs und der Neuzeit, Bd. 2, ND München 1965, S. 39, 44ff.; Klaus Herrmann, Pflügen, Säen, Ernten, Reinbek 1985, S. 117ff.

98 So 1988 das niederländ. Reichsinstitut für Gesundheit und Umweltschutz in einer Studie «Sorgen für morgen – Niederlande im Jahr 2000» (Helmut Hetzel in VDI-Nachr. 52/1988 S. 17). Die von dem niederländ. Umweltverband Milieudefensie 1992 vorgelegte Studie «Sustainable Netherlands», die zum Vorbild der Wuppertal-Studie «Zukunftsfähiges Deutschland» wurde, warnt allerdings davor, das Problem der Nicht-Nachhaltigkeit in der Landwirtschaft auf den Gülle-Überschuß zu reduzieren, und verweist u.a. auf den extrem hohen Energieverbrauch der

Treibhäuser: Sustainable Netherlands, dt. hrsg. vom Inst. f. sozial-ökolog. Forschung, Frankfurt/M. 1993, S. 158, 162.

99 Vgl. L. W. Hackett, Malaria in Europe: An Ecological Study, London 1937.

100 August Bebel, Die Frau und der Sozialismus, ND Berlin 1974, S. 436.

101 Angelo Celli, Die Malaria in ihrer Bedeutung für die Gesch. Roms und der röm. Campagna, Leipzig 1929, S. 9; ähnlich der neuere Malaria-Klassiker: Leonard J. Bruce-Chwatt/Julian de Zulueta, The Rise and Fall of Malaria in Europe: A historico-epidemiological study, Oxford 1980, S. 17ff., 89ff. Für Hinweise auf ökologische Aspekte der Seuchengeschichte danke ich Neithard Bulst. Nomadismus: Henry Hobhouse, 5 Pflanzen verändern die Welt, München 1992, S. 21.

102 Cicero, De re publica 2, 11; Celli (Anm. 101), S. 17f., 24ff., 63ff.; dazu Erwin Schimitschek/Günther T. Werner, Malaria, Fleckfieber, Pest: Auswirkungen auf Kultur und Geschichte, medizin. Fortschritte, Stuttgart 1985, S. 15ff.; Jacques Ruffié/Jean Charles Sournia, Die Seuchen in der Gesch. der Menschheit, München 1992, S. 152ff.; Stefan Winkle, Geißeln der Menschheit: Kulturgesch. der Seuchen, Düsseldorf 1997, S. 261f., 270.

103 Braudel, Mediterranean (Anm. II 3), S. 65; ähnlich Rhoads Murphey, The Decline of North Africa since the Roman Occupation: Climatic or Human? in: Annals of the Assoc. of the American Geographers 41/1951, S. 127. Hackett (Anm. 99), S. XIV, beruft sich auf ein italienisches Sprichwort: «Die Malaria flieht vor dem Pflug.» Auf S. 18 dagegen Indizien, daß Bewässerungsnetze die Malaria verschlimmern. Ähnlich Winkle (Anm. 102), S. 709ff., 751f.; Mart A. Stewart, «What Nature Suffers to Groe»: Life, Labor, and Landscape on the Georgia Coast, 1680–1920, Athens/Georgia 1996, S. 140f., 280; George P. Marsh, Man and Nature, Cambridge/Mass. 1965 (urspr. 1864), S. 323; ähnlich Epirus noch im 19. Jh.: William H. McNeill, Die großen Epidemien, München 1978, S. 343ff.; Neithard Bulst, Alte und neue Krankheiten: Seuchen, Mensch und Umwelt, in: Élisabeth Mornet/Franco Morenzoni (Hrsg.), Milieux naturels, espaces sociaux, Paris 1997, S. 755.

104 Celli (Anm. 101), S. 21; Winkle (Anm. 102), S. 718, 720, 728; Marks, Tiger (Anm. 41), S. 334; Jonathan S. Adams/Thomas O. McShane, The Myth of Wild Africa, Berkeley 1996, S. 5.

105 Piero Bevilacqua, Tra natura e storia: Ambiente, economie, risorse in Italia, Rom 1996, S. 39ff.; Das Buch der Erfindungen, Gewerbe und Industrien Bd. 3, 8. Aufl. Leipzig 1885, S. 275; Winkle (Anm. 102), S. 766; Ian Stone, Canal irrigation in British India, Cambridge 1984, S. 144ff. Noch heute ist die Malaria in den Lehrbüchern zur Bewässerungstechnik kein Thema: Sie ist kein Problem der Ingenieure!

106 Winkle (Anm. 102), S. 712ff., 724; May R. Berenbaum, Blutsauger, Staatsgründer, Seidenfabrikanten: Die zwiespältige Beziehung zwischen Mensch und Insekt, Heidelberg 1997, S. 326ff.; Mark Elvin, The Pattern of the Chinese Past, Stanford 1973, S. 185ff.; Paola Corti, Le paludisme et le pouvoir pontifical: Pie VI et les marais pontins (XVIIIe siècle), in: Neithard Bulst/Robert Delort (Hrsg.), Maladies et société (XIIe-XVIIIe siècles), Paris 1989, S. 215ff.

107 Winkle (Anm. 102), S. 772; Hackett (Anm. 99), S. 10; McNeill (Anm. 103), S. 131 f.; Ruffié/Sournia (Anm. 102), S. 150.
108 Poivre (Anm. 60), S. 70.
109 Corti (Anm. 106), S. 215 ff., 245; neuerliche Öko-Revisionisten nehmen den passiven Widerstand der Altansässigen gegen die «bonifica» in Schutz: Der Fischertrag der Sümpfe sei höher gewesen als der durch Urbarmachung zu erzielende Agrarertrag! Antonio Cederna, La distruzione della natura in Italia, Turin 1975, S. 56.
110 Olivier Balabanian/Guy Bouet, L'eau et la maitrise de l'eau en Limousin, Treignac 1989, S. 207.
111 Horst G. Mensching, Ökosystem-Zerstörung in vorindustrieller Zeit, in: Lübbe/Ströker (Anm. I 29), S. 19 f.; Diamond (Anm. I 59), S. 411.
112 Fraas: Schramm, Ökologie-Lesebuch (Anm. II 52), S. 61, 112 f.; Buch der Erfind. (Anm. 105), Bd. 3, S. 347; Johannes Gaitanides, Griechenland ohne Säulen, Frankfurt/M. 1980 (urspr. 1955), S. 76.
113 Cederna (Anm. 109), Teil II (S. 223 ff.): «quello che fu il giardino d'Europa»; Berhard Kytzler (Hrsg.), Laudes Italiae, Stuttgart 1988, S. 23, Varro: «Ist nicht ganz Italien so dicht mit Bäumen bewachsen, daß es ganz und gar wie ein Obstgarten erscheint?» S. 27, Dionysius von Halikarnassos: «Am wunderbarsten aber sind die Wälder ...»
114 Platon, Kritias 111; dazu Glacken (Anm. I 16), S. 120 f.; Karl-Wilhelm Weeber, Smog über Attika: Umweltverhalten im Altertum, Reinbek 1993, S. 21 f.
115 J. V. Thirgood, Cyprus: A Chronicle of its Forests, Land and People, Vancouver 1987, S. 71 f.
116 Russell Meiggs, Trees and Timber in the Ancient Mediterranean World, Oxford 1982, S. 371 ff. zur Frage der Entwaldung.
117 Claudia Honegger, in: Dies. (Hrsg.), Schrift und Materie der Geschichte, Frankfurt/M. 1977, S. 24; Fernand Braudel u. a., Die Welt des Mittelmeeres, Frankfurt/M. 1997, S. 21 f., 31.
118 Rackham/Moody (Anm. 28), S. 18, 21; Rackham, Ecology and pseudo-ecology: The example of Ancient Greece, in: Graham Shipley/John Salmon, Human Landscapes in Classical Antiquity, London 1996, S. 25; ders., J. A. Moody, Terraces (Anm. 32), S. 123, 133. Für McNeill, Mountains of the Mediterranean world (Anm. I 10) ist Rackhams Position eine «maverick opinion» (S. 311 Fn.). Selbst für Jacques Blondel und James Aronson, die die mediterrane Mensch-Umwelt-Beziehung als «10000jährige Love-Story» darstellen, ist der Entwaldungsprozeß Tatsache (dies., Biology and Wildlife in the Mediterranean Region, Oxford 1999, S. 197, 201, 206), nur daß sie diesen unter dem Aspekt der Biodiversität nicht unbedingt bedauern. Aber auch Andel/Runnels (Anm. 32) bemerken, daß sich die mediterrane Vegetation nach Störungen rasch erholt und Erosion hemmt (S. 140, 142). Meiggs (Anm. 116), S. 385 f.: Die Römer verstanden es durchaus, die Schafe und Ziegen unter Kontrolle zu halten.
119 Andel/Runnels (Anm. 32), S. 113, 116 f., 120 ff., 139 f., 152; Curtis N. Runnels, Umweltzerstörung im griech. Altertum, in: Wolfram Hoepfner (Hrsg.), Frühe Stadtkulturen, Heidelberg 1997, S. 138, 142; Tjeerd H. van

Andel/Eberhard Zangger, Landscape stability and destabilisation in the prehistory of Greece, in: Bottema (Anm. 25), S. 139, 147; Eberhard Zangger, Neolithic to present soil erosion in Greece, in: Martin Bell/John Boardman (Hrsg.), Past and Present Soil Erosion, Oxford 1992, S. 133–142, 146.

120 McNeill (Anm. I 10); Eugen Wirth, Syrien: Eine geograph. Landeskunde, Darmstadt 1971, S. 124f., 131f.; Thirgood (Anm. 115), S. 74; Ambiente Italia (Anm. 89), S. 40, 42f. (Sergio Anselmi): Entwaldung vor allem seit dem 16. Jh. voranschreitend, im 19. Jh. durch den Maisanbau verstärkt, da dieser auch auf den Hügeln betrieben wird; Bruno Donati/Alice Lang, La Valle Maggia, Bellinzona 1983, S. 9ff.; G. H. Willcox, A History of Deforestation as Indicated by Charcoal Analysis of 4 Sites in Eastern Anatolia, in: Anatolian Studies 24/1974, S. 123; Brent D. Shaw, Environment and Society in Roman North Africa, Aldershot 1995, S. 392ff.; Moses I. Finley u.a., Gesch. Siziliens und der Sizilianer, München 1989, S. 213; Braudel, Mediterranean (Anm. II 3), Bd. 1, S. 602ff.; Meiggs (Anm. 116), S. 392; Kolokotronis: McNeill, S. 300 Fn.

121 Maurice Lombard, Blütezeit des Islams, Frankfurt/M. 1992 (urspr. 1971), S. 177ff.; ders., Les bois dans la Méditerranée musulmane (VII-XIe siècles), in: Annales ESC 1959, S. 234–254; Wilhelm Wölfel, Wasserbau in den Alten Reichen, Berlin 1990, S. 19.

122 Piers Blaikie/Harold Brookfield, Questions from history in the Mediterranean and Western Europe, in: Dies. (Anm. I 61), S. 122f.; einen Diskussionsanstoß gab Claudio Vita-Finzi mit seiner Klimawandel-Hypothese: Ders., The Mediterranean Valleys: Geological Changes in Historical Times, Cambridge 1969, S. 115 u.a. Die Römer allerdings hätten, da der Boden in Talebenen am leichtesten zu beackern ist, ein Interesse an der Erosion an den Berghängen gehabt, «although the Romans fully deserve to be regarded as conservation minded» (S. 117). Vermittelnd: Alfred Philippson, Das Mittelmeergebiet, Hildesheim 1974, S. 133ff.; S. 141: «So ist das charakterist. Landschaftsbild der Mittelmeerländer zwar im Grunde vom Klima bedingt, aber doch durch die menschliche Kultur bedeutend verschärft worden.»

123 Aristoteles, Politeia 7, 1331 b. Thérèse Sclafert, Cultures en Haute-Provence; Déboisement et pâturages au Moyen Age, Paris 1959, S. 170f.

124 Hansjörg Köster, Gesch. der Landschaft in Mitteleuropa, München 1995, S. 219, 224; Martin Born, Die Entwicklung der dt. Agrarlandschaft, Darmstadt 1974, S. 28, 38; Hans-Jürgen Nitz, Regelmäßige Langstreifenfluren und fränk. Staatskolonisation, in: Ders. (Hrsg.), Histor.-genet. Siedlungsforschung, Darmstadt 1974, S. 358. Für Frankreich, mit Hinweis auf offene Fragen der Forschung: Duby/Wallon (Anm. I 50), Bd. 1, S. 426ff. (Guy Fourquin). Förmliche Rodungskontrakte zwischen Grundherren und Rodungswilligen sind in Frankreich anscheinend viel seltener als in Deutschland.

125 Helmut Hildebrandt, Siedlungsgenese und Siedlungsplanung in histor. Zeit, in: Hans Jürgen Nitz, Histor. Kolonisation und Plansiedlung in Deutschland, Berlin 1994, S. 21; Fischer Weltgesch. Bd. 11, Frankfurt/M. 1965, S. 72 (Jacques Le Goff); Heide Wunder; Die bäuerl. Gemeinde in Deutschland, Göttingen 1986, S. 41.

126 Franz, Quellen (Anm. II 46), S. 48 f., 182 f.; Die Landschaften Niedersachsens, 3. Aufl. Hannover 1965, Nr. 94; Simone Lefèvre, La politique forestière des monastères de l'Ile-de-France, in: Actes du symposium international d'histoire forestière, Bd. 1, Nancy 1979, S. 20.

127 Louis Badré, Histoire de la forêt française, Paris 1983, S. 46 f.; ähnliche Belege: Ernst Schubert, Scheu vor der Natur – Ausbeutung der Natur: Formen und Wandlungen des Umweltbewußtseins in MA, in: Ders./Bernd Herrmann (Hrsg.), Von der Angst zur Ausbeutung: Umwelterfahrung zwischen MA und Neuzeit, Frankfurt/M. 1994, S. 22.

128 Marc Bloch, Les caractères originaux de l°histoire rurale française, Paris 1988 (urspr. 1931), S. 65 f.; Glacken (Anm. I 16), S. 327 f., 332 f., 336 ff.; Radkau/Schäfer (Anm. I 39), S. 53 f.; Karl Hasel, Forstgesch., Freiburg 1985, S. 52; Abel (Anm. I 20), S. 83; Helga Knoke, Wald und Siedlung im Süntel, Rinteln 1968, S. 37; Alfred Bonnemann, Der Reinhardswald, Hann. Münden 1984, S. 236.

129 Hans-Rudolf Bork, Bodenerosion und Umwelt: Verlauf, Ursachen und Folgen der ma. und neuzeitl. Bodenerosion, Braunschweig 1988, S. 34 ff., 43 f., 47 f., 198; ders., Landschaftsentwicklung (Anm. I 14), S. 31 ff.

130 Radkau/Schäfer (Anm. I 39), S. 58 f.; Hasel (Anm. 128), S. 108 f.

131 Ebd., S. 109 f.; Radkau/Schäfer, S. 100 ff.; Michel Devèze, Histoire des forêts, Paris 1973, S. 49; August Bernhardt, Gesch. des Waldeigentums, Bd. 1, Aalen 1966 (urspr. 1872), S. 165, 226 f.

132 Joachim Radkau, Vom Wald zum Floß – ein technisches System? Dynamik und Schwerfälligkeit der Flößerei in der Gesch. der Forst- und Holzwirtschaft, in: Hans-Walter Keweloh (Hrsg.), Auf den Spuren der Flößer, Stuttgart 1988, S. 21 ff.; Theodor Müller, Schiffahrt und Flößerei im Flußgebiet der Oker, Braunschweig 1968, S. 85; Radkau/Schäfer (Anm. I 39), S. 99 ff.; Robert G. Albion, Forests and Sea Power, Cambridge 1926, S. 183.

133 Michel Devèze, La grande réformation des forêts sous Colbert, Nancy 1962; Andrée Corvol, L'homme et l'arbre sous l'Ancien Régime, Paris 1984, S. 182; dies., L'Homme aux Bois: Histoire des relations de l'homme et de la forêt XVIIe-XXe siècle, Paris 1987, S. 305.

134 Oliver Rackham, Trees and Woodland in the British Lanscape, London 1976, S. 85; ders., Ancient Woodland, its history, vegetation and uses in England, London 1980, S. 153; andererseits ders., The Illustrated History of the Countryside, London 1994, S. 48: «In France, Germany and Switzerland, ancient woods are everyone's heritage; in Britain alone have we lost that birthright, and with it the knowledge and love of woods.» Er zweifelt allerdings daran, daß die grausamen Strafen des MAs je praktiziert worden seien: Ders., The Last Forest: The Story of Hatfield Forest, London 1989, S. 60 f. Charles R. Young, The Royal Forests of Medieval England, Leicester 1979, S. 7, 11, 65, 147; Keith Thomas (Anm. II 39), S. 194 ff., 198 ff.

135 Dorothea Hauff, Zur Gesch. der Forstgesetzgebung und Forstorganisation des Hzt. Württemberg im 16. Jh., Stuttgart 1977, S. 31.

136 Radkau/Schäfer (Anm. I 39), S. 59 ff., 64 f.; Knoke (Anm. 128), S. 51, 63 f.

137 Radkau/Schäfer, S. 54f., 170ff.; Heinrich Oberrauch, Tirols Wald und Waidwerk, Innsbruck 1952, S. 21. Rocquelet: Histoire des forêts française: Guide de recherche, Paris (CNRS) 1982, S. 135; andererseits Christian Fruhauf, Forêt et société: De la forêt paysanne à la forêt capitaliste en pays de Sault sous l'ancien régime, Paris (CNRS) 1980. Von einem merkwürdigen forstpolitischen Konsens berichtet Christoph Ernst (Den Wald entwickeln: Ein Politik- und Konfliktfeld in Hunsrück und Eifel im 18. Jh., Diss. Trier 1998, S. 247ff.) aus Kurtrier: Dort finden die Landstände in ihrem Streben nach «Ecrasierung des Forstamtes», in dem die Jäger dominieren, Unterstützung innerhalb der Regierung, die das Forstamt 1783 auflöst! Bei alledem fliegt das «Holzmangel»-Argument hin und her.

138 Richard M. Allesch, Arsenik: Seine Geschichte in Österreich, Klagenfurt 1959; Helfried Valentinitsch, Das landesfürstl. Quecksilberbergwerk Idria 1575–1659, Graz 1981, S. 202; Maria Barbara Rößner, Gesundheitsgefährdung durch Umweltverschmutzung: Vorindustr. Umweltbewußtsein in Köln, in: Jb. des köln. Geschichtsvereins 66/1995, S. 69ff.

139 John Evelyn, Fumifugium: or the Inconvenience of the Aer and Smoake of London, in: Robert Barr (Hrsg.), The Smoke of London: Two prophecies, Elmsford o.J., S. 20f., 24 u.a.; ders., Sylva or a Discourse on Forest Trees, London 1664.

140 André Guillerme, Les temps de l'eau: La cité, l'eau et les techniques, Seyssel 1983, S. 63ff., 74, 101f.

141 Elisabeth Suter, Wasser und Brunnen im alten Zürich, Zürich 1981, S. 113f.; Die Wasserversorgung im MA, Mainz 1991, S. 53, 55f. (Klaus Grewe); Ulf Dirlmeier, Zu den Lebensbedingungen in der ma. Stadt; Trinkwasserversorgung und Abfallbeseitigung, in: Bernd Herrmann (Hrsg.), Mensch und Umwelt im MA, Stuttgart 1986, S. 152f.; Von der Schîssgruob zur modernen Stadtsanierung, hrsg. v. Stadtentwässerung Zürich, Zürich 1987, S. 41f., 57f.

142 Wasserversorgung MA (Anm. 141), S. 96f. (Clemens Kosch). Martin Illi, Wasserentsorgung in ma. Städten, in: Die alte Stadt 20/1993, S. 223 (auch hier wieder vor allem am Beispiel Zürichs): Die Obrigkeiten hätten in der Regel darauf geachtet, daß nur «lauteres» Spülwasser, allenfalls noch Urin in die Gosse gekippt werde.

143 Horst Dreitzel, Johann Peter Süßmilchs Beitrag zur polit. Diskussion der dt. Aufklärung, in: Herwig Birg (Hrsg.), Ursprünge der Demographie in Deutschland, Frankfurt/M. 1986, S. 91; Hufeland, Makrobiotik, Frankfurt/M. 1984 (urspr. 1796), S. 131.

144 Schîssgruob (Anm. 141), S. 44; Peter Reinhart Gleichmann, Die Verhäuslichung körperlicher Verrichtungen, in: Ders. u.a. (Hrsg.), Materialien zu N. Elias' Zivilisationstheorie, Frankfurt/M. 1977, S. 261ff.; in Berlin verfügte man 1671, daß «jeder Bauer, der zum Markt kam, eine Fuhre Kot aus der Stadt mitherausnehmen sollte» (Marie-Elisabeth Hilger, Umweltprobleme als Alltagserfahrung in der frühneuzeitl. Stadt? in: Die alte Stadt 11/1984, S. 132): ein Zeichen, daß sich schon damals das Kot-Entsorgungsproblem der Städte nicht durch den Düngerhunger der Bauern von selbst löste. Dirlmeier (Anm. 141), S. 158; Jürgen Hagel, Mensch und Was-

ser in der alten Stadt: Stuttgart als Modell, in: Die alte Stadt 14/1987, S. 135 f. In einer Stadt wie Freiburg, die über zahlreiche Bäche mit starkem Gefälle verfügte, war das «Wasserklosett» – der Abtritt über einem Bach oder Graben – schon im SpätMA verbreitet: Werner Konold/Katrin Schwinekörper, Wasser und Abwasser in der Stadtwirtschaft, in: Der Bürger im Staat 46/1 (1996), S. 15. Zum üblichen Standard scheint der über einem fließenden Wasserlauf gelegene Abtritt am frühesten in einsam gelegenen Zisterzienserklöstern geworden zu sein, die über reichlich Wasser verfügten und keine Nachbarn hatten.

145 Hierzu und zu den folgenden Ausführungen: Joachim Radkau, Das Rätsel der städt. Brennholzversorgung im «hölzernen Zeitalter», in: Dieter Schott (Hrsg.), Energie und Stadt in Europa: Von der vorindustriellen ‹Holznot› bis zur Ölkrise der 1970er Jahre, Stuttgart 1997, S. 43–75.

146 Heinz-Dieter Heimann, Der Wald in der städt. Kulturentfaltung und Landschaftswahrnehmung, in: Albert Zimmermann/Andreas Speer (Hrsg.), Mensch und Natur im MA, I, Berlin 1991, S. 871; Histoire des forêts (Anm. 137), S. 76; noch um 1830 führten die Walddörfer der Ariège einen förmlichen Krieg gegen die Eisenhütten und Köhler zur Wahrung ihrer Waldrechte: Peter Sahlins, Forest Rites: The War of the Demoiselles in 19th Century France, Cambridge/Mass. 1994. Antje Sander-Berke, Spätma. Holznutzung für den Baustoffbedarf, dargest. am Beispiel norddt. Städte, in: Albrecht Jockenhövel (Hrsg.), Bergbau, Verhüttung und Waldnutzung im MA: Auswirkungen auf Mensch und Umwelt, Stuttgart 1996, S. 197. Ein weiteres wichtiges, hier nicht behandeltes Thema ist die Auswirkung der Städte auf die Landwirtschaft der Umgebung; dazu Franz Irsigler, Die Gestaltung der Kulturlandschaft am Niederrhein unter dem Einfluß städt. Wirtschaft, in: Hermann Kellenbenz (Hrsg.), Wirtschaftsentwicklung und Umweltbeeinflussung, Wiesbaden 1982, S. 173–195. Oft führte der städtische Markt zu einer Intensivierung des nahegelegenen Landbaus, so in der Form des Gartenbaus, aber auch des einseitigen Anbaus von Industriepflanzen. Vor allem in letzterem Fall drohte eine Übernutzung des Bodens.

147 Erich Egg u. a., Stadtbuch Schwaz, Schwaz 1986, S. 97, 101.

148 Radkau, Rätsel (Anm. 145), S. 56f.

149 Eugen Wagner, Die Holzversorgung der Lüneburger Saline in ihrer wirtschaftsgeschichtl. und kulturgeograph. Bedeutung, Düsseldorf 1930; Christian Lamschus, Die Holzversorgung der Lüneburger Saline in MA und Früher Neuzeit, in: Silke Urbanski u. a. (Hrsg.), Recht und Alltag im Hanseraum, Lüneburg 1993, S. 321–332; Radkau/Schäfer (Anm. I 39), S. 91–95, 131 ff., 196f.; Götz v. Bülow, Die Sudwälder von Reichenhall, München 1962, S. 159f.; dazu J. Radkau in: Gesch. zu Wiss. u. Unterr. 50/1999, S. 256.

150 Joachim Radkau, Holzverknappung und Krisenbewußtsein im 18. Jh., in: Gesch. und Gesellschaft 9/1983, S. 515 u. a.; Denis Woronoff, L'industrie siderurgique en France pendant la révolution et l'Empire, Paris 1984; Arlette Brosselin u. a., Les doléances contre l'industrie, in: Denis Woronoff (Hrsg.), Forges et forêts, Paris 1990, S. 13.

151 Rackham: Anm. 134, die ersten beiden Belege; außerdem Radkau, Holzverknappung (Anm. 148), S. 526 Fn. 54. Radkau/Schäfer, S. 107 ff.

152 Oberrauch (Anm. 137), S. 49 f.

153 Mircea Eliade, Schmiede und Alchemisten, Stuttgart 1980, S. 49 f.; Georg Agricola, Vom Berg- und Hüttenwesen, München 1977 (urspr. 1556), S. 3.

154 Vögler, Öko-Griechen (Anm. 29), S. 79; Plinius, Historia naturalis 33, 1.

155 Paulus Niavis, Judicium Jovis oder Das Gericht der Götter über den Bergbau, Berlin 1953 (Freiberger Forschungshefte D 3).

156 Eliade (Anm. 151), S. 71; Plinius 33, 21.

IV. Kolonialismus als umwelthistorische Wasserscheide

1 George P. Marsh, Man and Nature: Or, Physical Geography as Modified by Human Action, Cambridge/Mass. 1965 (urspr. 1864), S. 11; Horst G. Mensching, Ökoystem-Zerstörung in vorindustr. Zeit, in: Lübbe/Ströker (Anm. I 29), S. 20 f.

2 Zu «latifundia perdidere ...»: René Martin, Plinius d.J. und die wirtschaftl. Probleme seiner Zeit, in: Helmuth Schneider (Hrsg.), Sozial- und Wirtschaftsgesch. der röm. Kaiserzeit, Darmstadt 1981, S. 199 ff.; Moses I. Finley tut das Plinius-Wort als «archaisierende Moralpredigt» ab (ders., Die antike Wirtschaft, München 1977, S. 133 Fn.). All diese Erörterungen zeichnen sich jedoch durch Abwesenheit jeglicher ökologischen Betrachtung des Ackerbaus aus. Dagegen Cedric Yeo, The Overgrazing of Ranch-Lands in Ancient Italy, in: Transactions of the American Philological Assoc. 79/1948, S. 292 ff.; Propyläen-Technikgeschichte Bd. 1, Frankfurt/M. 1991, S. 214 ff. (Helmuth Schneider). C. R. Whittaker, Agri deserti, in: M. I. Finley, Studies in Roman Property, Cambridge 1976, S. 137–165. Ellsworth Huntington, Klimaänderung und Bodenerschöpfung als Elemente im Niedergang Roms (urspr. 1917), in: Karl Christ (Hrsg.), Der Untergang des Römischen Reiches, Darmstadt 1970, S. 166–200; dazu Rhoads Murphy, The Decline of North Africa since the Roman Occupation: Climatic or Human? in: Annals of the Assoc. of Amer. Geographers 41/1951, S. 116–132. Lynn White jr. (Die ma. Technik und der Wandel der Gesellschaft, München 1968, S. 63 f.) glaubt im Unterschied zu anderen Autoren zu erkennen, daß es – trotz entsprechender Denkansätze im Agrarschrifttum – in der römischen Landwirtschaft keine reguläre Mehrfelder- und Fruchtwechselwirtschaft gegeben habe. Dann würde ein wesentliches Element der Stabilität fehlen.

3 Hodgson (Anm. II 74), Bd. 2, S. 396, 402 f.; Cotterell/Yap (Anm. III 52), S. 264. Als die Mongolenherrschaft 1368 in China gestürzt wurde und die Mongolen in ihr Stammland zurückfluteten, verschärfte sich dort der Streit um das Weideland und mehrten sich die Anzeichen für Übernutzung; vgl. Udo B. Barkmann, Geschichte der Mongolei, Bonn 1999, S. 21, 25 f. (sittenwidrige Tötung von Flüchtlingen des eigenen Volkes als «bevölkerungspolitische Notbremse»).

4 McNeill, Epidemien (Anm. III 103), S. 206; Klaus Bergdolt, Der Schwarze

Tod in Europa: Die Große Pest und das Ende des MAs, München 1994, S. 34 ff.

5 Ulrich Aulff, Die Schule der Ratten gegen die Schule der Flöhe: Über Menschen- und Naturgeschichten, in: Ders. (Hrsg.), Vom Umschreiben der Geschichte, Berlin 1986, S. 18.

6 Bergdolt, S. 14 ff.; McNeill, S. 149 f., 155, 160, 164 f.; Ruffié/Sournia (Anm. III 102), S. 25 ff.; Winkle (Anm. III 102), S. 436 ff.

7 Bergdolt, S. 17, 34; McNeill, S. 159, 164, 166.

8 Daniel Defoe, Die Pest zu London, München 1987 (urspr. 1722), S. 133; Der «Schwarze Tod» als Rettung aus einem ökologischen Teufelskreis: Charles R. Bowlus, Die Umweltkrise im Europa des 14. Jh.s, in: Rolf Peter Sieferle (Hrsg.), Fortschritte der Naturzerstörung, Frankfurt/M. 1988, S. 13 ff. Neihard Bulst, Krankheit und Gesellschaft in der Vormoderne: Das Beispiel der Pest, in: Bulst/Delort (Anm. III 106), S. 29. Schon Marsilius von Padua, obwohl eigentlich ein Anwalt des Friedens, erwähnt in seinem «Defensor Pacis» (1324) Kriege und Seuchen als Vorkehrungen des Himmels und der Natur gegen Übervölkerung (ne hominum superflua propagatio fiat): ebd. Dictio I, cap. 17, no. 10. Überbevölkerung wurde also schon vor der ersten großen Pest als Gefahr wahrgenommen. Ich danke Horst Dreitzel für den Hinweis.

9 Johan Goudsblom, Zivilisation, Ansteckungsangst und Hygiene: Betrachtungen über einen Aspekt des europ. Zivilisationsprozesses, in: Gleichmann (Anm. III 144), S. 215 ff. Vgl. ebd. S. 222: Elias selber wollte eine solche trivial-rationale Erklärung, die soziologisch-anthropologische Erklärungskonstrukte erübrigt hätte, nicht gelten lassen.

10 Bulst (Anm. 8), S. 28, 32, 13; Paul Slack; The Disappearance of Plague: An Alternative View; in: Econ. History Review 2. Ser. 34/1981, S. 475: «It *was* human action which freed Western Europe from plague in the later 17th century and early 18th century.» Erna Lesky, Die österr. Pestfront an der k.k. Militärgrenze, in: Saeculum 8/1957, S. 104 f. (Argumente für deren Wirksamkeit). Peter Frey in: Hans Schadewaldt (Hrsg.), Die Rückkehr der Seuchen, Köln 1994, S. 41: «Vieles spricht dafür, daß der Pesterreger selbst eine Mutation durchgemacht hat, die ihn weniger aggressiv werden ließ.»

11 Dt.: Alfred W. Crosby, Die Früchte des weißen Mannes: Ökolog. Imperialismus 900–1900, Frankfurt/M. 1991; da ist das Kapitel über Neuseeland fortgelassen, obwohl Crosby gerade von diesem Beispiel – das sich jedoch nur begrenzt auf die amerikanischen Kontinente übertragen läßt – inspiriert wurde. Methodische Kritik an Crosby: William Cronon, Changes in the Land: Indians, Colonists, and the Ecology of New England, New York 1983, S. 14. Grundsätzlicher David Arnold, The Problem of Nature: Environment, Culture and European Expansion, Oxford 1996, S. 80 ff. und 87 ff. (über biologischen Determinismus und Sozialdarwinismus bei Crosby). S. 91: «Crosby marches with the armies of conquest; he does not tarry with nature's losers.»

12 In einem früheren Buch weist Crosby selber auf solche Rückwirkungen des Kolonialismus hin: The Columbian Exchange: Biological and Cultural Consequences of 1492, Westport 1972, S. 176 f. u. a. Aber dieses Buch, das

die Öko-Geschichte noch ohne das Schlagwort «Imperalismus» nach dem Konzept «Wechselwirkung» darstellte, hatte nicht annähernd die Wirkung wie der «Ecological Imperialism»! Indios und Schafe: Daniel W. Gade, Landscape, System, and Identity in the Post-Conquest Andes, in: Helen Wheatley (Hrsg.), Agriculture, Resource Exploitation, and Environmental Change, Aldershot 1997, S. 36. Die Anfänge des Weizenanbaus in den Neuenglandstaaten waren mühsam und mit schweren Rückschlägen verbunden, vor allem infolge der aus Europa mitgebrachten Schädlinge (Cronon, S. 153 ff.), während der Mais sich in mediterranen Regionen viel rascher verbreitete: Johannes Zscheischler u. a., Handbuch Mais, 4. Aufl. Frankfurt/M. 1990, S. 15 ff. In Deutschland begann die Ära des Maisanbaus trotz vieler älterer Ansätze allerdings erst auf der Grundlage neuer Züchtungen in den 1970er Jahren.

13 William N. Denevan, Estimating the Unknown, in: Ders. (Hrsg.), The Native Population of the Americas in 1492, Madison 1976, S. 3 ff.; ders., The Pristine Myth: The Landscape of the Americas in 1492, in: Annals of the Assoc. of American Geographers 82/1992, S. 379; Gordon M. Day, The Indian as an Ecological Factor in the Northeastern Forest, in: Ecology 34/1953, S. 330.

14 Crosby (Anm. 11), S. 111 ff., 211; Marvin Harris, Warum die erste Welt die zweite eroberte, in: Ders., Menschen, Stuttgart 1992, S. 463 ff.; Hacke: Albert Wirz, Sklaverei und kapitalist. Weltsystem, Frankfurt/M. 1984, S. 111.

15 Elinor G. K. Melville, A Plague of Sheep: Environmental Consequences of the Conquest of Mexico, Cambridge/Mass. 1994, S. 56 ff., 164; dies., The Long-Term Effects of the Introduction of Sheep into Semi-Arid Sub-Tropical Regions, in: Harald K. Steen/Richard P. Tucker (Hrsg.), Changing Tropical Forests: Historical Perspectives on Today's Challenges in Central & South America, Durham 1992, S. 147 u. a. Auf der ASEH-Konferenz in Tucson (April 1999) bemerkte sie allerdings, sie sei zu jener Zeit zu sehr auf das Konzept «Kolonialismus» fixiert gewesen und habe daher zu wenig einen Blick für indianische Kontinuitäten gehabt. Dazu Gade (Anm. 12), S. 36. Karl W. Butzer, The Americas before and after 1492, in: Annals of the Assoc. of Amer. Geographers 82/1992, S. 354: «In sum, there was a considerable degree of contuity in terms of Indian ownership.» Eric R. Wolf, Aspects of Group Relations in a Complex Society: Mexico, in: Teodor Shanin (Hrsg.), Peasants and Peasant Societies, New York 1971, S. 57 ff.: «hostile symbiosis» der Indiodörfer mit den Haciendas. Grüne Revolution: Veronika Bennholdt-Thomsen, Subsistenzkultur und bäuerliche Ökonomie, Bielefeld 1999 (Diskussionsbeiträge zur Subsistenz 7), S. 2.

16 Juan Carlos Garavaglia, Atlixco: L'eau, les hommes et la terre dans une vallée mexicaine (15e–17e siècles), in: Annales HSS, Nov./Dez. 1995, S. 1345; Herman W. Konrad, Tropical Forest Policy and Practice During the Mexican Porfiriato, 1876–1910, in: Steen/Tucker (Anm. 15), S. 131; Joel Simon, Endangered Mexico: An Environment on the Edge, San Francisco 1997, S. 93 f., 140, 238; Lane Simonian, Defending the Land of the Jaguar: A History of Conservation in Mexico, Austin 1995, S. 3, 62, 90 ff., 173; Paul F. Starrs, California's Grazed Ecosystems, in: Carolyn Merchant

(Hrsg.), Green Versus Gold: Sources in California's Environmental History, Washington 1998, S. 200. Auch in Mittelamerika kamen die größten Entwaldungsschübe offenbar erst nach erlangter Unabhängigkeit, wenn nicht gar erst nach 1945: Stanley Heckadon-Moreno, Spanish Rule, Independence, and the Modern Colonization Frontiers, in: Anthony G. Coates (Hrsg.), Central America: A Natural and Cultural History, New Haven 1997, S. 185 ff. 1938, in der Zeit des Dust Bowl, schrieb Carl Sauer, ein Gründervater der amerikanischen Kulturgeographie: «The United States heads the list of exploited and dissipated land wealth. Physically, Latin America is in much better shape than our own Country.» Zit. n. Donald Worster, Dust Bowl, Oxford 1979, S. 206 f.

17 Wirz (Anm. 14), S. 93, 193, 218; The sugar industry and its importance for the economy of Cyprus during the Frankish period, in: V. Karageorghis (Hrsg.), The Development of the Cypriot Economy, Nicosia 1996, S. 165; Henry Hobhouse, 5 Pflanzen verändern die Welt (Chinarinde, Zucker, Tee, Baumwolle, Kartoffel), München 1992, S. 81; Heinrich Handelmann, Gesch. von Brasilien, Zürich 1987 (urspr. 1860), S. 414; Gilberto Freyre, Das Land in der Stadt: Die Entwicklung der urbanen Gesellschaft Brasiliens, München 1990 (urspr. 1936), S. 433; Al Imfeld, Zucker, Zürich 1983; Sidney W. Mintz, Die süße Macht: Kulturgesch. des Zuckers, Frankfurt/M. 1992.

18 Handelmann (Anm. 17), S. 410; vgl. auch Fernando Ortiz, Tabak und Zucker: Ein kubanischer Disput, Frankfurt/M. 1987. Freyre (Anm. 17), S. 433 f. Pierre Poivre, Reisen eines Philosophen 1768, hrsg. Jürgen Osterhammel, Sigmaringen 1997, S. 143 f. Ghana: Mitt. von Christfried Döring.

19 Fischer Weltgesch. Bd. 22, Frankfurt/M. 1965, S. 307 (Richard Konetzke); Franz Thorbecke, Waldnutzung und Waldschutz im tropischen Westafrika, in: Hans-Wilhelm Windhorst (Hrsg.), Beiträge zur Geographie der Wald- und Forstwirtschaft, Darmstadt 1978, S. 39 ff.

20 Für Informationen über Haiti danke ich Heike Bienefeld. Wolf Donner, Haiti: Naturraumpotential und Entwicklung, Tübingen 1980, S. 153, 190 ff. 206 ff. Erosion auch als soziales Problem: «In der Regel leidet derjenige, der die Erosion auslöst, selbst nicht darunter» (?), und dem haitischen Bauern sei «nichts fremder» «als der Geist der Solidarität» (S. 208). Anthony V. Catanese, Rural Poverty and Environmental Degradation in Haiti, Bloomington (Indiana Univ.) 1991, s. 36: «pervasive rural individualism» als Erosionsursache, an Terrassenbau kein Gedanke. Walther L. Bernecker, Kleine Gesch. Haitis, Frankfurt/M. 1996, S. 7, 133, 193 f.

21 James C. McCann, People of the Plow: An Agricultural History of Ethiopia, 1800–1990, S. 33 Fn. («drought follows the plow»), 93, 133, 145, 263. Der Befund wirkt allerdings nicht ganz klar.

22 Leroy Vail, Ecology and History: the example of eastern Zambia, in: Journal of Southern Africa Studies 3/1977, S. 138 ff.; Helge Kjekshus, Ecology Control and Economic Development in East African History: The Case of Tanganyika 1850–1950, London 1977, S. 126, 181 u.a.; teilweise einschränkend dazu: John McCracken, Colonialism, capitalism and the ecological crisis in Malawi: a reassessment, in: David Anderson/Richard Grove (Hrsg.), Conservation in Africa, Cambridge 1989, S. 63, 68, 71 ff.;

John Ford, The Role of the Trypanosomiases in African Ecology: A Study of the Tsetse Fly Problem, Oxford 1971, vor allem S. 488–493; John M. MacKenzie, The Empire of Nature: Hunting, Conservation and British Imperialism, Manchester 1988, S. 225 ff.: Reserves and the tsetse controversy. Es ist merkwürdig, wie wenig diese hochbrisante Kontroverse bei der Diskussion der Crosby-These beachtet wurde! Über den tiefen emotionalen Konnex zwischen Imperialismus und Großwildjagd vgl. auch William Beinart, Empire, hunting and ecological change in southern and central Africa, in: Past & Present Nr. 128, Aug. 1990, S. 162–186. Imperialisten wie Jäger sahen sich schon zeitgenössischer Kritik ausgesetzt; die Wildreservate waren ein Mittel, um Kritiker zu entwaffnen! Sympathien für die Tsetsefliege: Jonathan S. Adams/Thomas O. McShane, The Myth of Wild Africa: Conservation without Illusion, Berkeley 1992, S. 49; Bernhard Grzimek, Kein Platz für wilde Tiere, München 1973, S. 16; ders., Serengeti darf nicht sterben, Berlin 1964, S. 242. Paul Rohrbach dagegen, ein Vordenker wilhelminischer «Weltpolitik», prophezeite: Wenn es der deutschen Wissenschaft gelingen werde, das «Tsetse-Unheil», den «Fluch des schwarzen Erdteils», zu besiegen, dann werde ganz Afrika sich willig den Deutschen unterwerfen. Ders., Weltpolit. Wanderbuch, Leipzig 1916, S. 216 f. Ausbildung einer «Lager-Mentalität» bei den Vorkämpfern afrikan. Nationalparks: Robert W. Sussmann u. a., Satellite Imagery, Human Ecology, Anthropology, and Deforestation in Madagsacar, in: Human Ecology 22/1994, S. 340. Nancy Langston zum Verf. (15. 4. 1999) aus eigenen Recherchen in Zimbabwe: Solange die Schwarzen noch quasi zur Tierwelt zählten, durften sie in den Wildreservaten bleiben; als sie dagegen zu Vollmenschen avancierten, galt ihr Verbleib als unnatürlich!

23 Richard H. Grove, Green Imperialism: Colonial Expansion, Tropical Island Edens, and the Origins of Environmentalism, 1600–1860, Cambridge 1995; zur umstrittenen Frage des praktischen Einflusses dieses «environmentalism»: ebd. S. 427, 484. Kurze Zusammenfassung: Ders., Origins of Western Environmentalism, in: Scientific American 267/1992, No. 1, S. 42–47. Da steht am Anfang die Suche nach dem arkadischen Utopia; am Ende allerdings sind ökonomische Interessen ausschlaggebend.

24 Duhamel: Walter Kremser, Niedersächs. Forstgesch. Rotenburg 1990, S. 749; Gerold Richter in: Ders. (Hrsg.), Bodenerosion in Mitteleuropa, Darmstadt 1976, S. 1, und ebd. S. 23 ff.: Paul Ehrenberg, die ersten dt. ausführl. Hinweise über Bodenabtrag (Erosion); ein Ökonomierat Löll schrieb 1848 über die deutschen Bauern: «daß der Schlamm der Bäche und Flüsse nichts anderes ist als ihre von Regenwasser fortgeschwemmte Ackerkrume, das fällt den guten Leuten nicht ein.» Nur auf die Winderosion reagiert man in Norddeutschland und Jütland schon seit dem 17. Jh.: Hans Hausrath, Gesch. des dt. Waldbaus, Freiburg 1982, S. 179 ff.

25 Glacken (Anm. I 16), S. 429 ff.; Hummeln: Urania Tierreich, Insekten, Leipzig 1994, S. 465 f. Gerade Neuseeland, dessen einheimische Flora und Fauna sich gegenüber Neophyten als nicht sehr resistent erwies, wurde zum idealen Experimentierfeld für die «Akklimatisation» europäischer Arten; eine Fülle von Belegen dazu in: Bernhard Kegel, Die Ameise als

Tramp: Von biolog. Invasionen, Zürich 1999. Daher ist Neuseeland der Idealtyp für die Crosby-These!

26 Grove, Imperialism (Anm. 23), S. 174; Poivre (Anm. 18), S. 147.

27 Roscher (Anm. I 19), S. 838f.; Pfister, Patterns (Anm. I 64), S. 303, 308; Island als «Laboratorium» für den Einfluß des Umweltwandels auf die Bevölkerungsentwicklung: Arthur E. Imhof, Mensch und Natur: Züge aus der Bevölkerungsgesch. der Neuzeit, in: Markl (Anm. I 11), S. 212ff.; Hans Kuhn, Das alte Island, Düsseldorf 1971, S. 15ff., 66, 268; Jesse L. Byock, Medieval Iceland, Berkeley 1988, S. 95f. (export-, nicht subsistenzorientierte Schafhaltung), Thomas H. McGovern u.a., Northern Islands, Human Error, and Environmental Degradation: A View of Social and Ecological Change in the Medieval North Atlantic, in: Human Ecology 16/1988, S. 231f., 245, 248, 261, 264; Daniel E. Vasey, Population, Agriculture, and Famine: Iceland, 1784–85, in: Human Ecology 19/1991, S. 323–350, betont demgegenüber die verheerende Wirkung des Vulkanausbruchs von 1783. Sturla Fridriksson, Grass and Grass Utilization in Iceland, in: Ecology 53/1972, 784–796, bes. S. 791.

28 Paradebeispiel immer wieder: Paul R. Ehrlich (Verf. der «Population Bomb»!)/Anne H. Ehrlich, Betrayal of Science and Reason: How Anti-Environmental Rhetorik Threatens Our Future, Washington 1996, S. 84ff.; Jared Diamond, Easter's End, in: Discover 16/1995, No. 8, S. 63–69; Ponting (Anm. III 23), S. 1ff. (The Lessons of Easter Island); Timothy F. Flannery, The Future Eaters: An ecological history of the Australasian lands and people, Chatswood 1994, S. 254–258. Diese Sicht stützt sich vor allem auf: Paul Bahn/John Flenley, Easter Island, Earth Island, London 1992, S. 164–218; sie ist durch Kevin Costners «Öko-Film» «Rapa Nui» populär geworden. Kritisch dazu: Jo Anne Van Tilburg, Easter Island. Archaeology, Ecology and Culture, London 1994, bes. S. 164. Roggeveen: Carl Friedrich Behrens, Der wohlversuchte Südländer: Reise um die Welt 1721/22, ND Leipzig 1925, S. 67. Die Osterinsel scheint eher ein Paradigma für die Notwendigkeit eines kritischen Umgangs mit Entwaldungs-Katastrophenkonstrukten zu sein! Das Insel-Ökokollaps-Paradigma hatte einen theoretischen Hintergrund: in der in den 1970er und 80er Jahren heftig diskutierten Theorie, daß Ökosysteme erst ab einer gewissen Größe stabil würden. Diese These entsprach den Wachstumsambitionen vieler Nationalparke. Dazu David Quammen, The Song of the Dodo: Island Biogeography in an Age of Extinctions, London 1996, S. 444 ff.

29 Wild-Reservate: MacKenzie (Anm. 22). Rathenau: Deutsche Gefahren und neue Ziele, in: Neue Freie Presse (Wien), 25.12.1913 (Ges. Schr. I, S. 276ff.); Michael Mann, Flottenbau und Forstbetrieb in Indien, 1794–1823, Stuttgart 1996, S. 18ff.

30 Grove, Imperialism (Anm. 23), S. 219; von dauerhafter Wirkung war Poivres Tätigkeit nicht: Poivre (Anm. 18), S. 36 (J. Osterhammel).

31 Bei Cleghorn, einem Pionier des Waldbewußtseins in Britisch-Indien, der die forstliche Nachlässigkeit der Briten scharf kritisierte, betont Grove den schottischen Hintergrund: die Herkunft aus einem von England einst quasikolonial behandelten und rücksichtslos abgeholzten Land! Überhaupt

glaubt er ein spezifisch schottisches Umweltbewußtsein zu erkennen: Richard Grove, Scotland in South Africa: John Crumbie Brown and the roots of settler environmentalism, in: Tom Griffiths/Libby Robin (Hrsg.), Ecology and Empire: Environmental History of Settler Societies, Seattle 1997, S. 139ff. Akklimatisation: Michael A. Osborne, Nature, the Exotic, and the Science of French Colonialism, Bloomington 1994, S. 159ff.

32 Herbert Scurla, Alexander v. Humboldt, Frankfurt/M. 1984 (urspr. 1955), S. 53f.; Adrian Desmond/James Moore, Darwin, Reinbek 1994, S. 111 («Er verschlang Humboldt ..., und plötzlich hatte er sein Ziel klar vor Augen.»); Grove, Imperialism (Anm. 23), S. 364ff., 382; A. v. Humboldt, Die Reise nach Südamerika, Göttingen 1990, S. 286f.

33 Georg Forster, Weltumsegelung mit Kapitän Cook, München 1963 (urspr. 1777), S. 71f., 86; ders., Ansichten vom Niederrhein, Stuttgart 1965 (urspr. 1791), S. 56ff.; Scurla (Anm. 32), S. 39.

34 Charles Darwin, Reise um die Welt 1831–36, Stuttgart 1986, S. 323; Desmond/Moore (Anm. 32), S. 305; Grove, Imperialism, S. 484 Fn.

35 Hansjürg Steinlin, Globale und volkswirtschaftl. Aspekte der Forstwirtschaft, in: Mainauer Gespräche Bd. 10 (Wozu braucht der Mensch den Wald?), Mainau 1994, S. 18f. Frankreich gründete seine ersten Nationalparke in den afrikanischen Kolonien: Emile Leynaud, L'Etat et la nature: L'exemple des parcs nationaux français, Florac 1985, S. 21 f.

36 Im gleichen Jahr 1998, in dem das Opus magnum zur chines. Umweltgeschichte – Elvin/Liu, Sediments of Time (Anm. III 48) – herauskam, ist ein ähnlich umfangreiches Sammelwerk zur Umweltgeschichte Indoasiens erschienen: Richard H. Grove/Vinita Damodaran/Satpal Sangwan (Hrsg.), Nature and the Orient: The Environmental History of South and Southeast Asia, Delhi 1998. Dessen Quellenbasis reicht jedoch nur ganz sporadisch hinter die Kolonialzeit zurück. Ein Handicap besteht offenbar darin, daß die meisten indischen Historiker die persischsprachigen Quellen der Mogulzeit nicht lesen können. Für Hinweise zur Forschungssituation danke ich Ravi Rajan. – Madhav Gadgil/Ramachandra Guha, This Fissured Land: An Ecological History of India, Delhi 1992, S. 107f.; Irfan Habib, The Agrarian System of Mughal India (1556–1707), London 1963, S. 1. Dieses von einem Dozenten der Aligarh Muslim University verfaßte Buch scheint die einzig größere auf Mogul-Archivalien gestützte Arbeit zu sein.

37 Hegel zufolge ist der Drang nach Indien «ein wesentliches Moment der ganzen Geschichte. Seit den ältesten Zeiten haben alle Völker ihre Wünsche und Gelüste dahin gerichtet, einen Zugang zu den Schätzen dieses Wunderlandes zu finden». Hermann Kulke/Dietmar Rothermund, Geschichte Indiens, 2. Aufl. München 1998, S. 135. François Bernier, Travels in the Mogul Empire 1656–1668, hrsg. v. Archibald Constable, ND Delhi 1972, S. 230, 437; Poivre (Anm. 18), S. 221 (J. Osterhammel). Christopher A. Bayly, Rulers, Townsmen and Bazaars: North Indian Society in the Age of the British Expansion, 1770–1870, Cambridge 1983, S. 79: Im 19. Jh. sei eine «schwarze Legende» des 18. Jh.s geschaffen und selbst in solchen Gebieten, die von Natur aus unfruchtbar seien, vom Menschen verschuldeter Verfall erkannt worden.

38 Ludwig Reiners, Roman der Staatskunst, München 1951, S. 41; Kulke/Rothermund (Anm. 37), S. 14: Grove, Nature (Anm. 36), S. 13: «New environmental history» trägt dazu bei, den britischen Kolonialismus als Zäsur zu relativieren, im Kontrast zur «alten» Umwelthistorie à la Gadgil/Guha (Anm. 36). Tee: Reinhardt, Nutzpflanzen (Anm. II 48), S. 475 ff.

39 Ian Stone, Canal Irrigation in British India, Cambridge 1984, S. 32 ff.; Edward J. Vander Velde, Local Consequences of a Large-Scale Irrigation System in India, in: E. Walter Coward (Hrsg.), Irrigation and Agricultural Development in Asia, Ithaca 1980, S. 311; Dietmar Rothermund (Hrsg.), Indien: Ein Handbuch, München 1995, S. 29, 33, 35 (Hans-Georg Bohle).

40 Hans Walter Flemmig, Wüsten, Deiche und Turbinen, Göttingen 1957, S. 46 f.; Kulke/Rothermund (Anm. 37), S. 126; Ranabir Chakravarti, The Creation and Expansion of Settlements and Management of Hydraulic Resources in Ancient India, in: Grove, Nature (Anm. 36), S. 100. Im Bereich des Ganges allerdings habe es, wie Ausgrabungen in der Nähe von Allahabad ermittelt hätten, «large hydraulic projects» schon im Zeitraum von 200 v.–200 n. Chr. gegeben. Der indische Mogulkaiser Baber, für den von seiner Herkunft her Samarkand die Idealstadt war, fand bei den Bewohnern Hindustans bemerkenswert: «Wenn sie eine Siedlung gründen wollen, brauchen sie weder Kanäle noch Dämme zu bauen, denn die Feldfrüchte wachsen allein durch den Regen.» «Ich hatte immer den Eindruck, daß einer der Hauptfehler Hindustans der Mangel an künstlichen Wasserläufen ist.» F. G. Talbot (Hrsg.), Memoirs of Baber, ND Delhi 1974, S. 194.

41 Damodar D. Kosambi, An Introduction to the Study of Indian History, Bombay 1975 (urspr. 1956), S. 74 f.; Wittfogel (Anm. III 13), S. 107; Romila Thapar/Percival Spear, Indien von den Anfängen bis zum Kolonialismus, Zürich 1966, S. 97; Habib (Anm. 36), S. 35 f.; Bayly (Anm. 37) S. 84 ff. über Instabilität und Niedergang der hydraulischen Anlagen des Mogulreichs. Stone (Anm. 39), S. 13 f.; Bernier (Anm. 37) S. 226 f.; Vandana Shiva, Das Geschlecht des Lebens: Frauen, Ökologie und Dritte Welt, Berlin 1989, S. 197 f.

42 Toynbee (Anm. I 2), S. 255; Elizabeth Whitcombe, Agrarian Conditions in Northern India, Bd. 1, Berkeley 1972, S. 70, 285 ff.; Bayly (Anm. 37), S. 79 u. a.; Stone (Anm. 39), S. 9, 68 ff., 141 ff.; David Gilmartin, Models of the Hydraulic Environment: Colonial Irrigation, State Power and Community in the Indus Basin, in: David Arnold/Ramachandra Guha (Hrsg.), Nature, Culture, Imperialism, Delhi 1996, S. 229; David Hardiman, Small-Dam Systems of the Sahyadris, in: Ebd., S. 204 f.; A. Dieck, Die naturwidrige Wasserwirthschaft der Neuzeit, Wiesbaden 1879, S. 47 f.; Eric Stokes, The Peasant and the Raj, Cambridge 1978, S. 233.

43 Needham, Science (Anm. III 49), 4/III, S. 368 ff.; R. A. L. H. Gunawardana, Irrigation and Hydraulic Society in Medieval Ceylon, in: Past & Present 53/1971, S. 3–27; Edmund R. Leach, Village Irrigation in the Dry Zone of Sri Lanka, in: Coward (Anm. 39), S. 91 ff.; ders., Hydraulic Society in Ceylon, in: Bailey/Llobera (Anm. III 14), S. 207 ff.; Pamela C. Stanbury, The Utility of Tradition in Sri Lankan Bureaucratic Irrigation, in: Mabry (Anm. III 7), S. 210 ff.

44 Gadgil/Guha (Anm. 36), S. 78f.; Kosambi (Anm. 41), S. 123; Shiva (Anm. 41), S. 195; Thapar/Spear (Anm. 41), S. 26, 35, 46; Schumann, Buddha (Anm. III 5), S. 285 ff.; George Erdosy, Deforestation in Pre- and Protohistoric South Asia, in: Grove, Nature (Anm. 36), S. 62–65: Palynolog. Indizien für Entwaldung in der Gangesebene seit Jahrtausenden, wobei jedoch bis ins 19. Jh. noch «significant stretches of forest» erhalten geblieben seien. N. J. Allen, Hinduization: The Experience of the Thulung Rai, in: David N. Gellner u.a. (Hrsg.), Nationalism and Ethnicity in a Hindu Kingdom (Nepal), Amsterdam 1997, S. 306: «The definite destruction of the jungle seems to me central to the experience of becoming a Hindu.»

45 Gadgil/Guha (Anm. 36), S. 81 f.; Mahesh Rangarajan, Environmental Histories of South Asia: A Review Essay, in: Environment and History 2/1996 (No. 2, special issue: South Asia), S. 224ff., 227; Madhav Gadgil, Deforestation: Problems and Prospects, in: Ajay S. Rawat (Hrsg.), History of Forestry in India, New Delhi 1991, S. 13–15; Dharmashastra: Mazzeo/Antonini (Anm. III 16), S. 63; Chetan Shingh, Forests, Pastoralists and Agrarian Society in Mughal India, in: Arnold/Guha (Anm. 42), S. 27, 38; Christian Sigrist u. a. Indien: Bauernkämpfe, Berlin 1976, S. 77 ff.; eine aus herrschaftlichen Jagdprivilegien entsprungene Waldschutz-Tradition scheint es in Indien nur sporadisch gegeben zu haben: Nach der Hindu-Ordnung war das Jagen eine Sache der Paria! Thapar/Spear (Anm. 41), S. 67. Die Brahmanen mißbilligten die Jagd; ein altindischer Preis des königlichen Jagens ist dann bestimmt, den König in Verderben zu stürzen. Robert Krottenthaler, Die Jagd im alten Indien, Frankfurt/M. 1996, S. 18f. Grove, Imperialism (Anm. 23) erwähnt vereinzelte indische Ursprünge des Waldschutzes (S. 84 ff., 418 f.). Dietrich Brandis, Indian Forestry, Woking 1897, S. 12ff. Die Mogulkaiser hatten zwar ihre Jagdreservate; eine Waldschutzpolitik scheint daraus jedoch nicht hervorgegangen zu sein, im Gegenteil: Das Mogul-Heer war von Holzfällern begleitet! Mahesh Rangarajan, Fencing the Forest: Conservation an Ecological Change in India's Central Provinces 1860–1914, Delhi 1996, S. 12. Shivaji dagegen war zeitweise mit Waldvölkern verbündet: Ajay Skaria, Hybrid Histories: Forest, Frontiers and Wildness in Western India, Delhi 1999, S. 128. In Indien konnten sich viele Waldvölker und Wälder länger halten als in China.

46 Mann (Anm. 29); Richard Haeuber, Indian Forestry Policy in Two Eras: Continuity or Change? in: Environmental History Review 17/1993; S. 52; Gadgil (Anm. 45), S. 25, 33; M. D. Upadhyaya, Historical Background of Forest Management and Environmental Degradation in India, in: Ebd., S. 117f.; Ramachandra Guha, The Unquiet Woods: Ecological Change and Peasant Resistance in the Himalaya, Delhi 1989, S. 37, 39f.; Grove, Imperialism (Anm. 23), S. 451 ff.; Hugh Cleghorn, The Forests and Gardens of South India, London 1861, S. IX, s, 118; Richard P. Tucker, The British Colonial System and the Forests of the Western Himalayas, 1815–1914, in: Ders./J.F. Richards (Hrsg.), Global Deforestation and the 19th-Century World Economy, Durham 1983, S. 158ff.

47 Mann (Anm. 29), S. 46f., 109, 132ff.; Grove, S. 380ff., 395 f.; Adam Smith, Der Wohlstand der Nationen, München 1974 (urspr. 1776), S. 538; ähnlich

Brandis (Anm. 45), S. 36. Richard P. Tucker, The Historical Context of Social Forestry in the Kumaon Himalayas, in: Journal of Developing Areas 18/1984, S. 343. Herbert Hesmer, Leben und Werk von Dietrich Brandis, 1824–1907, Opladen 1975, S. 40, 109f., 165, 205, 287; Brandis (Anm. 45), S. 53, 84, 90. Raymond L. Bryant, Shifting the Cultivator: The Politics of Teak Regeneration on Colonial Burma, in: Modern Asian Studies 28/1994, S. 244ff. Gadgil (Anm. 45), S. 22f., 40 («battle against bamboos», des Forstdepartments von der späten Kolonialzeit bis in die 1950er Jahre). Rangarajan (Anm. 45), S. 86 ff., weist darauf hin, daß die Natur vieler indischer Wälder für einen Konsens zwischen Lokalbevölkerung und britischer Herrschaft an und für sich nicht ungünstig war; denn die «cash trees» und «people's trees» waren vielfach identisch, so vor allem im Falle des Teakbaums. Anders war es in höheren Berglagen, die die Nadelholzkultur, und in feuchten Ebenen, die Eukalyptus-Plantagen begünstigten.

48 Tucker (Anm. 47), S. 346f.; Guha (Anm. 46), S. 116. Ajay Skaria (Hybrid Histories, Delhi 1999, S. 275 Fn.) bezweifelt allerdings Guhas These von der ökologischen Rationalität der Brandstiftungen und glaubt, diese hätten auch solche Wälder zerstört, die der Lokalbevölkerung von Nutzen waren!

49 B. B. Vohra, The Greening of India, in: J. Bandyopadhyay u.a. (Hrsg.), India's Environment: Crises and Responses, Dehra Dun 1985, S. 29; Gadgil (Anm. 45), S. 15f.; Kahlschlag: Mitt. von Vandana Shiva an Verf., 26.6.1993; Mark Poffenberger, The Resurgence of Community Forest Management in the Jungle Mahals of West Bengal, in: Arnold/Guha (Anm. 42), S. 356ff.; Guha, Woods (Anm. 46), S. 155ff., 168. Der Slogan der Chipko-Bewegung lautet: «What are the blessings of forests? Soil, water and air, Soil, water and air are the essentials of human life.» M.S.S. Rawat, Social und Cultural Functions of Trees and Forests in the Garhwal Himalaya, in: Ders. (Hrsg.), Himalaya: A Regional Perspective, Delhi 1993, S. 43. – Es gibt einen ganz anderen, weniger menschenfreundlichen, aber erfolgreicheren Typus von Waldschutz in Indien, dem es um die Rettung und Vermehrung des indischen Tigers geht. Der Tigerschützer Kailash Sankala (Der indische Tiger und sein Reich, Augsburg 1997, S. 7), proklamiert einen indischen Tiger-Nationalismus: «Der Tiger ist die Seele Indiens, unser nationales Erbe der Natur ...» Er rühmt seine Initiative zur Gründung von Tiger-Reservaten als «erfolgreichstes Schutzprojekt der Welt» (S. 86) – der Kontrast zur übrigen Geschichte der indischen Umweltpolitik könnte kaum größer sein!

50 Neil Charlesworth, British Rule and the Indian Economy 1800–1914, London 1982, S. 32ff.; Stokes (Anm. 42), S. 267f.; M. K. Gandhi, Non-Violence, Weapon of the Brave, Ahmedabad o.J., S. 8; dagegen Kosambi (Anm. 41), S. 258; Singh (Anm. 45), S. 44, 47; Jawaharlal Nehru, der erste Ministerpräsident des unabhängigen Indien, machte der britischen Kolonialpolitik den Vorwurf, daß diese zu einer zunehmenden «Rustikalisierung Indiens», einem Rückstrom der Leute aus den Städten aufs Land geführt habe. Obwohl er Gandhi verehrt, ist die Verherrlichung des indischen Dorfes für ihn britische Romantik. Ders., Briefe an Indira: Welt-

geschichtl. Betrachtungen, urspr. 1934, Düsseldorf 1957, S. 492, 725. Eric L. Jones, Das Wunder Europa, Tübingen 1991, S. 220; Richard B. Reidinger, Water Management by Administrative Procedures in an Indian Irrigation System, in: Coward (Anm. 39), S. 263, 267, 283, 285; R. P. Dhir, The Human Factor in Ecological History, in: Brian Spooner/H.S. Mann (Hrsg.); Desertification and Development, London 1982, S. 331; Kulke/Rothermund (Anm. 37), S. 404; Rothermund, Indien (Anm. 39), S. 37, 492. A. M. Michael, Irrigation New Delhi 1978, S. 52, über den systemaren Sprung von der bisherigen «protective irrigation» (Wasserreserve für Dürrezeiten) zur Dauerbewässerung im Zuge der Intensivierung zur Landwirtschaft.

51 Am Anfang der Kritiken stehen die Reiseberichte des schwedischen Naturforschers Peter Kalm (um 1750); darüber William Cronon, Changes in the Land: Indians, Colonists, and the Ecology of New England, New York 1983, S. 120, 122, 168 f. Harry J. Carman (Hrsg.), American Husbandry, Port Washington 1939, S. 57, 61, 93, 106; Henry Hobhouse, 5 Pflanzen verändern die Welt, München 1992, S. 5, 211, 214; Carolyn Merchant (Hrsg.), Major Problems in American Environmental History, Lexington 1993, S. 112 (Thomas Jefferson über Bodenerschöpfung durch Tabakkulturen), S. 94 ff.; Seymour/Girardet (Anm. II 24), S. 173; Gordon G. Whitney, From Coastal Wilderness to Fruited Plain: A History of Environmental Change in Temperate North America 1500 to the Present, Cambridge/Mass. 1994, S. 227 ff. John Opie, Nature's Nation: An Environmental History of the United Staates, Fort Worth 1998, S. 68 f., 348; John Steinbeck, Früchte des Zorns, München 1985, S. 40. Erster kritischer Rückblick auf die Bodenerschöpfungsthesen, jedoch ohne diese ganz abzustreiten: Abbot P. Usher, Soil Fertility, Soil Exhaustion, and their Historical Significance, in: Quarterly Journal of Economics 37/1923, S. 385–411. Walter Edgar, South Carolina: A History, Columbia 1998, S. 275 ff.; Lacy K. Ford jr., Self Sufficiency, Cotton and Economic Development, in: Journal of Economic History 45/1985, S. 261–267.

52 Avery O Craven, Soil Exhaustion as a Factor in the Agricultural History of Virginia and Maryland, 1606–1860, Urbana (Univ. of Illinois) 1926, S. 9 ff., 19. Warren S. Scoville, Did Colonial Farmers «Waste» Our Land? in: Southern Econ. Journal 20/1953, S. 178 ff. erwähnt Cravens Auffassung kritisch als herrschende Meinung, hält aber lediglich die seinerzeitige ökonomische Ratio des verschwenderischen Umgangs mit dem Land dagegen. Viele neuere Befunde passen zur Craven-These: Jack T. Kirby, Poquosin: A Study of Rural Landscape and Society, Chapel Hill 1995, S. 116 ff.; Willard W. Cochrane, The Development of American Agriculture: A Historical Analysis, Minneapolis 1979, S. 74 ff.; Timothy Silver, A new face on the countryside: Indians, colonists, and slaves in South Atlantic forests, 1500–1800, Cambridge/Mass 1990, S. 163–170; R. Douglas Hurt, American Agriculture: A Brief History, Ames/Iowa 1994, S. 23, 91, 120; Michael P. Conzen (Hrsg.), The Making of the American Landscape, New York 1990, S. 108 f., 118 ff., 121 (Sam B. Hillard, über die Plantagen der Südstaaten).

53 Silver (Anm. 52), S. 139 ff.; Cronon, Changes (Anm. 51), S. 127.

54 Donald Worster, «Dust Bowl», in: Sieferle (Anm. IV 8), S. 135; ders., Comboy Ecology, in: Merchant, Major Problems (Anm. 51), S. 319 ff.

55 David S. G. Thomas/Nicholas J. Middleton, Desertification: Exploding the Myth, Chichester 1994, S. 21 ff.; schon unmittelbar nach dem Dust Bowl: Hugh H. Bennett, Soil Conservation, New York 1939 mit globaler und weit in die Geschichte zurückreichender Perspektive, vgl. S. 54: «The current erosion crisis in North America can be definitely attributed to the exploitation of the land that followed European settlement ... The causes ... lie in the distant past and in those countries in which our crops and farm practices originated» (... womit von spezifisch amerikanischen Nachlässigkeiten abgelenkt wird!). «Fortune»: Donald Worster, Dust Bowl, Oxford 1979, S. 56. William Lockeretz, The Lessons of the Dust Bowl, in: American Scientist 66/1978, S. 560 ff. Aus dem Dust Bowl ging ein weltweit und jahrzehntelang nachwirkender Typus von Umweltbewußtsein hervor, vor allem in einem Wüstenland wie Australien, das in der Folgezeit eine Welle von Soil-Conservation-Enthusiasmus erlebte; darüber Roland Breckwoldt, The Dirt Doctors: A Jubilee History of the Soil Conservation Service of New South Wales, Candelo (NSW) 1988, S. 132 ff. Demgegenüber ist das 1935, auf dem Höhepunkt des Dust Bowl, erschienene Buch des Botanikers Paul Sears, «Deserts on the March», bereits von einem universalen Öko-Pessimismus erfüllt. Dieser kam jedoch in der Atmosphäre der New-Deal-Ära nicht zum Tragen.

56 Seymour/Girardet (Anm. II 24), S. 175; Worster (Anm. 55), S. 53; Henry L. Mencken, The Dole for Bogus Farmers, in: American Mercury 39/1936, S. 400 ff.

57 William Cronon, Telling Stories About Ecology, in: Merchant, Major Problems (Anm. 51), S. 323 ff.; Peter J. Bowler, The Environmental Sciences, London 1992, S. 523 ff.; James C. Malin, The Grassland of North America: Prolegomena to its History, Gloucester/Mass. 1967, S. 413, 423, 426 f.; dazu Donald Worster, Under Western Skies: Nature and History in the American West, New York 1992, S. 95 ff. Conzen, Landscape (Anm. 52), S. 20 f., 172, 176. Indian. Brandwirtschaft: Omer C. Stewart, Why the Great Plains are treeless in: Colorado Quarterly 2/1953, S. 40–50.

58 Marc Reisner, Cadillac Desert: The American West and Its Disappearing Water, 2. Aufl. New York 1993, z. B. S. 141: «worst perversion of New Deal ideas»; S. 39 ff. Die Tradition ist jedoch viel älter als der New Deal: Schon um 1790 bemerkte ein englischer Beobachter, «the Americans seem more alive to the benefit of irrigation than any other Kind of agricultural improvement.» James T. Lemon, The Best Poor Man's Country: A Geographical Study of Early Southeastern Pennsylvania, Baltimore 1992, S. 175. Georg Borgstrom, Too Many, London 1969, zit. n. Smith (Anm. III 7), S. 220: «Verdunstungsverluste ... bedeuten, daß die Bewässerung der Wüste zwischen zehn- und fünfzigtausendmal (sic!) soviel Wasser benötigt wie in den humiden Gebieten, in denen die künstliche Bewässerung am wirkungsvollsten ist.» Also auch ein Beispiel für einen verhängnisvollen Technologietransfer von Feucht- in Trockengebiete!

59 Hurt (Anm. 52), S. 36, 54; Conzen (Anm. 52), S. 88 ff. (Peirce F. Lewis); Merchant (Anm. 51), S. 143 f. (Benjamin Rush, 1789); John R. Stilgoe, Common Landscape of America, 1580 to 1845, New Haven 1982, S. 191, 282 ff.

60 Geroid Tanquary Robinson, Rural Russia Under the Old Regime, Berkeley 1969, S. 97 f.; Jerome Blum, Lod and Peasant in Russia. From the 9th to the 19th Century, Princeton 1961, S. 336ff.; Kljutschewskij: Richard Pipes, Rußland vor der Revolution, München 1977, S. 22; fehlendes Verhältnis der Leibeigenen zum Boden: Ders., Gesch. Rußlands, Bd. 3, Leipzig 1925, S. 204. Schäden in Südrußland: Heiko Haumann, Gesch. Rußlands, München 1996, S. 22; Roscher (Anm. I 19), S. 107, 109. Brandwirtschaft: Stephen J. Pyne, Vestal Fire, Seattle 1997, S. 274ff., 310f. Maxim Gorki schrieb 1922 über den russischen Bauern, in ihm sei «der Instinkt des Nomaden noch nicht erstorben: er sieht in der Arbeit des Landmannes fast einen Fluch Gottes, er leidet an der ‹Lust zur Ortsveränderung›.» In: Krisztina Mänicke-Gyöngyösi (Hrsg.), A. W. Tschajanow, Reise ins Land der bäuerl. Utopie, Frankfurt/M. 1981, S. 90f. Anderen Berichten zufolge war jedoch bereits im 19. Jh. die Dreifelderwirtschaft weit verbreitet, noch stärker nach der Bauernbefreiung von 1861: Mary Matossian, The Peasant Way of Life, in: Wayne S. Vucinich (Hrsg.), The Peasant in 19th-Century Russia, Stanford 1968, S. 9. Von sowjet. Seite wurde die Stärke dieser Tradition überbetont; vgl. E. B. Alayev u.a., The Russian Plain, in: Earth (Anm. I 61), S. 558.

61 Barbara Novak, Nature and Culture: American Landscape and Painting 1825–1875, London 1980, S. 147; ebd. S. 157: Das trifft für den hochromantischen Landschaftsmaler Thomas Cole nachweislich zu.

62 Marvin Harris, Menschen, München 1996, S. 113ff., 463ff.; Jared Diamond, Guns, Germs and Steel: The Fates of Human Societies, London 1997, S. 157ff. u.a.

63 J. B. Ojwang/Calestous Juma, Towards ecological jurisprudence, in: Dies. (Anm. III 39), S. 321.

64 Peter Häberle, Europ. Rechtskultur, Frankfurt/M. 1994, S. 323, 336. Eugen Wirth, Syrien, Darmstadt 1971, S. 143; Lin Yutang (Anm. III 49), S. 217ff., 231.

65 Winfried Schenk, Waldnutzung, Waldzustand und regionale Entwicklung in vorindustr. Zeit im mittleren Deutschland, Stuttgart 1996, S. 297f. Vgl. demgegenüber die Begründung Dietmar Rothermunds, warum auf indischen Dörfern Agrarkreditgenossenschaften nach dem Vorbild Raiffeisens die ihnen zugedachte Aufgabe nie erfüllen konnten: «Es fehlte der unbestechliche Dorfschullehrer, ohne den das Raiffeisensystem auch in Deutschland nicht funktioniert hätte.» In: Helga Breuninger/Rolf Peter Sieferle (Hrsg.), Markt und Macht in der Geschichte, Stuttgart 1995, S. 188. Oskar Weggel (Die Asiaten, München 1994, S. 176) erklärt das Scheitern der Raiffeisen-Genossenschaften auf den indischen Dörfern damit, daß «die an Subsistenzwirtschaft gewöhnten Bauern den Sinn einer Solidargemeinschaft nicht zu begreifen vermochten». Ebd. S. 295: Ein «Kampf ums Recht» widerspreche den meisten asiatischen Kulturen.

66 Eric L. Jones, Das Wunder Europa, Tübingen 1991, S. 259; Angus MacLaren, A History of Contraception from Antiquity to the Present Day, Oxford 1990, S. 141ff.; David Grigg, Population Growth and Agrarian Change: A historical perspective, Cambridge 1930, S. 289; Fernand Brau-

del, Frankreich, Bd. 2, Stuttgart 1990, S. 180ff. Ein Schlüsselproblem und zugleich eines der großen Geheimnisse der Geschichte ist die Frage, mit welchen mentalen Begleiterscheinungen diese Beschränkung der Kinderzahl einherging und wieweit man da in eine finstere Welt der Repression und des versteckten Kindsmords oder in eine lustvolle der Liebeskunst ohne Empfängnis hineingerät. Justus Möser, Patriot. Phantasien IV 15, «Also sollte man die Einimpfung der Blattern ganz verbieten»: «Vordem dankte eine gute Mutter dem lieben Gott, wenn er redlich mit ihr teilte und auch noch wohl ein Schäfgen mehr nahm ...» Aber die Menschen vertrauten bei der Beschränkung der Kinderzahl wohl nicht nur auf Gott und die Pocken. Um 1900 warnten viele Mediziner, der «eheliche Malthusianismus» – empfängnisverhütende Sexualpraktiken – mache «nervös»; aber gerade einfache Leute scheinen daran nicht geglaubt zu haben: Joachim Radkau, Das Zeitalter der Nervosität, München 1998, S. 160ff.

67 Julius Klein, The Mesta: A Study in Spanish Economic History 1273–1836, Port Washington 1964 (urspr. 1920), S. 312ff., 351–355; Hans Hausherr, Wirtchaftsgesch. der Neuzeit, 2. Aufl. Weimar 1955, S. 115.

68 Wolfgang Jacobeit, Schafhaltung und Schäfer in Zentraleuropa bis zum Beginn des 20. Jh.s, Berlin 1987, S. 56; Yeo (Anm. 2), S. 289f. Aus dem 18. Jh. wird berichtet, daß in weiten Teilen Spaniens unter dem Zwang der Mesta jedes Jahr die Hälfte des Ackerlandes oder noch mehr brachgelegen habe: L. M. Bilbao/E. Fernández de Pinedo, Wool exports, transhumance and land use in Castile in the 16th, 17th and 18th centuries, in: I. A. A. Thompson/Bartolomé yun Casalilla (Hrsg.), The Castilian Crisis of the 17th Century, Cambridge 1994, S. 111.

69 Douglass C. North/Robert P. Thomas, The Rise of the Western World. A New Economic History, Cambridge 1973, S. 4, 130f.; Slicher van Bath (Anm. II 89), S. 168; Hausherr (Anm. 67), S. 116; Marion Hammerl/Thomas Griesinger, Transhumanz – der große Treck für die Natur, in: Globus, Mai 1998, S. 23ff.

70 Klein (Anm. 67), S. 320f.; C. H. E. Frhr. v. Berg, Die Wälder in Spanien und Portugal, in: Krit. Bll. f. Forst- und Jagdwiss. 46/1863, I, S. 233; Marsh (Anm. 1), S. 240.

71 J. V. Thirgood, Man and the Mediterranean Forest: A History of Resource Depletion, London 1981, S. 50; Heinrich Rubner, Forstgesch. im Zeitalter der industr. Revol., Berlin 1967, S. 55; Erich Bauer, Der span. Wald in der Gesch., in: Actes du symposium international d'histoire forestière, Bd. 1, Nancy 1979, S. 172; Henry Kamen, Philip of Spain, New Haven 1997, S. 182.

72 Helen Groome, The evolution of forest policy in Spain during the 19th and 20th centuries, in: News of Forest History (Wine) Nr. 9/10 (1989, Themenheft über Spanien), S. 1; Rubner (Anm. 71), S. 55ff.; Bauer (Anm. 71), S. 172ff.

73 James J. Parsons, Die Eichelmast-Schweinehaltung in den Eichenwäldern Südwestspaniens, in: Hans-Wilhelm Windhorst (Hrsg.), Beiträge zur Geographie der Wald- und Forstwirtschaft, Darmstadt 1978, S. 147ff.; Radkau/Schäfer (Anm. I 39), S. 256.

74 Ebd., S. 137; Ian Layton, The Timber and Naval Stores Supply Regions of Northern Europe During the Early Modern World-System, in: Hans-Jürgen Nitz (Hrsg.), The Early-Modern-World-System in Geographical Perspective, Stuttgart 1993, S. 265–295.

75 Oliver Rackham, Trees and Woodland in the British Landscape, London 1976, S. 97; vgl. im übrigen Anm. III 134!

76 Liebig, Chemie (Anm. I 17), II, S. 71 ff.

77 W. G. Hoskins, The Making of the English Landscape, Harmondsworth 1970 (urspr. 1955), S. 178; Ernst Klein, Die engl. Wirtschaftstheoretiker des 17. Jh.s, Darmstadt 1973, S. 10 ff.; Hausherr (Anm. 67), S. 121; Josef Kulischer, Allg. Wirtschaftsgesch. des MAs und der Neuzeit, Bd. 2, München 1965, S. 67: Die Anklagen gegen die Enclosures ähneln damals den Anklagen gegen die spanische Mesta; so heißt es, die «schrecklichen Einheger» verwandelten «entzückende Felder» in trostlose Wüsten. Karl Polanyi, The Great Transformation, Frankfurt/M. 1978, S. 61, schreibt ebenfalls den Enclosures eine ähnliche bodenzerstörende Wirkung zu wie der Mesta.

78 J. D. Chambers/G.E. Mingay, The Agricultural Revolution 1750–1880, London 1966, S. 48 ff., 81, 87: Im 18. Jh. gibt es bei den Enclosures viele lokale Varianten und auch Lernprozesse; ähnliches galt jedoch bereits für die voraufgegangenen Common Fields: Alan R. H. Baker/R.A. Butlin in: Dies. (Hrsg.), Studies of Field Systems in British Isles, Cambridge 1973, S. 619 ff.; Johann Georg Krünitz, Oeconom. Enyclopädie, Bd. 24, Brünn 1789, S. 541, J. A. Yelling, Common Field and Enclosure in England 1450–1850, London 1977, S. 187, 200. Oliver Rackham (The Countryside: History and Pseudo-History, in: The Historian 14/1987, S. 13 f.) polemisiert gegen den «Enclosure-Act Myth», als ob die englischen Hecken damals erst erfunden worden seien: Viele von ihnen seien viel älter. Die Meinungen der Reformer waren über die Hecken geteilt; der Hohenlohische «Gipsapostel» Mayer glaubte, sie seien dem Feldbau «sehr schädlich»: «Unter ihnen sammlen sich alle schädliche Inseckten: Raupen, Schnecken, Mäuse, Maulwürfe, Hasen und dergleichen.» Mayer (V Anm. 6), S. 91. Albrecht Thaer, Einl. zur Kenntniß der engl. Landwirtschaft, Bd. 3, Hannover 1804, S. 40 ff. S. 44 findet es «eigentlich unbegreiflich», wieweit die Engländer, wenngleich in vieler Hinsicht vorbildlich, in der Düngernutzung zurück seien. «Würde bei dem erstaunlichen Viehstande, der in England gehalten wird, und bei der reichen Fütterung der Mist gehörig benutzt, so müßte ganz England ein Mistbeet sein. Allein in den Vieh- und Weidewirtschaften geht er zum größten Teile verloren ...» Da zeichnet sich in England, dem Ursprungsland der Industrialisierung, bereits die ökologische Schattenseite der industrialisierten Landwirtschaft ab!

V. An den Grenzen der Natur

1 Energetische Periodisierung: Rolf Peter Sieferle, Der unterirdische Wald: Energiekrise und Industr. Revolution, München 1982, vor allem S. 17–64; Jean-Claude Debeir u. a., Prometheus auf der Titanic: Gesch. der Energie-

systeme, Frankfurt/M. 1989, Dampfmaschine: Joachim Radkau, Technik in Deutschland: Vom 18. Jh. bis zur Gegenwart, Frankfurt/M. 1989, S. 11 ff.; ders., Vom Holzmangel zum Energieproblem: Abstraktionsschübe und Metaphysik in der deutschen Technikgesch., in: Sozialwiss. Informationen 18/1989, S. 81–87. Young: Keith Thomas, Man and the Natural World: Changing Attitudes in England 1500–1800, London 1983, S. 255.

2 Adam Schwappach, Handbuch der Forst- und Jagdgesch., Bd. 1, Berlin 1886, S. 287.

3 J. F. Richard, World environmental history and economic development, in: William C. Clark/R.E. Munn (Hrsg.), Sustainable Development of the Biosphere, Cambridge 1986, S. 53 ff.; Boris Rozanov u. a., Soils, in: Earth (Anm. I 61), S. 210.

4 Stephan Ludwig Roth, Schriften, Briefe, Zeugnisse, Bukarest 1971, S. 151 (n.b.: Der siebenbürgendeutsche Nationalheld spricht von «Zigeunernatur» im rühmlichen Sinne!); McNeill, Mountains (Anm. I 10), S. 355. In Robert McC. Nettings inzwischen klassischer Studie über die Walliser Gemeinde Törbel (Balancing on an Alp: Ecological change and continuity in a Swiss mountain community, Cambridge 1981) ist es vor allem die Kartoffel, die das Bevölkerungswachstum stimuliert und dadurch die Öko-Balance erschüttert.

5 Paul Leser, Entstehung und Verbreitung des Pfluges, Münster 1931, S. 564 f.; Gerhard Hard, Exzessive Bodenerosion um und nach 1800, in: Gerold Richter (Hrsg.), Bodenerosion in Mitteleuropa, Darmstadt 1976, S. 197 ff. Hans-Rudolf Bork, Bodenerosion und Umwelt, Braunschweig 1988, S. 79, bezeichnet die von Jean Vogt schon seit 1953 vertretene These, daß dieser Erosionsschub auf den agrarischen Strukturwandel jener Zeit zurückgehe, als «widerlegt» und weist «extreme Starkregen» als «unmittelbare Ursache» nach. Derartige Regenphasen sind in Mittel- und Westeuropa jedoch nicht ganz selten. Muß man die *tiefere* Ursache nicht doch in der verlängerten Offenlegung des Ackerbodens suchen? Vgl. dazu neuerdings Bork u. a., Landschaftsentwicklung in Mitteleuropa, Gotha 1998, S. 255 f. Unkraut: Richard Pott, Die Pflanzengesellschaften Deutschlands, 2. Aufl. Stuttgart 1995, S. 165.

6 Andreas Ineichen, Innovative Bauern: Einhegungen, Bewässerung und Waldteilungen im Kanton Luzern im 16. und 17. Jh., Luzern 1996, S. 26, 29, 95 f.; Johann Friedrich Mayer, Lehrbuch für Land- und Haußwirthe ..., ND Schwäb. Hall 1980 (urspr. 1773), S. 56: «Wie diese (die Gräben) errichtet und geführet werden müssen, will ich nicht sagen: ... die gesunde Vernunft lehrt alle Bauern hier eines ...» «Teufelskreis»: Dieter Hassler u. a., Wässerwiesen: Gesch., Technik und Ökologie der bewässerten Wiesen, Bäche und Gräben im Kraichgau ..., Ubstadt-Weiher 1995, S. 42. Kanäle: Joachim Radkau, Zum ewigen Wachstum verdammt? Jugend und Alter großer techn. Systeme, in: Ingo Braun/Berward Joerges (Hrsg.), Technik ohne Grenzen, Frankfurt/M. 1994, S. 58 ff. «Canal Mania»: Charles Hatfield, British Canals, Newton Abbot 1979 (zuerst 1950), S. 107 ff.; Adam Smith, Der Wohlstand der Nationen, München 1974 (urspr. 1776), S. 643.

7 Christoph Bernhardt, Zeitgenöss. Kontroversen über die Umweltfolgen

der Oberrheinkorrektion im 19. Jh., in: Zs. f. d. Gesch. des Oberrheins, 146/1998, vor allem S. 301ff. Ich danke Christoph Bernhardt für viele mündl. Hinweise zum Thema. Traude Löbert, Die Oberrheinkorrektion in Baden: Zur Umweltgesch. des 19. Jh.s, Karlsruhe 1997, S. 23, 40ff., 45f., 58; Franz Schnabel, Dt. Gesch. im 19. Jh., Bd. 6, Freiburg 1965, S. 42ff., 91f. Oderbruch: Martina Kaup, Die Kultivierung des Oderbruchs: Nutzungswandel eines Lebensraumes, Magisterarbeit Göttingen 1994, vor allem S. 62 ff., 67ff.; Erwin Nippert, Das Oderbruch: Zur Gesch. einer deutschen Landschaft, Berlin 1995, S. 192f. Die Hechtreißer konnten sich nicht durchsetzen. Dennoch erkennt man den Unterschied zwischen den Flußregulierungen des 18./19. Jh.s und denen der neuesten Zeit, wenn man den Zustand der Oder und Elbe mit dem von Rhein und Donau vergleicht.

8 Karsten Althöfer-Westenhoff/Bernd Josef Wagner, Geschichte im Fluß: Zur Umweltgesch. von Werre und Else im östl. Westfalen, Bielefeld 1997, S. 28f., 40ff. Ich danke Bernd J. Wagner für umwelthistorische Anregungen!

9 Ebd. S. 42. Alwin Seifert, Naturferner und naturnaher Wasserbau, in: Karl August Walther (Hrsg.), Wasser – bedrohtes Lebenselement, Zürich 1964, S. 85–88; Seifert sieht allerdings die fortschreitende Grundwasserabsenkung bereits bei Tulla angelegt; das Thema sei später tabuisiert worden (S. 86). Jürgen Schwoerbel, Technik und Wasser, in: Technik und Kultur, hrsg. v. G.-Agricola-Ges., Bd. 6, Düsseldorf 1994, S. 384f.; Die Donau (Ausstellungskatalog), hrsg. v. OÖ. Landesregierung, Linz 1994, S. 221 (Werner J. Promintzer, Donauregulierung und Hochwasserschutz); A. Dieck, Die naturwidrige Wasserwirtschaft der Neuzeit: Ihre Gefahren und Nachteile, Wiesbaden 1879, Vorwort u. a.

10 Alois Brandstetter, Die Mühle, München 1984 (Erzählungen eines alten Wassermüllers), S. 20: «Er sagte ..., daß die Beobachtung des Wassers einen tiefen Sinn habe und zur Ausbildung eines natürlichen Wasserverstandes führe.» S. 37: «Leider zeige die Wasserbeobachtung heute mehr und mehr Hinweise auf menschlichen Unverstand, ja verbrecherischen Leichtsinn ...» Günter Bayerl/Karl Pichol, Papier, Reinbek 1986, S. 195.

11 Radkau/Schäfer, Holz (Anm. I 39), S. 129ff., 186ff.; Versuch einer landesherrlichen Prioritätensetzung bei der Holzversorgung der Gewerbe in Lippe: Ingrid Schäfer, «Ein Gespenst geht um»: Politik mit der Holznot in Lippe 1750–1850, Detmold 1992, S. 74–177; Radkau, Wachstum (Anm. 6), S. 68.

12 Barrington Moore, Soziale Ursprünge von Diktatur und Demokratie, Frankfurt 1969, S. 579; Karl Polanyi, The Great Transformation, Frankfurt/M. 1978 (urspr. 1944), S. 113; ähnlich Schnabel (Anm. 7), Bd. 6, S. 243; «wenn die Demokratie schon zu Anfang des (19.) Jahrhunderts bestanden hätte, würde sie die moderne Technik unmöglich gemacht haben. Handwerker, Arbeiter und Bauern würden im Parlament gemeinsam gegen die Maschine gestimmt haben.» Ulrike Gilhaus, «Schmerzenskinder der Industrie»: Umweltverschmutzung, umweltpolit. und sozialer Protest im Industriezeitalter in Westfalen 1845–1914, Paderborn 1995, S. 36ff. und

46ff. über Konvergenzen zwischen vormodernen Wirtschaftsstrukturen und schonendem Umgang mit der Umwelt (etwas übertreibend). Radkau, Gefährdung (Anm. I 29), S. 77.

13 Erich Jantsch, Die Selbstorganisation des Universums, 4. Aufl. München 1988, S. 107ff.

14 Frankreich: vgl. Anm. III 148; Joachim Radkau, Holzverknappung und Krisenbewußtsein im 18. Jh., in: Gesch. und Gesellschaft 9/1983, S. 529.

15 Doris Kaufmann, Aufklärung, bürgerl. Selbsterfahrung und die «Erfindung» der Psychiatrie in Deutschland, 1770–1850, Göttingen 1995, S. 25ff. (Der neue Blick auf die innere Natur des Menschen); Ludger Lütkehaus, «O Wollust, o Hölle»: Die Onanie – Stationen einer Inquisition, Frankfurt/M. 1992 (S. 94ff.: Rousseau).

16 Kjaergaard (Anm. II 93), S. 18ff. Anregende Überlegungen zu einer «institutionellen» Interpretation des Holznot-Alarms, teilweise in Kritik, an meiner früheren Auffassung, bringt Margrit Grabas, Krisenbewältigung oder Modernisierungsblockade? Die Rolle des Staates bei der Überwindung des «Holzenergiemangels» zu Beginn der Industr. Revolution in Deutschland, in: Jb. f. europ. Verwaltungsgesch. 7/1995, S. 48 u.a.

17 Forster, Niederrhein (Anm. IV 33), S. 48; viele ähnliche Zeitzeugnisse in: Gerhard Huck/Jürgen Reulecke (Hrsg.), «... und reges Leben ist überall sichtbar!» Reisen im Berg. Land um 1800, Neustadt 1978. Ähnlich in England: Hoskins (Anm. IV 77), S. 214, 230.

18 «Ineinandergreifendes System»: Sehr anschaulich von Jeremias Gotthelf für die Schweizer Milchwirtschaft geschildert (Die Käserei in der Vehfreude, Basel 1978, urspr. 1850, S. 22): «... denn es greift alles ineinander und eines entsteht aus dem Andern auf gar seltsame Weise und oft so fein, daß das menschliche Auge die Fäden nicht einmal sieht ...» Der Einbruch des Käse-Booms allerdings zerstört die sozio-ökologische Harmonie. Radkau/Schäfer (Anm. I 39), S. 147; Schwerz (Anm. II 84), S. 319f. «Hutung, Trift und Brache, die größten Gebrechen und die Pest der Landwirtschaft», lautete der Titel einer Schrift des Agrarreformers Johann Christoph Schubart v. Kleefeld (1783).

19 Das Buch der Erfindungen, Bd. 3, 8. Aufl. Leipzig 1885, S. 307. Schwerz S. 206.

20 Mayer (Anm. 6), S. 77f.; Rudolf Zacharias Becker, Noth- und Hülfsbüchlein für Bauersleute, ND Dortmund 1980 (urspr. 1788), S. 274f.; Albert Hauser, Wald und Feld in der alten Schweiz, Zürich 1972, S. 263f.

21 Liebig, Chemie (Anm. I 17), S. 170; noch H. Großmann/W. v. Flügge, Düngemittel im Kriege, Berlin 1917, S. 31: Der Bauer habe den Stallmist als den «heiligen Christ oder die Seele der Landwirtschaft» bezeichnet. 1848: Josef Mooser, Ländl. Klassengesellschaft 1770–1848, Göttingen 1984, S. 137. Arthur Young, Voyages en France III, ND Paris 1976, S. 1238; Roscher (Anm. I 19), S. 128ff.; Kulischer (Anm. IV 77), Bd. 2, S. 46f.

22 Seneca, 90. Brief an Lucilius; Liebig, Chem. Briefe (Anm. I 17), S. 474; Johann Ernst Tiemann, Versuch, den Eingesessenen des Kgl. Preuß. Amts Brackwede ... eine einträglichere Landeskultur beliebt zu machen, in: 74. Jahresbericht des Histor. Vereins der Gfl. Ravensberg, Bielefeld

1982/83; Woodward, Manuring Practices (Anm. I 18); G. E. Mingay, The Agricultural Revolution, London 1977, S. 33.

23 Liebig, Chemie (Anm. I 17), II, S. 368f.; Julius A. Stöckhardt, Chem. Feldpredigten für deutsche Landwirthe, 3. Aufl. Leipzig 1856, S. 97f.; Woodward (Anm. I 18), S. 103; Fernand Braudel, Frankreich, Bd. 3, Stuttgart 1990, S. 35; Manuel Frey, Der reinliche Bürger: Entstehung und Verbreitung bürgerl. Tugenden in Deutschland, 1760–1860, Göttingen 1997, S. 320f.; Albrecht Thaer, Einleitung zur Kenntniß der engl. Landwirtsch., III, Hannover 1804, S. 59f.: «Erstaunlich und beinahe unerklärbar» sei «die Menge wüsten Landes» im Umkreise von London, wo es doch Fäkaliendünger in Hülle und Fülle gegeben habe. Wörterbuch der dt. Volkskunde, Stuttgart 1955, S. 142f., 436f.; Alain Corbin, Pesthauch und Blütenduft: Eine Gesch. des Geruchs, Berlin 1984, S. 155f.

24 Hermann Priebe, Die subventionierte Naturzerstörung: Plädoyer für eine neue Agrarkultur, München 1990, S. 13ff.

25 Mayer (Anm. 6), S. 78, 81; Kulischer (Anm. IV 77), Bd. 2, S. 46, 59; Schwerz (Anm. II 84), S. 86; Roscher (Anm. I 19), S. 128; Kerstin Rottmann, Der Mythos um Königin Louise ..., Magisterarbeit, Bielefeld 1997; Ulrich Willerding, Zur Gesch. der Unkräuter Mitteleuropas; Neumünster 1986, S. 89.

26 Buch der Erfindungen, Bd. 3, 8. Aufl. Leipzig 1885, S. 261; Liebig, Chemie (Anm. I 17), I, S. 39; Kjaergaard (Anm. II 93), S. 56, 86.

27 Mayer (Anm. 6), S. 78.

28 Der Flachsbau, Berlin 1935, S. 40ff. (F.W. Kempe/Dt. Flachsbauges.); ebd. S. 39: Flachs als optimale Folgefrucht nach Kartoffeln. Stefan Brakensiek, Agrarreform und ländl. Gesellschaft: Die Privatisierung der Marken in Nordwestdeutschland 1750–1850, Paderborn 1991, S. 103ff. Ich danke Stefan Brakensiek für viele Hinweise auf umweltrelevante Aspekte der Agrarreformen. Liebig, Chemie (Anm. I 17), I, S. 39. Produktivkräfte in Deutschland 1800 bis 1870, Berlin 1990, S. 283f.

29 Universität Hohenheim 1818–1968, Stuttgart 1968, S. 21 (Günther Franz); Hamm, Landwirtschaft (Anm. II 43), S. 114. Schwerz, S. 53.

30 Hauser (Anm. 20), S. 266f.

31 Heinz Hamann in: Arbeitsgemeinschaft für Forschung des Landes NRW, Heft 60 (Referate und Diskussionen über die Bedeutung des Humus für die Bodenfruchtbarkeit), Köln 1956, S. 31.

32 Ebd., S. 93 (Carl H. Dencker); Max Eyth, Das verhängnisvolle Billardbein (1863), in: Ders., Hinter Pflug und Schraubstock (zuerst 1899, viele Auflagen).

33 Schon Ernst Rudorff in seinem wegweisenden Aufsatz «Über das Verhältnis des modernen Lebens zur Natur», in: Preuß. Jahrbücher 45/1880, S. 262, 271.

34 August Bernhardt, Gesch. des Waldeigentums, Bd. 2, Aalen 1966 (urspr. 1874), S. 327.

35 Krünitz (Anm. IV 78), S. 532f.; Joachim Radkau, Ein Abgrund von «Holzhurerei»? Der alltägl. Holzdiebstahl im alten Bielefeld, in: Ravensberger Bll. April 1989, S. 12f.

36 Schwerz (Anm. II 84), S. 330; Josef Mooser, Furcht bewahrt das Holz, in: Heinz Reif (Hrsg.), Räuber, Volk und Obrigkeit, Frankfurt/M. 1984, S. 77;

Johann Jakob Trunk, Neuer Plan der allg. Revolution in der bisher. Forstökonomie-Verwaltung, Frankfurt/M. 1802, S. 29; Klaus Müller-Hohenstein, Die anthropogene Beeinflussung der Wälder im westl. Mittelmeerraum, in: Hans-Wilhelm Windhorst (Hrsg.), Beiträge zur Geographie der Wald- und Forstwirtschaft, Darmstadt 1978, S. 372.

37 Nancy Langston wendet sich mit gewissem Recht dagegen, forstliche Fehlentwicklungen auf fundamentale Unkenntnis in der Vergangenheit zurückzuführen: Dies., Forest Dreams, Forest Nightmares: The Paradox of Old Growth in the Inland West, Seattle 1995, S. 8ff., 296ff.

38 Walter Kremser, Niedersächs. Forstgesch. Rotenburg 1990, S. 481; Radkau/Schäfer (Anm. I 39), S. 159; Schwappach (Anm. 2), Bd. 1, S. 300; Schäfer (Anm. 11), S. 225.

39 Geitel, Das Nachhaltigkeitsprinzip, in: Krit. Bll. f. Forst- und Jagdwiss. 46/1863, II, S. 187ff.

40 Radkau/Schäfer (Anm. I 39), S. 144ff.; Riehl: ebd. S. 142f.; zur Vieldeutigkeit des Begriffes der Nachhaltigkeit in der Forstwissenschaft: Wiebke Peters, Die Nachhaltigkeit als Grundsatz der Forstwirtschaft, ihre Verankerung in der Gesetzgebung und ihre Bedeutung in der Praxis, Diss. Hamburg 1984.

41 Hans-Martin Blitz, «Gieb, Vater, mir ein Schwert!» Identitätskonzepte und Feindbilder in der ‹patriot.› Lyrik Klopstocks und des Göttinger «Hain», in: Hans Peter Herrmann u.a. (Hrsg.), Machtphantasie Deutschland, Frankfurt/M. 1996, S. 97ff. Ernst Moritz Arndt, Ein Wort über die Pflegung und Erhaltung der Forsten und der Bauern im Sinne einer höheren, d.h. menschlichen Gesetzgebung, Schleswig 1820, S. 49. Arndt spricht in dieser Schrift wie von einer altbekannten Tatsache davon, daß dort, wo «der Mensch schlecht und erbärmlich» werde, «auch die Natur schlecht und erbärmlich» wird. Riehl (Anm. I 6), S. 80, 83, 87.

42 Radkau/Schäfer, S. 178ff.; Kremser (Anm. 38), S. 403.

43 Radkau/Schäfer, S. 173; Buch der Erfind. (Anm. 26), Bd. 3, S. 352.

44 Corvol: Anm. III 133. Louis Badré, Histoire de la forêt française, Paris 1983, S. 164, 197, 213f. Marsh (Anm. IV 1), S. 240. Rondeau: Philippe Jéhin, Les hommes contre la forêt: L'exploitation des forêts dans le Val d'Orbey au XVIIIe siècle, Straßburg 1993, S. 126.

45 Radkau/Schäfer, S. 172f.; Jean Rousseau/Michel Bouvier, La grande forêt de Chaux, Dole 1980, S. 40; Peter Sahlins, Forest Rites: The War of the Demoiselles in 19th-Century France, Cambridge/Mass. 1994.

46 Badré (Anm. 44), S. 53; Andrée Corvol, L'Homme aux Bois, Paris 1987, S. 314; Marsh (Anm. IV 1), S. 189; Radkau, Gefährdung (Anm. I 29), S. 66ff.

47 Wichtige Hinweise zur Bedeutung des Waldes für den Wasserhaushalt und der Politiserung von Behauptungen darüber verdanke ich Christian Pfister (Bern). – Krit. Bll. f. Forst- und Jagdwiss. 46/1863, I, S. 24ff.; Kremser (Anm. 38), S. 491f.; Buch der Erfind. (Anm. 26), Bd. 7, S. 101; Roscher (Anm. I 19), S. 835ff.; Marsh (Anm. IV 1), S. 335; Langston (Anm. 37), S. 142ff.; Donald J. Pisani, Forests and Conservation, in: Journal of American History 72/1985, S. 345, 347ff.; ders., To Reclaim a Divided West: Water, Law, and Public Policy, 1848–1902, Albuquerque 1992, S. 161ff.;

J. M. Powell, Environmental Management in Australia, 1788–1914, Melbourne 1976, S. 60ff. (An Australian Awakening); Guha, Unquit Woods (Anm. IV 46), S. 155ff.

48 Radkau/Schäfer (Anm. I 39), S. 166ff.

49 Krit. Bll. (Anm. 47), S. 77–80; heutiger Wissensstand: Gerhard Mitscherlich, Wald, Wachstum und Umwelt, Bd. 2: Waldklima und Wasserhaushalt, 2. Aufl. Frankfurt 1981, bes. S. 180ff., 191ff., 242ff., 339f., 345f., 350ff. Vasant K. Saberwal, der den «desiccationist discourse» und die These vom Wald als «Schwamm» ideologiekritisch zerpflückt, weist zwar mit Recht darauf hin (Pastoral Politics, Delhi 1999, S. 123), daß nicht die Abholzung als solche, sondern die Art der darauffolgenden Landnutzung die Gefahr von Erosion und Versteppung heraufbeschwöre. Aber in neuerer Zeit rodet man ja in der Regel nicht den Wald, um anschließend auf der gerodeten Fläche Gestrüpp wachsen zu lassen!

50 François Walter, Bedrohliche und bedrohte Natur: Umweltgesch. der Schweiz seit 1800, Zürich 1996, S. 55ff.; Christian Pfister, Häufig, selten oder nie: Zur Wiederkehrperiode der großräumigen Überschwemmungen im Schweizer Alpenraum seit 1500, in: Jahrbuch der Geograph. Gesellschaft Bern, 59/1994–96, S. 139–148; Stuber (Anm. II 86), S. 199, 208.

51 Carolyn Merchant, Der Tod der Natur: Ökologie, Frauen und neuzeitl. Naturwiss., München 1987; Simon Schama, Der Traum von der Wildnis: Natur als Imagination, München 1996; Thomas (Anm. II 39), S. 109f. 122; scharfe Kritik an Descartes: Paul Münch, Die Differenz zwischen Mensch und Tier, in: Ders. (Hrsg.), Tiere und Menschen, Paderborn 1998, S. 333ff. «Schon früh wies man darauf hin, daß die Lehre von den Tierautomaten jeder alltäglichen Erfahrung Hohn sprach.» Montaigne, Essais, 2. Buch, XII (Apologie des Raimund Sebundus); Ruth-E. Mohrmann, «Blutig wol ist Dein Amt, o Schlachter ...» Zur Errichtung öffentl. Schlachthäuser im 19. Jh., in: Hess. Bll. N. F. 27/1991 (Mensch und Tier), S. 101ff.

52 Thomas, S. 160.

53 Michael Niedermeier, Erotik in der Gartenkunst: Eine Kulturgesch. der Liebesgärten, Leipzig 1995, S. 162 u. a.; Ralph Waldo Emerson, Natur, hrsg. v. Harald Kiczka, Schaffhausen 1981 (urspr. 1836), S. 43; Alfred Runte, National Parks: The American Experience, Lincoln 1979, S. 82. Auch die Friedhöfe sind ein charakteristischer Bestandteil der neuen Naturreligion: Zu üppigen Parks ausgestaltet, verkünden sie – im Widerspruch zur christlichen Lehre – schweigend die Botschaft, daß Tod die Ruhe in der grünen Natur bedeutet!

54 Adam Smith, Der Wohlstand der Nationen (1776), München 1974, S. 71; Thomas (Anm. II 39), S. 209; Hermann Graf von Arnim/Willi A. Boelck Muskau: Standesherrschaft zwischen Spree und Neiße, Frankfurt/M. 1992, S. 169f., 188, 217, 320.

55 Franz Wieacker, Privatrechtsgesch. der Neuzeit, Göttingen 1952, S. 152; Hans Welzel, Naturrecht und materiale Gerechtigkeit, 4. Aufl. Göttingen 1962, S. 162f.; Hans Christian u. Elke Harten, Die Versöhnung mit der Natur: Gärten, Freiheitsbäume, republikan. Wälder ... in der Frz. Revolution, Reinbek 1989, S. 110f., 127f.

56 Gudrun M. König, Eine Kulturgesch. des Spaziergangs, Wien 1996, S. 11; Christa Habrich in: Deutsches Medizinhistor. Museum Ingolstadt, Ingolstadt 1986, S. 36, über die «seit dem 17. Jh. in allen zivilisierten Ländern Europas zunehmende ‹Bauchsorge›», die dazu geführt habe, daß die Klistierspritze «im 18. Jh. geradezu zum Symbol einer ganzen Gesellschaftsschicht geworden» sei. Niedermeier (Anm. 53), S. 196 ff., 201.

57 Radkau, Technik (Anm. 1), S. 91; Werner Leibbrand, Romant. Medizin, Hamburg 1937, S. 106; Erna Lesky, Meilensteine der Wiener Medizin, Wien 1981, S. 34 f.; Max Neuburger, Die Wiener Medizin. Schule im Vormärz, Wien 1921, S. 24 ff.

58 Donald Worster, Nature's Economy: A History of Ecological Ideas, Cambridge/Mass. 1985, S. 126 ff.; Wilhelm Bölsche, Das Liebesleben in der Natur, 3 Bde., Jena 1898–1902. Walther Schoenichen, Der Scheintod als Schutzmittel des Lebens, Odenkirchen 1903, S. 105.

59 Radkau, Gefährdung (Anm. I 29), S. 73 ff.; Hans-Liudger Dienel, Herrschaft über die Natur? Naturvorstellungen deutscher Ingenieure 1871–1914, Stuttgart 1992, bes. S. 117.

60 Friedrich Meinecke, Die Entstehung des Historismus, München 1965, S. 366.

61 Glacken (Anm. I 16), S. 451 ff., 621 f., 709; John Hale, Die Kultur der Renaissance, München 1994, S. 67 ff., 612 f., 616.

62 Olav Wernekenschnieder, Die Verbindung zwischen Naturschutz und nationaler Identität in der Ausbildung der Nationalkultur Norwegens, Mskr. Bielefeld 1996; Katharine Baetjer, Glorious Nature: British Landscape Painting 1750–1850, Denver 1993, S. 47, 51; Reto Cattelan, Wirtschaftl. und polit. Prämissen des Landschaftsgartens in England und in Deutschland, Diss. Zürich 1980, S. 12 ff.

63 Andreas Knaut, Zurück zur Natur! Die Wurzeln der Ökologiebewegung Greven 1993, S. 396; Konrad Buchwald, Geschichtl. Entwicklung von Landschaftspflege und Naturschutz in Deutschland, in: Ders./Wolfgang Engelhardt (Hrsg.), Handbuch für Landschaftspflege und Naturschutz München 1968, S. 99; Derek Clifford, Gartenkunst, München 1966, S. 407; Marielouise Gothein, Gesch. der Gartenkunst, Bd. 2, ND München 1988 (urspr. 1926), S. 399; Riehl (Anm. I 6), S. 75, 80.

64 Ebd., S. 148 ff. Beispiele dafür, wie sich auf der Suche nach einem nationalen Gartenstil viele Entdeckungen über die Standortbedingungen von Pflanzen machen lassen, bieten die seinerzeitigen Bestseller von William Robinson: «The Wild Garden» (1870) und «The English Flower Garden» (1883). Für den Hinweis darauf danke ich Anke Kuhbier.

65 Paolo Pino schrieb 1548 in seinem «Dialogo di Pittura»: «Die Nordländer leben in der wilden Natur. Darum sind ihre Landschaftsbilder interessant. Wir Italiener leben in dem Garten der Welt, der entzückend ist, sich aber zur künstlerischen Darstellung nicht eignet.» (Anke Repp-Eckert, Niederländ. Landschaftsmalerei, Köln/Wallraf-Richartz-Museum 1989, S. 5) So alt ist das ästhetische Ideal der «wilden Natur» – und sind die Selbsttäuschungen über die Wildnis!

66 Badré (Anm. 44), S. 168 f.; Danny Trom, Natur und nationale Identität: Der

Streit um den Schutz der ‹Natur› um die Jahrhundertwende in Deutschland und Frankreich, in: Etienne François u. a. (Hrsg.), Nation und Emotion, Göttingen 1995, S. 158; Karl Hasel, Studien über Wilhelm Pfeil, Hannover 1982 (Aus dem Walde 36), S. 137.

67 Hans Jörg Oeschger, Douglasienanbau in Baden-Württ., Stuttgart 1975, S. 130ff.; Hansjörg Küster, Geschichte des Waldes, München 1998, S. 175. Friedrich Schwabe, Wo Vogelsang, da Erntesegen! Ein Weckruf und Hinweis auf die Notwendigkeit und den Nutzen des Vogelschutzes im Land- und Gartenbau, 5. Aufl. Mühlhausen 1925, S. 5. Ausschuß zur Rettung des Laubwaldes, Stimmen und ergänzende Bemerkungen zur Eingabe an das Reichsforstamt vom 16. 1. 1941, im Staatsarchiv Detmold. Noch heute klagt Wolfgang Scherzinger (Naturschutz im Wald: Qualitätsziele einer dynam. Waldentwicklung, Stuttgart 1996, S. 335) über die «völlige Konzeptionslosigkeit» bei der Auswahl von Waldgebieten für deutsche Nationalparks; ausgerechnet der Eichen-Buchen-Mischwald sei bisher in keinem Großschutzgebiet erfaßt!

68 Ludwig Klages, Mensch und Erde, in: Winfried Mogge/Jürgen Reulecke (Hrsg.), Hoher Meißner 1913, S. 173; Haubenlerche: Peter Finke (Hrsg.), Natur verstehen – Natur erhalten, Bielefeld 1991, S. 36f.

69 Walther Schoenichen, Naturschutz, Heimatschutz: Ihre Begründung durch Ernst Rudorff, Hugo Conwentz und ihre Vorläufer, Stuttgart 1954, S. 231ff., 247ff., 275; Knaut (Anm. 63), S. 244, 251.

70 Raymond H. Dominick, The Environmental Movement in Germany, Bloomington 1992, S. 75; Wolfgang Wippermann/Detlef Berentzen, Die Deutschen und ihre Hunde, München 1998, S. 60ff.; Roland Buchwald Fischland, Darß und Zingst, Ilmenau 1998, S. 39; Reinhard Johler, Vogelmord und Vogelliebe: Zur Ethnographie konträrer Leidenschaften, in: Histor. Anthropologie 5/1997, S. 20, 23, 27; Schwabe, Vogelsang (Anm. 67); Walther Schoenichen, Naturschutz im Dritten Reich, Berlin 1934, S. 18: «Mehr und mehr wird Deutschland (im 19. Jh.) das Mutterland des Vogelschutzes.» Hans Klose, 50 Jahre Staatl. Naturschutz: Ein Rückblick auf den Weg der dt. Naturschutzbewegung, Gießen 1957, S. 10. England: Christoph Spehr, Die Jagd nach Natur, Frankfurt/M. 1994, S. 139ff.

71 Georg Bonne, Deutsche Flüsse oder deutsche Kloaken? Eine ernste Mahnung in letzter Stunde an unsere Regierungen und unser Volk, Hamburg 1907, S. 3.

72 Runte (Anm. 53), S. 11ff., 18; Thomas Jefferson, Betrachtungen über den Staat Virginia, hrsg. v. Hartmut Wasser, Zürich 1989 (urspr. 1787), S. 129–154; Robert McHenry (Hrsg.), A Documentary History of Conservation in America, New York 1972, S. 174ff.

73 Runte, S. 48, 128–137 (Everglades); Roderick Nash, The American Invention of National Parks, in: American Quarterly 22/1970, S. 227; Karl Ditt, Naturschutz zwischen Zivilisationskritik, Tourismusförderung und Umweltschutz: USA, England und Deutschland 1860–1970, in: Matthias Frese/Michael Prinz (Hrsg.), Polit. Zäsuren und gesellschaftl. Wandel im 20. Jh., Paderborn 1996, S. 505; Linda Lear, Rachel Carson, Witness for Nature, London 1997, S. 137. Mit den kanadischen Nationalparks identifi-

zieren sich Anglo- und Franko-Kanadier: Die Naturparks als einigendes Band der Nation!

74 Stephen Fox, The American Conservation Movement: John Muir and His Legacy, Madison 1985, S. 107.

75 Donald J. Pisani, Forests and Conservation, 1865–1890, in: Journal of American History 72/1985, S. 351: William Cronon, Nature's Metropolis: Chicago and the Great West, New York 1991, S. 200ff.; Shary H. Olson, The Depletion Myth: A History of the Railroad Use of Timber, Cambridge/Mass. 1971.

76 Samuel P. Hays, Conservation and The Gospel of Efficiency: The Progressive Conservation Movement 1890–1920, New York 1975, S. 5ff., 22ff., 29; Fox (Anm. 74), S. 126f., 141f.; Elmo R. Richardson, The Politics of Conservation: Crusades and Controversies 1897–1913, Berkeley 1962, S. 17, 25, 44; Gifford Pinchot, Breaking New Ground, Washington 1998 (zuerst 1947), S. 79ff. («Public Awakening»), 147ff. u.a. (die Wälder als Inbegriff des «public good»: des gegen private Borniertheit zu verteidigenden Gemeinwohls!); Langston (Anm. 37), S. 109f.; Reisner (Anm. IV 57), S. 81 u.a.; Donald J. Pisani, To Reclaim a Divided West: Water, Law, and Public Policy, 1848–1902, Albuquerque 1992, S. 328, 335. Koordinationsprobleme: Franklin D. Roosevelts National Resources Planning Board, das auf die Feindschaft bestehender Ressorts stieß, leistete «die meiste Arbeit im geheimen»: Global 2000, Frankfurt/M. 1980, S. 1349 («Lehren aus der Vergangenheit»).

77 Theodore Roosevelt, Aus meinem Leben, Leipzig 1914, S. 248; Donald Worster, Nature's Economy, Cambridge 1977, S. 270ff.

78 Robert G. Lee, Sustained-Yield and Social Order, in: Harold K. Steen (Hrsg.), History of Sustained-Yield Forestry, Portland 1984, S. 97.

79 Schoenichen (Anm. 69), S. 279; Knaut (Anm. 63), S. 103.

80 Knaut, S. 43, 106, 144f.; Buchwald (Anm. 63), S. 103; Hermann Cordes u.a., Naturschutzgebiet Lüneburger Heide, Bremen 1997, S. 309f.; Reinhard Falter, 80 Jahre «Wasserkrieg»: Das Walchensee-Kraftwerk, in: Ulrich Linse u.a., Von der Bittschrift zur Platzbesetzung: Konflikte um techn. Großprojekte, Berlin 1988, S. 73, 124, 126.

81 Ernst Rudorff, Über das Verhältnis des modernen Lebens zur Natur, in: Preuß. Jahrbücher 45/1880, S. 270. Walther Schoenichen, Zauber der Wildnis in deutscher Heimat, Neudamm 1935, S. 53.

82 Ulrich Beck, Risikogesellschaft, Frankfurt/M. 1986, S. 264; dagegen: Anna Bramwell, Ecology in the 20th Century, New Haven 1989, S. 185; Franz-Josef Brüggemeier, Tschernobyl 26. April 1986: Die ökolog. Herausforderung, München 1998, S. 111; zahlreiche Hinweise auf Querverbindungen zwischen dem Naturschutz und Reformbewegungen in: Diethart Kerbs/Jürgen Reulecke (Hrsg.), Handbuch der dt. Reformbewegungen, Wuppertal 1998. Eden: Ulrich Linse, Zurück o Mensch zur Mutter Erde: Landkommunen in Deutschland 1890–1933, München 1983, S. 40ff. Emissionen: Jürgen Büschenfeld, Flüsse und Kloaken: Umweltfragen im Zeitalter der Industrialisierung (1870–1918), Stuttgart 1997, S. 85f.

83 Klose (Anm. 70), S. 31 (Naturschutz-Flugblatt 1931 «ein einziger Schrei

nach dem Reichsgesetz»); Chadwick: Anthony S. Wohl, Endangered Lives: Public Health in Victorian Britain, London 1983, S. 142 ff.; Marjatta Hietala, Services and Urbanization at the Turn of the Century: The Diffusion of Innovations, Helsinki 1987, S. 259–305, 406.

84 John v. Simson, Kanalisation und Städtehygiene im 19. Jh., Düsseldorf 1983, S. 141 ff.; Richard Evans, Tod in Hamburg: Stadt, Gesellschaft und Politik in den Cholera-Jahren 1830–1910, Reinbek 1990; späterer Hamburger Repräsentationsband: Hygiene und soziale Hygiene in Hamburg, Hamburg 1928 (ähnlicher, weniger aufwendiger Band schon 1901); für München: Peter Münch, Stadthygiene im 19. und 20. Jh., Göttingen 1993.

85 Klaus-Georg Wey, Umweltpolitik in Deutschland: Kurze Gesch. des Umweltschutzes in Dtld. seit 1900, Opladen 1982, S. 39; Ralf Henneking, Chem. Industrie und Umwelt, Stuttgart 1994, S. 421.

86 Michael Stolberg, Ein Recht auf saubere Luft? Umweltkonflikte am Beginn des Industriezeitalters, Erlangen 1994, S. 310.

87 Hans Wislicenus, Zur Beurtheilung und Abwehr von Rauchschäden, in: Zs. f. angewandte Chemie, Jg. 1901, S. 689.

88 Alain Corbin, Pesthauch und Blütenduft: Eine Gesch. des Geruchs, Berlin 1984, S. 28 ff.; Joachim Radkau, Das Zeitalter der Nervosität, München 1998, S. 87 ff.; Marianne Rodenstein, «Mehr Licht, mehr Luft»: Gesundheitskonzepte im Städtebau seit 1750, Frankfurt/M. 1988.

89 Asa Briggs, Public Health: The «Sanitary Idea», in: New Society, 15.2.1968, S. 229 ff.; zu Chadwick auch Wohl, Anm. 83; Scheidemann: Engelbert Schramm, Arbeiterbewegung und industr. Umweltprobleme, Frankfurt/M. 1988 (Forschungsgruppe Soziale Ökologie AP 18), S. 20.

90 Daniel Roche, Le temps de l'eau rare du moyen âge à l'époque moderne, in: Annales ESC 39/1984, S. 386; Ignaz Zadek, Hygiene der Städte I: Die Trinkwasser-Versorgung, Berlin 1909, S. 8 f.; Industriemüll: Technikoptimisten glaubten im späten 19. Jh., die Chemie werde über kurz oder lang alle Abfälle nützlich verwerten; Radkau, Technik (Anm. 1), S. 208 f. Berlin: Susanne Hauser, «Reinlichkeit, Ordnung und Schönheit»: Zur Diskussion über Kanalisation im 19. Jh., in: Die alte Stadt 19/1992, S. 311; USA: Joel A. Tarr, The Search for the Ultimate Sink: Urban Pollution in Historical Perspective, Akron 1996, S. 323 ff.

91 Büschenfeld (Anm. 82), S. 319 f., 400, 417; Julius v. Schroeder/Carl Reuss (Hrsg.), Die Beschädigung der Vegetation durch Rauch und die Oberharzer Hüttenrauchschäden, Berlin 1883, ND Leipzig 1986, S. 9, 244, 276.

92 Jean-Pierre Goubert, La Conquête de l'eau: L'avènement de la santé à l'âge industriel, Paris 1986; Heinrich Zellner, Die Verunreinigung der dt. Flüsse durch Abwässer der Städte und Industrien, Berlin 1914, S. 16, 19. Bei den Klärwerken gab es keine endgültige Lösung – bis in die Gegenwart besteht das Problem des «Verluderns von Kläranlagen»! Reinhold Weimann, Verschmutzte Wasserläufe, hrsg. v. Vereinigung Deutscher Gewässerschutz, Stuttgart 1958, S. 9.

93 Zadek (Anm. 90), S. 29; W. Deecke, Zur Grundwasserfrage: Eine Warnung, in: Preuß. Jahrbücher 137/1909, S. 217.

94 Bonne (Anm. 71), S. 6.

95 Büschenfeld (Anm. 82), S. 298 ff., 308 ff.

96 W. C. Hueper, Environmental Cancer Hazards Caused by Industrial Air Pollution, in: Louis C. McCabe (Hrsg.), Air Pollution, New York 1952, S. 482, und folgende Diskussion; «Rauchbauern»: Mitt. von Frank Uekötter; Heinrich Rubner, Dt. Forstgesch. 1933–1945, St. Katharinen 1985, S. 33 f.

97 Arne Andersen/Franz-Josef Brüggemeier, Gase, Rauch und Saurer Regen, in: Brüggemeier/Thomas Rommelspacher (Hrsg.), Besiegte Natur, München 1987, S. 66; Gerd Spelsberg, Rauchplage: 100 Jahre Saurer Regen, Aachen 1984, S. 172.

98 William Morris, Wie wir leben und wie wir leben könnten, Köln 1983, S. 87; Frank Uekötter, Eine lange Tradition des Nicht-Handelns: Der Bremer Umgang mit der Luftverschmutzung 1880–1956, in: Brem. Jahrbuch 77/1998, S. 224–246; ders., Confronting (Vorwort Anm. 5). Ich danke Frank Uekötter für viele Hinweise zur Geschichte des Umgangs mit der Rauchproblematik.

99 Arne Andersen, Histor. Technikfolgenabschätzung am Beispiel des Metallhüttenwesens und der Chemieindustrie 1850–1933, Stuttgart 1996, S. 45–225.

100 Heide Berndt, Hygienebewegung des 19. Jh.s als vergessenes Thema von Stadt- und Architektursoziologie, in: Die alte Stadt 14/1987, S. 140–163; Rodenstein (Anm. 88); Jürgen Reulecke/Adelheid Gräfin zu Castell Rüdenhausen (Hrsg.), Stadt und Gesundheit, Stuttgart 1991; Dittmar Machule u. a. (Hrsg.), Macht Stadt krank? Hamburg 1996. Wie man sieht, wird die Hygienebewegung vor allem im Kontext der Urbanisierungsgeschichte greifbar. Radkau, Nervosität (Anm. 88), S. 321 ff. In Frankreich ist die Hygienebewegung schon länger ein Begriff, da sie mit Pasteur ihren großen Mann und beherrschenden Akteur hatte; dazu Bruno Latour, The Pasteurization of France, Cambridge/Mass. 1988. Sie scheint dort jedoch einseitiger als in Deutschland auf den Krieg gegen die Mikroben fixiert gewesen zu sein.

101 Peter Krautwig, 50 Jahre hygien. Entwicklung, mit bes. Berücksicht. der Cölner Verhältnisse, in: Centralblatt f. allg. Gesundheitspflege 30/1911, S. 32 f.; Johanna Bleker, Die Stadt als Krankheitsfaktor: Eine Analyse ärztl. Auffassungen im 19. Jh., in: Medizinhistor. Journal 18/1983, S. 130 f.; Bonne (Anm. 71), S. 13 f.

102 Ebd., S. 7 f.; zur Kontroverse um die Mischkanalisation: Simson (Anm. 84); Alfred Grotjahn, Die hygien. Kultur im 19. Jh., Berlin 1902, S. 11 ff.; Alwin Seifert, Ein Leben für die Landschaft, Düsseldorf 1962, S. 128 f.; s. auch Anm. 92. Wenn heute Naturschützer mancherorts für die Erhaltung funktionslos gewordener Rieselfelder kämpfen, so wirft das ein Licht auf die Zeitgebundenheit ökolog. Werturteile. Dazu Jan Dörner/Malte Redlich, Die Rieselfelder: Ein schützenswertes Vogelreservat oder volkswirtschaftlicher Unsinn? Münster 1999, Preisschrift für den Schülerwettbewerb Geschichte.

103 Jürgen Büschenfeld, Visionen des Fortschritts: Grenzwerte in der Gewässerschutzdebatte um 1900, in: Hans-Liudger Dienel (Hrsg.), Der Optimis-

mus der Ingenieure, Stuttgart 1998, S. 83 f. James Lovelock, Gaia: Die Erde ist ein Lebewesen, München 1991, S. 174.

104 Gilhaus (Anm. 12), S. 351.

VI. Im Labyrinth der Globalisierung

1 Vgl. Anm. IV 19; Albert Schweitzer, Aus meinem Leben und Denken, Frankfurt/M. 1980 (urspr. 1931), S. 188 f.

2 Christian Pfister (Hrsg.), Das 1950er Syndrom: Der Weg in die Konsumgesellschaft, Bern 1995; dazu Jörn Sieglerschmidt (Hrsg.), Der Aufbruch ins Schlaraffenland: Stellen die 50er Jahre eine Epochenschwelle im Mensch-Umwelt-Verhältnis dar? Mannheim 1995 (Environmental History Newsletter Special issue No. 2). Pfister stützt sich bei den Angaben über die historische Entwicklung der Treibhausgas-Emissionen in die Atmosphäre auf den Folgebericht zu den «Grenzen des Wachstums»: Donella H. und Dennis L. Meadows/Jørge Randers, Die neuen Grenzen des Wachstums, Reinbek 1993, S. 123; dort ist als Quelle die World Meteorogical Organization angegeben. Erst ab 1958 gibt es allerdings auf Hawaii und in der Antarktis Messungen zu CO2-Konzentration in der Atmosphäre. Immerhin beweist die Analyse von Eis-Bohrkernen, daß der Treibhausgasgehalt der Atmosphäre in jüngster – wenn auch nicht genau zu beziffernder – Zeit «viel höhere Werte als jemals seit dem Erscheinen des Menschen auf der Erde erreicht» hat (ebd. S. 128). Pfister erblickt zwar in den USA den Hauptakteur des «50er Syndroms», sieht jedoch den Auslöser des Sturzes der Ölpreise in den späten 50er Jahren in der Sowjetunion, die mit ihrer aggressiven Verkaufsstrategie das Kartell der Ölmagnaten gesprengt habe. Dazu Daniel Yergin, Der Preis: Die Jagd nach Öl, Geld und Macht, Frankfurt/M. 1991, S. 642 f., 959. Auch bei Pfister hat die alte Mentalität der Sparsamkeit und des Nicht-Wegwerfens ihre unangenehmen Seiten; so zitiert er aus einem deutschen Schüleraufsatz von 1948: «Mein schönster Tag war, als mein Bruder Friedrich starb. Seitdem habe ich einen Mantel und Schuh und Strümpfe und eine gestrickte Weste.» (1950er Syndrom, S. 72) Bei allem Umweltbewußtsein sollte man das Befreiende des Wegwerfen-Könnens nicht unterschätzen!

3 Ulrich Petschow, The roaring fifties – das Abheben der Stoffströme: Anmerkungen zur Debatte um das 1950er Syndrom, in: IÖW/VÖW-Informationsdienst 9/1994, Nr. 3–4, S. 20 f. Dietmar Klenke, «Freier Stau für freie Bürger»: Die Gesch. der bundesdt. Verkehrspolitik, Darmstadt 1995, S. 63 ff. Detlef Stender, Das bittere Ende: Ökolog. Aspekte des Kühlschranks, in: Museum der Arbeit (Hrsg.), ‹Das Paradies kommt wieder›: Zur Kulturgesch. und Ökologie von Herd, Kühlschrank und Waschmaschine, Hamburg 1993, S. 103.

4 Helmut Jäger, Einführung in die Umweltgesch., Darmstadt 1994, S. 52 ff., 66 ff. Bork, Landschaftsentwicklung (Anm. I 14), S. 109: Im 20. Jh. hat sich die Bodenerosion in Mitteleuropa «im Vergleich zu den Jahrhunderten zuvor mehr als vervierfacht».

5 Vito Fumagalli, Mensch und Umwelt im MA, Berlin 1992, S. 58. Über die Verödung der mittelitalien. Landschaft durch den Rückgang der traditionellen Polykultur seit den 50er Jahren: Sergio Anselmi in: Ambiente (Anm. III 89), S. 55. Frankreich: «Der Spiegel» 27.8.1990. England: James Lovelock, Das Gaia-Prinzip, Zürich 1991, S. 290: «Die heutige Zerstörung der ländlichen Gegenden in England ist ein Vandalismus, der in der modernen Geschichte kaum eine Parallele aufweist.»

6 Naturschützer: Douglas R. Weiner, Models of Nature: Ecology, Conservation, and Cultural Revolution in Soviet Russia, Bloomington 1988, S. 229 ff.; ders., The Historical Origins of Soviet Environmentalism, in: Kendall E. Bailes (Hrsg.), Environmental History, Lanham 1985, S. 379 ff. Erosionsforschung: Anton Metternich, Die Wüste droht, Bremen 1947, S. 184 f.; D. R. Weiner, vom Verf. befragt, wußte allerdings nichts davon. Aral-See: Horst G. Mensching, Desertifikation, Darmstadt 1990, S. 110–115; Stefan Klötzli, Wasserprobleme und Konflikte in Zentralasien, in: Wechselwirkung Nr. 67, Juni 1994, S. 17 ff. E. B. Alayev u. a., The Russian Plain, in: Earth (Anm. I 61), S. 553 ff. Boris Komarov (Pseud. von Zeev Wolfson), The Destruction of Nature in the Soviet Union, New York 1980, S. 3 ff., 16 (Baikalsee als Auslöser öffentlicher Aufmerksamkeit). Philip R. Pryde, Environmental Management in the Soviet Union, Cambridge 1991, S. 221 ff. Rasputin: «Der Spiegel» 8.4.1985, S. 126 ff.

7 Wolfgang Weischet, Die Grüne Revolution: Erfolg, Möglichkeiten und Grenzen in ökolog. Sicht, Paderborn 1978, S. 29 ff. u. a.; Klaus M. Leisinger, Die «Grüne Revolution» im Wandel der Zeit: Technolog. Variablen und soziale Konstanten, in: Social Strategies 2/1987, No. 2, S. 27 ff., 31; David A. Sonnenfeld, Mexico's «Green Revolution», 1940–1980: Towards an Environmental History, in: Environmental History Review 16/1992, S. 38 ff. «Für die moderne Ökologie nicht so interessant»: Tirunellai N. Seshan (s. u. Anm. 11, S. 173) sah als indischer Umweltstaatssekretär seine erste Aufgabe darin, die Umweltpolitik von der Dominanz der wissenschaftlichen Experten zu befreien! Brasilien: José Lutzenberger aus eigener Erfahrung in: Ders./ Michael Schwartzkopff, Giftige Ernte, Greven 1988, S. 24 ff., 34: «Als ich 1957 Brasilien verließ, hatte der Giftwahn in der Landwirtschaft gerade erst begonnen. Ich hatte mir aber gar nicht vorstellen können, wie weit dies ausarten würde.» Reis: Francesca Bray in: Spektrum der Wiss., Dossier 2/97 Welternährung, S. 50–53.

8 Roland Motz/Gaby Otto, Mexiko, Reinbek 1986, S. 172; Shridath Ramphal, Das Umweltprotokoll, Frankfurt/M. 1992, S. 63; Keith Pezzoli, Environmental conflicts in the urban milieu: the case of Mexico City, in: David Goodman/Michael Redclift (Hrsg.), Environment and development in Latin America, Manchester 1991, S. 205 ff.

9 Joachim Radkau, Aufstieg und Krise der deutschen Atomwirtschaft, Reinbek 1983, S. 67 ff., 88 f. Gerhard Merkl u. a., Histor. Wassertürme, München 1985, S. 167; Th. Rehbock, Die Talsperren, Leipzig 1913 (= Der Wasserbau II/2), S. 80.

10 Knaut (Anm. V 63), S. 413 ff.; Walter (Anm. II 86), S. 180 ff.; Hanspeter Kriesi, AKW-Gegner in der Schweiz, Diessenhofen 1982, S. 4; Joachim

Radkau in: Dieter Schweer/Wolf Thieme (Hrsg.), RWE: ‹Ein Konzern wird transparent›, Wiesbaden 1998, S. 182.

11 TVA: Bruce Rich, Die Verpfändung der Erde: Die Weltbank, die ökolog. Verarmung und die Entwicklungskrise, Stuttgart 1998, S. 241 ff. Allg.: Siegfried Pater/Einhard Schmidt-Kallert, Zum Beispiel Staudämme, Göttingen 1989 (S. 42 ff.: Assuan). Bertrand Schneider, Die Revolution der Barfüßigen, Wien 1986, S. 23 ff. (Die großen Staudämme: eine ökolog. und menschliche Katastrophe). Grundwasser: Robin Clarke, Wasser, München 1994, S. 76. Tirunellai N. Seshan, zeitweise indischer Staatssekretär für Umweltfragen, der die indische Umweltkrise schonungslos schildert und auch die ökologischen Tücken der Bewässerung kennt, konstatiert gleichwohl mit schneidender Schärfe: «anyone who opposes irrigation is a national enemy.» Ders./Sanjoy Hazarika, The Degeneration of India, New Delhi 1995, S. 128.

12 Sibirien: Hans Walter Flemming, Wüsten, Deiche und Turbinen, Göttingen 1957, S. 119 ff.; Flemming, 1940–45 Hauptgeschäftsführer des Reichsverbandes der Dt. Wasserwirtschaft, glaubte damals, der Sowjetunion werde aus der Verwirklichung dieses Projekts «unvorstellbarer Reichtum» zuwachsen! Alexander Gall, Das Atlantropa-Projekt, Frankfurt/M. 1998. Panatomic: Arthur R. Tamplin/John W. Gofman, Kernspaltung: Ende der Zukunft? Hameln 1974, S. 95 ff.

13 Über den Rückgang des Bevölkerungswachstums der Autor der «Population Bomb»: Paul R. und Anne H. Ehrlich, Betrayal of Science and Reason, Washington 1996, S. 62 f. Er macht daraus allerdings allzusehr eine Frage entsprechender US-amerikanischer «leadership»!

14 Juan Martinez-Alier, Ecological Economics, Oxford 1987, S. 119.

15 David Schoenbaum, Die braune Revolution: Eine Sozialgesch. des Dritten Reiches, Köln 1968, S. 199; auch Simon Schama, obwohl geheimer Sympathien für den Nazismus ganz unverdächtig, glaubt, man müsse anerkennen, «wie ökologisch gewissenhaft» das NS-Regime gewesen sei (Der Traum von der Wildnis, München 1996, S. 137).

16 Heinz Wilhelm Hoffacker, Entstehung der Raumplanung, konservative Gesellschaftsreform und das Ruhrgebiet 1918–1933, Essen 1989, S. 51 f.

17 Wey (Anm. V 85), S. 149 ff.; Raymond H. Dominick, The Environmental Movement in Germany, Bloomington 1992, S. 106 ff.; Rainer Schröder, Umweltschutzrecht in der Weimarer Republik und im Dritten Reich, in: Michael Kloepfer (Hrsg.), Schübe des Umweltbewußtseins und der Umweltrechtsentwicklung, Bonn 1995, S. 82 f.; Landschaftspfleger: Arne Andersen, Naturschutz in Deutschland bis 1945, in: Stiftung Naturschutzges. (Hrsg.), Der Neubeginn im Naturschutz nach 1945, Landau 1998, S. 19. Michael Wettengel, Staat und Naturschutz 1906–1945, in: Histor. Zs. 257/1993, S. 389 f. urteilt: «Typisch für den Naturschutz im NS-Staat waren spektakuläre, öffentlichkeitswirksame Einzelaktionen, wie beispielsweise im Fall des ‹Hohenstoffeln› im Hegau, von jeher eine Ideallandschaft der Jugendbewegung». Das würde zum Stil des NS passen. Aber auf regionaler Ebene ist noch viel zu erforschen.

18 Anna Bramwell, Blood and Soil: Richard Walther Darré and Hitler's ‹Green

Party›, Abbotsbrook 1985, beginnt ihr Buch mit der Provokation, aus Political Correctness wolle man bislang nicht erkennen, daß das NS-Regime der erfolgreichste Pionier ökologischer Landwirtschaft gewesen sei. Außerdem ebd. S. 10, 21, 172, 176ff. Andererseits begann mit dem NS in Deutschland der forcierte Maisanbau, gegen den sich die deutschen Bauern jahrhundertelang gesträubt hatten: Johannes Zscheischler u.a., Handbuch Mais, 4. Aufl. Frankfurt/M. 1990, S. 20. Karl Eckart, Agrargeographie Deutschlands, Gotha 1998, S. 130, 135.

19 Heinrich Rubner, Dt. Forstgesch. 1933–1945: Forstwirtschaft, Jagd und Umwelt im NS-Staat, St. Katharinen 1985, S. 54, 72ff., 85f., 101, 104ff., 203; Kremser (Anm. II 93), S. 797ff.; Karl Hasel, Forstgesch., Hamburg 1985, S. 150f.

20 Alwin Seifert, Ein Leben für die Landschaft, Düsseldorf 1962, S. 35, 37ff., 100ff. (Der große Wasserkrieg), 105 (Gegnerschaft Darrés); Franz W. Seidler, Fritz Todt, Frankfurt/M. 1988, S. 116ff., 279ff.; Dietmar Klenke, Autobahnbau und Naturschutz in Deutschland, in: Westfäl. Institut f. Regionalgesch. (Hrsg.), Polit. Zäsuren und gesellschaftl. Modernisierung im 20. Jh., Paderborn 1995; Die Versteppung Deutschlands: Kulturwasserbau und Heimatschutz, Sonderdruck aus der Zs. «Deutsche Technik» 1936–38, Berlin 1939, S. 2f., 5; Seifert, Im Zeitalter des Lebendigen: Natur, Heimat, Technik, Dresden 1941; Bramwell (Anm. 18), S. 173f. Über den in NS-Deutschland bestehenden Diskussionsspielraum zur Umweltverträglichkeit von Technik vgl. auch die Kontroverse über Werner Sombart, Die Zähmung der Technik, Berlin 1935, S. 30ff.

21 Anton Lübke, Das dt. Rohstoffwunder, 8. Aufl. Stuttgart 1942, S. 502ff., 520ff. u.a.; Peter Münch, Stadthygiene im 19. und 20. Jh., Göttingen 1993, S. 105f., 266f., 280f.; Seifert, Leben (Anm. 20), S. 128f.

22 Brüggemeier (Anm. V 82), S. 163; George W. F. Hallgarten/Joachim Radkau, Dt. Industrie und Politik von Bismarck bis heute, Frankfurt/M. 1974, S. 306f., 310; Hans Klose, 50 Jahre staatl. Naturschutz, Gießen 1957, S. 32, 35.

23 Joachim Radkau, Nationalsozialismus und Modernisierung, in: Hans-Ulrich Wehler (Hrsg.), Scheidewege der dt. Gesch., München 1995, S. 185f.; Werner Jochmann (Hrsg.), A. Hitler – Monologe im Führer-Hauptquartier 1941–1944, München 1982, S. 39, 53. Im Register von «Mein Kampf» kommt «Natur» als Stichwort nicht vor. Manchmal berief sich Hitler auf die Natur im darwinistischen Sinne, um die Notwendigkeit des ewigen Kampfes zu rechtfertigen. Im Naturschutz blieb die Natur jedoch per se etwas Schutzbedürftiges!

24 Konrad Lorenz war eine der ersten Autoritäten der österreichischen Öko- und Anti-AKW-Bewegung: Otto Koenig, Naturschutz an der Wende, Wien 1990, S. 10f., 29, 108, 133. Ernst Jünger bekannte sich 1965 als Verehrer Rachel Carsons: so in seinem Essay «Forscher und Liebhaber», Sämtl. Werke, 2. Abt. Bd. 10, Stuttgart 1980, S. 331. Von seinen Insektenstudien her hatte er ein besonderes Motiv zur Ablehnung des DDT. Heideggers Technikkritik, die aus einer Grunddistanz zur technischen Interpretation des Denkens hervorging, fand in den 50er Jahren breite Resonanz: Rüdiger

Safranski, Ein Meister aus Deutschland: Heidegger und seine Zeit, München 1994, S. 440ff. Hoplitschek glaubt sogar (s.u. Anm. 44 S. 55), von der Kompromittierung durch die Allianz mit dem NS-Regime habe «sich die Naturschutzbewegung eigentlich nie mehr richtig erholen» können. Anna Bramwell vertritt die These, die Ideenwelt der heutigen internationalen Öko-Bewegung stamme, auch wenn das heute vielfach vergessen sei, großenteils aus dem deutschen Kulturbereich: aus typisch deutschen Traditionen des ganzheitlichen Naturdenkens: Dies., Ecology in the 20th Century, New Haven 1989, S. 175ff. (Ecology: A German Disease?). Donald Worster dagegen, der sich im Unterschied zu ihr mit der Öko-Bewegung identifiziert, kennt fast nur angloamerikanische Ursprünge: Ders., Nature's Economy: A History of Ecological Ideas, Cambridge/Mass. 1977.

25 Metternich (Anm. 6), S. 164. Damals erlebte Schleswig-Holstein gewaltige Staubstürme, als in der Brennholznot die Knicks kahlgeschlagen wurden: Seifert, Leben (Anm. 20), S. 124. Wie präsent in Nachkriegsdeutschland Untergangssorgen waren, zeigt auch das von Alfred Weber seiner «Kulturgesch. als Kultursoziologie» 1951 neu hinzugefügte Schlußkapitel «Perspektiven», das «Katastrophen» durch fortgesetzte Bevölkerungsvermehrung und «Ausplünderung der Natur» prophezeit. Solche Warnungen standen schon damals nicht isoliert da: J. H. J. van der Pot, Die Bewertung des techn. Fortschritts, Assen 1985, Bd. 2, S. 870f., 1189.

26 Joachim Radkau, Aufstieg und Krise der deutschen Atomwirtschaft 1945–1975: Verdrängte Alternativen in der Kerntechnik und der Ursprung der nuklearen Kontroverse, Reinbek 1983, S. 92ff.; Robert J. Lifton, Death in Life: The Survivors of Hiroshima, Harmondsworth 1967, S. 112, 143; S. 103f.: Manche Japaner machten sogar aus Hiroshima, wo die Vegetation wiedererstand, eine Erfahrung von der Unzerstörbarkeit der Natur! Über die deutsche Rezeption: Ilona Stölken-Fitschen, Atombombe und Geistesgeschichte, Baden-Baden 1995. Zur Geschichte der Wahrnehmung des Risikos der Radioaktivität: Catherine Caufield, Das Strahlende Zeitalter: Von der Entdeckung der Röntgenstrahlen bis Tschernobyl, München 1994.

27 Claudine Herzlich/Janine Pierret, Kranke gestern – Kranke heute: Die Gesellschaft und das Leiden, München 1991, S. 64ff., 74ff., 137f.; David L. Sills, The Environmental Movement and Its Critics, in: Human Ecology 3/1975, S. 24; Richard E. Benedick, Ozone Diplomacy, Cambridge/Mass. 1991, S. 67; McCabe, Air Pollution (Anm. V 96), S. 453, 482; (Anm. 5) Lovelock S. 230; Daniel J. Fiorino, Making Environmental Policy, Berkeley 1995, S. 128.

28 Thomas Gorsboth/Bernd Wagner, Die Unmöglichkeit der Therapie: Am Beispiel der Tuberkulose, in: Kursbuch 94, Nov. 1988, S. 123–146; Radkau, Nervosität (Anm. V 88). Seit den 1920er Jahren begann in den Industriestaaten Krebs die Tuberkulose als häufigste Todesursache abzulösen; in den 30er Jahren wurde NS-Deutschland, wo bereits der Zusammenhang zwischen Rauchen und Lungenkrebs Beachtung fand, in der Krebsforschung weltweit führend: Robert N. Proctor, The Nazi War on Cancer, Princeton 1999.

29 René und Jean Dubos, The White Plague: Tuberculosis, Man, and Society,

New Brunswick 1992 (zuerst 1952); Ramphal (Anm. 8), S. 43, 285; Pot (Anm. 25), Bd. 1, S. 411; Bd. 2, S. 861; Donald Fleming, Wurzeln der New-Conservation-Bewegung, in: Sieferle, Fortschritte (Anm. IV 8), S. 242 ff.

30 Lear (Anm. V 73), S. 184 f.; Fleming (Anm. 29), S. 220 f., 238 ff.

31 Radkau (Anm. 26), S. 436 f.; Sills (Anm. 27), S. 4 f.; Sheldon Novick, Katastrophe auf Raten: Wie sicher sind Atomkraftwerke? München 1971, S. 42 ff.; Thomas Wellock, The Battle for Bodegy Bay, in: Carolyn Merchant (Hrsg.), Green versus Gold, Washington 1998, S. 348; Anna Bramwell, The Fading of the Greens, New Haven 1994, S. 93, 203.

32 Joachim Radkau, Hiroshima und Asilomar: Die Inszenierung des Diskurses über die Gentechnik vor dem Hintergrund der Kernenergie-Kontroverse, in: Gesch. und Gesellschaft 14/1988, S. 329–363.

33 Zur Gesch. dieses Motivs: Pot (Anm. 25), Bd. 2, S. 810 ff.

34 Dominick (Anm. 17), S. 148 ff.

35 Ebd., S. 152 ff.; Radkau (Anm. 26), S. 445; Brüggemeier (Anm. V 82), S. 203 f.; Günther Schwab, Der Tanz mit dem Teufel, 15. Aufl. Hameln 1991 (zuerst 1958, unveränderter Neudruck), S. 281 ff.; da erklärt der Oberteufel: «Mein Lieblingsgiftchen aber ist und bleibt das herrliche, wunderbare und unausrottbare DDT.»

36 David M. Raup, Der Untergang der Dinosaurier: Der Schwarze Stern, «Nemesis» und die Auslöschung der Arten, Reinbek 1990, S. 29 ff.; Peter J. Bowler, The Environmental Sciences, London 1992, S. 195, 211 f.

37 Auf einer Tagung über die Wechselwirkungen zwischen Klimaforschung und Medien im Bielefelder Zentrum für interdisziplinäre Forschung am 29. 11. 1996 polemisierte der FAZ-Wissenschaftsredakteur Flöhl: «Die Medien sind dressierte Hunde, die aus den Händen der Apokalyptiker fressen!»

38 Radkau (Anm. 26), S. 453 f.

39 John M. MacKenzie, Empire and the ecological apokalypse: the historiography of the imperial environment, in: Griffiths/Robin (Anm. IV 31), S. 225 (Australien): «European hunters produced an apokalyptic vision which often produced equally apokalyptic solutions», nämlich Jagdverbote und Umsiedlungen, die die Kultur der Aborigines noch in ihren Rückzugsgebieten zerstörte. Pfister (Anm. V 50), S. 146.

40 USA: McCabe, Air Pollution (Anm. V 96); viele Naturschützer empfanden den Kongreßentscheid von 1956, den Echo Park Dam nicht zu bauen, aus der Rückschau als Markstein der politischen Wende: Mark W. T. Harvey, Battle for Wilderness: Echo Park Dam and the Birth of the Modern Wilderness Movement, in: James E. Sherow (Hrsg.), A Sense of the American West, Albuquerque 1998, S. 181 ff. Bundesrepublik: Franz-Josef Brüggemeier/Thomas Rommelspacher, Blauer Himmel über der Ruhr: Gesch. der Umwelt im Ruhrgebiet 1840–1990, Essen 1992, S. 65 ff.; Wey (Anm. V 85), S. 177; Verabschiedung des Wasserhaushaltsgesetzes 1957; Rainer Wolf, Der Stand der Technik, Opladen 1986, S. 138 ff.: 1955 Gründung der VDI-Kommission «Reinhaltung der Luft», 1964 TA Luft.

41 Kaibab: Susan L. Flader, Thinking Like a Mountain (über Aldo Leopold), Madison 1994, S. 175 ff. Joel A. Tarr, The Search for the Ultimate Sink: Ur-

ban Pollution in Historical Perspective, Akron 1996, S. 11 ff. (Sanitary Movement) Pittsburgh. John Opie, Nature's Nation: An Environmental History of the U. S., Fort Worth 1998, S. 276–284; Kalifornien: Merchant, Green Vs. Gold (Anm. IV 16), bes. S. 399 ff.

42 Reinhold Weimann, Verschmutzte Wasserläufe, hrsg. v. Vereinigung Dt. Gewässerschutz, Stuttgart 1958, S. 7 f. Das repräsentative Sammelwerk Wasser – bedrohtes Lebenselement, hrsg. v. Karl August Walther, Zürich 1964, führt vor Augen, in welchem Maße im Umkreis des Wasserschutzes das Umweltbewußtsein der 70er/80er Jahre längst bestand!

43 Fiorino (Anm. 27), S. 155 f.

44 Bowler (Anm. 36), S. 507 ff., 546 ff.; Ludwig Trepl, Gesch. der Ökologie, Frankfurt/M. 1987, S. 177 ff., 183 ff.; Weinzierl: Ernst Hoplitschek, Der Bund Naturschutz in Bayern: Traditioneller Naturschutzverband oder Teil der Neuen Sozialen Bewegungen? Diss. Berlin 1984, S. 116.

45 Engelbert Schramm, Die Verwissenschaftlichung der Oppositionsbewegungen, in: Prokla 79 (Juni 1990), S. 26 f.; «know-nothingism» als Rechtfertigung von Nichthandeln: Adam M. Finkel/Dominic Golding in: Dies. (Hrsg.), Worst Things First? The Debate over Risk-Based National Environmental Priorities, Washington 1994, S. 326.

46 Lärm: Einstige Priorität: Radkau, Nervosität (Anm. V 88), S. 208 ff. Hermann Hasse, Die internat. Lärmschutzbewegung, Gautzsch 1914; Dominick (Anm. 17), S. 143 f.; Walter (Anm. II 86), S. 174. Lkw: Dietmar Klenke, Bundesdeutsche Verkehrspolitik und Motorisierung, Stuttgart 1993, S. 252 ff. Ebd. S. 121: Seebohm bezeichnete den Güterkraftverkehr als «Irrweg der Motorisierung». Über das Problem heute: «Der Spiegel» 34/1999, S. 62 ff.

47 Fleming (Anm. 29), S. 221 f.; Lear (Anm. V 73), S. 144 f. White: Anm. I 22. Joe D. Brown, The Hippies, New York 1967, S. 7 f.; auch die Hippies scheinen zu den vergessenen Vergangenheiten der seriös gewordenen Öko-Bewegung zu gehören! Earth Day: Samuel P. Hays, Beauty, Health, and Permanence: Environmental Politics in the U. S., 1955–1985, Cambridge/Mass. 1987, S. 52.

48 Charlene Spretnak, Die Grünen, München 1985, S. 62 ff., 101; Petra J. Kelly, Religiöse Erfahrung und polit. Engagement, in: Gunter Hesse/Hans-Hermann Wiebe (Hrsg.), Die Grünen und die Religion, Frankfurt/M. 1988, S. 28 ff. «Faschismus»: Jutta Ditfurth, Entspannt in die Barbarei: Esoterik, (Öko-)Faschismus und Biozentrismus, Hamburg 1996.

49 Ernst Haeckel, Die Welträtsel, Stuttgart 1984 (urspr. 1899), S. 429, in: Wasser – bedrohtes Lebenselement (Anm. 42) werden spirituelle Vorstellungen vom Wasser wiederholt beschworen, so S. 91 ff. von Reinhold Weimann. Ebenso ders. (Anm. 42), S. 7, 111. Schweiz: Mitt. von Ueli Häfeli. Hermann Graf Hatzfeld in: Ders. (Hrsg.), Ökolog. Waldwirtschaft, Heidelberg 1996, S. 11; Wilhelm Bode/Martin v. Hohnhorst, Waldwende, München 1994, S. 100. Seither ist die von dem Schweizer Forstwissenschaftler Hans Leibundgut den Förstern empfohlene «raffinierte Faulheit» – eine Grundhaltung des intelligenten Gewährenlassens gegenüber dem Wald – in Forstkreisen zum geflügelten Wort geworden.

50 Hays (Anm. 47), S. 53; Günter Küppers/Peter Lundgreen/Peter Weingart, Umweltforschung – die gesteuerte Wissenschaft? Frankfurt/M. 1978, S. 108, 114, 127 ff. Hubert Weinzierl (Hrsg.), Natur in Not: Naturschutz – eine Existenzfrage, München 1966. Michael Kloepfer, Umweltrechtsentwicklungen in Deutschland nach 1945, in: Ders. (Anm. 17), S. 100–109; Dietmar Klenke, Bundesdt. Verkehrspolitik und Umwelt: Von der Motorisierungseuphorie zur ökolog. Katerstimmung, in: Abelshauser, Umweltgesch. (Anm. Vorwort 6), S. 184 ff.

51 Brown, Hippies (Anm. 47), S. 165; Erik P. Eckholm, The Deterioration of Mountain Environments, in: Science 189/1975, S. 764; Erhaltung und nachhaltige Nutzung trop. Regenwälder, hrsg. v. Dt. Forstverein, Köln 1986, S. 59 f. Stanley F. Stevens, Claiming the High Ground: Sherpas, Subsistence and Environmental Change in the Highest Himalaya, Delhi 1996, S. 360 ff. Toni Hagen in: Susanne v. d. Heide (Hrsg.), Mensch und Umwelt in Nepal, St. Augustin 1992, S. 10. Prayag Raj Sharma, Nation-Building, Multi-Ethnicity, and the Hindu State, in: David N. Gellner u.a. (Hrsg.), Nationalism and Ethnicity in a Hindu Kingdom (Nepal), Amsterdam 1990, S. 473. Katastrophenwahrnehmung vor allem von außen: Kk. Panday, Future of Nepalese Forests and Forests for Future, in: v. d. Heide, S. 59. Die Ausführungen über Nepal stützen sich teilweise auf eigene Nepal-Aufenthalte des Verf. (1977/78 und 1999); wertvolle Hinweise bekam ich von Gert und Herta Wegner, Niels Gutschow und Peter Ottinger.

52 Egbert Pelinck (Generaldirektor von ICIMOD) in: Akzente, hrsg. v. GTZ, Nepal-Sonderheft, Eschborn Sept. 1996, S. 33; Birendra Bir Basnyat, Nepal's Agriculture: Sustainability and Intervention, Diss. Wageningen 1995, S. 174. S. K. Chadha (Hrsg.), Environmental Holocaust in Himalaya, New Delhi 1989; der Herausgeber steht unter dem Eindruck indischer Sorgen (S. 2): «In the absence of the Himalaya, India would have been a bleak desert land, with imbalanced ecology and environment.» Thomas Fricke glaubt, neuere ökolog. Studien über Himalaya-Regionen hätten sich zu einseitig auf «environmental degradation» fixiert und darüber die *Anpassung* an die Umwelt vernachlässigt: Ders., Human Ecology in the Himalaya, in: Human Ecology 17/1989 (No. 2: Themenheft über den Himalaya), S. 133; T. B. S. Mahat u. a., An Historical Perspective of the Forests of Sindhu Palchok and Kabhre Districts of Nepal, in: Gesch. der Waldnutzung und der Forstwirtschaft in gebirgigen Regionen, Zürich 1985 (Beiheft zur Schweizer. Zs. f. Forstwesen 74), S. 235 ff., 242 f.; Steven Folmar, Variation and Change in Fertility in West Central Nepal, in: Human Ecology 20/1992, S. 243 f.; David N. Zurick, Historical Links Between Settlement, Ecology, and Politics in the Mountains of West Nepal, in: Human Ecology 17/1989, S. 237; Sanat K. Dhungel/Bart W. O'Gara, Ecology of the Hog Deer in Royal Chitwan National Park, Nepal, in: Wildlife Monographs No. 119, Okt. 1991, S. 36 f.

53 Keshar Man Bajracharya, Economic and Environmental Management of Forests in Nepal: Issues and Problems, in: Madan K. Dahal/Dev Raj Dahal (Hrsg.), Environment and Sustainable development: Issues in Nepalese Perspective, Kathmandu 1993, S. 48; Basnyat (Anm. 52), S. 61 (Baumkultur zur Futterlaub-Gewinnung); Wolf Donner, Probleme der nepalischen Bewässe-

rungswirtschaft, in: v. d. Heide (Anm. 51), S. 17 (gegen Schuldzuweisung an die Bergbauern); Panday, ebd. S. 66: «deforestation» als Definitionssache; Hermann Warth, Wer hat dich, du armer Wald ... Die Krise in Nepal, Bad Honnef 1987, S. 43. J. L. Ross, Culture and Fertility in the Nepal Himalayas: A Test of a Hypothesis, in: Human Ecology 12/1984, S. 163 ff.; John J. Metz, A Framework for Classifying Subsistence Production Types of Nepal, in: Human Ecology 17/1989, S. 147 ff.; Jack D. Ives, The Theory of Himalayan Environmental Degradation: Its Validity and Application Challenged by Recent Research, in: Mountain Research and Development 7/1987, S. 189 ff., 193; ders./Bruno Messerli, The Himalayan Dilemma: Reconciling development and conservation, London 1989, S. 48, 65, 86 f. (Flutkatastrophen in Bengalen), 88 ff. (Terrassen), 92 (tourist. Blick), 123, 208, 217 (Schuldzuweisung an Bergbewohner), 205 (trotz allem gute Gründe für die Annahme, «that Nepal, and the entire region, *is* moving into a situation of supercrisis»). Das Buch ist «den Subsistenzbauern des Gebirges» als der «besten Hoffnung für die Lösung des Dilemmas» gewidmet. Als Schweizer sind die Verf. mißtrauisch gegenüber Szenarien, die den Bergbauern die Schuld an Überschwemmungen in der Ebene zuschieben! Nigel J. R. Allan, Human Aspects of Mountain Environmental Change, 1889–1992, in: Ders., Mountains at Risk, New Delhi 1995, S. 13 f., schildert, wie auch die Inder die europ. Touristensicht des Himalaya als «bedrohten Paradieses» übernehmen. Robert Hoffpauir, Subsistence Strategy and its Ecological Consequences in the Nepal Himalya, in: Anthropos 73/1978, S. 239 f. (Düngerbewußtsein), 244 ff. (ökolog. Risiken den Dorfbewohnern bewußt). Klaus Seeland, Ein nicht zu entwickelndes Tal: Tradit. Bambustechnologie und Subsistenzwirtschaft in Ost-Nepal, Diessenhofen 1980, S. 89. Kanat M. Dixit (nepal. Journalist), Welchen Himalaya hätten Sie gern? Sehnsucht verklärt – oder: Über die Schwierigkeit, sich vom Himalaya das richtige Bild zu machen, in: GEO Special Himalaya, Juni 1976, S. 24 ff. Blaikie/Brookfield (Anm. I 61), S. 37–48. Ramphal (Anm. 8), S. 49; Michael Thompson, Policy-making in the Face of Uncertainty: the Himalayas as Unknowns, in: Ders./G.P. Chapman (Hrsg.), Water and the Quest for Sustainable Development in the Gantes Valley, London 1995, S. 28 f. Die Aktivitäten der Weltbank in Nepal wirken aus der Rückschau als Lehrstück für das Dilemma einer Entwicklungs- und Umweltpolitik von ganz oben, selbst bei gutem Willen und richtigen Einsichten; vgl. Rich (Anm. 11), S. 105, 336–343.

54 Panday in: v. d. Heide (Anm. 51), S. 80; Sherpas: Stevens (Anm. 51), S. 10, 128 ff., 223, 413 f. Wolf Donner, Nepal, München 1990, S. 23 f., 106, 110.

55 Keine kooperative Tradition bei der Bewässerung: Donner (Anm. 53) S. 31. Krasse Belege für den heute in weiten Teilen der Dritten Welt fehlenden Glauben an die Zukunft des eigenen Landes bringt Peter Grubbe, Der Untergang der Dritten Welt, Hamburg 1991. Mahesh Banskota in: ICIMOD Newsletter No. 34 (1999), S. 14. Abwanderungsmentalität: Savitri G. Burman, The Kali Watershed: Resource Use and Environmental Degradation in the Himalayas, New Delhi 1999, S. 195ff.

56 Bundesamt für Naturschutz (Hrsg.), Biodiversität und Tourismus, Berlin 1997, S. 68; Pradyumna P. Karan, Bhutan: Environment, Culture and De-

velopment Strategy, New Delhi 1990, S. 79. Karan gehört zu den ganz wenigen Wissenschaftlern, die bislang in Bhutan Feldforschung betreiben konnten (Fricke, Anm. 53, S. 140 f.). Karan (Anm. 52), S. 80; A. C. Sinha, Colonial Context and National Strategy of Forest Management in Bhutan, in: Rawat (Anm. Vorwort 1), S. 269 f.; Dasho C. Dorji (erster Forstexperte und stellvertr. Entwicklungsminister Bhutans), Bhutan Looks Ahead, in: Bhutan and its Natural Resources, New Delhi 1991, S. 41 ff., auch ebd. 57 (Mingma Norbu Sherpa). Geoffrey Lean, Bhutans radikale Umweltpolitik, in: Ludmilla Tüting (Hrsg.), Bäume – Menschen – Erosionen, Löhnbach 1987, S. 52 ff.; Martin Brauen, Irgendwo in Bhutan: Wo die Frauen (fast immer) das Sagen haben, Frauenfeld 1994.

57 D. N. S. Dhakal/Christopher Strawn, Bhutan: A Movement in Exile, New Delhi 1994; E. C. Wolf, Shangrila ohne Menschenrechte, in: Südasien 3/97, S. 57 ff.; um eine Vermittlung zwischen den kontroversen Standpunkten bemüht sich Michael Hutt (Hrsg.), Bhutan: Perspectives on Conflict and Dissent, Gartmore 1994; vgl. S. 48 und 51 (Jigmi Y. Thinley, Innenmin. von Bhutan), S. 106 f. und 120 (Chr. Strawn), S. 191 f. (Leo E. Rose).

58 So Michael Hutt in der Einl. zu Bhutan (S. 57), S. 12; auch Herbert Wilhelmy, Bhutan, München 1990, S. 38. Ökologische Vorwürfe gegen Zuwanderer sind heute auch in der Westmongolei zu hören: «Die Kasachen seien einfach ungebeten ins Land gekommen, beuteten die Natur aus, indem sie nach Herzenslust jagten, fällten und pflückten ...» Viktoria Raith/Cathleen Naundorf, Steppen, Tempel und Nomaden: Zwei Frauen entdecken die Mongolei, München 1994, S. 229.

59 «Der Spiegel» 45/1996, S. 167 f.

60 Erich Jantsch, Die Selbstorganisation des Universums, München 1982, S. 116. Selbst der Schöpfer der Gaia-Theorie kommt zu dem Schluß, daß Gaia, der Erd-Quasiorganismus, «auf die Bedeutung des einzelnen Organismus am meisten Wert legt. Es sind immer die Handlungen von Individuen, aus denen sich starke örtliche, regionale oder globale Systeme entwickeln.» Lovelock (Anm. 5), S. 299. Sogar der Bericht «Global 2000» (Frankfurt/M. 1980, S. 381) kommt zu dem Schluß: «Es gibt keine Welt-Wasserökonomie, und es macht auch in den seltensten Fällen Sinn, von einer nationalen Wasserökonomie zu sprechen. Die meisten Wasserökonomien existieren innerhalb begrenzter Räume ...»

61 Blaikie/Brookfield (Anm. I 61), S. 245: «Yet local knowledge ist clearly not enough, otherwise there would be no problems.»

62 Dieter Oberndörfer, Schutz der trop. Regenwälder durch Entschuldung, München 1989, S. 10; Marvin S. Soroos, Trends in the Perception of Ecological Problems in the U. N. General Debates, in: Human Ecology 9/1981, S. 34. Für die Dritte Welt besteht der Reiz dieses Rollenspiels auch darin, daß sie ihre – ohne jede Umweltpolitik bestehende – «Biodiversity» als Trumpf ausspielen kann. Dazu Jessica Suplie, «Streit auf Noahs Arche». Zur Genese der Biodiversitäts-Konvention, Berlin 1995, S. 54 u. a. Selbst ein Staat wie Albanien steht unter dem Aspekt der Biodiversität innerhalb Europas gut da!

63 Benedick (Anm. 27), S. 205 f. u. a. Man beachte dabei allerdings die Inter-

essenlage des Autors, der US-Verhandlungsführer war! Meadows/Randers (Anm. 2) betonen demgegenüber das Verdienst des UN-Umweltprogramms (UNEP), ebd., S. 191. Als «Moral von der Geschichte» folgern sie (S. 196): «Man braucht keine Weltregierung, um globale Probleme zu lösen – wohl aber globale wissenschaftliche Zusammenarbeit, ein weltweites Informationssystem und ein anerkanntes internationales Forum mit der Kompetenz, Übereinkünfte zu entwickeln.» Dazu «einige nationale Regierungen, die bereit sind, die Führungsrolle zu übernehmen».

64 Ernst Ulrich v. Weizsäcker/Helmut Schreiber, Luftreinhaltung: Der schwierige Konsens, in: Lothar Gündling/Beate Weber (Hrsg.), Dicke Luft in Europa: Aufgaben und Probleme der europ. Umweltpolitik, Heidelberg 1988, S. 163ff.; selbst Lovelock argumentiert bei der politischen Kontroverse um den Sauren Regen nicht aus der Gaia-Perspektive, sondern als verärgerter Brite: Ders., Gaia: Die Erde ist ein Lebewesen, Bern 1996, S. 159–162. Gerald Hau/Claus-Peter Hutter, Nördl. Sporaden, Überlingen 1997, S. 14. Als eine umweltpolitische Errungenschaft der EU gilt oft die Umweltverträglichkeitsprüfung (UVP). Gertrude Lübbe-Wolff kritisiert jedoch, daß die UVP dort, wo die EU ökonomische Rahmenbedingungen mit umweltschädlichen Folgen geschaffen habe, immer zu spät komme (in: Mainauer Gespräche Bd. 14, Mainau 1999, S. 153). Alexander Schink, Die Umweltverträglichkeitsprüfung in einer Bilanz, in: Natur und Recht 20/1998, S. 174: «Sowohl umweltpolitisch als auch umweltrechtlich sind der UVP die Zähne gezogen worden.»

65 Sustainable Netherlands (Anm. III 98); Holger Krawinkel, Für eine neue Energiepolitik: Was die B.R.D. von Dänemark lernen kann, Frankfurt/M. 1991; Schweiz: Hans R. Nebiker, Umweltpolitik in einem souveränen Kleinstaat – Möglichkeiten und Grenzen, in: Mainauer Gespräche 8/1991 (Wenn's dem Nachbarn nicht gefällt: Umweltpolitik als europ. Aufgabe), S. 43–54. Timothy F. Flannery, The fate of empire in low- and high-energy ecosystems, in: Griffiths/Robin (Anm. IV 31), S. 58.

66 Wolfgang Sachs, Der blaue Planet: Zur Zweideutigkeit einer modernen Ikone, in: Natur im Kopf (Anm. Vorwort 6), Bd. 1, S. 76ff.; Pot (Anm. 25), Bd. 2, S. 872f., 1189.

67 Lovelock (Anm. 5), S. 53f.; Claude Martin in: Peter E. Stüben (Hrsg.), Kahlschlag im Paradies, Gießen 1985, S. 105; Mainguet (Anm. I 63), S. 8.

68 Hans-Werner Prahl/Albrecht Steinecke, Der Millionen-Urlaub, Bielefeld 1989, S. 73 u.a.; Ralf Unkart, Das Tourismuskonzept der Alpenkonvention 1992, in: Mainauer Gespräche 9/1992 (Massentourismus als Plage), S. 16f.; Janet Cochrane, The Sustainability of Ecotourism in Indonesia: Fact and fiction, in: Michael J. G. Parnwell/Raymond L. Bryant (Hrsg.), Environmetal Change in South-East Asia, London 1996, S. 240f. Weltweiter Überblick: Ludwig Ellenberg u.a. (Hrsg.), Ökotourismus, Heidelberg 1997.

69 Christoph Hennig, Reiselust: Touristen, Tourismus und Urlaubskultur, Frankfurt/M. 1999, S. 116 u.a.; schon im 18./19. Jh.: Thomas (Anm. II 39), S. 261: «It has even been suggested that the appreciation of sublime scenery ‹increased in direct ratio to the number of turnpike acts›» (Straßenbau-Erlassen)!

70 Ernst Rudorff, Über das Verhältniß des mod. Lebens zur Natur, in: Preuß. Jahrb. 45/1880, S. 261 ff.: «Man feiert die Natur, aber man feiert sie, indem man sie prostituiert.» Walter (Anm. II 66), S. 85; Knaut (Anm. V 63), S. 407.

71 Jost Krippendorf, Alpsegen, Alptraum: Für eine Tourismus-Entwicklung im Einklang mit Mensch und Natur, Bern 1986, S. 23 f.

72 Detaillierte sympatische Darstellung: Sterling Evans, The Green Republic: A Conservation History of Costa Rica, Austin 1999; Michael Dutschke, Financing Sustainable Development: The Case of Costa Rica, Hamburg 1998 (HWWA-Report 186). Noch bei Meadows/Randers (Anm. 2), S. 84 f. ist Costa Rica ein abschreckendes Beispiel für die «schlimmsten forsttechn. Sünden»; ähnlich Jean Carriere, The crisis in Costa Rica: an ecological perspective, in: David Goodman/Michael Redclift (Hrsg.), Environment and development in Latin America, Manchester 1991, S. 184 ff. Für John Vandermeer/Ivette Perfecto, Breakfast of Biodiversity: The Truth about Rain Forest Destruction, Oakland 1995, S. 105 ff., ist «the Greening of Costa Rica» kein Sieg der Ökologie, sondern der Tourismus-Interessen, teilweise über vitale Bedürfnisse der Einheimischen, die statt der Nationalparks besser Bananenpflanzungen brauchten. Zu den Konflikten über die Nationalparks in Costa Rica auch Peter Utting, Trees, People and Power: Social dimensions of deforestation and forest protection in Central America, London 1993, S. 105 ff. Ellenberg, Ökotourismus (Anm. 68), S. 273: «Costa Rica gilt als Vorreiter in Ökotourismus und ist in vieler Hinsicht lediglich ein erfolgreicher Umweltheuchler.»

73 Haiti: Anm. IV 20. Norman Myers (Hrsg. des Gaia Atlas of Planet Management, 1985!), The Environmental Dimension to Security Issues, in: Environmentalist 6/1996, No. 4, S. 253 f. Die nahezu eine Million «boat people», die aus Haiti flohen, sind aus seiner Sicht primär «environmental refugees».

74 «Der Spiegel» 32/1997, S. 82 f. (Michael Miersch); Jonathan S. Adams/ Thomas O. McShane, The Myth of Wild Africa, Berkeley 1996, S. 194 f., 202: Der Tourismus habe die Berggorillas gerettet, während die legendäre Dian Fossey, die durch ihre Ermordung zu Weltruhm gelangte, den Gorillaschutz bei den Einheimischen verhaßt gemacht habe.

75 «Der Spiegel» 6/1997, S. 162 f. Herbert Hesmer, Der kombinierte land- und forstwirtschaftl. Anbau, 2 Bde., Stuttgart 1966. Vandana Shiva, Einige sind immer globaler als andere, in: Wolfgang Sachs (Hrsg.), Der Planet als Patient: Über die Widersprüche globaler Umweltpolitik, Berlin 1994, S. 176.

76 Rußland: Mündl. Mitt. von Marina Kuzmenok (Pensa); Tuva: Caroline Humphrea/David Sneath, in: Dies. (Hrsg.), Culture and Environment in Inner Asia, Bd. 1, Cambridge 1996, S. 8.

77 Richard Ellis, Mensch und Wal: Die Gesch. eines ungleichen Kampfes, München 1993, S. 381, 391; Berggorillas: Anm. 74; Panda: Ludmilla Tüting in: Petra K. Kelly/Gert Bastian (Hrsg.), Tibet – ein vergewaltigtes Land, Reinbek 1988, S. 153.

78 Joachim Scharioth (Battelle-Institut Frankfurt), der Lernprozesse im Zuge der Kernenergie-Kontroverse durchaus erkennt, glaubt gleichwohl, die

Risikodiskussion habe «die Funktion eines Rituals»: «sie dient der ritualisierten Bewältigung real nicht zu beseitigender Gefahrenpotentiale». Gesellschaft für Sicherheitswiss. (Hrsg.), Probabilist. Risikoanalyse, Wuppertal 1984, S. 314f. Man sollte jedoch nicht ausschließen, daß Rituale in gewissen Situationen eine reale und effektive Auseinandersetzung mit den Problemen fördern!

79 Schon seit geraumer Zeit gibt es einen Gegenangriff von Öko-Optimisten bzw. -Revisionisten auf die von ihnen gern so genannten Öko-«Apokalyptiker»; in Deutschland Dirk Maxeiner/Michael Miersch, Öko-Optimismus, München 1996; in den USA schon vorher Aaron Wildavsky, But Is It True? Cambridge/Mass. 1995; Gregg Easterbrook, A Moment on the Earth: The Coming Age of Environmental Optimism, New York 1995. Teilweise handelt es sich um einen Schaukampf; denn die Optimisten argumentieren vielfach mit den Erfolgen der besorgten Öko-Bewegung, und bei manchen Kassandra-Rufen handelt es sich um Zweckpessimismus, um die Öffentlichkeit wachzurütteln. Letztlich steht dahinter jedoch auch das philosophische Problem, welche praktischen Folgerungen aus der unendlichen Komplexität der Natur und der Unzulänglichkeit unseres Wissens über viele Wirkungszusammenhänge zu ziehen sind.

80 Al Gore, Wege zum Gleichgewicht: Ein Marshallplan für die Erde, Frankfurt/M. 1992, S. 147; Radkau, Technik (Anm. V 1), S. 368.

81 Fritz Vorholz in: «Die Zeit» 11.10.1996, S. 24.

82 Michael Dutschke/Axel Michaelowa, Der Handel mit Emissionsrechten für Treibhausgase, Hamburg 1998 (HWWA-Report 187), S. 29f.

83 Dazu Radkau, Beweist die Geschichte die Aussichtslosigkeit von Umweltpolitik? (Anm. Vorwort 6), S. 25ff.

84 Myers (Anm. 73); Wechselwirkung Nr. 67 (Juni 1994): Schwerpunkt Ökolog. Konflikte (vor allem um Wasserressourcen); darin S. 22f.: Volker Böge, die Militarisierung der Umweltpolitik. Ulli Kulke, Krieg ums Wasser: Die Gefährdung der globalen Lebensgrundlagen – Ursache für die Waffengänge der Zukunft, in: natur 2/91, S. 21ff. Joachim Hoelzgen «über die Staudämme Anatoliens und Wasser als Waffe»: «Der Spiegel» 3/1991, S. 142ff. Bislang ist der Krieg allerdings nie die ultima ratio der Umweltpolitik gewesen. Fördert der Öko-Diskurs per se die friedliche Vernunft, auch wenn er Ängste weckt?

85 Al Gore: vgl. Anm. 80.

86 Sonnenenergie – Schlüssel zur Zukunft? Hrsg. v. Ev. Akademie Mülheim 1995, S. 37f.

87 «Der Spiegel» 10/1999, S. 174 (Jochen Bölsche). Frank Hoffmann/Theo Romland, Die Recycling-Lüge, Stuttgart 1993.

88 Peter Knoepfel/Helmut Weidner, Luftreinhaltungspolitik im internat. Vergleich, I, Berlin 1985, S. 215f.: «Im Vergleich der Paragraphenberge» zur Luftreinhaltung nehme die Bundesrepublik «eindeutig die Spitzenposition ein.» Aber Quantität sei nicht gleich Qualität; vielmehr bestehe die Tendenz, auf «verwaltungsaufwandsteigernde Nebenbereiche auszuweichen». R. Steinberg/D. Schütze, Umweltverträgl. Technikgestaltung durch Recht, in: Krit. Vierteljahresschrift f. Gesetzgebung und Rechts-

theorie 1998, S. 255 f. Für Hinweise zum Umweltrecht danke ich Gertrude Lübbe-Wolff und Martin Stock.

89 Radkau, Atomwirtschaft, S. 366ff., 388ff. Labisch in: Neithard Bulst/ Robert Delort (Hrsg.), Maladies et société, Paris 1989, S. 410. Fiorino (Anm. 27), S. 223.

90 Durch Gespräche mit der Umweltjuristin Gertrude Lübbe-Wolff und ihrem Vater, dem Philosophen Hermann Lübbe, ist mir bewußt geworden, daß Vordenker der Öko-Bewegung in der Regel zu selbstverständlich kantianisch argumentieren – von einem Sollen, einem ökologischen Imperativ her – und zu wenig hegelianisch: von dem in den realen Entwicklungen selbst enthaltenen Vernunftpotential her. Genau da scheint eine Aufgabe der historischen Umweltforschung zu liegen!

91 Aus diesem Grund erscheint es mir unüberlegt, wenn Sozialwissenschaftler den Begriff «Überbevölkerung» als «Biologismus», wenn nicht gar Schlimmeres verwerfen und vorrechnen, daß die Erde, wenn die Menschen auf Autos und Fleischgenuß verzichteten und in Energiesparhäuser umzögen, noch ein Mehrfaches der heutigen Weltbevölkerung ernähren könne. Unter solchen Bedingungen eine nachhaltige Öko-Balance zu gewährleisten, setzt eine effektive Welt-Öko-Diktatur voraus, wie man sie weder wünschen noch von der Zukunft erwarten kann!

92 Bruce Rich, Die Verpfändung der Erde, Stuttgart 1998, S. 386.

93 Maurice Agulhon, Der vagabundierende Blick, Frankfurt/M. 1995: Aufschlußreiche Beispiele für «ökologische Überraschungen» bei Josef H. Reichholf, Comeback der Biber, München 1993, und ders., Der blaue Planet, München 1998. Immer wieder besteht die Pointe darin, daß auch die sog. Umweltverschmutzung manchen Arten zugute kommt. Aber was folgt daraus? Auch Reichholf will den Emissionen keine freie Bahn geben!

94 Der indische Umwelthistoriker Vasant K. Saberwal hat das Grundproblem im Kontext seiner Kritik an dem feindseligen Umgang der (britisch-)indischen Forstverwaltung mit den Schafhirten treffend bezeichnet: «... that within certain political contexts, foresters and conservationists in general have lacked the institutional space within which to acknowledge the uncertainty inherent to our understanding of ecological phenomenon.» Ders., Pastoral Politics: Shepherds, Bureaucrats and Conservation in the Western Himalaya, Oxford 1999, S. 207.

Personen- und Sachregister

Natur und Umwelt in der Beck'schen Reihe

Werner Bätzing

Die Alpen

Entstehung und Gefährdung einer europäischen Kulturlandschaft
1991. 287 Seiten mit 42 Abbildungen und 21 Karten. Gebunden

Wilhelm Bode/Martin von Hohnhorst

Waldwende

Vom Försterwald zum Naturwald
3. Auflage. 1995. 199 Seiten mit 30 Abbildungen und 1 Tabelle. Paperback
Beck'sche Reihe Band 1024

Christel Burghoff/Edith Kresta

Schöne Ferien

Tourismus zwischen Biotop und künstlichen Paradiesen
1995. 141 Seiten mit 5 Abbildungen. Paperback
Beck'sche Reihe Band 1096

Josef Herkendell/Jürgen Pretzsch (Hrsg.)

Die Wälder der Erde

Bestandsaufnahme und Perspektiven
1995. 340 Seiten mit 18 Abbildungen und 16 Tabellen. Paperback
Beck'sche Reihe Band 1127

Rainer Hörig

Auf Gandhis Spuren

Soziale Bewegungen und ökologische Tradition in Indien
1995. 148 Seiten mit 21 Abbildungen, 1 Tabelle und 1 Karte. Paperback
Beck'sche Reihe Band 1097

Manfred Wöhlcke

Der ökologische Nord-Süd-Konflikt

1993. 126 Seiten mit 2 Abbildungen und 4 Tabellen. Paperback
Beck'sche Reihe Band 1031

Verlag C.H. Beck München